Terry Kottman · Kristin Meany-Walen 공저
진미경 · 김혜진 · 박현숙 · 채은영 · 조진희 공역

학지사

Partners in Play: An Adlerian Approach to Play Therapy (3rd ed.)
by Terry Kottman and Kristin Meany-Walen

역자 서문

최근 아들러 심리학 열풍이 불면서 '아들러(Adler)'나 '아들러 심리학(Adlerian Psychology)'에 관심을 보이는 사람들이 늘어나고 있다. 아들러 심리학에 관한 책은 그동안 국내에 소개되어 왔지만, 아들러 심리학의 전체적인 체계를 총망라한 책은 그리 많지 않다. 더욱이 많은 놀이치료 관련 도서들이 그동안 국내에 소개되어 왔음에도 역자는 다양한 관점에서 놀이치료 이론과 실제를 소개한 도서에 대해 목마름을 느껴 왔다.

그러던 중 2011년도 한국놀이치료학회 국제학술대회 워크숍을 통해 테리 코트먼(Terry Kottman) 박사의 아들러 놀이치료를 경험하게 되었다. 아들러 심리학을 이론적으로는 알고 있었지만, 이에 대한 상담 장면에서의 활용은 미숙하던 때에 코트먼 박사의 아들러 놀이치료 워크숍은 그 당시 역자에게 신선하고 매력적인 접근으로 다가왔다.

그때의 만남 이후 기회가 되면 아들러 놀이치료에 대해 좀 더 배우고 싶다는 갈망을 갖고 있던 중 역자는 코트먼 박사의 연구소를 방문하여 워크숍에 참여하는 기회를 갖게 되었다. 다시 접하게 된 코트먼 박사의 아들러 놀이치료 워크숍은 아들러 놀이치료에 대한 지식적인 면뿐만 아니라 마음의 성장 측면에서도 교육적인 경험이었다.

역자는 이 책이 독자의 지식적 측면에서 아들러 놀이치료에 대해 보다 실제적으로 이해하고 현장에 적용하는 데 도움을 줄 뿐 아니라, 역자와 마찬가지로 마음의 성장 측면에서도 교육적 경험을 공유하길 희망한다.

마지막으로 이 책을 위해 수고해 주신 학지사와 편집부 직원들에게 감사의 마음을 전한다. 또한 이 책의 번역 작업에 함께 뜻을 모아 동참해 준 공역자들과 아낌없는 지지와 격려를 보내 준 소중한 가족 및 많은 분에게 마음 깊이 감사의 마음을 전한다.

2017년 10월

역자 대표 진미경

한국어판 출간을 축하하며

『Partners in Play: An Adlerian Approach to Play Therapy』 3판의 한국어판 출간을 알리게 되어 자랑스럽게 생각합니다. 한국어 번역을 위해 노력해 주신 진미경 교수님과 동료분들을 비롯한 모든 분에게 깊은 인상을 받았으며, 아들러 놀이치료를 독자 여러분과 공유할 수 있게 되어 기쁩니다.

이 책은 아들러 놀이치료의 철학과 적용을 이해하는 중요한 자료입니다. 아들러 놀이치료는 상담 관련 서비스가 필요한 아동과 가족을 돕기 위한 상식과 연구 기반의 접근법입니다.

아들러 놀이치료는 알프레드 아들러(Alfred Adler)의 개인 심리학을 바탕으로 아이들과의 상담치료를 위한 발달적 반응 개입이며, 이 책은 이러한 아들러 놀이치료에 대한 세부적인 개요를 제공합니다. 독자들은 이 책을 통해 아동과 관계를 형성하고, 아동의 내면 및 내면의 역동을 탐구하기 위한 구체적 전략이나 사례를 배울 수 있습니다. 또한 이 전략과 사례를 이용하여 아동이 자신의 패턴에 대한 통찰력을 기르고, 새로운 기술과 상호작용적 패턴을 습득 및 실천할 수 있도록 지원하며, 부모나 선생님과도 상담할 수 있습니다. 특히 책 도입부와 그 후 여러 장에서 다루는 사례연구를 통해 독자들은 네 단계에 걸친 상담 과정에서 아들러 놀이치료가 어떻게 작동하고 나타나는지에 대한 실질적인 이해를 얻을 수 있습니다. 책에 포함된 여러 질문지나 도구들도 내담자의 개념화 기법과 아들러 놀이치료 계획 및 발전에 유용하게 쓰일 것입니다.

이 책은 아들러 놀이치료의 최종판입니다. 아들러 놀이치료의 창시자인 테리 코트먼(Terry Kottman)이 저술하였고, 아들러 놀이치료의 효과에 특별히 관심을 갖고 연구해 온 크리스틴 미니-월렌(Kristin Meany-Walen)이 공동으로 저술에 참여했습니다. 저자는 다양한 내담자 및 환경에 정보를 적용할 수 있도록 독자에게 도움이 되는 폭넓은 실제 경험을 갖고 있습니다.

독자들이 이 책을 재미있게 읽고, 아이들 및 그 가족과의 상담 과정에서 아들러 전략을 이용할 수 있게 되기를 바랍니다. 아이들과 그 가족을 상담하는 정신건강 전문가들과 제가 만든 아들러 놀이치료를 공유하는 것은 저에게는 그 무엇과도 바꿀 수 없는 소중한 일이기 때문입니다.

저자 대표 테리 코트먼

저자 서문

나(TK)는 지난 30년 동안 아들러학파의 개념과 기술들을 놀이치료에 접목시킨 아들러 놀이치료를 만들었다. 전문가들(정신건강 분야의 치료사, 학교 상담사, 사회복지사, 심리학자, 정신과 의사, 어린이집 직원 및 교사, 교장, 이 외에 기타 치료적인 방식으로 아동과 관련된 전문가들)은 정서적·행동적·학습적인 면에서 어려움을 겪고 있는 아동들에 대한 전반적인 업무에서 아들러 놀이치료를 사용할 수 있었다.

놀이치료사로서 훈련을 받고자 하는 다양한 분야의 전문가들이 많기 때문에 이 책에서는 상담사(counselor) 또는 놀이치료사(play therapist)라는 용어를 번갈아 가며 사용함을 미리 고지하고자 한다.

다음은 상담사들이 사용하는 아들러 놀이치료 과정이다.

① 내담 아동들과 평등한 관계를 형성한다.
② 아동의 생활양식을 탐색한다.
③ 아동의 어려움에 대한 개인 내적 및 대인 관계의 역학관계에 대한 가설을 아동과 다른 사람의 관점에서 세운다.
④ 아농 및 아동에게 강한 영향을 미치는 모든 개인을 위한 치료계획을 세운다.
⑤ 아동이 자기 자신, 세상 그리고 타인에 대한 통찰을 얻고 새로운 결정을 내릴 수 있도록 돕는다.
⑥ 다른 사람들과 관계하는 기술을 가르친다.
⑦ 다른 사람들과 관계하는 새로운 기술을 연습하도록 돕는다.
⑧ 부모 및 교사들과 상담하여 해당 아동에 대해 보다 긍정적인 시각을 갖게 하고 아동을 격려하기 위한 전략을 배울 수 있도록 한다.

아동 정신건강에 대한 문제는 지속적으로 증가해 왔으며 많은 전문가는 아동의 언어를 사용하여 소통할 필요성을 인지하고 있다. 아동의 언어란 놀이와 은유를 가리키며 이러한 이유로 놀이치료는 매우 빠르게 확산되고 있다. 놀이치료학회는 아동의 치료를 위해 시작한 작은 모임에서 약 6,000여 명의 회원들로 확대되었다. 놀이치료학회는 놀이치료사와 놀이치료 슈퍼바이저 등록을 위한 기준을 설정하였고, 아동의 치료와 관련된 전 세계의 많은 전문가는 놀이치료사 자격을 얻기 위해 필요한 훈련과 감독을 받고자 하였다.

놀이치료 분야에 대하여 증가하고 있는 이러한 관심은 『Partners in Play: An Adlerian Approach to Play Therapy』(1995)를 쓰게 된 주된 이유이다. 현재 활동하고 있는 상담사들과 훈련받고 있는 상담사들이 놀이를 사용하여 소통하고, 보다 긍정적인 방향으로 아동들이 성장하도록 도울 수 있는 실제적인 적용을 위주로 한 가이드가 필요하다고 생각했으며 지금도 여전히 그렇게 생각하고 있다. 이후에도 나는 아들 제이콥과 다른 아동, 부모와 교사, 여러 상담사와 나의 제자들, 워크숍 참석자들, 아동과 가족들에 대한 책들에서 아동과 가족에 대해 배우기를 쉬지 않았다. 이러한 생각과 경험을 바탕으로 아들러 놀이치료는 변화해 왔다. 나는 이 책의 초판을 집필한 이후, 아동들을 개념화하기 위한 전략들을 추가하였고 아동과 부모와 직접 작업하기 위한 새로운 기술들을 시도해 보았으며 아동과 부모 양쪽을 위한 치료 계획을 수립하기 위해 구조적인 방법을 개발하였다(상황이 적합할 경우, 이는 교사 혹은 다른 학교 관계자들을 위한 방법이기도 하다). 이러한 발전을 통해 『Partners in Play』의 2판을 2003년도에 발행하게 되었다. 아들러 놀이치료와 아동과 가정 및 학교에 대한 나의 이해가 그러하였듯 시간이 흐르며 놀이치료의 세계는 성장하고 발전해 왔다. 나는 『Partners in Play』의 3판에 대한 요구를 지속적으로 받아 왔지만 마음이 내키지 않았다. 광범위한 주제(리더십, 인생에 대한 조언, 춤과 동작, 모래놀이치료, 트라우마 등 이러한 요소들이 아동에게 미치는 영향과 에너지 등)에 대해 열심히 연구했지만 새롭게 제공할 수 있는 것이 없을까 봐 염려되었다. 나의 옛 제자이자 현재의 동료인 크리스틴 미니-월렌(Kristin Meany-Walen)에게—크리스틴은 이미 아들러 놀이치료에 관한 많은 연구와 저술 활동으로 중요한 공적을 세웠다—이 책의 새 버전에 대해 함께 작업해 보지 않겠냐고 제안하였고, 크리스틴은 흔쾌히 승낙해 주었다. 크리스틴은 이 책에서 나의 전문 분야가 아닌 조사연구에 대한 챕터를 작성하였고, 그녀와 함께 책을 쓰는 것은 매우 즐거운 경험이었다.

아들러 놀이치료의 개발

본론으로 들어가기 전에 아들러 놀이치료의 시작에 대한 짧은 이야기를 들려주고 싶다. 내가 박사 과정의 실습수업을 듣고 있던 어느 날, 교수가 "이 강의실에서 누가 놀이치료 과정을 이수했습니까?"라고 물었고, 우리는 모두 낙심한 듯 쳐다보았다. 왜냐하면 아무도 놀이치료 수업을 듣지 않았기 때문이었다. 교수는 재차 질문했다. "아동상담 코스를 수강한 사람이 있습니까?" 여전히 아무도 대답이 없었다. 교수는 이러한 절망적인 상황을 보고 또 물었다. "누가 아동들과 일해 본 경험이 있습니까? 이 중에 교사가 한 명도 없습니까?" 그때 나는 교수가 원했던 배경에서의 경험은 아니지만 소심하게 손을 들고 대답했다. "저는 초등학교에서 가르쳤습니다. 지금은 고등학교에서 상담하고 있습니다. 아동들과 일해 본 경험은 있으나 상담과 관련된 일은 아니었습니다."

교수는 대답했다.

> 관련이 있을 것입니다. 이번 학기에 충분하지는 않지만 놀이치료 경험이 많고 훈련받은 박사 과정의 학생이 여러분을 감독하고 슈퍼비전을 해 줄 수 있을 것입니다. 마치 실제 현장에서의 훈련과 같을 것이고 여러분은 잘 해낼 수 있을 것입니다.

이 말과 함께 나는 앞으로 끝나지 않길 바라는 이 배움의 과정을 시작하게 되었다. 나는 아동들과 소통하기 위해 놀잇감과 놀이에 대해서 배우기 시작했다.

특별한 내담자인 클레어는 위탁 가정의 아동이었다. 그녀의 생부모는 작년에 아이에 대한 책임을 원하지 않는다고 결정했다. 그들은 7세인 딸을 지역 쇼핑센터에 내려놓고는 가 버렸고 아동보호 센터에서는 아이를 위탁 가정에 맡겼다. 클레어는 그 위탁 가정의 다른 아이들을 향해 공격적인 태도를 보임으로써 자신의 버림받음과 슬픔, 상처에 대처하고 있었다. 클레어는 생부모와 함께 사는 동안 양육적인 틀이나 규정을 경험하지 못했다. 원하는 일은 무엇이든 해 왔던 것이다. 위탁 가정에 살게 되면서 양육적인 틀과 규정을 갖는 것 그리고 그에 적응하는 데에 어려움을 겪고 있었다. 클레어는 위탁 부모에게 함부로 이야기했고 가정의 모든 규칙을 노골적으로 어겼다.

클레어의 위탁 부모는 클레어가 상담받기를 바랐지만 그럴 수 있는 시간과 자원이 없었다. 내담자인 클레어를 맡은 나의 책임 중 일부는 클레어를 어린이집에서 상담 센터로 데려와 상담이 끝나면 다시 어린이집으로 데려다주는 일이었다.

사실 클레어의 삶에 대한 서류를 읽었을 때 나는 두려웠다. 이 반응이 반드시 합리적이기만 한 것은 아니었는데, 그 이유는 이보다 더 안 좋은 문제를 가지고 있고 감정적으로 어려운 아동들을 가르친 경험이 있었기 때문이다. 하지만 그들을 가르치는 것과 치료사가 되는 것은 완전히 다른 것처럼 느껴졌고, 내가 클레어를 도울 수 없을까 봐 걱정이 되었다. 이보다 더 안 좋은 것은 나의 훈련 부족과 놀이치료에 대한 무지가 클레어에게 상처를 주지 않을까 하는 걱정이었다.

나는 놀이치료 전문가가 되기 위해 매일 밤늦게까지 놀이치료에 대한 책을 읽는 데 한 주를 모두 사용했다. 게리 랜드레스(Garry Landreth) 박사에게 놀이치료 수업을 들은 학생들에게 노트를 빌려 암기했고, 나를 감독할 박사 과정 학생과 전화로 몇 시간씩 이야기를 나누었다. 또한 상담 센터에서 아동과 놀이치료를 하는 능숙한 학생들을 관찰하기도 했다. 내가 얻은 거의 모든 정보는 비지시적(nondirective) 놀이치료에 관한 것이었다. 비지시적 놀이치료는 아동이 말하고 행동하며 느끼는 것에 대한 반영에 초점을 두는 방법이었는데, 아동의 감정이 표현되고 파악되며 수용될 때 아동이 스스로의 감정을 받아들일 수 있고, 그 감정에 대처함에 있어 자유로워질 수 있다는 신념에 근거한 것이다(Landreth, 2012).

클레어를 데리러 어린이집으로 운전하여 갈 무렵, 나는 비지시적 놀이치료에 대해 걸어 다니는 백과사전이었다. 그러나 두 가지 문제에 관해 약간의 우려를 갖고 있었는데 그것은 바로 나의 성격과 이론적 성향이었다. 비지시적 기법에 대해 내가 관찰하고 읽은 바에 따르면 나의 성격과 사람들, 특히 아동들과의 상호작용 방법이 비지시적 방법론과 일치하는지에 대한 확신이 서지 않았다. 나는 다소 활기차고 시끄러운 편이다. 나의 대인관계 유형과 상담 방법은 비지시적이라기보다는 꽤 지시적이고 적극적이다. 아들러 이론이 내가 사람들을 개념화하는 방법에 부합했고, 치료가 사람들의 삶을 변화시키는 데 도움이 된다고 믿는다는 점에서는 인지적인 부조화를 겪고 있었다. 즉, 사람과 변화에 대한 비지시적인 관점과 위와 같은 신념을 어떻게 조화시킬 수 있을지에 대한 확신이 들지 않았던 것이다.

나는 클레어가 나와 함께 대학 센터로 가는 것을 원하지 않거나 적대적일 것이라고 예상했다. 그러나 나의 예상과는 다르게 클레어는 기대감으로 폴짝폴짝 뛰었다. 클레어는 대학교에 간다는 것에 대해서 매우 특별하게 여기고 있었다. 클레어와 나는 센터로 향하는 차 안에서 즐겁게 대화를 나누었다. 서로에 대해서 알게 되었고 우스꽝스럽게 이야기하기도 했다. 클레어는 그녀의 '진짜' 가족과 위탁 가족에 대해서도 이야기했다. 각 가정에서 누구를 가장 좋아하고, 그들과 무엇을 하는 것이 좋은지 말이다. 그녀보다 내가 더 긴장했다고 생각한다. 우리는 둘 다 모험을 향해 나아가는 중이었지만 그 모험이 긍정적인 것이라는 것에 대해서는 클레어가 나보다 더 자신하고 있었다.

센터에 도착했을 때, 나는 클레어가 센터에 익숙해질 수 있도록 투어를 시켜 주었다. 우리는 계속 대화하고 함께 웃었다. 그러고 나선 클레어를 놀이방으로 데려가서는 "여기는 놀이방이야. 너는 여기서 네가 원하는 많은 것을 할 수 있단다."라고 소개했다. 그리고 나는 의자에 앉아 클레어가 놀이방에서 노는 것을 관찰하였다. 나는 클레어의 행동을 추적하고, 내게 하는 말의 내용을 반영해 주었다. 나는 클레어의 언어적 혹은 비언어적인 감정 표현을 알아차릴 때마다 클레어에게 그 감정을 반영해 주었다. 클레어가 함께 놀자고 요청했을 때, 나는 클레어에게 함께 놀기를 원하지만 지금은 스스로 놀아야 할 시간이라고 이야기해 주었다. 시간이 다 되었을 때, 우리는 웃고 떠들며 복도를 걸어 나와 차로 돌아왔다. 이러한 일정을 대여섯 번 반복했다.

내가 슈퍼바이저와 교수에게 받은 피드백은 긍정적이었지만 다소 편치만은 않았다. 같이 놀려고 했지만 사실 놀이방에서 불편했고 부자연스러웠다. 나는 클레어와의 친밀감이 놀이방 안보다 밖에서 더 좋았다고 느꼈다. 놀이방에서는 다소 긴장되었고—항상 맞는 것을 맞는 방법으로 말하려고 노력하며—지루했다. 나는 그녀를 관찰하고 있었다. 그녀의 주도권을 따르려고 했고 표현하는 생각과 감정을 이해하려고 노력했지만 클레어는 놀이방 안에서 생각과 감정을 많이 드러내는 것 같지 않았다.

나 또한 항상 클레어가 주도하게 하는 것이 편하지만은 않았다. 클레어는 가족, 버림받음, 또는 그녀의 현재 상황을 놀이나 대화 속에서 드러내기를 피했다. 그녀는 오히려 인생에서 슬프거나 무서운 일들이 전혀 일어나지 않았던 것처럼 행동하기를 원하는 듯 보였다. 클레어는 요술봉을 가지고 주변의 그러한 것들을 통제하는 동화 속 공주인 척하기를 좋아했다. 위탁 가정의 부모는 그녀의 행동이 집에서 여전히 통제 불능이라고 말했지만 놀이방에서의 클레어는 마치 혼란스러운 삶 속에서 모든 것이 완벽히 통제된 듯 행동했다. 비록 놀이치료 과정이 점진적이라는 것을 알고는 있었지만 나는 일종의 급박함을 느꼈다. 만약 클레어의 행동이 나아지지 않는다면 현재의 위탁 가정 또한 그녀를 버릴 것이고, 그녀는 또 다른 거절과 격변에 직면하게 될 것이었다. 단순히 클레어의 주도권을 따르는 것이 모든 문제점을 대처할 수 있는 것인지에 대한 확신이 들지 않았다.

어느 날, 어린이집으로 다시 운전해 가는 동안 클레어의 말에 나의 모든 의심은 명백해졌다.

> 테리, 어린이집으로 데리러 올 때랑 다시 데려다줄 때는 재밌는 사람처럼 행동하면서 왜 장난감이 있는 방에 있을 때는 이상하게 행동하세요? 미소도 많이 짓지 않고, 웃지도 않고, 질문도 안 하고요. 하는 것이라고는 그냥 거기 앉아서 내가 말하고 있는 것을 다시 나에게 얘기하는 것뿐이에요. 마치 놀이방에서는 진짜 사람이 아닌 것 같아요.

그 순간 문제가 무엇인지 정확히 깨달았다. 나는 놀이방에서 진짜 사람이 아니었다. 나는 비지시적인 놀이치료사가 어떠해야 한다고 생각했던 사람이지 진짜 내가 아니었던 것이다. 나는 놀이방 밖에서의 내 성격과 인간에 대한 나의 신념, 사람들을 돕고자 하는 가장 중요한 도구에서 멀어져 있었다. 그때 비로소 나는 놀이방 안에서도 나의 성격과 사람을 돕고자 하는 나의 신념을 모두 사용해야겠다고 결심했다.

나는 이미 나의 성격을 알고 있었고 성인들과 일했을 때 사람들을 보는 나의 관점이 아들러 이론에 부합했기 때문에 아동에 대한 아들러학파의 관점을 조사하기 시작했다. 아들러학파 치료사의 대부분은 가정 또는 학교 상황에서 아동들과 일할 때 가족치료, 부모를 위한 양육 정보, 교사들을 위한 학급 관리 프로그램의 형태로 일했다(Bitter, 2014; Lew & Bettner, 1998, 2000; Nelson, 2011; Sweeney, 2009). 아동들과 일하는 데에 관한 책들과 관련 챕터들, 논문들이 있었지만 그 어떤 것도 아들러 관점에서의 놀이치료에 대해서는 자세히 서술되어 있지 않았다(Adler, 1930/1963; Bordon, 1982; Dinkmeyer & Dinkmeyer, 1977, 1983; Lord, 1982; Nystul, 1980; Yura & Galassi, 1974).

나는 클레어와 이후의 놀이치료 내담자들과 놀이방에 있을 때에 인간의 본성에 대한 나의 신념과 성격을 적용하기 시작했다. 나는 놀이치료의 다른 접근법들에 관한 경험 있는 전문가들의 강의와 워크숍을 수강하였고, 아동과 그들의 부모를 상담하는 데 많은 슈퍼비전을 받았다. 아들러 놀이치료는 이러한 과정을 통해 발전하였고, 수년 동안 개인 심리학의 개념과 전략을 놀이치료와 결합시키기 위해 실험을 계속해 왔다. 아들러 놀이치료는 완성된 것이 아니라 여전히 발전하는 중이다. 크리스틴과 다른 전문가들은 이러한 발전을 촉진하고 있다. 이 책을 읽음으로써 독자들이 내담자들과의 관계에서 더욱 진실되기를 바라며, 가능하다고 생각되는 아이디어를 취해 내담자를 더 잘 이해할 수 있기를 바란다. 당신이 상담이라는 새로운 분야에서 기술을 연마하는 것이든, 이미 가지고 있는 기술을 더욱 완벽하게 하려는 것이든 간에 숙련된 전문가에게 훈련과 슈퍼비전을 받는 것은 필수적이다. 다른 치료사들에게 조언을 받는 것은 개인적인 차원과 직업적인 차원 모두에서 성장하는 데 도움이 될 수 있다.

각 장의 개요

제1장 '놀이치료란 무엇이고, 왜 중요한가'는 놀이치료의 다양한 요소에 대한 설명이다. 치료 과정의 일부로 놀이와 놀잇감을 사용하는 이유, 놀잇감의 선택, 놀이방의 배치, 놀이치료에 적합한 내담자 유형 등을 다룬다.

제2장 '아들러 이론을 놀이치료와 어떻게 결합시킬 수 있는가'는 사회적 배태성,[1] 사회적 관심, 생활양식, 행동의 목표, 중요한 Cs, 성격 우선순위, 열등감, 잘못된 신념, 사적논리, 창의성, 자기 결정을 포함한다. 이 장에서는 아들러 이론의 네 가지 단계와 아들러 놀이치료의 목적 및 아들러 놀이치료에서의 치료사 역할을 간단히 소개한다.

제3장 '아동에게 무엇이 문제인가: 아동을 이해하기 위해 아들러 개념 사용하기'는 다양한 아들러 개념에 대한 가이드이다. 주요한 점은 중요한 Cs, 잘못된 행동의 목표, 성격 우선순위에 있다. 제3장에서는 사례연구를 통해 놀이치료에서 이러한 개념을 아동에게 구체적으로 어떻게 적용할 수 있는지를 보여 준다.

제4장 '부모 및 교사와의 상담'에서는 부모와 교사를 포함하는 것의 중요성에 대한 설명으로 시작한다. 아들러 놀이치료 과정에서 적극적인 참여자로서 부모와 교사의 중요성과 부모와 교사를 관련시키기 위한 기술 논의도 포함된다. 우리는 다음과 같은 방법들을 설명한다.

① 부모 및 교사들과 관계 형성하기
② 부모와 교사들의 생활양식을 탐구하고 아동의 생활양식을 인식하기 위한 정보 얻기

1) 역자 주: 사회적 배태성(Social embeddedness)은 다른 사람들과 연결된 체계에 속해 있는 것을 말한다.

③ 부모와 교사들이 그들의 생활양식과 아동의 생활양식에 대한 통찰을 얻는 데 도움 주기
④ 권장하는 기술, 행동 관리 기술, 대화 기술 등을 가르침으로써 부모와 교사들의 방향성을 재정향해 주고 재교육하기

성격 우선순위와 중요한 Cs는 이 과정에서 중요한 요소들이며 이 장은 어떻게 이러한 개념들이 부모와 교사들의 상담에 적용될 수 있는지를 보여 주는 설명과 사례들을 포함한다.

아들러 이론은 치료사와 내담자 간의 평등한 관계에 달려 있다. 제5장 '어디서부터 시작해야 할까: 아동과 평등한 관계 형성하기'는 놀이치료에서 아동과 민주적인 관계를 형성하기 위한 아이디어들을 제시한다. 이 장에서는 다음과 같은 것을 어떻게 사용할 수 있는지에 대한 논의를 포함한다.

① 놀이방에서 아동들이 편안함을 느낄 수 있도록 감정을 추적하고, 내용을 다시 말해 주며 감정을 반영해 주기
② 아동에 대한 이해와 존중을 전달하기 위한 상위의사소통하기와 책임 돌려주기
③ 아동의 삶에 대한 관심을 전달하는 질문하기
④ 아동들과의 연결을 강하게 만들기 위한 도구로서의 역할놀이 기술과 기타 관계적인 방법을 포함하여 적극적으로 상호작용하기
⑤ 아동과의 관계를 강화하기 위해 함께 방 청소하기

이 장의 마지막에서는 아동들과의 관계를 형성하기 위해 이러한 기술들을 사용하는 방법을 설명한 사례를 포함한다.

격려와 제한하기는 아들러 놀이치료의 필수적 요소이다. 제6장 '"예"와 "아니요" 말하기: 격려와 제한'에서는 아동과의 관계를 형성하기 위한 방법으로, 아동이 자신감과 자기 효능감을 가질 수 있도록 행동과 태도의 변화를 확실하게 하기 위해 어떻게 격려를 사용할 것인지를 배울 것이다. 이 장에서는 중요한 Cs와 내담자의 성격 우선순위를 기반으로 격려하는 전략을 어떻게 조직할 것인지에 대한 설명을 제공한다. 이 장의 후반부에서는 제한설정을 위한 아들러 기술, 적절한 선에 대한 설명, 그리고 아동이 대안

적인 적절한 행동을 만들어 낼 수 있도록 돕기 위한 방법을 제공한다. 이 장은 제한을 설정하는 과정에서 단계들을 통합하는 방법, 아동의 중요한 Cs와 잘못된 행동의 목표, 성격 우선순위를 기반으로 하여 어떻게 제한을 설정하는지에 대한 논의를 설명하기 위한 사례로 끝을 맺는다.

아들러학파는 생활양식을 타인과 교류하고 상황을 이해하는 개인의 독특한 방법으로 본다. 내담 아동의 생활양식을 알게 될수록 아동이 자기 자신, 세상, 타인을 어떻게 보느냐를 이해하기 시작할 것이다. 제7장 '이 아동은 누구이고, 어떻게 이런 방식을 습득했을까: 아동의 생활양식 탐색하기'는 아동의 생활양식을 조사하는 다양한 전략을 다룬다. 이는 아동의 가정 분위기와 출생 순위를 알아보는 것, 그리고 초기 기억들을 포함하는 것이다. 제5장에서 시작된 사례가 계속되며 아들러 놀이치료의 실제 적용을 보여 준다.

제8장 '수집한 모든 정보로 무엇을 할 것인가: 아들러 생활양식 개념화 및 치료 계획 개발하기'에서 아동의 생활양식과 부모의 생활양식(때로는 교사의 생활양식)을 탐구하며 얻게 된 정보를 취합하는 것과 이러한 정보를 아동에 대해 (적절한 경우 부모와 교사에 대해) 공식적으로 개념화하는 것을 배울 것이다. 또한 이 장에서는 아동의 치료 계획(필요시 부모와 교사까지 포함)을 개발하기 위한 대내외 관계에서의 역학관계를 어떻게 개념화하고 구조적으로 이해할 수 있을 것인가를 설명한다. 제5장에서 시작되고 제7장에서 이어진 사례연구가 개념화와 치료 계획 과정을 좀 더 확고히 하는 데 도움을 준다.

아들러는 내담자들이 생활양식에 대한 통찰을 얻기 전까지는 행동을 바꾸지 않을 것이라고 생각했다. 아들러 놀이치료의 세 번째 단계에서는 아동 스스로의 생활양식과 행동에 대한 통찰을 얻도록 하는 다양한 전략을 사용한다. 제9장 '사자, 호랑이, 곰: 아동이 통찰을 얻도록 돕기'는 아동이 자기 자신, 세상, 타인을 보는 방법과 이러한 관점이 그들의 행동에 어떻게 영향을 미치는지 이해할 수 있도록 돕기 위해 상위의사소통과 일시적 가정, 상호 이야기 나누기와 다른 은유적 기법들, 미술과 예술 기법, 모래놀이치료의 활동, 춤과 동작 실험, 모험치료 기법, 즉시성, 대치, 유머를 사용하는 방법을 자세히 서술한다. 아동이 배우는 것을 일반화하도록 돕기 위해 놀이 회기에서 일어난 일과 다른 장소에서 일어난 일의 연관성을 종종 지적할 것이다. 제5, 7, 8장의 연속된 사례는 이러한 단계에서 아들러 놀이치료의 실제적인 적용을 설명한다.

아들러 이론의 마지막 단계의 목적은 제10장 '어떻게 마무리할 수 있을까: 재정향 ·

재교육하기'에 나타나 있다. 이 장은 내담자들이 자기 자신, 세상, 타인을 보는 새로운 방법, 다양한 상황에서 행동하는 새로운 방법, 다른 사람들과 교류하는 새로운 방법을 배우는 데 도움을 준다. 이 단계에서 아동이 대안적인 관점과 행동을 만들어 낼 수 있도록 브레인스토밍과 문제해결 전략을 사용할 수 있다. 또한 사회적 기술, 협상 기술, 힘을 나누는 방법과 같이 아동들이 가지지 못한 기술들을 적극적으로 가르칠 수도 있다. 놀이방은 이러한 새로운 관점과 기술들을 안전하고 위협적이지 않은 환경 내에서 연습할 수 있는 실험실이 된다. 또한 이 장에서는 두 번째 아동을 놀이방 과정에 소개하고 놀이치료를 마무리하는 정보를 포함한다. 이전 장들에서의 사례들이 연속되며 이 단계에서의 아들러 놀이치료를 설명한다.

제11장 '내가? 연구를 한다고?'는 관심 있는 사람이라면 누구든 아들러 놀이치료 연구를 하도록 권유하기 위해 쓰였다. 이 장에서는 일반적인 놀이치료를 위한 연구 지원과 아들러 놀이치료에 대한 연구 지원에 대한 정보를 담고 있다. 또한 연구 수행을 위한 고려사항들을 살펴보고, 아들러 놀이치료의 각 단계에 필요한 기술들에 대해 자세한 정보를 제공한다.

우리는 보충자료들을 모아 아동들과 가정 그리고 학교에서 일할 때 사용할 수 있도록 했다. 이 책 부록에 일부 제공하였고, 잘못된 행동의 특정 목적을 가진 아동들과 중요한 Cs에 어려움을 겪는 특정한 사람들과 작업할 때 사용할 수 있는 부모를 위한 유인물을 포함하였다. 여러분이 치료 계획을 개념화하고 개발할 때 고려해야 할 것들을 되새겨 주기 위한 '커닝 페이퍼'도 포함하였다. 만약 연구하기를 원할 경우에 대비해 치료의 정확성을 측정하기 위한 체크리스트도 제공하였다(아들러 놀이치료 슈퍼비전을 위해서도 사용 가능하다). 이러한 보충 자료는 ACA Online Bookstore(www.counseling.org)에서 찾아볼 수 있다.

저자 일동

감사의 글

잘못된 확신에 대한 설명을 바로잡을 수 있도록 도움을 주신 로라 브라운(Laura Brown)과 시카고에 있는 Adler University의 리 존슨-미걸스키(Leigh Johnson-Migalski), 2014년도 '아동과 청소년' 수업을 들은 학생들에게 감사드립니다.

중요한 Cs와 아동들에 대한 이해와 그들의 재능을 개발시키고 촉진시켜 주신 에이미 류(Amy Lew)와 베티 루 베트너(Betty Lou Bettner)에게 감사드립니다.

리아(Leah), 던(Dawn), 네이트(Nate), 그리고 최고의 커피숍인 아이오와주 시더 폴스에 있는 Cup of Joe의 훌륭한 직원 여러분의 지지와 격려 그리고 훌륭한 커피에 감사드립니다.

차례

Chapter 07 이 아동은 누구이고, 어떻게 이런 방식을 습득했을까: 아동의 생활양식 탐색하기 / 243

Chapter 08 수집한 모든 정보로 무엇을 할 것인가: 아들러 생활양식 개념화 및 치료 계획 개발하기 / 293

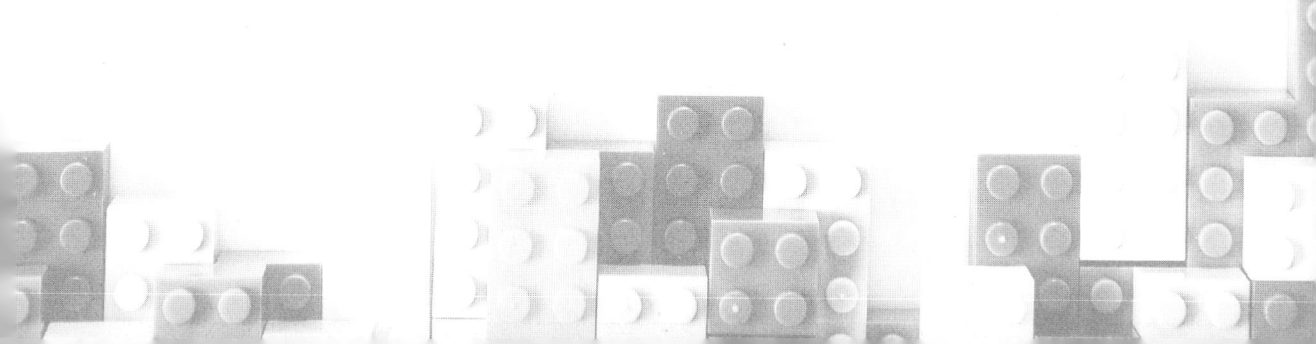

부록 / 437

Chapter 01

놀이치료란 무엇이고, 왜 중요한가

놀이치료학회(2014)에 따르면 놀이치료는 "교육을 받은 놀이치료사가 내담자들이 겪는 심리사회적 어려움을 예방하거나 해결하며 최적의 성장과 발달을 이룰 수 있도록 돕기 위해 놀이의 치료적 힘을 사용함으로써 개인 및 상호 간의 관계를 성립시키기 위한 이론적 모델의 체계적인 사용이다."

공식적으로 놀이치료는 놀잇감, 미술 재료, 게임, 모래상자 및 여러 가지 다른 놀이 매체를 사용하여 내담자들과 치료적으로 소통하기 위한 접근법이다. 또한 내담자들이 그들의 감정을 탐색하고 표현하며 내면적 동기와 다른 사람들에 대한 통찰을 얻을 수 있도록 하며 사회적으로 적합한 행동들을 연습할 수 있도록 치료사와 안전하고 양육적인 관계를 맺을 수 있도록 돕는다(Henderson & Thompson, 2011; Homeyer & Sweeney, 2011; Kottman, 2011; Landreth, 2012; Ray, 2011; Schaefer, 2011). 비공식적으로 놀이치료는 내담자들(주로 아동들)을 놀잇감과 이야기, 예술로써 상담하는 것이다. 밴 플리트, 시월락, 스니스칵(VanFleet, Sywulak, & Sniscak, 2010)은 간단하게 이렇게 말했다. "놀이치료에서 그 형태가 무엇이든 놀이가 곧 치료이다." 놀이치료는 아동의 자연스러운 언어인 놀이를 치료적 상호작용으로서 사용한다. 놀이에서 아동의 행동과 언어는 세상에서의 관계와 상황에 대한 상징적이고 은유적인 소통의 형태를 띤다.

> 놀이치료사는 아동이 자신의 놀이의 인지적 의미 또는 내용을 논의하는 것을 바라는 것이 아니라 아동의 잠재의식 속에 있는 문제가 놀이를 통해 표면으로 떠오르는 것을 살펴보고자 한다. 또한 무의식적인 것이 나타남으로써 아동이 놀이치료사들이 만든 놀이와 환경을 '활용하여' 정서와 사회적 건강을 회복하기 위해 다루어야 할 문제들을 해결한다(VanFleet et al., 2010, p. 12).

놀이치료 접근법에 따라 치료사들은 내담자와 소통하기 위한 자유놀이, 지시된 놀이, 게임, 예술 기법, 은유적 소통, 독서치료, 드라마 치료전략, 모험치료 기법, 모래놀이치료, 소도구를 이용한 연극치료, 동작과 춤, 음악, 또는 기타 치료적으로 창의적인 방법들과 같은 여러 방식들을 사용할 수 있다. 이 책을 집필하며 만약 이러한 모든 전략을 자세히 쓴다면 이 책은 수천 페이지에 달하게 될 것이기에 첫 번째 문단을 참고문헌들로 채우지 않으면서도 독자들에게 정보에 접근할 수 있는 방법을 어떻게 제공할 수 있는지에 대한 생각을 해야 했다. 그래서 이러한 과정들에 대한 참고문헌에 대한 부록을 만들었다(부록 A 참조). 아들러 놀이치료에서는 아동 및 가족들(간혹 교사도 포함)과 작업하는 데 있어 이러한 모든 기법을 사용하였다.

놀이치료의 근거

무엇이 놀이치료를 치료적으로 만드는가? 셰퍼와 드류즈(Schaefer & Drewes, 2013)는 '놀이의 치료적 힘'이 다음과 같다고 하였다. 의사소통을 촉진시킨다(자기표현, 무의식에 접근, 직접적인 가르침과 간접적인 가르침), 정서적인 건강을 증진시킨다(카타르시스, 정서적 해방, 긍정적 정서, 두려움에 대한 반대 조건 부여, 스트레스 예방, 스트레스 관리), 사회적 관계를 확대한다(치료적 관계, 애착 형성, 사회적 경쟁력, 공감), 개인의 힘을 키워 준다(창조적인 문제 해결, 회복력, 도덕성 개발, 심리적 발달의 가속, 자기통제, 자아존중). 이러한 치료적 힘에 관하여 셰퍼와 드류즈(Schaefer & Drewes, 2013)는 그들의 저서에서 자세히 다루고 있으므로 참조할 수 있다.

놀이치료는 특별히 아동을 상담하는 데 적절한 방법이다. 이는 아동에게 놀이가 자연스러운 것이기 때문이다. 10세 이하의 아동은 대부분 추상적인 추론 기술과 상담실에서 같이 앉아 이야기할 수 있는 구술 능력, 자신의 생각과 감정 및 행동에 대해 정확하게 말할 수 있는 능력이 아직 부족하다. 아동은 무엇이 자신들을 괴롭히는지에 대해 유창하게 말할 수 있는 능력이나 편안함은 거의 없지만 은유를 통해 자신을 표현하기 위한 놀잇감과 놀이를 사용하는 데에는 편안함을 느낀다(Kottman, 2011; Nash & Schaefer, 2011).

대부분의 아동은 표현적인 언어기술보다는 수용적인 언어기술이 더 발달한다. 또한 말로 표현하는 법을 알지 못할 때에도 개념들을 이해할 수 있다. 이러한 차이가 의미하는 것은 추상적 단어 추론 기술이 없거나 개념을 말로 설명할 수 있는 어휘를 모를 때라도 치료사들이 아동과 성공적으로 소통할 수 있다는 것이다. 따라서 치료사들은 아동과 소통하기 위해 놀이와 언어를 통합할 수 있다.

회기 중, 아동이 행동하거나 말하는 모든 것은 아동이 자기 자신과 세상, 그리고 타인을 어떻게 보고 있는지에 대한 정보를 전달한다(Kottman, 2011). 아버지가 암으로 돌아가신 한 6세 아동은 모든 군인 장난감을 가져다가 바닥에 눕힌 뒤 말한다. "이 사람들은 모두 죽었어요. 아무도 이 사람들을 도울 수 없어요."

한 4세 아동은 당신에게 지시적이며 교대하거나 힘을 나눠야 한다는 제안에 저항한다. 한 8세 아동은 아버지 인형을 가져다가 그것이 인형의 집에서 어머니 인형을 계단으로 밀어 떨어뜨리고 꼬마 인형이 아버지 인형을 저지하는 동안 웃는다. 아동의 놀이와 놀이 안에서의 언어적 표현은 그 아동의 생활양식과 삶의 상황을 보여 주는 은유이다. 아들러 놀이치료에서 치료사의 일은 놀이방에서 아동을 관찰하고, 놀이를 통해 어떻게 아동의 생활양식과 상황들이 표현되는지를 이해하며, 그러한 이해를 아동에게 말해 주기 시작하는 것이다. 아동들과 소통하기 위해 상호 놀이, 언어적 해석, 스토리텔링 등을 사용할 수 있다.

놀이치료가 자신들에게 무슨 일이 있는지를 설명할 수 있는 능력이 있는 초등학생 나이의 아동과 청소년 및 성인들을 위해서도 사용되는 이유가 있다. 좀 더 큰 초등학생 나이의 아동들[종종 10대 초반의 아동(tweens)이라고 불림]과 10대 청소년에게 놀이는 단순히 재밌고 즐겁다는 이유로 관계를 형성하는 데 쓰일 수 있다(B. Gardner, 2015; Milgrom, 2005). 이것은 치료 받으러 이끌려 온 청소년들의 자연스러운 저항을 종종 짧게 끝낼 수도 있다(이들은 간혹 말 그대로 발로 차거나 소리를 지르기도 한다). 또한 놀이치료는 청소년들이 발달의 연속성을 따라 전후로 움직이며 건강한 개성화를 위해 노력하는 동안 비침습적이며 비양육적인 성인으로부터 분리되도록 치료적 관계를 사용할 수 있는 기회를 제공한다(Milgrom,2005). 운동감각과 시각적으로 연관된 소도구들, 놀잇감, 미술재료, 그들을 표현하는 다른 재료들을 사용하도록 하는 것은 누군가와 마주 앉아 있는 것, 눈을 마주치는 것, 내면의 깊숙한 비밀을 말하도록 하는 압박감의 일부를 없애 준다. 소통의 방법으로 놀이를 사용하는 것은 청소년들이 자신의 창의성을 드러내고 경험을 통해 배우는 것을 권장시키며, 이는 자신들이 배우고 있는 것에 대한 주인의식을 고취시킬 수 있다(B. Gardner, 2015; Kottman, Ashby, & DeGraaf, 2001). 직접 전달하도록 압박하는 것보다 은유를 통해 상징적으로 전달하도록 허용하는 것은 청소년들이 숨기거나 피하고자 했던 고통스럽고 끔찍한 생각과 감정, 경험들을 들여다보고 표현하는 데에 안정감을 느끼게 한다.

대부분의 성인은 자유의지로 치료를 시작하지만 그들 또한 놀이치료의 혜택을 받을 수 있다. 브라운과 본(Brown & Vaughn, 2009), 프레이(Frey, 2015)에 따르면 성인들에게

도 놀이의 필요성이 해당된다. 놀이치료는 성인들에게 통찰을 얻게 하고 스트레스를 줄이며, 의사소통의 기술을 향상시키고 자기 효능감을 촉진시키며, 숙련도를 고양시키는 기회를 제공한다. 나(TK)는 청소년과 성인들과의 회기에서 놀이치료와 대화 치료(talk therapy)를 통합한다. 이러한 과정을 통해 놀이치료가 관계 형성을 촉진시키고 나와 내담자 모두에게 회기가 더욱 즐거운 것이 되게 한다는 것을 발견하였다. 놀이치료는 내담자가 통상적으로 거부할 것들을 '허용'하도록 하고 내담자들의 '실제' 생활의 일상 상황들 속에서 추상적인 대화들로부터의 연결고리를 구축함으로써 내담자들이 통찰하거나 더 심화할 수 있도록 도움을 준다.

놀이치료를 위한 환경

'완벽한' 놀이치료 환경이란 무한한 공간 및 자원과 지원을 지닌 내담자별로 디자인된 놀이방이다. 하지만 현실에서는 그러한 환경에서 작업할 수 있는 기회를 갖는 것은 매우 드물며 어디서 일하든 놀이공간은 아동들과 놀이치료에 대한 철학과 상담사의 성격을 반영하는 것이어야 한다. 또한 상담사가 대하는 특정 내담자 집단을 잘 반영하는 것이어야 한다. 매우 쉽게 산만해지는 아동들과 작업하는 상담사들은 놀이 공간에 놀잇감과 시각적으로 자극되는 것을 거의 두지 않는다. 또 다른 상담사들은 본인이 극적이고 내담자들과 드라마를 사용하고 재연하는 것을 좋아하기 때문에 놀이공간에 무대와 많은 의상을 구비하고 있다. 질서와 틀을 갖출 필요가 있는 상담사들이나 공간이 부족한 상담사들은 선반이나 부엌, 전자제품 및 모래상자 등 모든 것을 빌트인(built in) 방식으로 구성해 놓는다.

아들러 놀이치료에서 놀이방 설계의 가장 중요한 요소는 상담사의 태도이다. 만약 상담사가 놀이방에서 행복하고 안전함과 편안함을 느낀다면 아동들도 행복하고 안전함을 느끼며 편안하고 환영받는 느낌을 받을 것이다. 상담사가 편안함을 느낄 수 있고 내담자가 안전하게 느낄 수 있는 공간을 만들기 위해서는 아들러 상담사들이 유연함과 상상력을 사용해야 한다는 점을 기억하는 것이 중요하다.

'이상적인' 놀이방

랜드레스(Landreth, 2012)는 '이상적인' 놀이방을 설계하는 실용적인 고려사항들을 철두철미하게 서술하였다. 그는 이상적인 놀이방이 약 12피트×15피트(약 3.6미터×4미터)이고, 150~200제곱피트(약 14~19제곱미터) 사이의 영역이라고 하였다. 이러한 면적은 아동들이 돌아다닐 수 있는 공간을 주면서도 동시에 상담사와 상대적으로 가까운 곳에 있게 한다. 상담사가 소규모 그룹으로 작업하길 원한다면 이 크기의 방은 편안하게 여러 아동을 한번에 수용할 수도 있다.

놀이방에서 아동들에게 프라이버시를 제공하는 것은 매우 중요하다. 창문이나 한쪽 방향 거울(one-way mirror)이 있는 놀이방에는 커튼이나 블라인드를 두는 것이 놀이치료의 과정 중에 민감한 일이 일어날 경우 아동의 프라이버시가 필요한지의 여부를 결정할 수 있어 도움이 된다.

세탁 가능한 벽 커버나 바닥 커버를 사용하면 아동들이 두려움 없이 지저분하게 사용할 수 있으므로 도움이 된다. 아마도 가장 좋은 구조는 바닥은 필요 시 씻어 내거나 교체하기 쉬운 비닐 타일로 덮고, 벽은 중간 정도 색의 세척 가능한 에나멜로 칠하는 것이다. 그러나 이것이 불가능할 때(예: 카페트로 덮혀 있거나 자본이 충분하지 않을 경우)에는 페인트나 풀 혹은 다른 지저분한 것이 바닥에 쏟아졌을 때 어떻게 반응하게 될 것인지를 고려해야 한다. 만약 이것이 당신에게 큰 문제가 될 것이라면(또는 이로 인해 엉망인 상태를 만들어 놓은 아동에게 긍정적인 태도를 유지할 수 없게 된다면) 시설을 따로 설치하거나(예: 손가락 페인트의 사용을 피하거나 미술 구역으로 지정된 카펫에는 플라스틱을 설치) 이러한 재료들에 대해 엄격한 제한을 두는 것이 현명하다.

놀잇감들과 재료들이 정리되지 않은 채 혼란스럽거나 복잡하지 않도록 선반들이 필요한 만큼 구비되어 있어야 한다. 키가 작은 아동들이 선반의 맨 꼭대기에 손이 닿을 수 있어야 하기 때문에 선반은 38인치(약 96.5 센치미터) 이하의 높이여야 한다. 안전에 대한 주의사항으로 놀잇감 선반이 벽에 고정되는 것을 권장한다. 이것은 선반이 넘어지는 돌발 사고나 화가 난 아동이 선반을 상담사 위에 넘어뜨리는 것을 예방할 수 있다(이 또한 아동에 대한 긍정적 태도를 유지하는 데 어려움을 줄 수 있다; Kottman, 2011; Landreth, 2012).

가장 이상적인 놀이방에는 차가운 물이 나오는 개수대가 있지만 위험할 수 있는 뜨거운 물은 사용할 수 없게 되어 있다. 조리대 공간이 구비될 수 있다면 싱크대에 연결되어 있거나 떨어져 있거나 상관없이 미술 작업을 위한 공간을 제공하는 데 도움이 될 것이다. 물감과 찰흙, 여분의 종이 등의 재료를 보관하기 위한 캐비닛은 큰 도움이 되는데, 이는 아동의 접근을 통제할 수 있고 재료들을 함부로 다루는 것을 방지할 수 있기 때문이다(이러한 캐비닛이 없다면 제6장의 제한하기 참조). 벽에 설치되어 있거나 이젤 위에 놓인 칠판 또는 화이트보드는 자기표현의 안전한 수단이다. 놀이방내에 있는 작은 화장실은 복도에서 화장실로 이동하는 것과 관련된 실랑이를 제거할 수 있다. 하지만 이것이 불가능할 경우 놀이방과 화장실이 가까운 편이 좋을 것이다(Kottman, 2011; Landreth, 2012).

소음 역시 놀이방의 설치와 특성에 있어 고려되어야 한다(Kottman, 2011). 놀이방이 위치한 건물이 다른 번화한 지역과 최대한 떨어져서 소음이 문제되지 않도록 해야 한다. 놀이방에 소음을 줄이기 위한 방음 타일이 설치된다면 같은 건물의 거주자나 지나가는 사람들에게 도움이 될 것이다. 그러나 놀이방 설비에 자금이 무한정 공급될 수 있는 것이 아니라면 합리적이지 않을 수 있다.

놀이방의 가구들은 나무나 모양 틀로 만들어진 플라스틱이어야 하고 아동들을 수용하기 위한 디자인이어야 한다. 만약 부모들과 함께 놀이방에서 작업한다면 그들을 수용할 수 있는 가구도 갖춰 놓는 것이 중요하다. 상담사 또한 앉을 자리가 필요한데, 의자(또는 방석)는 너무 편해서 아동들에게 집중할 능력을 저해할 정도는 아니면서도 부모들과 이야기할 때 집중할 수 있는 정도의 평온함은 유지할 수 있는 것이어야 한다(Kottman, 2011).

놀이치료를 위한 다른 공간들

아동들과의 놀이치료를 위해 상담사에게 이상적인 놀이방이 꼭 필요한 것은 아니다. 우리 중 누구도 놀이치료에 '완벽'하거나 '이상적'인 환경을 갖춰 보지 못했지만 전혀 문제가 없었다는 점을 언급하고 싶다. 크리스틴은 초등학교에 갈 때 놀잇감을 가방에 넣어 가져가며 그날 가능한 공간이 주어지면 어디에서든 일한다. 테리는 학교의 상담사가 공유해 주는 사무실을 쓰는데, 그 방은 가운데 큰 테이블이 있어서 학교 관계자들이 방과 후에 회의를 하기도 한다. 놀이방 가운데 큰 회의 테이블이 있는 것은 이상적이지 않지만 일하는 데는 문제없다.

많은 놀이치료사는 "놀잇감을 가지고 여행을 한다."(Drewes & Schaefer, 2010; Niel & Landreth, 2001). 학교 상담사들은 놀잇감 가방을 가지고 자주 여러 학교로 여행을 한다. 지역 공동체 기관에서 일하는 일부 상담사들은 놀이치료를 수행하기 위해 아동의 학교나 집을 방문한다. 병원이나 호스피스에서 일하는 많은 상담사는 병원의 병실로 가서 병원 침대에서 놀이치료를 한다. 놀이치료를 위한 이상적인 공간을 갖지 못하거나 회기를 위한 고정적인 환경을 갖지 못하는 상담사들은 다소 조용하고 방해받지 않으며 상대적으로 개인적인 공간을 찾을 필요가 있을 것이다. 혼잡한 집이나 학교에서 놀이치료를 시행하는 것이 종종 어렵기 때문에 최상의 것을 위해 최선의 노력을 기울여야 함을 기억할 필요가 있다. 예상 가능한 배열로 놀잇감을 놓을 수 있는 테이블이나 바닥의 일정한 장소를 마련하는 것도 도움이 된다. 물건을 옮기거나 다치는 것을 피하기 위해 특정 회기에서 해당 아동과 무엇을 하고자 하느냐에 따라 그 회기에 따른 놀잇감을 선택할 수 있다. 이러한 조정을 제외한다면 이상적이지 못한 장소에서 놀이치료를 진행하는 것은 이상적인 장소에서 놀이치료를 하는 것과 동일하다.

아들러 놀이치료에 적합한 놀잇감

놀이치료에서 놀잇감은 아동을 위한 소통의 매개체이기 때문에 놀잇감의 선정은 주의 깊게 고려되어야 할 과정이다. 어떤 놀이 재료들을 놀이방의 치료적 구성 요소로 포함시킬지 평가할 때 상담사들은 다음 사항을 고려해야 한다(Kottman, 2011; Landreth, 2012; Ray, 2011).

① 창조적이고 정서적인 표현을 촉진시키는가
② 놀이방에서 언어적 또는 비언어적인 탐구와 표현을 허용하는가
③ 아동들이 흥미로워하고 재미있어 하는가
④ 투영할 수 있거나 은유적인 놀이에 사용될 수 있는가
⑤ 다양한 발달 단계에 있는 아동들에게 사용될 수 있는가
⑥ 아동들에게 성공 경험을 제공하는가

⑦ 개별놀이와 상호놀이 모두 가능한가
⑧ 모든 문화에 걸쳐 적절한가
⑨ 잘 만들어져 있고 내구성이 좋으며 안전하고 위생적인가

놀이치료 과정에서 아동은 놀잇감과 놀이 매체를 다음과 같은 목적으로 사용한다(Landreth, 2012).

① 상담사와 긍정적인 관계를 맺기 위해
② 여러 가지 감정을 표현하기 위해
③ 실제 삶의 상황과 관계를 탐구하고 재연하기 위해
④ 한계를 시험하기 위해
⑤ 자기 개념을 강화하기 위해
⑥ 자기 이해를 향상시키기 위해
⑦ 자기 통제를 확대하기 위해

아들러 놀이치료에서 아동들이 사용할 놀잇감을 갖는 것은 필수적인데, 이는 다음의 목적을 위해서이다.

① 가족 구도와 가정의 분위기를 탐구하기 위해
② 잘못된 신념, 인식하고 있는 위협, 과거의 트라우마를 검사하기 위해
③ 통제와 신뢰 문제를 살펴보기 위해
④ 가족 관계의 역동과 다른 사람과의 관계에 대한 감정을 알아보고 표현하기 위해
⑤ 다른 사람과 관계하고 의미를 얻는 그들의 독특한 방식을 알아보고 표현하기 위해
⑥ 그들의 창의성과 상상력을 알아보고 표현하기 위해
⑦ 새로운 태도와 행동들을 연습하기 위해

이러한 아동 경험의 모든 측면을 허용하는 놀잇감을 제공하기 위해 아들러 놀이치료에서는 그들의 '도구 상자'를 다섯 가지 범주의 놀잇감으로 채운다. 가족-양육적인 놀잇감, 무서운 놀잇감, 공격적인 놀잇감, 표현적인 놀잇감, 그리고 가장 상상적인 놀잇

감이다. 다음의 각 목록에 있는 놀잇감을 모두 가지고 있을 필요는 없다. 그렇게 하려고 노력하는 것도 어려운 일이며, 그렇게 된다면 놀이방에는 상담사와 아동을 위한 어떠한 공간도 없게 될 것이다. 그렇지만 전체의 다섯 가지 다른 범주에서 대표적인 놀잇감을 가지고 있는 것은 필수이다. 놀이방에서 아동의 장난감 사용을 조사한 연구에 따르면 아동은 일반적으로 각 범주의 장난감을 사용한다(Ray et al., 2013). 자신을 표현할 수 있는 놀잇감이 많을수록 아동은 자신을 명확하게 전달할 가능성이 커진다. 놀이에 대한 폭넓은 가능성에 대한 필요성과 상담사와 아동을 압도할 정도로 놀이방을 혼잡하게 만들지 않을 필요성 간의 균형을 맞추어야 한다.

가족-양육적인 놀잇감

아동들은 상담사와 관계를 형성하고 가족 관계에 대한 이해와 감정을 탐구하며 놀이방 밖에서 일어나는 사건을 재연하기 위해 이러한 놀잇감들을 사용한다. 대부분의 경우 중요한 Cs(관계, 유능감, 가치, 용기), 잘못된 행동의 목표, 가족 구도-출생순위(제3, 6, 7장에 이와 관련된 심화된 논의를 살펴볼 수 있다)가 가족-양육적인 놀잇감을 통해 표현되고 탐구된다. 아동들은 이러한 놀잇감을 사용하여 가정의 분위기를 나타내거나 돌보거나 요구한다. 가족-양육적인 놀잇감의 범주는 다음과 같은 놀잇감을 포함한다.

- 인형의 집
- 아기 인형
- 요람
- 동물 가족
- 사람 인형
- 아기 옷
- 아기 젖병
- 솜 인형
- 아동용 흔들의자
- 따뜻하고 부드러운 담요
- 항아리, 팬, 접시, 은식기

- 빗자루와 쓰레받기와 같은 청소용품 놀잇감
- 휘어지는 인형 가족
- 모래상자의 모래, 모래에서 사용할 수 있는 다양한 가족 모형
- 가족으로 쓸 수도 있는 '사람 같은' 모형들(광대 등)
- 음식 보관함, 시리얼 박스나 캔과 같은 것
- 나무나 플라스틱으로 된 주방 용품(공간이 있을 경우)

내담자들의 인종 구성이 어떻게 이루어져 있든 여러 인종 집단과 관련된 인형을 제공하는 것은 필수이다. 이것은 아동들로 하여금 다양한 집단 간의 차이점과 공통점을 알아보고 그들의 자아정체성을 탐구해 볼 수 있도록 한다. 가능하다면 각 인종 집단의 가족들을 갖춰 놓는 것도 중요하다. 이것은 의붓 가정이나 확대 가정에 사는 아동들이 놀이방에서 자기들의 가족을 재구성하는 데 충분한 인형들을 선택하여 놀이할 수 있도록 한다. 또한 게이나 레즈비언 커플이 양육하는 아동들에게 두 명의 엄마나 두 명의 아빠 인형을 선택할 수 있게 한다. 가족 인형의 옷은 벗길 수 있는 것이어야 하는데(벨크로나 늘어나는 재질이 적합), 이는 많은 아동(특히 성적 학대를 겪은 아동)이 가족구성원의 옷을 벗기거나 다시 입히기를 원할 것이기 때문이다. 또한 인형 옷이 벗겨져 있을 때마다 매번 옷을 풀로 다시 붙이거나 새로운 인형을 사게 되는 것은 어려운 일이다.

가끔 인형 가족은 너무나 실제 가족처럼 보여서 그것이 어떤 아동에게는 극도의 위협감을 느끼게 할 수도 있다. 이러한 아동들은 부엌용품을 가지고 가족의 역동관계를 연기하거나 사람처럼 보이지 않는 가족을 가지고 연기하는 것을 더 원할 수도 있고, 이러한 과정을 촉진하기 위해 다양한 종류의 플라스틱 동물 가족을 갖고 싶어 할 수도 있다. 몇몇 인형은 다른 인형보다 커서 부모와 아동을 나타낼 수 있도록 말이다. 이러한 것은 아동들이 가족 안에 내재된 문제를 직접적으로 다루지 않고 어떤 일이 가정 내에서 일어나고 있는지를 나타낼 수 있게 한다. 그들은 각각 다른 종류의 동물로 가족 구성원을 나타낼 수도 있다. 예를 들어, 나(TK)라면 나의 친절한 남편은 사슴으로, 내 말썽꾸러기 아들은 원숭이로, 나 자신은 수달로 선택하여 나의 장난기를 나타낼 것이다.

어떤 아동에게는 가정 상황을 탐구하는 것이 너무나 무서운 일이라 부엌용품이나 동물 가족 인형도 사용하지 못한다. 우리는 사람처럼 생겼지만 확실히 가족으로는 볼 수 없는 몇몇 작은 인형들(광대나 땅속 요정)을 갖추어 놓았다. 이는 가족들에 대해 극단적

으로 방어적인 태도를 취하거나 가족의 역동관계를 보여 주는 데 불안함을 느끼는 아동들에게 놀이주제가 가족이라는 인식을 가질 필요 없이 간접적으로 가족과 양육 문제를 다룰 수 있는 방법을 제공한다.

무서운 놀잇감

아동들은 현실과 상상 세계를 바탕으로 자신들의 두려움을 다루기 위해 무서운 놀잇감들을 사용한다. 그들은 겁먹은 것처럼 연기할 수도 있고 자신들이 무섭다고 생각하는 것으로부터 자신들을 지키거나 상담사로부터 자신을 지키게끔 할 수 있다. 다음은 무서운 놀잇감의 범주에 속하는 놀잇감의 예이다.

- 플라스틱 뱀
- 쥐 놀잇감
- 플라스틱 괴물
- 공룡
- 곤충
- 용
- 상어
- 악어
- 기타 난폭하고 위험하며 무서운 동물(예: 늑대, 곰, 악어)

아동들은 무서운 놀잇감에 대해서 특정한 반응을 보이는 경향이 있다. 예를 들어, 일부 아동에게는 곤충이 몹시 무서운 것인 반면 다른 아동들에게 곤충은 흥미롭거나 우스꽝스러운 것이다. 다양한 아동에게 공포를 불러일으킬 수 있는 것을 갖추기 위해서는 여러 종류의 무서운 놀잇감을 구비하고 있는 것이 중요하며, 각각의 무서운 놀잇감을 여러 개 준비해 놓아야 한다. 그렇게 함으로써 아동들은 무서운 가족들을 만들고 여러 명의 적과 전투를 하고, 동일한 종류 내에서 '좋은' 무서운 놀잇감들과 '나쁜' 무서운 놀잇감들을 분류할 수 있게 된다.

비록 여러 종류의 무서운 놀잇감을 모두 갖춰 놓는 것이 필수적이지는 않지만, 속이 빈 날카로운 이빨을 가진 몇 개의 뱀과 악어와 상어는 반드시 갖추어 놓아야 한다고 생각한다. 성적으로 학대받은 아동들 중 많은 수가 그들의 놀이에 뱀을 사용하는데, 종종 남근과 같이 생긴 뱀의 모양을 가지고 성적 학대를 직접적으로 재연하거나 협박 혹은 위협감을 나타내기 위해 뱀을 사용하기 때문이다. 그들은 자기보호를 표현하기 위해 다른 놀잇감이나 그들의 손가락을 입에 넣고 이빨로 그것을 찢는 척 연기하는 것을 좋아한다. 놀이방에 뱀을 두는 것은 아동에게 직접적으로 이러한 주제를 말로 할 필요 없이 연기하게끔 한다. 이 또한 아동들에게 학대한 사람에 대한 처벌을 드라마틱하게 하고 스스로를 지키는 방법을 연습하는 것으로서 뱀에게 '못된' 짓 하는 것을 허락하는 것이다. 그런데 다른 많은 아동도 뱀을 가지고 노는 것을 좋아하므로 뱀을 가지고 노는 것이 반드시 학대경험을 진단하는 것은 아니라는 점을 알아 두는 것이 중요하다. 가끔 뱀은 그냥 뱀일 뿐이다.

만약 아동이 특정 공포를 가졌거나 특정 상황에 불안함을 느낀다면 정확히 두려움의 대상을 나타내는 놀잇감을 구비하는 것이 도움이 된다. 예를 들어, 드숀이 기차 충돌로 어린 여동생이 죽는 것을 목격했다면 놀이방에 기차를 두어 그 사고에 대해 감정을 처리할 수 있도록 하는 것이 중요하다. 리앤이 유령이 자신을 쫓는 꿈을 반복해서 꾼다면 놀이방에 유령 손가락 인형을 두는 것이 도움이 될 수 있다. 그렇지만 보다 많은 '물품'을 구비하기 원하지 않는다면 아동이 자신의 특정 공포를 나타내는 무언가가 필요할 경우 놀이방에서 다른 것을 자신이 원하는 대상으로 만들 것이다. 예를 들어, 드숀이 놀이방에서 기차를 찾을 수 없다면 자동차나 작은 상자가 기차인 것처럼 할 것이다.

공격적인 놀잇감

아동들은 자신들의 분노나 공포를 나타내고 공격성을 상징적으로 연기하기 위해 힘과 통제의 문제를 다룰 수 있는 공격적인 놀잇감을 사용한다. 또한 무서운 놀잇감들로 표현할 수 있는 것과 같이 상징적으로 위험에서 자신을 보호하기 위해 공격적인 놀잇감을 사용할 수 있다. 이 범주의 놀잇감들은 아동들이 유능감을 가질 수 있도록 하는데 매우 중요하다. 아동들이 자기 스스로를 지킬 수 있다고 인지할 때(놀이치료 회기 내에서 무기들을 이용한 상징적 놀이를 통해) 다른 상황에서도 자기 효능감을 확장시킬 수 있다. 공격적인 놀잇감은 아동들이 안전한 환경에서 한계를 시험하고 자기 통제를 개발할 수 있는 도구로 제공될 수 있다. 다음은 공격적인 놀잇감의 범주에 있는 놀잇감의 일부 목록이다.

- 세울 수 있는 펀치백
- 무기(예: 다트 총, 놀잇감 권총, 권총집, 총, 칼, 고무칼)
- 군인 놀잇감과 군인용 차량
- 베개 싸움을 위한 작은 베개
- 묶을 수 있는 밧줄
- 고무 방망이
- 플라스틱 방패
- 수갑

우리는 놀이방의 무기들이 실제 무기같이 보이지 않도록 한다. 이 무기들은 대개 밝은 색이거나 광선총 타입의 총들이다. 위험하거나 다른 사람을 향해 공격용으로 사용되어서는 안 되는 실제 무기와 공격성을 상징적으로 연기할 수 있는 가짜 무기의 확실한 구분을 위해 그렇게 하고 있다.

수갑과 밧줄은 힘과 통제의 주제를 연기하기 위한 훌륭한 놀잇감이다. 이 놀잇감은 신뢰의 문제를 알아보는 데도 유용하다. 그러나 아동이 상담사를 잡았을 때 바로 풀어지는 장치가 있는 수갑이어야 한다. 아동들이 수갑의 열쇠를 허락 없이 쓰거나 열쇠가 없어지는 경우가 자주 발생하기 때문이며, 상담사가 다른 사람이 와서 풀어 줄 때까지 사무실 의자에 수갑이 채워진 채 몇 시간씩 기다리는 상황을 원하지 않을 것이기 때문이다.

일부 상담사는 그들의 사무실에 공격적인 놀잇감이나 무기를 구비해 놓는 것을 원하지 않는다. 왜냐하면 어떤 종류의 폭력(상징적으로든 실제로든)도 용납되지 않는다는 뜻을 전달하고자 하며 일터(예: 학교 상담사들)의 행동 규정을 따를 필요가 있기 때문이다. 상담사들은 이 문제에 대한 규정을 따라야만 한다. 분명히 공격적인 놀잇감 없이도 아들러 놀이치료는 가능하다. 아동들은 관련 요인에 대한 놀잇감 없이도 보호와 공격이라는 주제를 연기하기 위해 다른 수단을 찾아낼 것이다. 예를 들어, 만약 카산드라가 그녀를 쫓아다니는 괴물에 총을 쏘는 것을 회기에서 연기하고자 한다면 상상의 총을 만들기 위해서 손이나 요술봉 또는 인형이나 집어 들 수 있는 어떠한 것을 사용할 것이다.

당신이 개인적으로 위협적이라고 생각하는 무서운 놀잇감이나 공격적인 놀잇감을 아동이 놀이방에 가져와서 놀기 전에 당신 자신의 힘, 통제, 신뢰, 공포 문제를 점검하는 것이 중요하다. 아동들은 특정한 놀잇감이 상담사들에게 문제될 것을 이용해 치료 과정을 위협하거나 통제하려고 시도할 수 있다. 예를 들어, 나(TK)의 규칙에 따르면 아동들은 자신들이 원하는 어떤 방식으로든 수갑을 찰 수 있지만 나에게 수갑을 채울 때에는 내 몸 앞에서만 할 수 있다. 나는 나에게 수갑을 채우길 원하는 아동들에게 수갑 규칙을 설명할 때 나의 감정에 대해 이야기한다. 또 나는 놀이방에 세우는 펀치백을 두지 않는다. 나와 함께 작업했던 분노와 공격 문제를 가지고 있던 많은 아동이 회기 내내 펀치백을 치기만 하고 다른 것은 하지 않는 것을 보았기 때문이다. 그러한 회기는 몹시 지루했고 회기 이후, 그들의 교실로 돌려보낸 후에도 아동들이 다른 때보다 더욱 자기 통제가 되지 않았으며 더 공격적이었다. 이로 인해 아동의 교사들은 나를 좋아하지 않았다.

표현적인 놀잇감

표현적인 놀잇감과 여러 미술재료는 아동들이 어떻게 자기 자신, 타인, 세상을 보고 있는지를 알 수 있는 훌륭한 방법이다. 아동들은 표현적인 놀잇감을 이용하여 관계를 탐색하고, 자신의 이미지를 그려 내며 감정과 인지를 나타내고, 문제를 이해하며 해결 방법을 만들어 내고 창의력을 기른다. 표현적인 놀잇감은 자신감, 자존감, 그리고 자기 통제를 증진시키는 기술을 발달시키는 방편을 제공한다. 대부분의 놀잇감은 본질적으로 예술적이거나 창의적이다. 다음은 이 범주에 있는 재료들의 일부 목록이다.

- 이젤과 템페라 물감
- 수채화 물감
- 핑거 페인트
- 크레용
- 마커 펜

- 색연필
- 풀
- 반짝이 풀
- 깃털
- 방울
- 신문지
- 점토나 진흙
- 연필
- 가위
- 스카치테이프
- 계란 판
- 파이프 청소 도구
- 스티커
- 스팽글
- 구슬
- 바늘과 실
- 손인형용 양말
- 갈색 점심 가방
- 털실
- 포스터 보드
- 공작용 판지
- 방습지
- 콜라주를 위한 그림과 단어가 있는 잡지

아동들이 표현적인 놀잇감을 가지고 놀 수 있는 장소를 갖추는 것은 중요하다. 많은 과제에서 장소는 단지 놀이장소로서 바닥이 넓고 깨끗한 곳을 말한다. 실제 놀이방을 가질 수 있을 만큼 운이 좋다면 아동용 탁자나 책상은 과제를 위한 완벽한 작업대이다. 미술-공예(art-craft) 작업을 흩어져 할 수 있었을 때가 나의 놀이방 중앙에 있던 회의용 탁자에 감사했던 유일한 때였다. 아동들의 나이, 전반적인 아이들의 부주의함, 놀이방의 정돈 요구사항 등에 따라 아동들의 옷을 보호하기 위한 작업복이나 놀이방 표면을 지키기 위한 비닐(소풍용 테이블 천과 같은 것)을 필요로 할 수도 있다.

또한 지저분해질 수 있는 미술재료들을 구비하기 전에 고려해야 할 것이 있다. 바닥에 떨어진 물감이나 카펫에 붙은 풀이 걱정된다면 회기 과정에 걸쳐 일부 아동을 통제해야 하는 부분이다. 상담사는 놀이방에 구비하는 미술재료들에 대해 편안해질 필요가 있다. 또한 미술재료가 잘못 사용되거나, 미술 프로젝트가 완전 엉망이 되었을 때의 결과에 대해서도 편안해질 필요가 있다. 처음에 나(KMW)는 물감 색이 섞이게 될 것과 다음 내담 아동들이 쓸 때 영향을 미치게 될 것을 매우 걱정했다. 나는 깨끗함, 질서, 공정함 등에 대한 나 자신의 규칙(지침이 아닌 규칙)을 돌아보고 우연히 또는 고의적으로 물감 색을 섞는 아동들에게 유연해질 수 있었다.

가장-상상적 놀잇감

아동들은 가장-상상적 놀잇감을 사용하여 다른 역할을 경험하고, 감정을 표현하며 문제행동과 해결책을 체험하고, 마치 다른 사람이 된 것처럼 실제 삶에서 관찰한 상황들을 연기한다. 그들은 이러한 놀잇감을 사용하여 은유적으로 관계나 생각을 탐색하고, 태도, 사고, 경험에 대해 소통할 수도 있다. 가장-상상적 놀잇감은 다음과 같은 재료들을 포함한다.

- 마스크
- 의사 용품
- 요술봉
- 블록과 조립할 수 있는 재료
- 색깔 천
- 사람 인형
- 동물 인형
- 빗자루, 다리미, 다리미판
- 전화기(2대)
- 동물원의 동물 및 농장의 동물

- 인형 극장
- 기사 및 일종의 성
- 큰 베개
- 외계인 및 기타 외계 생물체 인형
- 모자, 보석, 넥타이, 지갑, 의상 및 여러 가지 정장
- 자동차, 트럭, 비행기, 그리고 교통수단과 관련된 놀잇감
- 상상과 관련된 인형(예: 마녀, 마법사, 유니콘, 유령, 공주, 외계인)

가장-상상적 놀잇감을 고를 때 선입견을 줄 수 있는 놀잇감은 피해야만 한다. TV 쇼, 영화 및 그와 연관된 놀잇감은 피함으로써 아동이 자신의 생각과 정체성을 놀잇감에 반영하도록 하여 자신의 주관이 나타나는 대상으로 놀잇감을 사용하게 할 수 있다. 나(KMW)는 종종 입지 않는 나의 옷이나 가족의 옷을 가지고 온다. 신발, 웨딩 드레스, 벨트, 양복, 타이, 모자와 같은 것들이다. 만약 당신에게 의상이나 모자가 있다면 머릿니나 다른 불쾌한 것들이 있을 가능성도 생각해야 할 것이다. 일부 상담사는 이러한 단점 때문에 위의 놀잇감을 구비하는 것을 꺼린다. 또 다른 상담사들은 자주 빨고 소독할 수 있는 모자와 의상을 사용함으로써 허락하기도 한다. 무엇이 상담사와 내담자 그리고 놀이치료 장소에 가장 좋은 방법인지 결정할 필요가 있다.

놀잇감의 배치

놀잇감을 공개적으로 배치하여 아동들이 쉽게 접근할 수 있도록 하는 것은 중요하다 (Kottman, 2011; Landreth, 2012; Ray, 2011; VanFleet et al., 2010). 놀잇감은 쉽게 손이 닿을 수 있는 범위 내의 예상 가능한 장소에 놓여 있어야 한다. 놀이치료사들은 동일한 기본 장소에 놀잇감을 둠으로써 그 놀이 구역을 아동들이 안전하게 느끼고 일관성과 일상을 기대할 수 있는 곳으로 만들 수 있다. 이는 아동들이 집이나 다른 장소에서 느끼는 것과 종종 상반되는 것으로서 우리 또한 물건들이 예상되는 자리에 놓여 있는 장소로 가는 것은 즐거운 일이다. 놀잇감들이 종류별로 배치되어 있으면 찾는 놀잇감이 어디에 있는지 기억하기 쉽다. 만약 상담사에게 고정적인 놀이방이 있다면 놀잇감 선반을 두는 것이 도움이 된다. 아동들과 함께 일하는 양상으로 놀이치료를 하는 많은 상담사는

공유 구역이나 임시 공간을 변통해야 한다. 이것이 놀이치료 회기를 진행하는 상담사의 능력에 불리한 영향을 미쳐서는 안 된다. 놀잇감을 운반해서 사용해야 하는 상담사들은 예상 가능한 순서로 바닥이나 테이블 위에 놀잇감을 놓는 것도 효과가 있다.

놀이치료에 적합한 내담자 유형

대부분의 놀이치료사는 대개 3~10세 사이의 어린 아동들과 작업한다. 3세 이하의 아동들과 작업하는 것도 가능한데, 특히 트라우마를 겪은 아동일 경우에 그러하다 (Carey, 2006; Gil, 2010; Lavine & Kline, 2007; Schaefer, Kelly-Zion, McCormick, & Ohnogi, 2008; Terr, 1990). 그러나 그 과정은 나이가 더 많은 아동들보다 더 천천히 그리고 더 구체적이다. 아동의 발달 단계와 능력, 자기에게 일어난 일을 이야기하고자 하는 경향에 따라 놀이치료는 나이가 더 많은 아동들에게도 사용할 수 있다. 심지어 놀이치료를 청소년이나 성인들에게 사용하는 상담사들도 있다(Ashby, Kottman, & DeGraff, 2008; Frey, 2015; Gallo-Lopez & Schaefer, 2005; B. Gardner, 2015; Garrett, 2014; E. Green, Drewes, & Kominski, 2013; Ojiambo & Bratton, 2014; Schaefer, 2003; Trice-Black, Bailey, & Riechel, 2013). 놀이방에 공예용품, 목공재료, 사무기기 및 사무용품, 좀 더 성숙한 놀이 매체 등의 세련된 놀잇감들이 있거나 상담사가 좀 더 구조화된 활동 지향적인 놀이과정을 제공할 수 있다면 놀이방은 청소년기 직전의 아동과 청소년에게도 매력적일 것이다.

경험상 아들러 놀이치료는 많은 문제에 쓰일 수 있다. 이 중재 전략은 다음과 같은 문제를 가진 아동들에게 특히 도움이 된다.

① 힘과 통제의 문제(예: 성질 부림, 교사 및 아동들과 힘겨루기, 괴롭히는 행동)
② 일종의 트라우마를 겪음(예: 성적 학대, 방치, 부모의 이혼, 가까운 친구나 가족의 죽음, 자연재해, 입양)
③ 낮은 자기 개념(예: 쉽게 포기하기, 자신에 대해 폄하하는 말을 하기)
④ 가족과 어울리는 데 어려움을 겪음(예: 형제간의 경쟁, 부모와의 싸움)
⑤ 낮은 사회적 기술(예: 문제를 만드는 친구들, 학급에서 잘 어울리지 못함)

다양한 인구집단과의 작업

오늘날 계속해서 변화하고 있는 세계의 역동을 살펴보면 놀이치료사들은 다양한 인구집단의 아동 및 가족과 일하는 데 능숙해져야 한다(Chang, Ritter, & Hays, 2005; Gil & Drewes, 2005; Kim & Nahm, 2008; Post & Tillman, 2015; Vaughn, 2012). 아동과 그 가족의 문화가 아동의 발달, 세계관, 대인관계에 미치는 영향에 대한 이해의 일환으로 놀이치료사들은 이와 관련된 기술과 개념들을 배워 내담자들의 다양성에 준비할 수 있다(Gil & Drewes, 2005; Post & Tillman, 2005). 다양성은 인종, 민족, 신앙, 영성, 정치적인 관점, 성적 취향, 사회 경제적 지위, 나이, 문화, 능력-무능력을 포함하나 이에 국한되지는 않는다. 문화적으로 민감하고 반응적이 되기 위해 놀이치료사들은 자신의 문화적 세계관과 내담자, 그리고 내담자 가족의 문화에 대해 이해해야 한다. 문화적인 요소들에 반응적인 놀이치료사들은 인종 및 문화적으로 다양한 인형, 특징이 없는 놀잇감, 여러 개의 신앙을 나타내는 놀잇감들을 구비하여 다양한 문화의 아동들 사이에서 통용될 수 있는 놀잇감을 사용할 수 있도록 한다. 예를 들어, 지구상의 특정 지역에서 온 인형, 다양한 나라의 통화, 아동의 모국에서 온 전통 복장 등이 있다. 문화적 반응성의 다른 예는 휠체어를 사용하는 아동들을 수용하기 위해 설계된 놀이방이다. 여기에서의 놀잇감들과 선반 및 의자는 의도적으로 휠체어 높이로 구비되어 있어 내담 아동이 쉽게 접근할 수 있다.

놀이치료의 다른 접근법들

아동 상담에서 (청소년과 성인 상담에서도 동일하게) 놀이를 사용하는 방법은 여러 가지가 있다. 놀이치료에 대한 각각의 접근법은 사람들을 개념화하고 상담사의 역할을 정의하며 내담자 및 부모와 상호작용하는 특정한 방법을 지니고 있다. 사람들에 대한 상담사의 신념, 상담사의 성격, 내담자의 인구 집단에 따라 상담사는 놀이치료의 한 가지 특정한 이론적 방법을 고수할 수도 있고, 절충적인 다양한 방법을 사용할 수도 있다. 우리는 놀이치료사가 사람들과 그들의 성격에 관한 기본적인 신념과 가장 일치하는 접근법을 찾아야 한다고 믿고 있다. 셰퍼(Schaefer, 2011), 크랜쇼와 스튜어트(Crenshaw & Stewart, 2015)는 놀이치료의 주요 이론적 접근법에 관하여 자세한 정보를 제공한다.

요약

놀이치료는 대개 치료사에게 지지와 도움을 받기 위한 방법으로서 자신들의 어려움을 분명하게 말로 표현하는 추상적 언어 능력이 부족한 어린 아동과 작업하기 위한 중재법으로 사용된다. 놀이치료는 다양한 어려움을 겪은 아동들에게 효과적인 것으로 나타나는데, 이것은 재미있고 위협적이지 않으며 창의적이고 표현적인 예술 양식의 치료법으로서 아동과 청소년 및 성인들을 돕기 위해 사용된다.

놀이치료사들은 어린 아동들과 작업할 때 아동이 자신의 사고와 감정을 표현하는 데 도움이 될 수 있는 놀잇감을 신중하게 선택하도록 해야 한다. 놀잇감의 배열과 놀이치료 장소의 분위기는 편안함과 일관성이 있어야 하며 이는 아동들이 문제 상황과 관계를 연기하는 데 안전함을 느낄 수 있도록 하기 위함이다. 좀 더 큰 아동과 청소년, 성인들과 작업할 때 놀이치료사들은 적합한 발달 단계에 따른 재료들을 갖추고자 할 것이다.

놀이치료에 대한 각각의 접근법이 놀이치료 과정 및 놀잇감 선정에 대한 고유의 철학과 근거를 가지고 있지만, 아들러 상담사들이 놀이치료 과정을 사용하는 이유는 아동들이 그들 자신과 타인, 세상을 어떻게 보는지를 이해하고 자멸적인 태도를 대체할 새로운 태도를 배울 수 있도록 돕기 위함이다. 아들러 놀이치료사들은 이러한 탐구를 촉진하고 아동들이 타인과 교류할 새로운 방법을 찾는 것을 도와주기 위해 만들어졌다. 아들러 놀이치료는 힘과 통제에 관련된 문제를 가진 아동과 청소년, 낮은 자기 개념과 취약한 사회적 기술을 가진 아동과 청소년, 트라우마를 경험한 아동과 십대 및 성인들에게 가장 잘 맞는 것으로 보인다.

추가 자료

놀이치료는 무엇이며 어떻게 시행하는가

http://www.a4pt.org/?page=APTYouTubeChannel

http://www.a4pt.org/?page=PTMakesADifference

http://cpt.unt.edu/about-play-therapy/what-play-therapy/

http://ct.counseling.org/2010/11/the-power-of-play/

http://c.ymcdn.com/sites/www.a4pt.org/resource/resmgr/Publications/Play_Therapy_Best_Practice.pdf

놀이방 설치

http://cpt.unt.edu/about-play-therapy/playrooms/

http://www.kimscounselingcorner.com/2012/08/20/unique-inexpensive-or-diy-ideas-for-a-play-therapy-or-childs-room/

http://www.pinterest.com/bluedaylily2/my-dream-play-therapy-office/

놀이치료 서적

http://www.a4pt.org/?page=PlayTherapyPub

http://cpt.unt.edu/researchpublications/literature-home

놀이치료에 대한 이론적 접근

http://www.journalofplay.org/sites/www.journalofplay.org/files/pdf-articles/1-2-article-play-therapy.pdf

http://potentiality.org/drjwilcoxson/wp-content/uploads/2008/05/PLAY-THERAPY-Menassa.pdf

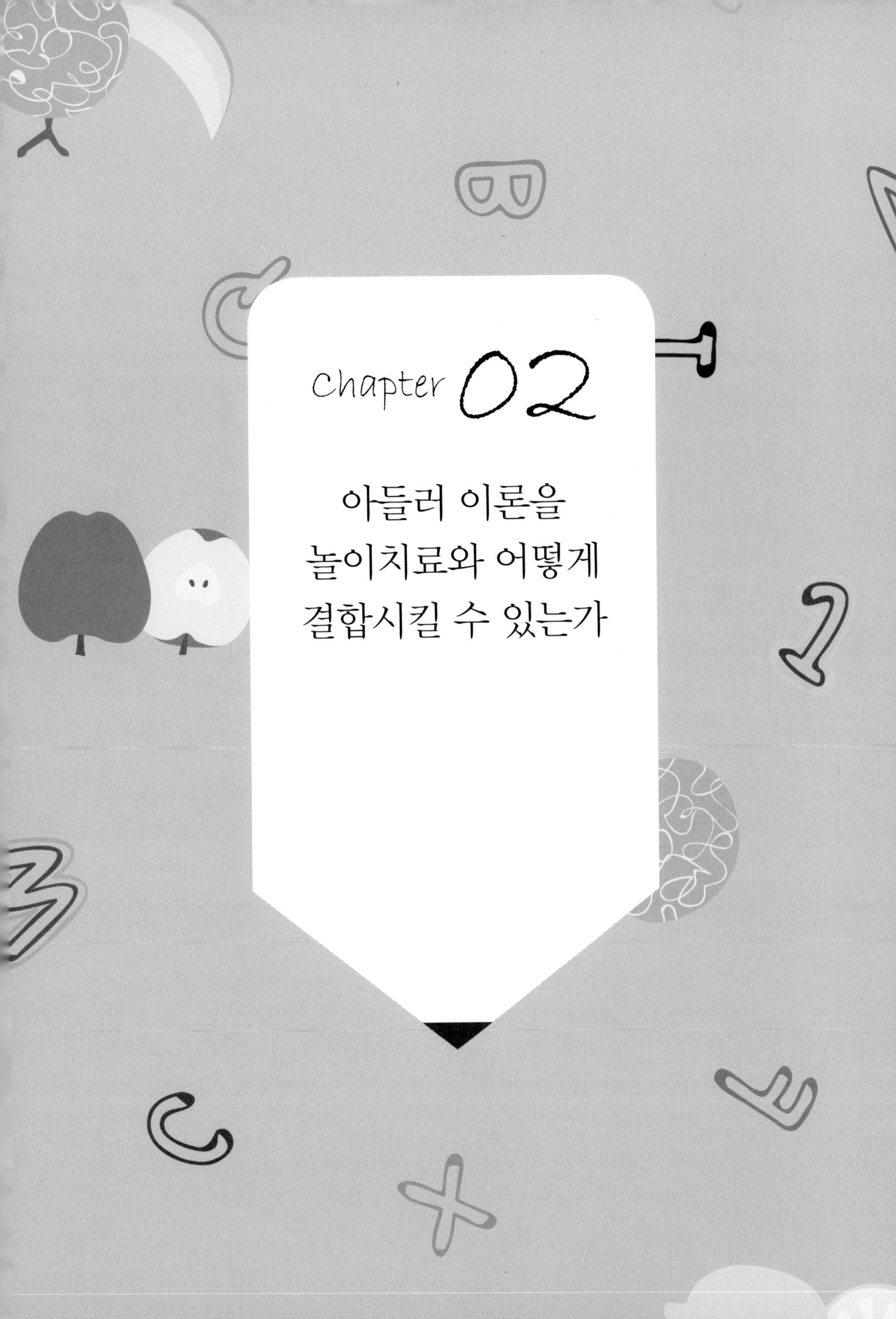

Chapter 02

아들러 이론을 놀이치료와 어떻게 결합시킬 수 있는가

20세기 초반, 알프레드 아들러(Alfred Adler)가 개발한 심리학 이론인 개인 심리학은 아들러 놀이치료의 기반이다. 이 이론은 어떻게 성격이 형성되고, 어떻게 타인과 교류하는지, 어떻게 동기부여가 되고, 어떻게 부적응하게 되는지 등의 인간의 본성을 설명한다. 우리는 치료목적에 대한 아들러의 정의와 상담사들의 역할에 대한 설명을 좋아하며, 이러한 것들을 놀이치료로 추정하였다.

이 장에서 이상(idea)에 대해 살펴볼 때 인간의 본성, 치료의 목적, 상담사들의 역할에 대한 스스로의 신념을 점검해 볼 필요가 있다. 인간에 대한 상담사의 신념, 상담사로서의 일에 대한 신념이 개인 심리학의 신조와 일치하지 않는다면 그 상담사는 아들러 놀이치료를 사용하지 않는 편이 좋다고 생각한다. 이러한 철학적 신념은 모든 면에서 정확히 맞는 것은 아니다. 모든 면이 정확히 맞는다는 것은 오히려 비현실적이다. 하지만 아들러 놀이치료사가 되고자 한다면 인간의 본성, 성격 정보, 인간의 동기부여, 상담 관계에 대한 확신이 이 장에서 제시되는 것과 비슷해야만 한다.

인간의 본성

> 아들러 심리학의 주춧돌은 인간은 불가분의 사회적이고 창조적이며 결정하는 존재로, 인간의 신념과 행동은 목적을 가진다고 본다. 그러므로 개인은 생각, 감정, 신념이 일관되고 통일된 행동으로 존재하는 총체적인 존재로서 가장 잘 이해될 수 있다(Carlson & Slavik, 1997, p. xi).

아들러는 인간에 대해 다음과 같이 밝혔다(Ansbacher & Ansbacher, 1956; Maniacci, Sackett-Maniacci, & Mosak, 2014).

① 사회적 관계에 내포되어 있다.
② 목표 지향적이다.
③ 주관적이다.
④ 전체론적 관점에서 보아야 하는 창조적인 존재이다.

이러한 것들은 개인 심리학의 기본적인 신조이고 이론의 모든 것은 인간 본성의 핵심 요소들을 구성한다는 생각에 근거한 것이다. 다른 말로 하면, 우리는 이러한 생각이 사실인 것처럼 '행동하는 것'이며 놀이치료 과정에서 아동과 부모, 교사 및 다른 사람들을 이해하는 데 적용할 수 있다.

인간은 사회적 관계에 내포되어 있다

아들러 이론에 따르면 인간을 진정으로 이해하기 위해 상담사들은 그들이 사회적으로 내포되어 있다는 것을 기억해야만 한다. 사람들은 다른 사람들과 연결된 체계 내에 속해 있다. 아들러학파는 모든 인간에게 소속이 필요하며(Adler, 2011/1938; Ansbacher & Ansbacher, 1956; Jones-Smith, 2015; Maniacci et al., 2014; Sweeney, 2009), 인간이 다른 인간들과의 관계를 통해 소속될 수 있는 곳을 획득한다고 믿는다. 아동들은 소속감 형성과 유지에 대한 중요성을 갖고 다른 집단에 적응하기 위한 방법을 결정하기 위해 세상을 관찰한다. 아동들이 소속되는 첫 번째 집단은 그들의 가정이다. 가족은 분만실에서 그들을 받았던 의사와 간호사들을 제외하고 아동이 만난 첫 번째 사람들이다. 아동들은 성장하며 가족 구성원들이 각각 다른 행동과 태도에 어떻게 반응하는지 지켜본다. 그들의 어떤 행동이 관심을 받고 관심을 받지 못하며, 어떤 행동이 소속감을 증진시키고 증진시키지 않는지에 주목한다. 시간이 지남에 따라 개인은 아들러가 생활양식이라고 부르는 것을 발전시키게 된다. 아들러 이론에는 많은 전문용어가 있지만 곧 이해될 수 있을 것이고 내담자와 그들에게 도움이 되는 당신의 능력을 이해하는 데 도움이 될 것이라는 것을 약속할 수 있다.

생활양식

매니아치 등(Maniacci et al., 2014, p. 66)은 생활양식에 대해 다음과 같이 기술했다.

> 생활양식(아들러학파들이 정의한 바에 따르면)은 삶의 사회적 조직 내에 자리를 찾기 위하여 성격, 특성, 기질, 심리적, 생물학적 방법을 사용하는 것이다.

만약 아동이 가정에서 긍정적이고 유용한 방법으로 자신의 소속감을 확립하지 못하면 그 아동은 부정적이고 유용하지 못한 방법으로 가정에 소속되는 방법을 찾아낼 것이다. 결국 자신의 소속을 확립하려는 이러한 방법이 그 아동의 생활양식이 된다. 즉, 그 아동의 생활양식이란 아동이 자기 자신, 세상, 그리고 타인을 보는 방법과 그 시각에 기초한 행동들을 일컫는다. 생활양식은 개인이 삶을 영위해 가는 생각, 감정, 행동의 집합적인 패턴이며 예측 가능성과 정서적인 안정감을 만들어 준다. 아동이 성장하고 성숙함에 따라 이웃, 학교, 직장, 데이트, 결혼 등 다양한 사회적 상황에서 자신의 생활양식을 행동으로 나타내게 된다.

개인의 생활양식에 대한 통찰을 얻는 유용한 도구는 성격 우선순위라는 개념이다(Dillman Taylor, 2013; Kfir, 2011; Kottman & Ashby, 2015). 성격 우선순위는 소속하고자 하는 개인의 노력에 있어 가장 중요한 면을 구성한다. 성격 우선순위는 편안함, 기쁘게 하기, 통제, 우월성으로 구성된 네 가지의 유형 체계를 일컫는다. 개인의 성격 우선순위를 파악하기 위해 상담사들은 다음 사항을 점검한다(놀이치료에서 성격 우선순위를 사용하는 자세한 사항은 제3장을, 부모 상담에서 성격 우선순위를 사용하는 부분은 제4장을 참조).

① 내담자에 대한 자신의 개인적인 반응
② 내담자의 행동
③ 삶에 대해 내담자가 보이는 문제나 불만
④ 내담자의 삶의 목표
⑤ 내담자의 강점
⑥ 내담자가 피하고 싶다고 표현한 삶의 측면

인간의 생활양식에 관해 다루기 어려운 점은 대부분의 경우 개인에게 분명하지 않다는 점이다. 매니아치 등(Maniacci et al., 2014)은 개인의 의식 밖에 있는 삶의 경험을 여행하는 지도로서 생활양식을 묘사하였다. 아들러 치료의 주요 과제 중 하나는 내담자의 생활양식에 대한 다양한 측면을 관찰하고 내담자가 자신의 사고와 감정, 행동 패턴을 더 잘 인식할 수 있도록 돕는 다양한 전략을 사용하는 것이다.

심리적 '상자'

대부분의 가정에서 자녀가 6~7세가 될 무렵에는 온 가족이 이 아이가 어떤 아이이며 아이가 어떻게 행동할 것인지에 대한 고정관념을 가지게 된다. 유치원이나 학교에 다닐 즈음이 되면 아주 잠깐일지라도 학교 관계자들은 이 아이가 누구이고 어떻게 행동할지에 대한 시각을 고정적으로 설정한다. 내(TK) 아들 제이콥에게 이러한 일은 첫 번째 유치원 모임 중 한 시간 내에 일어났다. 이러한 신념과 기대는 아동들이 살고 있는 심리적 '상자'를 구성한다. 이 상자는 아동이 누구이고 무엇을 하는지를 정의할 수 있으며 아동의 생활양식 범위가 된다. 이 상자는 긍정적인 것이거나 부정적인 것일 수 있고, 두 측면 모두 아동을 한정 짓는 것이다. 아동들에 대한 각각 다른 종류의 상자의 예는 다음과 같다.

- 머라이어의 상자는 '와일드한 아이'이다. 그녀는 위험을 감수하고 모험을 좋아한다. 사람들은 머라이어가 대담하고 위험할 것이라고 예상한다. 그녀는 받아들여지고 가치 있게 되기 위해 다른 사람들보다 용기와 배짱이 있어야 한다고 믿는다. 그래서 머라이어는 종종 위험을 감수하고 도전을 받아들이고 또래 압력에 굴복하게 되기도 한다.
- 키쿠의 상자는 '지적인 아이'이다. 그녀는 항상 지적으로 행동하고 말해야만 한다. 그녀가 멍청하거나 우스꽝스러운 행동하게 되면 잘못되었다는 느낌을 받고 벌을 받을 수도 있다. 키쿠는 학교과제에서 완벽한 성적을, 표준화된 시험에서는 높은 점수를 받아야만 한다.
- 아르민의 상자는 '게으른 아이'이다. 그는 학교나 집에서 아무것도 하지 않는 성취가 저조한 아이이다. 모든 사람이 그가 기여하거나 달성하는 것에 대한 기대가 매우 낮기 때문에 아무도 아르민에게 무언가 할 것을 요청하지 않는다.
- 르샨드라의 상자는 '착한 아이'이다. 그녀는 항상 완벽하게 행동해야 한다. 그녀는 어떠한 종류의 실수나 지저분해지는 것, 징징대는 것이 허락되지 않는다. 만약 그녀가 완벽하지 않다면 심하게 벌을 받거나 그러한 일이 일어나지 않은 것처럼 모든 사람은 그 행동을 완전히 무시할 것이다.
- 알렉산더의 상자는 '잘못된 아이'이다. 그는 항상 밉쌀맞게 행동해야 한다고 믿는다. 알렉산더가 어떤 것을 잘하거나, 사려 깊거나, 행동을 잘할 것이라고 기대하지 않는다. 심지어 그가 어떤 친절한 행동을 했다 하더라도 다른 사람들은 그 행동이 그의 성격이 아니라고 생각하고 의심하여 긍정적인 사고나 행동에 대한 칭찬을 거

의 하지 않는다.

- 리니아의 상자는 '공포증이 있는 아이'이다. 그녀는 가정 내에서 중요성을 획득하기 위해 항상 두려워해야 한다고 믿는다. 가족의 다른 구성원들은 리니아가 두려움을 느낀다고 생각하기 때문에 가족의 생활은 그녀가 두려워하는 무언가로부터 그녀를 지키기 위한 것을 중심으로 돌아간다. 그녀가 관심을 받고 힘이 있다고 느끼는 주요 방법은 그녀의 공포를 통해서이다. 가족과 리니아의 상호작용은 그녀의 두려움에 대해 안심시키거나 훈육하는 것이다.
- 크와지의 상자는 '책임감 있는 아이'이다. 그는 형제나 친구들에 대한 책임을 떠안는다. 다른 사람들은 그가 믿을 만하고 준비되었다고 믿고 의지한다. 가족은 그가 가족의 필요에 맞추기 위해 스스로의 즐거움을 희생할 것이라고 기대한다. 아주 드물게 크와지는 올바르고 믿을 만한 결정을 내리지 않는 경우에조차 미성숙하고 이기적이며 신뢰할 수 없는 행동이라고 심하게 질책을 받는다.

이 상자에 대해 정말로 어려워지는 점은 아동을 포함한 아동의 모든 삶이 그 아동이 누구이고 대내외적으로 꼭 해야만 하는 부과된 기대로서 행동하기 시작하는 때이다. 대부분의 경우 아동이 그 상자에 맞지 않는 방식으로 행동할 때 다른 가족 구성원들(또는 학교 관계자)은 그 아동에게 기대하고 있는 패턴으로 돌아가야만 한다는 피드백을 준다. 다른 사람들에게 부정적으로 인식되고 있는 아동이 사회적으로 적절한 행동을 했을 경우, 그 행동은 가치가 폄하되고 무시된다. 만약 '좋은' 아동으로 생각되는 아동이 부적절한 행동을 했을 경우, 종종 다른 사람들은 그 잘못된 행동에 대해 변명을 만들어 준다(예: "그녀는 오늘 안 좋은 날이야." 또는 "다른 아이가 그 애를 자극했어.").

사람들이 생각과 태도 및 행동을 지시하는 엄격한 기대를 가질 때 그들은 덫에 걸릴 수 있는데, 이미 개인이 스스로 믿고 있는 것을 다시 증명하는 상황을 설정하기 시작할 때 그것이 올가미가 된다. 그들은 마치 자신에 대한 내면의 그림이 사실인 것처럼 행동하며, 다른 이들에게 진짜로 자신이 그 상자 안에 속한다는 것을 확인시켜 주는 반응을 나타낸다. 예를 들어, 머라이어는 그녀가 제멋대로인 아이라고 믿으며 위험한 행동에 관여한다. 그녀와 상호작용하는 다른 아동들이나 성인들이 감탄하거나 놀라는 것에 반응하여 다른 사람들을 흥분시킬 수 있을 때에만 자신이 칭찬과 관심을 받을 만하다는 메시지를 얻는다. 이러한 피드백은 머라이어가 '일반적인' 행동으로는 충분하지 않다고 믿게 하고, 더 과장되고 위험한 행동을 하게끔 자극하는 것이다.

사회적 관심

소속감을 얻는 방법 중 하나는 사회적 관심을 통해서이다. 아들러 이론가들은 사람들이 사회적인 존재이고 사회적 관심과 다른 사람들과의 연결성을 발전시킬 수 있는 내재된 능력을 타고났다고 믿는다(Kronemyer, 2009; La Voy, Brand, & McFadden, 2013; Maniacci et al., 2014; Overholser, 2010; Watts, 2012). 사회적 관심은 다음과 같이 설명할 수 있다.

> 인간 사회와 그들이 속한 우주에 대한 소속감과 그 사회 속에 사는 방식에 대한 개인의 책임에 관한 이해는 그 개인의 행동에 의해 이루어진다. 이는 타인들 사이에서 동료로서 하나라는 근본적인 느낌이다. 사회적 관심은 적응의 성공적인 지표로서 생각될 수 있으며(정신적 건강) 공동체감이 발달될수록 소외와 고립감에 관련된 열등감은 더 적어진다(Griffith & Powers, 2007, p. 11).

이러한 선천적인 능력은 먼저 가족에 의해 그리고 다른 사회적 관계 속에서 발전되고 육성되어야 한다. 사회적 관심이 개발되는 방법으로써 아동들은 자신들의 주 양육자에 대한 애착을 형성해야 한다. 주 양육자는 첫 번째로는 형제자매, 이후에는 이웃의 아동들, 학급, 교사, 그들이 접하는 여러 사람들로 관계를 확대시키는 데 도움을 준다. 만약 적절한 독려와 자극이 주어진다면 아동들은 인류 전체와 다른 여러 나라 사람들에 대한 사회적 관심을 궁극적으로 일반화시킬 수 있다. 사회적 관심은 정신적 건강에 대한 기준으로 여겨진다(Nelson, Lott, & Glenn, 2007; Sweeney, 2009).

라 보이 등(La Voy et al., 2013)은 “한 개인과 공동체 및 개인들 간의 관계는 상호적이며 각자 다른 사람들의 건강과 복지에 기여한다.”(p. 282)라고 명시하였다. 사회적 관심이나 ‘공동체감’은 공동체 전체의 개선을 위해 기여한 다른 사람들에 대한 관계와 감사를 나타낸다. 다른 사람들에게 도움이 되는 방식으로 삶의 목표를 향해 노력하는 사람들은 사회적 관심을 보여 주었으며 사회적으로 유용하지 않거나 다른 사람들을 해치는 행동을 통해 이기적인 삶을 살아가는 사람들은 사회적 관심이 적었다(Adler, 1927/1954).

아들러 놀이치료의 실제 영향

사회적 배태에 대한 신념은 혼자보다는 다른 사람과의 상황에서 아동의 행동을 고려해야 한다는 점을 나타낸다. 아동의 첫 번째 사회적 상황은 가족이기 때문에 아동의 가족과의 관계를 탐구하며 어떻게 아동이 중요성과 관계 내에서 소속감을 얻는지를 살펴보아야 할 것이다. 나이가 든 아동들의 경우 이웃, 교회, 놀이방, 학교 등과 같은 다른 사회적 상황도 고려할 수 있을 것이다.

우리는 아동들이 사회적으로 배태되어 있다고 믿기 때문에 이와 결합된 부모 상담 없이는 놀이치료 내에서 아동과 작업하기 힘들 것이다. 아동들의 생활양식은 그 아동의 관점과 다른 가족 구성원, 교사 또는 아동의 삶에서 중요한 성인들이나 다른 사람들의 관점으로 가장 잘 이해될 수 있다고 믿는다. 장기적인 변화에 영향을 미치기 위해서는 다음 과정이 필수적이다.

① 아동이 자기 자신, 타인, 세상을 바라보는 방식을 바꾼다.
② 가족 구성원이 아동을 보는 방식과 반응하는 방식을 기꺼이 조정하고자 한다. 만약 부모를 관여시키기 어려운 학교나 다른 배경에서 일을 한다면 어떻게 아동이 그 체계 내에서 소속감을 얻느냐를 알아보기 위한 방법으로서 다른 중요한 사람들을 포함시킬 수 있다.

가정 안에서 아동이 어떻게 중요성을 확립하고 가정 구성원이 아동에게 어떻게 반응하느냐에 대한 나의 생각을 취합하기 위해 나(TK)는 자주 가족 구성원 전체를 한두 번의 회기에 걸쳐 오도록 요청하여 그들 간의 관계, 가족 내에서의 상호작용 패턴, 각 가족 구성원의 성격 우선순위가 가정 내에서 어떤 역할을 하는지 관찰한다. 이 부분에서 내 탐구의 가장 중요한 점은 아동과 그 삶에서 중요한 이들이 가지고 있는 아동에 대한 엄격한 신념과 기대, 즉 아동의 상자와 관련되어 있다.

아동들과의 작업 중 큰 부분을 차지하는 것은 그들이 이미 믿고 있는 것을 다시 증명하려고 할 때 자신에 대해 생각하는 것을 피하도록 하는 것이다. 아동들이 자기 자신에 대해서 믿고 있는 것이 사실인 것처럼 행동하려고 할 때, 우리는 그들의 부정적인 자기 신념을 강화하는 방식으로 반응하지 않도록 하려고 한다. 또한 긍정적인 자기 신념이 여전히 제한하는 역할을 하고 있는 경우라면 그렇게 하는 목적은 모든 아동 안에 있는 창조적인 천재성을 일깨워 주기 위해서이다. 아동의 삶에서 중요한 다른 사람들과의 상담에서 우리는 부모, 다른 가족 구성원, 교사들과 상담하며 아동의 자멸적이거나 제한적인 생각, 행동에 관하여 다른 사람들의 생각 패턴 및 반응 패턴을 변화시킨다.

놀이치료에 오는 대부분의 아동은 사회적 관심이 잘 발달하지 못한 것으로 보인다. 우리는 아동과 가족들에 대한 중요한 책임 중 하나가 사회적 관심의 확대라고 보고 있으며 우리와 아동의 관계성을 타인에 대한 애착을 북돋아 주기 위해 사용한다. 따라서 우리와 함께 있을 때 많은 즐거움을 느낄 수 있다는 것을 아동이 분명히 알 수 있도록 돕는다. 또한 아동들을 존중해야 하고 그들 또한 우리를 존중할 것이라 기대한다. 만약 아동에게 양육이 필요할 경우, 우리는 놀이방에서 양육을 실행할 충분한 의사가 있다. 우리는 서로 먹여 줄 수도 있고, 인형을 먹일 수도 있고, 흔들의자를 밀어 줄 수도 있고, 또 다른 애정적인 행동을 할 수도 있다. 치료 회기를 종료하고 마치기 전에 형제자매, 다른 내담자 중 하나이거나 또는 그 아동의 친구를 데려온다. 또한 집단 놀이치료 과정에 그 아동을 포함시켜 타인들과의 관계를 확장시키도록 촉진할 수 있다.

우리가 아동의 삶에서 주요한 영향력을 미치는 사람이 되지는 않을 것이라는 점을 명심하며 사회적 관심을 어떻게 키울 수 있는지 가르쳐 주기 위하여 부모와 함께 아동과의 관계에 대한 감각을 높이기 위해 노력한다. 결국 아동과 훨씬 많은 시간을 보내는 다른 사람들에 비해 우리는 한 주에 45~50분만 함께 보내기 때문이다.

대부분의 경우, 부모 중 한 명 또는 양쪽을 아동과의 놀이 회기에 참여할 수 있도록 한다. 회기에서 긍정적이고 양육적인 방식으로 상호작용하는 방법을 가르쳐 주고 부모들로 하여금 아동들과의 관계성을 향상시키는 연습을 하도록 한다. 우리는 종종 가족들에게 협동하는 활동과 재밌는 경험을 특별한 숙제로 내준다. 부모 상담에서는 부모들에게 아동들과 긍정적인 관계를 만들기 위해 격려하는 방법을 가르쳐 주고 아동의 사회적 관심에 대한 느낌이 일반화되는 것을 돕기 위한 부모의 전략을 가르친다. 이러한 기술은 형제자매, 친척, 이웃들과의 관계성을 만드는 경험, 공유하고 번갈아 가며 하는 경험, 어려운 사람들을 위해 기부를 하고 자원봉사를 하는 일과 환경 및 다른 여러 생명체에 대한 관심과 걱정하는 행동들을 포함한다. 우리가 학교에서 아동들과 작업할 때는 아동의 사회적 관심을 향상시키기 위해 그들의 교사에게도 도움을 요청한다.

인간은 목표 지향적이다

아들러의 또 다른 중요한 개념은 모든 인간의 행동은 목적이 있고 목표 지향적이라는 것이다(Adler, 1927/1954; Jones-Smith, 2015; Maniacci et al., 2014; Sweeney, 2009). 아들러는 사람들이 본능에 의해 동기 부여되거나 경험, 유전, 기질, 환경에 의해서만 형성된 것은 아니라고 믿었다. 이 각 요소가 성격의 형성과 행동의 결정에 어느 정도의 영향력은 가지지만 인간 삶에서 동기 부여가 되는 주요한 동력은 삶의 목표를 향한 다양한 움직임이다. 사람들은 목표를 향해 움직이기 위해 행동을 결정한다. 이러한 목표는 그들이 인지하지 못할 수도 있겠지만 실제로 그것을 향해 움직인다.

목표를 인지하기

아들러 이론에서 개인의 목표를 인지하는 것은 그 사람을 이해하는 중요한 열쇠 중 하나이다.

> 만약 우리가 어떤 사람의 목표를 안다면, 왜 그들이 창조되었고, 한 사람으로서의 고유성과 왜 그가 그렇게 만들어졌는지, 그의 성격과 느낌, 감정 및 논리와 도덕성, 그리고 미학적 특징이 그 사람의 목표에 도달하기 위해 어떻게 구성되었는지를 설명하고 이해할 수 있게 될 것이다(Ansbacher & Ansbacher, 1956, p. 196).

아들러 상담사들은 항상 내담자의 행동을 살펴 그 행동의 목표를 알고자 한다. 상담사가 행동의 목표를 이해한다면 내담자가 자신의 목적을 향해 계속 열심히 나아가기를 원하는지 그의 행동양식에서 특정 행동을 계속 보유할 것인지 아닌지를 결정하도록 도울 수 있다. 행동의 목표를 고려하는 것이 얼마나 중요한 것인지는 아무리 강조해도 지나침이 없다. 우리 학생들은 이러한 이야기를 되풀이하는 데 지쳐 있지만, 이는 아들러 놀이치료 과정에서 매우 필수적인 요소이다. 만약 내담자의 행동 목표를 이해할 수 있다면 그들이 보다 건강한 방식으로 필요를 채울 수 있도록 돕는 열쇠를 가지게 되는 것이다.

사람들의 행동에는 다양한 목적이 있음에도, 드라이커스와 솔츠(Dreikurs & Soltz, 1964)는 낙심한 아동들의 잘못된 행동을 관심, 힘, 복수와 부적절함을 증명하기의 네 가지 범주로 분류하였다. 아동이 어떤 목적을 얻기 원하는지를 결정하는 노력으로 몇 가지 요인이 고려될 수 있다. 아동의 행동, 아동의 행동에 대한 다른 사람들의 반응, 그리고 교정에 대한 아동의 반응(Dinkmeyer, McKay, & Dinkmeyer, 2007; Dreikurs & Soltz, 1964; Nelson, 2011; Nelson et al., 2007)이 고려되는 요인들이다(이러한 목표에 대한 보다 많은 정보는 제3장 참조).

아동들이 이러한 네 가지 목표에 동기 부여된 잘못된 행동을 변화시킬 수 있도록 도우며 참여, 독립성, 공정성, 유능성과 같은 긍정적인 행동에 대한 한 가지 혹은 여러 개의 목표로 대체하는 것 또한 도울 수 있다(Dinkmeyer et al., 2007). 이러한 목표의 첫 번째는 참여이다. 이 목표에 동기 부여된 아동들은 다른 사람들을 돕는다. 아동들이 기여함으로써 소속될 수 있다는 신념에서 행동하게 되는 것이다. 두 번째 목표인 독립성을 얻고자 하는 아동들은 자신들이 책임 있는 결정을 할 수 있고 나이에 맞는 힘을 가지고 있다고 믿는다. 이러한 아동들은 지략이 풍부하고 자기 훈련과 자기 통제를 보여 주며 스스로를 돌본다. 세 번째 목표인 공정성을 목표로 하는 아동들은 협력하는 것에 관심이 있고 모욕을 참아 내며 냉혹함이나 상처에 대해 친절함과 돌봄으로 되갚는다. 이 목표에 동기 부여된 아동들은 이러한 영향력 있는 어른들과의 상호 관계 속에서 그 가치를 대개 경험하였다. 네 번째 목표는 유능성이다. 이 목표로 동기 부여된 아동들은 그들이 성공할 수 있다고 믿는다. 이 아동들은 생각하는 것을 배우고, 유능함과 그들 자신에 대한 신념을 드러내기 원한다.

목표의 또 다른 긍정적인 형태는 류와 베트너(Lew & Bettner, 1998, 2000)가 상정하였는데 이들은 아동들이 중요한 Cs를 얻기 위해 노력한다고 제안하였다. 이 모델에서 아동들은 다음과 같은 필요성을 가진다(이와 관련된 자세한 내용은 제3장 참조).

① 다른 사람과 관계 맺기(협조의 긍정적인 목표)
② 유능하게 되기(자기 의존의 긍정적인 목표)
③ 가치를 얻기 또는 중요하게 되기(기여의 긍정적인 목표)
④ 용기를 갖기(회복력의 긍정적인 목표)

아들러 놀이치료의 실제적 영향

놀이치료에 온 대부분의 아동은 긍정적인 행동 목표보다는 잘못된 행동 목표를 위해 노력한다. 아들러 놀이치료사는 이러한 행동 목표에 두 가지 유형이 있다는 것을 인지할 수 있어야만 한다. 치료의 궁극적인 목표는 아동들이 잘못된 행동의 부정적 목표에서 긍정적 목표로 향해 갈 수 있도록 돕는 것이기 때문에 놀이방에서 아동들이 보다 사회적으로 적합한 목표에 동기 부여되는 것을 보게 되면 그 결과적인 행동을 격려해 줄 수 있다. 또한 아동들이 부정적인 목표를 얻기 위한 노력을 점차 줄이고 긍정적인 목표로 움직여 가는 것을 행복의 증가와 안정, 그리고 정신 건강의 향상된 지표로 사용할 수 있다.

사람들은 삶을 주관적으로 본다

아들러 이론은 사람들이 실제 사실보다는 사실에 대한 그들의 주관적인 해석에 기초하여 결정을 내린다고 믿는 현상학적 관점에 기초하고 있다(Adler, 1927/1954; Ansbacher & Ansbacher, 1956; Eckstein & Kern, 2009; Kronemyer, 2009; Maniacci et al., 2014). 사람들은 그들의 생활양식에 대해 이미 만들어진 관점과 확신을 통해 현실을 걸러 낸다. 이는 이미 자기 자신과 타인, 그리고 세상에 대해서 믿고 있는 것을 재검증하는 것이다.

잘못된 신념

어린 아동들은 관찰력이 뛰어나며 끊임없이 자신의 주변 분위기를 살펴보아 자신과 세상에 관한 인식을 갖지만 종종 사건들과 상호작용에 대한 해석을 잘못하기도 한다(Sweeney, 2009). 부정확한 해석의 예로 라샨드라라는 7세 여자 아이가 있는데, 아이는 자신의 잘못된 행동 때문에 부모가 이혼했다고 믿는다.

어린 아동들은 자기중심적이기 때문에 자기 인생에 일어난 모든 일이 자기들에 관한 것이라고 믿는다. 이것은 자기 자신, 타인, 세상, 그리고 그 신념에 논리적으로 따르는 행동에 대한 기본적인 확신의 형태로 자신들의 생활양식과 결합시키는 오인으로 이끌 수 있다(Griffith & Powers, 2007). 이러한 오해와 잘못된 해석은 잘못된 신념으로 발전된다. 자기 자신, 타인, 그리고 세상에 대한 생각이 자멸적이고 비관적이 되는 것이다. 잘못된 신념은 자기 자신, 타인, 세상에 대한 부정적인 확신일 수도 있고(예: "나는 뚱뚱하다. 그래서 아무도 나와 친구가 되길 원하지 않는다."), 그들이 오인하고 있는 것이 사실이거나 사실이어야 한다는 생각일 수도 있다(예: "삶은 공정하고 확실하다." 또는 "나는 완벽하고 완벽해야만 한다."). 이러한 잘못된 신념을 바탕으로 사람들은 자신의 의식 밖에 있는 추론과 자신들의 가정, 결정, 태도, 행동의 많은 부분에 근간이 되는 사적 논리를 개발한다. 오버스트와 스튜어트(Oberst & Stewart, 2003)은 사적 논리를 "대부분의 사람과 현저히 다르게 현실을 해석하는 방법"(p. 25)으로 정의하였다. 아들러는 이러한 사적 논리가 개인의 일상적 기능을 방해한다고 제안하였고 개인이 "다른 사람들과 공유할 수 있고, 다른 사람들이 받아들일 수 있는 상식"을 개발하는 것이 더욱 도움이 된다고 믿었다(Ansbacher & Ansbacher, 1956, p. 253). 라샨드라가 성장함에 따라 그녀는 자신이 부모의 이혼에 책임이 있다는 신념을 일반화하여 관계에서 무언가 잘못될 때마다 스스로를 탓하게 될 수 있다. 이러한 사적 논리를 기반으로 그녀는 우정이나 다른 관계를 피할 수도 있다. 아들러 상담사들은 라샨드라와 작업하며 그녀의 사적 논리를 상식으로 대체하고자 할 것이다.

열등감

자기 지각과 이상적 자기 사이에는 항상 차이가 있기 때문에 모든 사람은 열등감을 경험한다(Ansbacher & Ansbacher, 1956; Duba, 2012; Kottman & Heston, 2012; Maniacci et al., 2014). 열등감에는 낙담함 또는 고취됨이라는 두 가지 반응이 있다.

열등감으로 낙심한 사람들은 대개 압도되거나 스스로 가치가 없다고 느낀다. 이러한 감정에 반응하여 포기하거나 스스로에게 과잉보상을 주는 길을 선택한다. 포기하거나 건설적인 방식의 행동을 그만둔 사람들은 자신을 닫아 버리는 것으로 낙심함에 반응한다. 그들은 우울해 하거나 자살할 것처럼 보이거나 행동할 수도 있고 자기 자신이나 타인에 대해 극단적으로 부정적이거나 비관적일 수도 있다. 열등감에 압도되는 두 번째 반응은 과잉보상과 관련되어 있다. 이 반응을 보이는 사람들은 종종 '우월 콤플렉스'를 형성한다. 그들은 대부분의 시간과 에너지를 열등감에 대처하기 위해 사용한다. '사실' 그들이 다른 이들에 비해 열등하지 않다는 것과 다른 사람들보다 낫다는 것을 증명함으로써 말이다. 다른 사람들보다 우월하기 위해 노력함으로써 다른 사람들보다 잘하는 것과 다른 사람들이 이 사실을 알게 하는 데 집착한다.

열등감에 의해 고취되는 사람들은 자신이 되고 싶은 것과 자신이 문제라고 보는 것의 차이점을 사용한다. 그들은 이상적인 자기를 향해 노력함으로써 자기 의심의 감정을 극복하려고 한다. 또한 열등감에 스스로 압도되지 않으려 하지만 그러한 감정을 자신에 대한 지표, 그리고 자기 자신과 관계, 삶의 다른 측면에서 향상시키려고 하는 것에 대해 더 배우기 위한 지표로 사용한다.

아들러 놀이치료사의 실제적 함의

아들러 놀이치료에서 당신은 다양한 상황에 대한 주관적인 해석을 알아야 한다. 부모와 아동, 교사에게 정보를 얻을 때에 주어진 상황에 관계된 모든 사람은 관계 및 관련 상황에 대하여 각각 다른 시각을 가지고 있다는 점을 기억하는 것이 도움이 된다. 다양한 관점을 면밀히 살펴보면서 현실에 대한 한 가지 해석만이 옳은 것은 아니라는 것을 상기하고 싶을 것이다. 아동이 주 내담자이기 때문에 아동 자신이 관찰한 사건과의 상호작용을 어떻게 해석하는지 이해하려는 노력을 통해 그 아동의 관점을 추가적으로 들여다보는 것이 중요하다. 이러한 방식으로 언제 아동이 사적 논리를 사용하는지 그리고 잠재적으로 부정적이고 해가 되며 자멸적인(잘못된) 신념을 그의 생활양식에 어떻게 통합하는지를 인지할 수 있다.

아동이 자신의 생활양식에 잘못된 가정이나 부정적인 해석을 포함시키는 것을 막기 위해 제시하고 표현해 주는 것이 핵심적인 노력이다. 아동들이 상황을 어떻게 해석해야 하는지, 그들의 관계나 이념에 대해 무엇을 생각해야 하는지를 말해 주는 것이 성인의 책임이기 때문에 잠정적으로 대안적인 해석을 제공한다. 만약 아동과 다르게 보는 것이 있다면 '사물을 보는 또 다른 방법'을 제안하는 것이 도움이 되는 경우가 있다. 더 나은 해석으로써가 아니며 다르게 봐야 한다고 전달되는 것을 피하기 위해 사건에 대한 상담사 고유의 해석과 상담사의 언어적 · 비언어적 반응에 면밀한 주의를 기울여야 한다.

아들러 놀이치료사로서 당신은 아동이 열등감에 압도되어 있고 낙심해하고 있다는 표시에 민감해야 한다. 일부 아동은 단지 삶에 참여하기를 거부함으로써 좌절감을 실천한다. 그들은 우울해하거나 자살 충동을 느끼며 내향적이거나 성취가 저하되고 자신을 닫아 버리는 행동을 취할 수도 있다. 또 다른 아동들은 그들의 부적응감을 과잉 보상함으로써 실망감을 행동으로 표현한다. 다른 사람들을 괴롭히거나 자랑하고 다른 사람들을 폄하하거나 아니면 인위적으로 그들을 다른 사람 위에 치켜세우기도 한다.

열등감을 대처하는 데 어려움을 겪는 아동들에 대한 최고의 중재전략은 격려이다(놀이방에서 격려를 사용하는 방법은 제6장 참조). 아동들과 접촉하는 부모, 교사, 그리고 다른 성인들에게 어떻게 그들을 격려하고 아동들이 패배보다는 도전함으로써 열등감을 어떻게 사용하고 배울 수 있는지를 가르치는 것은 매우 중요하다.

인간은 창의적이다

빔스(Beames, 1992)는 다음과 같이 기술했다.

> 개인 심리학은 인류 각 구성원의 고유성을 깊이 인식하고 기뻐한다. 이 고유성은 각 개인에게 내재된 근본적이고 신비로운 창의성의 표현이며, 순전하고 주관적이며 예측할 수 없는 개인적인 방식으로서 삶의 기정 사실(유전, 환경)을 받아들여 해석하고 수정하며 표현하는 것, 이것이 바로 창의성의 요소이다(p. 34).

개인 심리학에서의 초점은 각 개인의 특별하고 놀라운 자질에 있다. 개인의 창의성과 독특함을 기리기 위한 탐색의 일환으로 아들러 상담사들은 내담자가 자신의 강점, 목표, 중요한 Cs, 성격 우선순위, 사적 논리, 생각, 감정, 행동을 살펴볼 수 있도록 돕는다. 상담사들은 '일, 친구, 사랑, 삶에서의 의미 찾기, 어려운 상황을 받아들이고 다루기 시작하기'라는 인생의 다섯 가지 과제에 걸쳐 내담자의 독특성을 검토하며 삶에 대한 전체론적인 견해를 취한다(Adler, 1931/1958; Bitter, 2012; Mosak, 1977).

자기 결정

아들러 학파는 각 사람이 선택을 함으로써 창의적인 능력을 나타낸다고 믿는다. 자기 결정은 개인 심리학의 주요 신조인데, 이는 상황과 관계에 대한 독특한 해석을 선택하고 그 해석이 맞는 것처럼 행동하는 인간의 인지능력과 관련되어 있기 때문이다.

> 중요한 것은 한 개인이 어떻게 타고났느냐가 아니라, 그것을 가지고 무엇을 하느냐이다. 이것을 이해하기 위해 우리는 다른 힘, 개인의 창조적 힘의 존재를 가정하는 것이 필요하다(Ansbacher & Ansbacher, 1956, pp. 86-87).

이는 또한 인간이 새로운 결정이나 해석을 하는 데에 자유롭다는 것을 의미한다. 결정하는 능력은 개인이 일생에 걸쳐 끊임없이 자신의 창의성과 독특성을 발휘하게 한다(Adler, 1927/1954). 개인 심리학의 모든 흥미로운 개념 중 내(TK)가 가장 좋아하는 것이 바로 이 부분이다. 왜냐하면 이 개념은 사람들의 감정, 태도, 생각, 행동이 변할 수 있다는 것을 의미하기 때문이다. 사람들은 자신의 삶의 방향도 변화시킬 수 있는데 이는 아들러 이론을 매우 긍정적인 것으로 만드는 것이다.

아들러 놀이치료사의 실제적인 함의

새로운 선택을 하고 상황을 재해석할 수 있는 능력에 대한 아들러 학파의 신념은 놀이치료사들로 하여금 아동이 자신의 상자에서 나와 생활양식의 패턴을 바꾸고 사회적 관심을 증가시키며 행동의 목표를 전환하고 다른 길을 결정할 수 있도록 하는 방법과 그들의 길을 결정하기 위한 많은 토론의 장을 제공한다. 아들러 놀이치료사로서 우리의 중요한 책임은 각 아동이 특별하고 놀라운 자기 자신을 표현할 수 있도록 하고, 각 아동들의 독특함에 대해 좋아하는 느낌을 자신과 부모, 상호작용하는 다른 사람들에게 전달하는 방법을 발견하는 것이다. 종종 아동들은 다른 사람이 좋아하지 않을 법한 방법으로 그 독특함을 표현한다. 예를 들어, 제레미는 학교에서 욕을 하거나 사회적으로 적절하지 않은 언어를 사용함으로써 다른 사람을 화나게 하여 문제를 일으킨다. 베리는 상담사로서 제레미를 알게 되었고, 그녀는 제레미가 매우 창의적인 방식으로 언어를 사용한다는 것을 알아차렸다. 제레미가 건설적이고 더 유용한 방식으로 언어능력을 사용할 수 있으며 이러한 독특한 강점을 인식하고 기뻐할 수 있도록 돕는 것이 베리의 일이 되었다.

치료의 목적

매니아치 등(Maniacci et al., 2014)에 따르면, 아들러 치료의 주요 목적은 내담자가 다음과 같이 할 수 있도록 돕는 것이다.

① 그들의 사회적 관심을 증가시킨다.

② 그들의 열등감을 감소시킨다.

③ 개인의 자원을 인지하고 사용하며 좌절감을 극복한다.
④ 그들 삶의 목표와 자기 자신, 타인, 세상에 대한 잘못된 신념에 변화를 준다.
⑤ 부정적인 동기나 이기적인 가치관을 바꾼다.
⑥ 다른 사람들과 평등함을 갖는다.
⑦ 사회구성원으로 공헌함으로써 협조적이 된다.

모든 내담자가 이 모든 목표에 대한 도움이 필요한 것은 아니다. 첫 회기에서 상담사와 내담자(상황에 따라 내담자의 부모나 교사)는 어떠한 치료목적이 내담자에게 적절한지를 함께 결정한다. 놀이치료에서 아들러 상담사들은 놀이, 이야기, 미술, 모래놀이, 동작과 춤, 다른 치료적 전략들을 사용하여 아동이 파괴적인 목적과 비행에서 건설적인 목적으로 옮겨 갈 수 있도록 돕고, 중요한 Cs를 증진시키며, 아동의 사회적 관심을 높이고, 자기 자신, 타인, 세상에 대한 자멸적인 신념을 조정하며, 좌절을 줄이고, 자기의 강점을 인정하도록 돕는다(Kottman, 2011).

아들러 놀이치료의 네 가지 단계

개인 심리학은 다음 네 단계의 치료를 포함한다(Jones-Smith, 2015; Maniacci et al., 2014; Watts, 2013).

① 관계 형성하기
② 내담자의 생활양식을 살펴보기
③ 내담자가 자신의 생활양식에 대한 통찰을 얻도록 돕기
④ 내담자를 재정향・재교육하기

아들러 놀이치료에서 치료사들은 처음 세 단계를 아동과 놀이방에서 시행한다. 마지막 단계는 놀이방 밖에서 아동이 자신의 긍정적인 자원을 사용할 수 있도록 하기 위한 목적으로 놀이방 내부나 외부에서 시행한다. 이 단계는 교사나 부모와 같은 아동의 삶에서 중요한 성인과의 상담 시간에 시행하기도 한다.

첫 번째 단계에서 상담사는 추적하기, 내용의 반복, 감정의 반영, 질문 전략, 아동과의 적극적인 상호작용, 함께 방 치우기, 격려하기, 아동과 평등한 관계 형성하기에 있어 한계 정하기, 적절할 경우 아동의 은유 사용하기를 이용한다. 동시에 상담사는 의역하기, 감정 반영하기, 격려하기, 성격 우선순위의 파악, 중요한 Cs와 같은 전략을 사용하여 부모와의 상담 시간 동안 아동 및 부모와의 관계를 형성한다. 만약 놀이치료사가 교사와 상담하는 것이라면 그들과도 협력관계를 형성하기 위해 이와 같은 것들을 사용하는 것이 필수이다.

두 번째 단계에서 아동의 생활양식을 조사하기 위해 놀이치료사들은 아동과 부모에게 놀이와 다른 상호작용에 대한 관찰, 질문 기술, 아동의 행동 목표에 대한 정보를 얻기 위하여 미술 치료 전략, 중요한 Cs, 성격 우선순위, 가족 구도, 가족 분위기, 강점, 사적 논리, 초기 기억 등을 사용한다. 상담사는 이러한 정보를 조직화하여 세 번째 단계에서 아동과 부모가 아동의 생활양식에 대한 통찰을 얻도록 돕기 위해 공유할 아동에 대한 개념화를 정립시킨다. 부모 상담에서 상담사는 부모로서의 자기 자신에 대한 생각, 부모의 양육 전략, 결혼의 문제, 아동과 긍정적으로 상호작용하는 데 있어 부모의 능력을 저해할 만한 개인적 문제가 있는지 살펴본다. 두 번째 단계에서 이루어진 이해를 바탕으로 부모와 아동에 대한 목표와 전략을 설정하는 치료 계획이 수립된다.

세 번째 단계의 일부로 상담사는 아동의 태도, 인식, 감정, 생각, 행동을 점검하고 아동이 어떤 것을 바꾸고자 하고 어떤 것을 계속 유지하고자 하는지 결정할 수 있도록 하기 위해 필요한 잠정적인 가정, 해석, 은유, 예술 기법, 대면, 즉시성, 유머 등을 사용한다. 부모 상담에서 상담사는 이러한 동일한 전략을 사용하여 부모로 하여금 아동과 그들의 동기에 대한 이해를 높이고, 부모로서 그들 자신에 대한 통찰을 확대하며 아동의 변화를 지지할 수 있는 부모 전략을 결정할 수 있도록 돕는다.

재정향 · 재교육 단계에서 상담사는 아동과 부모가 놀이 회기, 가족 및 다른 배경에서도 이러한 결정들을 실행할 수 있도록 돕는다. 놀이치료는 브레인스토밍, 문제 해결, 아동에 대한 다양한 상호작용 기술, 부모 양육 기술을 사용한다. 회기에서 새롭게 취득된 지식과 기술은 아동과 부모가 다른 상황에서 실행해 보기 전에 배운 것들을 통합하여 격려받고 또 서로를 격려하는 것을 배우기 위해 놀이치료사에게로 다시 돌아온다.

이러한 단계들은 별개의 것이 아니며 전 과정을 통해 관계를 형성하는 것이다. 상담사는 내담자가 자신의 사적 논리나 잘못된 가정에 대한 통찰을 얻는 데 도움을 주거나 내담자가 통찰을 얻는 데 새롭게 가르치는 기술(재정향 · 재교육)을 통합할 수 있다. 많은 경우(예: 학교, 기관, 행사 등)에서 상담사는 서둘러 재정향 · 재교육 단계로 바로 가고자 하는 압박감을 느낄 것이다. 이러한 유혹을 이겨 내고 어떤 단계도 생략하지 않으며 전체 단계를 시행하는 것이 필수적이다.

단기적 접근법 사용 시도에 대해 알아 두어야 할 점은 아동들과 그들의 가족과의 경험에서 단계를 생략하는 것은 효과적이고 지속적인 중재법을 만들지 못한다는 것이다. 이것은 마치 문제에 반창고를 붙이는 것과 같다. 만약 내담자와의 관계를 형성하거나 문제의 역학관계를 이해하기 위해 시간을 들이지 않는다면 내담자 입장에서는 동기가 거의 사라지게 되고 내담자의 의미 있고 긍정적인 변화를 이끌어 내고자 돕고 있는 상담사 입장에서도 치료적 영향력이 거의 없게 된다. 만약 상담사가 협조적인 관계를 만들고 문제를 모색하지만 내담자가 통찰을 얻을 수 있도록 조력하는 데 함께하지 않는다면, 내담자는 행동이나 태도의 변화를 만들고 지속할 근거가 없다. 각각의 네 가지 단계를 통과한 누적된 경험은 내담자에게 동기 부여가 되고, 자신의 자원을 파악하며 건설적인 행동으로서 긍정적인 변화를 주는 데에 필수적이다.

상담사의 역할

아들러 상담사의 역할은 적극적이고 지시적이다. 상담사들은 정보, 가이드, 긍정적인 모델, 현실 검증, 격려, 존중, 지지적인 대치를 제공한다(Jones-Smith, 2015). 아들러 놀이치료에서 상담사의 역할은 굉장히 유동적이어서, 치료의 단계에 따라 달라진다(Kottman, 2009, 2011). 첫 번째 단계에서 놀이치료사들은 상대적으로 비지시적이며 회기에서 힘과 책임을 공유할 수 있도록 아동들에게 권하는 파트너로서와 치료과정에서 협동적인 느낌의 부모로서의 역할을 한다. 이 단계 동안 치료사 역할의 큰 부분은 아동과 그 부모를 격려하여 자신감과 자기 효능감을 얻을 수 있도록 돕는 것이다.

두 번째 단계에서 놀이치료사의 역할은 더 적극적이고 지시적인 방식으로 바뀐다. 치료사들은 아동과 부모의 태도, 과정을 통한 인식, 감정, 상호작용 등에 대한 정보를 모으며 탐정과 같은 역할을 한다. 이 단계의 마지막에서 치료사들은 아동의 생활양식을 개념화하고 적절할 경우 아동, 부모, 교사에 대한 치료 계획을 세운다(Kottman, 2009,

2011).

세 번째 단계에서 놀이치료사는 다시 파트너가 된다. 이때 놀이치료사는 아동과 부모에게 중요한 정보를 전달할 파트너이다. 대부분 이 단계에서 놀이치료사는 매우 지시적이 된다. 치료사들은 자기 자신, 타인, 세상에 대해 가지고 있는 오래되고 자멸적인 잘못된 신념에 도전하고, 아동과 부모 모두가 추가적인 중요한 Cs를 숙달하도록 하며, 사회적 관심의 증가를 북돋우고, 가족 기능의 다른 많은 측면에 대한 변화를 촉진시킨다(Kottman, 2009, 2011).

재정향 · 재교육 단계에서 놀이치료사들은 적극적인 교사이자 격려자이다. 이 단계에서 상담사들의 주요 기능은 아동과 부모가 그들의 행동 목록에 추가할 새로운 기술을 배우고 실행할 수 있도록 하며 그들의 일상에서 자기 자신과 타인에 대한 보다 긍정적인 인식을 적용할 수 있도록 조력하는 것이다. 상담사들은 회기에서 자기 주장 기술, 협상 기술, 사회적 기술, 부모 양육 기술, 의사소통 기술, 그리고 문제 상황에 대처하고 다른 사람들과 상호작용하기 위해 아동과 부모가 사용할 수 있는 다른 유용한 전략들을 가르치고 실행할 수 있는 기회를 주는 데 주로 시간을 사용한다.

시대에 앞선 문화

아들러가 인간의 본성과 사람들이 어떻게 발달하느냐에 대한 그의 생각을 개발하고 출판할 때에 그는 생활양식의 창조에서 문화의 역할을 인지하였다. 그러나 그 시대의 다른 이론가들과 마찬가지로 아들러는 스스로의 경험에서 도출해 내었다. 따라서 평화, 평등, 전체론, 사회적 관심의 가치는 전 지구적 가치가 아니며 가치가 크게 달라지는 적응이 필요할 수도 있다(Sperry & Carlson, 2012).

아들러는 '남성적 저항'이라는 개념과 함께 사회 내에서의 성역할에 대한 관심을 불러일으켰다(Jones-Smith, 2015; Kottman & Heston, 2012; McBrien, 2012). 남성적 저항이란 남자같이 되고자 하는 여성들의 욕구에 대한 프로이트(Freud)의 초기 신념에 동조하지 않는 데에 기반을 둔다. 아들러는 양성의 차이가 남성을 우월하게 만들었다는 전제가 실제로는 남성과 여성 모두에게 매우 비관적인 사회적 또는 문화적 현상이라고 믿었다(Adler, 1927/1954).

또한 아들러는 개인을 그의 사회적 경험이나 문화적 이해 없이는 이해될 수 없다고 믿었으며 사람이 인생을 살고 경험하는 환경이 생활양식을 만들어 내는 데에 있어 문제점과 기여점을 만들어 낸다고 생각했다. 다른 말로 하면, 공동체와 사회에 대한 문화와 인식이 자기 자신, 타인, 세상에 대한 개인의 신념에 일반적인 역할을 한다는 것이다(Oberst & Stewart, 2003).

『The Journal of Individual Psycholgy』는 세상의 문화가 아들러 이론과 어떻게 연관되었는지의 중요성에 주목하였다. 존 칼슨(Jon Carlson)이 편집한 이 저널의 특별판은 아들러 이론과 이슬람 문화(Alizadeh, 2012), 불가리아 문화(Walton & Stoykova, 2012), 아시아 문화(Sun & Bitter, 2012), 그리스 문화(Nicoll, Pelonis, & Sperry, 2012), 남아프리카 문화(Brack, Hill, & Brack, 2012)에 관한 것이다. 아들러 이론과 문화와 관련된 다른 많은 세부적인 주제들 역시 출판되었다. 오라이언(Oryan, 2014)은 부모 및 가족과 작업할 때 문화를 이해해야 하는 중요성을 서술하였다. 듀바 소어히버와 비터(Duba Sauerheber & Bitter, 2013)는 아들러 상담에 있어 종교와 영성에 대한 영향을 서술하였다.

아들러 놀이치료는 다양한 문화와 인종 집단의 광범위한 스펙트럼의 아동들에게 잘 적용될 수 있다(Fallon, 2004; Kottman, Bryant, Alexander & Kroger, 2009).

> 아들러 개념은 여러 인종 및 문화적 집단의 가치와 일치된다. 이러한 일치는 아들러의 인지적이고 행동 지향적인 기술이 상당히 유연하기 때문이다. 세상에 대한 개인의 주관적인 관점과 해석에 대한 아들러의 강조는 인종적 가치와 인식에 대한 반응을 유도하였다(Herring & Runion, 1994, pp. 218-219).

아들러 놀이치료사는 다양한 문화와 더불어 문화가 내담자에게 미칠 수 있는 영향을 끊임없이 배우고 이해해야 할 책임이 있다(Gil & Drewes, 2005; Hinman, 2003; O'Connor, 2005; Post & Tillman, 2015; Vaughn, 2012). 문화적 역량은 여행이며 도착점이 아니라는 것을 기억하는 것이 중요하다. 문화적 역량을 계속적으로 개발하는 방법으로 다른 문화에 대해 사적으로 또는 다르게 가지고 있던 신념에 대해 계속 점검해 볼 수 있다. 예를 들어, 내담자들과 작업하는 상담사의 능력에 영향을 미칠 수 있는 신념에 대해 스스로에게 몇 가지 질문을 던질 수 있다.

- 저소득층 가정의 직업윤리나 지능에 대한 당신의 신념은 무엇인가?
- 아시아인 또는 아시아계 미국인, 유럽인 또는 유럽계 미국인, 아프리카인 또는 아프리카계 미국인의 양육 및 훈육 스타일에 대한 당신의 신념은 무엇인가?
- 아동이 조부모, 동성 부모, 싱글 부모, 결혼한 부모에게 양육된다는 점을 알게 되었을 때 당신의 초기 내면적 반응은 무엇인가?
- 아동의 종교적인 공휴일 관행이 당신과 다르다면 어떻게 약속을 잡을 것인가?
- 당신의 언어로 말하지 않는 가정에게 어떠한 도움을 제공할 것인가?

상담과 슈퍼비전, 개인 상담은 타 문화에 대한 자기 인식과 지식, 효과성을 높이는 생산적인 전략이다.

요약

아들러 이론에 따르면 사람들은 사회적으로 내포되어 있고, 목표 지향적이며, 창의적이다. 그들은 주관적인 시각으로 자기 자신, 타인, 그리고 세상을 바라본다. 사람들은 인간의 본성에 대한 시각에 근거하여 아동을 개념화하기 때문에 아들러 놀이치료사들은 아동의 성격과 상호작용 패턴에서의 가족과 공동체의 영향을 고려해야만 한다. 또한 아동의 행동에 대한 목적과 동기, 아동이 소속감과 중요성을 얻기 위해 사용하는 개인적이고 독특한 방법을 이해해야 한다. 아들러 놀이치료의 네 단계에 걸쳐, 상담사들은 아동들과 좋은 관계를 형성하고, 아동의 생활양식을 탐색하며, 아동이 자신의 생활양식에 대한 통찰을 얻도록 돕고, 자기 자신, 타인, 세상에 대한 변화된 관점에 기초하여 다른 사람들과 상호작용하는 새로운 방법을 가르친다. 아들러 부모 상담의 네 단계에서 상담사는 부모와 대등한 관계를 만들고, 아동의 생활양식에 대한 부모의 인식을 탐색하며, 부모의 생활양식을 알아보고, 부모가 그들 자신의 생활양식과 아동의 생활양식에 대한 통찰을 얻을 수 있도록 도우며 더욱 긍정적이고 적극적인 체제에서 아동과 상호작용하고 부모로서 자신을 볼 수 있도록 하는 기술을 가르친다. 아들러 놀이치료의 궁극적인 목표는 상담사가 아동과 그 부모와의 관계를 사용하여 내적 및 대인관계에 대한 가족구성원의 이해를 확대할 수 있도록 돕고, 그러한 통찰을 이용하여 태도, 사고, 감정, 행동에 지대한 영향을 가져올 긍정적이고 영속적인 변화를 만들도록 하는 것이다.

추가 자료

아들러 심리학

http://www.alfredadler.org/what-is-an-adlerian

http://alfredadler.edu/about/theory

http://www.goodtherapy.org/adlerian-psychology.html

아들러 놀이치료

http://www.hbftpartnership.com/documents/uploadResources/Adlerian_Therapy_Kottman.pdf

http://www.psychotherapy.net/video/adlerain-play-therapy

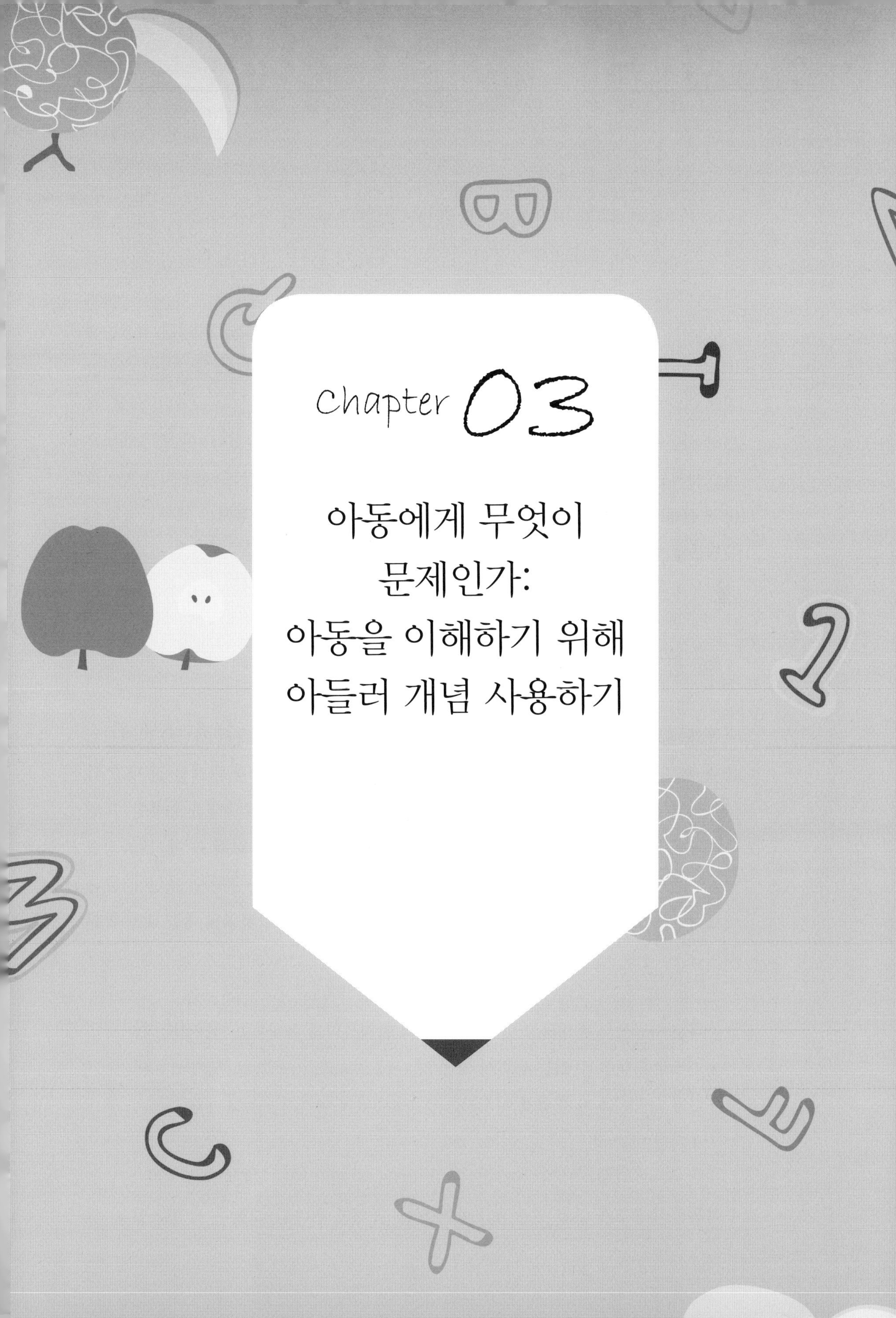

Chapter 03

아동에게 무엇이 문제인가: 아동을 이해하기 위해 아들러 개념 사용하기

아들러 놀이치료를 실시하는 과정의 많은 부분(전부는 아니지만)은 아동에 대한 이해와 역동을 알아내기 위해 아들러 개념화 과정을 사용하는 것이다. 아들러 놀이치료사들은 아동의 중요한 Cs(Lew & Bettner, 1998, 2000), 잘못된 행동의 목표(Dinkmeyer et al., 2007; Dreikurs & Soltz, 1964; Nelson, Lott, & Glenn, 2013), 그리고 성격 우선순위(Henderson & Thompson, 2011; Kfir, 1981, 2011)를 고려해서 아동의 생활양식이 어떠할지에 대한 생각을 발전시킬 수 있고, 그들의 생활양식이 행동 패턴, 사고 패턴, 태도, 관계의 패턴에 어떻게 영향을 미치는지에 대한 생각을 발전시킬 수 있다. 이 모든 개념은 성인에게도 적용할 수 있기 때문에 부모와 교사들을 위한 상담과 슈퍼비전, 놀이치료사 훈련에도 이 개념들을 사용할 수 있을 것이다(Kottman, 2011). 부모와 교사들에게 이 개념들을 어떻게 적용하는지에 관해서는 제4장을 참조하면 된다.

중요한 Cs

류와 베트너(Lew & Bettner, 1998, 2000)는 연구를 통해 중요한 Cs의 개념을 발전시켰는데, 이 연구는 성공적으로 생활을 하는 아동들은 다른 사람들과 관계를 잘 맺고 있고, 다른 사람들이 자신을 가치 있게 여긴다고 느끼며, 삶의 여러 측면을 통제할 수 있다는 인식을 한다고 제안한다. 어려움을 겪고 있는 아동들과 비교해 볼 때, 성공적인 아동들은 무의식적 행동의 안내 역할을 하는 네 가지 신념이 있는 것처럼 보인다. 류와 베트너(Lew & Bettner, 2000)에 의하면 이러한 신념들은 다음의 것들에 대한 내적 확신성이다.

- 다른 사람들과 관계하고 있는 것, 가족과 지역사회의 존재를 느끼는 것
- 스스로를 돌볼 수 있는 능력이 있는 것
- 다른 사람에게 가치 있게 여겨지는 것, 가치 있게 여겨지는 것을 아는 것
- 용기를 내는 것

아동들이 중요한 Cs로 필수적인 방어를 할 수 있게 된다면, 그들은 책임감 있고, 생

산적이며, 협동적이고, 독립적이며, 회복력이 있고, 재치 있으며, 도움이 되고, 행복하게 성장할 것이다.

아들러 놀이치료의 첫 번째 그리고 두 번째 단계에서 치료자는 아동들의 행동을 관찰하고, 아동에게 다양한 방법으로 질문을 하며, 아동이 이러한 신념들을 자기 개념으로 통합하는지 알아보기 위해 부모(필요하다면 교사에게도)에게 정보를 수집할 것이다(Kottman, 1999). 이 조사를 근거로, 아동에게 강점 혹은 약점의 영역으로 간주될 수 있는 중요한 Cs에 대해서 사정평가를 할 수 있을 것이다. 이 사정 평가에 기초해서 아동의 신념 체계에 통합되지 않은 중요한 Cs를 기르는 법, 치료의 세 번째, 네 번째 단계에서 놀이치료실에서의 상호작용을 이용하는 법, 부모와 교사가 아동 내면의 방어를 기르는 법을 배우도록 돕는 것에 대해서 계획할 수 있다.

관계

아동은 소속감, 다른 사람과 관계하고 있다는 느낌을 가질 필요가 있다(Lew & Bettner, 1998, 2000). 다른 사람들과 긍정적인 방식으로 관계하기를 원하고, 다른 사람들과 관계하는 데 필요한 기술이 있고, 관계하는 자신의 능력에 대한 확신이 있는 사람들은 사회적으로 안전감을 느끼고 소속되어 있음을 확신한다. 그들은 다른 사람에게 관심을 가지고 친구를 사귈 수 있다. 또한 다른 아동들이나 성인들과 협동적이고 긍정적인 관계를 만들고 유지할 수 있다. 그들은 보통 치료를 받고 있지 않는 아이들인데, 그래서 놀이치료사들은 작업하면서 그들과 상호작용할 일이 아마 없을 것이다.

관계하고 있다고 생각하는 아동이 놀이치료에 오게 된다면, 아동은 놀이치료사와 빠르게 라포를 형성하게 될 것이고, 놀이치료실에서 신뢰할 수 있고 편안하게 동반관계를 맺게 될 것이다. 아동, 부모, 교사로부터의 정보에 의하면, 이 아동들은 학교와 이웃에서 친구를 쉽게 사귀고 유지하며, 가족 내에서도 긍정적인 상호작용을 한다.

류와 베트너(Lew & Bettner, 2000)는 이 주제에 대해서 설명하지는 않았지만, 우리의 경험으로는 관계할 수 있는 능력에 대해 완전한 믿음을 갖지 못하고 스스로의 능력에 대해 부분적으로만 수용하는 것처럼 보이는 아동들이 있다(Kottman, 1999). 이 아동들은 일반적으로 치료의 초기 단계에서 상담사와 관계를 맺을 때 다소 망설이기는 하나, 편안한 관계의 가능성은 열어 두고 있다. 타인 보고, 자기 보고에 따르면 이 아동들은 다른 사람과 관계를 맺을 수는 있으나, 우정을 유지하거나 강력한 사회적 네트워크를 발전시키는 데에는 어려움이 있을 수 있다.

사회적 관심의 가치를 배우지 못했거나 다른 사람과 관계하는 데 필요한 기술을 습득하지 못한 아동들은 고립감과 불안정감을 느끼며(Lew & Bettner, 1998, 2000), 놀이치료에 오게 된다. 이러한 아동들은 관계하고 있다는 것을 믿지 못하기 때문에 관계하고 있지 않은 것처럼 행동한다. 그들이 관계하고 있지 않은 것처럼 행동하고, 다른 사람들에게 거부되는 것을 기대하는 것처럼 행동할 때, 이 신념이 맞는 것처럼 다른 사람에게 피드백을 받게 될 것이고, 이것은 단절이라는 그들의 지각을 강화시킨다. 건설적인 방법으로 관계하지 않는 아동들은 때로는 부정적인 방법으로 관계하는 것이 관계를 전혀 하지 않는 것보다는 낫다고 결정한다. 이런 결정의 결과로, 아동들은 그들이 집단이나 가족 안에 부정적으로나마 포함되어 있다는 것을 느끼기 위해서 자주 부정적이고 자기 파괴적인 방법으로 관심을 추구한다.

놀이치료실에서 이 아동들은 때때로 눈맞춤을 회피하고, 놀이방에 들어오는 것을 거부하며, 협동적 활동에 대한 놀이치료사의 제안을 따르는 것을 거절하는 등 놀이치료사와 관계 맺는 것에 어려움을 보일 것이다. 관계할 수 있다고 믿지 못하거나 관계에 필요한 사회적 기술을 갖지 못한 아동들의 사회적 상호작용에 대해 부모와 교사에게 수집한 정보를 살펴보면, 이 아동들은 집, 학교, 이웃에서 친구를 만들고 관계를 유지하는 데 어려워하는 모습을 일관적으로 보인다. 그들은 사회적으로 거부되거나, 고립되거나, 희생양이 되는 경향이 있다.

다른 사람들과 관계하기 위해 필요한 기술이나 확신이 없는 아동들과의 놀이치료 첫 단계에서, 놀이치료사는 그들이 준비가 되기 전에 관계 맺는 것을 재촉하지 않도록 자제하면서 관계를 맺어 나가는 균형이 필요할 것이다(또는 그들과 관계를 맺기 원하지 않는다고 다짐하면서). 자기 자신과 다른 사람들에 대해서 이미 믿고 있는 것을 재확인하는 아동들의 평상시 패턴이 뒤따른다는 것을 기억할 필요가 있다. 이 아동들에게 관계를 위한 능력에 대해 비난 또는 낙담을 전하고 싶지 않을 것이다. 이 아동들에게는 더욱 쉽게 관계할 수 있는 아동들에게 하는 것보다 추적반영, 내용 재진술, 감정 반영, 격려를 더 많이 하는 것이 도움이 된다.

일단 관계가 맺어졌다고 생각되면, 놀이치료사들은 한두 가지 질문을 하고, 아동들이 재미있어할 것 같은 그림 그리기 또는 손인형극과 같은 활동을 할 것인지를 아동에게 물어보면서 매우 천천히 치료의 두 번째 단계로 넘어갈 수 있다. 두 번째 단계에서 아동들과의 관계를 강화시키기 위한 작업을 하는 것은 필수적이다. 아동의 생활양식 탐색이 관계에 위협이 된다고 느껴진다면 관계가 나빠지지 않게 하기 위해 조사를 늦출 수도 있다.

아울러 놀이치료의 세 번째 단계에서 놀잇감, 이야기, 책, 다른 사례들 또는 관계 형성의 가치를 진전시키는 아동의 상황, 관계에 대한 아동의 감정과 신념, 그리고 아동의 관계 능력을 이용할 수 있다. 다음은 이러한 전략들의 몇 가지 예시이다.

- "나는 문어가 그 물고기와 친구가 되는 것에 흥분되기도 하고 두렵기도 할 것이라 생각해."
- "저 손인형들은 서로에게 매우 친절하구나."
- "나는 이야기 속의 작은 소녀가 아무도 그녀를 좋아하지 않을까 봐 걱정한다고 생각해. 나는 소녀가 너무나 외로울 것이라 생각해."
- "때때로 나는 내 친구들이 나를 좋아하는 것보다 다른 누군가를 좋아하게 될까 봐 겁이 나. 그렇지만 내가 그들의 가장 좋은 친구는 아니더라도 어쨌든 정말로 친구를 원하기 때문에 나는 그들과 친구가 되기로 했어."
- "내가 너희 반의 다른 아이 이야기를 할 때마다 너는 그 아이들이 너와 친구가 되고 싶어 하지 않는다고 생각하는 것 같아. 그 아이들과 친구가 되는 데에 방해가 되는 것이 무엇이라고 생각하니?"(언어적으로 잘 발달된 아동들과 이렇게 할 수 있다. 많은 영리한 아동들이 '낮은 수준의 관계' 범주에 포함되어 있을 수 있어 이렇게 하는 것이 아동들과 상호작용하는 가장 적절한 방법이 될 수 있다.)

사회적 상호작용이 낮은 수준인 아동들에게 우리는 종종 관계의 가치감을 강화시키는 개입방법(예: 독서치료, 은유적 스토리텔링, 역할극, 동작)을 사용한다. 또한 다른 사람들에게 관심을 가지고 관계하는 것이 매우 중요한 가치라는 메시지를 의사소통하는 것에 대해서 아동들의 부모, 교사와 작업을 한다. 부모와 교사에게 도움이 될 수 있는 자료들은 『Social Rules for Kids: The Top 100 Social Rules Kids Need to Succeed』(Diamond, 2011), 『The New Social Story Book』(Gray & Atwood, 2010), 그리고 『How to Make & Keep Friends: Tips for Kids to Overcome 50 Common Social Challenges』

(Briggs & Shea, 2011)가 있다.

네 번째 단계에서 우리는 아동이 사회적 기술을 배우고 연습하는 것을 돕도록 모델링, 역할극, 그리고 손인형극과 같은 경험을 제공한다. 『Skillstreaming the Elementary School Child: A Guide for Teaching Prosocial Skills』(McGinnis, 2011)와 『My Mouth Is a Volcano Activity and Idea Book』(Cook, 2009)에서의 활동들을 이용하기도 한다. 우리는 또한 아동들이 다른 사람들과 관계하는 자신의 능력에 대한 부정적 신념을 극복하는 것을 돕도록 부모와 교사에게 긍정적 피드백의 방법을 가르친다.

유능감

아동들은 스스로를 돌볼 수 있는 능력이 있음을 믿을 필요가 있다(Lew & Bettner, 1998, 2000). 유능감을 느끼는 아동들은 그들 자신의 역량을 믿는다. 그들은 자기 통제와 절제를 할 수 있다. 이 아동들은 스스로를 신뢰할 수 있다는 것을 알고 있고, 기꺼이 자신과 자신의 행동에 책임을 진다. 그들은 자신의 능력에 대해서 객관적인 평가를 할 수 있고 어떤 일을 하려고 할 때 성공할 수 있다고 자신감을 가진다. 그들은 스스로가 유능하다고 믿기 때문에 자신감과 자기 확신을 가지고 행동한다. 유능감이 높은 아동들은 놀이방 안팎에서 자신의 수행 능력에 대한 자신감을 표현한다. 이 아동들이 집과 학교에 대해서 이야기하는 것을 경청해 보면, 그들이 자기효능감이 높고, 잘할 수 있는 것에 대한 생각이 명확하다는 것을 알게 된다.

유능감이 있는 아동들도 놀이치료실에서 그들의 능력에 대해서 때때로 주저하기도 하지만, 일반적으로 놀이치료사가 격려해 주면 새로운 활동에 기꺼이 도전한다. 그들은 성공했을 때보다는 어려웠을 때에 집중하면서 성공적 노력에 대해서 말할 것이다. 자신감을 보여 주는 상황에 대해서 이야기할 때, 그들은 이러한 성공이 스스로에게도 놀라운 일인 것처럼 말한다. 이 아동들은 특정한 성취에 대해서는 긍정적인 피드백에 개방되어 있지만, 때로는 다른 사람에게 전반적인 칭찬을 받는 것은 주저하기도 한다. 어떤 아동들은 상황에 따라 유능감을 다르게 느낀다. 내(TK) 아들은 학교에서는 힘들어했지만 비디오 게임에서는 위로를 받았다. 그는 슈퍼마리오 게임에서 자신의 능력에 대한 강한 자신감을 얻었고 동시에 학교에서는 실패감을 느꼈다.

유능감을 느끼지 못하는 아동들은 자주 부적절감을 느낀다(Lew & Bettner, 2000). 자신의 능력에 대한 믿음의 부족이 자기실현적 예언이 되기도 한다. 이 아동들은 자신의 역량에 대해서 자신감이 없기 때문에 실패를 반복적으로 경험한다. 그들은 노력은 하지 않으면서 결과가 스스로에 대해서 그들이 이미 믿고 있는 것을 증명하는 것이라 확신한다. 심지어 그들은 자신이 성공한 상황에서도 실패했다는 증거로 해석할 수 있는 것들을 찾아낸다. 자신의 역량에 대해 자신감이 부족한 아동들은 다른 사람들을 제압하는 것으로 통제하려고 한다. 때때로 이 아동들은 통제되지 않는 다른 사람들과 상호작용하기 위한 노력으로 고의적인 반항을 사용하기도 한다. 스스로에 대한 믿음에 자신감이 없는 어떤 아동들은 다른 사람들에게 완전히 의존적이기도 한데, 그들은 스스로를 돌볼 기술이 없다고 믿기 때문에 다른 사람들이 그들을 돌봐 줄 것이라고 기대한다.

자신의 역량을 신뢰하는 것에 어려움을 겪는 아동들은 놀이회기에서 자기 의심을 많이 표현한다. 놀이치료실에서 이 아동들은 어느 정도의 기술이 필요한 새로운 활동들을 시도하는 것을 썩 내켜 하지 않으며, 종종 "어떻게 노는지 이미 알아요"라고 하면서 놀잇감을 가지고 노는 새로운 방법을 시도해 보는 것을 좋아하지 않는다. 다른 환경에서의 그들의 경험을 살펴보면, 그들은 일관적으로 자신감 부족의 증거들을 보여 주고, 세부사항에서의 실패는 장황하게 이야기하면서 그들이 했던 성공에 대해서는 결코 말하지 않는다.

격려는 놀이치료의 네 단계 모두에서의 가장 기본적인 개입 도구이다(Kottman, 1999). 가능할 때마다 아동의 장점과 기술에 대해서 언급하는 것에 집중해야 한다. 놀이치료사와의 상호작용은 아동이 자신의 역량을 느낄 수 있는 영역 또는 미래의 가능성에 대해서 자신감을 가질 수 있는 영역을 탐색하는 것에 도움이 된다.

세 번째 단계에서 놀이치료사는 아동이 자신의 능력에 대한 믿음의 부족에 대해서 의문을 갖게 되기를 원할 것이다. 아동의 의심에 대해서, 그리고 현재의 태도가 가장 건설적이고 정확한 것이 아니라는 것을 제안하기 위해 '수프에 침 뱉기'를 이용할 수 있다. 이를 위해서 때때로 은유를 통해 의사소통을 하기도 하고, 아동의 삶의 상황을 직접적으로 다루기도 할 것이다(이 기법의 자세한 사항은 제10장 참조). 이 전략의 몇 가지 예시들은 다음과 같다.

- "어려움을 겪고 있을 때 토끼는 할 수 없다고 결정을 했어. 너는 토끼가 정말로 할 수 없다고 생각하니?"

- "이 이야기에서 소년은 자신이 공을 차지 못할 것이라고 확신해서 시도조차 하지 않았어. 만약 소년이 공차기를 배우기를 원했다면 할 수 있었다고 생각하니?"
- "너는 다트가 어떻게 움직일지를 몰라서 다트 던지는 것을 원하지 않았지. 다트를 일단 한번 살펴본다면 너는 할 수 있어."
- "너는 그림을 그릴 수 없다고 말했지만, 여기 오는 다른 아이들처럼 그림을 그리고 그것을 자랑스러워 하게 될거야."

이 과정을 통해서 우리는 아동들이 성공할 수 있다고 생각되는 활동에 아동을 참여하게 한다(예: 기술이 거의 또는 전혀 필요 없는 게임들, 우리가 만들어 낸 줄거리에 따른 손인형극, 그리고 예술적 재능이 필요 없는 예술 활동). 또한 아동이 유능감을 경험할 수 있도록 아동에게 도움이 되는 특정한 기술(예: 공으로 블록 더미를 넘어뜨리는 것, 수갑 푸는 장치를 알아채는 것)을 가르친다. 우리는 발전의 아주 작은 신호, 미약하더라도 새로운 것에 도전하려는 의지, 자부심의 표현 또는 유능감 활동에서의 아동의 성취감 표현에 끊임없이 주의를 기울인다. 긍정적 생각에 대한 아동의 낙담과 저항에 맞서 끊임 없이 격려하는 것은 매우 피곤한 일이다. 포기하지 말라. 작은 변화를 찾고, 아동이 놀이치료사를 좌절시키기 위해서 매사에 부정적이거나 낙담하는 것이 아니라는 것을 스스로에게 상기시켜야 한다. 버릇 같은 부정적인 분위기에서 벗어나는 것은 어려운 일이다.

가치

아동들은 다른 사람들에게 존중받지 않아도 또는 사랑받지 않아도, 그들이 중요하고 가치가 있다는 것을 알 필요가 있다(Lew & Bettner, 1998, 2000). 스스로가 가치 있다고 믿는 사람들은 이 세상에서 자신이 중요하며, 다른 사람들의 삶에 건설적으로 기여한다고 확신한다. 이 아동들은 자신이 중요하고 가치 있다고 느낀다. 그들은 개인으로서 그들의 타고난 가치를 인식한다. 그들은 문제를 해결할 수 있고 긍정적 기여를 할 것이라는 믿음이 있기 때문에 행동이 건설적이고 유용하다. 이 아동들은 가족, 지역사회, 학교에서 도움이 되는 방법으로 행동한다.

스스로가 가치 있다는 것을 아는 아동들은 놀이방에서 놀이치료사가 자신들을 특별하고 중요하다고 생각할 것이라 확신한다(Kottman, 1999). 인정과 수용을 얻기 위해 무언가를 하지 않아도 다른 사람들이 그들을 가치 있게 여긴다는 생각은 건방짐이 아니라 자신감이다. 그들은 또한 학교, 집, 사회적 상황에서 자신의 긍정적 기여를 인정한다. 이 아동들은 자주 자신들이 다른 사람들에게 도움이 되었고, 더 어린 아동들에게 조언을 해 주었고, 운동장에서 갈등을 해결하였다고 말한다.

어떤 아동들은 그들이 어떤 특정한 조건을 충족시켜야만 가치가 있다고 믿는다(Kottman, 1999). 예를 들어, 아동들은 다른 사람들을 돌보아야만, 예뻐야만, 건강해야만, 강해야만, 또는 다른 사람들이 모든 결정을 하게 해야만 가치 있다고 생각할 수도 있다. 그것의 의미는 조건부인데, 아동들은 그들을 가치 있게 만들어 준다고 믿는 것을 매우 열심히 한다. 그들은 자신들의 가치를 정의할 조건을 충족시키지 못하면 아무도 자신에게 관심을 가지지 않을 것이라 믿기 때문에 매우 불안하다. 우리 둘 다 이 깊은 수렁에 빠지는 경향이 있다. 우리는 우리가 더욱 많이, 빨리, 잘 해야 할 필요가 있다고 믿는 경향이 있고, 우리의 가치는 우리의 기여에 달려 있다고 생각한다. 그래서 우리는 이 패턴을 놓아 버리는 것이 어렵다는 것을 잘 알고 있다.

어떤 조건을 충족해야만 가치 있다고 믿는 아동은 놀이방에서 그 조건들을 충족시키는 활동에 많은 시간과 에너지를 쓴다. 이 아동들이 기대하는 것처럼 놀이치료사가 조건적 속성을 강화하는 반응을 하지 않으면, 그들은 종종 매우 신경질적이 되거나 혹은 적대적이게 된다. 놀이치료실 밖의 상호작용을 살펴보면, 수용받을 수 있다고 지각하는 유일한 방법이 특정한 조건에 따르는 것이라고 이 아동들은 생각한다.

자신이 가치 있다는 것을 믿지 못하는 아동들은 스스로가 하찮다고 느낀다(Lew & Bettner, 2000). 그들은 아무도 그들에게 관심을 갖지 않거나 그들이 말하는 것을 듣지 않는다고 믿는다. 스스로가 가치가 없다고 느끼는 대부분의 아동은 빈약한 자기상을 발달시킨다. 그들은 포기하려 하고, 다른 사람을 겁주려고 하거나 또는 잘하는 것처럼 행동함으로써 과잉보상하려고 할 수도 있다. 어떤 아동들은 긍정적인 방법으로는 수용 또는 가치를 얻는 능력을 갖지 못한다고 믿기 때문에, 수용되지 못하거나 건설적인 기여를 할 수 없다고 확신하면서 부정적인 방법으로 행동하거나 다른 사람과의 상호작용을 철회한다.

이 아동들이 놀이치료실에서 하는 행동은 대개 그들이 가치 있지 않음을 증명하도록 계획되어 있다. 그들은 부정적인 자기 진술을 하고, 치료 환경 외부의 그들의 생활에 대한 질문에 대답하기를 거부하고, 끊임없이 다른 사람들을 따라 하고, 놀이하기를 거부하며, 놀이치료사가 경청하지 않는다고 불평하기도 한다. 이 아동들은 그들이 가치 없고 하찮다는 그들의 신념을 확인시켜 주는 놀이치료실 외부의 경험들을 보고한다.

자신이 중요하다고 믿지 않는 아동과 치료적 관계를 형성할 때, 아동과 시간을 보내는 것이 정말로 신나는 일이라는 것을 전달하는 것은 중요하다(Kottman, 1999). 아동이 행동하고 말하는 것에 놀이치료사가 집중하고 있다는 것을 확실하게 알려 주고, 아동의 의견과 경험 그리고 상호작용을 얼마나 중요하게 생각하는지에 관한 피드백을 주어야 한다. 아동이 특별하고 가치 있다는 놀이치료사의 신념을 나타내는 의견을 전달해 주는 것이 도움이 된다. 상담 회기에서 놀이치료사는 부모와 교사들도 이것을 잘하도록 가르칠 수 있다. 도움이 되는 몇 가지 자료는 『A Teaspoon for Courage: The Little Book of Encouragement』(Greive, 2006)와 『Lunch Box Letters: Writing Notes of Love and Encouragement to Your Children』(Sperande & Zimmerman, 2007)이다. 놀이치료사는 또한 『The 5 Love Languages of Children』(Chapman & Campbell, 2012)을 권할 수 있는데, 이 책에는 성인들이 어떻게 아동이 가치 있다는 것을 전달할 수 있는지에 대한 제안이 포함되어 있다.

자신이 조건부로 중요하다고 믿는 아동들은 다른 사람들이 어떤 조건하에서만 그들을 가치 있게 여길 것이라는 확신 때문에 끊임없이 관계를 살펴본다. 우리는 아동에 대한 무조건적인 존중을 전달하기 위해서 우리의 진술과 비언어적 행동을 점검하고 자기관리를 하는 것에 매우 신중을 기해야 한다.

두 번째 단계에서 치료사는 아동이 중요하거나 특별하다고 느꼈던 상황이나 관계를 탐색하고, 아동이 가치 있었던 경험을 찾도록 고안된 질문을 한다. 아동들이 생활양식에서 통찰을 얻도록 돕기 위해, 우리는 긍정적 잠재능력이 있을 수 있는 영역을 제안하여 격려를 사용하고, 동시에 아동이 의미 있음을 느끼지 못하는 영역에 대해서는 상위의사소통(metacommunication)을 사용한다. 때때로 치료적 은유를 구축하거나 아동이 스스로를 가치 있다고 믿도록 격려하는 독서치료 책을 이용하는 것도 도움이 된다. 아동이 자신의 영향력 또는 가치를 무시할 때에 수프에 침 뱉기를 사용한다. 우리가 사용하는 몇 가지 예시는 다음과 같다.

- "나는 오늘 너를 만나 정말 행복해. 너는 나의 하루를 빛나게 해 주었어."
- "이 이야기 속의 소년이 친구를 만나 기뻤다고 말했을 때, 친구는 소년의 말을 믿

지 않는 것 같았어."

- "너는 자동차에 대해서 많이 알고 있구나. 네가 오늘 나에게 말해 준 것을 통해서 나는 내 차의 문제가 무엇인지에 관한 좋은 생각을 하게 되었어. 도와줘서 고마워."
- "돼지가 도와준 것을 라마가 고마워했을 때, 돼지는 전혀 도움이 되지 않았다고 말했어. 그것에 대해서 너는 어떻게 생각하니?"
- "너는 네가 학교에서 좋은 생각이 있을 때에도, 아무도 네 이야기를 경청하지 않는다고 생각하는 것처럼 보여."
- "바비는 좋은 옷을 입고 머리 스타일이 완벽해야만 사람들이 그녀를 좋아한다고 생각하는 것 같아. 나는 머리 스타일이 별로라고 해서 그녀를 좋아하지 않는 사람이라면 좋은 친구가 될 수 없다고 생각해."

치료의 네 번째 단계에서 우리는 아동이 놀이치료실에서 긍정적인 기여를 할 수 있는 방법(예: 잃어버린 놀잇감 찾기, 색연필 깎는 것 돕게 하기, 더 어린 형제에게 놀이방 구경시켜 주기)을 찾기 위해 노력한다. 우리는 또한 아동이 세상에서 가치 있다고 생각할 수 있도록 부모와 교사에게 가족, 학교, 지역사회에서 긍정적인 기여를 할 수 있는 방법(예: 엄마와 마트에 가서 물건 들기 도와주기, 간식 시간에 우유 가지고 오기, 더 어린 아동에게 조언해 주기)을 찾도록 제안하며, 아동에게 무조건적인 수용과 지지를 할 수 있게 하는 의사소통 방법을 제안한다. 나(TK)는 자원봉사 놀이치료를 하는 학교의 아동들 몇 명과 함께 운동장을 순찰하고 쓰레기 줍기를 한다. 몇몇 아동은 처음에는 머뭇거리기도 하지만, 중요한 것은 이 아동들은 회기 동안 우리가 제안한 활동을 통해 격려받는다는 것이다.

용기

아동들은 용감할 필요가 있다. 생애과업에 기꺼이 직면해야 하고, 성공할지 알 수 없는 상황에서 위험을 감수해야만 한다.

> 아동들은 최대한 발달하기 위해서 실패와 두려움에 직면할 수 있는 용기를 가져야만 한다. 용기는 두려움이 없는 것이 아니다. 용기는 기꺼이 앞으로 나아가게 하고, 두려움에도 불구하고 해낼 필요가 있는 것들을 기꺼이 해내게 한다(Lew & Bettner, 2000, p. 15).

용기 있는 아동들은 낙천적이고 자신감이 있으며 다른 사람들과 공평하다고 느낀다. 두려울 때라도 이 아동들은 도전적인 상황을 다룰 수 있을 것이라 믿기 때문에 기꺼이 기회를 가지려 한다. 그들은 탄력성이 있으며, 포기하거나 좌절에 압도되지 않으며 다른 사람의 의견에 지나치게 휩쓸리지 않는다. 용기 있는 아동들은 스스로에게 "나는 내 방식대로 처리할 수 있다는 것을 안다"라고 말하며, 그 신념 때문에 해낼 수 있다.

놀이치료에서 아동들은 기꺼이 위험을 감수하며 새로운 행동과 경험을 시도하면서 용기를 드러내 보인다(Kottman, 1999). 그들은 유연한 사고가이며 위협이나 폄하의 느낌 없이 기꺼이 힘을 나눈다. 놀이상황 밖에서, 기대하는 방식으로 일이 잘 풀려 나가지 않더라도 계속 진행하며, 다른 사람들이 그들과 일치하지 않더라도 개인적 신념을 유지한다. 부모와 교사들은 이 아동들의 행동이 용감하고 탄력성이 있다고 보고한다. 이 아동들은 두려움에 압도당하지 않는다.

어느 정도의 용기는 있지만 완전히 용감하지 않은 아동들은 새로운 활동을 시도하는데 주저할지도 모른다. 그들은 보통 성인과 동료들의 격려나 긍정적인 피드백을 기꺼이 수용한다. 이 아동들은 자신의 두려움을 다룰 수 있는 능력에 대해서 자신감을 가지게 되면서 낙관성과 공평함을 얻게 되고, 이것은 용기를 더욱 증가시키는 결과를 낳게 된다. 그렇게 되면 놀라울 정도로 고무되고 격려받게 된다.

용기가 없는 아동들은 다른 사람들보다 열등하고, 낙담하며, 절망적이고, 부적절하다고 느낀다. 그들은 두려움과 좌절에 쉽게 압도되고, 실패할까 봐 도전적인 상황을 회피한다. 부모와 교사들은 종종 이 아동들이 쉽게 포기하고, 공부습관을 잘 발달시키지 못하고, 학교 공포증, 선택적 함묵증 또는 우울증을 보인다고 보고한다. 그들은 새로운 경험이나 새로운 관계를 맺는 것을 시도하지 않기 때문에 삶에 도전이 거의 없으며, 그들의 일상은 이미 스스로에 대해 가지고 있는 신념들—자신이 열등하며 부적절하다—을 확인해 주게 된다.

놀이치료에서 아동들은 위험을 감수하지 않으려 하거나 또는 성공이 보장되지 않는 놀이 경험을 시도하지 않으려는 것으로 용기의 부족을 확실히 보여 준다. 이 아동들은 놀이 회기에서 거의 아무것도 하지 않아 놀이치료사를 좌절하게 만든다. 용기가 부족한 아동과는 다소 천천히 관계를 형성해야 하는데, 그래서 이 단계의 핵심은 인내심이다(Kottman, 1999). 아동이 불안에 압도되지 않도록 천천히 진행하면서, 아동이 새로운 경험을 시도하도록 해야 한다. 용기로 어려움을 겪고 있는 아동을 만나게 되면 아동에게 책임감 돌려주기를 많이 해야 한다. 놀이치료사는 아동이 혼자서 할 수 있는 일을 해 주지 말아야 하고, 아동이 결정해야 하는 것을 결정해 주지 말아야 한다. 아동이 작은 위험 또는 새로운 것을 시도하려는 상황에 대해 상위의사소통을 하는 것은 도움이 된다.

이 아동들은 두 번째 단계의 질문들을 무시하는 경향이 있는데, 대답 중에 실수를 하게 될까 봐 그런 것이다. 실제적인 질문에 "나는 잘 몰라요"라고 하는 것이 이 아동들의 일반적인 대답이다. 이렇게 되면, 나(TK)는 제럴드 코리(Gerald Corey)의 기법을 사용한다(personal communication, March 1988). 우선 아동에게 "만약 네가 알았다면 대답은 무엇일까?"라고 묻는데, 만약 이 질문이 효과가 없다면 '외부'의 도움을 요청한다. 때로는 요정이나 마법사 손인형을 가지고 와서 아동이 손인형 대신 대답하거나 내가 하는 손인형의 터무니없는 질문에 반박하기를 희망하면서, 손인형에게 질문을 한다. 또한 아동이 좋아하는 교사, 이모 또는 할아버지 중 한 명에게 질문을 하면 나에게 어떻게 대답해 줄지를 아동에게 묻는다.

아동이 자신의 생활양식에 대해서 통찰을 얻게 하기 위해, 불안이 어떻게 아동이 재미있어 할 경험을 하지 못하게 하거나 혹은 할 능력이 있는 일을 성취하지 못하게 방해하는지를 추측할 수 있어야 한다. 놀이치료사는 용기가 낙관성을 만들어 내고, 용기의 부족이 절망을 만들어 내는 것에 관해 상위의사소통을 할 수 있다. 이 개입의 몇 가지 예시는 다음과 같다.

- "이 나무에서 저 나무로 점프하려는 하늘다람쥐는 할 수 있다는 것을 알고 있어도 두려운 것처럼 보이네. 재미있고 흥미로운 일처럼 보였기 때문에 하늘다람쥐는 매우 슬펐고 스스로에게 조금 실망했어."
- "꼬마 해달은 다른 해달처럼 헤엄치려고 하지 않았어. 무엇이 해달이 헤엄치는 것을 방해했다고 생각하니?"
- "너는 실수할까 봐 걱정돼서 핑거페인트를 하지 않기로 했구나."
- "나는 네가 완벽한 선택을 하지 못할까 봐 두려워서 집의 색을 무슨 색으로 할지 결정하지 않으려 한다고 생각해. 여기에서는 완벽한 선택은 없단다."

재정향 · 재교육 단계 동안, 과업을 작게 쪼개는 것이 아동의 '실패'의 위험을 줄이는

데 도움이 된다는 것을 발견하였다. 우리는 때때로 아동에게 새로운 경험을 성공적으로 완성하게 하기 위해 필요한 특정 기술을 가르치는 상황(예: 젱가 한 개를 빼기 전에 어떻게 시험해 볼 수 있는지, 손인형이 말하는 것처럼 보이게 하기 위해서 손인형의 입을 어떻게 움직이는지)을 만들기도 한다. 우리 둘 다 놀이방에서 일부러 실수를 하고(완전히 일부러라기보다는 일부러에 가깝게), 새로운 활동을 시도하고서 당황해하거나 그다지 치명적이지 않는 실패를 해서 위험을 감수하는 것을 보여 주면서, '완벽하지 않은 것에 대한 용기'를 모델링하게 한다. 나(TK)는 많은 일을 두려워하지만 두려움이 내가 하고자 하는 일을 방해하지 않는다는 것을 시연하기 위해서 자기 개방, 성공적으로 도전에 직면하는 내 이야기를 하기도 한다. 이럴 때 나는 치료회기가 '모든 것이 나에 대한 것'이 되지 않도록 자기 개방을 비교적 짧게 하는 것에 주의를 기울인다. 또 아동의 두려움 때문에 내가 그들을 판단하고 탐탁치 않게 여긴다고 생각하게 할까 봐(언어적 혹은 비언어적으로) 나의 이야기를 어떻게 표현할지 항상 점검한다.

잘못된 행동의 목표

낙담한 아동들의 목표를 이해하고 달라지게 하려 할 때, 아동의 잘못된 행동이 비록 부적절한 방법이지만 그들의 욕구를 충족하기 위해 노력한 결과라는 것을 기억해야한다(Burke, 2008; Lew & Bettner, 2000; Nelson, 2011; Nelson et al., 2013). 낙담한 아동들의 목표는 네 가지 주요 추구 영역으로 나눌 수 있다. 관심, 힘, 복수, 부적절함을 증명하기가 그 영역이다(Dreikurs & Soltz, 1964).

아동의 목표를 알아내기 위해서, 놀이치료사는 아동의 감정과 행동, 아동과 상호작용하는 성인의 감정과 반응, 비판이나 벌을 경험할 때의 아동의 반응에 대한 정보를 알아내야 한다. 또한 아동의 잘못된 행동에 대한 놀이치료사 자신의 감정과 반응을 알아채는 것이 도움이 된다. 동시에 놀이치료사의 반응은 다른 성인들의 반응과는 달라야 한다는 것을 기억해야 한다(적어도 우리는 이것을 희망한다). 우리 놀이치료사들은 다른 성인들보다 더 잘 견디는 것으로 기대된다. 이 요인들 각각은 네 가지 목표에 따라 다른데, 아동이 추구하는 잘못된 행동의 목표에 따라 나누어 볼 수 있다. 아동의 목표에 대한 상담사의 이해에 따라 놀이 회기에서의 개입 전략이 달라지기 때문에 구분을 하는 것은 중요하다. 아동의 목표를 아는 것은 부모 및 교사와의 상담을 계획하는 데 도움이 되는데, 아들러 기법에서는 잘못된 행동이 특정한 목표를 가지고 있다는 것을 이용하기 때문이다. 결과적으로는 아동이 적절하고 친사회적인 행동을 함으로써 자신의 욕구를 충족시키는 방법을 배우도록 돕는 해결책을 찾아야 하는 것이다. 이것은 또한 도움이 되는 부모, 가족 구성원, 학교 관계자들이 아동의 욕구를 알아차리고 아동이 긍정적인 행동을 통해 욕구를 충족시킬 수 있게 돕는 것을 배우는 데에 참여시킬 수 있다. 어떤 경우에는 잘못된 행동이 더 이상 아동에게 '작용하지' 않도록 하기 위해서 가족과 교실 체계가 변화하는 방법을 포함하기도 한다.

관심

목표가 관심인 아동은 자신이 관심의 중심이 될 때에만 그들이 의미가 있다고 믿는다. 다른 사람들이 그들에게 관심을 기울이지 않으면 무가치하고 중요하지 않다고 느낀다. 그들은 소속되기 위해서 관심이 필요하다고 느낀다. 관심이 목표인 아동은 관심을 얻기 위해 네 가지 가능한 경로를 선택한다. 능동적 건설적 경로, 수동적 건설적 경로, 능동적 파괴적 경로, 그리고 수동적 파괴적 경로가 그것이다(Dreikurs, 1948; Lew & Bettner, 2000; Nelson, 2011; Nelson et al., 2013; Pepper, 1980). 아동들은 보통 우선 건설적인 경로를 통해 의미를 얻기 위해 노력하는데, 만약 긍정적인 '이용' 방법을 사용하여 수용과 소속감을 얻지 못했다고 느끼게 되면 파괴적인 방식으로 전환하게 된다. 아동들은 개인적 용기와 에너지의 수준에 따라 능동적 또는 수동적 경로를 선택하게 된다. 용기와 에너지를 많이 가진 아동들은 의미를 얻기 위해 능동적 경로를 선택한다. 낙담하거나 패배적이고 두려움을 느끼는 아동들은 소속되기 위해서 수동적 경로를 택한다.

각각의 하위 범주들은 특징적 행동으로 유형이 구별된다. 관심을 얻기 위해 능동적 건설적 경로를 선택하는 아동들은 긍정적 행동을 하고 긍정적 습관이 있는데, 모든 것은 자신이 관심의 중심에 있게 계획된 것이다. 이 아동들은 보통 교사의 예쁨을 받거나 인정을 얻기 위한 선행을 하여 아동들의 모범이 된다. 그들은 매우 성실하며, 관심을 얻기 위해 때로는 고자질을 하기도 한다. 능동적 건설적 관심 추구자들은 다른 사람들에게 항상 관심을 끌기 위해 좋은 행동을 눈에 띄게 하기에 이 아동들은 상담에 거의 보내지지 않는다. 그러나 그들은 자기 자신의 욕구를 충족시키기보다는 타인의 욕구를 충족시키는 것에 갇혀 있기 쉬워 성인이 되었을 때 상담을 받아야 할 수 있다.

관심을 얻기 위해 수동적 건설적 경로를 선택하는 아동들은 전형적으로 능동적 건설적 아동들이 하는 행동들과 같은 종류의 행동을 한다(Dreikurs, 1948; Pepper, 1980). 중요한 차이점은 수동적 건설적 아동들은 이러한 행동들을 덜 확실하게 하며, 그들이 갈망하는 관심을 누군가가 주는 것을 아쉬운 듯 기다린다는 것이다. 때때로 수동적 건설적 관심 추구자들은 다른 사람들이 자신을 돌보아 줄 것을 기대하면서 덩굴처럼 묽고 늘어지는 것처럼 행동한다. 이 아동들은 또한 준수한 외모와 매력적인 성격으로 관심을 많이 받으며 종종 감탄과 서비스하고 싶은 욕구를 갖게 한다. 행동이 수동적이고 건설적이기 때문에 상담소에 보내지지 않는다. 상담을 통해 이 아동들이 관심을 얻기 위한 더 좋은 방법을 찾도록 쉽게 도울 수 있기 때문에 매우 안타까운 일이다.

관심을 얻기 위해 능동적이고 파괴적인 경로를 선택하는 아동들은 보통 관심을 얻기 위해 상당히 부정적인 일들을 한다(Burke, 2008; Dreikurs, 1948; Pepper, 1980). 이 아동들은 매우 자주 교실에서 광대 혹은 가족 내에서 건방진 녀석이 된다. 그들은 관심을 얻기 위해 매우 확실한 부정적 행동을 하고 요란한 패션을 한다. 그들은 유치하고, 시비를 걸기 좋아하고, 몹시 활동적이고, 쉽게 산만해지고, 또래를 괴롭힌다.

페퍼(Pepper, 1980)는 이 범주의 아동들을 몇 가지 다른 유형으로 기술하였다. 과시적인 아동은 관심을 얻기 위해 눈에 띄는 부정적 행동을 한다. 이 아동들은 사람들을 놀래키기 좋아하고 단지 관심을 얻기 위해서 문장을 만들어 낼지도 모른다. 방해하는 아동들은 관심과 의미 있음을 얻기 위해서 귀찮은 사람이 된다. 심하게 말썽을 피우는 아동은 관심을 얻기 위해서 일부러 교묘하게 규칙이나 관습을 어긴다. 이 아동은 방해하고 거칠게 말한다. 다른 아동이나 성인과의 상호작용에서 재치 있고, 교활하며, 영리하다. 걸어 다니는 물음표인 이 아동들은 자신이 답을 알고 있다 하더라도 끊임없이 질문을 한다. 불안정한 아동은 쉽게 포기하고, 많은 일을 해낼 수 있는 능력이 있다 하더라도 끊임없는 확인과 확신을 필요로 한다. 능동적 파괴적 관심 추구자인 아동은 한 번 혹은 그 이상의 관심을 얻기 위해 이러한 행동 중 하나 혹은 모두를 사용한다.

관심을 얻기 위해 수동적 파괴적 경로를 선택한 아동은 능동적 파괴적 관심 추구자들만큼 그렇게 명확하지는 않다(Dreikurs, 1948; Pepper, 1980). 이 아동들은 종종 게으르거나 의존적인 것처럼 보인다. 그들은 낯을 가리는 것처럼 보이며, 다른 사람들을 관여시키기 위해서 수줍음을 이용한다. 또한 지저분하고, 자주 늦으며, 귀찮은 일을 하지 않으려 한다. 이 행동들은 관심을 얻기 위한 수동적 기술들이다. 수동적 파괴적 관심 추구자들은 두려움과 불안도 많아 확인과 돌봄을 끊임없이 요구한다.

관심을 추구하는 아동들과 상호작용할 때 성인들은 그들을 약간 귀찮게 느낀다. 대부분 성인들은 아동이 도움을 요청할 때 관심을 주게 된다(긍정적이든 부정적이든). 성인들은 건설적인 관심 추구자들에게 처음에는 우호적으로 반응한다. 시간이 지날수록 끊임없는 관심과 참여를 원하는 아동의 요구가 관계에서 부담이 되기 시작한다. 성인은 때때로 파괴적 관심 추구자들에게 더욱 적절한 행동을 하도록 달래려고 한다.

행동 교정을 할 때 이에 대한 반응으로, 관심을 추구하는 아동들은 일시적으로 귀찮은 행동을 줄이게 된다. 다른 사람들이 그들에게 관심을 가질 때, 그들은 만족감을 느끼게 되고 요구하는 상호작용을 멈추게 된다. 그러나 관심의 중심에서 벗어나게 되면, 불안이 높아져서 곧 관심을 얻기 위해 그들이 전형적으로 사용했던 행동들을 다시 시작하게 된다. 그들의 행동이 성인의 생활을 엉망이 되게 할 만큼은 아니기 때문에, 관심을 갈망하는 아동들은 관심을 유지하기 위한 그들의 행동이 긍정적이든 부정적이든 관계없이 거의 놀이치료에 의뢰되지 않는다. 그들은 행동을 수정하라는 말을 듣게 되면 행동을 수정하기 때문에 감당할 수 있는 수준 이상으로 행동을 하지는 않는다.

항상 관심의 중심이 되어야 한다는 관심 추구 아동들의 신념을 반박하기 위해서 놀이치료사는 세 가지 다른 전략을 사용할 수 있다. 무시, 관심 주기, 상위의사소통이 그것이다. 아동들이 바보처럼 구는 행동이나 애정결핍처럼 부적절한 방식으로 관심을 요구할 때에는 무시하는 것이 가장 좋은 방법이다. 그들이 관심을 추구하지 않을 때 관심을 주는 전략으로, 아동들이 의미 있음을 얻기 위해서 더욱 긍정적인 방법(예: 제2장에서 논의한 행동의 긍정적 목표 또는 중요한 Cs를 발달시키는 것)을 탐색할 수 있도록 격려해야 한다. 또한 그들의 행동의 의도에 대해서 상위의사소통을 할 수 있다. 이 개입 전략은 아들러 놀이치료의 세 번째 단계에서 아동이 잘못된 행동의 목표에 대한 통찰을 얻는 것을 돕기 위해 적절히 사용된다. 관심의 목적에 관한 상위의사소통의 몇 가지 예는 다음과 같다.

- "너는 너에게 관심 갖기를 정말로 원하는구나."
- "때때로 우리가 함께 있을 때 내가 너에게 주목하지 않으면 내가 너를 좋아하지 않는 것일까 봐 걱정하는 것처럼 보여."

- 오빠에게 관심을 주지 않도록 엄마가 네 옆에서 계속 바빴으면 하는 것처럼 보이는구나."

개입의 궁극적 목적은 아동이 그들이 소속되거나 중요해지기 위해서 관심의 중심이 될 필요가 없다는 것을 깨닫게 하는 것이다. 관심 추구 아동들의 부모와 교사들에게 놀이치료사는 놀이 회기와 다른 환경에서 이런 생각을 할 수 있도록 돕는 기법을 사용하는 방법을 제안할 수 있다.

힘

힘이 목표인 아동들은 그들이 통제적이어야만 중요하다고 믿는다(Burke, 2008; Dreikurs, 1948; Nelson, 2011; Pepper, 1980). 그들은 스스로를 통제할 필요가 있다고 믿으며(때때로 다른 사람과 상황들), 자신들이 통제될 수 없다는 것을 다른 사람들에게 보여주어야만 한다고 믿는다. 그들은 통제적이지 않을 때 무가치하며 중요하지 않다고 느끼며 가능한 어떠한 방법으로든 힘을 얻으려고 한다. 의미 있음을 얻기 위해서 힘을 추구하는 아동들은 자신감과 우월감, 때로는 지나친 우쭐댐을 세상에 보여 주려 한다. 그러나 이것이 그들이 진짜로 느끼는 것은 아니다. 이 아동들은 더욱 건설적인 방법으로 의미 있음을 얻으려 하였으나, 이 방법으로는 소속감을 얻지 못했고, 그래서 그들은 안전함과 안정감을 위해 힘을 얻어야만 한다고 믿게 된다. 가끔 그들은 나이에 적합한 힘을 갖지 못하며 다른 사람들로부터 힘을 '훔칠' 필요가 있다고 느끼게 된다.

건설적인 방식이 아니더라도 통제의 목표에는 능동적 형태, 수동적 형태가 있다. 힘의 추구의 능동적 표현과 수동적 표현의 가장 중요한 구별점은 행동에 전념하는 아동의 에너지 정도이다. 능동적 힘 추구 아동들은 논쟁하고, 싸우고, 반박하고, 공공연한 반항 행동을 하는 것으로 권위 있는 인물이나 동료들과 힘겨루기를 한다. 원하는 것을 얻기 위해 떼쓰는 데 많은 시간을 쓰기도 한다. 또한 뻔한 거짓말을 하고, 게임에서 이기기 위해서 속이며, 상황이나 다른 사람들을 통제하기 위해서 정직하지 않은 형태의 방법들을 사용한다. 수동적 힘 추구 아동들은 반항하고, 태만하고, 조종하고, 고집 부리고, 게으르고, 비협조적인 것으로 힘겨루기를 한다. 수동적 아동들은 공공연하게 다른 사람들에게 도전하지는 않으나 수동 공격적 방법으로 그들의 방식을 고수한다.

힘 추구 아동들을 만나게 되면, 성인들은 보통 화가 나게 된다. 그들은 통제하려는 아동의 욕구에 의해 도전받거나 위협받는다고 느끼게 된다. 성인들은 자주 이 도전으로 아동들과 힘겨루기에 연루되고 아동들을 위협하거나 규칙이나 구조를 따르도록 설교하는 것으로 반응하게 된다. 이 전략들은 힘을 추구하는 아동들에게 전혀 성공적이지 못하다. 재촉당하면 힘 추구 아동들은 부정적 행동을 더욱 증가시키는 경향이 있다. 능동적 아동들은 더 반항적이게 되고, 수동적 아동들은 더욱 수동 공격적이게 된다.

힘이 목표인 아동들은 보통 다음의 세 가지 상황 중 하나의 배경을 가진다. 첫째, 아동의 가족은 아동이 합당하거나 적당한 힘과 책임감을 가지도록 허용하지 않는다. 둘째, 아동의 가족은 아동이 과도한 힘과 책임감을 가지도록 허용한다. 셋째, 아동의 가족은 혼란스럽고 무질서하고, 구조화나 안정감이 부족하다. 놀이 회기에서 우리의 개입 방식은 힘 추구 아동의 잠재적인 역동에 따라 다를 수 있기 때문에 이 세 가지 배경을 구별해야 한다.

아동이 너무 적은 힘을 가진 배경과 놀이치료 개입 전략

아동이 힘을 갖는 것을 가족이 전혀 허용하지 않는 경우, 아동은 약간의 상황을 통제할 욕구를 느끼게 되면 모든 상황에서 힘을 요구하는 것으로 과잉보상을 하려 한다. 이 아동들의 부모들은 일반적으로 과잉보호하거나 과도하게 엄격하거나 권위적이다. 부모들은 양치질하기, 옷 입기, 밥 먹기, 옷 고르기, 아동이 할 일 결정하기, 갈 곳 결정하기, 누구와 친구가 될지 결정하기와 같은 아동들이 스스로 할 수 있는 일도 다 해 준다. 적절한 정도의 힘과 책임감을 가질 정도로 발달적으로 적절하다 하더라도, 아동들은 자신과 생활을 통제하는 연습의 기회가 거의 없다. 그들은 결정하고, 책임지고, 모든 경험의 작은 측면에서 통제하는 것이 허용되지 않기 때문에, 다른 사람들을 조종하거나 떼쓰기를 통해서 통제하려는 욕구를 발달시킨다. 이 아동들은 작은 힘이라도 얻는 것에 열중하게 되어 이기기 위해서, 통제력을 얻기 위해서 모든 상호작용에서 힘겨루기를 하게 된다.

힘이 너무 적은 아동들에 대한 우리의 전략은 초기 회기 동안 통제력을 넘치게 주고 나서 이후에 우리가 아동과 힘을 나눌 수 있다는 것을 점차적으로 소개하는 것이다. 첫 회기 동안, 놀이치료실에서 우리는 아무 결정도 하지 않는다. 모든 것을 아동의 선택에 따르며 그들에게 끊임없이 책임감을 돌려준다. 우리는 제5장에서 언급하는 '속삭임 기법'을 때때로 사용한다. 이 아동들은 힘을 어떻게 다루어야 할지 모르기 때문에, 힘을 갖는 것에 대해 부정적인 반응을 보이기도 하고 심지어 그것이 일종의 함정이라고 생각하기도 한다. 놀이 회기에서 무엇이 일어날지를 결정하는 것은 어른이 해야 할 일이라며 자신은 결정을 할 수 없다고 소리치는 아동을 만나기도 했다. 단순히 결정하는 것을 거절하고 수동적으로 앉아서 우리가 책임지기를 기다리는 아동도 만났다. 만약 우리가 통제력을 가지려고 하는 것처럼 보였다면, 이 아동들은 우리가 힘을 가지지 못하기 위해서 애쓸 것이다. 그들이 우리를 신뢰하고 회기에서 일어나는 일들에 대한 책임감을 갖는 것이 얼마나 힘든지에 대해서 추측하면서 이러한 반응에 관한 상위의사소통을 한다.

관계가 발전되고 아동들이 힘을 갖는 것에 대해서 억지로가 아니라 당연하고 편하게 느끼기 시작하면, 놀이치료사는 아동에게 힘을 나누는 것에 대해서 요청할 수 있다. 놀이치료사는 회기에서 아동들이 책임을 지든 지지 않든 간에 편안하고 안전할 수 있다는 생각을 전달하고 싶어한다. 이렇게 하기 위해서는 아동들과 힘을 나누는 방법을 만들어야 한다. 예를 들어, 아동에게 게임의 규칙을 번갈아 가면서 만들자고 제안할 수 있다. 또한 속삭임 기법을 사용하지 않고 역할극을 할 때 서로 지시하자고 할 수 있으며, 공연을 위한 놀이 시나리오를 놀이치료사가 만들 수 있다. 아동들의 감정을 반영하거나, 무엇이 일어나고 있는지에 관한 상위의사소통 과정에서의 아동의 반응을 점검하는 것은 중요하다.

부모 상담에서 우리는 부모들에게 자녀들이 연령에 적합한 통제력을 연습하는 것을 허용하는 것에 대해서 가르친다. 때때로 부모들은 아동 발달에 관해서 충분한 정보를 갖고 있지 못하며 아동이 스스로 해낼 수 있어야 한다는 것에 대해서 알지 못하기도 한다. 이런 경우 우리는 부모에게 아동발달 책을 읽도록 요청한다. 『Developmental Milestones of Young Children』(K. Petty, 2009), 『Ages and Stages: A Parent's Guide to Normal Childhood Development』(Schaefer & DiGeronimo, 2000), 『Ages and Stages: Developmental Descriptions and Activities, Birth Through Eight Years』(Miller, 2001), 『Your 5-Year-Old: Sunny and Serene』(Ames & Ilg, 1979), 『Your 7-Year-Old: Life in a Minor Key』(Ames & Haber, 1985), 이 밖에 게젤 인간발달연구소에서 나온 다른 책도 있다. 이런 책들은 각 발달단계별로 '정상발달' 아동에게서 기대되는 정보들이 포함되어 있다.

어떤 부모들은 그들 자신의 문제 때문에 다른 사람들과 힘을 나누는 것을 어려워한다. 우리는 이런 부모들에게 개인 상담을 받도록 권하는데, 이것은 통제력을 어느 정도의 포기하는 것을 의미하기 때문에 그들이 상담에 관심을 갖게 하는 것은 매우 어려운 일일 수 있다. 그들은 또한 새로운 방법으로 자녀와 상호작용하는 것을 배우는 것에도 저항할 수 있다. 힘 추구 부모들이 그들의 자녀와 힘을 나누는 것을 격려하기 위해 우리가 찾은 가장 효과적인 방법은 제한적 선택 주기를 가르치는 것이다. 이 전략은 자녀들이 생활에서 몇 가지 통제력을 갖도록 하지만 가족 내에서 부모에게 모든 결정권을 포기하도록 요구하지는 않는 것이다.

아동이 너무 많은 힘을 가진 배경과 놀이치료 개입 전략

가정에서 과도한 힘을 가진 아동들은 다른 사람과의 상호작용에서도 같은 정도의 힘을 가지는 것이 필요하다고 믿게 된다. 이 아동들의 부모들은, 첫째, 훈육에 대해서 방임적 태도를 취하거나, 둘째, 개인적 문제가 너무 많아서 자신의 어려움에 몰두하고 있어 경계와 구조를 세울 에너지가 없어서 그 결과 부모화된 아동(가족에게서 부모의 역할을 하도록 기대되는 아동)을 만들며, 셋째, 다른 사람들에게 즐거움을 주고자 하는 강력한 욕구 때문에 자녀에게 제한을 두는 것을 망설이며, 넷째, 불안이 높아 이 불안이 자녀들을 과잉보호하고, 응석받이로 키우게 한다. 이 아동들은 발달적으로 선택을 할 준비가 되기 전에 생활의 여러 측면에서 스스로 결정하게 된다. 그들은 종종 그들 자신과 때로는 형제들을 돌보아야 한다. 때로 그들은 응석받이로 키워져 그들의 모든 욕구를 다른 사람들이 충족해주기를 기대한다. 가족 외의 다른 사람들로부터 기대한 만큼의 통제력이 허용되지 않을 때, 이 아동들은 평상시의 힘 없이는 안전감을 느끼지 못하기 때문에 통제력을 빼앗으려고 하게 된다. 이것은 아동이 자신의 권리를 침해한다고 믿는 권위 있는 인물과 끊임없이 힘겨루기를 하게 하는 결과를 초래한다.

힘이 너무 많은 아동들과의 놀이 회기에서는 첫 회기에서 평등적 힘 나누기를 해야 한다. 이렇게 해서 놀이치료사는 아동들이 모든 상황에서 완벽한 통제력을 갖는 것을 포기하는 것을 배우도록 돕고, 완벽하게 통제하지 않아도 생존할 수 있고, 안전감을 느끼고 행복할 수 있음을 배우게 해야 한다. 이 아동들은 일반적으로 서로 힘을 나누어 가지자는 놀이치료사의 생각에 부정적 반응을 보이며, 놀이치료사를 힘겨루기에 연루시키려고 할 것이다. 그렇게 되면 그들의 목표에 대해서 상위의사소통을 하는 것이 가장 좋은 방법이며, 힘겨루기를 피해야 한다. 다음은 힘 추구 아동들과의 상위의사소통의 예시이다.

- "네가 이길 수 있게 규칙을 바꾸기를 원하는구나."
- "내가 네 방식대로 하게 하는 것이 너에게는 매우 중요한 것 같구나."
- "나는 네가 대장이 되기를 좋아하고 무엇을 해야 할지 나에게 말해 주는 것을 좋아한다고 생각해."

힘겨루기를 피하는 몇 가지 방법으로는 선택권 주기, 해결책 찾기, 결과 설정하기가 있다(제4, 6장 참조). 이러한 전략들은 민주적인 관계를 유지하게 하고, 아동들이 전체 상황에서의 통제는 아니더라도 어느 정도 힘을 가지도록 허용하게 한다. 아동의 행동을 사적으로 받아들이지 않고 도전이나 위협으로 느끼지 않는 것이 중요하다. 놀이치료사(정말로 그렇게 느끼지 않는다 하더라도 성인이다)는 아동보다는 삶에서 더 많은 자유와 선택을 가지고 있음을 상기하는 것이 도움이 되며, 이 아동들과의 상호작용에서 평정과 균형을 유지하며 성인으로 행동해야 한다.

부모화된 아동들에게는 치료 회기 동안에 과도한 책임감을 요구하지 않는다는 것을 확실히 해야 한다. 치료사는 그들에게 방 청소하는 것을 요구하지 않으며, 유치하고 웃기는 행동을 함께 하도록 한다. 하지만 이 아동들은 우리보다 훨씬 더 진지하기 때문에 그렇게 하는 것이 매우 어려울 수 있다. 치료사는 응석받이 아동들에게 응석을 받아 주지 않으려 하고 그들에 대한 기대를 적게 갖지 않도록 한다. 치료사는 그들이 과잉보호나 원하는 모든 것을 다 얻지 않아도 잘 자랄 수 있다는 확신을 전달해야 한다.

치료사는 너무 많은 통제력을 가진 아동들의 부모와 적절한 경계와 구조를 세우는 양육에 대해서 작업한다. 부모는 특히 선택과 논리적 결과 설정하기, 아동이 힘을 너무 많이 가지지 않도록 하는 해결책 찾기, 문제의 소유권 결정하기, 힘겨루기에 연루되지 않는 법에 대해서 배울 필요가 있다.

치료사는 양육을 방해할지 모르는 개인적 문제를 가진 부모와 작업을 하게 되는데, 만약 개인적 문제가 심각하다면 보통은 개인 상담에 의뢰하게 된다. 치료사는 효과적으로 부모노릇 하는 능력 때문에 힘들어하는 부모가 자녀가 하도록 기대하기보다는, 스스로 권한을 느끼고 부모로서의 책임감을 가지기를 원한다. 이 과업을 완수하기 위해서 격려를 이용하고 훈육 기술을 가르친다. 개인적 문제를 가진 부모, 그들의 자녀를 기쁘게 하기가 너무 어려운 부모와 작업할 때, 그들의 어려움이 자녀와의 관계에 얼마나 영향을 미치는지를 자세히 살펴보도록 요구한다. 응석받이 자녀의 부모들은 응석을 받아 주는 것의 의도가 무엇인지에 대해서 검토할 필요가 있으며, 해로운 응석 받아 주기가 자녀의 발달과 자아 존중감에 미치는 영향에 대한 추가 정보를 알 필요가 있다. 외동아이를 응석받이로 키우려는 나(TK)의 성향에 도움이 되었던 자료는 『Parents Who Love Too Much: How Good Parents Can Learn to Love More Wisely and Develop Children of Character』(Nelson & Erwin, 2000)였다.

혼란스러운 가족의 아동이 가진 배경과 놀이치료 개입 전략

어떤 가족들은 가족 전체가 통제가 안 되기 때문에 자녀들이 안전감이나 보호받는다는 느낌을 갖지 못한다. 이는 부모의 정신적 질환, 약물 남용, 나쁜 건강, 또는 알코올 중독 때문에 생길 수 있다. 어떤 경우, 가족의 혼란은 부모의 양육 기술 부족과 자녀가 안전감을 느끼는 데 필요한 구조와 일상을 만들지 못하는 무능력 때문에 생기게 된다. 이러한 가족들의 대부분은 다른 여러 사회적 서비스를 받기 위해 이동하기도 하고 안정감을 찾으려고 하지만 결코 찾지 못한다. 이 아동들에게 통제에 대한 갈망은 자신을 보호하기 위해 사용하는 생존 기술이다.

혼란스러운 가족의 아동들에 대한 개입전략은 힘을 너무 적게 가진 아동에게 사용하는 것과 유사하다. 우선 치료사는 놀이 회기에서 모든 상호작용에서 통제할 수 있게 하고, 점차적으로 힘 나누기를 소개하여 그들이 통제하지 않아도 안전감을 느낄 수 있는 경험을 하게 한다. 아이로만 있어도 편안하고 놀이를 즐길 수 있고 재미있을 수 있는 안전한 환경을 제공한다.

치료사는 규칙과 안전감이 거의 없는 가족의 일원일 때 어떻게 느낄지에 대해서 예측해 본다. 치료사는 부모에게 비판적이지 않아야 한다. 치료사는 이 가족들의 부모들이 그들이 이해하는 한 최선의 방법을 행하고 있는 것이라 믿고 있기 때문에 치료사에게 실제로 어려운 일은 아니다.

혼란스러운 가족에게 중요한 영향을 미치는 것은 어려운데, 대개 문제가 많아서 재구조화하는 것이 불가능하기 때문이다. 가족 구성원들은 변화가 위협적이기 때문에 도움에 저항한다. 압도적인 문제들이 너무 많아 가족 구성원들이 학습을 할 만큼 또는 효과적인 양육을 촉진시킬 수 있는 방법으로 상호작용할 만큼 충분히 정신적으로 건강해지는 것이 어려울 수 있다.

이런 가족들과는 체계적으로 작업하는 것이 중요하다고 믿기는 하지만, 동시에 다른 사람을 위협하거나 반항하지 않으면서도 자신의 환경을 통제할 수 있는 생존 기술과 방법을 아동에게 알려 주는 것이 더욱 적절할 수 있다. 예를 들어, 8세 남아인 로니의 엄마는 정신병리가 있었는데, 나(TK)는 로니에게 엄마가 약을 중단했을 때 나타나는 신호를 알아차리도록 가르쳤고, 이런 일이 발생했을 때 그를 돌봐 줄 책임 있는 성인과 접촉하는 방법을 알려 주었다.

복수

복수하고자 하는 아동들은 그들에게 고통이나 상처를 주는 사람들에게 되갚아 주거나 그들을 처벌하고자 한다(Burke, 2008; Dreikurs, 1948; Nelson, 2011; Nelson et al., 2013; Pepper, 1980). 복수를 추구하는 아동들은 빈번히 신체적 · 성적 · 정서적 학대 혹은 방임을 경험하였고, 누군가가 그들을 해치기 전에 공격해서 자신을 방어하기를 원한다. 그들은 삶에서 큰 고통을 느꼈기에 다른 사람들을 해치기 원한다. 어떤 경우, 아동들은 고통스러운 관계만을 경험했기에 관계를 만들고 유지하는 방법은 고통을 가하는 것이라 믿는다. 또 다른 경우, 힘을 추구하지만 시도가 좌절된 아동들은 좌절의 고통에 대한 복수를 하기 위해 다른 사람을 맹렬히 비난하는 방법을 사용한다. 복수를 추구하는 아동들은 그들이 수용되지 못하고, 사랑받지 못하며, 불필요하다고 느낀다. 많은 경우 이 아동들은 그들이 상처받을 만하다고 믿으며 다른 사람들이 그들을 거절할 것으로 기대하기 때문에 선제공격을 해서 그들이 거절되기 전에 다른 사람들을 거절한다.

복수에는 건설적인 형태는 없으나 능동적인 형태와 수동적인 형태는 있는데, 행동으로 그 유형이 구별된다. 능동적으로 복수를 추구하는 아동은 폭력적이고, 악의적이며, 잔인하다. 이 아동들은 다른 아동이나 성인들을 신체적 혹은 정서적으로 상처를 주려고 괴롭힌다. 이 아동들은 게임에서 지면 그들을 이긴 사람을 처벌하려고 한다. 야뇨증과 더러운 옷은 복수하려는 아동들에게서 종종 보인다. 유분증과 야뇨증은 신체적 문제에 기인할 수 있어 의학적으로 점검해 보아야 하는데, 그것을 치우는 성인에 대한 아동 감정의 은유적 의사소통일 수 있다. 능동적으로 복수를 지향하는 아동들은 다른 사람이 상처받게 하려고 좋아하는 소유물을 훔치기도 한다.

수동적으로 복수를 추구하는 아동들은 다치게 하려는 의도를 더욱 교묘하게 보여 주는 행동을 한다. 그들은 기분변화가 심하고, 잘 토라지며, 위협적이고, 말이 별로 없다. 그들은 활동에 참여하는 것을 거부하거나 참여하고 있는 활동을 고의적으로 방해한다. 수동적으로 힘을 추구하는 아동들과 수동적으로 복수를 추구하는 아동들의 차이점은 '의도'이다. 힘을 추구하는 아동은 통제를 원하지만 복수를 추구하는 아동은 다른 사람에게 상처 주기를 원한다.

복수를 추구하는 아동은 이 의도에 따라 매우 잘 행동하기 때문에 그들을 만나게 되면 성인들은 보통 상처받는다. 어떤 성인들은 그들 자신을 보호하기 위해서 이 아동으로부터 철회하는 것으로 고통에 대한 반응을 하게 되고, 아동들은 그들이 사랑받지 못한다는 신념을 확인하게 된다. 다른 성인은 복수를 하는 아동에게 받은 고통에 대한 반응으로 아동에게 상처를 주는 것으로 되갚으려 한다. 이것은 아동의 부정적인 자기상을 확인하게 하며, 나아가 복수를 하고 미래의 상처로부터 자신을 보호하고자 하는 그들의 욕구를 더욱 크게 만든다. 어떤 것이든 간에 처벌과 질책을 경험하게 될 때마다 이 아동들은 처벌이 그들을 상처 입히기 위해서 고안된 것이라고 추정한다. 그들의 즉각적 반응은 다른 사람들을 상처 입히기 위한 노력을 증대시키는 것이다.

치료사가 복수를 추구하는 아동과 작업을 할 때, 이 아동들이 다른 사람들을 상처 주기를 좋아하기 때문이 아니라 그들이 상처를 받았기 때문에 상처 주려고 한다는 것을 자주 상기할 필요가 있다. 이렇게 하는 것은 치료사가 그들의 행동을 사적인 것으로 생각하게 하는 것을 피하게 하고, 그들이 치료사를 멀리하려고 노력함에도 불구하고 긍정적으로 지낼 수 있게 해 준다.

인내심과 일관성은 복수를 추구하는 아동들과의 놀이치료에서 핵심이다. 이 아동들은 그들을 격려하기 위한 어떠한 시도도 오랫동안 무시하기 때문에 놀이치료사는 그들의 반응에 낙담하지 않으면서 끈기 있게 작업을 지속해야 할 필요가 있다. 이 아동들과의 모든 상호작용에서 존중과 돌봄을 전달해야 한다. 제한이 공정하고 예측 가능하다는 것을 확실히 하는 것은 중요하다. 놀이치료사가 제한할 때 언어적 · 비언어적 의사소통에서 감정적이지 않아야 하며 비판단적이어야 한다는 것에 더욱 주의를 기울여야 한다. 이러한 노력에도 복수를 추구하는 아동들은 종종 놀이치료사가 그들을 거절하거나 상처를 주기 위해 제한과정을 사용한다고 추측한다. 아동들의 행동의 목표에 대한 상위의사소통을 할 때 목소리에 감정을 싣지 않고 단순하게 해야 한다. 다음은 복수의 목표에 대한 상위의사소통의 예시이다.

- "나를 쏘려고 다트 총을 내 등에 겨누는 것을 보니 네가 나에게 화가 났다고 생각해."
- "소년 인형이 소녀 인형에게 한 행동 때문에 너는 소년 인형을 다치게 하고 싶은 것 같은데."
- "네가 내 이름을 부르면 내 마음이 상해서 너에게 말하지 않고 내가 떠날 것이라 생각하는 것 같아."

부모나 다른 가족 구성원이 아동의 상처받은 감정에 책임이 있는 경우, 놀이치료사는 우선 학대나 방임을 멈추어야 한다. 만약 아동이 지속적인 학대 상황에 처해 있다면, 아동을 위험에서 벗어나게 하고 안전감과 보호받는 느낌이 드는 장소로 이동시키는 것이 중요하다. 이러한 경우에 놀이치료사는 지역사회에 신고할 의무가 있다는 것을 알아야만 한다.

부모 모두 상처를 주는 행동을 멈춘 상황이더라도 손상된 부모자녀 관계를 회복하는 것은 오래 걸리는 작업이다. 부모는 아동을 지속적으로 지지하는 법을 배워야만 하고 처벌 없이 제한하는 법, 아동의 도발에 견디는 법, 상처 주는 행동에 대한 사적 감정이 개입되지 않는 시각을 갖는 방법을 배워야만 한다. 아동은 부모를 믿는 것을 배워야만 하며, 자신이 사랑받을 만하고 중요하다는 것을 믿기 시작해야 하며, 자신이 의미 있다고 생각하기 위해 새롭고 긍정적인 방법을 탐색해야 하며, 위험에서 벗어나 안전감을 가져야만 한다. 이 과정에서 놀이치료사의 중요한 기능은 그들이 서로 혹은 스스로를 포기하지 않도록 아동과 다른 가족 구성원들을 격려하는 것이다. 또한 부모에게 상처와 좌절의 감정을 풀 수 있는 공간을 제공하고 더 이상 자녀들을 상처 주기 않게 하기 위해 부모의 개인적 문제를 작업할 수 있게 돕는 것이 중요하다.

어떤 경우 부모가 아이의 상처받은 감정에 책임이 없어도, 아동은 부모에게 복수를 하려고 한다. 이는 아동이 성인 가족 구성원이 충분히 자신을 위험으로부터 보호하지 못했기 때문에 상처받았다고 느끼기 때문이다. 이 경우 아동은 그에게 상처를 준 사람에게 부정적인 감정을 표출하는 것에 대해 안전감을 느끼지 못하고, 처벌을 하지 않는 부모에게 그 감정을 표출하는 것에 대해 안전감을 느끼는 것이다.

부적절함 증명하기

스스로 부적절하다는 것을 증명하려는 아동들은 매우 낙담적이다. 그들은 스스로 잘 못한다고 생각하는 활동을 회피함으로써 스스로를 보호하고자 한다(Burke, 2008; Dinkmeyer et al., 2007; Dreikurs, 1948; Nelson, 2011; Nelson et al., 2013; Pepper, 1980). 아동들은 때때로 첫째, 하기를 원하며, 둘째, 다른 사람들은 할 수 있고, 셋째, 그들은 할 수 있어야 하는 것을 잘 할 수 없다고 생각한다. 부적절한 행동은 보통 수동적이지만(예: 아동들은 쉽게 시도하지 않고, 쉽게 포기하며, 다른 사람들과 함께하는 것을 피하려 한다), 낙담의 최후는 자살이라는 적극적 형태로 나타나게 된다.

어떤 가족의 경우 부모가 그들 자신의 개인적 낙담 때문에 자녀의 부정적 자아상에 영향을 미치게 되는데, 방임, 과한 욕심, 압박, 비관주의, 비평, 불가능한 높은 기준의 형태로 나타나게 된다. 때로 아동들은 그들 자신을 형제나 동료와 불공평하게 비교하는 것으로 낙담하게 된다. 이 경우 아동은 장애가 있을 수 있는데, 예를 들어 학습장애, 주의력결핍과잉행동장애(ADHD), 신체적 장애, 또는 지적장애일 수 있어, 다른 사람들은 할 수 있지만 그는 할 수 없는 것으로 평가하기도 한다. 이러한 많은 경우, 낙담은 불공정하기 때문에 나타나게 된다.

부적절함을 증명하는 아동들과 상호작용하는 성인은 대개 무기력감, 절망감 그리고 아동만큼이나 낙담을 느끼게 된다. 그들은 아동을 어떻게 도와야 할지 모르겠으며, 그들이 개입을 시도하면 아동은 반응하지 않거나 수동적인 방식으로 반응한다. 부모와 교사는 종종 이 아동들을 포기하게 되는데, 그들이 나아지기보다는 더 나빠지는 경향이 있기 때문이다. 낙담한 아동이 실패나 처벌을 경험한다면 그들은 절망에 더 깊게 빠지며 성공이나 발전의 작은 시도조차 포기한다.

스스로가 부적절하다고 믿는 아동들은 그들이 성공하지 못할 것이라는 두려움 때문에 놀이 회기 시 어떤 종류의 놀이에도 참여하는 것을 거절한다. 치료사는 그들이 활동하지 않는 것에 대해서 비난하지 않으며, 그들이 무언가를 해야 한다는 메시지를 언어적 · 비언어적 의사소통 모두에서 조금도 보이지 않는다. 치료사는 부모와 교사와의 대화를 통해 아동의 재능에 대해서 정보를 찾게 되는데, 아동 스스로가 어떠한 강점도 없다고 믿고 있기 때문이다. 격려는 아동의 유능감을 강화시킬 수 있다. 치료사는 특히 아동이 노력하지 않게 하고, 활동에서의 향상을 방해하는 환경을 주의 깊게 살펴보아야 한다. 아동이 성공할 수 있는 활동에 참여하게 하는 것은 매우 중요하다. 위험이 적은 놀잇감이나 재료들이 필요하다. 기술보다는 운에 의한 보드게임은 때로 도움이 된다. 뱀 사다리 게임, 캔디랜드는 이러한 놀이 매체의 좋은 예이다. 실수하는 것이 불가능하기 때문에 핑거 페인팅과 모래 또한 좋은 개입 도구이다.

부적절함을 증명하는 아동들에게는 때때로 제한적인 놀잇감과 선택적 활동을 하는 놀이치료실에서의 놀이 회기가 더 도움이 될 수 있다. 이 아동들은 쉽게 압도되고 성공적으로 대처할 수 없을 것이라 생각하기 때문에 이상적으로 꾸며진 놀이치료실은 그들에게 압도적일 수 있다. 가능하다면 산만해지지 않거나 실패하지 않을 위험이 적은 것 한두 개를 치료실로 가지고 오는 것이 좋다. 놀이치료실에서 실패하는 활동이 포함되어 있다면 이 아동들은 그들이 이미 자신에 대해서 믿고 있는 것을 재증명하려고 하기 때문에 스스로에 대한 지각을 확인할 수 있는 것들을 찾으려 한다.

이 아동들에게는 끊임없는 격려와 모든 인간은 잠재능력이 있다는 놀이치료사의 개인적 믿음이 기본적으로 필요하며 놀이치료사는 이 믿음을 지속적으로 아동과 부모에게 전달해야 한다. 이 아동들이 거의 반응을 보이지 않는다 하더라도, 그들의 목표에 대한 상위의사소통은 도움이 된다. 다음은 부적절함을 증명하려는 아동과의 상위의사소통의 예시이다.

- “때때로 너는 네가 조셉만큼 잘 하지 못할까 봐 아무것도 시도하지 않는 것처럼 보이는구나.”
- “나는 네가 잘 되지 않으면 상처를 많이 입을까 봐 포기하는 것이라 생각해.”
- “너는 그것을 하기 원하지만 시도에 대한 두려움이 있는 것처럼 보이는구나.”

부적절함을 증명하는 아동들의 부모 대부분은 스스로에 대해서 낙담한다. 이 부모들과 작업하는 놀이치료사의 중요한 일은 그들이 포기하지 않도록 많은 지지를 하는 것이다. 부모들의 노력과 양육 기술의 발전에 대한 격려가 도움이 된다. 놀이치료사는 아동의 낙담을 만들어 내는 부모들의 행동을 줄이도록 요청해야 하며, 자녀와 상호작용하는 더욱 긍정적인 방법을 제안해야 한다. 부모들은 자녀가 보이는 조금의 발전이라도 알아차리는 것을 배워야 하며, 아동이 위험을 감수하려는 어떠한 행동이라도 축하해 주는 것을 배워야 한다. 이 과정은 때로 매우 느리고 고통스러울 수 있지만, 부모에 대한 지지는 자녀를 격려하는 것을 배울 수 있게 하고 아동의 태도와 행동을 변화시킬 수 있게 할 것이다.

성격 우선순위

크퍼(Kfir, 1981, 1989, 2011)는 생활양식을 이해하는 데 도움이 되는 한 방법으로서 성격의 우선순위라고 명명한 유형을 개념화하였다. 그녀는 소속감, 의미 있음, 숙달감을 어떻게 획득하는지에 대한 개인의 신념에 기초한 행동과 반응의 패턴으로서의 성격 우선순위를 기술하였다. 크퍼(Kfir)는 개개인은 성격 우선순위를 대처를 위한 수단, 난관(지각된 외상적 사건)을 피하기 위한 수단 그리고 열등감과 두려움을 극복하고 숙달감을 얻기 위한 수단으로 사용한다고 생각했다. 그녀는 성격 우선순위를 네 가지 유형으로 보았다. 통제하기, 즐겁게 하기, 우월감, 회피하기가 그것이다.

크퍼(Kfir)의 개념을 기초로 하여 퓨(Pew, 1976)는 '첫 번째 우선순위'라는 개념으로 확장하였는데, "삶의 자기 창조적이고, 일관성 있는 방식의 표현으로, 우리 인간의 모든 처리과정을 통해 작동되는 주제"(p. 1)라고 정의하며 상황과 다른 사람과의 관계를 안내하는 사고과정의 일반적 형태라고 기술한다. 그는 개인들이 피하고자 하는 스트레스 경험과 성취하기를 갈망하는 긍정적 목적을 신중하게 검토해 보는 것은 중요하다고 제안한다. 그는 통제하기, 즐겁게 하기, 우월감, 편안함으로 우선순위를 명명하였다.

랜젠펠드와 메인(Langenfeld & Main, 1983)은 크퍼(Kfir)와 퓨(Pew)가 지정한 우선순위를 측정하기 위한 연구 도구를 개발하면서 성격 우선순위의 유형에 관한 요인분석 연구를 하였다. 이 연구에서 그들은 기대했던 네 가지 요인이 아닌 다섯 가지 요인을 발견하였다. 그들은 이 요소들을 성취, 능가함, 즐겁게 하기, 분리, 회피로 명명하였다. 딜먼 테일러(Dillman Taylor, 2013)는 아들러의 성격 우선순위 평가를 발전시킨 연구에서 내담자의 성격 우선순위를 정의하기 위한 평가도구를 개발하였는데, 요인분석을 이용하여 "문헌에서 가장 많이 인용되는 네 요인(우월감, 통제하기, 편안함, 즐겁게 하기) 구조에 대한 강력한 경험적 지지"를 한다(p. 85).

성격 우선순위 개념을 이용하는 데에, 나(TK)는 크퍼(Kfir), 퓨(Pew), 랜젠펠드(Langenfeld)와 메인(Main)의 개념을 결합하였다. 나는 각 우선순위의 부정적인 측면을 피하고 긍정적인 측면을 추구하는 것을 강조하였다. 퓨(Pew)가 발달시키고 딜먼 테일러(Dillman Taylor)의 연구에서 지지된 명칭을 이용하나, 랜젠펠드(Langenfeld)와 메인(Main)이 수행한 연구의 정보를 추가하여, 통제 우선순위를 두 가지 하위범주로 나누었고(자기 자신만을 통제하려는 사람과 모든 상황과 모든 사람을 통제하려고 하는 사람), 우월감 우선순위도 두 가지 하위범주로 나누었다(과정에서 다른 사람을 깎아내리지 않으면서 할 수 있는 최고가 되는 데 흥미를 가진 성취자와 다른 사람과 비교하면서 자신의 가치를 평가하는 능가자).

우리는 모두 모든 우선순위(통제하기, 즐겁게 하기, 우월감, 편안함)를 조금씩은 가지고 삶을 살아가기 때문에 다른 성격 우선순위로 사람들을 나누는 것은 항상 분명하거나 명확하지는 않다. 아동의 생활양식을 조사할 때(그리고 부모, 교사들의 생활양식을 고려해야 할 때) 찾아야 하는 것은 상황과 관계에 대처하는 조직화된 패턴으로 작용하는 이 우선순위 중 하나(종종 주요 성격 우선순위를 가지고 두 번째 성격 우선순위를 가진 사람들을 보게 되므로 때로는 두 개)이다. 아동의 성격 우선순위에 대해서 생각할 때, 각 개인이 소속감, 의미 있음, 숙달감을 얻기 위해 통제하기, 즐겁게 하기, 우월감, 또는 편안함을 통해서 인지를 발견하기 위한 수단으로서 다음의 질문을 스스로에게 해 보아야 한다(Dewey, 1978에서 발췌).

① 이 사람이 삶에서 성취하고자 하는 것은 무엇인가?
② 이 사람이 소속되고 의미 있다고 느끼기 위해서 필요한 것은 무엇인가?
③ 이 사람이 다양한 삶의 상황에서 숙달감을 느끼기 위해 필요한 것은 무엇인가?
④ 이 사람의 장점은 무엇인가? 그는 무엇을 잘하는가?
⑤ 이 사람이 삶에서 회피하고자 하는 것은 무엇인가?
⑥ 이 사람이 불평하는 것은 무엇인가? 이 사람이 삶에서 부족하다고 믿는 것은 무엇인가?
⑦ 이 사람이 더 이상 대처할 수 없을 때 어떤 일이 일어나는가?
⑧ 이 사람이 다른 사람과 상호작용할 때 치르는 대가는 무엇인가?
⑨ 이 사람이 문제에 대처하기 위해 치르는 대가는 무엇인가?
⑩ 이 사람에 대해서 다른 사람들은 어떻게 반응하는가?

성격 우선순위의 어떤 것도 다른 것보다 더 유리한 것은 없다. 모든 성격 우선순위는 그것을 드러내는 개인에게 대가를 요구하며, 또한 이익을 주기도 한다. 각각의 성격 우선순위는 힘을 가지고 있기도 하고 어려움을 가지고 있어서, 내담자의 성격 우선순위를 변화시키려는 시도는 필요하지도 적절하지도 않다. 우리는 각각의 기능을 건설적인 것부터 파괴적인 것까지 연속체 어딘가에 있는 것으로 개념화하였는데, 성격 우선순위가 파괴적 범위에서 기능하는 내담자에 대한 개입의 목표는 성격 우선순위의 기능이 건설적인 범위 내로 이동하도록 돕는 것이 된다. 그러기 위해 상위의사소통, 스토리텔링, 모래놀이치료, 생활 코칭, 동작, 여러 놀이치료 기법, 부모와 교사 상담도 함께 사용한다. 또한 아동의 성격 우선순위가 파괴적 범위에서 건설적 범위로 이동할 수 있도록 돕기 위해 아동 내담자에게 중요한 성인들과 작업을 할 필요가 있다.

통제하기

통제하기가 목표인 아동들은 통제하기를 유지하거나 다른 사람들이 이 아동들을 통제할 수 없다는 것을 보여 주는 것으로써 그들의 의미 있음, 소속감, 숙달감을 얻는다 (Ashby & Kottman, 1998; Eckstein & Kern, 2009; Kfir, 1989, 2011; Nelson et al., 2013). 이 아동들은 통제한다고 지각되지 않는 상황이나 관계에서는 불편감과 무기력감을 느낀다. 그들은 통제되지 않는다는 느낌을 회피하기 위해 끊임없이 작업하는데, 위험하거나 굴욕적 상황을 피하기 위해서는 통제할 수 있어야만 한다고 확신하기 때문이다. 통제하는 아동들은 친구가 많은 경우가 거의 없으며, 높은 수준의 불안을 자주 경험하며, 때때로 신체화 증상을 보이기도 한다. 통제에 대한 그들의 강력한 욕구 때문에 이 아동들은 내버려 두기, 자유롭게 있기, 다른 아이들처럼 놀이하는 것에 어려움이 있다. 그들은 어린아이로만 있는 것에 편안함을 느끼지 못한다. 통제하려고 노력하게 되면, 특히 모든 것을 통제하려고 하는 아동들은 관계와 용기에 어려움을 종종 가지게 된다. 그들은 다른 사람들을 밀어내고 어떤 종류의 위험도 피하려 한다. 통제에 대한 욕구가 성공적으로 충족된다는 것을 확신하기 위해서 떼쓰기, 철회하기, 완벽주의, 두목 행세하기, 수동 공격적 행동을 한다. 이러한 행동들은 종종 다른 아동들이 이 아동들을 거부하거나 회피하게 하고, 비판받으며, 다른 성인에게 제압당하게 한다. 이 아동들은 또한 적절한 방식으로 매우 강력해질 수도 있다. 그들은 강력한 리더십이 있으며, 조직적이고 책임감 있으며, 생산적이며, 신뢰할 수 있으며, 끈기가 있다(각각의 우선순위는 긍정적인 속성과 부정적인 속성을 갖고 있음을 기억하라).

놀이치료실에서 성격 우선순위가 통제하기인 아동들은 힘겨루기와 제한을 시험하는 경향이 있다. 그들은 책임자가 되기를 원하고 힘 나누기를 어려워한다. 놀이치료 과정에서 자주 불만족을 표현하고, 놀이치료사를 통제하려고 하며, 관계의 전개를 통제하려 한다. 이 성격 우선순위는 아동들의 잘못된 행동의 목표인 힘을 야기하는데 그들의 행동은 힘을 추구하는 아동 부분에서 기술한 행동과 같다. 또한 아동들의 가족 배경의 역동, 이 아동들의 사고에서의 생활 경험, 그들에게 적합한 놀이치료 개입을 계획하는 것을 고려하는 것은 중요하다. 통제하기 성격 우선순위를 가진 아동들과의 작업에서 기억해야 할 가장 기본적인 것은, 만약 힘겨루기에 연루된다면 놀이치료사는 그 과정에서 이미 통제력을 잃었다는 것이다. 놀이치료사는 스스로를 통제할 자신의 능력에 집중해야 하며, 아동들을 통제하려고 하지 않아야 하며, 그들의 행동을 결코 감정적으로 대하면 안 된다.

아동의 배경에 따라서 놀이치료실에서 좀 더 빨리 되든, 늦게 되든 결과적으로 힘을 나누는 절차를 만드는 것은 유용하다. 치료사는 그들에게 제한적인 선택을 하도록 한다(예: "너의 가족 그림을 색칠할래, 아니면 가족 그림을 그릴래?" 이 상호작용의 숨은 맥락은 가족 그림을 그리게 하려는 것이다). 또한 번갈아 가며 '책임자'가 된다. 만약 치료사가 아동이 했으면 하는 활동(예: 신체윤곽 그리기 또는 손인형 쇼)을 하고자 한다면, 치료사가 원하는 것을 우선 하고 그것이 끝나면 그다음에는 아동이 원하는 것을 하게 된다.

이 아동들은 질문에 언어로 대답하는 것을 자주 거부하곤 하는데, 그렇기 때문에 그들의 비언어적 반응을 관찰하는 것은 매우 중요하다. 그들은 잘 통제하기 때문에 비언어적 반응이 대개는 매우 적다. 때로 그들이 나의 질문에 대한 반응으로 침묵을 선택하게 되면, 나(TK)는 질문에 유치하고 우스꽝스러운 대답을 하곤 한다. 내가 이 기법을 자주 사용하지만 않는다면, 아동들은 나를 바로잡아 주고 싶어 하기 때문에 매우 효과적이다.

치료사는 이 아동들이 실수하거나 통제하는 것에 대해서 걱정하지 않으면서 어린 아이처럼 행동하는 것을 격려하고자 한다. 치료사가 그들과 관계를 맺고 나면 그들은 치료사를 신뢰하고, 치료사는 그들이 더욱 즉흥적이고 장난스러운 활동을 하게 한다. 탁자 위에 면도 크림을 마구 바르고, 발자국 핑거페인팅을 하며, 물감을 튀겨 티셔츠를 만들고, 물약을 만든다.

치료사는 상위의사소통으로 통제의 욕구를 부드럽게 지적하고 그들이 통제하지 못할 때의 두려움에 대해서 알려 준다. 또한 통제하려는 그들의 욕구와 관계에서 치러야 하는 대가 사이의 관계, 문제에 대처하는 능력에 관해 알아내야 한다. 그들이 치료사를 통제하려고 할 때 치료사에게 어떻게 영향을 미치는지에 대해 판단 또는 비판하지 않으면서 아동들에게 피드백을 해야 한다. 이런 일이 생기면 치료사가 어떻게 느끼는지를 말해 준다. 또한 그들의 재능, 위험을 감수하려는 노력, 그리고 다른 사람과 관계하려는 노력에 대해서 격려한다. 기꺼이 힘을 나누고자 하는 그들의 의지, 치료사 또는 다른 사람들과 협력적으로 작업하는 것에 대한 진전을 알아차려 준다. 다음은 주요 성격인 통제하기가 역기능적 범위에 있는 아동과 한 상위의사소통의 몇 가지 예시이다.

- "너는 대장이 되고 싶어서, 내가 무엇을 할지 네가 원하는 것을 말하는구나."
- "때때로 무슨 놀이를 할지 반 친구들이 결정하지 못하게 해서 친구들이 너한테 짜증이 날거라 생각해."
- "네가 투덜거리는 목소리로 내게 말을 하면, 나는 네가 나에게 하라고 말하는 것을 하기 싫어져. 만약 내게 친절하게 말해 준다면 기꺼이 네가 원하는 것을 하게 될 것 같아."
- "나는 네가 우리가 오늘 무엇을 할지 나보고 결정하라고 말해 줄 때 행복하고 신나."

즐겁게 하기

다른 사람을 즐겁게 하는 것으로 소속감과 숙달감을 얻는 아동들은 다른 사람을 기쁘게 해야만 수용받고 사랑받을 수 있다고 믿는다(Ashby & Kottman, 1998; Kfir, 1981, 1989, 2011; Nelson ct al., 2013). 이 아동들은 자신의 가치에 대한 확신이 없으며, 끊임없이 수용되었다고 느끼기 위해 다른 사람들의 인정을 얻기를 갈망한다. 즐거움을 추구하는 아동들은 용기의 어려움이 있으며, 스스로 중요하지 않고, 다른 사람들의 조건(예: 자신들의 가치감을 보여 주기 위해서 다른 사람들을 돌보는 것, 다른 사람에게 수용받기 위해 완벽하려고 애쓰는 것)을 충족시킬 때에만 중요하다고 믿는다. 이 아동들은 거절을 두려워하기 때문에 다른 사람의 마음을 읽고 '그들이 원하는 것'을 주는 것으로 분노와 갈등을 회피하려 한다. 그들은 또한 좌절과 적대감을 표현하게 되면 거절될 수 있다고 확신하기 때문에 자신들의 분노를 억압한다.

이 아동들은 그들이 원하는 것을 요청하는 일이 거의 없다. 즉, 그들은 거절당할까 봐 두려워서 관계를 주도하지 않는다. 그들은 다른 사람들이 자신을 존중하지 않고 도와주지 않는다고 불평하고 자기 존중과 자기 확신의 부족에 대해서도 불평한다. 이 우선순위에 대해서 치르는 대가로 그들은 매우 불안하고 그들이 만들지도 않은 상황(전쟁, 굶주림, 가난, 전염병 등)에 대해서 죄책감과 책임감을 가진다. 이 아동들은 자신의 욕구를 충족하는 일을 거의 하지 않으며, 좋은 생각을 가지고 있어도 다른 사람들은 그들을 무시하거나 그들의 기여에 대해 인정하지 않고 공을 가로챈다. 초기에 다른 사람들은 진심으로 이 아동들 곁에 있는 것을 좋아한다. 어쨌든 그들은 친절하고, 도움이 되며, 양육적이고, 믿을 만하며, 책임감 있고, 우호적이며, 명랑하고, 요청할 때 기꺼이 일을 맡는다. 그러나 어느 정도 지나면 이 아동들의 불안, 정서적 일치를 하고자 하는 그들의 분투, 확신에 대한 끊임없는 요구가 관계를 지치게 하며 결국 짜증나게 하고 거부하게 한다. 이렇게 되면 이 아동들은 이러한 반응을 거절로 해석하고 즐겁게 해 주려는 노력을 강화시키게 된다.

놀이치료실에서 이 아동들은 순응적이고 협력적이다. 그들은 '긍정적' 정서만을 표현하도록 주의를 기울이며, 화나 고통을 표현할 때에는 은밀히 하거나 나중에 철회하려고 애쓴다. 이 아동들은 즐겁게 해 주는 행동에 대한 반응의 아주 미미한 지표를 살펴보면서, 과각성 상태로 대인 간 에너지를 엄청나게 사용한다. 그들은 요청하기도 전에 놀이치료실을 청소하고 그들이 하려는 활동에 대해서 허락을 구하고, 무언가를 쏟거나 깨뜨렸을 때 거듭 사과한다. 다른 사람을 즐겁게 하려는 아동들은 암시적이든 명시적이든 그들이 중요하다는 승인과 인정을 요구한다. 놀이치료사가 자신을 승인하는지를 알기를 원하는 이 아동들의 욕구로 인해 다른 아동들보다 더 가깝게 다가와 놀이치료사의 사적인 공간이 침해당할지도 모른다. 또한 그들은 놀이치료사에게 중요하다는 것을 증명하기 위해서 놀이치료사와의 관계에 대해서 그리고 개인적 질문을 더 많이 한다.

이러한 아동들에게 치료사는 중요한 Cs의 용기와 관계로 어려움을 겪는 아동에게 사용하는 많은 기법을 적용한다. 격려는 이 아동들에게 매우 중요하나, 양날의 검이 될 수 있다. 치료사는 그들이 훌륭하며 치료사의 관심은 무조건적이라는 점을 알려야 한다. 동시에 치료사는 그들이 치료사의 수용을 얻기 위해서 무언가를 하지 않아도 된다는 것을 전달해야 한다. 이것이 달성되기 위해서 이 아동들에 대한 평가적인 말을 피하기 위해 경계해야 하고 치료사 자신의 비언어적 의사소통을 주의 깊게 점검해야 한다. 치료사의 반응에 대한 그들의 불안감에 대해서 반영하며, 다른 사람을 즐겁게 해 주는 사람이 되는 것에 대한 치료사 자신의 어려움에 대해서 자기 개방을 한다. 만약 놀이치료사가 그런 사람이 아니라면 이 방법을 쓸 수 없다. 놀이치료사는 성격 우선순위에서 놀이치료사 자신과 더욱 유사한 아동들에게 자기 개방을 할 수 있다. 허락에 대한 그들의 점검, 분노 · 좌절 · 공격성의 숨김, 치료사에게 신체적으로 가까워지려는 욕구, 그들이 갖는 근거 없는 죄책감에 대해 지적하는 상위의사소통을 하는 것은 이 아동들에게 매우 도움이 된다. 통제하려는 아동들처럼 즐겁게 하려는 아동들에게 재미있게 하려고 유치하고 실수하는 즐거움(모래나 물을 가지고 놀거나, 마구 어지럽히고 치우지 않는 것)을 허락한다. 청소에 대해서 이야기해 보면, 우리는 종종 놀이치료 후에 아동들과 함께 놀이치료실에 치우지 않고 남겨 둘 것을 선택하곤 한다. 모든 곳에 놀잇감이나 미술 도구들이 남겨져 있을 때 방을 나가게 되면, 즐겁게 하려는 아동들은 자유를 얻게 되어 해방감을 느끼게 된다. 상위의사소통의 몇 가지 예시는 역기능적 범위의 즐겁게 하는 아동들에게 도움이 될 것이다.

- "너는 모래상자에 물을 부어도 되는지 확인하기 위해서 나를 쳐다보는구나."
- "너는 오늘 네가 학교에서 퇴학당한 것 때문에 내가 화가 났는지 신경 쓰고 있는 것처럼 보이네."
- "네게는 다른 사람들이 너와 행복한가가 중요하구나."
- "다른 사람들이 너를 좋아하게 하려고 열심히 하는 것처럼 보이는구나."

놀이치료의 재정향 · 재교육 단계 동안, 치료사는 즐겁게 하는 아동들에게 그들이 더욱 원하는 것을 하는 대인 간 기술을 가르친다. 협상기술, 자기주장 행동, 원하는 것을 요구하는 절차, '아니요'라고 말하는 것, 사회적으로 허용되지 않을지도 모르는 감정을 표현하는 것을 포함한 활동들을 연습하게 한다. 또한 이 아동들의 부모들이 자녀들이 단지 어린아이로만 있어도 되도록 허락하게 하고, 가족 내에서 자기주장을 연습할 수 있게 돕도록 부모와 함께 작업한다. 『The Mouse, the Monster and Me: Assertiveness for Young People』(Palmer, 2009)과 『Speak up and Get Along! Learn the Mighty Might, Thought Chop, and More Tools to Make Friends, Stop Teasing, and Feel Good About Yourself』(Cooper, 2005)는 이 문제를 가진 아동들을 돕기 원하는 부모에게 좋은 자료가 될 것이다.

우월감

소속감과 숙달감을 우월감을 통해 얻으려는 아동들은 그들이 하는 모든 것에 완벽주의를 추구한다(Ashby & Kottman, 1998; Kfir, 1981, 1989, 2011; Nelson et al., 2013). 그들은 다른 사람들, 특히 그들의 삶에서 중요한 성인들에게 수용될 수 있도록 성취를 위해서 가능한 모든 에너지를 쏟아서 전념해야만 한다고 생각한다. 우월감을 추구하는 아동들은 그들의 강한 열등감 때문에 우월감을 추구한다. 열등감을 능가하는 것으로 보상하려는 사람들은 다른 사람들보다 그들이 '더 낫다'는 것을 증명하기 위해 노력하는 경향이 있다. 이 감정을 성취하는 것으로 보상하려는 사람들은 그들이 하는 일이 무엇이든 '최고'여야 하는 경향이 있다. 능가자와 성취자 둘 다 무의미와 무가치를 피하려 한다.

성격 우선순위가 우월감인 아동들은 열심히 하고, 성취에 대한 높은 기준을 가지며, 높은 수준의 사회적 관심을 유지한다. 그들은 아는 것이 많고, 이상주의적이며, 책임감 있고, 신뢰로우며, 끈기가 있다. 그러나 그들은 유능감, 스스로가 가치 있는지에 대한 믿음, 다른 사람과의 관계 문제로 괴로워한다. 그들은 또한 용기가 부족하여 성공이 보장된 과제나 관계만 고수하려 한다.

이 아동들의 대부분은 매우 경쟁적이거나 다른 사람이 보기에 비합리적인 기준의 성취를 하려고 하기 때문에, 다른 아동들(그리고 성인들)은 이 아이들이 부적절하고 열등하거나 도전적이라고 느낀다. '더욱' 열심히 하려는 이 아동들이 치러야 하는 대가는 과로, 과잉참여, 과도한 책임감, 압도감이다. 그들은 과도함과 지나친 속박, 즐거움을 위한 시간과 에너지가 없음을 불평한다. 자신에 대한 기대가 불가능하게 높기 때문에 이상하게도 지나치게 시간을 많이 쓴다. "만족스러웠나?" 그리고 "내가 충분히 했나?"

놀이치료에서 이 아동들은 작은 성인으로 회기에 와서는 누구보다도 더욱 유능하고, 더욱 옳으며, 더욱 유용하고, 더 영리하며, 더 운동을 잘하고, 더 게임을 잘하며, 더 블록을 잘 만들고, 더욱 손인형극을 잘한다는 것을 증명하기 위해 성숙하고 진지하게 열심히 한다. 성취자들은 스스로와 경쟁하면서 그들이 과거에 해냈던 것보다 더 잘하기를 원한다. 능가자들은 놀이치료실에 오는 다른 아동, 학급 또는 이웃, 교사, 부모, 그리고 놀이치료사보다 더 잘하기를 원한다. 그들은 관심을 얻기 위해 성취를 이용한다. 그래서 그들의 놀이는 일반적으로 자신의 유능성을 보여 주는 것으로 구성되고, 놀이치료실 밖의 상황과 관계에 대한 이야기는 다양한 기술의 숙달을 보여 주는 것으로 구성되어 있다. 우월감 추구 아동들은 무엇이든 아는 척 하는 사람으로 놀이치료사와 상호작용한다. 현재의 문제나 진단이 무엇이든지간에 어린 아동조차도 전문가이며 놀이 회기 동안 그들의 지식을 뽐내려고 한다.

특히 놀이치료사의 성격 우선순위가 우월감이라면 놀이치료사가 기억해야 할 가장 중요한 것은 이 아동들과 관계를 맺기에 가장 좋은 방법은 아동이 스스로 전문성과 유능감을 보이는 영역에 대해서 인정해 주는 것이다. 아동들이 공룡(또는 우울증, 허리케인 등)에 대해서 더 많이 알고 있어도, 놀이치료사가 한 것보다 찰흙 조각품(또는 탑 쌓기, 스케이트보드 타기 등)을 더 잘 만들었어도 경쟁에 휘말리지 말아야 한다. 아동들에게는 경쟁하지 않아도 되고 증명하지 않아도 되는 관계가 필요하다. 아동들은 존재 자체로 타고난 가치가 있다.

이 아동들에게 격려는 중요하나, 격려하는 것은 까다롭다. 아동들이 그렇게 하더라도 치료사는 아동에게 불가능한 높은 기준을 가지지 않는다는 것을 의사소통하는 것이 핵심이다. 놀이치료사는 아동들이 그들의 높은 기준에 부응하지 못하더라도 아동이 가치 있고 아동을 수용한다는 것을 전달하면서 자신의 힘을 인식하기를 원할 것이다.

치료사는 우월감 지향 아동들에게 스스로를 증명하려는 욕구, 열등감에 대한 분투, 성공이 보장되지 않는 경험을 시도하려는 의지의 부족에 대해 상위의사소통을 많이 이용한다. 우리는 아동들이 축구팀에 들어가기, 발레 레슨, 방과후 멘토링 프로그램 등을 동시에 하는 것을 그만두지 않으면서 압도되는 것에 대해서 불평을 할 때 수프에 침 뱉기를 한다. 성격 우선순위가 역기능적 범위의 우월감에 있는 아동들과 상위의사소통을 한 몇 가지 예시이다.

- “네가 스포츠를 잘하는 것을 내가 아는 것이 너에게 중요하구나.”
- “너는 어떤 것에 최선을 다할 수 없을 때 너무 힘든 것처럼 보인다.”
- “과제를 100% 다하지 못하면 너는 만족스럽지 못한 것으로 생각하는 것 같네.”

- "네가 무언가를 완벽하게 할 수 없다면, 스스로와 다른 사람들에 대해서 무척 화가 나는 것처럼 보인다."
- "네가 생각하는 것처럼 일이 진행되지 않으면 완벽하지 않기 때문에 그것을 포기하는 것처럼 보이는구나."

세 번째와 네 번째 단계 동안, 치료사는 우월감 지향 아동들에게 더 자주 '아니요'라고 말할 수 있는 의사결정 전략을 가르친다. 치료사는 이 아동들이 자신들이 부적절하다고 혼잣말하는 것을 멈추는 인지적 기법과 도움을 요청하고 다른 사람에게 일을 넘기는 방법에 대해서 알려 준다. 또한 '나는 몰라요' '어떻게 하는지 확실하지 않아요' '이걸로 충분해' '나는 충분히 잘했어'라고 말하는 것을 연습하게 한다. 이렇게 말하는 것을 연습하는 것은 내담자와 상담사 모두에게 이익이 된다.

편안함

성격 우선순위가 편안함인 아동들은 평화, 즐거움, 편안함, 그리고 재미를 추구한다 (Ashby & Kottman, 1998; Eckstein & Kern, 2009; Kfir, 1989, 2011; Nelson et al., 2013). 그들은 다른 사람들이 자신을 돌봐 주고 애지중지해 주기를 희망한다. 편안함을 추구하는 아동들은 느긋하고, 부드럽고, 이해심 있고, 예측 가능하고, 공감적이고, 비판단적이다. 그들은 다른 사람들에게 요구가 거의 없고 참견하지 않기 때문에 관계가 쉽게 된다.

이 아동들은 스트레스, 긴장, 책임감, 노력하는 것을 피하려고 한다. 생활에서 부정적 요소들을 최소화하기 위해 그들은 자신에 대한 기준을 매우 낮게 설정하고 다른 사람의 기대를 회피하고, '과도한' 노력과 책임감을 피한다. 기준이 낮기 때문에 이 아동들은 중요한 Cs의 유능감과 가치 문제로 어려움을 겪는다. 그들은 자신의 유능감에 대한 신념을 강화하기 위한 것은 거의 아무것도 하지 않으며, 다른 사람이나 상황에 영향력을 거의 주지 못하며, 그들이 중요하다고 느낄 수 있는 능력을 제한한다. 그들은 또한 새로운 일이나 위험을 감수하지 않으려는 것으로 제한된 용기를 보여 준다. 편안함을 추구하는 아동들은 때로 생산성과 성취의 부족에 대해서 불평한다. 성인들과 다른 아동들은 편안함을 추구하는 아동들을 게으르고, 둔하고, 운동이나 음악 능력이 부족하거나 너무 느리다고 말한다. 이 아동들은 종종 관계에서 과소평가된다고 느낀다. 그들은 상호작용과 경험에서 그들의 힘이 다른 사람들에게 인정받지 못한다고 믿는 경향이 있다. 이는 편안함을 추구하는 아동들의 수동성에 대해 다른 사람들이 성급함, 짜증, 지루함을 표현하며 반응할 때 사실이 된다.

놀이치료에서 편안함을 추구하는 아동들과 관계를 맺는 것은 매우 재미있다. 그들은 많이 노력하지 않아도 된다면 새로운 일을 자발적으로 기꺼이 하려고 한다. 흐름에 맡기는 그들의 능력은 즐겁고 편안하며, 치료사가 만약 성격 우선순위가 통제인 아동들과의 치료사례가 많았다면 놀이치료실 규칙을 따르는 그들의 자발성도 신선할 것이다.

편안함을 추구하는 아동은 보통 치료의 두 번째 단계에서의 질문에 대답을 기꺼이 하려고 한다. 그러나 생각해야 하는 대답이라면 모른다고 자주 대답을 할 것이다. 놀이치료사가 이 아동들이 에너지를 쓰기를 원하는 질문이나 혹은 다른 활동들에 그들은 관심이나 호기심이 거의 없다. 놀이치료사가 그들에게 손인형극 또는 그리기를 하도록 요구한다면 그들은 힘이 덜 드는 활동(쿠션에 앉아 있거나 모래를 손가락으로 만지는 것)을 더 좋아한다고 대답한다. 아동들이 계속 오게 된다면 치료과정에 온전히 참여하는 자발성의 부족은 세 번째와 네 번째 단계에서도 계속된다. 편안함을 추구하는 아동과의 작업에서는 천천히 하고자 하고 스트레스를 최소화하려는 그들의 욕구를 견뎌 주는 것이 필수적이다. 이것은 아동들이 놀이치료사의 요청을 빠르고 단순하게 성취할 수 있도록 조정해야 할 필요가 있다는 것을 의미한다. 이 아동들은 열정적으로 요새를 만들거나 글쓰기와 책 만들기를 하려고 하지 않는다. 만약 놀이치료사가 못 견디고 짜증을 내고 못마땅해한다면 이 아동들은 멈추게 되고 관계는 끝이 날 것이다.

치료사는 그들의 강점에 긍정적인 피드백을 주기 위해서 그리고 그들이 작은 노력이나 발전을 스스로 인식할 수 있도록 격려해야 한다. 편안함을 추구하는 아동들은 치료사가 그들을 돌보게 하고, 스스로 부담감을 느끼지 않기 위해 결정을 치료사가 하도록 시도하기 때문에, 아동에게 책임감 돌려주기는 이들과의 작업에서 중요한 기술이다. 편안함에 대한 그들의 요구, 다른 사람들과의 상호작용의 결과, 성취감에 관한 상위의사소통을 통해 그들이 자신의 선택을 재평가하도록 하고, 특정 상황이나 관계에서 더욱 노력하도록 동기화시킬 수 있다. 다음은 편안함의 역기능적 범위 내에 있는 아동들과의 상위의사소통의 예시들이다.

- "사람들이 더 잘하라고 너를 압박할 때 너는 그것이 싫어서 시도하지 않으려 하는

구나."

- "너는 쉽게 하는 것을 좋아하는데, 때때로 너의 선생님은 그럴 때 너에게 매우 화를 내신다고 나는 생각해."
- "너는 재미있을 것 같은 일만 좋아하는구나."
- "귀찮은 일을 하지 않으려는 것 때문에 친구들이 너에게 왜 화를 내는지에 대해서 혼란스러운 것 같다."

편안함을 추구하는 아동들의 중요한 Cs에 따라, 우리는 그들에게 유능감과 가치가 부족한 아동 그리고 용기가 부족한 아동들에게 사용했던 것과 유사한 전략을 사용할 것이다. 대부분 편안함을 추구하는 낙담한 아동들은 그들이 부적절하다는 것을 증명하려고 한다. 우리는 이 아동들에게 이 장에서 기술했던 부적절함을 증명하는 아동들과 유사한 전략을 사용한다.

패턴 찾기

대부분 다양한 상황과 관계를 관통하는 패턴이 있지만, 아동들의 중요한 Cs, 잘못된 행동의 목표 추구, 또는 성격 우선순위의 표현이 항상 완벽히 일치하지는 않는다. 예를 들어, 린제이는 가정에서는 정말로 유능감을 느끼지만 학교에서의 능력에는 자신감이 없다. 알론소는 집에서는 힘을 추구하지만 학교에서는 관심을 추구한다. 률란은 부모들은 즐겁게 해 주려 하지만 교사들은 통제하려고 한다. 아들러 놀이치료사는 다양한 상황, 다른 사람들에 따라 변환되는 것에 대해 방심하지 않아야 하며, 이에 따른 치료적 개입을 조정해야만 한다.

우리가 아동을 이해하고 놀이치료 전략을 계획하기 위해 별개의 체계로서 중요한 Cs, 잘못된 행동의 목표, 성격 우선순위를 말하였는데, 이는 다소 오해의 소지가 있을 수 있다. 놀이치료사는 이 개념들이 종종 중복되고 빈번히 서로 잘 들어맞는 개념이며, 유사하거나 중복된다는 것을 알아야 한다. 이 장에서 제시한 개념들을 기초로 놀이치료사가 아동들과 작업을 하게 되면, 놀이치료사는 이것들이 분리되어 있다기보다는 상호보완적이기 때문에 체계를 관통하는 패턴을 알게 되기 시작할 것이다.

요약

아들러 놀이치료사는 아동의 생활양식을 개념화하고 아동의 욕구에 맞추어진 놀이치료 개입을 계획하기 위해 아동의 중요한 Cs, 잘못된 행동의 목표, 성격 우선순위를 알아보는 것을 배워야만 한다. 아동의 중요한 Cs, 잘못된 행동의 목표, 성격 우선순위를 이해함으로써 놀이치료사는 아들러 놀이치료의 네 단계에서 적절한 특정한 기법을 선택할 수 있고 부모와 교사를 위한 상담을 선택할 수 있다.

추가 자료

중요한 Cs

http://www.adleriansociety.co.uk/phdi/p3.nsf/imgpages/0939_KarenJohn-ASIIPConf-April2011.pdf/$file/KarenJohn-ASIIP-Conf-April2011.pdf

http://www.google.com/url?sa=t&rct=j&q=esrc=s&source=web&cd=2&sqi=2&ved=0CCUQFjAB&url=http%3A%2F%2Fwww.imdetermined.org%2Ffiles_resouces%2F150%2Fa_teachers_guide_to_undertanding_and_motivation_students1.doc&ei=-hRqVfr0OdGZyASw_IGADw&usg=AFQjCNEzqm9ZFkqRb1ADHFHwbLjyF5rzVw&bvm=bv.94455598,d.aWw

성격 우선순위

http://digital.library.unt.edu/ark:/67531/metadc4794/m2/1/high_res_d/dissertation.pdf

아동발달

http://www.cdc.gov/ncbddd/childdevelopment/

http://files.eric.ed.gov/fulltext/EJ603020.pdf

Chapter 04

부모 및 교사와의 상담

아동의 사회적 맥락에서 가장 영향력이 있고 중요한 사람은 부모와 교사이다. 부모와 교사를 상담하는 것은 아들러 놀이치료에서 필수적 요소인데, 이들이 아동과 아동의 생활양식에 중요한 영향을 미칠 수 있기 때문이다. 부모와 교사는 아동의 발달력, 학습 스타일, 상호작용 패턴에 관한 가치 있는 정보의 자원이 된다. 그들은 또한 놀이치료 기간 동안 아동이 변화할 수 있게 지지를 제공해 줄 수 있다. 아동이 자기 자신, 타인, 세상에 대한 관점의 새로운 방식을 배우고, 새로운 관점을 발달시키기 시작하며 사회적으로 더욱 적절한 행동을 연습하는 동안, 부모와 교사는 놀이 회기 외부의 다른 많은 상황에 그들의 배움을 적용하도록 도울 수 있다. 부모와 교사는 그들 자신과 아동을 바라보는 관점을 긍정적 방향으로 바꾸기 위해 상담사의 도움이 매우 자주 필요하다. 그들은 다른 성인들과의 상호작용, 아동과의 상호작용 패턴을 변화시킬 필요가 있다.

어떤 아동들은 가정에서의 관계와 상황을 더욱 힘들어할 수 있고, 어떤 아동들은 학교에서 그들의 문제의 대부분을 경험하며, 어떤 아동들은 두 장소 모두에서 힘들어한다. 치료사는 아동이 가장 부정적인 피드백을 경험한 장소에 관한 초기 보고에 초점을 맞추어 아동의 삶에서 중요한 성인과 상담을 하게 된다. 학교에서는 어려움을 겪지 않는데 다른 가족 구성원들과는 어려움을 가진 아동과의 작업에서는 교사, 전문상담교사, 또는 학교 관계자가 아닌 부모와 상담을 하는 데 시간을 모두 사용할 것이다. 가정에서는 잘 지내고 있는데, 학교에서 어려움이 있는 아동을 위해서는 행동적이든 학업적이든 교사 또는 학교 직원 등과의 상담에 집중할 것이다. 만약 아동이 두 환경 모두에서 어려움을 경험한다면, 아동의 변화에 전반적 지원을 일관적으로 할 수 있도록 부모와 학교 관계자 모두와 공동으로 작업할 것이다.

부모 및 교사와의 상담에서도 놀이치료에서 적용하는 아들러 모델의 네 단계를 똑같이 따른다. 관계 맺기, 생활양식에 대한 정보 수집하기, 생활양식에 대한 내담자들의 통찰 돕기, 그리고 내담자를 재정향 · 재교육하기의 네 단계는 놀이치료 과정과 별개가 아니며, 또한 상담 과정과도 별개가 아니다. 작업하고 있는 단계에 관계없이, 관계는 상호작용 동안 일어날 수 있는 모든 변화의 기초이기 때문에 과정 전반에 걸쳐 관계에 대해서 지속적으로 작업한다.

치료사는 아동의 준비도와 욕구를 근거로 하여, 다른 단계를 중복할지 여부를 결정하게 된다. 예를 들어, 브라운 가족은 매우 낙담적이므로 내(KMW)가 판단하기에 부모가 이 교육과 그들이 배운 것을 자녀에게 적용하려 한다면, 첫 번째 또는 두 번째 회기에서 격려하는 새로운 기술을 가르치는 것이 적절하다. 만약 내(TK)가 아자부 부인의 성격 우선순위가 학생들과의 관계에 부정적인 영향을 미친다고 느꼈다면, 우리 상담의 2, 3회기에 이 생각을 공유할 것이다. 하지만 라포 형성이 더 잘 된 이후에 이 피드백에 그녀가 더욱 개방할 것이라 생각한다면, 아마도 나는 조금 더 기다릴 것이다.

우리가 훈련시켰던 많은 상담사는 성인과 작업하는 것에 다소 겁을 낸다(때로 겁이 많이 나서 결국은 아동과 작업하는 것을 선택한다). 성인과 작업하는 자신의 감정을 살펴보는 것은 중요하다. 만약 놀이치료사가 성인들과 지지적 관계를 맺는 것에 위협을 느끼고, 자녀의 관심에 최선을 다하지 않는 부모와 직면하는 것에 두려움을 느끼고, 부모에게 통찰을 얻게 하고 기술을 가르치는 능력에 확신이 없는 사람 중의 한 명이라면, 이 문제들과 관련이 있는 근본적인 문제에 대해서 탐색할 필요가 있다. 놀이치료사가 혼자 하기에 너무 두렵다면 슈퍼바이저나 성인 상담사와 작업하는 것이 도움이 될 것이다.

부모 상담

부모 참여는 아들러 놀이치료의 매우 중요한 요소이다. 아동의 놀이치료는 부모참여 없이도 진행될 수는 있지만, 부모가 이 과정에 적극적으로 참여하게 되면 변화는 더욱 체계적이고 오래 지속될 수 있다. 부모가 아동 자신의 행동을 변화시키기 위해 충분히 관심을 가진다는 것을 알게 된다면, 아동들은 더욱 쉽게 방어적 자세를 포기하고 진심으로 놀이치료사와 더욱 쉽게 관계를 맺게 된다. 부모가 아동들에게서 관찰되는 긍정적 변화에 대해서 지지해 주면, 아동들은 기꺼이 자신들의 태도와 행동을 변화시키고자 한다.

매주 놀이치료 과정에 부모를 참여시키는 것이 항상 가능하지는 않다. 부모 상담의 환경 설정은 각 가족 및 놀이치료 환경에 따라 다양할 수 있다. 많은 전문상담교사와 기관 상담사들은 아동의 매 회기에 부모를 포함시킬 수 있는 시간이나 자원을 갖고 있지 못하기 때문에 상담 회기를 위한 다양한 종류의 계획을 세워야 할 수 있다. 예를 들어, 부모를 과정에 참여시키기 위해서 상담사는 부모와 매주 5~10분 전화로 대화하는 것을 선택하거나 또는 한 달에 한 번, 한 시간 정도 상담하는 것을 선택해야 할 수도 있다. 상담사는 놀이치료를 받고 있는 아동의 부모에게 아들러 원칙에 기초한 양육 수업에 참여할 것을 요구할 수도 있다. 이 수업은 종종 수업의 자료로 다음과 같은 책을 활용한다. 『Raising Kids Who Can』(Bettner & Lew, 1990, 1998), 『A Parent's Guide Understanding and Motivating Children』(Lew & Bettner, 2000), 『The Parent's Handbook: Systematic Training for Effective Parenting』(Dinkmeyer et al., 2007), 『Positive Discipline』(Nelson, 2011), 『Parent Group Handbook for Calming the Family Storm』(McKay, 2005), 또는 『Active Parenting: A Parent's Guide to Raising Happy and Successful Children』(Popkin, 2014)과 같은 책을 활용한다. 때로 아들러 원칙에 기초한 양육 도서를 읽도록 부모에게 요청하는 것이 부모 상담-부모 교육에 대해 탐색하는 데 가장 좋은 방법이 된다. 부모에게 도움이 되는 몇 가지 책은 다음과 같다. 『Ain't Misbehavin': Tactics for Tantrums, Meltdowns, Bedtime Blues, and Other Perfectly Normal Kid Behaviors』(Schafer, 2011), 『Honey, I Wrecked the Kids: When Yelling, Screaming, Threats, Bribes, Time-Outs, Sticker Charts and Removing Privileges All Don't Work』(Schafer, 2009), 『Encouraging Words for Kids: What to Say to Bring Out a Child's Confidence』(Bartlett, 2012), 『If I Have to Tell You One More Time...: The Revolutionary Program That Gets Your Kids to Listen Without Nagging, Reminding, or Yelling』(McCready, 2012). 어떤 상담사들은 자녀와 강력한 관계를 맺도록 부모를 훈련시키기 위해서 부모 놀이치료 모델(Bratton, Landreth, Kellum & Blackard, 2006; Guerney, 2013; VanFleet, 2009, 2013)을 사용하기도 한다. 부모를 놀이치료에 참여하도록 요구할 수 없는(또는 요구하기를 원하지 않는) 상담사들은 부모를 포함시키기 위해 창의적 방법들을 고안할 수 있다.

가족에 맞게 부모 상담을 조정하기

치료사는 가족의 욕구를 가장 잘 충족시킬 수 있게 하기 위한 임상적 판단으로 부모 상담의 환경설정을 조정한다. 부모들과 관계 맺기를 시작하기 위해서 그리고 아동을 만나기 전에 당면한 문제에 대해 부모가 말하는 것을 듣기 위해서, 적어도 한 회기 전부는 부모와 이야기하기를 선호한다. 이 초기 회기 이후에는 일반적으로 회기의 20분 정도를 부모와 만나고 30분 정도 아동을 만난다. 스케줄에 따라 부모를 만나고 그다음

주에 아동을 만나기도 한다. 다른 경우, 놀이 회기와 부모 상담을 결합하기도 하는데 놀이 회기를 부모 또는 다른 가족 구성원이 함께 하는 것이다. 어떤 경우에는 두세 회기 정도는 50분 전부 아동을 만나고, 그다음 한 회기 내내 부모를 만나기도 한다. 놀이치료사는 어떤 환경으로 작업할지, 작업하는 가족들에게 무엇이 최선인지를 결정해야 한다.

가족의 욕구에 맞게 부모 상담을 조정하는 데에는 고려해야 할 요인들이 많이 있다. 몇 가지 중요한 고려사항은 놀이치료 과정에 기꺼이 참여하려는 부모의 의향, 부모의 결혼 상태, 아동 문제의 심각성, 가족 문제의 심각성, 부부 관계, 부모가 보고한 양육 기술, 부모가 경험한 개인적 어려움이다.

만약 가족이 양친가족이라면, 부모 모두를 참여시키고자 한다. 종종 부모 중 한 명이 다른 한 명이 관심이 없거나 시간이 없거나 치료가 못마땅하거나 다른 이유 때문에 회기에 참여하기를 원하지 않거나 참여할 수 없다고 말한다. 놀랍게도, 부모가 이혼을 했든 부모들이 결혼 상태를 유지하고 있든 이런 일은 일어난다. 이 경우 나(TK)는 보통 바로 다른 한 명의 부모와 연락하기를 원한다고 말한다. 다른 부모와 연락해서 아동을 돕기 위해 부모의 도움이 필요하다고 말한다. 나는 아동과 일주일에 1시간 정도만 만나기 때문에 아동에 대해서 내가 알 수 있는 것보다 부모 두 사람이 아동에 대해서 잘 알고 있다고 말한다. 또한 아동을 진짜로 알기 위한 여러 가능한 관점의 필요성에 대해 말하며, 부모 두 사람의 관점을 똑같이 비중 있게 생각하며, 아동의 성장에 두 부모 모두 중요하다고 이야기한다. 또한 때때로 가정에서 부모 두 사람이 각각 별도의 일을 해달라고 요청하기도 하며, 관련된 모든 부분에 대해서 피드백을 얻을 수 있도록 나의 제안에 대한 두 사람 모두의 의견을 듣기를 원한다고 말한다. 그들의 욕구를 존중하며, 합리적 합의를 할 의향이 있으며, 부모의 스케줄에 맞추어 상담 회기를 구조화할 것이라 말하며, 모든 회기에 오지 않아도 된다고 강조한다. 소수의 부모는 참여하지 않으려 계속 저항하는데, 이럴 때 나는 그들이 아동과 아동의 발전에 얼마나 중요한지를 강조한다.

만약 아동의 가족이 재혼가족이거나 공동 양육(이혼 부모) 상태라면, 상담사가 아동과 의미 있는 시간을 많이 보내거나 아동의 훈육을 담당하는 부모 혹은 부모 중 한 명이라도 만나는 것은 중요하다. 양육권 다툼 중인 이혼 부모, 또는 서로 갈등적으로 얽혀 있는 부모일 경우 두 사람과 함께 반복적으로 회기를 진행하는 것은 생산적이지 않다.

그러나 때로 놀이치료의 과정을 설명하거나 아동의 이익을 위해 일관성과 의사소통의 중요성을 강조하기 위해서, 아동의 삶에 포함된 성인 모두를 포함하여 한두 회기 정도를 함께 하는 것은 도움이 된다.

많은 가족의 문제는 정말로 가족의 어려움에서 기인한 것이지 '확인된 환자'로 이름 붙여진 아동 개인에게서 기인한 것은 아니다. 가족 문제가 그다지 심각하지 않다면, 부모 상담은 부모가 일반적으로 그들이 잘하고 있는 것에 대한 격려, 훈육과 의사소통 패턴에서의 사소한 조정을 위한 제안하기, 가정에서 아동 행동의 변화를 점검하는 것을 배우도록 돕는 것으로 이루어진다. 아동에게 영향을 미치는 심각한 문제를 가진 가족들의 부모 상담은 더욱 복잡하다. 상담사는 가족 놀이치료(Bowers, 2013; Gil & Selekman, 2015; Higgins-Klein, 2013)로 전환하는 것을 선택할 수도 있고, 가족에게 가족 상담을 권하거나 또는 가정 내 가족 치료와 같은 다른 방법을 선택해야 할 수도 있다.

어떤 아동들은 부부관계의 어려움에 기인한 문제가 있다. 그들은 부부관계의 갈등을 행동화하기, 희생양 또는 부모를 위한 주의전환으로서의 역할을 하게 된다. 부부 문제가 아주 심각하지 않다면, 상담사는 부모 자녀 체계 내뿐 아니라 부부 체계 내의 더 나은 의사소통과 협력에 대해서 부모와 부모 상담을 할 수 있다. 부부 문제가 보통 정도로 심각하다면, 상담사는 가능한 때에 외부의 부부 상담으로 부모를 의뢰하려고 할 것이다. (우리는 둘 다 부부 상담을 할 수 없고, 우리는 그렇게 소리치는 것을 좋아하지 않는다.)

많은 경우, 부모의 양육 기술의 부족으로 인해 어려움이 나타난다. 자녀를 낳고 기르는 것과 관련된 메뉴얼은 없다(만약 있다면 우리가 먼저 가져갈 것이다). 자녀가 태어나면, 부모는 훈육하는 법과 어린 아동에게 필요한 일상과 구조를 제공하는 방법을 배워야만 한다. 이것을 배우는 것은 쉽지 않다. 부모는 또한 자녀를 기르는 데 도움이 되는 의사소통 기술과 아동 발달에 대한 지식이 부족하다. 양육하는 것에 어려움을 겪는 가족들의 부모 상담은 주로 경청 기술, 문제의 정의, 목표 인식, 해결책 도출, 결과 설정, 격려와 같은 양육 전략을 가르치는 것으로 구성된다. 이 부분에서의 부모의 욕구 정도가 부모 상담의 강도와 내용을 결정할 것이다.

어떤 부모들은 자녀들을 양육하고 자녀들과 상호작용하는 것이 어려울 정도의 개인적 문제가 있다. 그들은 정서적 문제, 성적 또는 신체적 학대 후의 후유증 문제, 약물 혹은 알코올 중독 문제 또는 자녀들과의 적절한 관계를 불가능하게 하는 다른 문제가 있을 수 있다. 부모들은 때때로 부모로서의 능력을 방해하는 원가족 문제가 있을 수도 있다. 자신의 부모와 풀리지 않는 대단히 중요한 문제를 가진 성인들은 자녀에게 필요한 에너지를 쓰는 것이 어려울 수 있다. 만약 문제가 다소 경미하다면, 상담사는 부모 상담을 진행하는 일부분으로 단기 개인 상담을 할 수 있다. 그러나 어떤 부모들은 그 문제가 너무 심각해서 부모 상담에서 시간을 쓰는 것만으로는 상황 인식에 충분하지 않을 수 있기 때문에 별도로 개인 상담이 필요할 수 있다. 상담사가 지속적으로 스스로의 경계를 점검하고 부모의 개인적 문제와 아동의 문제를 분리하여 작업하는 것은 매우 중요하다. 까다로운 상황이기 때문에 상담사는 슈퍼비전을 원하게 될 수도 있다.

부모의 생활양식을 개념화하기

놀이치료 과정을 최대한 효과적으로 하기 위해 아동의 생활양식을 개념화하는 것이 중요한 것처럼, 부모의 생활양식을 이해하는 것은 부모 상담을 더욱 효과적으로 만들어 준다(Kottman & Ashby, 1999). 부모의 생활양식에 대한 놀이치료사의 생각은 부모 상담의 내용과 과정에 영향을 미칠 것이다. 부모의 중요한 Cs와 성격 우선순위에 대한 놀이치료사의 이해는 부모의 협력을 최대한 얻을 수 있게 가르침과 권고를 조율할 수 있도록 하는 데 사용할 수 있다. 부모들이 그들의 생활, 다른 사람들과의 관계, 자녀의 현재 문제를 기술할 때, 부모들의 이야기와 그에 대한 놀이치료사의 정서적 반응으로부터 중요한 Cs와 성격 우선순위에 대한 중요한 단서를 얻을 수 있다. 이것이 '그들의 언어로 말하는' 법을 이해하는 방법이다.

이 장에서 나(TK)는 부모의 중요한 Cs와 성격 우선순위를 알아차리는 데 도움이 되는 정서적 반응을 사용하는 법을 보여 주기 위해 나 자신의 정서적 반응을 기술할 것이다. 놀이치료사는 전반적으로 생활양식의 요소에 따라 다양한 반응을 갖게 될 것이다. 목표는 놀이치료사가 자신의 반응에 대해서 신경을 쓰고, 부모 집단을 구별하여 부모의 생활양식에 따라 부모 상담을 적용하는 데 있다.

중요한 Cs

중요한 Cs를 성인에게 적용하는 것에 대해서 류와 베트너(Lew & Bettner, 1998, 2000)가 논의하지는 않았으나, 우리는 부모가 중요한 Cs 중 어떤 것을 숙달하는지를 고려하는 것이 부모와의 상호작용에 도움이 된다는 것을 알아냈다. 부모를 발달시키고 이해하기 위해서, 우리는 자녀와의 관계와 자녀의 생활양식에 영향을 미치는 부모의 생활양식으로 부모가 중요한 Cs 중 어떤 것을 발달시키는지, 각 C(관계, 유능감, 가치, 용기)를 통합하는 부모들의 방법을 고려한다.

적절하게 관계를 맺고 있다고 믿지 않거나 관계를 맺는 데 필요한 기술 때문에 어려움을 겪는 부모들은 그들의 관계의 질에 대해서 자주 불평을 한다. 그들은 자녀와의 상호작용에서 거리감을 느끼며, 배우자 또는 전 배우자를 포함해서 다른 사람들과 어떻게 관계를 맺어야 하는지 모르겠다고 이야기한다. 또한 사회적 기술이 빈약하고, 자녀들의 사회적 관심을 길러주는 능력이 부족하며, 사회적 흥미가 제한적이며, 자녀들에게 사회적 기술을 가르치는 것에 어려움이 있다. 다른 사람들과 관계할 수 있다고 믿지 않는 부모들의 자녀들은 이러한 요소들 때문에 관계 문제를 발달시킨다. 적절한 사회적 기술의 모델이 없거나 사회적 관심의 발달에 대한 격려가 없기 때문에 이 아동들은 관계를 맺고 유지하는 데 어려움을 겪는 경향이 있다. 그들의 현재 문제는 학교와 집 모두에서 우정 문제와 다른 사람들과 어울리는 문제에 집중되는 경향이 있다. 그들은 종종 낮은 사회적 관심을 드러내는 태도와 행동, 사회적 외톨이, 집단 따돌림 또는 긍정적인 사회적 네트워크가 빈약한 사회적 거부의 증거를 드러낸다.

이러한 부모들에 대한 나(TK)의 정서적 반응은 관계하지 않음의 느낌이다. 나는 그들이 관계로 괴로움을 겪고 있기 때문에 안쓰러움을 느끼지만, 그들과 같은 방에는 있어도 그들과 함께 있다는 느낌은 덜 느낀다. 나는 그들과 관계를 맺는 것에 매력을 느끼지 못하고, 관계하기 위해서 많은 노력을 해야만 한다. 내가 관계에 얼마나 노력을 했는지에 따라 그들이 상호작용에 노력하지 않는 것처럼 보이는 것에 화가 나기 시작할지도 모른다. 긍정적인 관계를 유지할 수 있도록 하기 위해 이 부모들에 대한 나의 정서적 반응을 점검하는 것은 필수적이다.

유능감에 대해서 의심하는 부모들은 열등감, 특히 그들의 양육 기술에 대한 열등감을 강하게 느낀다. 이러한 부모들은 아동이 경험하는 어떤 문제라도 해결할 수 있는 마법 공식을 찾아서 여러 전문가에게 자주 상담을 받아 왔다고 보고한다. 이 부모집단의 불만은 자녀의 고통에 대해서 과도하게 책임감을 가지거나, 부적절한 감정으로부터 자기 자신을 보호하기 위해서 자녀의 문제를 건방짐이나 반항이라고 생각하는 두 가지 양분된 범주로 나뉘는 경향이 있다. 아동 문제에 대해서 스스로를 탓하는 사람들은 그들 자신의 양육 기술에 대해 그들의 능력 부족으로 인해 자녀 문제가 생겼다고 걱정을 한다.

이 부모들은 다양한 역할(예: 부모, 고용인, 배우자)과 상황에서 스스로를 실패자라고 말한다. 유능감에 대한 걱정을 과잉보상하려는 부모들은 아동이 경험하는 문제에 대해서 과도하게 다른 사람 탓(자녀 탓, 전 부인 탓, 교사 탓 등)을 하는 경향이 있다. 또는 자신들이 양육받은 대로 똑같이 자녀를 양육하고 있다고 불평하며 "나를 위해 했던 것이기에 내 아이를 위해서도 해야만 하는 것이다"라고 말하는 경향이 있다.

자신들이 유능하다고 믿지 못하는 부모들의 자녀들은 일반적으로 그들의 부모와 유사한 문제로 어려움을 겪는다. 아동들의 현재 문제는 저성취 문제이다. 그들은 학교에서 잘 못하며 운동기술에 어려움을 가지거나 부적절감을 느낀다. 이 행동은 그들의 능력에 대한 신뢰의 부족에서 기인한다. 자신이 유능하다고 믿지 않는 아동들은 유능하지 않다.

자녀들의 어려움에 대해서 자신의 기술 부족을 탓하는 부모들은 보호하고 싶은 감정을 불러일으킨다. 나는 그들이 스스로가 부끄럽지 않고 적절하다고 느끼도록 돕기를 원한다. 나는 또한 그들이 자신의 유능함을 의심하는 것을 멈추도록 기술을 서둘러서 가르치기를 원한다. 이러한 반응 모두 특별히 도움이 되지 않는다. 내담자를 폄하하는 감정(그것은 건설적이지도 유용하지도 않다)을 느끼는 것은 무례하다는 것을 기억해야 한다. 이러한 감정들을 알아차리고, 내담자들이 그들 자신과 양육 기술에 대한 새로운 태도를 배우기를 결정하도록 돕는 것이 더욱 유용하다. 또한 내가 양육기술을 수업에서 얼마나 가르쳤든 간에 이 부모들이 부모로서 할 수 있다는 믿음을 가질 때까지는 성공적으로 적용하지 못할 것이라는 것도 기억해야만 한다. 격려는 새로운 양육 기술을 배우고 적용하는 것을 준비하기 위해 도움이 되는 도구이다.

열등감을 보상하기 위한 방법으로 다른 사람을 탓하는 부모들에 대한 나의 일반적인 반응은 방어이다. 나는 부모의 분노의 초점이 되는 인물이 누구이든 아동, 배우자, 교사, 나 자신을 방어하기를 원한다. 이 부모들이 할 수 있는 최선을 다하고 있다는 것을 기억하는 것이 도움이 된다. 가능한 한 그들의 과잉 보상에 대해서 반응하는 것을 피해야 하는데, 누가 책임을 져야 하는지에 대한 논의는 도움이 되지 않기 때문이다. 근본적인 감정을 인식하고, 그들이 유능하지 않음을 보여 주는 증거에 대해서 지적하기보다는 잘하고 있는 것에 대해서 격려하는 것이 더욱 건설적이다.

그들이 가치 있다는 것을 수용하지 않는 부모들 또한 두 가지 입장으로 나뉜다. 첫째, 그들의 자녀, 가족, 또는 학교에서 영향력이 거의 없다고 스스로를 표현하는 사람들이고 둘째, 누구나 제압해서 그들이 가치 있다는 것을 확실히 하려는 사람들이다. 의미 있음의 가능성을 포기하려는 사람들은 다른 사람들이 그들을 진지하게 대해 주지 않고 그들이 말하는 것을 잘 들어 주지 않는다고 말한다. 초기 면접에서 이 부모들은 자녀에 대해서 아무것도 모른다고 말하며, 일상생활, 우정 등의 질문에 대답할 수 없다고 말한다. 이 부모들은 대개 자녀를 치료에 데리고 온 이유를 학교가 추천해서, 아동의 할머니가 강력히 고집하고 할머니가 비용을 지불하기 때문에 등 다른 사람의 요구에 따른 것이라고 말한다. 그들은 자녀를 위한 치료적 목표 설정 과정에 참여하는 것을 종종 거절한다. 그들이 의미 있지 않다는 신념은 책임을 맡는 것에 대한 자신의 능력을 가치 절하하며, 그래서 그들은 힘을 가질 수 있는 기회와 자녀에 대해서 영향력을 가질 기회를 포기한다.

스스로가 가치 있다고 믿지 않는 부모들의 자녀들도 유사한 문제를 가진다. 이 부모들은 가족 구성원 모두가 중요하지 않거나 가치가 없다는 것을 전달하곤 하는데, 이것이 자녀들에게 자연스럽게 전달된다. 다른 경우, 부모가 가족 내에서 거의 자리매김하지 못하여 자녀들이 지나친 권리를 발달시키게 된다. 이런 자녀들은 가족 내에서 자신이 중요한 유일한 사람이라고 생각하게 되며 여러 방법으로 응석받이가 되거나 과도히 칭찬받게 된다.

특별히 나는 중요한 Cs 중 가치의 어려움을 겪고 있기 때문에 보통 이 부모들에게 정서적 반응을 강하게 갖게 되지만 부모와 내 자신의 생활의 진행에 따라 나의 반응은 다양할 수 있다. 때때로 나는 백마를 재촉해서 챔피언으로 만들고 싶어져 그들과 접촉하는 모든 사람이 그들이 중요하다는 것을 인식하도록 해서 그들이 가치 있게 행동하기를 원한다. 그들이 얼마나 영향력이 없고 가진 힘이 없는지에 대해서 말하는 것을 듣게 되면 나는 낙담하게 되고, 포기하고 싶어진다. 때때로 나는 자녀의 삶에 대해서 중요한 권리를 포기하려는 그들의 생각에 좌절하게 되며, 그들의 무기력한 자세를 포기하도록 무언가를 하고 싶어진다. 가치 있다고 믿지 않는 부모들에게 이 모든 초기 반응은 도움이 되지 않는다. 대신 나는 내가 인식한 자녀의 삶을 더 낫게 만들 수 있는 그들의 잠재능력에 대해서 격려하고 또 격려해야 함을 기억해야만 한다.

자신의 의미 있음에 대해서 의심하는 것에 대한 과도한 보상으로 관심을 요구하고 다른 사람들(자녀, 학교 관계자, 놀이치료사)을 지배하려고 하는 부모들은 의미 있음을 느끼고 그들이 가치 있다는 것을 확신하고 싶은 시도로 지나치게 강압적인 방식의 관점을 가진다. 이러한 부모들은 자녀들에게 매일 무슨 일이 일어나는지 지나치게 많이 알려고 하고, 치료적 목표와 성취의 방법에 대해서 지나치게 의견을 많이 낸다.

이러한 부모들에 대해 나는 어떠한 방식으로든 그들에게 위협받는 느낌이 들며, 그들이 그런 척하는 것과 같이 그렇게 의미 있지는 않다는 것을 보여 주고 싶은 욕구 때문에 복잡한 감정이 든다. 이 저항감은 나에게 중요한 신호이다. 즉, 과잉보상의 기저에는 의심이 있다는 것을 명심해야 한다는 것을 의미한다. 자녀의 삶에서 중요해지려는 부모들의 욕구 때문에 내가 위협감을 느끼게 되면 부모를 돕는 것은 불가능하다. 나는 이러한 부모들에 대해서 공감적이고 존경할 수 있도록 자기 조절을 해야만 한다.

용기가 부족한 부모들은 부적절감과 자신에 대한 불확신감을 느낀다. 그들은 양육에 대한 어려움 때문에 매우 좌절한다. 그들은 삶을 절망적이고 패배적인 것으로 기술한다. 그들은 위험을 감수하려 하지 않고 시도해 보지도 않고 포기하는 경향이 있다. 그들은 고통 또는 어려움을 자녀 때문에 직면하게 되었다고 기술하고, 다른 사람을 탓하며, 상황을 책임지지 않으려 한다. 어떻게 다루어야 할지 모르는 상황에 직면되거나 도전받게 될 때, 그들은 보통 회피하거나 해결책을 시도해 볼 것을 거부한다. 이러한 부모들은 스스로는 노력하지 않거나, 아무 것도 하지 않아도 상담사가 문제를 해결할 것으로 기대하면서 놀이치료에 오게 된다. 현재 문제에 대해서 의논하면서 용기가 부족한 부모들은 일반적으로 자녀들 또한 용기가 부족하다는 것을 암시하는 행동들을 나열한다.

열등감, 절망감, 완전히 낙담함의 감정을 모델링하는 것으로, 이 부모들은 무심코 자녀들에게 삶의 문제에 용기 있게 직면하는 방법이 없다는 것을 가르치게 된다. 용기가 부족한 부모들의 자녀들은 그들의 삶에서 이러한 문제들을 반복한다. 그들은 쉽게 포기하고 성공이 보장되지 않는 활동을 시도하지 않으려는 경향이 있다. 그들은 학교에서 저성취자로 종종 낙인찍힌다.

용기가 부족한 부모들의 이야기를 듣는 것은 매우 좌절스럽다. 그들이 가진 절망감의 기운은 전염되는 것 같다. 그들의 이야기를 들으면 나는 자주 패배감이나 무기력을 느끼거나 그들이 더욱 괜찮게 느낄 수 있도록 문제를 고치고자 하는 충동을 느끼게 된다. 이러한 반응은 둘 다 도움이 안 된다. 용기가 부족한 부모들이 위험을 감수하는 것과 두렵더라도 할 일을 하는 것을 배울 수 있다는 것을 기억하는 것이 중요하다. 그들의 상황에 아무것도 도움이 안 된다고 낙담하게 된다면, 그들의 용기 부족을 강화시킬 뿐이다. 내가 모든 것을 더 좋게 만들겠다며 단독으로 책임감을 떠안으면, 똑같은 상황을 만드는 것이다. 나는 그들의 낙담을 막을 필요가 없으며, 그들에게 가장 강력한 도구는 그들의 노력과 작은 발전을 알아차리면서 하는 격려임을 기억해야 한다.

성격 우선순위

부모의 성격 우선순위는 양육 방식과 자녀와의 관계에 중요한 영향을 미친다(Kottman & Ashby, 1999). 부모들이 그들의 삶과 자녀에 의해 드러난 문제를 이야기하는 것을 치료사가 듣게 되면, 각각의 성격 우선순위에 따라 기술되는 불평의 패턴으로 인해 부모의 성격 우선순위가 드러나게 된다. 약속시간, 치료적 목표를 의논할 때, 놀이치료사는 부모의 성격 우선순위를 확실히 알게 된다. 중요한 Cs처럼 치료사는 또한 부모에 대한 정서적 반응을 이용하여 성격 우선순위를 구별할 수 있다. 우리는 부모가 첫 번째, 두 번째 우선순위를 가지고 있을 가능성에 대해서 고려해야 하며, 부모의 성격 우선순위의 지표가 건설적이고 건강하고 기능적인 것에서 파괴적이고 건강하지 않고 역기능적인 범위까지 연속체의 어디에 위치하고 있는지를 생각해야 한다.

성격 우선순위가 통제인 부모들은 그들의 세상을 '통제에서 벗어난 것'으로 기술하는 경향이 있다. 다른 사람들(예: 자녀, 배우자)을 통제하는지, 상황(예: 부모들이 학교에서 자녀에 관한 것을 어떻게 하는지)을 통제하는지, 그들 스스로를 통제하는지의 관점에서 그들의 관계를 특징짓는다. 그들은 삶에서의 다양한 요소를 통제하는 것이 불가능하기 때문에 종종 분노와 두려움의 감정을 표현한다. 통제하는 부모들은 자녀들을 설명할 때 무례한, 반항하는, 게으른, 비협조적, 성질 내는, 부적절한과 같은 단어를 사용한다. 약속시간과 치료목표를 의논할 때, 이 부모들은 융통성이 없으며, 스케줄과 치료적 전략을 그들의 욕구와 요구에 맞춰 달라고 요구한다.

통제 지향 부모와의 상호작용에서, 우선권을 선점하기 위한 그들의 욕구에 대한 나(TK)의 반응은 종종 무기력감이나 '통제를 벗어난것 같은' 기분을 느끼게 된다. 나는 모든 관계와 생활환경을 통제하려는 그들의 욕구 때문에 좌절감이나 짜증을 느낀다. 내가 나 자신의 감정 반응을 조절하는 것이 중요하며, 힘겨루기에 연루되는 것을 피하고, 그들에게 통제된다는 느낌을 받지 않는 것이 중요하다.

즐겁게 하는 부모들은 자녀의 행동과 자아존중감에 대해 높은 수준의 불안을 경험한다. 그들은 또한 자신들의 양육 기술에 대해서 의심한다. 그들은 유능하지 않으며 가치가 없다고 느낄지도 모른다. 즐겁게 하는 부모들은 모든 타인을 행복하게 하는 것에 대한 그들의 좌절된 시도의 관점에서 자신의 삶에 대해서 기술한다. 그들은 그들의 배우자들이 그들에게 결과를 완수하기 위해 자발적이지 않으며, 훈육에 대해 단호하지 못하다고 불평한다고 보고한다. 즐겁게 하는 사람들은 친구들, 친척들, 아동의 교사 그리고 다른 사람들에게 그들의 양육 행동 또는 자녀의 행동에 대해 '건설적인' 피드백을 얻는다. 그들은 거부나 분노를 피하려 하기 때문에 힘을 너무 많이 가진 응석받이 자녀를 만들 수 있다. 즐겁게 하려는 부모들은 그들의 자녀에 대해서 첫째, 요구적이고 힘을 너무 많이 가진, 둘째, 명백히 공격적이고 폭군적인, 셋째, 매우 불안하고 쉽게 압도되며 용기가 부족한 것으로 기술하곤 한다. 그들은 치료 스케줄을 항상 치료사의 계획에 맞추려고 하고, 치료사에 맞추어 다른 시간을 변경하려고 한다. 자녀에 대한 치료적 목표에 대해서 의논할 때, 즐겁게 하려는 부모들은 원하는 것이 확실하지 않다. 그들은 치료적 목표의 특정한 부분에 참여하는 것을 회피하는 경향이 있으며, 치료적 과정에서 요구되는 결과를 결정하는 것에 다른 사람들(배우자, 놀이치료사, 조부모 등)에게 의존하려고 한다.

나는 진심으로 즐겁게 하려는 부모를 좋아한다. 나와 있을 때 그들은 나를 행복하게 해 주려는 강한 욕구를 가진다. 그것을 왜 싫어하겠는가? 나도 즐겁게 해 주는 사람이기 때문에, 다른 사람을 즐겁게 해 주기 위한 그들의 끊임없는 어려움에 대해서 기술할 때 특히 공감한다. 그러나 잠시 후 나는 자녀와 그들의 삶에서 다른 사람들에 대해 자신의 입장을 취하지 않으려는 이 부모들의 비자발성 때문에 좌절하게 된다. 나는 결과를 끝까지 보고 자녀를 위한 것이라면 '아니요'라고 말하면서 책임을 지는 것이 매우 중요하다고 믿는다(비록 내 자신도 즐겁게 하는 사람이라서 내 아들 제이콥에게 이렇게 하는 것이 어렵기는 하다). 즐겁게 하는 부모들과 작업을 할 때 이 부모들은 조건적으로 가치 있다고 믿는 경향이 있기 때문에 나의 무조건적인 수용이 필요하다는 것을 기억하는 것이 필요하다. 나로부터의 어떠한 반대도 없이 항상 성공하지 않더라도 다른 사람들에 대해서 강한 태도를 취하는 것에 대한 나의 지지를 받게 되면, 즐겁게 하는 부모들은 그들이 유능하고 가치 있다는 것을 배울 수 있게 된다.

성격 우선순위가 우월감인 부모들은 그들이 상담사로부터 상담을 받을 필요가 있다는 것을 인정하는 것을 괴로워한다. 그들의 삶에 대한 기술은 자녀와 관련한 이 작은 옥에 티를 제외하고는 완벽주의에 대한 환상같이 들리곤 한다. 우월감을 추구하는 부모들은 일반적으로 자기 자신과 자녀들에 대해서 매우 높은 기준을 설정한다. 자녀에 대한 그들의 불만은 이 기준에 부응하지 못하는 아동의 무능력에 기인한다(예: 학교에서의 실패나 저성취, 명백한 사회적 불안함, 친구가 많지 않음). 이 부모들은 아동이 문제가 있다는 것을 다른 사람이 알게 하는 것 또는 도움을 요청하는 것은 자신의 취약성 혹은 다른 사람들에게 어떠한 방식으로든 그들이 열등하다는 가능성에 대해서 인정하는 것이라 믿는다. 문제에 관련한 실패감을 보상하기 위해서 이 부모들은 이 분야에서의 전문가가 될 만큼 자녀 문제와 진단에 대해서 정보를 수집한다. 그들의 반응은 유능감 또는 가치감으로 힘들어하는 부모가 경험하는 것과 비슷한 경향이 있다. 그들은 많은 의심과 죄책감을 경험하면서 스스로를 비난하고, 다른 사람(자녀, 교사, 배우자)을 많이 비난하고 탓한다. 이 경우 부모들은 문제의 정도를 경시하고, 자녀들에 대한 다른 사람의 조언도 무시한다. 우월감을 추구하는 어떤 부모들은 다른 아이들보다 그들의 자녀가 나쁘다는 것을 보여 주려고 문제를 과장하거나 악화시키기도 한다. 그들이 '최상의 자녀', 또는 '최상의 부모'가 된다는 것을 보장할 수 없다면, '최악의 자녀'로 만들려고 한다. 이 부모들은 시작부터 자신이 치료사보다 우월하다는 것을 보이려는 경향이 있다. 그들은 첫 번째 전화 혹은 첫 회기에서 자녀와 작업을 할 자질에 대해서 치료사를 심문하며 치료사로부터의 어떤 조언도 없이 치료적 목표를 말하려고 한다.

나는 우월감을 추구하는 부모에 대한 나의 초기 반응이 저항감이라는 것을 고백한다. 나의 두 번째 성격 우선순위가 우월감이기 때문에 나는 그들보다 내가 더 우월하다는 것을 증명하기를 좋아한다(비록 그들이 우수하다 하더라도). 그들은 자녀의 특별한 문제에 대해서 내가 알고 있는 것보다 더 많이 알고 있기 때문에 겁이 나기도 한다. 그러나 이 반응은 도움이 되지 않는다. 이 부모들에 대한 나의 반응을 조절할 수 있도록 연습해야 한다. 누가 더 나은 전문가인지 경쟁하는 것은 도움이 되지 않는다. 전문지식이 없는 영역에 대해서는 모른다고 인정하는 것이 실제로 나의 자격에 대한 질문의 가장 좋은 접근 방법이다. 이 부모들은 자신의 유능감에 대한 걱정 때문에 괴로워하며, 방어적이거나 제압적인 것보다는 무조건적인 공감적 이해와 격려를 받으면 작업을 더 잘하게 된다는 것을 기억해야 한다.

편안함을 지향하는 부모들의 주된 불만은 양육이 너무 과중하다는 것이다. 부모가 된다는 것은 삶에서 그들이 원하는 편안함과 즐거움의 시간과 능력을 빼앗는다. 이 부모들은 긴장과 스트레스를 강하게 피하고자 하기 때문에, 문제가 없는 자녀라 하더라도 부모가 된다는 것은 많은 스트레스가 발생하기 때문에 이들에게는 불편할 수 있다. 문제가 있는 자녀들이 있는 경우 스트레스 수준이 엄청나게 증가하게 된다. 편안함을 추구하는 부모들은 종종 자녀를 기르는 것은 그들이 예상했던 것보다 에너지가 더 많이 필요하며, 좋은 부모가 되기 위해 해야 하는 많은 투자를 할 수 없다고 느낀다. 그들은 제한을 설정하는 것을 좋아하지 않으며 일상 규칙과 구조를 제공하는 것을 좋아하지 않아서, 자유방임주의 관점에서 양육을 하는 경향이 있다. 이것은 자녀들이 제멋대로 자라게 하거나 아무것도 안 하고 소파에서 TV만 보는 사람으로 만드는 문제를 초래하게 된다. 아동들은 또한 학교에서 실패하게 되고, 적대적이거나 다른 아동들에게 명백하게 공격적인 행동을 하며, 학교 숙제하기를 거부하고, 규칙과 구조에 반항하게 된다. 편안함을 추구하는 부모들은 이러한 것들을 문제로 인식하지 못한다. 자신들을 자녀들의 친구, 즉 부모로서의 책임감 없이 아동기의 즐거움을 나눌 수 있는 사람으로 생각한다. 다른 사람(예: 교사, 배우자, 교장, 시모 혹은 장모)들의 불만은 때때로 부모가 아닌 그들이 행동에 대해서 결정해야 하고 아동을 놀이치료에 데리고 와야 해서 너무 스트레스를 받는다는 것이다. 하지만 이 부모들은 종종 '아이를 고쳐 주세요. 하지만 내가 어떤 변화를 할 것이라고는 기대하지 마세요'라고 통보한다. 이 부모들은 치료가 불편하기 때문에 자녀를 치료에 데리고 오는 편한 시간을 찾기를 어려워한다. 그들은 정말로 더욱 쉽게 양육하기를 원하고, 자녀는 그다지 문제가 없으며, 다른 사람들이 그들을 내버려 두었으면 하기 때문에, 실제적이고 특정한 치료적 목표를 거의 가지고 있지 않다.

편안함을 추구하는 부모들은 일반적으로 유쾌한 사람들이다. 그들은 재미있고, 자발적이고 느긋하다. 편안한 부모들을 상담하는 나의 초기 반응은 흐름에 따를 수 있는 그들의 능력에 대한 감탄이다. 나는 또한 그들의 자녀들과 아동기의 흥미로운 일에 대한 솔직한 즐거움을 좋아한다. 그러나 관계가 진전됨에 따라 나는 더 나은 부모가 되기 위해 해야 할 일에 대한 이 부모들의 비자발성으로 인해 좌절감을 느끼게 된다. 그들을 더욱 빨리 진전시키고 싶다는 욕구에 사로잡히지 않는 것이 중요하다. 또한 나는 그들에게 에너지를 제공하고, 변화를 추진하는 것에 책임을 질 필요가 없다. 작은 성공의 증거와 작은 노력을 알아챌 필요가 있으며, 동기를 주려고 노력하기보다는 그들이 스스로 동기화되도록 인내심을 가져야 할 필요가 있다.

부모 상담의 단계

아들러 놀이치료사는 상담 과정의 첫 부분을 부모와 관계 맺는 것으로 사용하는데, 아동의 생활과 학습 환경의 분위기, 태도, 상호작용을 좋게 만드는 것을 목표로 협력적인 파트너십을 만들기 위해 작업한다. 상담의 두 번째 단계 동안 치료사는 부모에게 자녀, 가족 구성원, 학교 관계자, 자녀의 세계(예: 이웃, 친구, 교회)에 대한 정보를 얻기 위해서 질문하기 전략, 모래놀이치료, 예술 기법을 활용한다.

아동의 생활양식과 부모의 생활양식에 익숙해지면 치료사는 중요한 Cs, 잘못된 행동에 대한 목표, 성격 우선순위, 잘못된 신념, 사적 논리, 강점을 포함한 아동과 부모에 대한 개념화를 발달시킨다. 이러한 개념화에 기초하여, 다음 단계는 아동과의 놀이치료과정에 대한 치료 계획과 부모에 대한 상담 계획을 세우는 것이다(정보 모으기, 개념화 발달시키기, 치료 계획 세우기에 대한 자세한 설명은 제7, 8장 참조). 상담의 세 번째 단계에서는 부모가 그들 자신, 자녀들, 관계들에 대한 태도를 변화시키는 데 도움이 되도록 부모 자신의 생활양식과 자녀의 생활양식에 대한 통찰을 얻도록 하기 위해 치료사는 다양한 기법(예: 수프에 침 뱉기, 생활양식 패턴 추측하기, 모래놀이치료, 예술 기법, 자녀와의 상호작용에서의 근본적 메시지에 대한 상위의사소통하기, 놀이기법 생활 코칭 전략)을 사용한다. 부모의 관점과 신념이 변화되면 치료사는 상담의 네 번째 단계인 재정향 · 재교육 단계를 진행하게 되는데, 치료사는 양육 기술(예: 의사소통 기술, 문제 해결 기술, 격려 기술)을 가르치고, 자녀를 양육하는 그들의 능력에 대한 새로운 자신감을 발달시키는 것을 돕기 위해 역할극, 예술 기법, 모래놀이치료, 놀이 기법 생활 코칭 전략을 사용한다.

각각의 네 단계 동안 상담사는 부모의 중요한 Cs와 성격 우선순위에 기초하여 부모에게 알맞은 접근 방법을 결정해야 한다(Kottman & Ashby, 1999). 상담사가 관계를 구축하게 되면 놀이치료 과정과 놀이치료의 유용성에 대한 설명을 부모에게 맞추어 할 수 있어서 유용하다. 관계를 맺고 전략을 선택하는 데 있어 부모의 생활양식을 고려하는 것 또한 도움이 될 수 있다. 아동의 생활양식과 부모의 생활양식에 대한 정보를 모으는 두 번째 단계에서 질문하기 전략을 적용하는 것은 상담사가 이용할 수 있는 정보의 깊이와 양을 증대시킬 수 있게 한다. 부모 의사소통 스타일을 보완하기 위해서 미리 만들어진 질문을 하는 것은 방어적 반응을 덜 일으킨다. 상담사는 또한 부모의 중요한 Cs와 성격 우선순위를 상담의 세 번째 단계의 접근방법의 근거로 사용할 수 있다. 부모 이야기를 듣고 피드백을 수용하는 기회를 더 많이 강화하면 생활양식 패턴에 대해서 추론을 제시하는 것이 가능하다. 재정향·재교육 단계 동안 도움이 되는 양육전략을 권고할 때 상담사는 부모의 생활양식의 요소들을 명심해야 한다.

부모와 관계 맺기

아들러 놀이치료사는 초기 전화 통화부터 부모들을 개입시키기 시작한다. 이 첫 상호작용 동안 치료사는 현재의 어려움과 문제의 이력에 대해서 간단하게 기술할 것을 요청한다. 또한 비용, 시간, 날짜, 놀이치료 회기의 기간과 같은 치료과정의 실제적 측면을 논의한다. 놀이치료사는 부모에게 놀이치료의 근거와 과정에 대한 간단한 설명을 하고, 첫 번째 약속을 잡기 전에 여러 질문에 답하게 되며, 첫 번째 약속은 보통 아동 없이 부모 상담으로 계획된다. 놀이치료사는 부모 자녀 관계, 가족 분위기, 훈육 패턴 등에 영향을 미칠 수 있는 부모의 생활양식에 대한 단서를 경청하게 된다. 치료사가 부모의 중요한 Cs와 성격 우선순위에 대한 가설을 설정하기 시작하는 것은 중요한데, 성격역동을 이해하는 것으로 부모 상담 과정에 정보를 모을 수 있기 때문이다.

부모와의 첫 회기에서 놀이치료사는 부모들에게 현재 문제에 대해서 더 자세하게 말해 줄 것을 요청하고, 가족과 학교의 문제를 해결하기 위한 시도에 대해서 기술하기를 요청하며, 치료 과정에 대한 가능한 목표에 대한 의논을 요청한다. 이 회기에서 치료사는 비난하지 않으면서 아동의 생활양식 형성에서 부모와 다른 가족 구성원의 중요성에 대해서 설명한다.

첫 번째 회기에서 부모와 다른 가족 구성원이 치료과정에 참여하는 것이 필요하다고 설명하는 것은 중요하다. 문제가 가정에 기인한 것처럼 보인다면 치료사는 전체 가족이 함께 참여해야 그것이 해결될 것이라는 점을 의논한다. 서로 상호작용하는 방법을 바꾸고, 확인된 환자인 자녀를 지지하는 방법을 배워야 하기 때문이다. 이것은 놀이치료의 몇몇 회기들은 아동만을 위한 것이 되지만, 다른 회기들은 다양한 가족 구성원(때때로 부모 한 명만, 부모 둘 다, 형제들, 전체 가족들)이 함께 하게 될 것이라는 것을 의미한다. 문제가 학교에 근거한 것이라면 상담사는 자녀가 가정에서의 변화에 대해 가족들이 지지할 필요가 있음을 논의하며, 부모들은 학교 관계자들에게 아동을 변호할 필요가 있을 수 있음을 논의한다. 부모들은 자신의 태도와 행동을 변화시킬 의향과 참여가 아동에게 중요한 메시지를 줄 수 있다는 것을 들을 필요가 있다. 또한 자녀의 상담과정을 격려하는 것이 얼마나 중요한지, 변화가 지속적으로 일어나기 위해 놀이치료사에게 교육을 통해 강화받는 것이 얼마나 중요한지에 대해서 이해하는 것이 필요하다.

자녀를 상담에 데리고 오는 부모들은 자녀들이 도움이 필요하다는 사실이 그들의 양육의 실패를 의미한다고 느낀다. 때때로 이러한 부적절감은 치료사와의 협력적 파트너십을 형성하려는 그들의 의향과 능력을 방해할 수 있다. 이러한 부모와는 양육 전략에 대한 제안을 하거나 상담의 세 번째, 네 번째의 다른 개입을 실행하기 전에 라포를 형성하고 책임감을 나누는 것이 매우 필수적이다.

긍정적인 방향으로 부모와의 관계를 확실히 발전시키기 위해서 상담사는 놀이치료에서 관계 맺기에 이용되는 기술들과 유사한 기술들을 적용해야 한다(아동과 관계 맺기를 위한 기술은 제5장 참조). 상담사는 부모가 경청되고 있고 이해되고 있다고 느낄 수 있도록 적극적 경청하기, 다른 말로 표현 바꾸기, 요약하기, 감정 반영하기를 해야 한다. 누군가가 정말로 가족 구성원들의 말을 경청한다면, 가족 내의 긴장이 완화되고 도움을 주는 전문적 상담의 필요성에 대한 죄책감 또는 부정적인 감정이 줄어들게 된다. 질문하기와 격려하기를 통해, 상담사는 부모에 대한 흥미와 관심을 전달한다. 관심과 의향을 가진 부모들에게 우리는 종종 이 단계의 한 부분으로 놀이치료 기법을 사용한다. 그들에게 부모 역할로서의 자신들을 그리게 하고, 각 가족 구성원들을 대표하는 피규어를 모래상자에 놓게 하며, 가족 구성원의 힘 또는 갈등을 표현하는 노래를 가져오게 하고, 양육이 잘 되거나 되지 않을 때의 기분을 제스처로 표현하게 하거나 또는 라포를 형성할 수 있는 다른 창의적 방법을 이용해 보게 한다.

부모들에게 조언을 하기에는 아직 너무 이르기 때문에(비록 부모들이 요청한다 하더라도 초기 과정에서 태도와 행동을 크게 변화하는 것은 거의 준비가 되지 않는다), "당신은 무엇을 해야 한다고 생각하나요?" 또는 "나는 당신이 시도할 수 있는 몇 가지 아이디어를 생각해 낼 수 있으리라 생각합니다"와 같이 부모에게 책임감 돌려주기가 필요하다.

격려는 부모와 교사에게 두 가지 다른 방식으로 중요한 요소이다. 놀이치료사는 첫째, 부모와 교사가 그들 자신의 발전과 노력에 대한 피드백을 줄 수 있는 도구로서 격려를 이용하며, 둘째, 자녀와 다른 성인들에게 어떻게 격려하는지를 부모와 교사에게 가르쳐 주기 위해 필요하다.

놀이치료와 부모 상담의 이점에 대해서 설명할 때, 상담사는 부모의 성격 우선순위에 대한 기술을 근거로 할 수 있다(Kottman & Ashby, 1999). 성격 우선순위가 통제인 부모들에게는 이 과정이 그들 자신과 생활에서 더욱 통제감을 느끼도록 도울 수 있다고 설명하는 것이 생산적이다. 이러한 설명은 이 부모들에게 적합하고 확신을 준다. 즐겁게 하기가 주요 우선순위인 부모들에게 상담사는 욕구와 결과가 더 행복해지며, 아동이 더욱 균형 있게 되며, 가족구성원들이 더 원활한 의사소통을 경험하며, 더욱 협력적이게 되며, 긴장이 완화됨을 강조할 수 있다. 우월감을 추구하는 부모들에게 기대되는 결과를 설명할 때, 상담사는 부모의 이전 성취와 전문성을 강조하며, 놀이치료와 부모상담이 부모의 기준에 충족되기 위한 능력을 강화하기 위해 가족들을 이끌고 도와줄 수 있다는 것을 제안한다. 편안함을 추구하는 부모들에게는 삶의 스트레스를 덜 받을 수 있게 하며 양육이 더욱 쉬워지고 재미있어진다는 점에 초점을 두고 설명해야 한다.

놀이치료사는 부모와 관계 맺기를 할 때 부모의 중요한 Cs와 성격 우선순위를 고려하는 것이 유용하다. 놀이치료사는 쉽게 관계하지 않는 부모에게 상담의 첫 단계의 시간을 더 여유롭게 예상해야 하며, 과정이 더 진행되기 전에 부모들은 치료사와의 관계를 확실히 느껴야 한다. 유능감을 느끼지 못하거나 가치 있다고 믿지 않는 부모들에게 놀이치료사는 이 부모들이 잘하고 있다는 것과 그들이 자녀들의 삶에서 중요성을 만든다는 것을 알아차리도록 첫 단계에서 격려를 많이 하는 것이 중요하다. 용기가 부족한 부모들과는 관계 맺기 절차를 천천히 진행해야 함을 기억하는 것이 현명하다. 이러한 부모들은 종종 관계를 위기로 여긴다. 그들은 쉽고 빠르게 관계를 맺지 않으며, 치료사는 인내심을 가질 필요가 있다.

통제하는 부모들은 치료사가 그들을 통제하려고 시도할 가능성에 매우 민감하며, 상담 과정에서 그들이 당황하거나 실수할 가능성에 대해서 매우 민감하다. 그들은 치료 과정을 의심하므로 그들의 신뢰를 얻기 위해 반드시 천천히 진행해야 한다. 그들은 경험을 통제하지 못하는 것으로 지각하고 있기 때문에, 그들이 놀이치료사를 통제하려고 할 때 사실은 통제하지 못할까 봐 두려워하고 있다는 것을 기억하는 것이 현명하다. 그들은 조언 또는 지시에 매우 좋지 않게 반응할 것이므로, 놀이치료사는 이 부모들에게 무엇을 해야 할지 언급하는 것을 피해야 한다.

즐겁게 하는 부모들과 관계를 맺는 가장 좋은 방법은 격려 자원으로서의 역할을 하는 것이다(Kottman & Ashby, 1999). 놀이치료사는 긍정적이고 지지적이고 쉽게 즐거워하며, 화내지 않고 어떻든지 즐겁게 하는 부모를 거절하지 않는 사람으로서 관계 맺기를 할 수 있다. 부모들이 더욱 자기 주장적일 수 있으며, 다른 사람들에게 더 잘 맞설 수 있다는 것을 믿기 시작할 때, 자녀와 그들의 삶에서의 다른 중요한 사람들에게 받을 수 있는 부정적 반응에 대해 상담과정이 균형을 잡아 주는 지렛대 역할을 하게 된다.

우월감을 추구하는 부모들과 관계를 맺는 과정은 놀이치료사가 그들이 강한 열등감을 극복하기 위한 방법으로 행동하고 있음을 기억할 때 더욱 원활하게 진행될 수 있다(Kottman & Ashby, 1999). 놀이치료사는 이 부모들에게서 위협감이나 저항감을 느끼지 않도록 해야 한다. 성공적인 부모상담을 위해서 누가 더 많이 아는지 또는 더 자격이 있는지를 겨루는 경쟁에 빠지지 말고, 그들에게 공감, 격려, 지지를 해 주어야 한다. 우월감 추구 부모의 전문성과 장점을 인정한다면 이 부모들과 매우 강력한 치료적 동맹을 맺게 될 것이다.

편안함을 추구하는 부모들과 성공적인 관계를 맺는 핵심은 편안하고 압박 없는 관계를 유지하는 것이다. 긍정적인 방법으로 서서히 상호작용하고, 상호작용에서 너무 열정적이거나 힘이 들어가서 그들을 압도하지 않아야 성공적으로 이 부모들과 관계할 수 있다. 그러고 나면 편안함을 추구하는 부모들이 항상 편안하지 않아도 노력하도록 동기 부여하는 방법으로 관계를 이용할 수 있다.

부모에게 정보 수집하기

현재 문제에 대한 부모의 좌절감과 무기력감을 표출하도록 하는 것은 중요한데, 초기 회기에서 이 감정이 분출되고 나면, 각 상담 회기의 몇 분 안에는 현재 문제와 그와 관련된 발달에 대한 의논에 집중하는 것으로 초점이 옮겨져야 한다. 이 단계에서는 현재 문제가 정보 수집의 주요한 초점이 되지 않는 것이 좋은데, 가족 구성원들이 현재 문제의 관점에서 아동을 정의하는 것을 지속하는 것이 도움이 되지 않기 때문이다. 자녀들과 그들의 삶에 대해서 불평하는 것에 부모와의 대화의 모든 시간을 쓰게 된다면, 쉽게 압도되거나 낙담하기 쉽기 때문에 이것은 중요하다.

상담의 이 단계에서 놀이치료사는 첫째, 아동의 발달력, 둘째, 아동의 생활양식, 셋째, 부모의 생활양식, 넷째, 다른 중요한 가족 구성원의 생활양식, 다섯째, 가족의 가치, 여섯째, 가족 분위기, 일곱째, 가족 구성원들, 다른 아동, 관련 있는 학교 관계자와 아동의 상호작용, 여덟째, 양육 태도와 기술, 아홉째, 아동, 부모, 아동의 삶과 관련이 있는 다른 사람들과의 개인 내적, 대인 간 역동에 대한 이해를 발달시키는 치료사가 필수적으로 고려해야 하는 여러 정보들에 대한 그들의 지각에 대해 부모로부터 정보를 수집한다. 부록 B는 부모를 위한 아동 생활양식 질문지로 놀이치료사가 정보를 얻는 데 사용할 수 있다. 부록 B는 아동과 부모에 대해서 정보를 수집하는 데 사용할 수 있는 질문 목록이다. 우리는 모든 질문을 부모 모두에게 사용하지는 않는다. 각 가족들을 이해하는 데 도움이 된다고 생각되는 정보를 얻을 수 있는 질문을 선택한다.

하지만 이 형식대로 앉아서 답하거나 답을 쓰게 하는 것은 도움이 안 될 수도 있는데, 이것은 첫 단계에서 관계 맺기를 위해 했던 모든 작업을 약화시킬 수 있기 때문이다. 창의적이기를 원하고 낡은 방법으로 질문하는 것을 원하지 않는다면, 정보를 수집할 수 있는 놀이치료 기법은 많이 있다. 모래놀이치료, 모험 놀이치료 기법, 생활 코칭 활동, 표현적 예술 기법(무용, 동작, 예술, 시, 연극), 그리고 그 밖의 창의적인 방법으로 부모들에게서 정보를 수집할 수 있다. 놀이치료사는 부모에게 최선의 적절한 방법을 생각해 내기를 원한다. 단순하게 말하는 것을 편하게 느끼는 부모인가? 모래놀이치료나 예술과정을 더 쉽게 할 수 있는 부모인가? 움직이기를 좋아하거나 음악 듣기를 좋아하는 부모인가? 질문을 할 수 있는 다양한 틀이 있다. 간단하게 질문하고 언어적 대답하기를 기대할 수도 있고, 그림, 모래놀이치료, 또는 글쓰기로 질문을 할 수 있다.

예를 들어, 놀이치료사는 부모에게 다음의 정보를 표현할 수 있는 피규어를 골라 모래상자에 배열하는 지시적인 모래놀이치료를 하도록 요구할 수 있다.

- 우리 가족의 구성원들은……(한 개에서 세 개의 피규어를 골라 당신의 가족의 구성원들을 각각 표현하라)
- 우리 가족에 대해서 나를 괴롭히는 것은 무엇인가? 부모가 되는 것에 대해서 나를 괴롭히는 것은 ……
- 우리 가족에 대해서 내가 좋아하는 것은 …… 부모가 된다는 것에 대해서 내가 좋아하는 것은 ……
- 가족이 팀들로 나누어져 있다면 각 팀은 누구인가? 각 팀은 무엇을 지지하나? 무엇을 위해 기꺼이 싸울 의향이 있나? 누가 각 팀을 담당할 것인가?
- 가족 간 싸움에서는……(누가 싸우는가? 얼마나? 어떻게 해결이 되는가?)
- 우리 가족에 대해 내가 자랑스러워하는 것은 ……
- 전체로서 이 가족에게 가장 중요한 것은 …… 가족의 구성원 개개인에게는?
- 부모로서 나는 ……에 대해서 화가 난다. 부모로서 나는 ……에 대해 슬프다

- 내가 저지른 양육 실수(세 개에서 다섯 개)는 ……
- 양육 실수를 저지를 때 나는 ……을 느낀다
- 가족을 위한 나의 세 가지 소원은 ……
- 우리 가족의 규칙은 무엇인가? 그것을 가장 잘 어기는 사람은 누구인가? 어기고 나면 무슨 일이 벌어지는가?
- 확인된 환자인 자녀는 어떤 어려움에 처해 있는가? 이것이 발생하면 나는 어떻게 느끼는가?

내담자가 예술로 탐색하는 것을 더욱 편안해한다면, 이와 같은 질문들을 그림 그리기나 콜라주 기법으로 표현할 수 있다. 음악적인 부모에게는 가족 구성원 각각을 표현할 수 있는 노래를 가지고 오라고 요청할 수 있다. 운동을 좋아하는 성인에게는 가족 구성원이 각각 어떻게 움직이는지를 보여 달라고 요청할 수 있다.

아동과 관련한 정보 수집 과정에서의 초점은 첫째, 가족 내에서 자녀가 자신의 의미 있음을 얻어 내는 방법, 둘째, 자녀와 다른 가족 구성원들 간의 상호작용의 패턴, 셋째, 자기 자신, 타인, 세상에 대한 자녀의 생각, 넷째, 자녀의 행동, 태도, 동기, 다섯째, 자녀의 강점, 여섯째, 문제에 대처하는 자녀의 방법에 대해 부모가 어떻게 지각하는가이다. 아동의 삶을 만들어 내는 주제들을 이해하기 위해서 상담사는 부모에게 아동의 발달력에 대해서 기술하도록 요청하거나, 아동의 발달력을 포함한 가족 발달 연대표를 그려 달라고 요청한다. 각 아동의 출생순위와 아동의 성격, 아동들 간의 관계에 대해서 질문, 모래놀이치료, 예술 기법을 사용하여 정보들을 더 요청할 수 있다. 자녀의 지성, 유용성, 물질주의, 이기심과 같은 속성을 부모가 가족 안에서 어떻게 평가하는지를 아는 것은 도움이 된다. 이것은 상담사가 가족 내에서의 아동의 심리학적 위치가 아동에게 어떻게 영향을 미치는지를 이해하는 데 도움이 된다.

매일의 일상, 아동의 책임감, 어려운 상황에 대처하는 아동의 방법에 대해서 묻는 것은 상담사가 잘못된 행동의 목표, 성격 우선순위, 중요한 Cs를 이해하는 데 도움이 된다. 부모를 짜증나게 하는 행동, 그런 행동에 대한 부모의 대응방법, 그 행동이 지속되었을 때의 부모의 감정, 부적절한 행동에 대해 질책을 받았을 때의 자녀의 반응에 대한 질문(또는 모래놀이치료 또는 예술 과정)은 상담사가 아동의 목표에 대한 가설을 설정하는 데 도움이 된다.

아동에게 부정적으로 영향을 미칠 수 있는 사건이나 환경에 대해서 부모에게 점검하는 것은 중요하다. 대부분의 부모는 가족 구성원이나 애완동물의 죽음, 이혼, 지진 또는 가족 구성원의 알코올중독, 정신병리 등과 같은 사건들이 자녀들에게 장기적인 영향을 미칠 수 있다는 것을 알아차리지 못한다. 상담사는 아동에게 영향을 미칠 수 있는 사건이나 환경의 유형에 대한 많은 예를 들면서 질문을 해야 할 수도 있다.

부모와 관련하여서는 부모가 첫째, 그들의 부부관계, 둘째, 그들 자신의 아동기와 원가족, 셋째, 부모와 다른 가족 구성원들 간의 상호작용의 패턴, 넷째, 자기 자신, 타인, 그리고 세상에 대한 생각, 다섯째, 각각의 자녀에 대한 그들의 태도, 여섯째, 부모로서의 그들의 능력, 일곱째, 훈육에 대한 그들의 관점과 전략을 어떻게 지각하는지가 초점이 된다. 또한 이 부분에 대한 정보를 더 얻기 위해서 모래놀이치료, 예술 기법, 음악, 동작이나 춤 등을 이용할 수 있다. 이 과정을 통해 이끌어 낸 정보는 가족 분위기, 가족 내의 관계에 대한 관점을 알 수 있게 한다. 다음은 모래놀이치료 또는 그림 그리기로 부모에게 질문할 수 있는 몇 가지 예시이다.

- …… 때문에 나는 부모가 되기로 결심했다.
- 나의 결혼은 ……
- 내가 어렸을 때, 나는 ……
- 나의 부모로부터 부모 되기에 대해서 내가 배운 것은 무엇인가?
- 나에 대한 자화상은(인간으로, 부모로, 배우자로) ……
- 세상은 ……
- 부모 됨에 대해서 내가 사랑하는 것은 ……
- 내 삶에서의 최악의 순간은 ……였다.
- 내 삶에서의 최고의 시간은 ……였다.

나(TK)는 이 단계에서 부모에게 정말로 중요한 것이 무엇인지를 발견하기 위해서 가족의 가치와 치료 목표 탐색의 방법으로 또 다른 놀이기법으로 '지분(stake in the ground)'(K. Kimsey-House, personal communication, October 2001)을 사용한다. 나는 이 성인들에게 자녀와의 관계에서 그들의 중요한 '지분'에 대해서 말하거나, 그리거나 또는 모래놀이치료 활동을 하도록 요청한다. 내가 수년간 아들을 기르면서 깨달았던 것은 내가 중요하다고 생각했던 것들(아들이 방을 청소하는 것, 아들이 학교에서 더 잘하는 것, 아들이 채소를 모두 먹는 것)이 실제로는 나에게 정말 중요한 것은 아니었고, 그중 많은 것은 내 통제권 아래에 있는 것이 아니었다는 것이다. 나에게 중요한 것은 아들을 사랑하고 그를 지지한다는 것을 전달하면서 아들과 긍정적인 관계를 맺는 것이다. 그것이 나의 중요한 지분이다. 나는 기꺼이 그것을 위해 싸울 의향이 있고 어느 정도까지는 내가 통제할 수 있다. 내가 가진 두 번째 지분은 아들이 소소한 집안일로 책임감을 갖게 하여 가족에 기여하게 하고, 나와 아들의 상호작용에서 존중과 즐거움을 갖게 하는 것이다. 이러한 것들은 내가 본보기를 보여 줄 수 있고, 격려할 수 있고, 아들이 그의 생활양식에 포함시키기를 희망할 수 있는 속성들이다. 그러나 내가 그것을 '만들 수 있는' 힘을 가지지는 않는다.

부모의 중요한 Cs와 성격 우선순위에 따라 정보 수집 전략을 적용할 때, 부모들의 정서적 취약성과 촉발시키는 지점을 기억하는 것은 우리의 경험상 도움이 된다. 다른 사람들과 관계가 안 되는 부모, 용기가 부족한 부모와 작업할 때, 우리는 실제로 질문을 할 때 감정적이지 않고 다소 사무적으로, 순서대로 하는 것이 더 낫다는 것을 발견하였다. 이 부모들은 실제로 상담사가 클립보드에 질문지를 가지고 와서 적는 것을 더욱 선호한다. 그들은 이런 상호작용에서 개인적 위험을 많이 감수해 본 적이 없기 때문에 다소 사무적인 질문하고 대답하기의 통상적인 방법이 그들을 안심시키는 것처럼 보인다. 이 부모들은 질문에 대해 모른다는 대답을 자주 한다. 관계로 어려움을 겪는 부모들은 자녀와의 미약한 관계 때문에 모른다고 대답할 수도 있다. 용기가 부족한 부모들은 자신들이 실제로 알고 있는 것에 대해 주장하는 듯한 태도를 취하고 싶지 않기 때문에 모른다고 대답할 수 있다. 때때로 그들이 추측한 것을 대답하도록 요청하거나, 가족을 살펴본 다른 사람 혹은 친한 친구나 친척들이 이 질문에 대답할 것 같은 것을 말해 달라고 요청하면 훨씬 마음 가벼워한다.

유능하지 않다고 느끼는 부모들 또는 가치 있지 않다고 느끼는 부모들은 '단지 사실'인 사무적인 접근에 겁을 먹기 때문에, 회화체로 격식을 차리지 않는 것이 좋으며, 격려를 하면서 질문해야 하고, 그들의 생활에서 일어나는 일들에 대해 이야기하도록 하는 것이 좋다. 그들은 놀이치료사가 부모로서의 그들의 약점을 발견할까 봐 걱정하기 때문에 모호하게 대답한다. 좀 더 자세하게 알고 싶다면, 심문하는 것처럼 들리거나 너무 심각하지 않도록 매우 조심해야 하고, 따뜻함과 관계에서의 무조건적 속성을 유지하면서 진지하게 자세한 상황을 말하도록 요구해야 한다. 기록을 하는 것은, 가치 있지 않다고 믿는 부모들에게는 매우 중요하다. 이것은 놀이치료사가 그들이 말하는 것을 매우 가치 있게 여긴다는 것과 그들이 자녀들의 삶에 중요한 영향력이 있음을 믿는다는 것을 전달한다. 그림 그리기나 모래놀이치료와 같은 방법은 '정답'이 없기 때문에 유능감, 가치 또는 용기로 어려움을 겪는 부모들은 질문에 대답하는 것으로 그림 그리기 또는 모래놀이치료와 같은 창조적 예술 과정을 기꺼이 하려고 한다.

성격 우선순위가 통제감이거나 우월감인 부모에게는 정보 수집 과정에서 조직화되면서도 요구가 많지 않은 것 사이에 균형이 필요하다(Kottman & Ashby, 1999). 인터뷰 과정에서 너무 많은 요구나 통제를 받는다고 생각되면 방어적 태도가 생기는 것과, 너무 격식이 없거나 인터뷰의 구조화된 절차를 따르지 않거나 정보를 수집하는 데 구조화되지 않았다고 그들이 생각하는 것 사이가 종이 한 장 차이처럼 아슬아슬하다. 그들은 정보를 수집하는 데 있어 놀이적 접근보다는 질문적 접근을 더 편하게 느끼는데, 놀이의 느슨한 속성이 그들에게는 편하지 않기 때문이다. 통제감과 우월감을 추구하는 부모들은 보통 질문하기의 초점과 흐름을 통제하려고 하고 그들의 폭넓은 지식을 보여주기 위한 기회를 얻기 위해 그들이 질문을 하기도 한다. 놀이치료사는 인터뷰를 진행할 때 그들과 힘겨루기를 하지 않으면서도 모든 질문에 대답을 얻기를 원할 것인데, 그들이 대답하는 것이 중요하다는 것을 확인시키기 위해서 기록하는 것은 도움이 된다. 그들의 질문에 방어하지 않으면서 대답할 필요가 있으며, 놀이치료사가 모를 때에는 "나는 몰라요"라고 대답함으로써 완벽하지 않을 용기를 시범 보일 수 있다. 우리 둘 다 성격 우선순위 중 우월감을 가지고 있어서 이렇게 하는 것이 어떤 경우 매우 어렵다. 이 부모들은 자녀와 자녀의 문제에 관련된 정보들에만 초점을 두어 자신의 취약성을 방어하려고 한다. 따라서 부모들 자신과 그들의 생활양식에 대한 질문에 답을 얻는 것이 때로는 어려울 수 있다. 이 과정에서 인내, 끈기, 간접적인 접근이 필수적이다.

성격 우선순위가 즐겁게 하기인 부모들과 작업할 때, 우리는 그들의 협력에 대해서 감사하고 있음을 강조하면서 대화 속에 질문을 끼워 넣는다(Kottman & Ashby, 1999). 모래놀이치료, 동작, 그림 그리기, 음악 또는 다른 놀이치료 기법을 이용하여 그들을 편안하게 한다. 이 부모들은 비평에 과민하다. 방어적 반응을 유발하는 어떤 것도 대화하지 않으려고 조심해야 한다. 그들은 자신의 욕구를 충족하려 하지 않기 때문에, 그들의 경험을 공감하고 수용하면서 경청해 주기 때문에 상담 과정의 이 부분을 매우 좋아한다. 우리 둘 다 다른 사람을 기쁘게 해 주는 것을 추구하기 때문에 그들의 반응에 공감할 수 있으나, 그들의 불안에 사로잡히지 않도록 해야 한다.

편안함이 주요 성격 우선순위인 부모들에게 우리는 절제된 방법으로 느긋하게 천천히 정보 수집을 한다(Kottman & Ashby, 1999). 이 부모들은 대부분 편안한 분위기에서 쉽게 반응하며, 조심스럽게 접촉하면서 그들의 방식으로 자신의 이야기를 하게 해야 한다. 특히 그들이 자녀와 놀이치료에 오게 '압박한' 다른 사람에 대해서 불평할 때 인내심을 가져야만 한다. 그들은 문제에서의 자신의 역할이나 문제를 해결하기 위한 자신의 책임감을 살펴보기보다는 다른 사람을 비난한다. 어쨌든 다른 사람을 비난하는 것은 문제에서 자신의 부분을 보는 것보다는 더욱 편안하다.

생활양식에 대한 통찰을 얻도록 부모를 돕기

상담의 이 단계에서 아들러 놀이치료사의 중요한 목표는 부모가 그들 자신과 자녀들에 대해서 새로운 이해를 가질 수 있게 돕는 것인데, 낡은 자기 패배적 태도를 수정하고 사고와 행동의 파괴적인 패턴을 건설적인 패턴으로 변화시킬 수 있게 한다. 치료사는 부모가 자녀와 자기 자신에 대해서 더욱 긍정적인 사고를 할 수 있도록 하기 위해 아동과 부모의 강점을 강조하면서 이 과정을 시작한다.

상담사는 상담의 이 단계에서 두 가지 경로를 갖는다. 첫째, 부모가 아동의 어려움을 볼 수 있게 돕는 것, 둘째, 별도로 부모 자신을 살펴보도록 돕는 것이다. 어떤 시간에는 치료사는 간단히 부모와 대화만을 하고, 다른 시간에는 놀이치료 기법을 적용하는 것이 적절하다. 자녀들에 대한 부모들의 인식이나 태도를 변화시키기 위한 작업을 할 때, 우리가 사용하는 첫 번째 도구 중의 하나는 가족 구성원이 습관적으로 부정적인 것으로 이해해 온 행동들을 재구성하는 것이다. 우리는 이 행동들이 어떻게 아동의 창조성과 개성을 표현하는 것인지, 때때로 가족에게 어떻게 기여하는지에 대해서 설명할 수 있다(예: 아동의 잘못된 행동은 부모가 부부관계의 문제점을 인식하기 못하게 하며, 아동의 우스꽝스러운 행동은 엄마가 입원할 만큼 우울해지는 것을 막아 준다). 대화보다는 놀이치료 기법을 적용한다면, 부모들이 이 행동들을 재구성하도록 모래놀이치료를 이용할 수 있다(예: 그들이 자녀와 가족에서의 부모의 영향력을 어떻게 생각하고 있는지 표현하기 위해 모래상자 구석에 사람들이 함께 모여 있고 그 위를 토네이도가 맴돌고 있는 피규어를 놓고서 여러 사람들 사이를 연결시켜 주는 다리와 같은 피규어를 놓는다). 우리는 부모가 자녀들의 행동과 동기를 자녀의 관점에서 보도록 돕기 위해, 자녀의 동기에 대해 공감적 이해의 본보기를 보여 준다. 사실적이고 비판단적이어야 하는데, 부모들이 그들의 과거 행동과 태도에 대해서 치료사가 비평하는 것처럼 느끼지 않도록 해야 한다.

이 과정에서 치료사는 부모들이 자녀와 그들의 행동에 대해서 재고해볼 수 있도록 부모가 자녀의 중요한 Cs, 잘못된 행동의 목표, 성격 우선순위에 대한 정보를 제공하도록 시간을 많이 할애하여 다양한 기법을 사용한다. 아동이 가족 내에서 그리고 다른 관계에서 의미 있음을 얻기 위한 방법으로 소속되기 위한 이러한 방법들이 아동에게 어떻게 영향을 미치는지, 그리고 성공적인 관계와 대처 전략에 어떻게 방해가 되는지와 같은 치료사가 이해한 바를 설명한다. 또한 아동의 출생순위와 외상적 경험이 아동의 생활양식에 미치는 영향에 대해서 의논한다. 치료사는 아동이 가족 분위기를 어떻게 이해하고 있는지, 아동이 자기 자신, 타인, 그리고 세상에 대한 의미가 무엇인지에 대해서 가능한 한 비판단적인 방식으로 추측해 본다. 아동의 잘못된 신념과 사적 논리에 대한 치료사의 가설을 설명하여, 부모들이 자녀들의 힘과 고통에 대해서 공감적 이해를 발달시킬 수 있도록 작업한다.

부모 자신의 생활양식이 건설적인 방식과 파괴적인 방식으로 아동의 생활양식과 상호작용한다는 치료사의 생각을 부모와 함께 이야기한다. 치료사는 부모들의 중요한 Cs와 성격 우선순위를 알려 준다(때로는 매우 직접적이고 교훈적 방식으로, 때로는 더 간접적이고 교묘한 방식으로). 또 이 생활양식 요소들이 부모와 자녀의 관계에서 어떻게 상호보완적이거나 대립적이 될 수 있는지에 대해 논의한다. 그들의 중요한 Cs와 성격 우선순위의 강점들이 양육에 도움이 되는 방법과 생활양식 요소의 단점들이 자녀와의 상호작용에 어떻게 방해가 되는지에 대해 알려 준다. 치료사는 부모들에게 원가족과의 과거의 상호작용이 어떻게 현재의 태도와 행동에 영향을 미치는지를 묘사하도록 표를 그리게 하거나 모래놀이치료를 하게 한다. 부모들이 그들이 받았던 양육을 탐색하도록, 그리고 그들이 원가족으로부터의 태도, 가치, 훈육 전략에서 똑같이 하고 싶은 것과 버리고 싶은 것을 의식적으로 결정할 수 있도록 안내하는 것을 도울 수 있다. 또한 다른 가족 역동들(예: 결혼 문제, 약물 혹은 알코올 문제, 양육에 대한 친척의 조언, 형제간 경쟁 등)이 양육 능력에 실질적으로 어떻게 영향을 미치는지를 탐색한다. 어떤 부모들에게는 양육에 대한 그들의 태도, 양육 능력과 관련한 자기상, 훈육의 철학, 훈육 방법에 대한 부모간 갈등, 가족 내 각 자녀들에 대한 태도를 탐색하는 것이 도움이 된다. 이 과정의 한 부분으로 과거에 해 왔던 양육 전략이 무엇인지, 하지 않았던 양육 전략은 무엇인지, 적용하여 효과적이었거나 효과적이지 못했던 전략의 차별 요인에 대해 탐색하게 된다. 이 과정의 목표는 양육에 있어 아들러 원칙을 배우고 적용할 준비가 된 부모들이 자녀와 자신에 대한 관점을 변화시키는 것이다.

예를 들어, 나(TK)는 이 단계에서 부모들과 작업할 때 지분 기법을 사용하기를 지속한다. 부모들이 통제할 수 없는 어떤 것(자녀가 항상 긍정적인 선택을 하는지 또는 자녀가 항상 공부를 잘하는지와 같은)에 지분을 가질 때 대개 모두가 좌절하게 되지만, 그 지점에서의 문제의 소유권을 조사하는 데에는 도움이 될 수 있다(Dinkmeyer et al., 2007). 예를 들어, 만약 부모가 자녀가 방을 청소하기를 원하고 자녀는 방이 깨끗하든 아니든 신경쓰지 않는다면 이 문제는 자녀의 것인가 또는 부모의 것인가? 이 경우 부모들은 깨끗한 방에 지분을 가지지만 자녀는 그렇지 않다. 부모가 자녀에게 방 청소를 시킬 수는 있으나, 그렇게 하면 힘겨루기가 시작되게 된다. 나(TK)의 아들 제이콥이 초등학생이었을 때 남편과의 기나긴 힘겨루기가 있었기 때문에 나도 잘 안다. 만약 부모가 부모의 통제할 수 없는 부분에 강력한 지분을 가진다면, 자녀가 지분을 가지지 못하거나 반대 방향으로 지분을 가지므로, 부모들은 긍정적인 방향으로 될 수 있게 에너지를 제공할 필요가 있다고 나는 믿는다. 방 청소를 하는 우리의 시나리오에서 부모는 먼저 방 청소를 시작할 수 있고, 도울 수 있으며, 청소 과정을 시합이나 게임으로 바꾸어 할 수 있다. 이런 경우 힘겨루기는 긍정적이고 협동적인 관계 맺기에 기여하도록 고안된 즐겁고 재미있는 경험으로 바뀌게 된다.

이 단계는 부모들에게 가장 힘들고 두려울 수 있는데, 부모들의 낡은 생각, 태도, 상호작용 방법을 버리고 관계와 상황을 이해하는 완전히 다른 새로운 방법을 적용해야 하기 때문이다. 이것은 상담 과정에서 가장 중요한 부분으로 매우 두려울 수 있다. 부모들이 이 과정을 더욱 편안하게 느끼도록 돕기 위해서, 그리고 생활양식에 대한 통찰을 얻는 과정에서 인지적 · 정서적 변화를 만들 가능성을 높이기 위해서 놀이치료사는 부모들의 중요한 Cs와 성격 우선순위를 고려해야만 한다.

쉽게 관계하지 않는 부모들과는 매 회기에 다시 관계해야 한다는 것을 기억하면서 관계를 강하게 맺으면 작업을 유지하는 것에 도움이 된다. 부모들은 관계의 관점에서 문제를 생각하지 않기 때문에 다른 사람들에게 영향을 미치는 그들의 태도나 행동에 대해 설명할 때 다소 구체적일 필요가 있다. 이 부모들은 다른 사람들과 관계를 맺는 것에 이미 부적절감을 느끼는 경향이 있기 때문에 판단하지 않고 비난하지 않아야 하는 것이 매우 중요하며, 조심하지 않으면 대인관계에서 실패자라는 그들의 인식을 강화시킬 수 있다.

유능감으로 힘들어하는 부모들과 그들이 가치 있지 않다고 느끼는 부모들에게는 공감, 격려, 그리고 유머를 많이 사용해야 한다. 최근의 그들의 양육과 원가족의 양육에서 배운 것 사이에서의 연결고리 만들기, 그들이 해 왔던 사고, 감정, 행동의 방식에 대한 패턴을 비난하지 않으면서 알려 주어야 한다. 그들은 할 수 있고, 더욱 유능해질 수 있으며, 자녀의 삶에 긍정적 변화를 위해 매우 중요한 사람이 될 수 있다는 놀이치료사의 믿음을 이 부모들에게 전달해 주는 것이 매우 도움이 된다. 건설적인 방향으로 발달하게 될 그들의 능력에 대한 놀이치료사의 믿음은 엄청난 동기부여가 될 것이다.

용기가 부족한 부모와의 상담에서 이 단계는 매우 천천히 진행되어야 한다. 통찰 지향의 많은 정보들은 그들이 감당할 수 있을 만큼 조금씩 나누는 것이 필요한데, 그들이 해야 하는 변화에 대한 놀이치료사의 제안으로 압도감을 느끼지 않도록 해야 한다.

통제하는 부모들은 놀이치료사가 그들을 제압하려 한다고 느끼지 않아야 하므로, 해석, 설명, 제안을 다소 간접적이고 가설적으로 말해야 한다. 부모들에게 생활양식 주제, 행동의 의도, 중요한 Cs, 성격 우선순위에 대해서 몇 가지 다른 가능한 해석을 해 주고, 각각의 해석이 현재 상황에 어떻게 적용될 수 있는지를 말해 주는 것이 도움이 된다. 초기에는 자녀와 자녀의 생활양식에 초점을 맞추어야 하는데, 그래야 이 부모들은 위협감을 느끼지 않는다. 생활양식에 대해서 말하는 것이 조금 더 편안해질 때 놀이치료사는 자녀의 생활양식과 부모의 생활양식 간의 상호작용으로 강조점을 이동시킬 수 있다. 궁극적으로는 부모 자신의 문제에 대한 통찰을 할 수 있도록 추론하고 해석하게 된다.

이 단계에서 즐겁게 하는 부모들에게는 모든 상호작용에서 비평이나 판단 없이 격려를 하는 것이 필수적이다. 놀이치료사가 부정적인 비언어적 의사소통을 하지 않는다면, 이 부모들은 대개 그들이 현재 가족에서도 원가족에서의 상호작용 패턴을 그대로 하고 있다는 것을 순순히 받아들인다. 그들의 목록 안으로 새로운 태도, 신념, 행동을 받아들이는 것으로 놀이치료사를 기쁘게 해 줄 수 있다고 믿는 한, 그들은 그들의 입장을 다시 생각하고 싶어 한다. 하지만 그들은 자신이 힘을 가지는 것, 자기 주장을 하는 것, 자녀들에게 제한하는 것에 대해 매우 불안해하므로, 다른 사람들에게 맞서고 자기 자신을 돌보는 것에 더욱 편안함을 느낄 수 있도록 작업하는 것이 필요하다.

우월감을 추구하는 부모들과 작업하는 가장 좋은 방법은 가치 있는 정보를 가진 두 집단, 아동의 향상을 위한 팀으로 작업하는 두 전문가의 모임과 같이 협력적 파트너십으로 생각과 통찰을 제공하는 것이다. 놀이치료사는 놀이치료 분야에서는 자신감 있고 지식 많은 전문가이지만 이 특별한 가족에게는 부모 전문가의 도움이 필요하다고 표현할 필요가 있다. 이 접근에서 일어나는 상호 간의 존중은 부모가 방어적으로 반응하지 않게 한다. 놀이치료사는 상담의 이 단계에서 자녀의 생활양식과 부모의 생활양식 간의 상호작용에 대해서 의논하는 것으로 전환하기 전에, 협력관계를 공고히 하기 위해서 자녀와 자녀의 생활양식에 초점을 두고 시작해야 한다. 부모에 대해서 놀이치료사가 해석과 제안을 할 때에는 확실하지 않고 잠정적이어야 하고, 성격 우선순위가 통제인 부모와 작업하는 비슷한 접근방법을 사용해야 할 것이다

주요 우선순위가 편안함인 부모들은 위협적이지 않은 방식으로, 빨리 변화해야 한다고 재촉당하지 않으면서 피드백을 받아야 한다. 유머는 이 부모들에게 안전한 방식으로 그들 자신의 문제를 살펴볼 수 있게 하므로 매우 유용한 도구가 된다. 또한 간단하게 상담을 하고 제한적으로 조언을 하는 것이 도움이 된다. 통찰을 얻게 하고 그들의 태도와 행동을 변화시킬 수 있는 기회를 증가시키기 위해서는 아주 천천히 작업하는 것이 도움이 된다.

부모를 재정향 · 재교육하기

아들러 놀이치료사는 부모가 새로운 통찰을 갖게 하기, 대안적 태도와 사고 패턴을 적용하는 연습 도와주기, 부모에게 아들러 양육 기술 가르치기를 하는 데 이 단계의 대부분을 할애한다. 부모와 자녀의 요구에 맞추어 이 회기들의 형식과 내용을 조정하는 것은 중요하다.

부모의 학습 스타일을 고려하여 작업하는 것이 도움이 된다. 예를 들어, 어떤 부모들은 아들러 훈육 방법에 대한 책을 읽고 적용할 것이다. 그들은 독립적으로 사고를 획득하기를 선호하고 그 이후 적용에 대해서 치료사와 의논하고 싶어 한다. 다른 부모들은 상호작용에서의 많은 사례를 가지고 구체적인 언어적 지도를 필요로 한다. 이러한 부모들에게 놀이치료사는 회기에서 양육 기술을 연습하게 하며, 부모들이 회기와 회기 사이에 기술을 연습할 수 있도록 한 페이지 정도의 과제를 줄 수 있다. 어떤 부모들

은 다른 부모들과 집단으로 있을 때 더 잘 배운다. 그들은 집단에서 자신들의 이야기를 나눌 수 있고, 다른 부모들도 자녀들과 힘들어 한다는 것을 인식하며, 어떻게 대처할지 의견을 나누고, 그들과 비슷한 상황에 있는 부모들에게 격려와 지지를 받을 수 있다. 다른 부모들은 격려받을 수 있게 모래놀이치료를 원하기도 하고, 잘못된 행동의 목표에 집중하기 위해 포스트잇에 적기도 하며, 자녀에 반응하는 다양한 방법을 시험하기 위해 역할극을 이용하기도 하고, 가정에서의 중요한 Cs를 발전시킬 수 있는 다양한 방법의 그림을 그리기도 하는 등, 학습 과정에서 다양한 활동을 한다.

또한 훈육 전략의 변화를 제안하거나 양육 기술을 가르칠 때 부모의 중요한 Cs와 성격 우선순위를 고려하는 것이 현명하다. 많은 부모(특히 유능감을 느끼지 못하는 부모, 가치 있다고 믿지 않는 부모, 용기가 부족한 부모, 성격 우선순위가 편안함인 부모)는 여러 번 계획을 세우려고 시도만 하였거나 일관성 없이 적용하고 나서 이것이 그들에게 효과가 없다고 생각하곤 한다. 이러한 부모들에게는 새로운 훈육 절차를 적용할 시간을 주며 격려해야 한다. 부모들이 아주 오랫동안 낡은 방법을 사용해 왔다는 것을 알려 주면서, 새로운 방법에도 공평하게 많은 시간을 할애해야 한다고 알려 주어야 한다. 대부분의 부모들은 너무 과중하다며 시도하려고 하지 않는데, 포기하기 전까지 5~6년간은 새로운 기술을 시도해 보자는 유머는 상황에 대한 조망을 얻도록 해 줄 수 있다. 또한 부모들이 새로운 전략을 적용하는 데 일관성을 가지도록 격려한다. 아동들은 부모들이 말하는 것보다는 행동하는 것에서 더 잘 배운다. 부모들이 새롭게 습득한 기술을 신뢰할 만하게 활용하지 않는다면(성격 우선순위가 즐겁게 하기나 편안함인 부모가 이런 경향이 있음), 아동에게 의사소통과 훈육의 새로운 스타일을 추구하는 것이 그다지 중요하지 않다는 메시지를 주게 되는 것이다.

유능감, 가치, 용기로 어려움을 겪는 부모들은 자녀들에게 새로운 방법을 적용해 보기 전에 치료사와 기술을 연습(역할극, 그림 그리기, 모래놀이치료 기법을 이용하여)할 필요가 있다. 나(KMW)는 이 부모들을 놀이 회기에 오게 해서 내가 하는 것을 보고 배울 수 있게 한다. 놀이 회기에서 자녀에게 기술을 연습해 보도록 요청하기도 하고, 숙제로 기술을 적용해 보기 전에 부모가 변형해 볼 것을 제안하기도 한다. 부모들에게 가정에서 기술을 적용해 보라고 할 때에는 적용한 후 나에게 피드백을 주기까지 충분한 시간을 주려고 한다. 모든 부모는 자녀와의 관계를 개선하기 위한 새로운 기술을 시도하는 것에 대해 격려를 필요로 하며, 기술이 즉각적으로 성공하지 못했다 하더라도 쉽게 포기하지 않도록 격려가 필요하다.

양육에 대한 충고는 권위적이지 않게 전달되어야 하며, 성격 우선순위가 통제감인 부모에게는 확정적인 것이 아닌 잠정적인 방법으로 전달되어야 한다(Kottman & Ashby, 1999). 문제 행동을 다루는 선택을 한 개 이상 제공하는 것이 더욱 유용한데, 그렇게 하는 것이 이 부모들이 훈육 상황에서 그들이 어떻게 반응하는지에 대해 통제감을 가진다고 생각할 수 있게 하기 때문이다. 이 부모들은 잘못된 행동에 대해 반응하는 방법을 배우기를 원하지만 처벌을 자주 사용하고, 결과에 따른 민주적 접근을 경시하는 경향이 있다. 통제적인 부모들은 자신들의 반응을 아동의 생활양식에 맞추는 것을 좋아하지 않으며 그들이 아닌 자녀들이 변화하기를 요구하는 것을 더 선호한다. 그들은 종종 자녀와 힘겨루기를 하지 말라는 요구에 대해서 놀이치료사와 힘겨루기를 하려고 한다. 이러한 상황은 부모에게 힘겨루기에 연루되지 않는 효과적인 방법을 알려 주는 좋은 기회가 된다. 놀이치료사가 부모의 실행에 대해서 점검하기를 원한다면 완곡한 방법으로 해야 하는데, 놀이치료사가 추천한 것을 '해야만' 한다는 암시를 직접적이든 간접적이든 주지 말아야 한다. 은유 또는 비슷한 상황으로, 어려워하고 있는 다른 가족들에 대한 이야기를 통한 간접적인 방식으로 양육 제안을 함으로써, 부모들이 방어적으로 반응하는 것을 피할 수 있다.

즐겁게 하려는 부모들에게는 읽을 만한 부모 매뉴얼과 적용할 구체적 원칙이 갖추어진 구체적이고 직접적인 양육전략을 제공한다(Kottman & Ashby, 1999). 즐겁게 하려는 부모들은 결과를 설정하는 것보다는 격려를 더 편안해하기 때문에 제한설정을 하도록 요구하기 전에 격려 기술을 가르친다. 즐겁게 하려는 부모들은 어떤 문제를 책임지는 것을 배울 필요가 있는데, 문제에 대한 책임을 지더라도 진짜로는 '내 것'으로 그들이 생각하지 않기 때문이다. 즐겁게 하려는 부모들은 우리가 배우고 있는 기술의 적용에 대한 피드백을 요청한다는 것을 알게 될 때 더욱 잘 완수하려고 한다. 그들은 그들의 양육에서의 변화를 통해 우리를 기쁘게 할 수 있다고 생각할 때, 강한 부모(아동 혹은 그들의 삶에서 중요한 사람의 분노 혹은 비판에도 불구하고)가 되려는 동기를 더 많이 갖게 된다. 개인적 문제를 다루면서, 즐겁게 하려는 부모들에게 다른 사람에게 압도당하지 않으면서 그들 자신의 힘을 주장하는 능력, 자녀들에게 훈육을 하고 구조를 만들어 주기 위한 책임감과 권리를 소유하는 것에 대해서 가르치는 것은 매우 흥미롭다. 이 부모들은 문제에 반응하는 변화된 방법에 대한 다른 사람들의 반응을 두려워하기 때문에 거절의 두려움에 대처하는 방법에 대해서 작업해야 한다.

주요 성격 우선순위가 우월감인 부모들은 그들의 성취감에 대해서 예우해 주면 충고나 교수 전략에 대해서 반응을 잘한다(Kottman & Ashby, 1999). 우리는 종종 그들의 능력을 인정하는 것과 경쟁심에 도전하는 것(예: "나는 자녀들의 모든 긍정적 행동을 격려해주는 부모를 몇 명밖에 알지 못하는데 나는 당신이 이런 능력이 있다고 생각합니다.")으로 제안들을 계획하게 된다. 치료사는 건설적인 결말을 위해 우월해질 필요가 있다는 그들의 신념을 이용한다. 그들은 종종 지적인 퍼즐을 즐기기 때문에 우월감을 추구하는 부모들은 새로운 개념, 특히 중요한 Cs, 잘못된 행동의 목표, 성격 우선순위와 같은 실용적인 적용을 할 수 있는 개념을 배우는 것을 좋아한다. 이 부모들은 자료를 읽고 가정에서 기법을 적용하는 것에 대해 자부심을 가지므로 그들의 성공을 축하할 시간이 필요하고, 그래서 치료사는 항상 협력적인 관계에서 격려를 많이 하면서 그들의 노력을 요구하게 된다.

주요 성격 우선순위가 편안함인 부모들은 양육 제안들이 간단하고 구체적이며 약간의 노력만으로도 적용이 가능한 것을 좋아한다(Kottman & Ashby, 1999). 이러한 부모들에게 양육 기술을 가르치고 새로운 기술을 적용하도록 요청할 때, 치료사는 매우 사소한 것을 요청해야 한다(예: "오늘 살림에게 격려 한 마디 해 주세요."). 이렇게 하는 것이 실제로 완수할 수 있는 가능성을 높인다. 이 부모들은 불편한 것을 싫어하기 때문에, 치료사가 그들을 점검하면 화를 내며, 그래서 부모들에게 새로운 것을 시도하도록 요청할 때, 치료사는 자녀를 합류시켜야 한다.

양육 기술 가르치기

아들러 놀이치료사는 부모의 기술을 평가하고, 가르쳐야 할 양육 전략을 결정할 필요가 있다. 요구되는 양육 기술은 다음의 전략들을 포함한다. 첫째, 반영적 경청하기, 둘째, 문제의 소유권 정의하기, 셋째, 잘못된 행동의 목표 인식하기, 넷째, 논리적 결과 설정하기, 다섯째, 격려하기가 그것이다. 어떤 가족들은 추가적인 기술(예: 구조화, 일상생활 설정하기, 자녀에게 긍정적이고 건설적인 피드백 주기)을 더 배울 필요가 있기 때문에 놀이치료사는 교훈적 가르침을 이용해야 하고, 많은 다양한 민주적 훈육 전략을 탐색하도록 돕기 위해 놀이치료 도구를 선택해야 할 수 있다.

반영적 경청하기

부모 자녀 의사소통을 향상시키는 한 가지 방법은 부모가 자녀의 감정을 잘 반영하고 자녀들에게 돌려주는 것이다(Faber & Mazlish, 2012). 반영적 경청을 통해 부모들은 자녀와 자녀의 경험을 지지한다. 아동들은 잘 들어지고 이해된다고 느낄 때, 부모와의 관계를 더 깊게 맺고 안전감과 자아존중감을 갖게 된다. 부모에게 간단히 반영 기술을 가르칠 수 있는데, 예를 들어 개방적 반응하기, 비언어적 메시지에 집중하기, 감정 언어 사용하기이다. 부모에게 감정 반영을 가르치는 가장 좋은 방법은 스스로에게 묻도록 격려하는 것이다. "내 아이의 기분은 무엇일까?" 정서를 기술할 수 있는 단어를 생각한다. 그 정서를 문장에 넣는다. 부모들에게 감정 반영에 대한 이렇게 간단하고 구체적인 방법을 알려 주게 되면, 의사소통 패턴의 변화된 관점에 압도될 가능성을 줄일 수 있다. 다음은 반영적 경청의 예시이다.

- "아이스크림 가게에 가기 때문에 흥분한 것처럼 보이네."
- "버스를 놓쳐서 실망한 것처럼 보인다."

문제의 소유권 정의하기

자녀와 부모 간의 힘겨루기는 많은 경우 문제의 소유권이 적절하게 정의되지 않아 일어난다(Dinkmeyer et al., 2007; Gordon, 2000). 문제의 소유를 결정하는 가장 좋은 방법은 "누구의 문제인가? 누가 어려움을 경험하게 되는가? 누구의 목적이 충족되지 않는가?"를 묻는 것이다. 고든(Gordon, 2000)은 부모 자녀 양자 간에 이 질문에 대한 세 가지 가능한 대답을 제시하고 있다.

① 자녀의 행동은 부모를 괴롭히지 않고, 자녀의 욕구-의도는 충족되지 않는다. 예를 들어, 키매나는 스케이트 파티에 가기를 원하지만 엄마 때문에 화가 나서 가지 않기로 했다. 이것은 어쨌든 엄마의 행복을 방해하지 않고, 키매나는 좋은 시간을 놓쳤다. 이 상황의 경우, 아동은 문제를 소유하지만 자녀의 선택과 행동을 지켜 주려고 하지 않는 한 부모에게는 진짜 문제는 아니다.

② 자녀의 행동은 부모를 괴롭히지 않고 자녀의 욕구-의도는 충족된다. 예를 들어, 키매나는 정말로 스케이트 파티에 가고 싶지 않아서 가지 않기로 했다. 엄마는 키

매나가 파티에 참석하든 그렇지 않든 상관없었다. 이 경우 전혀 문제가 되지 않는다. 때로 부모와 자녀는 문제가 아닌 상황에서 문제를 만든다.

③ 자녀의 행동이 부모를 괴롭히지만 자녀의 욕구-의도는 충족된다. 예를 들어, 키매나는 스케이트 파티에 정말로 가고 싶지 않아서 가기를 거절하였는데 엄마는 외출할 예정이었고 아이를 봐 줄 베이비시터를 찾지 못했다. 자녀의 욕구-의도는 좌절되지 않았지만 문제해결을 하거나 협력적 행동을 하려는 동기는 높지 않다. 이 경우 부모는 문제를 가지게 되고 모든 당사자가 받아들일 수 있는 해결책을 만들어야만 한다.

놀이치료사는 부모들에게 문제의 소유권에 대한 이 세 가지 가능한 구성에 대해서 가르치고 각 문제에서의 소유권을 정의할 수 있도록 격려한다. 이것은 부모에게는 문제가 아닌 상황에서 자녀와 힘겨루기에 연루된 부모들에게 도움이 된다. 문제의 소유를 정의하는 것은 부모들이 아동이 스스로 만들어 낸 상황에 따른 자연스러운 결과를 아동이 받아들이게 한다. 또한 부모가 그들은 문제를 소유하고 아동은 그렇지 않은 상황에서 그 상황에 대한 기대에 대해 현실적이 되도록 돕는다.

잘못된 행동의 목표 인식하기

제2, 3장에서 제시한 것처럼 아들러 학파는 모든 행동은 목표가 있으며, 대부분의 아동의 잘못된 행동은 관심, 힘, 복수, 부적절함 증명하기의 목표가 있다고 믿는다. 아들러 놀이치료사는 부모에게 이 목표를 인식하는 법과 아동의 잘못된 행동의 목표에 따라 아동에게 반응하는 것을 조정하는 법을 가르친다. 아동의 목표를 확인하는 가장 좋은 방법은 실제 행동, 행동에 직면했을 때 성인의 감정, 훈육했을 때 아동의 반응을 검토하는 것이다(Dinkmeyer et al., 2007; Lew & Bettner, 2000; Nelson, 2011; Schafer, 2009). 우리는 부모 상담 동안 자녀와 경험하게 될 수 있는 사례를 가지고 행동의 목표를 구분하는 연습을 하는 것이 부모에게 도움이 된다는 것을 발견하였다. 부모들이 목표를 구분하는 것을 배우고 나면, 그에 대응하는 방법을 배워야만 한다. 몇 개의 자료들이 이 과정에서 매우 유용하다. 『Honey, I Wrecked the Kids: When Yelling, Screaming, Threats, Bribes, Time-Outs, Sticker Charts and Removing Privileges All Don't Work』(Schafer, 2009), 『Positive Discipline A-Z』(Nelson et al., 2007), 그리고 『If I Have to Tell

You One More Time……: The Revolutionary Program That Gets Your Kids to Listen Without Nagging, Reminding, or Yelling』(McCready, 2012).

관심이 목표인 아동에게 가장 적절한 부모의 반응은 그들이 관심을 요구할 때 무시하는 것이며, 그들이 관심을 요구하지 않을 때 풍족하게 관심을 주는 것이다. 힘이 목표인 자녀의 부모들은 제한설정하기와 부적절한 행동에 따른 논리적 결과를 설정하는 것을 배워야 하며 또한 연령에 적절한 힘을 허락해야 한다. 부모가 이것을 해내기 위해서는 자녀들에게 제한된 선택을 주는 것을 배워야 한다. 부모들은 이 아동들과 힘겨루기에 빠지지 않도록 해야 한다. 전략적으로 힘겨루기에 빠지지 않게 되면, 부모들은 그들 자신의 권위를 주장할 수 있다.

목표가 복수인 자녀들은 행동이 상처를 주기 때문에 부모들에게 특히 어렵다. 이러한 자녀들과 상호작용할 때, 부모들은 자녀의 행동을 개인적으로 받아들이지 말아야 하며, 상처나 좌절을 보이지 말아야 한다. 부모들은 자녀들에게 매우 양육적이고, 인내심이 있고, 일관성이 있어야 하며, 분노 또는 두려움을 보이지 않으면서 자녀들의 잘못된 행동에 따른 결과를 설정해야 한다. 복수를 추구하는 아동들과 작업할 때, 이 아동들은 스스로 매우 심하게 상처받았다고 느끼며 그들의 행동은 이러한 감정에서 연유한다는 것을 기억하는 것이 도움이 된다.

목표가 부적절함을 증명하기인 아동들에게 양육에서 가장 중요한 요소는 격려(제6장 참조)와 인내이다. 이 아동들에게 도움이 되는 자료는 『Encouraging Word for Kids: What to Say to Bring Out a Child's Confidence』(Bartlett, 2012)이다. 자신이 가치가 없다고 믿는 자녀를 양육하는 것은 매우 좌절스러울 수 있는데, 그래서 이 부모들은 자녀들이 성공적으로 느낄 수 있는 상황과 상호작용을 만드는 것을 지속적으로 시도할 수 있도록 놀이치료사와 다른 사람들에게 많은 격려와 지지를 받아야 한다.

논리적 결과 설정하기

아들러 양육 기술의 중요한 요소는 아동의 책임감을 발달시키도록 고안된 부모 자녀 상호 존중 과정에서 선택 주기와 논리적 결과 설정하기의 방법을 배우는 것이다(Dinkmeyer et al., 2007; Nelson, 2011; Popkin, 2014). 선택 주기에는 부모들은 두 가지 대안을 준다. 하나는 잘못된 행동을 고칠 수 있도록 하는 것과 다른 하나는 잘못된 행동을 고치지 않고 선택할 때 따르는 결과이다. 다음은 선택 주기의 예시이다.

- "조지, 너는 여동생이 자는 동안 조용히 말하거나, 여동생이 깰 때까지 네 방에 가는 것을 선택할 수 있다."
- "레이, 너는 네 더러운 옷을 바구니에 넣거나, 더러운 옷을 입는 것을 선택할 수 있다."

선택 주기를 할 때 부모들은 존중, 친절함, 수용을 전달하는 목소리 톤과 단어를 사용하는 것이 중요하다. 부모들은 자신들이 받아들일 수 없는 선택을 주어서는 안된다. 만약 부모가 자녀가 더러운 옷을 입고 학교에 가는 것을 참을 수 없다면 부모들은 선택사항으로 그것을 주어서는 안 된다.

결과는 존중되어야 하고, 합리적이어야 하며, 규칙의 위반과 관련이 있어야만 한다(Lew & Bettner, 2000; Nelson et al., 2007). 아동들은 자신이 일어나는 일을 어느 정도 통제할 수 있고, 부모들이 그들의 관점을 경청한다는 것을 확실히 알게 된다면 존중받는다고 느낄 수 있다. 합리적 결과는 너무 길지 않고 자녀들에게 너무 고통스럽지 않아야 한다. 때때로 잘못된 행동과 관련한 결과를 만들어 내는 것이 어렵지만, 자녀들이 그들의 행동과 결과 사이의 논리적 연결을 볼 수 있게 하는 것은 중요하다.

딩크마이어 등(Dinkmeyer et al., 2007)에 따르면 결과 적용하기에 있어 부모들은 다음의 기본적 원칙을 지켜야만 한다.

① 자녀의 행동, 감정, 의도에 대해서 생각해야 한다.
② 친절하면서 단호해야 한다.
③ 자녀를 과잉보호하지 말아야 한다. 자녀가 자연스럽게 자신의 행동에 대한 논리적 결과를 경험할 수 있게 두라.
④ 자녀가 기대하는 것이 무엇인지 알고 합리적 기대에 근거하여 결정할 수 있도록 부모의 인내심 수준을 높여야 한다.
⑤ 자녀의 행동에 동의하지 않거나 인정하지 않더라도 항상 자녀에게 존중한다는 것을 언어적, 비언어적으로 전달해야 한다.
⑥ 독립심과 책임감을 격려해야 한다.
⑦ 부모의 양육행동을 지시하는 다른 사람들의 의견 또는 반대를 허락하지 말아야 한다. 부모가 옳고 존중할 만하다고 생각하는 것을 하라.

⑧ 문제의 소유가 누구인지 고려하고 그에 맞춰 행동해야 한다.
⑨ 더 실천하고, 덜 두려워하라.
⑩ 자녀와 논쟁하거나 항복하지 말아야 한다.

논리적 결과를 설정하는 것에 있어 부모들은 다음 단계들을 따라야 한다.

① 비판단적인 목소리로 제한을 말한다.
② 자녀의 감정을 반영하고 자녀의 목표에 대해서 추측하며 자녀의 입장에 대해 설명한다.
③ 부모와 자녀 모두 받아들일 수 있는 대안 행동을 만들어 내는 것에 자녀를 개입시킨다.
④ 이 시점에서 규칙 위반에 따른 결과를 브레인스토밍하는 데 아동을 참여시켜야 한다. 논리적 결과를 만드는 데 참여하는 것에 자녀가 동의하지 않기로 결정하는 만일의 사태에도 기다린다. 부모가 가능한 결과들을 브레인스토밍하기로 결정했다면, 규칙 위반이 발생할 때 자녀가 할 수 있는 결과에 동의하도록 협상을 해야 한다.
⑤ 항상 자녀에 대한 수용과 존중을 전달하면서 사실적 태도로 자녀가 동의한 결과를 따르거나 완수하도록 요청해야 한다.

다음은 결과 설정 과정의 예시이다.

① 나는 내 아들 제이콥이 지금보다 더 어렸을 때 제이콥에게 교회 종이 다섯 번 울리는 것을 들으면 친구 집에서 나와서 우리 집으로 와야 한다고 말했다. "너는 교회 종이 5시를 알리면 저녁식사를 먹으러 집으로 돌아오는 것이 규칙임을 기억해야 해."
② 나는 친구와의 즐거운 시간을 포기하고 집으로 오고 싶지 않아하는 제이콥의 마음을 반영하고, 나의 입장을 설명한다. "나는 네가 토머스와 노는 것이 너무 재미있다는 것을 알아. 너는 노는 것을 멈추고 집으로 와야 하는 것이 슬프게 느껴지는구나. 하지만 다른 가족들이 저녁식사를 다 먹는 동안 너의 식사를 식지 않게 하는 것은 나에게 너무 힘든 일이란다."

③ 나는 문제를 해결하기 위해 서로 받아들일 수 있는 가능성을 만들도록 제이콥을 참여시켰다. "네가 제 시간에 저녁식사 시간에 오는 것을 기억할 수 있는 다른 방법을 생각할 수 있겠니?"제이콥은 식사할 시간이 되면 내가 자신에게 전화를 해주었으면 좋겠다고 대답한다. 나는 동의한다. "좋아. 네가 원한다면 나는 저녁식사 시간에 너에게 전화를 할게."

④ 만약 제이콥이 약속을 어겼을 때 나는 그에게 다음에 일어나는 결과를 결정하도록 요청한다. "내가 저녁식사 시간에 전화를 할 때 네가 집에 돌아오지 않는다면 다음에 무슨 일이 생길지 생각해 보자."제이콥은 저녁을 먹지 않겠다고 제안하였다. 나는 그것에 동의하는 것이 망설여졌고, 그래서 나는 제이콥이 집에 왔을 때 차가운 저녁식사를 먹는 것을 제안하였다. 우리 둘 다 이 결과에 동의하였다.

⑤ 다음에 제이콥이 늦게 집에 돌아왔을 때 나는 우리의 동의를 상기시켰고, 제이콥에게 데우지 않은 저녁식사를 주었다.

부모들은 자녀에게 실제로 규칙 위반이 있기 전에 결과를 만들어 낼 것을 요청할 수 있지만, 이것은 약속을 지킬 수 있는 자녀들의 능력에 대한 신뢰의 부족을 전달할 수도 있다. 나는 아동이 계약을 어기는 것을 선택하고 나서야 결과 설정을 하는 것을 선호하는데, 이것이 아동이 책임감이 있다는 나의 믿음을 전해 주는 것이라 생각하기 때문이다.

격려하기

부모들은 자녀들을 격려하기 위해서 조건을 내걸지 않고 수용하는 상호작용 방법을 배워야 한다(Bartlett, 2012). 그들은 자녀의 능력, 힘, 강점에 대해서 인정하는 법을 배워야 한다. 자녀를 격려할 때 마지막 결과물이 완벽하지 않더라도 과정과 노력에 대한 긍정적인 피드백을 부모가 해 주는 것은 중요하다. 자녀들이 성인의 흥미에 관심을 보이기를 기대하기보다는 자녀들이 흥미를 가지는 활동에 자녀를 참여시키는 것이 도움이 된다. 부모들은 또한 부모 자신들도 실수를 하고 자녀들이 항상 완벽하기를 기대하지 않는다는 것을 보여 줄 수 있다.

교사와의 상담

환경에 따라 놀이치료사는 부모가 아동의 삶에 또 다른 영향력 있는 성인인 교사와 상담하는 것을 동의하기를 원할 수 있다. 이것은 현재의 문제가 학교 상황과 관련이 있거나 문제가 학교에서의 아동의 수행에 영향을 미친다면 특히 중요하다. 교사와의 상담은 부모 상담과 동일한 네 단계를 거친다. 관계 맺기, 생활양식 정보 수집하기, 교사들의 통찰 얻기를 돕기, 교사들의 재정향・재교육이 그것이다(Kottman, 2009, 2013).

놀이를 치료방법으로 사용하여 아동과 작업하는 전문상담교사들은 아동들의 어려움이 교실에서 드러나는지를 확인하기 위해 정기적으로 교사를 상담한다. 전문상담교사는 보통 학교에서의 아동의 행동에 대해 통찰력을 가지고 있기 때문에, 그들 또한 아동과 작업하는 외부 치료사들에게 매우 훌륭한 자원이 된다. 그들은 또한 아동의 교사에게 접근하는 가장 좋은 방법에 대해서 가치 있는 정보를 제공할 수 있으며, 치료사가 교사의 중요한 Cs와 성격 우선순위의 초기 그림을 얻는 데 도움을 준다.

교사와 관계 맺기

만약 아동이 학교에서 문제를 겪고 있다면, 많은 경우 교사들은 방어적인 감정을 가지게 되므로 놀이치료사는 위협적으로 보이지 않도록 해야 한다. 교사에게 접근하는 가장 좋은 방법은 교사의 중요한 Cs와 성격 우선순위에 대한 놀이치료사의 평가에 근거한 전문적이고 협력적 방식이다. 아동은 놀이치료실보다는 교실에서 더 많은 시간을 보내기 때문에 아동에게 무슨 일이 일어나는지를 이해하기 위해서는 교사의 도움이 필요하다는 사실에서 시작하는 것이 도움이 된다. 이렇게 말하는 것은 가장 방어적인 교사라 하더라도 무장 해제시키기에 도움이 될 수 있으며, 놀이치료사가 교실에 침입하거나 그들이 어떻게 가르쳐야 하는지에 대해서 침범하려는 것이 아님을 재확인시켜 주는 데 도움이 된다.

생활양식에 대한 정보 수집

아들러 놀이치료사는 힘들어 하는 아동과 학교에서의 아동의 상호작용에 대한 가능한 한 완벽한 그림을 구성할 필요가 있기 때문에 아동의 상호작용 패턴, 자기 자신, 타인, 학교에 대한 태도에 대해서 교사에게 정보를 수집하는 것이 매우 중요하다. 많은 교사는 모래놀이치료 또는 그림 그리기를 하는 것보다는 질문지에 답을 채워 넣는 형식이더라도 질문에 답하는 것에 더욱 편안함을 느끼는 것 같다. 정보를 전달하기 위해 더욱 놀이적인 전략을 시도하려는 교사의 특정한 요구가 있다면, 놀이치료사는 놀이치료기법을 정보 수집 과정에 통합할 수 있다. 아동과 아동의 생활양식에 대한 전체적 그림을 구성하기 위해 놀이치료사는, 첫째, 학교에서 다양한 환경과 사람들에 대한 아동의 태도와 행동, 둘째, 여러 과목에서의 아동의 수행, 학교식당, 운동장에서의 아동의 행동, 셋째, 아동의 또래, 교사, 교장, 다른 학교 관계자와의 상호작용에 대해서 알기를 원할 것이다.

때때로 아동의 가족이 아동의 자아상 또는 행동에 미치는 영향에 대해서 교사의 인상을 묻는 것이 도움이 된다. 이것은 또한 교사의 생활양식, 교수 스타일, 아동에 대한 태도, 훈육의 방법을 알아내는 데 유용하다. 놀이치료사는 아동의 성격이 교사의 성격과 교수 스타일을 만났을 때 문제에 어떻게 영향을 주는지를 알기를 원할 것이다. 상담사 조사인 부록 C는 이 정보의 대부분을 얻도록 이용할 수 있다. 상담사는 또한 학교에서의 아동을 관찰할 수 있도록 허락을 받고 싶어 하는데 직접 보는 것은 교실의 분위기, 학교에서의 아동의 관계에 대한 상담사의 느낌을 갖게 해 줄 수 있다.

교사와 통찰 나누기

교사와의 상담의 주요 목적 중 하나는 교사와 아동에 대한 정보와 통찰을 나누는 것이다. 놀이치료가 진행됨에 따라 상담사는 아동에 대해서 여러 가지 것들, 아동이 자기 자신, 타인, 그리고 세상에 대해서 어떻게 보는지를 알게 되는데, 이것은 교사에게 도움이 될 수 있다. 아동과의 비밀보장을 지키기 위해서 상담사는 놀이 회기에서의 실제 행동을 기술하지는 않으나, 대신에 아동의 중요한 Cs, 잘못된 행동의 목표, 성격 우선순위, 자아상, 심리학적 출생순위, 강점, 권위 있는 인물에 대한 태도, 아동을 더 잘 이해하는 데 교사들에게 도움이 되는 다른 자료에 대한 추론을 나눈다. 상담사는 또한 아동의 생활양식과 교사의 생활양식 간의 상호작용, 아동의 학습 스타일과 교사의 교수 스타일 간의 상호작용, 특히 그것이 학교에서의 성공할 수 있는 아동의 능력을 저해하는 적합하지 않은 조합이라면 민감하게 고려해야 한다.

상담사의 피드백에 근거하여, 교사들은 종종 전반적인 학급 훈육과 이 특별한 아동에게 적용하기에 적절한 아들러 개입전략에 대해서 배우는 것에 더욱 관심을 가지게 된다. 이렇게 되면 상담의 재정향 · 재교육 단계로 완벽하게 넘어가게 된다.

교사를 재정향 · 재교육하기

상담사는 상담 회기를 중요한 Cs, 잘못된 행동의 목표, 성격 우선순위, 논리적 결과, 문제 소유권, 격려, 학급 훈육을 적용할 수 있는 학급회의와 같은 아들러 원리를 전해주는 기회로 사용하곤 한다. 만약 교사가 아들러 원리를 그들의 학급에 실행하는 것에 흥미를 가진다면, 학교에서의 아들러 이론을 적용하기 위한 종합적 전략을 제공하는 몇 가지 자료들이 있다. 『Responsibility in the Classroom: A Teacher's Guide to Understanding and Motivating Students』(Lew & Bettner, 1998), 『A Teacher's Guide to Cooperative Discipline: How to Mange your Classroom and Promote Self-Esteem』(Albert, 2002), 『Positive Discipline in the Classroom: Developing Mutual Respect, Cooperation and Responsibility in Your Classroom』(Nelson et al., 2013). 이 책들은 행동의 목표, 격려, 의사소통 기술, 교실에서 아동을 이해하고 책임감과 협동을 촉진시키기 위한 수단으로서 학급 회의를 이용하기 위한 구체적인 제안들이 포함되어 있다.

학급에서 아동들에게 도움이 될 기술들을 교사들에게 훈련시키기 위한 또 다른 모델은 '교사를 통한 놀이치료'이다(Draper, White, O'Shaughnessy, Flynt, & Jones, 2001; Hess, Post, & Flowers, 2005; Solis, 2006; White, Flynt, & Draper, 1997; White, Flynt, & Jones, 1999; White & Wynne, 2009). 교사를 통한 놀이치료 훈련에서 상담사는 교사들에게 부모 자녀 놀이치료와 아들러 치료에서 사용되는 기본적인 놀이치료 기술을 훈련시킨다. 교사들은 초기에 상담사의 슈퍼비전하에 이 기술들을 놀이치료실에서 연습하고, 나중에 교실에서 이 기술을 적용해 본다. 교사를 통한 놀이치료 훈련의 목표는 교사–학생 관계를 강화하기, 학생들의 적응적 기술 발달시키기, 학생의 학업 수행 증대시키기, 교사들의 학급 운영 기술 증대시키기가 포함되어 있다. 교사를 통한 놀이치료 훈련에 대한 교사들의 개념을 탐색하기 위한 에드워즈, 바자스, 화이트와 스토크스(Edwards, Varjas, White, Stokes, 2009)의 연구에서는 초등학교 교사들이 교사를 통한 놀이치료모델을 학급 운영 기술 향상, 학생 행동 개선, 교사–아동 관계 증진 결과에 수용적이고 효과적이라고 판단한다는 결과가 나타났다.

요약

아들러 놀이치료의 성공적인 실행을 위한 가장 중요한 기술 중의 하나는 부모와 교사와의 상담이다. 이러한 성인들은 아동에 대한 정보의 탁월한 자원이 되며 놀이치료에서 생기기 시작하는 아동의 도전을 지지하는 자원이 된다. 놀이치료사는 부모와 교사를 참여시켜 상담과 교육의 전략 모두를 사용하며, 가족과 학급 각각의 욕구에 맞는 상담으로 조정하며 아동과 부모와 교사가 상호작용하는 새로운 방법을 배울 수 있도록 돕는다.

추가 자료

놀이치료에 부모 참여시키기

http://a4pt.site-ym.com/?page=ParentsCornerHomePag

http://www.kathryndebruin.com/how-to-involve-parents-so-that-play-therapy-can-be-as-successful-as-possible-october-10-2009

http://www.play-therapy.com/professionals.html#design

가족 놀이치료

http://www.lianalowenstein.com/articleFamilyTherapy.pdf

양육 기술

http://www.cdc.gov/parents/essentials/activities/index.html

http://childdevelopmentinfo.com/how-to-be-a-parent/parenting

http://www.monkeysee.com/video_clips/14658-how-to-get-children-to-listen

http://www.parentencouragement.org/peppubs.html

http://www.positivediscipline.com/what-is-positive-discipline.html

http://www.positiveparentingsolutions.com/wp-content/ft/Ahh-Now-I-Get-It.pdf

http://thinkitthroughparenting.com/

교사와 작업하기

http://digitalcommons.fairfield.edu/cgi/viewcontent.cgi?article=1055&context=education-facultypubs

http://www.goodtherapy.org/blog/play-therapy-gets-top-grades-from-preschool-teachers-1217122

http://incredibleyears.com/parents-teachers/articles-for-teachers/

http://www.lianalowenstein.com/articleClassroomManagement.pdf

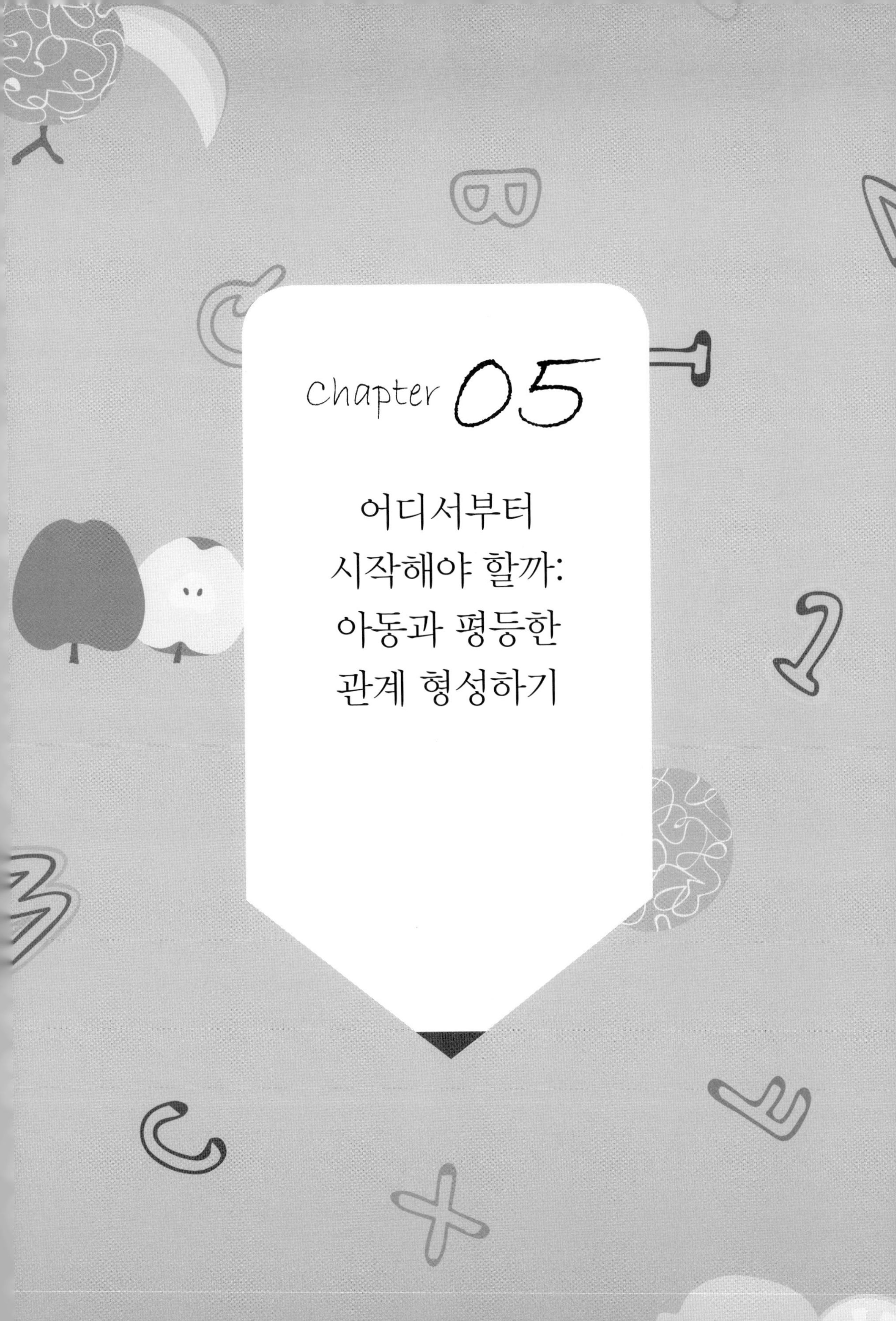

Chapter 05

어디서부터 시작해야 할까: 아동과 평등한 관계 형성하기

우리는 독자들과 좋은 관계를 형성하고 싶다. 그렇기 때문에 이 장은 한 가지 고백과 함께 양해를 구하며 시작하고자 한다. 이 장은 집필하기가 어려웠다. 평등한 관계는 상담 과정을 위해 필요하고 치료과정의 첫 번째 단계 이후에도 끝나지 않고 지속된다. 그 중요성을 어떻게 강조할 수 있을지 많은 고민을 했다. 단도직입적으로 말하자면 평등한 관계는 반드시 필요한 것이고 아들러 놀이치료 과정 전반에 걸쳐 나타난다. 또 한 가지 어려웠던 점은 아동과의 관계가 전부가 아니라는 사실이다. 상담사와 부모, 그리고/또는 선생님 사이에도 평등한 관계가 형성되어야 한다. 부모 및 선생님과 함께 협력하는 방법은 이 장에서 너무 많은 시간을 할애하지 않기 위해 제4장에서 다루었다. 또 다른 문제는 평등주의적 관계 형성의 첫 번째 단계에 사용되는 기술이 너무 많아서 나열하자면 끝이 없고 그중 어느 것도 빼놓을 수가 없다는 것이다. 이번 장이 얼마나 긴지를 확인했다면 아마 이미 눈치챘을 것이다. 그럼 고백은 끝났으니 이제 아들러 놀이치료에서 아동과의 관계 형성을 위해 사용되는 전략에 대해 살펴보도록 하자.

아들러 놀이치료사가 가장 먼저 해야 할 일은 아동과 평등한 관계를 형성하는 것이다. 상담사는 상담 관계가 상담사와 아동이 공유하는 파트너십이라는 것을 아동이 이해하도록 해야 한다. 치료목적의 관계는 상호 신뢰와 존중을 바탕으로 발전한다. 놀이치료 초반에 놀이치료사는 아동과 아동의 능력에 대해 존중과 신념을 전하는 것이 가장 중요하다. 치료사는 일관되고 관용적이며 아동을 존중하는 태도로 아동에게 존중과 신뢰를 얻어야만 한다.

상담사와 아동의 관계는 민주적인 파트너십이기 때문에 상담사와 아동은 놀이치료 도중 책임감과 힘을 공유한다. 놀이방 내에서의 제한이나 다른 중요한 요소들에 대해서는 상담사가 결정을 내리는 권한을 갖지만, 놀이방에서 어떤 일이 일어나는지에 대해서는 상담사와 아동 모두가 의견을 낼 수 있다. 놀이방 안에서는 아동이 자신이나 다른 아이들을 위험에 빠트리는 경우를 제외하고는 아동에게 특정한 말이나 행동을 강요하지 않는 것이 중요하다. 아동이 선택을 내리면 그 선택이 마음에 들지 않더라도 상담사는 아동의 결정을 존중해야 한다.

질문을 하거나 해석을 할 때 아동이 대답을 하지 않기로 결정한다면 상담사는 대답을 하도록 종용하지 않음으로써 아동에 대한 존중을 보여 준다. 상담사가 아동에게 그림을 그리거나 이야기를 하도록 했을 때 아동이 하지 않으려 하거나 예상치 못한 방식

(그림을 그리는 대신 색칠하기 등)으로 한다면, 상담사는 그 결정을 받아들여서 아동을 존중한다. 흔히 말하듯 (누가 한 말인지는 모르겠지만) 말보다는 행동이 중요하다. 아동에게는 상담사의 말보다 행동이 훨씬 더 중요하기 때문에 평등한 관계에 대해 단순히 설명하는 것보다는 힘과 책임감을 공유한다는 느낌을 전달할 수 있도록 행동해야만 한다. 우리의 경험에 비추어 볼 때 아동이 상담사의 신뢰와 존중을 인지하게 하려면, 상담사는 아동이 스스로의 행동에 대해 어느 정도의 힘과 통제를 유지할 수 있도록 해 주어야만 한다. 아동이 자기 자신이나 다른 아이들, 상담사 또는 놀이방 내의 물건에 해를 가하도록 내버려 두어서는 안 되지만 그렇지 않은 경우 놀이방에서 일어나는 일에 대해서는 아동이 여러 가지 결정을 내릴 수 있다.

놀이치료사는 아동이 처음 놀이치료에 오기 전부터 놀이치료에 더 이상 참여하지 않는 이후까지 아동과의 관계 형성에 노력한다. 평등한 관계의 초석은 모든 인간은 자신의 인생에서 존중과 어느 정도의 힘을 누릴 자격이 있다는 철학적인 신념이다. 아들러 놀이치료사는 이 교의에 대한 신념이 있어야 하고 이를 아동과의 관계를 위한 기반으로 이용해야 한다. 관계 형성은 상담 과정의 첫 번째 단계이지만 놀이치료사가 아동과 관계를 형성하자마자 끝나는 별개의 과정이 아니다. 상담사는 치료 과정 전반에 걸쳐 아동과의 관계를 발전시킨다. 식물이 정원에서 꽃을 활짝 피운 이후에도 정원사가 계속해서 물을 주는 것처럼 아들러 놀이치료사는 관계 형성 전략을 꾸준히 지속적으로 사용해서 이와 같은 수용적이고 힘을 실어 주는 철학을 아동에게 전해 주어야 한다.

아동과의 만남과 관심 끌기

평등한 관계 형성은 아들러 놀이치료사가 아동을 만나기 전부터 시작된다. 이 과정을 위해 치료사는 보통 첫 번째 상담 시 아동 없이 부모를 만난다. 이렇게 하는 것은 부모와 먼저 관계를 형성해서 치료사가 처음 아동을 만날 때 부모에게 관심을 가져야 하는 부담 없이 아동과 친해지는 것에 집중할 수 있도록 하기 위해서이다.

아동과의 첫 상담을 위해 대기실에 들어설 때는 아동을 데려온 부모에게 가벼운 목례를 하되 거의 말을 걸지 않거나 아예 대화를 하지 않는 것이 종종 도움이 된다. 이렇게 해서 치료사가 부모와 '사악한 동맹관계'를 맺지 않고 지금 이 방에서 치료사에게 가장 중요한 사람은 아동이라는 메시지를 전달한다. 즉각적으로 친밀함을 형성하기 위해서 치료사는 아동에게 바로 다가가 눈높이를 맞춰야 한다. 무릎을 꿇거나 쭈그려 앉거나 낮은 의자 또는 바닥에 앉아야 할 수도 있다. 거대하고 강한 또는 압도감을 주는 사람으로 아동에게 다가가지 않도록 해야 한다(저자는 둘 다 키가 작아서 이런 문제는 없다). 놀이를 하는 이 공간에서 치료사와 아동은 파트너라는 것을 알려 주고 체격이나 힘에서 치료사가 우위에 있는 것처럼 보이지 않도록 해야 한다.

아동에게 인사를 할 때 우리는 항상 이름을 사용한다. 먼저 우리를 소개하고 아동에게 만나서 반갑고 함께 즐거운 시간을 보낼 것이라고 말해 준다. 함께 하게 될 놀이치료가 신나고 재미있을 것이라는 느낌을 전해 준다. 우리는 아동에게 성이나 직함이 아닌 이름으로 우리를 소개한다. 아동을 ~ 씨로 부를 것이 아니기 때문에 아동도 우리를 코트먼 선생님이나 미니-월렌 선생님으로 부를 필요가 없다. 나(TK)의 경우 "안녕, 이삭. 나는 테리야. 오늘 만나서 반가워. 같이 재미있게 놀아 보자!"처럼 인사를 한다.

놀이방으로 가기

아동에 대해 알아 가는 시간을 잠시 가진 후, 아동이 편안해하고 치료사와 함께하는 것에 익숙해지면 일어서서 "이제 놀이방으로 갈 시간이야. 엄마(아빠)는 우리가 돌아오면 대기실에서 기다리고 계실 거야."와 같은 말을 한다. 중요한 것은 부모와의 첫 만남에서 아동의 놀이치료 동안에 부모는 건물을 나가면 안 된다는 치료사의 바람(또는 에이전시의 규칙)을 명확하게 설명하는 것이다. 아동에게 놀이방으로 가고 싶은지 또는 놀이방으로 갈 준비가 되었는지를 묻는 것은 피해야 한다. 관계 형성의 첫 번째 단계부터 치료사가 받아들일 수 없는 답이나 선택을 암시하지 않는 것이 좋다. 놀이방으로 가는 것을 기정사실로 선언하면서 치료사가 통제를 할 때도 있고 아동이 통제를 할 때도 있음을 보여 주는 선례를 남긴다. 부모님이 아동이 돌아올 때까지 대기실에서 기다리고 있다는 말을 함으로써 아동이 버림받는 것이 아니고 놀이방에서 안전하게 보호받는다는 확신을 줄 수 있다. 초등학교 상담사의 경우 학교 내 대부분의 학생을 이미 알고 있기 때문에 이 단계에서는 에이전시 상담사나 사설 기관의 놀이치료사들만큼 문제를 겪지는 않는다.

놀이방으로 가기를 주저하는 아이들도 있다. 치료사가 놀이방을 긍정적이고 신나는 곳으로, 치료사 자신을 친절하고 재미있는 사람으로 소개하고 아동이 준비되기를 기다려서 적절한 타이밍에 놀이방으로 가자는 말을 한다면 이런 경우는 자주 발생하지 않는다. 하지만 때로는 아동이 다른 아이들에 비해 불안감이 크고 회의적이어서 놀이방에 가고 싶어 하지 않을 수도 있다. 이런 경우 아동에게 부모가 첫 10분간 함께 놀이방에서 시간을 보낸 후 대기실로 돌아와서 기다릴 것이라는 말을 해 주면 도움이 되기도 한다. 이렇게 해도 아동에게 확신을 줄 수 없다면 치료사는 부모가 놀이방에서 함께 치료를 관찰할 수 있도록 해 주거나 놀이방 밖 복도 의자에 앉게 하고 문을 열어 놓아 아동이 부모가 자신을 버리지 않았다는 것을 볼 수 있도록 해 줄 수도 있다. 나(KMW)의 경우 아이들에게 부모님의 열쇠를 놀이방으로 가져오도록 한 적도 있다. 이렇게 하면 아동에게 부모가 자기 없이는 떠날 수 없다는 확신을 주는 데 도움이 된다.

아동을 안아서 놀이방으로 옮기거나 억지로 끌고 들어오는 것, 또는 부모에게 그렇게 하도록 하는 것은 바람직하지 않다. 아동이 우리와 함께 놀이방으로 가는 것을 완강히 거부한다면, 우리는 아동에게 놀이방으로 올 것을 강요하기보다 아동과의 놀이치료 없이 부모 상담을 통해 치료를 진행하는 편이다. 우리는 아동을 놀이방으로 오도록 강요하는 것은 평등한 관계에 꼭 필요한 상호 존중 원칙의 위반이라고 믿는다.

놀이방으로 들어서면 우리는 보통 아동에게 "여기가 우리 놀이방이야. 여기에서는 네가 하고 싶은 여러 가지 것을 할 수 있어."와 같은 말을 해 준다. 놀이방에서 아동은 치료사나 자기 자신 또는 다른 아이들을 다치게 하거나 놀이방의 물건을 망가뜨리는 등, 하면 안 되는 행동들이 있기 때문에 아동에게 원하는 것은 다 할 수 있다는 말은 하지 않는다. 또한 우리는 아동들에게 놀이방에서 우리와 아이들이 함께 결정을 내린다는 것을 알려 주기 위해 "어떨 때는 내가 대장이 되어서 무엇을 할지 결정하고 어떨 때는 네가 대장이 되어서 무엇을 할지 결정하게 될 거야. 그리고 우리가 함께 결정하는 경우도 있을 거야."라고 설명해 준다.

놀이치료에 오는 것에 대한 생각 묻기

처음 놀이치료에 올 때 왜 놀이치료에 오는지에 대해 부정적인 생각을 갖고 있는 아이들을 자주 본다. 부모에게서 받은 메시지 때문인 경우도 있고 사건이나 대화에 대한 자기 중심적인 해석, 개인적인 논리, 자기 자신, 타인, 또는 세상에 대한 잘못된 신념 때문일 수도 있다. 놀이치료 과정에 대한 부정적인 정보나 인식에 대응하기 위해 『A Child's First Book About Play Therapy』(Nemiroff & Annunziata, 1990)를 대기실에 배치해 두거나 아동과의 첫 번째 놀이치료 전에 이 책을 부모와 공유해서 아동에게 읽어 주도록 하는 놀이치료사들도 있다.

표출된 문제에 대한 아동의 이해도를 알아보기 위해 우리는 첫 번째 놀이치료에서 종종 놀이치료에 오는 이유에 대한 아동의 생각을 묻는다. 놀이방에서 우리가 무엇을 할 것이라고 생각하는지 또는 놀이치료에 오는 것에 대해 부모가 어떤 말을 했는지 묻는 것이다. 또 놀이치료에 오는 것에 대해 어떻게 느끼는지, 이 과정에서 무엇을 얻을 것으로 생각하는지 등도 자주 묻는다. 학교에서 근무하는 치료사라면 치료사를 만나러 오는 것에 대해 담임 선생님이 어떤 말을 했는지 대화를 나누어 보는 것이 도움이 되기도 한다. 이러한 과정은 아이들로 하여금 놀이치료 의뢰 이유, 놀이치료 과정, 그리고 치료사와의 관계에 대해 스스로 어떻게 이해하고 있는지를 생각해 보도록 장려한다. 치료사는 표출된 문제에 대한 아동의 주관적인 해석을 알 수 있고 놀이치료 기간에 일어날 일에 대한 아동의 생각을 이해할 수 있다.

표출된 문제, 치료 목적과 놀이치료 과정 등에 대한 아동의 생각을 이해한 후 우리는 우리가 이해한 바를 다시 아동에게 반영하려고 노력한다. 아동이 한 말의 요지를 정확하게 포착하기 위해 내용 재언급을 하는데, 이렇게 하면 상황에 대한 아동의 생각을 우리가 이해했는지를 확인할 수 있다. 우리는 어떤 일이 있었고 어떤 일이 일어나고 있고 어떤 일이 일어날 것인지에 대해 아동의 감정을 반영한다. 내용 재언급과 감정 반영을 하는 목적은 아동의 입장과 인식을 존중하고 그에 공감하고자 하는, 즉 아동의 관점에서 바라보는 의지를 표현하는 것이다.

성인 내담자와 마찬가지로 우리는 아동에게 치료 과정에 대해 우리가 어떻게 바라보고 있는지와 치료사로서 우리의 역할은 무엇인지 알려 준다. 놀이치료에 대한 우리의 확신을 보여 주기 위해 우리는 아동에게 매우 짧은 설명을 해 주는데, 과정에 대한 설명과 우리 경험에 관한 언급을 한 후 놀이치료 과정을 통해 아이들이 일반적으로 자신에 대해 좀 더 긍정적으로 느끼고 다른 이들과 잘 어울릴 수 있게 된다는 이야기를 해 준다. 예를 들면 다음과 같다.

> 놀이치료에서 아이들은 장난감을 갖고 놀거나 자신의 생활에서 일어나는 일들에 대해 말할 수 있어. 놀이방에서 다른 많은 아이와 함께 놀이를 하는데 놀이방에서 나랑 같이 잠시 있고 나면 아이들은 대부분 스스로에 대해 더 좋게 생각하게 되는 것 같아. 그리고 아이들이 가족들이나 친구들과 더 잘 어울리게 되는 경우도 있어.

때로는 첫 번째 놀이치료 시간에 아동과 함께 형성하고자 하는 평등한 관계의 성질에 대해서 설명하기도 한다. 치료목적의 파트너십을 설명하는 방법의 예는 다음과 같다.

- "놀이방에서 우리는 함께 놀거나 협력할 거야."
- "여기서는 네가 함께 해 보고 싶은 많은 것을 할 수 있어. 네가 이길 때도 있고 내가 할 때도 있을 거야. 번갈아 가면서 대장을 하는 거야."
- "어떤 때는 혼자 놀기도 하고 또 어떤 때는 나와 함께 놀 거야. 이야기를 할 때도 있고 말을 하지 않을 때도 있어. 어떻게 할지는 함께 결정을 내릴 거야."

또한 우리는 표출된 문제에 대해 우리가 어떻게 인지하고 있는지를 아동에게 알려준다. 아이의 부모나 선생님이 어떤 말을 했는지를 간단히 말해 줄 수도 있다. 예는 다음과 같다.

- 2학년인 레오너드의 엄마는 레오너드가 다른 사람들 앞에서 자위를 하고 다른 아이들의 놀림을 받는다고 전했다. 이런 경우 레오너드에게 "너희 엄마가 네가 개인적인 곳을 만지고 학교의 다른 애들이 그것 때문에 너를 놀린다고 하셨어."라고 말해 줄 수 있다.
- 5세인 후아니타의 엄마는 후아니타가 자존감이 낮고 스스로에 대해 계속해서 부정적인 말을 한다고 했다. 치료사는 후아니타에게 "네가 때때로 조금 슬프거나 스

스로를 별로 좋아하지 않는 것 같아 보이는 말을 할 때가 있는 것 같아."라고 말해 줄 수 있다.

- 집이나 학교에서 반항하는 1학년 제임스에게 치료사는 "너희 아빠한테 네가 아빠나 선생님과 종종 싸운다고 들었어."라고 말해 줄 수 있다.

이때 중요한 것은 간단히 말하고 아동이 사용하는 단어 수준과 비슷한 단어를 사용하는 것이다. '나쁘다' '좋다' '말썽을 부리다' 또는 '너에게 문제가 있다' 등의 비판적인 단어나 문장은 사용하지 않고 단순히 정보에 대한 치료사의 인식을 객관적으로 전달해야 한다. 이 과정에서 아동이 자신을 못마땅해하거나 자신에게 비판적인 주변의 다른 어른과 치료사를 동일시하는 것을 방지하기 위해 치료사는 부모나 선생님이 제시한 표출된 문제에 대한 부정적인 관점을 지지하지 말아야 한다. 치료사는 단순히 부모나 선생님에게 들은 것을 아동에게 알려 줌으로써 어떠한 비밀이나 감춰진 정보 없이 관계가 형성될 수 있도록 하는 것이다.

사실을(그리고 사실만을, 가능하다면 재구성해서) 전달한 후, 우리는 아동이 어떻게 반응하는지를 기다리고 지켜본다. 우리의 말을 아동이 이해하지 못하거나 겉으로 반응하지 않는다면 우리는 아동의 비언어적 반응을 면밀히 관찰한다. 인지 반사 반응을 찾기 위해서이다(Griffith & Powers, 2007). 인지 반사는 발언이나 대화에 대한 비자발적 비언어적 반응으로, 반응을 보이는 사람의 기분이나 생각을 알려 준다. 한 상황에 대한 감정적 또는 인지적 반응을 드러내는 미소나 움찔거림, 고개 끄덕이기, 표정 찡그리기, 어깨 으쓱하기 또는 다른 보디랭귀지일 수도 있다. 어른이 생각하는 상황에 완전히 반대할 수도 있고 자신의 생각과 다르다고 생각되는 세부사항을 명확히 할 수도 있다. 때로는 치료사가 하는 말을 무시하는 아동도 있다. 무엇이든지 간에 아이의 반응은 아동, 아동의 생활양식, 그리고 의뢰 과정과 연관된 어른들의 생활양식에 대한 소중한 정보를 준다(생활양식과 개념화에 대해서는 제7, 8장 참조).

평등한 관계를 형성하는 중요한 요소 중 하나는 가능한 한 발전적으로 치료에 대한 아동의 목표를 파악하는 것이다. 많은 경우 부모가 아이를 놀이치료사에게 데려오거나 부모, 선생님 또는 교장선생님이 아이를 학교 상담사에게 보내면서 치료의 목표가 어른들에 의해 결정된다. 이때 아동이 치료에 대한 명확한 목표를 가진 경우는 거의 없다. 적어도 놀이치료 단계 초반에는 그렇다. 하지만 놀이치료에 오기를 꺼리는 아이들조차도 대부분의 경우 스스로 변화를 원하는 삶의 특정한 부분들이 있다. 상담사는 아동에게 스스로의 생활이나 집, 학교에서 변화를 원하는 것이 있는지에 대해 물어볼 수 있다. 목표가 명확하면 의식적이든 아이가 인지하지 못하고 있든 간에 상담사는 아동이 말한 치료 목표를 치료 과정에 반영하도록 노력한다.

아동이 자신의 목표를 상담사와 공유하지 않더라도 우리는 처음 몇 번의 놀이치료를 통해 아동이 스스로 변화를 원하는 행동이나 태도를 발견하는 경우가 많다. 아동이 얼마나 성숙한지, 아동 스스로가 그 목표를 인지하고 있는 것처럼 보이는지에 따라 아동에게 놀이치료 목표에 대해 질문할 때도 있다. 자신의 표출된 문제에 대해 많은 생각을 해 본 성숙한 아이들은 상담사가 상황을 이해하고 있고 그 문제를 해결하기 위해 놀이방 안에서 자신들을 기꺼이 도와줄 것이라는 확신을 원하는 경우가 많다. 예를 들어, 치료를 요하는 문제와 치료 목표에 대해 의식적으로 인지하고 있음을 표현한 앤드류에게 나(TK)는 "너는 다른 아이들이 버스에서 너를 놀렸다고 했는데 나와 같이 그 문제를 다루어 보고 싶은 건 아니니?"라고 물을 수 있다.

또한 상담사는 아동에게 아동의 주변 어른들이 제시한 목표에 대해 명확하게 설명해야 한다. 특히 나이가 많거나 언어적 수준이 높은 아동들에게는 자기 자신, 부모, 선생님, 상담사 그리고 다른 이해 관계자들이 제시한 치료 목표를 일치시킬 수 있는 방법에 대해 아동과 논의하는 것이 적절하다.

상담 과정 쉽게 설명하기

어른들과 하는 첫 상담 때와 마찬가지로 아들러 놀이치료사는 아동에게 상담 과정에 대한 기본적인 사항들을 설명해 준다. 상담 계획, 부모 상담 그리고 비밀보장에 관해서이다. 우리는 대부분의 아이에게 짧고 구체적인 설명을 해 주는 편이다. 만약 아동의 이해도를 높여 주고 불안감이나 우려를 줄이는 데 도움이 된다고 판단되면 놀이치료사는 손인형, 인형 등이나 모래상자 또는 그림을 이용해서 정보를 전달할 수도 있다.

상담 계획

아동에게 얼마나 자주 상담을 받으러 오게 될지, 놀이방에서 얼마나 시간을 보내게 될지, 무슨 요일 몇 시에 오게 되는지, 그리고 보통 얼마나 길게 놀이치료를 하게 되는지를 알려 주는 것은 중요하다. 우리는 아이들에게 기꺼이 놀이방과 놀이방에서 일어나는 일들에 대해 질문을 할 수 있도록 해 주고 아이들의 발달 및 언어 수준에 맞춘 언어와 개념으로 세부 사항을 설명해 준다. 예를 들어, 내(KMW)가 3세 여자 아이 카메인에게 매주 월요일(교회 보육시설에 가는 날과 같은 날)에 우리가 함께 시간을 보낼 것이고, 매주 올 때마다 카메인이 만화영화 〈도라(Dora)〉 DVD를 보는 시간만큼 나와 함께 시간을 보낼 거라고 말해 준다. 8세의 매우 영민한 남자 아이인 저스틴에게는 저스틴과 저스틴의 아버지가 매주 수요일 방과 후에 와서 나와 함께 30분간 놀이를 할 것이고 놀이 후에 저스틴이 대기실에서 기다릴 동안 나와 저스틴의 아버지가 20분간 만남을 가질 거라고 설명한다. 또 대부분의 아이가 6~9개월 동안 일주일에 한 번 놀이치료를 받으러 온다고 덧붙일 수도 있다.

부모 및 선생님 상담

우리는 아이들에게 아이들의 부모님과 어쩌면 선생님까지 상담할 수 있다고 설명해 준다. 아이들에게 이를 설명하는 방식은 물론 아이 부모님과의 약속이나 아이들이 성숙한 정도에 따라 달라진다. 예를 들어, 카메인에게는 아마도 "우리가 하는 새로운 놀이를 엄마와 아빠한테 먼저 말해 주고 그다음에 너에게 말해 줄게. 그러면 가족 모두가 행복할 거야."라고 말할 것이다. 저스틴에게는 다음과 같이 말할 수 있다.

> 내가 매주 너와 너의 아빠를 만날 거야. 내가 너를 먼저 볼지 아빠를 먼저 볼지는 네가 결정해도 돼. 아빠가 너와 너의 행동을 더 잘 이해할 수 있도록 아빠와 얘기하는 거야. 또 너와 네 아빠가 좀 더 긍정적이고 서로 잘 지낼 수 있는 방식으로 대화할 수 있도록 여러 제안을 해서 너희 가족이 문제 없도록 도울 거야.

저스틴의 선생님과 상담을 한다면, 우리는 비슷한 방식으로 다음과 같이 설명을 할 것이다.

> 학교에서 네가 어떻게 지내는지에 대해 내가 너의 선생님과 대화를 할 수도 있어. 시간이 지나고 우리가 서로를 더 잘 알게 되면 내가 레이 선생님을 어떻게 도와줘야 네가 학교에서 더 즐겁게 지내고 많이 배울 수 있는지 네가 직접 나에게 말해 줄 수 있을 거야.

비밀보장

상담사는 아이가 놀이치료 회기의 내용에 대해 사생활 보호의 권리를 갖는다는 것을 아이에게 설명해야 한다. 하지만 많은 경우 놀이방에서의 과정에 대한 정보는 부모나 선생님이 아이를 더 잘 이해하고 아이와의 교류를 향상시키는 데에 도움을 줄 수 있다. 이 추상적인 개념을 아이의 언어로 설명하기 위해 우리는 "나는 네가 놀이방에서 하는 말이나 행동을 부모님에게 얘기하지 않을 거야. 때때로 네가 왜 그런 행동을 했는지에 대한 내 생각이나 너와 대화하는 새로운 방법에 대해서 부모님께 얘기할 수는 있어."라고 말한다.

놀이치료 개별 회기에 대한 세부사항은 설명하지 않지만 아이의 부모님 그리고/또는 선생님에게 놀이의 테마, 행동의 목표, 대화의 패턴, 중요한 Cs(용기, 관계, 유능감, 가치)의 완전한 학습을 향한 변화나 자신감의 상승 그리고 아이의 자산이나 부모나 선생님과의 긍정적인 행동 발전 등에 대해 말해 준다. 우리는 아이의 인생에 중요한 어른들이 아이의 태도, 감정, 생각이나 행동을 더 잘 이해할 수 있도록 돕고 아이가 만들어 가고 있는 긍정적인 변화를 어른들이 지지할 수 있도록 해 주는 정보나 관점을 제공해야 한다. 놀이방에서 특정 아동과의 관계에 대한 우리의 생각이나 느낌을 바탕으로 우리는 부모나 선생님에게 아이를 향한 행동이나 반응을 바꿀 수 있는 방법을 제시해서 아이와 소통하는 더 나은 방식을 배우도록 도울 수 있다.

놀이치료의 내용에 대해 치료사가 아동의 비밀을 보장해 줄 수 없는 몇몇 경우가 있다. 놀이치료 시간 동안 아동이 자신이 학대의 희생자임을 암시하거나 아동이 자기 자신 또는 다른 이들에게 잠재적으로 위험을 초래할 수 있다는 사실을 제시하는 정보를 말한다면 아동의 비밀보장 원칙을 위반할 필요가 있다. 법 시스템이 12세 이하 아동에게 비밀보장의 권리를 제공하지 않기 때문에(Carmichael, 2006), 상담사가 놀이치료에 대한 정보를 부모와 공유해야 한다는 의무감을 느낄 때도 있다. 아동에 대한 비밀보장의 법적 제한 때문에 아동에게 처음부터 비밀보장을 다음과 같이 설명하는 것이 적절하다.

> 만약 어떤 사람이 너를 다치게 하거나 네가 스스로 또는 다른 사람을 다치게 한다는 생각이 들면 나는 너희 부모님에게 그 사실을 말해야 해. 네가 안전할 수 있도록 해 주고 싶어. 또 만약 판사가 시킨다면 놀이치료 도중 일어난 일들을 너희 부모님께 말씀드려야 해. 하지만 그래야만 한다면 항상 너에게 먼저 말해 줄 거야.

아동에게 명함 주기

아동과의 첫 놀이치료 후, 나(TK)는 아이들에게 내 명함을 주고 나와 대화가 필요할 때는 언제라도 전화를 걸어도 좋다고 말해 준다. 이렇게 하면 아동이 내 주요 고객이라는 것과 아이와의 관계가 나에게는 중요하고 전문적인 관계라는 사실을 아이에게 알려 준다. 어른을 대하듯 아이를 대함으로써 아이에 대한 존중을 전달하고 나와 아동의 평등한 관계를 더욱 강화한다. 명함을 받으면 대부분의 아이는 스스로가 특별하고 중요한 사람이라고 느끼는 것 같다.

관계 형성을 위한 아들러 놀이치료 기법

아들러 놀이치료에는 상담사와 아동 간 관계를 발전시키기 위해 고안된 여러 전략이 있다. 여기에는 행동 추적, 내용 재언급, 상위의사소통, 감정 반영, 질문에 답하기, 질문하기, 아동에게 책임 돌려주기 등이 직접 또는 간접적인 방식으로 사용될 수 있다. 자신에 대해 직접적으로 이야기하는 아이들에게는 상담사가 그에 상응하는 직접적인 방식(예: 아이의 행동 추적하기, 아이의 말을 다른 말로 바꾸어 말하기, 아이의 비언어적 반응에 대한 상위의사소통)으로 대화를 하는 것이 적절하다. 다른 아이들 같은 경우(심지어 직접적인 방식으로 소통하는 아이들의 경우에도) 비유나 간접적인 의사소통 방식(예: 인형의 행동 추적, 손인형이 한 말을 다른 말로 바꾸어 말하기, 장난감 군인의 비언어적 반응에 대한 상위의사소통, 공룡인형에게 가족에 대한 질문하기)을 사용하는 것이 더 효율적이다. 간접적인 의사소통을 할 때 상담사는 손인형이나 인형, 또는 물체에 대해 말할 수도 있고 장난감이 살아서 반응하고 대답하는 척하면서 장난감과 대화할 수도 있다.

행동 추적

모든 이론에서 놀이치료 관계를 형성하는 주요 도구 중의 하나가 바로 행동 추적이다(Kottman, 2011; Ray, 2011). 행동을 추적할 때 놀이치료사는 아동에게 해당 시점에 아동이 무엇을 하고 있는지를 말해 준다. 행동을 추적하는 주목적은 아동에게 아동이 선호하는 교류의 방식으로 치료사가 의사소통을 할 것이고 할 수 있다는 것을 전달하기 위해서이다. 행동 추적은 치료사가 아이에게 자신과 함께 있고 자신이 무엇을 하고 있는지가 중요하며 치료사가 아동에게 집중하고 있음을 알려 주는 방법 중 하나이다. 놀이방에서 아이의 행동을 추적함으로써 놀이치료사는 아동의 놀이가 의미 있고 중요하다는 메시지를 전달한다. 행동 추적의 예는 다음과 같다.

- 리엔이 인형을 집어 들자 치료사는 "그걸 집어 들었구나."라고 말한다.
- 칼이 인형을 가지고 거울 앞으로 가서 마치 인형이 거울을 보고 있는 것 같은 흉내를 낸다. 상담사는 "인형이 거울로 자기를 보고 있네."라고 말한다.
- 마야가 그림을 그린다. 상담사는 "뭔가를 그리고 있구나."라고 말한다.
- 오르짓이 큰 공룡 인형으로 작은 공룡인형을 짓밟는다. 상담사는 큰 공룡 인형에게 "다른 공룡을 밟고 있네."라고 말한다.

행동을 추적할 때는 물체나 행동에 이름을 붙이는 것을 자제하는 것이 중요하다. 한 물체나 행동을 특정한 이름으로 부르면 아동이 그 이름에 구속되는 기분을 느낄 수도 있다. 이름을 붙이지 않는 것이 처음에는 생각보다 어려울 수도 있다. 애매모호하게 언급하기 위해서는 많은 연습이 필요하다. 물체나 행동에 특정한 이름을 붙이는 것을 피할 수 있다면 아동에게 창의성과 선택의 자유를 장려할 수 있다. 양배추처럼 보이는 물체를 양배추라고 부르지 않음으로써 상담사는 아동에게 양배추는 괴물의 머리라고 결정할 수 있는 기회를 주게 된다. 아이가 의자 위에서 뛰어내린다고 하지 않음으로써 아동이 마법의 양탄자를 타고 방 안을 날아다닐 수 있도록 해 주는 것이다.

놀이치료 초반에 우리는 아동과 친밀함을 형성하기 위해 행동 추적을 꽤 많이 한다. 그러나 아이가 하는 모든 행동을 추적하지는 않는데, 어색하고 인위적으로 보이기 때문이다. 처음 몇 회기 동안 우리는 아이가 하는 행동의 절반 또는 1/3 가량을 추적한다. 그 후에는 추적의 빈도를 점차 줄여 나간다.

내용 재언급

아동과의 관계를 형성하는 또 다른 방식은 아동이 한 말의 내용을 재언급하는 것이다. 이때 중요한 것은 아이가 쓴 단어와 어조를 단순히 앵무새처럼 따라 하지 않도록 해야 한다. 아이가 이해할 수 있는 단어의 맥락 내에서 상담사 자신의 단어와 언어적인 변형을 하는 것이 가장 좋다. 내용의 재언급은 말에서 드러나는 메시지를 다른 말로 바꾸어 해야 하며 아이가 한 말에 숨어 있는 비언어적 메시지도 인지해야 한다. 예를 들면 다음과 같다.

- 로저가 "저는 그림을 칠할 거예요."라고 하면 상담사는 "색을 칠하려고 결정했구나."라고 말해 준다.
- 타와나가 망치를 집어 들고 통나무와 못 쪽으로 간다. 허락을 구하듯이 상담사를 보면서 "이 못을 망치로 통나무에 박을 거예요."라고 말한다. 상담사는 "지금 망치로 못을 통나무에 박아도 되는지 나에게 확인받고 싶어 하는 것처럼 보이네."라고 말하면서 언어적, 비언어적 요소를 모두 인지할 수 있다.
- 성적 학대를 당한 아이인 앙이 해부학적으로 정상적인 인형을 집어 들고 인형의 손이 성기 부분을 가리키게 만든다. 그러고는 깩깩대는 목소리로 "학교에서 그 남자가 내 여기를 만졌어."라고 말한다. 상담사는 "그 사람이 네 거기를 만졌구나." 라고 인형을 향해서 내용을 재언급한다.

내용을 재언급하는 이유는 아이가 무슨 말을 어떻게 하는지가 상담사에게 중요하고 어른들의 관심을 받기에 충분하다는 것을 아동에게 알려 주기 위해서이다. 내용의 재언급은 상담사가 언어적 및 비언어적 측면에서 아이에게 집중하고 있고 아이가 하고자 하는 말을 들었다는 것을 아이에게 알려 준다.

많은 사람은 아동이나 아동이 하는 말 또는 아동의 비언어적 의사소통을 면밀히 눈여겨보지 않는다. 상담사는 아이를 눈과 귀로 들어야 한다. 아이가 하는 말을 제대로 듣고 아이에게 그 말을 들었다는 것을 알려 줌으로써 상담사는 자신이 아이가 만난 다른 어른들과는 다르다는 것을 아이에게 전달할 수 있다. 아이의 말에 기꺼이 귀 기울이고자 하는 의지는 아이와의 관계를 형성하는 데 도움을 준다.

행동 추적과 마찬가지로 내용의 재언급도 놀이치료 초반에 더 많이 사용한다. 시간이 지나고 아동이 상담사와의 관계의 중요성을 내재화했다고 생각되면, 놀이치료 도중 아이의 행동을 추적하고 내용을 재언급하는 횟수를 줄여 나간다. 우리가 아이의 행동을 추적하고 말의 내용을 재언급하는 데 보내는 시간은 아이에 따라 다르다. 인지능력이 제한적인 아이나 구체적으로 생각하는 아이에게는 상담사가 아동을 중요하게 생각한다는 것을 가시적으로 계속해서 보여 줘야 할 수도 있다. 인지능력이 높은 아이나 추상적으로 생각하는 아이는 치료 관계가 특별하다는 메시지를 빠르게 이해하고 내재화할 수도 있다. 학대나 방치를 당한 아이는 상담사가 아동과의 관계를 중요하게 생각한다는 것을 믿기 두려워할 수도 있고, 이를 믿기 위해서 계속해서 증거를 필요로 할 수도 있다. 아이마다 필요한 것이 다르다. 우리는 놀이치료에서 만나는 아동의 성격에 따라 접근방식이나 여러 도구를 사용하는 방법을 맞추려고 노력한다.

상위의사소통

상위의사소통(metacommunication)은 상담사가 상위의사소통하는 것을 뜻한다. 너무 쉽지 않은가? 즉, 아이와의 대화에서 한 걸음 물러서서 상담사와 아동의 관계에서 일어나고 있는 의사소통에 대해 의사소통을 하는 것이다. 마치 행간을 (때로는 숨겨진 의미를) 읽어 내는 것과 같다. 상위의사소통을 함으로써 상담사는 아이가 자신의 의사소통 패턴을 알아차리고 이해할 수 있도록 돕는다. 아이들은 종종 자신이 특정한 방식으로 반응하거나 의사소통 한다는 것을 인지하지 못한다. 자신의 의사소통 패턴을 인식하고 있는 아이들조차도 대부분의 경우 이 패턴이 자신과 자신의 대화방식에 대해 무엇을 말해 주는지를 개념화하는 추상적인 언어추론 능력이 부족하다. 현재 일어나고 있는 일과 종종 그 의미에 대해 언급하면서 상담사는 아이가 자신이 무엇을 어떻게 의사소통하고 있는지 명확히 생각할 수 있도록 돕는다. 상위의사소통은 여러 가지 다른 기술을 통합한 포괄적인 기법이다. 감정 반영, 질문하기, 내포된 뜻 추측하기, 반응이나 행동의 의미 분석하기 등을 포함할 수 있다. 상위의사소통은 다음과 같은 예에 초점을 맞출 수 있다.

- 아동의 비언어적 의사소통(예: "인형하고 놀아도 되는지 나에게 확인하는 것처럼 이쪽을 쳐다봤네.")
- 치료사의 발언과 질문에 대한 아동의 반응(예: "내가 우리가 손인형극을 할 거라고 하니까 행복해하는 것 같던데. 내 생각에는 네가 손인형극을 정말 좋아하는 것 같아.")
- 치료사와 아동 간 대화에 대한 미묘한 반응이나 감정(예: "내가 사람에게 다트를 던지는 건 놀이방 규칙에 어긋난다고 말했을 때 네가 짜증난 것처럼 보였어.")
- 놀이치료사와 아동 간의 관계 또는 놀이치료 과정에 대한 미묘한 반응(예: "오늘은 나랑 만나는 게 별로 즐겁지 않은 것 같네.")
- 아동의 의사소통 방식의 뉘앙스(예: "너는 짜증날 때 목소리가 커지는구나.")
- 아동의 의사소통에 내재된 메시지(예: 아이가 내 셔츠를 당기면서 아무 말도 하지 않을 때, "내가 바닥에 앉아서 같이 놀아 줬으면 하는구나.")
- 아동의 행동에 내재된 목적(예: "우리가 다섯 시에 만나면 항상 시간을 물어보는 것 같네. 내 생각에는 아마도 네가 축구 시합에 갈 수 있는지 확인하려고 하는 것 같아.")

상위의사소통은 현재에 대한 매우 간단하고 사실적인 언급부터 아동의 성격 및 아동이 다른 사람과 교류하는 전반적인 스타일과 세상에 대한 반응에 대한 구체적인 해석까지 네 가지 다른 단계로 개념화된다. 상위의사소통의 첫 단계는 현재 여기에서 일어나고 있는 상황에 대해 단순히 지적하는 것이다(예: "내가 너희 아빠에 대해 말하니까 네가 얼굴을 찡그렸어."). 한 번 또는 여러 번의 놀이치료에 걸친 아동의 행동 패턴, 반응 및 태도에 대해 얘기하는 것(예: "부모님의 이혼에 대해 말할 때마다 매우 슬퍼 보이는 것 같아.")이 상위의사소통의 두 번째 단계이다. 세 번째 단계는 놀이방 밖의 상황과 관계에까지 연결되는 아동의 행동, 반응 또는 태도의 패턴에 대해 언급하는 것이다(예: "나와 함께 여기 있을 때 네가 대장이 되는 걸 좋아하는 것 같아. 집에서 엄마와 있을 때도 대장이 되고 싶어 할 것 같은데."). 상위의사소통의 네 번째 단계는 아동의 성격, 문제에 대응하는 전략, 다른 이들과 교류하는 스타일, 문제 해결 접근, 갈등 해소 접근, 자아상 및 생활양식의 다른 요소들을 전형적으로 드러내는 아동의 행동, 반응 또는 태도의 패턴을 짚어 내는 것이다(예: 다른 인형들에게 항상 소리 지르는 인형에게 "사람들이 네가 원하는 대로 하게 하려고 소리를 지르는 것 같네. 그리고 내 생각에 너는 사람들이 네 지시를 따르도록 하는 걸 무척 좋아하는 것 같아.").

아동의 행동이나 패턴이 어떤 의미인지 추측이나 생각을 덧붙이지 않고 행동 또는 패턴만을 사실적인 방식으로 묘사할 때도 있다(예: "내가 엄마에 대한 이야기를 하자마자 토끼가 베개 밑으로 숨었어."). 또는 해석적인 의견을 이용해서 행동이나 패턴에 대한 묘사는 거의 하지 않고 그 행동이나 패턴의 의미에 좀 더 초점을 맞춘다(예: "내 생각에는 내가 너희 엄마가 새아빠와 결혼해서 행복해 보인다고 말하면 네가 화가 나는 것 같아."). 시간이 지나고 아동에 대한 이해도가 더 깊어지면, 우리는 종종 행동이나 패턴을 묘사하는 사실적인 언급과 그 의미에 대한 가능한 해석을 통합한다(예: "내가 너희 엄마가 새아빠과 결혼해서 행복해 보인다고 말했을 때 너는 얼굴을 찡그렸어. 내 생각에는 내가 그 말을 했을 때 네가 좀 화가 났던 것 같아.").

'사실만을' 이용해서 행동이나 패턴을 묘사할 때 우리는 행동 또는 패턴을 판단하지 않고 단순히 언급하는 데에 그치지만 행동이나 패턴의 의미를 해석하기 시작하면 상위 의사소통을 잠정적으로 재구성한다. 해석은 항상 추측을 기반으로 하기 때문에 우리는 아동에게 이 해석은 우리가 생각하는 행동이나 패턴의 의미 또는 내재된 중요성이라고 알려 주어서 우리의 해석을 아동에게 강요하려 하는 것이 아님을 명확히 한다. 이는 아동이 방어적이 되지 않도록 해 주고 행동이나 패턴의 의미 또는 내재된 중요성이 무엇인지를 스스로 수정하고 명확히 할 수 있도록 장려한다. 또한 우리가 우리의 생각을 아이의 머릿속에 주입시키지 않도록 해 준다. 잠정적으로 얘기할 때, '~일 수도' '아마도' '내 추측에는' '내 생각에는' '~인 것 같은' '~처럼 보이는' 등의 단어나 구절을 사용한다.

감정 반영

아동과 놀이치료를 하는 주 이유 중 하나는 해당 아동이 자신의 감정을 언어로 표현하는 데에 발달적인 어려움이 있기 때문이다. 따라서 놀이치료사에게는 아동의 감정 표현을 모니터링하고 그 감정들을 반영해야 할 책임이 있다. 아이들은 언어적 및 비언어적으로 자신의 감정을 계속해서 표현한다. 하지만 아이들은 자신의 감정에 대한 자각이 부족한 경우가 많고 따라서 스스로의 감정을 이해하거나 설명하는 능력이 제한적일 수 있다. 놀이치료는 아이들에게 감정을 표현하고 이해하게끔 하는 방법을 제공해 주는 장소이다.

다른 기술과 마찬가지로 아동의 기분을 반영하기 위해서 치료사는 아이를 관찰하고 아이의 말을 자세히 들어야 한다. 몸의 자세, 치료사와의 근접성, 몸짓이나 얼굴 표정은 보디랭귀지의 주요 요소들이다. 목소리의 톤이나 높낮이, 말의 속도, 그리고 문장의 어형 변화도 모두 정서적인 정보를 담고 있다. 치료사는 아이의 감정을 정확하게 반영하기 위해 아이들이 하는 의사소통의 모든 요소를 숙지하고 있어야 한다. 시머스가 똑바로 서 있고 당당한지 아니면 움츠리고 있고 소심한지, 케이트가 상담사로부터 가까이 서 있는지 아니면 멀리 떨어져 있는지, 세이드가 소심하고 떨리는 목소리로 말하는지 아니면 크고 명확한 음색으로 말하는지 등은 아이들이 어떤 감정을 느끼고 있고 자기 자신, 타인, 세상을 어떻게 바라보고 있는지에 대해 많은 것을 말해 준다. 마찬가지로 치료사도 놀이방에서 언어적 및 비언어적 행동으로 아동과 의사소통한다는 것을 기억해야 한다. 스스로 자신의 목소리 톤과 높낮이, 말의 변화, 자세, 옷차림 및 물리적 거리가 아이들에게 어떤 메시지를 주는지에 주목해야 한다.

놀이와 언어화는 감정에 대한 데이터를 제공한다. 어떤 장난감, 모래상자 도구 또는 미술 도구를 선택하는지는 아이의 인생에서 일어나고 있는 일에 대해 많은 것을 알려 준다. 아동이 놀이 도구를 이용하는 순서도 많은 정보를 줄 수 있다. 장난감을 어떻게 갖고 놀고 모래상자 도구나 미술 도구를 어떻게 사용하는지도 아동의 감정에 대한 정보를 더해 준다. 파욜라가 인형을 집어 들고 바닥에 던진 후 짓밟는다면? 필리프가 인형을 들고 흔들면서 노래를 불러 준다면? 멜리사가 한 인형을 다른 인형 위에 놓고 계속 아래위로 움직인다면? 세쿠가 검은색 물감으로 자기가 그린 가족 그림을 덮으려 한다면?

치료사는 또한 아동의 말을 모니터링해야 한다. 아동이 치료사에게 직접적으로 기분을 말할 수도 있고 손인형이나 인형을 통해 단어로 감정을 표현하거나 감정이나 친구 또는 친척에 대한 이야기를 할 수도 있다. 또는 놀이 도중 무작위로 감정에 대한 언급을 할 수도 있다.

이 모든 것이 아이의 정서적 표현의 중요한 요소이지만 이러한 여러 요소들의 의미를 이해하는 정해진 방법은 없다. 모든 아이에게는 각자 독특한 표현 방식이 있다. 그리고 자신과 관계를 맺고 있는 다양한 사람 및 상황에 따라 의사소통을 하는 패턴이 다르다.

우리의 목적은 각 아동이 어떻게 우리와 의사소통을 할 것인지를 배우는 것이다. 그렇게 했을 때 우리의 의사소통을 아이들의 의사소통 방식에 맞출 수 있고 우리의 아이디어를 아이들에게 효과가 있는 방법으로 전달할 수 있는 기회를 극대화할 수 있다. 놀이치료 초반에는 아이의 독특한 감정 표현 방식을 관찰하고 배운다. 첫 몇 회기 동안 우리는 감정에 대해 많은 추측을 하고 각 추측에 대해 아동이 어떻게 반응하는지를 관찰한다. 이렇게 하면 아이들이 자신의 감정을 얼마나 자세하게 표현하는지를 알 수 있다.

감정 반영은 일단 아동의 독특한 감정 표현 방식을 이해하고 나면 매우 간단한 기술이다. 치료사는 아동의 기분이 어떨지에 대한 자신의 생각을 말하기만 하면 된다. 감정 반영의 예는 다음과 같다.

- "샌드백을 칠 때 화난 것처럼 보여."
- "매우 행복한 것 같구나. 오늘 동물원에서 즐거운 시간을 보냈나 봐."
- 키우던 개가 죽었다는 손인형에게 "개가 죽어서 매우 슬퍼하는 것 같아."
- 다른 인형과 말하고 있는 인형에 대해 "이 아이의 형이 그렇게 말했을 때, 얘는 매우 화가 났어. 너무 화가 나서 형을 때리고 싶었어."

아이들의 감정을 반영할 때, 상담사는 간단하고 명료한 문장을 사용해야 한다. 아이들이 그런 감정을 느끼는 것에 대한 정교한 분석을 해 주거나 그런 감정을 느끼면 안 된다고 설득하려 드는 것은 불필요하다. 아이들에게 지금 기분이 어떤지 묻는 것은 도움이 되지 않는다. 아이들에게는 그 정도의 자각이나 감정에 대한 언어가 없기 때문에 그런 질문에는 거의 답을 할 수가 없다.

"~한 기분을 느끼게 만들었구나."라는 문장을 사용하는 것도 적절하지 않다. 아들러 이론의 기본적인 전제 중 하나는 특정한 상황에 대한 한 사람의 주관적인 해석이 그 상황에 대한 그 사람의 반응을 결정한다는 것이다. 이 신념을 근거로 하면 그 어떤 외부적인 힘, 사람, 또는 상황이 한 사람으로 하여금 감정을 '느끼게 만들 수'는 없다. 어른과의 상담과 마찬가지로 놀이치료에서 상담사의 역할은 언어를 사용해서 아이들이 자신의 감정, 태도, 사고 그리고 행동에 대한 책임을 질 수 있도록 돕는 것이다. 상담사는 감정을 반영할 때 사용하는 단어를 신중히 선택해서 아이들이 스스로의 반응이나 행동을 인정하도록 도울 수 있다.

효과적인 감정 반영을 위해서는 아이들이 이해할 수 있는 단어를 사용해야 한다. 3~6세의 아이들은 대부분 슬픈, 화난, 기쁜, 무서운 등으로 감정을 생각한다. 이 연령의 아이들은 자신의 모든 감정을 이 단어들이나 이런 단어들의 유의어로 이름 붙인다. 이들은 좀 더 미묘한 감정을 어떻게 단어로 표현하는지 모른다. 또한 이런 아이들은 수치스러운, 창피한, 만족스러운, 심란한처럼 '더 깊은' 감정적 뉘앙스를 나타내는 추상적인 개념이나 감정을 표현하는 단어들에 공감하지 못할 수도 있다. 예를 들어, 유치원의 같은 반 친구들 앞에서 엄마에게 엉덩이를 맞은 4세의 산티아고는 수치스럽고 창피한 기분이 들지만 치료사가 이와 같은 단어를 산티아고에게 사용한다면 그 감정을 인지하지 못할 수도 있다. 치료사가 슬펐거나 화났다는 표현을 쓴다면 산티아고는 자신의 감정을 인지할 것이다. 때로는 치료사가 아이의 표현적 단어보다 조금 높은 수준의 단어들을 사용해서 아이의 감정 표현 언어를 향상시켜 주려고 할 수도 있다(Kottman, 2011). 이런 경우 아동이 그 감정의 개념을 자신이 수용하는 단어와 통합한다면 결국 새롭게 습득한 단어와 개념을 표현적으로 사용할 수도 있게 된다.

아이의 나이가 많을수록 더욱 추상적인 감정들을 이해할 수 있고 표현적 단어의 수준을 높일 준비가 되어 있다. 상담사가 나이가 좀 더 많은 아이들(7~9세)에게 아이들이 이해할 수 없는 단어를 사용한다면 그 말에 대한 아이의 반응을 자세히 관찰하는 것이 중요하다. 이렇게 하면 상담사는 아이가 그 단어를 이해했는지 아닌지를 파악할 수 있다. 만약 아이가 감정을 나타내는 단어의 의미를 이해하지 못한다면 조금 더 구체적인 다른 단어를 사용해서 명확한 감정 반영을 할 수 있다.

대부분 놀이방에서 표현되는 표면적인 감정은 매우 분명하고 간단하다. 7세 남자 아이인 디팍은 놀이방으로 들어와서, "오늘 놀이터에서 싸웠어요. 빌리가 나를 때렸어요. 이제 내가 여기서 빌리를 때릴 거에요."라고 말한다. 디팍은 분명히 화가 나 있고 그 화를 놀이방에서 분출하려고 한다. 놀이치료사의 책임 중 하나는 이처럼 단순한 표면적 감정을 반영하는 것이다. 때로는 표면적 감정이 유일한 감정일 수도 있다.

아동이 내면적으로 더 깊은 감정을 경험하는 경우도 있다. 상담사는 이런 감정들도 반영해야 한다. 디팍은 같은 반의 다른 친구들 앞에서 맞은 것이 창피하게 느껴질 수도 있다. 나약한 기분이 들거나 이런 일이 또 생길까 봐 두려울 수도 있다. 미묘하고 겉으로는 잘 드러나지 않는 수천 가지의 감정을 느낄 수 있는 것이다. 깊은 감정에 대한 추측을 하기 전에 우리는 아이와 그 아이가 감정을 표현하는 방식을 고려한다. 아이가 감정을 표현할 때마다 더 깊은 내면적 감정을 반영하는 것은 불필요하고 적절하지도 않다(아이를 짜증나게 하거나 압도할 수 있다). 하지만 아이가 드러나지 않는 감정을 경험하고 있을 수도 있다는 가능성을 염두에 두고 그런 감정이 있을 경우 그 감정을 반영할 수 있다면 좋을 것이다.

감정을 반영할 때 치료사는 아동이 감정 반영에 대해 어떻게 반응하는지 관찰해야 한다. 아이가 언어적 반응으로 단순히 놀이치료사의 감정 반영에 동의할 수도 있다. 이는 대개 감정에 대한 추측이 정확했지만 아이에게 감정적으로 그다지 영향을 주지 않았음을 의미한다. 아이들은 또한 감정에 큰 영향을 받지 않고 놀이치료사의 추측에 반대하거나 추측을 수정할 수도 있다. 이는 치료사의 추측이 틀렸음을 뜻한다. 예를 들어, 8세의 페피타에게 치료사가 "그 쥐를 좀 무서워하는 것 같은데."라고 말하자 페피타는 "아뇨, 안 무서워요. 그냥 쥐가 여기 있는 게 싫어요. 엄마가 그러는데 쥐는 더럽대요. 저는 더러운 건 싫어요."라고 답하는 경우이다. 이런 종류의 반대는 사실에 관한 문제이고 대부분 치료사의 추측이 틀렸지만 아동에게 딱히 중요하지는 않다는 의미이다. 이럴 경우, 치료사는 이 상황을 "완벽하지 않아도 되는 용기"(Dreikurs & Soltz, 1964, p. 38)를 설명하는 기회로 삼을 수도 있다. "그래. 내가 실수했네." 또는 "미안해 내가 틀렸네. 어떤 기분인지 말해 줘서 도움이 됐어. 고마워."처럼 말할 수 있다.

만약 아동이 치료사의 추측에 격렬하게 반대한다면 치료사의 감정 반영이 정확했지만 현재 아동이 그 감정을 직면하고 싶지 않다는 의미일 수 있다. 예를 들어, 치료사가 페피타가 쥐를 무서워하는 것 같다고 추측했을 때, 페피타가 "진짜 멍청하네요. 쥐는 당연히 안 무섭죠. 저는 무서운 게 없어요."라고 한다면 페피타는 치료사의 말에 과민 반응을 하는 것처럼 보일 것이다. 이럴 경우 상담사는 임상적 판단과 특정 아동에 대한 지식을 모두 이용해서 아이가 자신의 말에 과하게 반응하고 있는지를 결정해야 한다. 상담사의 감정 반영에 대해 아이가 이런 종류의 반응을 보일 때마다 상담사는 그 반응 내면에 감춰진 감정을 추측하고 그것을 반영해야 한다. "내가 쥐를 무서워하는 것 같다고 말할 때 화난 것 같아 보였어. 네가 무서워하는 게 있다는 걸 내가 아는 게 싫은 것 같은데."와 같이 말할 수 있다. 상담사가 옳았는지에 대한 힘겨루기를 피하기 위해 "그냥 한번 생각해 보자는 거야. 어떤 사람들은 쥐를 좀 무서워하기도 하거든."과 같은 말을 덧붙일 수 있다.

공격적인 반응은 또한 치료사의 감정 반영이 틀렸고 아동이 정확하지 못한 감정 반영에 상처를 받거나 화가 났다는 의미일 수 있다. 이런 경우 페피아가 "맞는 적이 한 번도 없으시네요. 저를 이해하지 못해요. 저는 쥐가 무서운 게 아니에요. 그냥 그런 척한 건데 구분을 못하네요."라고 말할 수 있다. 역시 상담사는 자신의 정확성이나 의도에 대해 아이와 힘겨루기 하는 것을 피하는 것이 좋다. "네가 그냥 무서워하는 척 하는 걸 내가 이해하지 못해서 기분이 상한 것 같네. 알아차리지 못해서 나한테 좀 화난 것 맞지?"와 같이 말하면서 아이의 반응에 내재된 감정을 단순히 반영할 수 있다.

말이 없는 경우라도 대개 아이들은 몸이나 놀이로 반응을 한다. 치료사는 이런 반응을 이해하기 위해 미묘한 비언어적 신호에 주의를 기울여야 한다. 이 부분을 너무 계속 반복해서 얘기했다면 미안하다. 우리는 아들러 놀이치료사가 모든 종류의 의사소통 신호에 주의를 기울이기를 바란다. 절대로 아이에게 반응을 요구하거나 상담사의 추측이 맞는지 확인받으려 하면 안 된다. 전적으로 아동의 보디랭귀지와 놀이 패턴에 집중해서 아동의 인지 반사를 파악하려고 해야 한다. 예를 들어, 감정을 반영할 때 샘은 상담사를 마주보고 있었지만 감정을 반영하자마자 등을 돌렸다고 치자. 이는 상담사의 감정 반영이 정확해서 샘의 기분을 상하게 했을 수도 있고 또는 감정 반영이 틀려서 아동이 비언어적으로 거부하는 것일 수도 있다. 아니면 샘이 몸을 돌려 놀이방 한 켠에 있는 무언가를 가지러 갔을 수도 있다. 모든 상황을 지나치게 분석하려 하지 않는 것이 중요하다. 흔히 말하듯, '때로는 담배는 그저 담배일 뿐' 상징하는 바가 없을 수도 있다.

질문에 답하기

놀이치료 중 아이들은 치료사에게 자주 질문을 하게 된다. 아들러 이론은 아이들이 하는 거의 모든 질문에 특정한 목적이 있다고 믿는다. 치료사와 접촉을 원하거나 한계를 시험하는 것일 수도 있고 치료사의 반응을 살피려고 하는 등 수백 가지의 목적이 있을 수 있다. 아이들의 질문에 어떻게 답해야 할지 결정하기 전에 상담사는 먼저 질문의 목적을 고려해야 한다.

오코너(O'Connor, 2000)는 놀이치료에서 아이들이 묻는 질문을 실질적, 개인적, 관계 질문이라는 세 가지 분류로 정리했다. 이에 더해 랜드레스(Landreth, 2012)가 정리한 아이들이 흔히 하는 질문 중 네 번째 분류가 될 수 있는 몇 가지 질문이 있는데 바로 놀이치료의 진행 과정과 연관된 질문이다.

실질적 질문

실질적 질문은 사실적이고 상식적인 정보를 요구한다. 흔한 질문의 예는 다음과 같다.

- "화장실 다녀와도 돼요?"
- "오늘 금요일이에요, 토요일이에요?"
- "몇 분이나 더 남았어요?"
- "이 병 뚜껑 어떻게 열어요?"
- "다음 주에 와야 하나요? 아니면 다음 주는 쉬나요?"
- "교실에 다시 어떻게 가요?"
- "우리 엄마 아직 대기실에 있어요?"

때로는 아이가 단순히 사실적 정보를 위해 질문에 대한 답을 원할 수도 있다. 이런 경우 상담사가 질문의 속뜻을 애써 추측하거나 상위의사소통을 할 필요는 없다. 아이의 질문에 사실적인 정보로 답하는 것이 적절하다.

종종 겉보기에 간단한 이런 질문에도 내재된 메시지가 있는 경우가 있다. 질문의 추가적인 의미가 있다고 생각이 될 때, 아들러 놀이치료사는 아동이 질문을 하는 목적에 대해 추측을 해야 한다. 예를 들어, 야민이 "화장실에 가도 돼요?"라는 질문을 했을 때 치료사가 보기에 그저 화장실에 가고 싶은 것이라면 추가적인 대화 없이 질문에 답을 해 주면 된다. 하지만 치료사는 야민이 놀이방에서 나가는 규칙에 대해서 알기 위해 질문을 한다고 판단할 수도 있다. 그런 경우 치료사는 "놀이 시간이 끝나기 전에 놀이방을 나가도 되는지 궁금해하는 것 같네."라는 말로 아이의 호기심에 대한 추측을 해 볼 수 있다. 추측에 대한 아이의 반응에 따라 원래의 질문에 답을 하거나 내재된 질문에 답을 할 수 있다. 만약 야민이 불만이 있거나 치료사가 한 말에 대한 저항으로 놀이치료를 떠나거나 피하려고 이런 질문을 한다는 생각이 든다면 치료사는 놀이치료를 피하고자 하는 아이의 욕구나 불만스러운 감정, 저항 등에 대해 추측을 할 수 있다. 질문을 하는 목적에 대한 치료사의 상위의사소통에 아동이 어떻게 반응하는지에 따라 치료사의 다음 행동이 달라지게 된다. 만약 야민이 질문의 목적이 놀이치료를 피하기 위한 것이었다고 동의한다면 치료사는 아마 놀이방을 떠나도록 허락해 주지 않을 것이다. 만약 그저 화장실을 가고 싶다고 말한다면 치료사는 지속적으로 평등적인 관계를 형성하기 위해 야민의 요청을 존중해 줄 수 있다. 아마 치료사도 그러길 원할 것이라고 믿는다.

주가 "몇 시예요?"라고 묻는다면 축구 경기를 놓칠까 봐 걱정이 되는 것일 수도 있고 놀이방에서 할 놀이가 여섯 가지 정도 남아 있는데 여섯 가지를 모두 다 할 수 있는 시간이 될지 알고 싶을 수도 있다. 아니면 지루하거나 가만히 있을 수가 없어서 놀이방을 떠나고 싶은데 시간이 다 될 때까지 치료사가 허락해 주지 않을 것을 알고 있을 수도 있다. 다른 수천 가지의 감정이나 생각이 가능하다. 우리는 질문에 내재된 속뜻을 추측하고 주의 반응에 따라 이 질문에 대한 추가적인 대화를 한다.

개인적 질문

때로는 놀이방의 아동이 개인적인 질문을 할 수도 있다. 예를 들면 다음과 같다.

- "결혼했어요?"
- "아이가 있어요?"
- "몇 살이에요?"
- "어디에 살아요?"

대부분의 경우 개인적인 질문의 목적은 치료사와 친밀감을 쌓거나 아동 스스로 우려를 낮추기 위한 것이다. 가장 좋은 치료적인 방법은 질문에 숨겨진 아이의 목적에 대해 상위의사소통을 하고 매우 간단하고 사실적인 답을 하는 것이다. 대개 치료사가 간단하고 솔직한 방식으로 질문에 답을 할 경우 아이의 호기심이나 치료사와의 친밀감 또는 확신을 얻고자 하는 아이의 욕구를 충족시킬 수 있다. 하지만 아이가 지속적으로 치료를 방해하는 개인적 질문을 하는 경우가 있다. 오코너(O'Connor, 2000)는 이런 경우 아이가 회기에 대한 통제를 시도하는 것일 수도 있다고 주장한다. 만약 아이가 계속해서 개인적인 질문을 하는 목적이 통제할 수 있는 힘을 얻기 위해서라는 생각이 들면 직접적으로 질문에 답하기보다는 상황을 통제하고자 하는 아이의 욕구에 대해 상위의사소통을 하는 편이 도움이 될 수도 있다.

관계 질문

세 번째 분류는 관계 질문이다. 예를 들면 다음과 같다.

- "저를 좋아하세요?"
- "다른 아이들하고도 저랑 하는 것처럼 놀아요?"
- "집에 같이 가서 같이 살아도 돼요?"
- "여기 오는 다른 아이들보다 내가 더 좋아요?"
- "할 수 있으면 저를 입양하실 거예요?"
- "제가 더 자주 왔으면 좋겠어요?"

이런 질문은 거의 항상 명시적인 의미와 숨겨진 의미를 함께 갖는다. 아이들은 관계 질문을 통해 치료사와의 관계가 얼마나 견고한지를 결정하고 치료사보다 더 많은 투자를 하지 않으려고 스스로를 보호한다. 이때 가장 적절한 반응은 이런 질문을 하게끔 만드는 아이들의 감정을 반영하고 질문의 목적에 대해 상위의사소통을 하는 것이다. 만약 아동이 "저를 좋아하세요?"라고 묻는다면 "내 생각에는 네가 다른 사람들이 너를 좋아하는지에 대해 확신이 없을 때가 있어서 내가 너를 좋아한다고 말해 주기를 원하는 것 같아."라는 답을 할 수 있다.

관계 질문에 대해 아이들에게 확신을 주는 답이 중요할 때도 있지만 대부분의 경우 우리는 이런 질문에 직접적으로 대답하지 않는 쪽을 택한다. 관계 질문은 아이들의 불안과 스스로를 하찮게 여기는 감정에서 기인하기 때문에 우리가 어떤 답을 하더라도 이러한 열등감을 해소해 줄 수 없다. 우리는 치료사와 아이 간의 관계 발전과 자신의 역량에 대한 아이의 신념 및 자신감 상승이 아이 내면의 빈 공간을 마침내 채워 주기를 바란다. 상담사는 각 아동 및 관계의 가능성에 따라 이런 질문을 어떻게 다뤄야 할 것인지 각 사례별로 결정해야 한다. 이런 질문은 또한 상담사에게 소속감과 수용의 감정을 촉발할 수도 있다. 만약 상담사로서 이런 질문에 특히 감정적으로 동요된다면 그에 대해 좀 더 고민해 볼 필요가 있을 것이다.

진행 과정 질문

랜드레스(Landreth, 2012)는 아이들이 놀이치료 중 던지는 흔한 질문들을 목록으로 정리했다. 이 중 놀이치료의 진행 과정과 연관이 있어 보이는 질문이 몇 가지 있다. 예를 들면 다음과 같다.

- (놀이방의 물건을 가리키며) "이게 뭐예요?"
- "이제 제가 뭐 할지 아세요?"
- "다음에 뭘 해야 해요?"
- "이거 거울로 던져도 돼요?"
- "왜 다른 사람들하고 다르게 말해요?"
- "이거 고쳐 주시면 안 돼요?"
- "이 장난감을 어떻게 갖고 놀아요?"
- "제가 무엇을 색칠할 것 같아요?"

진행 과정 질문을 하는 아이들의 목적은 대부분 놀이치료 과정의 한계와 자신과 놀이치료사의 관계에 대한 경계를 파악하기 위해서이다. 아이들은 종종 이런 질문을 이용해서 도움을 요청하거나 놀이치료사를 기쁘게 해 주려고 노력하고 또는 치료사가 아이들을 위해 결정을 내리도록 한다. 치료사의 기분을 나쁘게 하거나 놀이방의 규칙을 어기는 것을 두려워하는 경우도 있다. 이런 두려움 때문에 진행 과정에 대한 질문은 스스로를 안전하게 하기 위한 전략일 수 있다. 단순히 위험을 부담하는 것을 두려워해서 스스로 결정을 내리거나 치료사가 새로운 행동을 해야 할 필요성을 제거해 주기를 바라는 것이다. 또는 치료사에게 아이들이 할 행동이나 아이들의 생각을 추측하게 하는 게임을 하려는 것일 수도 있다. 이런 경우 아이들이 치료와 관계없는 영원히 끝나지 않는 추측 게임을 하면서 힘겨루기를 할 가능성이 높다.

아동의 의존이나 추측 게임을 피하고 아이의 성장을 장려하기 위해 우리는 보통 이런 종류의 질문에는 답을 하지 않는다. 과정에 대한 질문에 답을 하는 대신 일반적으로 아이에게 다시 책임과 통제력을 되돌려 주는 발언을 한다(Kottman, 2011; Landreth, 2012; Ray, 2011). 예를 들어, 저메인이 "이게 뭐예요?"라고 묻는다면, 치료사는 "여기서는 이것이 무엇인지 네가 결정할 수 있어." 또는 "무엇인지 결정하기 어려워하는 것 같네. 네가 원하는 어떤 것이든 될 수가 있어."라고 말해 준다. 테사가 "제가 무엇을 칠할 것 같아요?"라고 물으면, "무엇을 할지 결정하는 것이 어려울 때도 있지만 여기서는 네가 결정할 수 있어." 또는 "다음에 무엇을 할지 알면서 내가 추측하게 만드는 걸 좋아하는구나. 여기서 네가 무엇을 할지 알 수 있는 사람은 너 뿐이야."라고 말해 줄 수 있다.

생각하는 시간 갖기

아이가 어떤 질문을 하든 간에, 치료사는 시간을 들여 생각한 후에 답을 할 수 있다. 질문에 답을 하거나 하지 않기로 결정할 때 아이의 질문에 내재된 의미를 의식적으로 고려한 후에 결정을 내려야 한다. 대부분의 경우 질문 내용에 대한 답을 주기 전에 질문을 하는 아이의 의도나 질문의 속뜻에 대해 상위의사소통을 시도하는 것이 좋다. 또한 그 질문을 이끌어 낸 아이의 감정을 반영하는 것이 적절하다. 답은 아이의 감정과 생각이 어떤지에 대한 치료사의 직관에서 나온다. 아동의 질문에 어떻게 대답하든 치료사의 궁극적인 목표는 아동과의 관계를 형성하고 아이가 스스로에 대한 이해나 자존감을 키워 갈 수 있도록 돕는 것이다.

아이에게 질문하기

아이와의 관계를 형성하고 아이의 생활양식을 이해할 때 필요한 정보를 획득하기 위해 때로는 아이에게 질문을 하는 것이 가장 효율적이다. 질문은 갑자기 뜬금없는 것이 아니라 아이와의 대화나 놀이 도중 자연스럽게 흘러나와야 한다. 상담사의 호기심을 바탕으로 인위적으로 묻기보다는 놀이치료 도중 일어나고 있는 일과 연관된 질문이어야 한다. 상담사는 직접적으로 질문을 할 수도 있고(예: "가족 중에서 가장 문제를 많이 일으키는 아이가 누구니?"), 은유법을 사용해서 간접적으로 질문을 할 수도 있다(예: "이 기린 가족 중에서 가장 문제를 많이 일으키는 아이가 누구니?"). 어느 쪽이든 아동의 대답은 아이의 생활양식에 대해 상담사에게 중요한 정보를 제공할 것이다. 또한 경찰 조사를 하듯 많은 질문을 해서 아이를 압도하지 않는 것이 중요하다. 나(TK)의 경우 나의 호기심을 통제하기 위해 아이에게 하는 질문을 한 놀이치료 회기당 네다섯 개로 제한하는 편이다.

질문의 종류

개방형 질문은 아이가 단순한 "예, 아니요."보다 더 긴 답을 하도록 장려하기 때문에 폐쇄형 질문보다 많은 정보를 이끌어 낸다. 치료사는 어떻게, 무엇을, 언제, 어디서로 질문을 시작하고 아이에게 이유를 묻는 질문을 피해야 한다. 어른들이 아이에게 하는 가장 흔한 질문이 '왜'를 묻는 질문이다. 많은 어른은 "왜 그랬어?"라는 이 해묵은 질문에 아이가 답해야만 문제가 해결된다고 생각하는 것 같다. 대부분의 경우 아이들은 이런 질문의 답을 알지 못하고, 안다고 하더라도 아이의 답이 관계를 발전시키거나 아이의 동기를 어른들에게 이해시키는 데에 도움이 되지 않는다. 이유를 묻는 질문은 과거 지향적이고 특정한 사건에 선행하는 과거를 캐묻는다. 아들러 놀이치료사는 현재와 미래에 집중해야 하고 과거의 정보는 아이가 현재 어떻게 행동하는지를 파악하고 좀 더 건설적이고 행복한 미래로 아이를 이끌어 내기 위한 계획을 세우는 데에만 이용해야 한다.

아이가 질문에 답을 하지 않을 때

여러 가지 상황에서 어른이 아이에게 질문을 할 때, 아이는 질문에 답을 해야 한다는 압박을 느낀다. 아이가 답을 하지 않는다면 어른은 종종 답을 강요하거나 답을 하지 않는 것에 대한 처벌을 한다. 아들러 놀이치료는 이런 일반적인 반응을 초월하기를 원한다. 아이는 항상 치료사의 질문에 답을 할지 하지 않을지 선택할 수 있다. 아이는 질문에 대해 언어적 답을 하지 않기로 결정할 수 있는데 이는 아동의 권리이다. 평등주의 관계에서는 양측의 참여자 모두 대화에 참여할지 안 할지를 결정할 수 있다. 상담사는 질문에 답을 하지 않기로 한 아동의 결정을 받아들이기만 하면 된다. 한 가지 기억할 것은 말로 답을 하지 않는다고 하더라도 아이가 아마도 비언어적 의사소통이나 놀이를 통해 질문과 연관된 정보를 어느 정도 전달할 것이라는 사실이다.

질문에 아이가 답을 하지 않을 때 우리는 보통 세 가지 중 한 가지 반응을 보인다. 첫 번째는 아무런 반응을 하지 않는 것이다. 어떤 해석도 없이 단순히 아이가 답을 하지 않도록 놔두는 것이다. 두 번째는 사실적 상위의사소통인데, 예를 들어, "그 질문에 답을 하지 않기로 했구나."라고 말하는 것이다. 이런 종류의 반응은 그런 결정을 내린 아이의 권리에 대한 우리의 존중과 신뢰를 표현한다. 세 번째로 답을 하지 않는 목적에 대해 해석적인 상위의사소통을 시도한다. 놀이치료사의 질문을 무시하는 아이의 의도에는 첫째, 질문이 아이가 아직 놀이치료사와 함께 대화를 나눌 준비가 되지 않은 민감한 문제를 다루는 경우, 둘째, 놀이치료사가 답을 강요할 힘이 없다는 것을 보여 주기 위해서, 셋째, 어른을 무시하는 것이 어른들이 자신에게 관여하지 않도록 하기 위한 믿을 수 있는 방법이라는 것을 가족 내에서 배워서 등이 있을 수 있다. 물론 이 외에도 다른 가능성이 있을 수 있다. 앞의 예는 이 장을 작성하는 동안 생각난 예를 든 것이다.

비언어적 반응

질문에 대해 아이가 어떤 답을 하든 치료사는 항상 아이들의 얼굴 표정, 보디랭귀지, 놀이 행동 등을 관찰하고 질문에 대한 비언어적 반응을 살펴야 한다(이미 여러 번 강조했으니 기억할 것이다). 아이들이 질문을 무시하거나 간단하고 애매모호한 답변만을 하더라도 아이들의 행동은 질문에 대한 아이들의 반응을 알려 준다.

아이의 얼굴 표정이 바뀌거나 움찔할 수도 있고 다른 명확한 인지 반사를 보일 수도 있다. 이런 경우 우리가 아이의 민감한 곳을 건드렸고 그 질문이 결국에는 우리의 도움이 필요한 아이의 민감한 문제와 관련이 있다는 것을 추측할 수 있다. 아이가 놀이 활동을 바꾸거나 현재 활동의 속도나 행동에 변화를 주는 것도 우리의 질문이 추가적인 탐색이 필요한 주제라는 것을 뜻한다. 우리가 질문을 했을 때 아이가 원래 하고 있던 놀이를 계속 하면서 제한된 신체적 반응만을 보인다면 일반적으로 우리는 아이가 질문을 무시하는 것에 큰 의미가 없다고 판단한다. 아이가 놀이에 집중해 있거나 질문의 주제에 딱히 흥미가 없을 수도 있다.

아들러 놀이치료 질문 전략

관계 형성을 위한 전략 중의 하나는 질문 전략을 사용해서 아이에 대해 알아 가는 것이다. 아들러 놀이치료의 거의 모든 질문은 두 가지 뚜렷한 범주 중 하나에 포함된다. 첫째, 아이의 인생에서 표출된 문제나 지속적인 사건과 연관된 질문 그리고 둘째, 아동의 생활양식 탐구와 관련된 질문이다.

우리는 때때로 표출된 문제의 특정 부분에 대해 아이들이 현재 어떻게 대응하고 있는지를 묻는다. 이런 종류의 질문을 하는 목적은 아이들의 삶에서 어떤 일이 일어나고 있는지가 우리에게 중요하고 놀이방 안뿐만 아니라 밖에서의 아이들의 생활에 대해서도 우리가 신경을 쓰고 있고 관심을 갖고 있다는 것을 알려 주기 위해서이다. 이때 항상 비판적이지 않고 아이들을 지지하는 방식으로 질문을 해서 아이들이 우리가 자신들을 감시하거나 표출된 문제에 대한 진전을 보이기를 종용하는 것처럼 느끼지 않도록 한다.

이런 질문을 하는 방법에는 두 가지가 있다. 첫 번째는 일반적으로 "~는 어떻게 되어 가니?"라고 묻는 방법이다. 예를 들면 다음과 같다.

- 만약 루신다가 선생님에게 말대꾸를 한 적이 있고 그 상황을 다루는 여러 방법에 대해 치료사가 얘기를 해 왔다면, "선생님과는 어떻게 돼 가니?"라고 물을 수 있다.
- 제레미아가 버스에서 놀림을 당한 적이 있다면 치료사는 "최근에는 버스에서 다른 아이들하고 어떻게 지내니?"라고 물을 수 있다.
- 재스민이 입양된 것에 대해 신경이 쓰인다고 말한 적이 있다면, "입양된 것에 대해 최근에는 어떤 생각이 들었니?"라고 물을 수 있다.

질문의 두 번째 방법은 "~의 한 부분을 어떻게 바꿀 수 있을까?"라고 특정한 질문을 하는 것이다. 예를 들면 다음과 같다.

- 만약 데이비드의 표출된 문제가 공공장소에서 자위행위를 하는 것이고 자위를 할 수 있는 사적인 장소에 대해 이야기를 나눴다면 치료사는 "개인적인 부분을 만지고 싶을 때 다른 사람들이 너를 볼 수 없는 집 안의 다른 공간은 어디가 있을까?"라고 말할 수 있다.
- 카탈리나의 표출된 문제가 감정의 부적절한 표현이고 감정을 적절하게 표현하는 방법에 대해 치료를 해 왔다면, "곤경에 빠지지 않고 엄마에게 네가 화났다는 것을 어떻게 말할 수 있을까?"라고 물을 수 있다.
- 엔리케의 표출된 문제가 부진한 학업 성적이고 엔리케가 치료사에게 특히 맞춤법이 어렵다고 말했다면, "이번 주에 맞춤법 시험은 어떻게 됐니?"라고 물을 수 있다.

이런 질문을 해야 할지 말지는 아이들의 나이, 인지 능력, 표출된 문제 언급에 대한 아이들의 솔직함 및 아이들의 생활에 대한 영향 등 여러 가지 요소에 따라 다르다. 인지 능력이 제한적인 7~8세 이하의 아이들은 놀이치료를 왜 하러 오는지에 대해 이해하지 못할 수도 있다. 이런 경우, 놀이방 밖에서의 경과나 놀이방에서 배운 새로운 행동을 다른 상황에서 어떻게 적용하고 있는지에 대한 질문을 할 이유가 거의 없다. 7~8세 이하 아이들의 경우 일반적으로 부모나 선생님, 또는 아이들 주변의 어른들에게 이야기를 듣는 것이 최선이다.

아들러 놀이치료사가 하는 다른 한 가지 종류의 질문은 아이의 생활양식을 파악해서 추가적으로 관계를 발전시키도록 고안되었다. 딩크마이어와 딩크마이어(Dinkmeyer & Dinkmeyer, 1977)는 드라이커스(Dreikurs, 1967)와 모작(Mosak, 1971)의 연구를 변형해서 『Children's Lifestyle Guide』를 발전시켰다. 나(TK)는 이 가이드를 다시 변형해서 놀이치료에서 적절하게 사용될 수 있도록 하였다. 아이들을 위한 생활양식 질문은 일반적으로 네 가지 광범위한 분류로 나뉜다. 가족, 학교, 사회적 친구들, 그리고 일반적 질문이다. 관계를 형성하고 아이와 아이의 생활양식을 이해하기 위해 놀이치료에서 사용할 수 있는 질문의 목록은 부록 D에 제시되어 있다.

가족 질문 중에는 아이에게 형제가 있는 것을 가정하는 질문들이 포함되어 있다. 아동이 외동일 경우 상담사는 대개 비교 질문을 직접적인 정보를 찾는 질문으로 바꾼다. 이를 위해서는 질문을 대체하는 것이 필요한데, 예를 들면 "형제 중 누가 아빠랑 제일 비슷하니?"를 "너는 아빠와 얼마나 비슷하니?"로 대체하는 것이다.

이 긴 질문 목록과 점수표를 놀이방으로 가지고 가지 않는 것이 중요하다. 상담사는 놀이방 밖에서 이 질문 목록을 익히고 아동과 소통을 하는 도중 자연스럽게 들어맞는 질문을 할 수 있도록 준비해야 한다.

놀이치료의 일반적인 의사소통 패턴에 자연스럽게 질문을 섞은 예는 다음과 같다.

- 플로린다가 인형집에서 인형과 놀고 있을 때 큰 남자 인형이 치료사에게 아빠라고 말한다. 가족 질문을 변형해서 아빠에 대해 말할 수 있도록 하기 위해 인형 가족을 은유적으로 이용해서 아빠에 대한 플로린다의 의견을 이끌어 낼 수 있다.
- 이치로는 부엌공간에서 놀이를 하면서 치료사에게 엄마가 요리할 때 돕는 것을 좋아한다고 말한다. 치료사는 "엄마랑 같이 하는 걸 정말 좋아하는 것 같네."처럼 감정을 반영해서 엄마에 대한 이치로의 감정을 파악할 수 있다. 그리고 나서 "부모님 중 누구와 비슷하니? 엄마니 아니면 아빠니?"라고 질문을 할 수 있다.
- 캔디스는 학교 놀이에서 인형이 학생이고 자신이 선생님이라고 상황을 연출한다. 치료사는 은유법을 이용해서 학교에서 캔디스의 태도나 행동에 대해 여러 질문을 할 수 있다. 예를 들면, "이 반 아이들이 학교에 대해 가장 좋아하는 게 뭘까?" 또는 "학교를 담당하고 있는 선생님으로서 학교에 대해 무엇을 바꾸고 싶니?" 등이다.

• 산티아고가 주중에 했던 비디오게임에 대해 얘기한다면 다음과 같은 질문을 할 수 있다. "그 비디오 게임의 어떤 부분이 좋았니?" "가장 좋아하는 비디오 게임은 뭐니?" "네가 그 게임의 주인공이라면 그 문제를 해결하기 위해 어떻게 할 거니?"

놀이치료 한 회기당 제한된 수의 질문을 할 수 있기 때문에 부록 D에 나열된 질문을 다 하기에도 많은 회기가 필요할 것이다. 모든 질문을 다 해야 하는 것은 아니다. 아이들이 가족과 친구들 사이에서 스스로에 대해 어떻게 생각하는지를 이해하기 위해 필요한 질문을 선택하는 것이 좋다. 우리는 항상 아이들이 자신의 자산과 문제가 무엇이라고 생각하는지를 전반적으로 파악하기 위해 노력한다. 또한 문제에 대한 아이의 관점과 아이가 자신의 삶에서 달라졌으면 하는 부분에 대해 우리가 더 잘 이해할 수 있도록 해 주는 질문을 던진다. 이를 통해 놀이치료 관계를 위한 우리의 목표를 명확히 할 수 있다.

아이에게 책임 돌려주기

대부분의 경우 아이들이 스스로 할 수 있는 일을 대신 해 주거나 대신 결정을 내려주지 않는 것이 매우 중요하다. 이를 위해 놀이치료에서 주로 사용되는 방법은 책임을 아이에게 되돌려 주는 것이다(Kottman, 2011; Landreth, 2012; Ray, 2011). 아이에게 책임을 되돌려 줌으로써 놀이치료사는 직접 또는 간접적으로 아이에게 스스로 책임을 질 능력이 있고 그 행동과 선택이 성공적일 수 있다는 것을 알려 준다. 많은 경우 책임을 아이에게 되돌리는 행동은 용기가 없는 아이들이 위험을 감수하고 보통은 시도하지 않을 일들을 해 보도록 해 준다. 이 기술은 또한 자신의 능력을 믿지 않거나 스스로를 인정하지 않는 아이들에게도 도움이 된다.

우리는 아이들이 명시적으로 또는 암묵적으로 도움을 요청하거나 도움을 요청하지는 않았지만 도움이 필요하다고 느껴지는 상황에서 아이들에게 책임을 돌려준다. 스스로 할 수 있다고 판단되는 일을 우리에게 요청할 때는 거의 항상 아이들에게 책임을 돌려준다. 행동에 대해 아이에게 책임을 돌려주는 예는 다음과 같다.

• 사샤가 "제 자켓 지퍼 좀 채워 주실래요?"라고 묻는다면, "혼자 할 수 있을 것 같은

데?"라고 말한다.

- 필이 "그 게임 좀 가져다주실래요?"라고 한다면, "그 게임을 어떻게 가져오는지 스스로 알아낼 수 있을 것 같아."라고 말한다.
- 알베르토가 "신발 끈을 못 묶겠어요."라고 한다면, "내가 신발 끈을 묶어 주기를 원하는구나. 지난주에 묶었으니까 혼자 할 수 있는 거 알고 있어."라고 말한다.
- 마가리타가 "이 수갑은 어떻게 하는 거예요?"라고 묻는다면, "수갑이 어떻게 서로 맞물리는지 잘 보면 스스로 알아낼 수 있을 것 같아."라고 말해 준다.

아이들에게 이 기술을 쓰지 않기로 결정하는 경우도 있다. 우리가 판단할 때 첫째, 아이가 그 행동에 대해 책임을 질 능력이 없을 때, 둘째, 아이가 퇴행행동을 보이고 있고 이 행동이 해당 아이에게는 적절하다는 판단이 들 때, 셋째, 아이의 과거를 통해 특정 상황에서 누군가의 보살핌이 필요하다는 것이 드러날 때, 넷째, 아이의 삶이 순탄하지 않고 특별한 관심이 필요할 때, 우리는 아이가 우리와 함께 협력해서 해당 과제를 해낼 수 있도록 한다. 이때 "한 팀이 되어서 어떻게 하는지 같이 알아보자."와 같이 말한다. 또한 "네가 혼자 어떻게 머리 빗는지 알고 있지만 가끔 누가 대신 해 주면 기분이 좋을 때도 있을 거야."와 같이 말하면서 아이의 도움 요청에 대해 상위의사소통을 할 수도 있다.

우리는 아이들이 항상 스스로 선택할 수 있다고 믿기 때문에 절대로 아이들을 대신해서 결정을 내려주지 않고 아이들의 의사 결정력에 대한 신념을 아이들에게 전해 주려고 한다.

결정과 관련해서 아이들에게 책임을 되돌려 주는 예는 다음과 같다.

- 디미트리가 "토끼는 무슨 색으로 칠해야 할까요?"라고 묻는다면, "네가 원하는 토끼 색으로 선택할 수 있어."라고 말해 준다.
- 마르타가 "이제 뭘 할까요?"라고 묻는다면, "지금은 네가 대장이니까 다음에 무엇을 하고 싶은지는 네가 결정할 수 있어."라고 답한다.
- 크리스토퍼가 "아기 이름이 무엇인지 궁금해요."라고 한다면, "네가 이름을 정할 수 있어."라고 말한다.
- 에바가 "이게 뭐예요?"라고 묻는다면, "여기서는 네가 원하는 무엇이든지 될 수 있

어."라고 말해 준다.

- 나시르가 동물 모형들을 본 후 마치 "어떤 걸 선택해야 해요?"라고 묻듯이 치료사를 본다면, "어떤 동물이랑 놀이를 할지 선택하는 걸 내가 도와줬으면 하는 것 같네. 네가 스스로 선택할 수 있을 거라는 걸 알아."라고 답한다.

아동과 능동적으로 교류하기

아들러 놀이치료사가 아이들과 관계를 형성하는 방법 중 하나는 아이들과 능동적으로 교류하는 것이다. 치료사는 때때로 아이들의 요청에 따라 아이들과 함께 놀이를 한다. 또는 치료사가 먼저 활발한 교류를 시도할 때도 있다.

아이들이 치료사에게 함께 놀이를 하자고 요청할 때는 여러 가지 이유가 있다. 긍정적인 이유도 있고 그다지 긍정적이지 않은 이유도 있다. 첫째, 치료사와 감정적으로 교류할 수 있는 방법을 찾거나, 둘째, 의사소통의 한 방법으로 치료사가 함께 장난감을 사용하고 놀이에 참여하도록 하거나, 셋째, 적절한 놀이 행동의 모델을 원할 수도 있다. 그다지 건설적이지 못한 이유도 있다. 아이들은 때로는 첫째, 놀이치료사와 함께 놀이를 하도록 되어 있다고 생각하기 때문에, 둘째, 치료사에게 함께 놀이를 하자고 물어보면 치료사가 자신을 더 좋아할 것이라고 생각하기 때문에, 셋째, 스스로 좋은 선택을 내릴 수가 없다고 믿고 치료사가 놀이의 방향을 결정해 주기를 원하기 때문에 치료사에게 함께 놀이를 할 것을 요청한다(Landreth, 2012). 또한 치료사에 대한 힘이나 놀이치료 시간에 대한 통제력을 보여 주고 싶어 하는 것일 수도 있다.

아이가 치료사와 함께 놀이를 요청할 경우 우리는 보통 아이의 의도를 추측한다. 치료사와 함께 놀기를 원하는 아이의 목적에 대한 상위의사소통은 다음과 같다.

- "무엇을 해야 할지 결정을 내리기가 어려워서 나와 같이 놀이를 하면 내가 너를 위해 결정해 줄 거라고 생각하는구나."
- "나를 더 잘 알고 싶어서 우리가 함께 놀이를 하면 서로에 대해 더 잘 알게 될 거라고 생각하는구나."
- "이 게임을 나와 같이 하면 나에게 명령할 수 있을 거라고 생각하는구나."
- "오늘 좀 슬퍼 보이는데 내가 바닥에 앉아서 좀 더 가까이 있어 줬으면 하는구나."

대부분의 경우 아이와 함께 놀이를 해서 건설적으로 관계를 발전시킬 수 있다고 생각되면 우리는 아이의 요청에 숨겨진 목적에 대해 상위의사소통을 한 후 요청을 받아들인다. 하지만 아이의 목적이 우리를 조종하는 데에 있고 부적절하다고 생각되면 그 목적에 대해 추측을 한 후 요청을 거절한다. 이때 우리는 비판적이지 않은 방식으로 "나는 지금은 놀이를 하지 않을 거야." 등과 같이 우리의 입장을 밝힌다. 아이의 반응에 대해서도 상위의사소통을 할 수 있도록 반응을 잘 살피는 것이 중요하다.

아이와 함께 놀이를 하는 것은 치료사로 하여금 적절한 행동의 표본을 제시하고 부정적인 상황을 재구성할 뿐 아니라, 아이에게 기술을 가르치고 아이가 보이는 행동의 목표를 살펴볼 수 있는 기회를 준다. 예를 들어, 이기는 것이 너무 중요하다고 생각해서 성공을 위해서는 기꺼이 속임수를 쓰는 코트니라는 아이는 치료사가, 첫째, 코트니의 좌절과 실패에 대한 두려움을 반영하고, 둘째, 이기고 통제하고자 하는 코트니의 욕구를 추측하고, 셋째, 코트니의 자아상 및 성공과 실패가 어떻게 그 자아상에 영향을 주는지를 파악하고, 넷째, 사회적으로 용납되는 스포츠맨십과 게임 플레잉 행동의 모범을 제시하고, 다섯째, 코트니가 적절한 행동을 할 수 있도록 장려하고, 여섯째, 실수와 실패를 학습의 기회로 재구성하고, 일곱째, 코트니에게 새로운 교류 기술과 속임수를 쓰지 않고 게임을 할 수 있는 대안을 가르친다면 놀이치료로 혜택을 받을 수 있을 것이다.

치료사가 아이와 함께 놀이를 하기로 결정했을 때, 함께 놀이를 하는 것이 치료 과정의 연속이 되도록 해야 한다. 놀이를 할 때 치료사는 행동 추적, 감정 반영, 상위의사소통 그리고 격려 등의 치료와 관련된 발언을 지속해서 해야 한다. 놀이 과정에 너무 집중해서 상담사로서의 역할을 잊어서는 안 된다.

치료사가 함께 놀이를 할 때 가능하면 아이가 놀이를 주도하도록 하는 것이 도움이 된다. 아이에게 다음에 무엇을 하고 싶은지 질문을 해서 아이가 치료사와 함께 상호 교류의 통제권을 공유한다는 느낌을 받을 수 있도록 해 준다. 만약 이렇게 하는 것을 잊어버리거나 치료사가 선택한 것을 아이가 하고 싶어 하지 않는다면, 아이들은 거의 대부분 둘 사이의 교류가 다른 방식으로 흘러가길 원하거나 치료사가 자신과 더 자주 의논하거나 자신에게 조금 더 통제권을 주었으면 한다는 것을 치료사에게 알릴 것이다. 만약 그것이 치료에 효과적이라는 생각이 든다면 치료사는 아이의 요청을 수용할 수도 있다. 하지만 치료사를 통제하려고 하는 아이들의 경우에는 아이의 요청에 내재된 목적에 대해 상위의사소통을 하고 아이에게 치료사의 방식대로 할 것을 알려야 한다.

역할놀이나 숨바꼭질과 같은 게임을 할 때 놀이치료사는 '속삭임 기법'(Landreth, 2009; Kottman, 2011)을 사용해서 아이가 놀이를 주도하도록 할 수 있다. 역할놀이에서 치료사는 세 가지 서로 다른 목소리를 사용한다. 치료사의 원래 목소리, 등장인물 목소리, 그리고 속삭이는 목소리이다. 원래의 목소리를 이용해서 행동 추적, 감정 반영, 상위의사소통 및 아이에게 일어나고 있는 일에 대한 전반적인 치료 관련 언급을 하는 것이 가장 좋다. 등장인물 목소리는 아이가 역할놀이 내에서 만들어 낸 등장인물의 목소리로 사용한다. 속삭이는 목소리는 아이에게 그다음에 무엇을 할지를 물을 때 사용해서 아이가 역할놀이의 방향을 통제할 수 있도록 해 준다. 속삭이는 목소리로 아이에게 진행 방향을 묻는 것은 치료사와 등장인물을 분리하는 역할을 해 준다. 아이와 놀이치료를 할 때 속삭임 기법을 사용하는 예는 다음과 같다.

브라이언: "엄마가 화가 나서 애들 다 엉덩이 때리는 그 게임 해요."

테리(원래 목소리): "아이들이 다 맞는 상황인 척하고 싶구나."

(속삭이는 목소리): "누구 역할을 할래?"

브라이언: "테리가 엄마 해요. 내가 아이를 하고 애기도 있어요."

테리(속삭이는 목소리): "내가 이제 뭘 해야 할까?"

브라이언: "'너 이제 혼날 줄 알아.'라고 하세요."

테리(속삭이는 목소리): "어떻게 보여야 하지?"

브라이언: "아주 못되 보이고 막대기를 들고 있어요."

테리(못된 캐릭터의 목소리): "너와 네 애기 엉덩이를 때려 줄 거야. 나 막대기도 있어."

브라이언: (아기를 테리에게서 멀리 안고 도망가며) "아아아아!"

테리(원래 목소리): "겁먹은 것 같네. 너와 아기를 나에게서 보호하고 둘 다 안전하게 하려는 것 같구나."

브라이언: (여전히 아기를 테리로부터 멀리 안고) "우리를 다치게 하지 못하게 할 거예요."

테리(원래 목소리): "너와 아기가 다치지 않도록 보호하는 것이 너에게 중요하구나."

(속삭이는 목소리): "이제 난 뭘 할까?"

브라이언: "방을 돌면서 저를 쫓아다니고 저랑 아기를 잡으려고 하세요."

테리(속삭이는 목소리): "뭐라고 말할까?"

브라이언: "그냥 소리치시면 돼요."

테리(등장인물 목소리): (방 안에서 아이를 쫓아다니면서) "아아아아아!"

브라이언: "우리를 잡을 수 없을 거예요!"

테리(원래 목소리): "어떻게 스스로와 아기를 보호해야 하는지 알고 있구나."

브라이언: "네. 우리를 다치게 하지 못하게 할 거예요."

테리(원래 목소리): "어떻게 보호하는지 알아서 굉장히 자랑스러운 것 같네."

(속삭이는 목소리): "이제 뭘 할까?"

브라이언: "'이 아이들을 못 잡겠어. 계속 도망가.'라고 하세요."

테리(등장인물 목소리): "이 아이들을 못 잡겠어. 계속 도망가. 어떻게 자신들을 보호하는지 알고 있어."

이 예에서 브라이언은 역할놀이를 긍정적이고 고무적인 분위기로 끝낸다. 브라이언은 자신이 스스로와 다른 이들을 보호할 수 있다고 믿는다. 나(TK)는 역할놀이 중간에 "아이가 어떻게 자신을 보호하는지 알고 있어." 등 여러 가지 격려하는 추가적인 언급을 해서 아이가 느끼는 힘과 스스로를 지킬 수 있는 능력에 동의해 주었다.

아이들의 판타지가 이렇게 긍정적인 결말이 아닌 경우도 종종 있는데 이는 극히 자연스러운 현상이다. 놀이치료에 오는 대부분의 아이는 건강한 자기 개념이나 자신의 자산에 대한 정확한 자각이 부족하다. 결말이 긍정적이든 부정적이든 간에 다른 사람과의 역할놀이는 아이들이 자기 자신과 다른 이들에 대한 이해도를 높일 수 있도록 해준다. 스스로 역할놀이를 연출해 가면서 아이들은 자신을 위한 여러 가지 다른 선택과 대안적인 행동을 배울 수 있다. 바로 이런 이유에서 많은 놀이치료사가 아이들로 하여금 역할놀이의 방향, 등장인물, 행동 및 대사를 결정할 수 있도록 장려하는 것이다.

숨바꼭질이나 공 주고받기 등 역할놀이가 아닌 다른 교류 활동에도 속삭임 기법을 써서 아이에게 통제권을 줄 수 있다. 이때 등장인물 목소리는 생략되고 속삭이는 목소리가 진행 방향을 묻고 원래의 목소리로 치료적인 언급을 할 수 있다. 속삭임을 이용해서 아이에게 "내가 어디에 숨을까?" "공을 어떻게 던질까?" "얼마나 세게 던질까?" 등을 묻는다.

가족 내에서 힘이 없는 아이들이나 혼란스러운 가족을 둔 아이들의 경우 놀이를 이끌어 나가도록 요청을 받았을 때 어떻게 해야 할지 모르는 경우도 있다. 이런 아이들은 우리에게 소리를 지르거나 대답을 거부하거나 놀이를 중단하기도 한다. 하지만 우리가 아이들의 행동에 대해 상위의사소통을 하고 놀이를 진행할 것을 계속해서 요청하면 대부분은 불신을 극복하고 놀이를 이끄는 것에 대해 매우 즐거워한다. 너무 즐거운 나머지 놀이방의 독재자가 되어 속삭임 기법을 쓰지 않을 때도 우리에게 명령하려고 할 정도인 경우도 있다.

우리는 아이가 놀이를 주도하는 것을 원하지 않을 때도 있는데, 예를 들면 아이에게 특정한 기술을 가르쳐야 하거나 아이가 판타지 놀이 도중 한 순서에 빠져 치료사가 놀이의 진행을 이끌어야 할 때이다. 후자의 경우는 트라우마를 남긴 사건을 경험한 아이들에게 때때로 나타난다(Carey, 2006; Gil, 2010; Levine & Kline, 2007; Terr, 1990). 이런 경우 우리는 아이와 상의하지 않고 간단히 다음에 무엇을 원하는지를 결정하고 그대로 따른다. 아이와 정기적으로 속삭임 기법을 사용하고 아이가 놀이를 이끌어 나가는 데에 익숙해진 경우 치료사가 주도하는 새로운 방식에 대해 아이가 강한 반응을 보일 수도 있다. 하지만 대부분의 경우 아이들은 치료사가 선택한 방향으로 계속 놀이를 진행한다.

놀이방 함께 정리하기

아들러 놀이치료에서 대부분의 아이와 평등한 관계를 형성하는 과정 중 하나가 함께 놀이방을 치우는 것이다. 치료사는 아동에게 놀이치료 시간이 끝난 후 어질러진 방을 치우는 것처럼, 효과적인 파트너십에서는 각자가 스스로의 행동에 책임을 져야 한다는 것을 알려 주어야 한다. 치료사가 함께 놀이방을 정리하기로 한 아이들과는 한 팀으로 방을 정리하는데, 아이가 주도하고 치료사가 협력한다. 아이는 누가 무엇을 하고 어떤 순서로 정리하는지 등 팀이 어떻게 방을 정리하는지에 대해 결정을 내린다. 치료사는 놀이방을 완벽하게 깨끗이 만드는 것보다는 협력적인 청소를 통한 관계 형성 과정에 집중해야 한다. 장난감을 치우는 것이 중요하긴 하지만 물건을 어디에 두어야 할지를 두고 엄격하게 구는 것은 비효율적이다.

청소팀 구성하기

상담사가 함께 방을 정리하는 것이 중요하다고 결정한다면 매우 간단하게 그 순서를 정할 수 있다. 놀이치료가 끝나기 10분 전에 상담사는 아동에게 "같이 청소하기 전까지

5분 남았어."라고 말해 준다. 놀이치료가 끝나기 5분 전에 상담사는 일어나서 아동에게 "이제 같이 방 정리할 시간이야. 내가 뭘 정리할까? 너는 뭘 정리할래?"라고 묻는다. 이때 치료사는 일반적이고 감정을 드러내지 않는 목소리로 말하고 목소리의 톤이나 보디랭귀지로 조르거나 비판하지 않아야 한다. 방 정리가 처벌과 관련된 것이거나 치료사가 깨끗한 방을 원해서 하는 것이 아니라 협력과 공동 책임의 실천이라는 것을 명확히 해야 한다. 현실에서는 아이 주변의 어른들이 아이가 어지른 것은 스스로 정리하도록 할 것이다.

아이가 주어진 과제와 정리의 속도를 주도해 가도록 하면서 상담사는 정리 과정에 대해 관심을 갖고 참여한다. 이렇게 함으로써 상담사가 좀 더 앞장서서 주도하고 통제하려 할 때 발생할 수 있는 힘겨루기를 방지할 수 있다. 이 기법은 치료 과정에서 책임을 공유하고 아동과의 관계를 발전시키는 것에 대한 상담사의 관심을 아이에게 전달한다. 또한 아이가 이 상황에 대해 어느 정도 힘과 통제를 갖는다는 사실을 공고히 한다. 나(KMW)는 종종 아이들에게 어떤 장난감을 치우고 싶은지 질문하면서 시작한다. 이런 식으로 접근하면 반대하는 아이는 거의 없지만 한두 가지만 치우려고 할 수는 있다. 나의 경우 처음 시작으로는 그 정도도 괜찮다. 드물게 "장난감 치우기 싫어요."라고 말하는 아이들의 경우, 나는 "네가 세 개 치우고 내가 세 개 치울게."라고 말한다. 낮은 숫자를 말하면 아이들은 대개 만족한다.

아이들이 집중하지 못할 경우 치료사는 아이들에게 치우는 장난감을 스스로 선택했다는 것을 알려 준다. 스스로 정한 과제를 따르지 않는 아이들의 의도에 대해 감정을 반영하고 추측을 하면 도움이 된다. 그것은 놀이방에서의 시간을 연장하려고 하는 것일 수도 있고 자신이 해야 할 일을 피해서 치료사가 대신 책임져 주기를 원하는 것일 수도 있다. 또는 아이가 치료사의 보살핌을 원하는 경우도 있다. 치료사는 과거 아이들의 행동과 부모의 행동, 아이들의 비언어적 의사소통에 기반을 두고 아이의 목적에 대해 추측할 수 있을 것이다. 그후 아이들이 과제를 다시 생각하고 정하도록 기회를 줄 수 있다. 이 과정에서도 처벌적이거나 비판적인 목소리 톤 또는 보디랭귀지를 사용하지 않는 것이 중요하다. 언어적 및 비언어적 메시지에서 협력심을 전달해야 한다.

아이가 꾸물거리거나 쉽게 산만해지는 경우 우리는 놀이방 정리를 게임으로 만든다. 내(TK)가 먼저 정리하기로 한 물건을 치우기 전에 아이가 자신이 치우기로 한 물건을 정리할 수 있는지 도전하거나 지난 주보다 이번 주에 더 빨리 치울 수 있는지 도전하기로 하면서 시간을 재 보자고 제안하는 것이다. 여러 가지 창의적인 방법을 이용해서 아이가 긍정적으로 놀이방 정리에 집중할 수 있도록 하면 놀이방 정리가 힘겨루기나 하기 싫은 잡일이 되지 않을 수 있다.

아이가 놀이방 정리를 돕는 것을 거부할 때

힘겨루기를 피하지 못하고 아동이 방 정리에 협조하기를 완강하게 거부할 때 치료사는 아이에게 선택권을 줄 수 있다. 가장 덜 제한적인 선택을 먼저 제시하는데, 아이에게 "같이 놀이방을 정리하거나 네가 치우기를 거부하는 물건을 다음 회기에서 갖고 놀지 않는 것, 둘 중 하나를 선택할 수 있어."라고 말하는 것이다. 이때 아이가 놀이방을 엉망으로 어질러 놓지 않았다는 전제와 아이가 치우지 않기로 하는 물건을 다음 놀이치료 때 이용 가능한 놀이의 범주에서 제외해도 괜찮다는 전제가 있어야 한다. 아이가 거의 모든 장난감을 선반에서 꺼내 놓았거나 단순히 정리 과정에서 치료사와 협력하기를 거부하는 상황이라면 치료사는 최후의 선택을 제시할 수 있다. "정리를 돕거나 다음 주에는 장난감이 없는 방에서 만나거나 둘 중 하나를 선택할 수 있어."라고 말해 준다. 아이가 이 옵션을 선택한다면 치료사는 아이가 표현하고 있는 감정을 반영하고 행동의 목표에 대해 상위의사소통을 한다.

이 옵션을 택하는 아이들의 경우 대부분 치료사와의 관계의 한계와 치료사가 일관성과 차분함을 유지하는지를 시험하고자 한다. 치료사는 상냥하고 감정이 드러나지 않는 태도를 유지하고 비판적이지 않으면서 동요하지 않는 목소리 톤으로 아이가 할 수 있는 선택을 설명해야 한다. 놀이치료사는 아이의 선택에 대해 기득권을 가질 수 없다. 치료사와 아동 간 경쟁처럼 느껴질 수도 있지만 그렇지 않다. 우리는 어른이 아이와 힘겨루기만을 위한 힘겨루기를 하면 결국 어른이 진다고 믿는다. 힘겨루기에 빠지는 것을 방지하고 관계의 평등성을 보여 주기 위해 놀이치료사는 아이가 내리는 어떠한 선택도 흔쾌히 받아들여야 한다. 만약 아동이 방 정리를 하지 않기로 결정을 내린다면 놀이치료사는 아이의 결정을 개인적으로 또는 부정적으로 받아들인다는 것을 드러내면 안 된다. 이때 치료사는 자신이 한 말을 바꾸어서 아이가 다른 선택을 하도록 강요하거나 다음 놀이치료 회기에 놀이방으로 돌아와서는 안 된다. 아이에 대한 신뢰를 보여 주고 아이가 내리는 선택을 존중한다는 것을 알려 주는 것이다. 말보다는 행동이 어렵다는 것은 알지만 이는 매우 중요한 부분이다.

아이가 방을 치우지 않기로 결정했다면 상담사는 다음 놀이치료를 빈 방에서 하거나 선반을 천으로 가릴 수 있다. 이런 경우 나(TK)는 보통 게임이나 미술 도구를 다른 장소로 가져와서 아이에게 "이번 주에 장난감을 전부 갖고 놀지 않기로 네가 결정했기에 이번 회기에서 어떤 장난감을 사용할지 내가 결정했어."라고 말한다. 이 옵션을 한 번 이상 선택하는 아이는 거의 없다.

지속적으로 이 옵션을 선택하는 아이라면 상담사는 아이 행동의 목표를 면밀히 살펴야 한다. 대부분의 경우 이런 아이들은 힘에 대한 큰 욕구가 있거나 ADHD의 여러 가지 증상을 보일 것이다. 전자의 경우 상담사는 방 정리를 관계 향상의 수단으로 사용하는 전략을 고려해야 한다. ADHD가 있는 아이들은 자신이 장난감으로 가득 찬 놀이방에 압도당한다는 것을 간접적으로 표현하는 것일 수도 있다. 이 경우 상담사는 자극이 덜하고 장난감의 개수가 적은 작은 방으로 놀이방을 옮길 수 있다.

놀이방 정리의 예외

치료사와 함께 놀이방을 정리하는 것이 아들러 놀이치료의 절대적인 규칙은 아니다. 놀이치료에 오는 아이들 중에는 경직성이나 강박적 행동의 징후를 보이는 아이들도 있다. 이런 아이들은 '너무 엄격하고'(Kissel, 1990), 따라서 좀 더 자유롭게 행동할 수 있도록 도움이 필요하다. 너무 엄격한 아이들은 종종 자기제어를 개인적인 우선순위로 둔다. 놀이방에서 이런 아이들은 자동적으로 자신이 어지른 것을 치우고 통제하기 위해 많은 에너지를 쏟는다. 우리는 이런 아이들과 함께 놀이를 할 때 긴장을 풀어 주려고 노력한다. 엄격한 아이들은 자신이 어떤 조건을 충족시킬 때만 가치 있다고 믿고 계속해서 엄격하게 행동해야만 다른 사람들에게 사랑받고 수용된다고 생각한다. 가족들이 이런 메시지를 주는 것일 수도 있고, 또는 아이의 오해일 수도 있다. 아동의 엄격함의 근원이 무엇이든지 간에 경직성과 강박성을 지속하도록 장려하는 것처럼 해석될 수 있는 메시지를 주지 않아야 한다. 함께 놀이방을 정리하는 것은 이런 아이들에게 계속해서 올바른 행동을 추구할 필요가 있다고 말하는 것처럼 해석되는 메시지를 줄 수 있다. 긴장을 풀어 주기 위해 우리는 아이들에게 치료사의 수용을 얻으려고 방을 정리할 필요는 없다고 말해 준다. 하지만 팀 구축 경험을 쌓기 위해 이런 아이들과 더 많은 노력을 기울여 협력적인 파트너십을 구축해야 한다.

치료사는 또한 협력적인 방 정리가 관계 향상에 도움이 되지 않는 여러 아이를 접하게 된다. 예를 들어, 방 정리에 관해 부모님과 계속해서 힘겨루기를 하는 아이에게는 방 정리를 도와줄 것을 요청하지 않는다. 이런 요청은 처음부터 치료사와의 관계를 망치게 될 것이다. 아들러 놀이치료사로서 우리는 항상 각각의 아이들을 고유한 인식과 문제를 가지고 있는 한 개인으로 여겨야 한다. 우리는 아이의 생활양식과 욕구에 대한 이해를 바탕으로 아이마다 다른 개입 기법을 적용하려고 노력한다.

사례

다음의 사례는 제7, 9, 10장까지 이어진다. 이 장에서의 사례는 아들러 놀이치료사가 어떻게 처음 부모와 치료적인 관계를 형성하고 치료 첫 단계에서 놀이치료 기법을 사용해 아이와 평등한 관계를 형성할 수 있는지를 보여 준다.

나(KMW)는 사이먼 부부로부터 그들의 손녀인 6세 피비의 놀이치료를 요청하는 전화를 받았다. 약속을 잡는 동안 나는 손녀를 위한 상담 서비스 요청을 허가하는 서류에 대해 물었다. 사이먼 부부는 증거 서류가 있고 이 서류를 첫 상담 때 가져오겠다고 약속했다. 아이를 만나기 전에 어른들을 먼저 만나 보고 싶었고 피비가 방과 후 보육이 없었기 때문에 일반적이지는 않지만 피비가 학교에 있을 시간에 첫 상담 약속을 잡았다.

첫 상담 시간 동안 나는 아이들은 문젯거리가 아니고 아이들이 문제를 겪고 있는 것이며 대부분의 경우 아이의 가족이 그 문제에 (때로는 무의식적으로) 기여한다는 나의 생각을 설명했다. 나는 사이먼 부부에게 상담 과정에 참여할 의지가 있는지를 물었다. 사이먼 부부는 이에 동의하고 피비의 아빠가 가능할 때 능동적으로 참여할 것이라고 말했다.

사이먼 부부는 피비가 지난 3~4개월 동안 반항해 왔고 점점 더 말싸움을 걸고 짜증을 내기 때문에 상담 서비스를 받기 원했다. 사이먼 부부는 피비가 점점 더 많은 것을 요구하고 어른에게 말대답을 하고 집이나 학교에서 지시 사항을 따르기를 거부해 왔다고 설명했다. 학부모 상담에서 피비의 선생님은 피비가 친구들에게 많은 요구를 하고 반 친구들이 피비와 함께 놀기를 싫어한다고 했다고 한다. 사이먼 부부는 또 피비가 집에서는 종종 혼자 놀고 책을 많이 읽으며 가족이 키우는 동물들과 많은 시간을 보낸다고 말했다. 사이먼 부부는 자신들이 '수 마일에 걸쳐 아무것도 없는' 고립된 곳에 살고 있다고 설명하기도 했다. 집에서 피비의 행동이 바뀌는 것을 눈치채기는 했지만 지나가는 과정이라고 생각했기 때문에 1학년 선생님이 학교에서 피비의 행동에 대해 말해 줄 때까지는 상담 서비스를 고려하지 않았다.

사이먼 부부는 피비가 자신들과 아들이자 피비의 친아빠인 크리스토퍼와 함께 살고 있다고 설명했다. 피비의 아빠와 사이먼 부부는 유럽계 미국인이다. 피비는 라틴계와 코카시안계 혼혈이다. 피비의 엄마인 알리샤는 중학생 때 멕시코에서 가족들과 함께 이민을 왔다. 알리샤는 피비가 3세 때 자동차 사고로 목숨을 잃었다. 엄마에 대한 뚜렷한 기억은 거의 없지만 피비가 엄마를 매우 존경하고 엄마가 그립다는 말을 종종 했다고 한다.

피비의 부모님은 18세 때 결혼했고 결혼한지 얼마 안 되어 알리샤가 피비를 임신했다. 피비는 첫 결혼기념일 전에 태어났다. 알리샤의 부모님은 가족 간 종교 차이로 인해 결혼을 인정하지 않았다. 알리샤의 가족은 가톨릭이었고 크리스토퍼의 가족은 불교였다. 알리샤가 크리스토퍼와 함께 달아났을 때 알리샤의 부모님은 알리샤와 의절했고, 피비는 외조부모님을 한 번도 만난 적이 없다. 사이먼 부부는 아들과 아들의 부인, 그리고 피비를 지지해 왔다. 알리샤가 아직 살아 있었을 때 사이먼 부부는 피비의 부모님이 일하거나 친구들을 만날 때 정기적으로 피비를 돌봤다.

알리샤의 죽음 이후 크리스토퍼와 피비는 알리샤와 함께 살았던 집에 몇 년 동안 머물렀지만 겨우 먹고 살기에도 어려웠다. 크리스토퍼가 일하는 동안 사이먼 부부가 피비를 돌보았지만 사이먼 부부는 크리스토퍼가 사는 곳에서 차로 30분 정도 떨어진 거리에 살았기 때문에 불편함이 있었다. 문제를 해결하기 위해 크리스토퍼가 최근 근무 스케줄을 3교대로 바꾸어서 다시 학교로 돌아가 대학을 졸업하기로 결정했다. 이를 위해서 크리스토퍼와 피비는 사이먼 부부 집으로 이사를 왔다. 사이먼 부부는 은퇴 후 경제적으로 문제가 없고 피비와 크리스토퍼는 사이먼 부부에게 경제적인 부담이 되지는 않는다. 사이먼 부부는 피비와 함께 지내는 것이 즐겁고 피비를 키우는 것에 대한 큰 자부심이 있다. 하지만 엄마의 죽음으로 인한 빈 자리를 채워 주려다 보니 때로는 너무 피비가 하고 싶은 대로 하게 놔두는 경향이 있다고 인정했다.

조부모와 함께 살게 되면서 피비는 전학을 가야 했다. 피비가 새로운 학교로 옮긴 것은 우리의 첫 상담이 있기 약 4개월 전이었다. 피비가 사이먼 부부와 많은 시간을 보냈기 때문에 사이먼 부부와 함께 사는 것은 큰 문제가 아니었다. 이사를 가기 전 몇 년 동안 사이먼 부부네 집에는 가구와 장난감이 있는 피비 방이 있었다. 하지만 사이먼 부부네 집 근처에 살고 있는 아이들이 없었고 새로 옮긴 학교에는 피비가 아는 사람이 없었기 때문에 전학은 문제를 야기했다.

피비와의 첫 번째 상담에서 나는 먼저 놀이방에서는 피비가 무엇을 할지 결정할 때도 있고 내가 결정할 때도 있다는 것을 알려 주었다. 피비가 자주 혼자 또는 동물과 놀았다는 것을 알고 있었기 때문에 크고 신나는 몸짓이나 생각으로 피비를 압도하고 싶지 않았다. 또한 피비가 하고 싶은 대로 하는 것에 익숙하다는 것을 알고 있었다. 안전감을 주기 위해서 나는 피비에게 장난감을 가지고 놀거나 그림을 그릴 수 있는 두 가지 선택을 주었다. 나는 피비와의 관계를 형성하기 위해 피비가 편안하고 자신감을 느끼기를 바랐다. 나는 이미 사이먼 부부의 설명을 기반으로 피비의 성격 우선순위를 가정했다. 피비는 장난감을 갖고 노는 것에 망설임을 보이고 그림을 그리겠다고 조용히 대답했다. 피비는 조심스럽게 방 안을 둘러보고 눈으로 장난감을 관찰한 후 미술 용품을 들고 아동용 책상으로 자리를 옮겼다. 피비는 마치 자신과 함께 있는 나의 동기를 평가하려는 듯했고 내 지시를 기다리고 있는 것처럼 보였다. 나는 "나와 이 방에서 함께 놀이를 하는 것에 대해 잘 이해가 안되는 것 같아 보이네."라고 말하며 피비의 호기심에 대해 상위의사소통을 했다. 나는 또한 상담 과정에 대해 쉽게 설명해 주기 시작했다. "나를 만나러 오는 것에 대해 할머니, 할아버지가 뭐라고 하셨어?"라고 물었고 피비는 놀이치료에서 사람들이 무엇을 하는지 잘 모르고 자신이 왜 여기에 있는지 잘 모르지만 아마 자신이 혼나고 있는 것으로 생각된다고 말했다. 나는 피비에게 다음과 같이 설명했다.

> 때로 아이들은 슬프거나 화가 나거나 혼란스러워서 나와 함께 놀이를 하러 와. 아이들이 이런 감정을 느낄 때 어른한테 소리를 지르거나 친구들에게 못되게 굴거나 평소에는 하지 않는 다른 행동을 해. 너도 슬프거나 화가 날 때가 있니?

피비는 고개를 끄덕였지만 대답을 하지는 않았다. 나는 피비가 때로 이런 감정을 느낀다는 것을 인지했지만 첫 상담이고 여전히 관계를 형성하는 도중이기 때문에 당시에는 이 이야기를 더 이상 지속하지 않았다.

피비는 그림을 그리기 시작했다. 조용히 가족을 그렸는데 매우 정성과 시간을 들여 그림을 그렸다. 그 분위기를 따라 나는 말을 드물게 하고 "갈색을 사용하는구나"처럼 간단한 추적을 했다. 또 "정말 집중해서 하고 있구나. 내 생각에는 가족이 너에게 굉장히 중요한 것 같아."와 같은 말을 하면서 피비의 진지함과 집중에 대해 상위의사소통을 했다. 그림을 다 그리고 나서 피비는 크레용을 내려놓고 그림을 설명했다. 피비는 엄마, 아빠 그리고 자기의 세 명을 가족으로 그렸다. 자신을 아기로 그렸고 엄마가 얼마나 자신을 사랑하고 안아 주고 놀아 주는지에 대해 이야기했다. 피비는 이 그림이 "행복한 그림"이라고 말했다. 그림 설명이 끝난 후 짜증이 난 표정으로 피비는 까만 물감을 들고 그림 전체를 다 칠해 버렸다. 나는 "그림 전체를 다 가리고 있네. 내 생각에는 네가 엄마를 많이 보고 싶어하는 것 같아."라고 상위의사소통을 했다. 피비는 대답을 하지 않고 놀이치료가 끝날 때까지 계속해서 리듬을 타면서 그림을 검게 덮었다. 피비는 그림을 가져가고 싶어 하지 않았다.

두 번째 놀이치료에서 놀이방으로 향해 걸어가고 있을 때 나는 "지난번에 무엇을 할지 두 가지 선택을 주었어. 이번에는 우리가 무엇을 하면서 시간을 보낼지 네가 결정할 수 있어."라고 피비에게 말해 주었다. 피비는 부엌놀이를 하면서 놀이치료를 시작했다. 혼자서 놀이를 했고 혼잣말을 속삭이기도 했다. 놀이에 몰두해 있는 것 같았지만 너무 크게 말하지 않으려고 조심하고 있었다. 나는 피비의 놀이를 추적했다. "그걸 만들고 있구나." "그걸 오븐에 넣었네." "음식을 내놓고 있구나." 또한 피비의 놀이에 대해 상위의사소통을 했다. "네가 원하는 대로 되도록 확실히 하는 걸 좋아하는구나." "정말 조용하게 놀이를 하네. 내 생각에는 네가 때때로 다른 사람들이 네가 하는 말을 듣거나 네가 있는 것을 알아채지 않았으면 하는 것 같아." 놀이치료 과정과 놀이치료사로서 나의 역할에 대해서도 언급을 했다. "여기에서는 조용하게 또는 떠들면서 놀이를 해도 괜찮아." "혼자 놀아도 되고 나와 함께 놀아도 돼." "어떨 때 나는 혼자 재미있는 걸 하기도 하고 때로는 여기 오는 다른 친구들이나 아이들과 함께 하기도 해." 시간이 얼마 지난 후 피비는 접시에 음식을 담아 나에게 가져와서 나와 함께 음식을 먹었다. 피비는 나와 더 많은 교류를 하기 시작했고 나에게 그릇을 들고 있거나 음식을 젓거나 전자레인지를 돌리는 등의 역할을 하도록 지시하기도 했다.

놀이 도중 피비는 몇 차례 자신이 원하는 대로 되지 않을 때 쉽게 짜증내거나 불만을 표하면서 낮은 수준의 욕구 불만 내성을 드러냈다. 예를 들어, 음식 용기를 갖고 놀고 있을 때 빈 시리얼 박스가 넘어졌다. 또 가짜 음식이 피비가 들고 있는 접시에서 떨어졌다. 피비는 마치 소리를 지르고 싶은 것처럼 보였다. 나는 피비의 감정을 반영하고 피비의 반응에 대해 상위의사소통을 했다. "그게 계속 넘어져서 화가 났구나." "네가 원하는 대로 일이 되지 않는 것을 좋아하지 않는구나." "원하는 대로 되지 않을 때도 있는데 너는 그런 일이 생기면 불만족스러워하는구나." 나는 내가 이 상황을 기억하고 앞으로 있을 놀이치료에서 이런 종류의 행동이나 반응의 증거를 찾으려고 할 것임을 인지했다. 놀이치료 첫 단계의 과정 중 하나가 아이의 생활양식 속에서 패턴을 파악하는 것이기 때문이다.

피비에게 마지막 5분이 남았음을 알려 준 후 피비는 놀이방을 치워야 하는지 나에게 물었다. 나는 피비에게 우리가 함께 정리할 수 있다고 알려 주었고 피비는 내 대답에 만족하는 듯했다. 놀이방을 정리해야 할 시간이 되었을 때, 피비는 할머니, 할아버지를 불러와야 할 시간이라고 말하면서 문 쪽으로 걸어갔다. 나는 피비에게 놀이치료가 끝나기 전에 방을 정리해야 한다고 다시 알려 주었다. 피비는 마치 발이 땅에 붙은 듯 계속해서 문 옆에 서 있었다. 나는 방 정리에 대한 제한사항을 정하기 시작했다. "우리가 떠나기 전에 장난감을 치우는 게 놀이방 규칙이야. 내가 혼자 어질러진 것을 치우기를 원한다는 거 알아. 내 생각에는 우리가 같이 정리할 수 있는 방법을 찾을 수 있을 것 같아." 피비는 확실치 않은 표정으로 나를 쳐다보고 자기가 포크와 스푼을 치우고 내가 그릇과 접시를 치우자고 제안했다. 나는 동의했고 우리는 함께 방을 정리했다.

두 회기 동안 피비는 나와 힘을 공유했고, 교류했으며, 자신의 삶의 일부를 나와 공유하기 시작했다. 나는 우리가 관계를 형성하고 있고 두 번째 단계로 나아가기 위한 준비가 되고 있음을 알았다. 피비의 중요한 Cs나 잘못된 행동의 목표 그리고 성격 우선순위에 대해서도 어느 정도 추측을 할 수 있었다. 또한 이 관계가 취약하기 때문에 다음 단계로 조심스럽게 나아가야 한다는 것도 알았다.

요약

아들러 놀이치료의 첫 번째 단계인 평등한 관계 형성은 상담사가 아이를 만나는 순간부터 시작되고 아이와 교류를 하면서 지속된다. 놀이치료 초기에 상담사는 아이에게 놀이치료에 오는 것에 대해 어떻게 생각하는지를 묻고 치료 계획, 부모와 선생님 상담 그리고 비밀보장을 설명하면서 놀이치료 과정을 알기 쉽게 얘기해 준다. 상담사는 추적, 내용 재언급, 상위의사소통, 감정 반영, 질문에 답하기, 질문하기, 아이에게 책임 돌려주기, 아이와의 능동적인 교류 그리고 놀이방 함께 정리하기의 기법을 이용해서 계속해서 아이와의 관계를 쌓아 가고 친밀감을 강화한다. 격려하기, 제한설정하기 그리고 좌절감을 느끼는 아이들의 중요한 Cs, 잘못된 목적, 성격 우선순위를 이해하는 것도 상담사와 아이의 관계 발전의 요소이다. 이런 기법과 개념은 제3, 6, 7장에서 설명하고 있다.

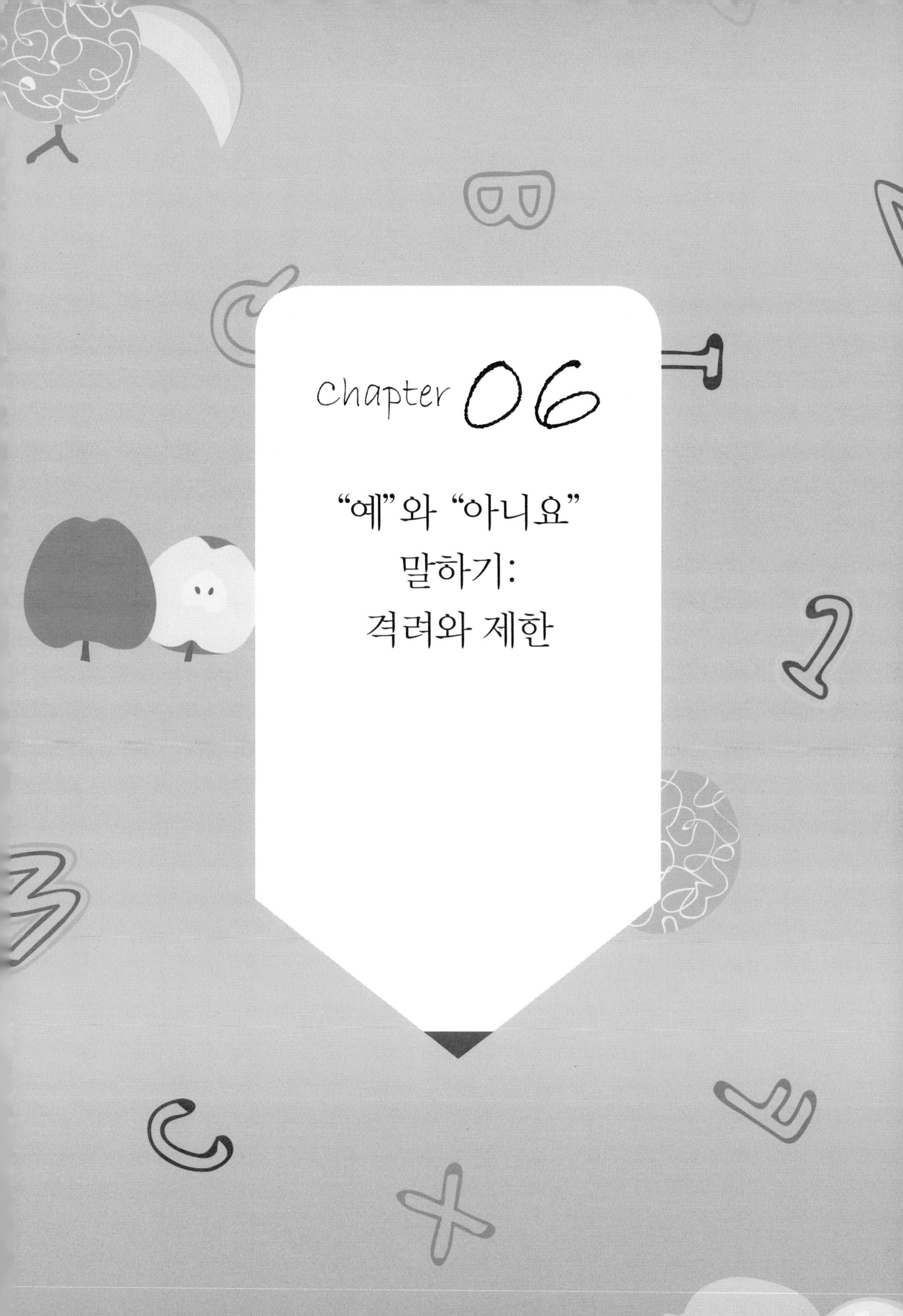

Chapter 06

"예"와 "아니요" 말하기: 격려와 제한

격려하기와 제한하기가 한 장에서 다뤄지는 것에 대해 "왜 이 두 가지 기법을 한 장에 넣었을까?" 궁금해할 수도 있다. 학문적으로 말하자면 격려하기와 제한하기는 아들러 놀이치료를 아들러 놀이치료답게 만드는 핵심 기술이라고 말할 수 있다. 하지만 실제로는 이 두 기술 말고도 상위의사소통, 개념화, 치료 계획 세우기와 다른 여러 가지 기술이 함께 아들러 놀이치료를 완성하기 때문에 올바른 설명은 아니다. 은유적으로 말한다면 격려하기와 제한하기가 놀이치료사의 행동 스펙트럼에서 양극에 위치한다고 설명할 수 있을 것이다. 하지만 솔직히 말하자면 처음에는 말이 된다고 생각해서 이 두 가지 기술을 한 곳에 묶은 것이 전부이다. 어쨌든 이 장에서는 격려하기와 제한하기에 대해 다루어 본다.

격려하기

아들러 놀이치료사는 놀이치료 과정의 네 단계 전반에 걸쳐 지속적으로 격려 기법을 사용한다(Kottman, 2011; Sweeney, 2009; Yang, Milliren, & Blagen, 2010). 격려는 특히 아동과의 관계를 형성하고 아동에게 새로운 방향을 제시하고 재교육을 하는 데에 있어 중요하다. 아이들을 격려할 때 치료사는 각 아이들의 중요한 Cs(용기, 관계, 유능감, 가치)와 성격 우선순위를 고려해서 말의 종류와 전달 방식을 다르게 적용해야 한다.

무조건적인 수용 보여 주기

치료사는 변화를 바라거나 필요로 하거나 기대하지 말고 아이들을 현재 있는 그대로 평가해야 한다. 치료사가 아이들이 지금 이대로 충분하고 가치 있는 사람이라고 생각하고 그 신념을 그대로 전달한다면 아이들은 상담사가 믿는 모든 속성을 갖고 있는 것처럼 행동할 가능성이 높다. 무조건적 수용은 모든 사람에게 중요하지만 스스로가 중요하지 않거나 '~를 해야만' 중요하다고 생각하는 아이들, 그리고 성격 우선순위가 타인을 기쁘게 하는 것인 아이들에게는 특히 필수적이다.

아이의 능력에 대한 신념 보이기

상담사는 아이들의 삶에 잘 대처할 수 있는 능력에 대한 신념을 보여 주어야 한다. 상담사가 아이들이 어려움을 극복하고 문제를 해결할 수 있는 역량이 있다는 신념을 보여 준다면 아이들은 스스로를 더 신뢰하게 된다. 상담사의 존중과 신념은 아이들의 자존감, 자신감 및 자기 효능감 발달을 촉진한다. 아이의 능력에 대한 신념을 보여 주기 위한 격려의 예는 다음과 같다.

- "혼자서 그걸 알아냈구나."
- "와, 해냈구나! 스스로를 정말 자랑스러워하는 것 같네."
- "어떻게 하는지 네가 결정할 수 있어."

특정한 과제를 하도록 아이를 격려할 때, 우리는 아이들이 그것을 해낼 수 있는 능력이 되는지 확인한다. 어른들은 종종 아이들에게 '더 노력하면' 할 수 있다고 주장하곤 한다. 성취에 대한 압박은 만약 아이가 그 특정한 과제를 해낼 수 없다면, 특히 처음부터 자신의 능력을 믿지 않는 아이라면 격려보다는 좌절이 된다. 놀이치료사는 항상 아이들의 향상된 능력을 찾아내야 한다. 발전을 보이거나 예전에는 도전하기를 꺼렸던 것을 시도할 때마다 아이들에게 격려의 말을 해 주어야 한다. 긍정적인 변화의 신호를 면밀히 관찰하고 아주 작은 발전이라도 언급하는 것이 중요하다. 이렇게 하면서 아이들에게 자신이 성장하고 변화할 수 있다는 신념을 심어 준다. 능력 향상에 기반을 둔 격려의 예는 다음과 같다.

- "그 권총집 잠그는 법을 배웠구나. 지난주에는 잘 잠그지 못했는데 이번 주에는 문제없이 잠궜어."
- "줄이 똑바르지 않아서 실망한 것처럼 보이네. 하지만 지난번에 했던 것보다 줄이 더 바르게 됐어. 네가 원하는 대로 조금씩 발전하고 있는 거야."

이 격려 방법은 특히 자신의 능력에 대한 신념이 부족한 아이들과 성격 우선순위 측면에서 편안함을 지향하는 아이들에게 적절하다. 스스로의 능력에 자신감이 없는 아이들의 경우 아이의 삶에서 중요한 어른이 아이에 대한 신념을 보여 주는 것이 반드시 필요하다. 이런 아이들은 스스로의 능력에 대한 신념이 정당한 것인지에 대해 회의적이기 때문에 놀이치료사는 이 신념을 지지할 수 있는 증거를 제시할 준비가 되어 있어야 하고 아이가 부정적인 반응이나 의구심을 보여도 변함없는 태도를 유지해야 한다. 성격 우선순위가 편안함인 아이들은 무언가를 성취하기 위해 노력을 기울이는 것을 피하는 경향이 있기 때문에 대부분 스스로 자기 효능감을 뒷받침할 수 있는 증거가 거의 없다. 이때 놀이치료사가 아이들이 마음먹은 것은 무엇이든 할 수 있다는 신념을 표현하는 것은 아이들에게 동기를 부여해서 이런 패턴을 바꿀 수 있을 만한 충분한 에너지를 내도록 한다.

노력 인정하기

많은 경우 아이들은 노력이 완전한 성공으로 이어질 때만 주목을 받는다. 이는 때로는 아이들을 매우 좌절하게 해서 아이들이 새로운 것에 도전하는 것을 막기도 한다. 놀이치료 도중에는 상담사가 무언가를 해 보려는 아이의 노력에 대해 긍정적인 언급을 할 필요가 있다. 아이들의 노력을 인정함으로써 상담사는 특히 성공이 보장되지 않았을 때 시도해 보는 것이 중요하고 존중받아 마땅하다는 메시지를 준다. 노력에 대한 인정의 예는 다음과 같다.

- "와! 스스로 할 수 없을 거라고 생각했지만 그래도 시도를 해 봤구나."
- "그 체를 모래로 채우려고 노력하는구나. 열심히 하고 있네."
- "네가 원하는 대로 줄이 똑바르지 않아서 실망한 것처럼 보이네. 네가 원하는 대로 되지 않을 때도 있고 그래도 괜찮아."

아이의 노력을 인정할 때, 우리는 일반적으로 아이의 감정을 반영한다. 아이의 실망이나 우려, 긍지 또는 아이에게서 느껴지는 다른 기분을 언급하는 것이 중요하다. 아이의 행동이나 기분을 언급하면서 우리는 '하지만'을 사용하지 않도록 노력한다. 문장 안에 '하지만'을 넣는 것(예: "성공하지 못했네. 하지만 열심히 했어.")은 노력이 기대에 못 미친다는 것을 암시한다.

이런 격려 방법은 용기가 부족한 아이들이나 성격 우선순위가 편안함 또는 우월함인 아이들에게 매우 적절하다. 용기가 부족한 아이들은 너무 비관적이라 노력하는 것을 포기한다. 이런 아이들에게는 아주 작은 노력이라도 큰 성취이기 때문에 놀이치료사는 용기가 부족한 아이들이 노력하는 위험을 감수하는 것에 대해 긍정적인 말을 해 줄 수 있도록 계속해서 기회를 찾아야 한다. 편안함을 지향하는 아이들 또한 노력을 하거나 위험을 감수하는 데 에너지를 쏟는 것을 피하는 경향이 있다. 따라서 시도를 격려하는 피드백이 도움이 된다. 우월함이 성격 우선순위인 아이들은 일반적으로 성공이 보장되지 않으면 시도를 피하기 때문에 성공에 대한 보장 없이 노력을 하는 것은 큰 성취이다.

강점과 자산에 집중하기

아들러 놀이치료의 격려 과정 중 하나는 강점과 자산에 집중하기이다. 놀이치료에 보내지는 많은 아이는 스스로의 자산을 인지하지 못한다. 상담사는 놀이치료 초반에 아이들에게 자신이 잘하는 것과 다른 사람들이 그들에 대해 좋아하는 점을 묻는다. 많은 경우 아이들은 스스로 잘하는 게 무엇인지 모르고 자신을 좋아하는 사람을 모른다고 대답한다. 자신을 좋아한다고 말하는 아이도 자신의 어떤 점을 좋아하는지에 대해서는 거의 모른다.

우리는 모든 아이가 잘하는 것이 있고 무언가 기여할 수 있다고 믿는다. 아이가 스스로 잘하는 것이 없고 자신이 긍정적인 기여를 할 수 없다고 생각하는 이유는 대개 건설적인 방식으로 집이나 학교에서 어떻게 스스로의 중요성을 확인하는지 배우지 못해서인 경우가 많다. 때로 아이들의 강점 인지나 인정을 방해하는 다른 요인들(예: 가족의 죽음, 이혼, 위험에 처한 가족 내 다른 아이들, 개인적으로 어려움을 겪고 있는 선생님 등) 때문에 아이의 자산이 주목받지 못할 수도 있다. 또는 한 가족이 가진 가치가 아이가 가진 자산과 부합하지 않아서 아이의 자산이 인정되지 않는 경우도 있다. 아이가 스스로 유용하고 긍정적인 기여를 해서는 자신의 가치를 확인받을 수 없다고 결론짓고 부정적인 방식을 택함으로써 학교나 가정이 아이의 자산에 주목하지 않을 수도 있다. 놀이치료사는 이런 아이들의 자산을 그들에게 알려 주어 아이들 스스로 자신의 자산을 인지하도록 해야 한다. 아이들에게 스스로가 가진 자산을 인식하도록 하는 격려의 예는 다음과 같다.

- "어떻게 방법을 찾아내는지 알고 있구나."
- "무엇을 하겠다고 결정하고 나면 쉽게 포기하지 않는구나."
- "그 탑을 만든 것에 대해 스스로 굉장히 자랑스러워하는 것 같네."
- "와! 모래상자를 가지고 무엇을 하고 싶은지 정확하게 알고 있구나. 자기 자신을 확실히 알고 있네. 무엇을 할지 결정할 때 스스로 원하는 바를 잘 알고 있는 것 같아."

이는 자신이 타인과 교감할 수 없고 스스로 능력이 부족하거나 자신이 중요하지 않다고 생각하는 아이들에게 중요한 격려 전략이다. 스스로 교감할 수 있는 능력이나 관계를 형성하고 유지하는 데에 필요한 기술이 없다고 생각하는 아이들에게 누군가가 자신의 강점에 주목해 준다는 것은 매우 기쁜 경험이다. 이런 아이들은 타인과 가까운 관계를 맺고 있는 경우가 거의 없기 때문에 자신을 좋아하거나 자신이 무엇인가에 기여할 수 있다고 믿는 주변 사람을 생각해 내기가 어렵다. 놀이치료사가 이런 아이들에게 그들의 자산에 대해 긍정적인 피드백을 많이 해 주면 큰 영향을 미칠 수 있다. 또한 자신의 능력에 대한 신념이 없고 스스로가 중요하지 않다고 생각하는 아이들에게는 누군가 자신에게 능력이 있고 중요하다는 말을 해 주는 것이 치료에 도움이 된다. 이 격려 기법이 바로 이런 역할을 해 줄 수 있다.

우리는 우월함을 지향하는 아이들, 특히 남을 능가하려는 아이들에게는 이런 방식의 격려를 사용하지 않는다. 과거에 이 방식이 역효과를 낳은 적이 여러 번 있었기 때문이다. 이런 아이들은 우리가 그들의 자산에 주목하면 할수록 자신의 자산에 대해 더욱더 격려를 듣고 싶어 하는데, 이는 비생산적일 수 있다. 아이들이 열등감에 대응하기 위해 자신들의 성취나 강점을 남용하는 것은 우리가 원하는 것이 아니기 때문이다. 자신이 타인보다 낫다는 것을 증명하기 위해 자신의 성취를 자랑하는 것은 불쾌한 행동이다. 이런 아이들은 강점에 대한 피드백을 들으면 종종 다음과 같이 반응한다. 첫째, 더 높은 수준의 추가적인 긍정적 피드백 요구, 둘째, 더 높은 기준 세우기(예: "아까 그게 잘한 거라고 생각하시면 이번에는 더 놀라실 거예요."), 셋째, 자신과 타인의 비교 심화가 그것이다.

아이의 강점에 대해 생각한 후 치료사는 자신이 발견한 것을 부모와 선생님과 공유해서 격려의 힘을 강화할 수 있다. 대부분의 경우 놀이치료에 오는 아이들은 자신의 삶에서 자멸적이고 자기 파괴적인 요소를 갖고 있다. 바로 자신과 타인, 그리고 세상에 대한 개인적인 논리나 그릇된 신념이다. 거의 대부분의 경우 아이들의 생활양식은 아이나 다른 가족 구성원들, 또는 선생님이나 학교의 다른 구성원들에게 문제를 야기한다. 치료사가 도움을 줄 수 있는 방법 중 하나는 아이 주변의 중요한 어른들에게 아이에 대한 재정의를 내리는 것이다. 부모 및 선생님과 상담하면서 치료사는 아이의 행동과 아이, 가족 그리고 학교 관계자가 보는 아이의 모습 간의 불일치에 대해 지적할 수 있다. 주목받지 못하는 아이의 강점을 지적하거나 아이의 행동을 재구성하는 것 등이 이에 포함된다.

이 과정에서 부모나 선생님이 처음에는 거부하는 모습을 보일 수도 있다. 가족 구성원이나 학교 관계자는 대부분 아동이 특정한 고정관념에 들어맞는다는 확신을 갖고 있고 다른 시선으로 아이를 보고 싶어 하지 않는다. 어른들이 고정관념에 얽매이는 주요 이유 중 하나는 그 고정관념을 포기하면 어른들 스스로의 태도나 행동을 바꿔야 하기 때문이다. 아이에 대한 생각과 아이와의 교류 방식을 바꾸는 것을 거부하는 또 다른 이유는 만약 어른들이 새로운 방식이 도움이 되고 필요하다는 것을 인정하면 그동안 자신들이 아이와의 관계에서 사용해온 방식이 잘못되었다는 것을 인정해야 하기 때문이다. 이러한 거부를 극복하기 위해서는 인내심이 필요하며 치료사는 어른들도 고정관념을 갖고 있다는 것(어른들도 결국 사람이다), 그리고 아이를 고정관념에 가두어 놓지 않기 위해서는 어른들도 도움과 격려가 필요하다는 것을 기억해야 한다.

아이에 대한 부모나 선생님의 생각을 바꿀 때는 어른들이 가진 고정관념 중 정확한 부분을 인지하면서 시작하는 것이 효과적일 수 있다. 예를 들어, 항상 단정하지 못해 보이고 자신의 머리를 남이 빗겨 주는 것을 거부하는 8세 여자 아이 조앤의 경우, 어른들은 조앤이 부모님과 선생님의 말을 듣지 않는 지저분하고 통제 불가능한 아이라고 생각하고 있었다. 조앤의 부모님은 항상 모든 것을 잘 정돈하는 매우 깔끔한 사람들이었기에 조앤의 행동은 부모님을 매우 화나게 했다. 나(TK)는 먼저 조앤이 일부러 지저분함을 선택하고 있다는 것을 지적했다. 그리고 조앤이 머리를 하는 흥미로운 방식에 대해 이야기하고 그런 스타일을 만들어 내는 조앤이 얼마나 똑똑하고 상상력이 풍부한지 설명하면서 조앤의 행동을 창의적이고 독창적인 것으로 재정의했다. 이 방법으로 조앤의 부모님이 조앤에 대해 갖고 있던 고정관념이 완전히 사라진 것은 아니지만 부모가 조앤을 새로운 관점에서 바라보도록 해 주었다.

행동하는 사람이 아닌 행동과 행동의 즐거움 강조하기

놀이치료에서 아이를 격려하는 또 다른 기술은 행동을 한 사람이 아닌 행동 자체와 행동하는 것의 즐거움을 강조하는 것이다. 이 전략은 치료사가 긍정적인 행동에 주목하고 아이에 대한 가치 판단을 하지 않도록 해 준다. 많은 사람이 "너는 그림을 잘 그리는구나!" "남을 잘 도와주는 아이구나!" 또는 "너는 정말 오냐 오냐 자란 버릇없는 녀석이구나!"와 같은 말을 사용한다. 이런 말은 아이들이 행동 이외에는 그 어떤 내재된 가치도 갖지 않는다는 것을 암시한다. 즉, 아이들의 가치는 아이들이 누구인지가 아닌 무엇을 하는지에 달려 있다는 메시지를 준다. 놀이치료에서 치료사는 아이들의 행동과 관계없이 아이에 대한 관심을 전해야 한다. 이렇게 하는 방법 중 하나는 아이들을 아이들이 하는 행동과 분리하는 것이다. 놀이치료사는 비판이나 평가를 하지 않고 단순히 그들이 스스로의 행동에 대해 느끼는 감정을 언급하면 된다. 아이들의 성취감이나 무엇인가를 하는 즐거움을 강조함으로써 놀이치료사는 아이들이 계속해서 유용한 행동을 시도하도록 격려할 수 있다. 행동을 하는 사람이 아닌 행위 자체를 강조하는 예는 다음과 같다.

- "와! 그림에 색을 칠했네. 재미있었겠다."
- "군인들을 다 주워서 치워 놓았네. 스스로를 자랑스러워하는 것처럼 보이는데."
- "모래 위에 물을 부으면서 재미있어 하는 것 같네."
- "그걸 나에게 쏘거나 거울 보면서 너 자신에게 쏘는 걸 재미있어 하는구나."

이 전략은 자신의 능력이나 가치를 믿지 않는 아이들에게 특히 효율적이다. 또한 성격 우선순위가 타인을 기쁘게 하기거나 편안함인 아이들에게도 도움이 된다. 스스로의 능력을 믿지 않는 아이들이나 성격 우선순위가 편안함인 아이들의 경우 자신의 성취에 대한 피드백을 듣는 것이 큰 도움이 된다. 이런 아이들은 항상 자신이 아무것도 해낼 수 없다고 믿어 왔기 때문에 이 과정이 큰 변화를 야기할 수 있다. 하지만 많은 경우 이런 아이들은 자신의 행동에 대해 인정을 받거나 긍정적인 피드백을 듣는 것에 익숙하지 않아서 행동에 초점을 맞춘 격려의 말을 들으면 이를 무시할 수도 있다. 따라서 피드백을 줄 때 아이들의 반응을 살피는 것이 중요하다.

스스로가 중요하지 않다고 생각하거나 조건적으로 스스로의 가치를 믿는 아이들, 그리고 성격 우선순위가 기쁘게 하기인 아이들은 피드백을 들으면 그 피드백이 부정적인 피드백은 아닌지를 생각하는 데에 많은 에너지를 소모한다. 예를 들어, 누군가가 아이들이 그린 그림에 대해 칭찬하면, 이런 아이들은 즉시 자신이 그린 다른 모든 그림을 떠올리고 나머지 그림은 좋지 않았던 것인지 의심한다. 그리고 입고 있는 옷이 예쁘다거나 예쁘게 생겼다는 칭찬을 들으면 자신의 가치가 자신의 외모에 달려 있다는 뜻으로 받아들이는 경향이 있다. 놀이치료사가 피드백의 초점을 바꾸어 아이의 긍지와 성취감을 강조하고 반대로 아이의 행동과 가치 간의 연결성을 덜 중시하는 것은 아이가 자신의 가치가 다른 사람을 기쁘게 하는 것 또는 다른 사람들의 주목이나 인정에 달려 있지 않다는 것을 믿게 하는 데에 도움이 된다.

긍정적인 것에 집중하기

자주 그렇듯이 아이들의 행동에 긍정적인 요소와 부정적인 요소가 모두 포함되어 있다면 상담사가 그 행동의 건설적인 부분에 대해 칭찬을 해 주고 자멸적, 자기 파괴적인 부분은 무시하는 것이 아이들에게 더 많은 도움이 된다. 많은 경우 부모와 선생님은 아이들의 행동에 대해 부정적인 측면만을 강조하고 긍정적인 측면은 인지조차 하지 않는다. 부모나 선생님은 "97% 밖에 안 돼? 어쩌다 그랬니?" "영화가 10분 남았는데 가만히 있지를 못하다니. 너는 왜 그렇게 항상 배려가 없니?" 등의 표현을 사용한다. 놀이치료에서 아이를 격려할 수 있는 방법 중 하나는 아이가 적절하게 행동하고 있을 때 피드백을 주거나 아이가 하고 있는 행동의 적절한 부분을 언급해서 아이 행동의 긍정적인 측면에 주목하는 것이다. 행동의 긍정적인 부분을 칭찬하고 불필요한 부분은 무시하는 예는 다음과 같다.

- "숙제를 97점 맞았네? 이렇게 높은 점수를 받아서 스스로 매우 자랑스럽겠다."
- "영화 보는 내내 거의 얌전히 있었네. 정말 참을성이 있구나."
- 모래상자에 물을 붓는 것에 대해 놀이치료사가 한계를 설정한 후, 빈이 계속해서 물을 붓다가 남은 물은 싱크대에 부을 때, "놀이방 규칙을 따르기로 결정하고 남은 물을 전부 다 모래상자에 붓지는 않기로 했구나."

긍정적인 측면에 초점을 맞추는 것은 성격 우선순위가 편안함이나 기쁘게 하기인 아이들, 자신의 능력이나 가치에 대한 신념이 없는 아이들에게 행동에 초점을 맞춘 격려를 하는 것과 비슷한 효과를 낸다. 아이들에게 타인이 무조건적으로 자신들을 받아들인다는 경험을 주는 것이다. 이 격려 방법은 또한 성격 우선순위가 우월함이나 통제인 아이들에게도 효과가 있다.

성격 우선순위가 우월함인 아이들은 자신들이 느끼는 열등감과 자신이 스스로의 기준에 부합하지 않는 것에 대해 많은 에너지를 쏟기 때문에 자신의 삶에서 부정적인 부분과 기대에 못 미치는 부분에 초점을 맞춘다. 통제가 성격 우선순위인 아이들은 자신들이 통제할 수 없는 부분에 주목하고 이렇게 삶에서 통제 불가능한 요소들에 대한 스스로의 권리를 주장하기 위해 에너지를 낭비한다. 부정적인 측면을 무시하고 긍정적인 측면에 집중하면서 놀이치료사는 좀 더 건설적으로 스스로를 평가하고 현실적으로 에너지를 사용하는 방법을 제시해 준다.

아이의 관심거리에 참여하는 모습 보이기

아이를 격려하는 다른 방법은 아이의 관심거리에 참여하는 것이다. 아동은 용, 야구, 서커스, 별자리, 비디오 게임, 또는 다른 여러 가지 주제에 관심이 있을 수 있다. 아이들은 대부분 자신의 삶에서 중요한 어른들과 자신이 관심 있는 주제들에 대해 이야기하고 싶어 한다. 많은 어른은 아이들이 중요하게 생각하는 관심거리에 대해 시간을 들여 이야기를 들어 주려고 하지 않는다. 특히 어른들 자신이 그 주제에 흥미가 없을 경우는 더욱 그렇다. 아이의 관심거리에 함께 흥미를 보이면서 치료사는 아이가 자신과 자신이 가치 있게 생각하는 것에 대해 긍정적으로 느끼도록 도울 수 있다. 아이의 관심거리에 참여하는 예는 다음과 같다.

- "지난주에 축구 경기는 어떻게 됐니?"
- "공룡 그림을 놀이방으로 가져왔네. 공룡에 대해서 아는 것이 많은 것 같아."
- "새 비디오 게임을 샀구나. 신난 것 같은데 어떻게 하는 건지 나한테 얘기해 줘."

이런 방식의 격려는 어렵지 않다. 치료사는 특정한 주제에 대해서 묻고, 아이의 이야기를 듣고 중간중간 적절한 질문을 하기만 하면 된다. 자신에게 중요한 것에 대해 어른의 전적인 주목을 받는 것은 아이에게 스스로와 자신의 가치에 대한 자신감을 심어 준다.

이 전략은 자신이 중요하지 않다고 생각하는 아이나 다른 사람과의 교류에 어려움을 겪는 아이들에게 특히 도움이 된다. 자신이 중요하지 않다고 여기는 아이들은 스스로 흥미를 느끼는 분야에 어른이 관심을 보일 때 큰 격려를 받는데, 만약 자신이 중요하지 않다면 어른이 시간과 에너지를 들여 자신의 이야기를 들어 주지 않을 것이라고 생각하기 때문이다. 아이들의 관심 분야에 흥미를 보이는 것은 스스로 타인과 교감을 할 수 없다고 생각하는 아이들에게도 많은 도움이 된다. 아동과 마찬가지로 치료사도 아이에 대한 애정과 관심을 말과 행동으로 보여 준다. 이런 아이들은 놀이치료사가 자신의 관심 분야에 흥미를 보이면 특별한 누군가와 상호적인 관계를 맺는다는 것이 어떤 기분인지 경험할 수 있다. 또한 놀이치료사의 시범을 통해서 다른 관계에서 이용할 수 있는 중요한 사회적 기술을 배울 수도 있다.

완벽하지 않을 용기의 모범 제시하기

어른들이 아이에게 할 수 있는 가장 큰 격려 중 하나는 개인적 실수를 인정해 주는 것이다. 놀이치료사는 "완벽하지 않을 용기"(Dreikurs & Soltz, 1964, p. 38)의 모범을 제시함으로써 실수를 해도 괜찮고 항상 옳지 않아도 괜찮다는 강력한 메시지를 전달할 수 있다. 이는 아이들에게 큰 자유를 주는 경험이다. 놀이방에서 완벽하지 않을 용기를 격려의 도구로 사용할 수 있는 예는 다음과 같다.

- "불을 켜는 것을 깜박했네. 대신 켜 주어서 고마워."
- "내가 바보 같은 말을 했네. 전혀 말이 안 되는 말이었어."
- "미안해. 내가 실수했어. 다음번에 이 게임 할 때는 다르게 할게."
- "공 던지기 놀이할 때 내가 너무 세게 던졌어. 정말 미안해."

우리는 때로 일부러 실수를 해서 이런 시범을 보여 주기도 한다. 이때는 보통 크레파스 색을 잘못 쓰거나 게임을 할 때 잘못된 토큰을 사용하는 것처럼 사소하고 쉽게 고칠 수 있는 실수를 한다. "일부러 실수를 한다."고 한 것은 저자의 자존심을 보호하기 위해서이다. 사실 저자는 둘 다 원래 실수를 너무 많이 해서 일부러 실수를 할 필요가 없을 때가 많다. 우리는 아이에게 우리도 실수를 하며 실수를 고칠 수 있고 그로부터 배울 수 있다는 메시지를 주고 싶다. 완벽하지 않아도 괜찮다는 메시지이다. 만약 우리가 우연히 아이의 기분을 상하게 할 수 있는 실수를 했을 경우 우리는 항상 아이에게 사과를 한다. 이런 일이 발생하면 아이들은 예외 없이 어른이 자신에게 사과를 한다는 것에 충격을 받는다. 아들러 놀이치료사로서 아이에게 존중을 표하고 평등한 관계를 형성하기 위한 방식으로 기꺼이 사과할 수 있는 것이 중요하다.

물론 이 기술은 용기가 부족한 아이들에게 효과적이다. 또한 성격 우선순위가 통제나 우월함인 아이들에게도 강력한 영향력이 있다. 치료사가 완벽하지 않을 용기를 보여 주면 치료사는 아이들에게 위험을 감수하고 실수를 하는 것에 항상 좌절감을 느낄 필요는 없다는 모범을 형성해 준다. 아이들은 대부분 여러 번 이런 이야기를 들었을 테지만 치료사가 시범을 보이면 아이들이 들은 이야기가 좀 더 실제적인 것이 된다. 사실 아이들은 자신이 존경하고 존중하는 사람, 즉 치료사가 실수를 하고 기꺼이 기분 좋게 이를 극복하는 것을 보면서 그렇게 하는 것이 가능하다는 신념을 갖게 된다. 이 방식의 격려는 아이들이 새로운 것을 시도하고, 질문하며, 실수를 할 수 있도록 해 준다. "실수를 해도 괜찮다."라는 추상적인 개념을 실질적인 경험으로 바꾸어 주면서 아이들이 스스로를 덜 통제할 수 있도록 도와주고 덜 완벽할 수 있도록 허락한다.

실수는 학습의 기회라는 것을 깨닫게 해 주기

놀이치료사는 아이들의 실수를 격려의 기회로 이용할 수 있다. 아이들은 놀이방에서 실수를 하거나 우연히 무언가를 망가뜨리거나 쏟거나 하는 경우 대개 크게 속상해한다. 치료사는 아이들이 실수를 고칠 수 있는 힘이 있다는 것을 깨닫게 해 주고 상황을 바로잡을 수 있는 방법을 생각하도록 도와줄 수 있다. 이 과정은 아이들이 실수를 통해 배우고 앞으로는 어떻게 행동해야 할지를 결정하도록 돕는다. 또한 아이들이 실수에서 발생할 수 있는 피해를 현실적으로 평가할 수 있도록 해 준다. 아이의 실수나 사고를 격려나 힘을 실어 주는 기회로 사용하는 예는 다음과 같다.

- "빨간 물감을 사용하려고 했는데 파란색을 써서 무척 기분이 안 좋은 것 같네. 그림에 대해 기분이 나아질 수 있게 하려면 어떻게 바꿀 수 있을까?"
- "X를 거기에 놓고 게임에서 져서 화가 난 것 같네."
- "물감을 쏟아서 나쁜 일이 일어날까 봐 겁을 먹은 것 같네. 놀이방에서는 사고가 일어날 때도 있어. 지금처럼 물감을 쏟았을 때 일어날 수 있는 가장 나쁜 일이 뭘까?"

아이들에게 실수를 통해 배울 수 있고 판단의 오류나 사고에 대해 항상 부정적이거나 속상해할 필요는 없다는 것을 깨닫게 해 줄 때 우리는 먼저 실수에 대한 아이의 기분에 초점을 맞춘다. 아이가 좌절감을 느끼는 상황을 활용하는 것이 도움이 된다. 아이가 현재 상황이 전혀 잘못되지 않았다고 생각할 수도 있다. 이런 경우는 "망가지지 않았다면 고치지 말라."라는 오래된 속담을 놀이치료에 적용할 수 있다. 치료사는 아이가 부정적인 반응을 보이지 않는다면 개입하지 않고 기분이 나쁜 것처럼 보이면 그 감정을 반영한다. 그러고 나서 실수를 한 것에 대해 비판적이지 않은 관찰을 한다. 이 과정에서 치료사는 감정적인 언어나 부정적인 이름 붙이기, 그리고 못마땅한 감정이나 화를 드러낼 수 있는 비언어적 표현을 사용하지 않도록 주의해야 한다. 우리는 모든 사람이 인생에서 실수를 하는 순간이 있다거나 많은 아이가 놀이방에서 자주 사고를 겪고 실수를 한다는 말을 해 주기도 한다.

이 전략은 완벽하지 않을 용기의 표본을 제시하는 기법으로 도움을 받을 수 있는 아이들, 즉 용기가 부족하고 우월함이나 통제가 성격 우선순위인 아이들에게 효과가 있다. 치료사는 이런 아이들에게 실수는 나쁘거나 치명적이지 않다는 것을 알려 주고 실수를 잠재적 학습 경험으로 재구성해서 위험을 감수한 후 성공하지 않더라도 지구의 종말이 오지 않는다는 신념을 심어 줄 수 있다.

긍정적으로 소속감과 중요성을 느낄 수 있도록 해 주기

아들러 이론은 모든 인간이 소속의 필요성을 갖는다고 믿는다. 만약 스스로의 중요성을 얻을 수 있는 긍정적인 방법을 찾지 못한다면 아이들은 부정적인 방식을 찾을 것이다. 놀이치료사는 아이들이 소속감을 배울 수 있도록 여러 가지 유용한 방식으로 도움을 줄 수 있다. 아이를 격려하는 방법 중 하나는 아이들이 가정이나 학교에서 긍정적으로 주목받는 방법을 발견하도록 하는 것이다. 이를 위해 치료사는 놀이방에서 관찰한 아이의 자산에 주목하고 아이가 집이나 교실에서 자신의 강점을 최적화할 수 있도록 방법을 제시할 수 있다. 또 다른 방법은 아이에게 치료사가 배우고 싶은 특정한 주제의 전문가 역할을 하도록 하는 것이다. 특정 활동에 대해 아이들의 도움이나 설명을 요청할 수 있다. 물론 아이들이 스스로 어느 정도 자신이 있고 치료사가 전문 지식이 부족하다고 생각되는 활동을 택해야 한다. 나(TK)의 경우 모르는 것이 많아서 별문제가 되지 않는다. 나의 아들인 제이콥은 최근 나에게 "엄마, 도대체 아는 게 뭐예요?"라고 묻기까지 했다. 이 기술의 핵심은 가짜로 서투른 척하지 않는 것이다. 아이들이 위선을 눈치챌 것이고 그러면 이 기술을 사용하는 목적이 무산되기 때문이다. 치료사가 진정으로 원하고 필요한 것에 대해 아이의 도움을 요청해야 한다. 아이의 도움을 요청하는 예는 다음과 같다.

- "이 게임 하는 방법을 잘 모르겠어. 너 전에 해 봤다고 했지? 어떻게 하는 건지 알려 줄래?"
- "비디오 게임에 대해서 많이 알고 있구나. 난 비디오 게임 잘 안 하는데. 내가 해 보기에 괜찮은 비디오 게임은 뭐가 있을까?"
- "이 현금 등록기가 잘 안 되네. 도와줄 수 있니?"

그룹으로 놀이치료를 하는 경우 그룹 활동을 만들어서 각 아동의 강점을 보여 주고 아이들이 지속적으로 치료적인 지지와 격려를 받으면서 스스로의 중요성을 얻는 긍정적인 방법을 경험하도록 하는 것이 도움이 된다. 그룹에 소속되는 긍정적인 방법을 찾을 수 있도록 아이를 격려하는 예는 다음과 같다.

- "우리가 놀이방에 있을 때 항상 나에게 미소를 보이는구나. 반에서 친구가 되고 싶은 아이를 한 명 골라서 그 친구한테도 미소를 보이면 어떻게 될지 궁금하네."
- "놀이방에서 문제를 어떻게 해결하는지 정말 잘 알고 있구나. 집에서도 이렇게 잘 고칠 수 있는 것을 찾아낼 수 있을 거야."
- 부모에게 "헤더는 놀이방에서 돌아가면서 순서대로 하는 것에 대해 많은 연습을 했어요. 이번 주 집에서 매일 저녁 올드 메이드나 고 피시 같은 놀이를 함께 해 주

세요. 헤더가 먼저 할 수 있게 해 주고 그다음에 부모님이 하세요. 헤더가 자기 다음에 부모님이 할 수 있게 해 줄 때마다 칭찬을 해 주세요."

- 선생님에게 "창젱은 최근 자신이 그린 그림을 무척 자랑스러워하고 있어요. 다음 번에 창젱이 그림을 그릴 때 그림을 그리는 것에 대해 격려해 주실래요? 게시판에 창젱의 그림을 걸어 주시면 더 좋아요."

물론 이 전략은 교감 기술이 부족한 아이들에게 효과적이다. 이런 아이들은 그룹에 소속되는 건설적인 방법을 찾는 데에 지속적으로 어려움을 겪는데 이런 기술은 아이들에게 교감하는 기술을 배울 수 있게 해 주고 관계를 맺고 유지하는 자신의 능력에 대해 자신감을 갖게 해 준다.

제한하기

오래된 이론이지만 우리는 빅슬러(Bixler, 1949, p. 1)의 "한계가 치료다."라는 말을 좋아한다. 한계를 설정하는 것은 놀이치료에서 아이와 관계를 설정할 때 필수적인 요소이다(Bixler, 1949; Kottman, 2011; Landreth, 2012; Ray, 2011). 한계를 설정함으로써 치료사는 아이가 치료사를 화나게 하더라도 아이를 향해 무조건적이고 수용적인 태도를 정립하고 유지할 수 있는 안전장치를 만들 수 있다. 또한 한계는 놀이치료 관계가 다른 관계와 달리 진실성과 책임감에 기반을 둔다는 사실을 정립한다.

아들러 놀이치료에서 치료사는 아이들이 스스로의 감정, 희망, 생각, 환상을 그 내용에 관계없이 표현할 수 있도록 장려한다. 치료사는 직접적으로 해가 되는 행동을 제한하고 아이들이 사회적으로 적절한 표현 방법을 만들어 낼 수 있도록 돕는다. 놀이치료 내에 분명하고 일관성 있는 한계가 있을 때 치료사는 아이에게 안전감과 안도감을 줄 수 있다. 또한 치료의 현실성을 유지하는 데에 도움을 준다. 실제 생활에도 규칙, 경계 및 한계가 있다. 놀이치료 중 상황은 항상 실제 세계와 직접적으로 일치하지는 않는다(거인이나 용, 마법사가 실제 존재한다고 생각해 보라!). 하지만 놀이치료 내에서의 대인관계나 재료 및 공간은 현실에 기반을 두어야 아이들이 놀이방에서 얻은 통찰력이나 기술을 다른 상황과 관계에서 사용할 수가 있다. 즉, 아이들은 자신이나 치료사를 해치거나 놀이방이나 놀이방의 장난감을 일부러 망가뜨릴 수 없다.

아들러 놀이치료에서 한계를 설정하는 목적은 아이들의 자제력을 길러 주고 스스로 대안적인 행동을 생각할 수 있는 능력이 있다는 것을 가르쳐 주어서 아이들이 자신의 부적절한 행동을 수정할 수 있도록 하기 위해서이다. 아이들은 이 과정에 능동적으로 참여하기 때문에 한계와 결과를 지키는 것에 대해 책임감을 갖기 시작한다. 아들러 놀이치료에서 상담사는 선의를 위해 한계를 설정할 수 있다. 즉, 힘겨루기의 발생을 줄이고 아이들과의 관계를 향상시키기 위해 한계를 설정하는 것이다.

무엇을 제한할까

아들러 놀이치료의 기본적인 규칙은 다음과 같다. 첫째, 놀이치료 한 회기의 시간은 한계가 있다. 둘째, 장난감은 놀이방 안에 있어야 한다. 셋째, 아동은 장난감이나 다른 물건을 손상시키면 안된다. 넷째, 아동은 치료사, 자기 자신, 또는 놀이방의 다른 아이들에게 해를 가하면 안 된다. 이 규칙들은 '절대적인' 한계이다(Bixler, 1949; Kottman, 2011). 이런 제한은 사람과 재산이 피해를 입는 것을 방지하고 치료사가 현실에 기반을 두도록 하기 때문에 협상이 불가능하다. 아동은 이런 한계들을 결정하는 데에 능동적으로 의견을 낼 수 없다.

아들러 놀이 회기에는 '상대적인' 한계(Bixler, 1949; Kottman, 2011)도 있다. 물을 모래상자에 붓고 망치를 사용하거나 물건을 던지고 손가락으로 색을 칠하는 놀이 등은 환경, 아이의 성격, 치료사의 성격, 아이 부모의 관대함 그리고 치료사가 얼마나 편안함을 느끼는지에 따라 한계가 설정되어야만 한다(Kottman, 2011). 예를 들어, 아이가 모래 위에 물 두 컵을 붓는 것은 괜찮을 수 있어도 열두 컵을 붓는 것은 아마 다른 이야기일 것이다. 놀이방에 다트 총이 있다면 아이가 다트 총을 쏘는 것은 상관없지만 다트가 아무리 부드러운 재질로 되어 있고 아프지 않더라도 아마 대부분의 치료사는 다트에 맞고 싶어 하지 않을 것이다. 이런 종류의 제한은 아이가 적절한 대체 행동을 결정하고 스스로의 행동을 고치도록 할 뿐만 아니라 규칙을 정하고 한계를 설정하는 과정에 능동적으로 참여할 수 있도록 해 준다.

언제 제한할까

만약 치료사가 아이의 행동이 예상되는 순간에 발견했다면 아이가 제재받을 행동을 하기 전에 즉시 제한하는 것이 가장 좋다(Kottman, 2011; Landreth, 2012; Ray, 2011). 놀이치료를 하기 전에 아이에게 하지 말아야 할 행동과 규칙을 나열하는 것은 실용적으로 또는 치료적으로 이득이 되지 않는다. 치료사는 제한해야 할 모든 행동을 전부 다 생각해 낼 수 없고 부분적인 규칙은 아이를 혼란스럽게 하거나 아이가 이해하기 어렵게 할 뿐이다. 금지 행동 목록은 놀이방에서 할 수 있는 잠재적인 잘못된 행동 목록이 될 가능성도 있다. 잘못된 행동으로 힘의 우위를 얻고자 하는 아이들이나 성격 우선순위가 통제인 아이들은 금지 행동 목록을 이용해서 치료사를 일련의 힘겨루기로 끌어들일 수 있다. 우리의 경험에 비추어 볼 때 아이들은 이런 목록의 도움 없이도 이미 충분히 잘못된 행동을 하곤 한다.

한계를 설정하는 때를 정하는 주요 기술은 아이들의 비언어적 신호와 행동 패턴을 이용해서 한계를 시험하는 행동을 예상하는 것이다. 허용되지 않을 수도 있다고 인지하는 행동을 하려고 할 때 아이들은 대개 비언어적으로 이러한 의도를 전달할 것이다. 예를 들어, 잭은 치료사를 보고 거울을 본 후 다트 총을 보고 다시 치료사를 보고는 다트 총으로 거울을 겨냥할 수 있다. 잭이 다트 총을 들려고 할 때 치료사는 한계에 대해 말하기 시작해야 한다. 치료사가 행동 전 신호를 놓치거나 아이가 충동적으로 또는 신호를 주지 않고 행동을 한다면 치료사는 행동이 시작된 시점에서 가능한 한 빨리 한계를 설정해야 한다. 제한설정의 타이밍을 놓치면 치료사는 언제라도 완벽하지 않을 용기의 표본을 제시해서 "그때 네가 다트를 쏘기 전에 내가 빨리 말을 하지 못했는데 거울에 다트 총을 쏘는 것은 놀이방 규칙에 어긋나는 거야."라고 말할 수 있다.

어떻게 제한할까

한계를 설정할 때는 침착하고 이성적으로 아이가 한계를 지킬 것이고 또 지킬 수 있다고 생각한다는 뜻을 전하는 것이 도움이 된다. 아이가 규칙을 따르고 자제력을 보여줄 것이라는 치료사의 신념을 전달하기 위해 치료사는 얼굴을 찡그리지 않고 아이를 마주한 채 평소와 같이 여유 있고 편안한 자세로 앉아 있어야 한다. 목소리는 평소와 같은 높낮이, 속도, 억양을 유지해야 하고 목소리가 높아지거나 커지거나 말이 빨라지지 않도록 해야 한다. 우리가 이런 설명을 하는 이유는 놀이치료 회기를 녹화한 영상을 보고 학생들을 관찰해 보면 한계를 설정하는 것에 대해 걱정을 할 때나 아이가 한계에 동의하지 않을까 봐 우려할 때 목소리가 높아지고 커지며 말을 빨리하는 경향이 있다는 것을 발견했기 때문이다. 우리는 종종 우리가 제한하고 싶은 행동을 막기 위해서 의자를 앞으로 당겨 앉거나 긴장하거나 즉시 행동을 취할 준비를 한다.

제한설정의 단계

아들러 놀이치료의 제한설정은 네 단계로 이루어진다. 첫째, 놀이치료사가 한계를 말한다. 둘째, 치료사가 아이의 감정을 반영하고 한계를 시험하는 행동의 숨겨진 메시지나 목적에 대해 상위의사소통을 한다. 셋째, 치료사가 놀이방에서 수용 가능한 대체 행동을 고안하거나 문제가 되는 상황의 해결책을 찾는 과정에 아이가 참여하도록 한다. 만약 아동이 계속해서 한계를 어긴다면 치료사와 아동이 협력해서 타당한 결과를 설정하는 것이 네 번째 단계이다.

한계 말하기

우리는 한계를 말할 때 여러 가지 다른 종류의 공식을 사용한다. 행동을 제한할 때 우리는 다음과 같은 예를 사용한다.

- "놀이방에서의 규칙은 ~이야."
- "~는 놀이방 규칙에 어긋나."
- "~하는 것은 놀이방 규칙을 어기는 거야."

이런 문장은 놀이방을 사용하는 모든 사람에게 적용되는 특정한 규칙과 한계가 있다는 것을 제시한다. 이렇게 한계를 설정하면 대부분의 아이는 놀이치료사가 마치 강제로 행동을 제한하고 처벌을 할 수 있는 권한이 있는 존재나 아이들이 마음대로 하지 못하게 방해하는 사람인 것처럼 반응하지 않는다. 이 공식은 또한 아이가 할 수 있는 행동과 하면 안 되는 행동에 대한 반복적인 힘겨루기와 대립적인 협상을 줄여 준다.

"나는 네가 ~하는 것은 바라지 않아." "나는 네가 ~하도록 하지 않을 거야." 또는 "너는 ~하면 안 돼."처럼 놀이치료사를 권위적인 존재로 보이도록 하는 표현은 피하는 것이 중요하다. 나(TK)는 아들러 놀이치료의 제한설정에 대해 실험할 때 이 모든 문장을 사용해 보았다. 내 말을 믿어도 좋다. 이 같은 문장은 한계를 설정하는 과정을 개인적인 것으로 만들어서 아이들이 한계를 개인적인 것으로 받아들이게 하고 결과적으로 아이들이 해당 규칙이 자신에게 해당하는 것인지, 그 규칙을 반드시 따라야 하는지에 대해 나와 힘겨루기를 하게 한다. 나는 여러 시행착오를 거쳐 한계를 말하는 중립적인 방식을 발전시켰다. 바로 가장 기본적인 사실만을 언급하는 형식으로 설정된 한계를 전달하는 것이다.

감정 반영 그리고/또는 내재된 메시지나 목적에 대한 상위의사소통

아들러의 제한설정 두 번째 단계는 아이의 감정을 반영하고/반영하거나 한계를 시험하는 행동에 내재된 메시지나 목적에 대해 상위의사소통을 하는 것이다. 대개 제한되는 행동을 하려고 할 때 아이는 분명한 감정을 드러낸다. 아이의 행동을 제한할 때 감정을 반영하는 예는 다음과 같다.

- "지금 나에게 화가 많이 난 것 같구나."
- "그 선반을 타고 올라가면 재미있을 거라고 생각하는구나."
- "네가 실망한 것 같네. 모래는 모래상자 안에 있어야 해."

상황에 따라 설정된 한계 위반이 감정과는 연관되지 않을 수도 있다. 아동이 첫째, 치료사를 시험하거나, 둘째, 너무 놀이에 집중해서 위반을 눈치채지 못하거나, 셋째, 치료사의 반응을 유발하려고 하거나, 넷째, 암묵적으로 치료사에게 메시지를 보내려고 하거나, 다섯째, 놀이방의 다른 아이를 자극하려고 하거나, 여섯째, 명확한 감정과는 관계없는 다른 목적을 충족시키려고 할 수 있다. 이런 경우 치료사가 메시지에 감춰진 의미나 행동의 목표에 대해 상위의사소통을 하는 것이 더 적절하다. 한계를 시험하는 아동의 행동에 숨겨진 의미에 대해 상위의사소통을 하는 예는 다음과 같다.

- "내가 너를 통제할 수 없다는 것을 나에게 알려 주려고 하는구나."

- "내가 하겠다고 한 것을 지키는지 궁금해서 나를 시험해 보는구나."
- "내가 약속을 지키는지 잘 모르겠어서 나를 믿어도 되는지 보기 위해 다트 총을 쏘는구나."
- "모래에 물을 더 붓는 것은 놀이방 규칙에 어긋난다는 내 말을 들었는지 모르겠네."

한계를 설정할 때 아이의 목적에 대해 상위의사소통을 하는 방법은 다음과 같다.

- "네가 거울을 치면 내가 어떻게 할지 궁금해하는 것 같네."
- "마치 내가 너에게 화를 냈으면 하고 바라는 것 같구나."
- "내 생각에는 네가 하고 있는 것에 너무 집중해서 다트로 거울을 맞추고 있다는 것을 눈치채지 못한 것 같아."
- "내 생각에는 네가 제이미와 싸우고 싶어 하는 것 같아."

제한이 필요한 행동을 할 때 많은 경우 아이는 감정을 표현할 뿐만 아니라 그 행동 뒤에 숨겨진 메시지나 목적이 있다. 이런 경우 치료사는 아이의 감정을 반영하고 그 메시지나 목적에 대해 상위의사소통을 할 수 있다. 이 두 기술을 함께 사용하는 예는 다음과 같다.

- "나한테 화가 난 것 같고 내가 너에게 명령할 수 없다는 것을 보여 주려는 것 같네."
- "내가 집에 갈 시간이라고 말해서 실망했구나. 내가 정리할 시간이라고 말할 때 내 말을 무시해서 실망했다는 것을 보여 주려는 것 같은데."
- "아빠가 오시기로 해 놓고 오시지 않아서 상처를 많이 받았구나. 내 생각에는 네가 상처받은 것처럼 지금 다른 사람을 상처 주고 싶어 하는 것 같아."

수용 가능한 대체 행동과 해결책 만들기

아들러 놀이치료에서 한계를 설정하는 세 번째 단계는 아이가 적절한 행동을 생각해 내고 수용 가능한 행동에 대해 상담사가 동의한 후 그 행동을 따를 수 있도록 도와주는 것이다. 이 협력적인 과정의 목적 중 하나는 상담사와 아이의 평등한 관계를 향상시키는 데에 있다. 또한 이 방법을 통해 한계를 설정하면 아동이 행동 수정을 무시하고 계속해서 상담사의 한계를 시험하려 드는 경향을 줄일 수 있다. 뿐만 아니라 아동에게 스스로 적절한 행동을 선택할 수 있고 어른의 개입 없이 자신의 부적절한 행동을 적절한 행동으로 대체할 수 있음을 가르쳐 준다. 아이는 이렇게 배운 자기 관찰과 자제력을 놀이방 밖의 다른 대인관계와 상황에 적용할 수 있다. 놀이방 내에서 힘겨루기나 다른 어려운 상황에 대한 해결책을 찾아내면서 아이는 문제 해결의 과정을 배운다. 그리고 바로 이것이 우리가 궁극적으로 아이에게 바라는 것이다.

대부분의 경우 이 단계에서 치료사가 하는 개입은 주로 아이에게 "놀이방에서 해도 괜찮은 것에 대해 스스로 생각해 낼 수 있을 거야."라고 말해 주는 것이다. 이런 말은 아이가 수용 가능한 대체적 행동을 생각해 내는 브레인스토밍을 시작할 수 있도록 장려한다. 치료사는 제한설정하기의 이 단계를 이용해서 아이의 현실 검증, 규칙에 따른 행동 인지, 창의력을 향상시킬 수 있다. 그런 다음 치료사와 아동이 놀이방의 한계를 벗어나지 않는 행동의 목록을 함께 만들 수 있다.

때로는 아이가 사회적으로 용납되는 행동이나 해결책을 생각하지 않으려 하거나 생각해 낼 수 없는 경우도 있다. 이때 치료사가 놀이방의 한계를 거스르지 않는 행동을 제시하면서 생각을 촉진해야 할 수도 있다. 하지만 한두 가지 행동을 제시해 준 후 치료사는 "이런 아이디어들이 있어. 또 다른 아이디어를 같이 생각해 보자" 또는 "이게 한 가지 아이디어야. 너도 다른 아이디어를 생각해 낼 수 있을 거야" 같은 말로 다시 아이에게 문제를 되돌려 준다. 아이에게 어떻게 행동해야 하는지 설명해 주지 않아야 한다(명령하는 것 같아서 미안하지만 다시 한 번 강조하자면 치료사들이 우리가 했던 실수에서 배우고 부작용을 가져왔던 행동은 피하기를 바란다). 아이가 적극적으로 행동을 수정할 수 있는 대안책을 찾는다면 아이는 그 대체 행동을 실제로 따를 가능성이 더 높아진다.

치료사를 해치지 않거나 물건을 부수지 않는 등의 절대적인 규칙의 경우 실제로 적용되는 한계는 협상이 불가능하다. 하지만 대체 행동은 협상 가능하다. 절대적 한계에 관한 이 과정의 예는 다음과 같다.

- "망치로 거울을 치면 안 돼. 그리고 망치로 쳐도 괜찮은 다른 것들을 네가 생각해 낼 수 있을 거야."
- "다트 총으로 나를 쏘는 건 놀이방 규칙에 어긋나. 그리고 놀이방에서 쏘아도 되는 다른 것들을 아마 생각해 낼 수 있을 거야."

- "아기 인형은 놀이방에 놔두어야 해. 그리고 집으로 가져가도 되도록 만들 수 있는 다른 것들을 생각해 낼 수 있을 거야."

우리가 '하지만'이 아닌 '그리고'를 사용한 것에 주목해야 한다. 우리는 수년간 경험을 통해 '하지만'의 사용을 피할수록 아이가 우리의 말에 따를 가능성이 높다는 것을 배웠다. '하지만'이라고 말하는 순간 사람들은 더 이상 이야기를 듣고 싶지 않아 한다. '그리고'가 더 효과적이다.

상대적인 한계에 관해서는 치료사가 아이와 대체적인 행동뿐만 아니라 실제 적용되는 한계도 협상할 수 있다. 다음과 같은 예가 있다.

- "놀이방에서는 물을 원하는 만큼 모래상자에 부을 수는 없어. 몇 통이나 붓고 싶니? 12통은 너무 많은 것 같아. 2통은 어때? 8통을 붓고 싶다고? 그것도 너무 많아. 3통은 어때? 4통이면 괜찮을까? 그 정도면 괜찮은 것 같은데 어떻게 생각해?"
- "파이프 청소제를 전부 다 쓰고 싶어 하는 것 같구나. 놀이방에서 다른 아이들을 위해서 조금 남겨 두어야 해. 6개 쓰면 괜찮을 것 같은데. 몇 개가 좋을 것 같니? 20개를 쓰고 싶어? 그럼 전부 다 쓰는 거나 다름없어. 8개는 어때? 더 필요한 것 같구나. 조금 화가 나 있는 것 같고 원하는 만큼 청소제를 쓸 수 있어야 한다고 생각하는 것 같아. 20개는 너무 많고 8개는 너에게 충분하지가 않아. 그 사이에 몇 개가 되면 괜찮을까? 12개? 나는 괜찮은데 너는 어떻게 생각해?"

수용 가능한 행동의 정의는 양쪽의 오해를 피하기 위해 분명하고 측정 가능해야 한다. 이 가이드라인을 준수함으로써 치료사는 합의의 성질에 관한 잠재적인 힘겨루기를 피할 수 있다. 만약 아이와 치료사의 합의가 구체적이거나 측정 가능하지 않다면 아이는 그 합의가 어떤 의미였는지 논쟁하는 데에 많은 시간과 에너지를 사용하게 될 것이다. 한계와 대체적 행동에 대한 구체적 또는 모호한 합의의 예는 다음과 같다.

- 제한하고자 하는 행동: 다트로 다칠 수 있는 대상에게 다트 총 겨누기
  - 모호한 제한: "총을 그쪽으로 겨누면 안 돼."
  - 구체적인 제한: "다트 총을 거울이나 전등이나 나에게 겨누는 것은 규칙에 어긋나."

- 제한하고자 하는 행동: 놀이방에서 무작위로 공 차기
  - 모호한 제한: "공은 부드럽게 차면 돼."
  - 구체적인 제한: "공은 차도 돼. 그리고 거울이나 전등이나 나에게 차는 것은 규칙에 어긋나."
- 제한하고자 하는 행동: 많은 양의 물을 모래상자에 붓기
  - 모호한 제한: "모래에 물을 너무 많이 부으면 안 돼."
  - 구체적인 제한: "모래상자에 물은 두 컵까지 부어도 돼."

협상 과정의 최종 목적은 아이가 놀이방에서의 적절한 행동의 정의를 수용하고 이 적절한 행동에 따르기로 동의하는 것이다. 대부분의 아이는 처음에는 협상 기술을 알지 못한다. 힘겨루기를 하거나 떼를 써서 자신이 원하는 바를 얻는 데에 익숙해서 일 수도 있고 의사결정 과정에서 의견을 내 본 적이 없어서일 수도 있다. 협상 기술 부족의 이유가 무엇이든 간에 치료사는 아이들에게 자신들이 원하는 바를 올바른 목소리 톤으로 어떻게 구체적으로 말하는지 그리고 어떻게 타협하는지를 가르칠 필요가 있다. 아이들이 자신들이 원하는 바를 요구했다고 해서(예의 바르고 공손하게 요청했다고 하더라도) 항상 원하는 바를 얻을 수는 없음을 이해하는 것이 중요하다. 이는 어른들에게도 유용한 도구가 된다. 우리 모두 어렵게 배운 사실이지만 이는 살아가는 데 도움이 되며 심지어 우리 마음대로 되지 않았을 때 떼를 쓰지 않게 도와주기도 한다.

우리는 보통 놀이치료 각 회기마다 우리가 아이들과 함께 만든 한계, 합의, 해결책을 실행한다. 대부분의 한계, 합의, 해결책은 시간이 지나면서 보편화가 가능해진다. 이미 공평한 해결책에 도달했다면 아이가 제한이 필요한 행동을 할 때마다 제한설정에 대한 논의를 다시 할 필요는 없다. 모래상자에 물을 두 컵만 붓는 것이 합리적이라고 결정했다면 모래상자에 부어도 괜찮은 물의 양은 계속해서 두 컵일 것이다. 다트 총을 유리, 전등 그리고 상담사에게 겨냥하면 안 된다고 결정했다면 이 금지사항은 계속 유지되어야 한다.

하지만 상황이 변하는 경우도 있다. 이때 치료사는 유연성의 모범을 형성할 기회인지를 결정하고 협상 내용을 수정하기 위해 재협상을 할 수 있다. 예를 들어, 새로운 아동이 놀이 회기에 참여하게 되었을 때 치료사는 아마도 다트 총을 겨냥하면 안 되는 대상에 '다른 아이들'을 포함시켜야 할 것이다. 아이가 공을 살살 차는 것은 괜찮다고 협

의했지만 시간이 지나고 치료사와 아이가 '살살'에 대한 정의를 다르게 내리고 있다는 것을 발견했다면 치료사가 정의를 다시 내리기로 결정할 수도 있다. 또 다른 경우 치료사와 아동이 협의한 내용이 원했던 대로 실행되고 있지 않다고 결론을 내리고 다시 생각하기로 할 수도 있다. 예를 들어, 멜리사와 멜리사의 놀이치료사인 그레첸은 이전 회기에서 멜리사가 모래상자에 물 두 통을 부을 수 있다고 정했지만 물 두 통으로는 멜리사가 계획한 성을 지을 수 있는 농도의 모래를 만들어 낼 수 없었다. 그레첸은 이 특정 상황에서 둘 사이의 합의를 변경하기로 결정할 수 있다.

우리는 몇몇 특정한 아이와는 항상 어떤 행동이 용납 가능한지에 대해 같은 결론이 나오더라도 매주 새로 협상을 하는 편이다. 때로는 몇 주가 지나도록 협상 내용을 기억하지 못하고 지키지 못하는 아이들도 있는데 이런 아이에게는 놀이방에서 유효한 규칙과 합의 내용이 무엇인지를 상기시켜 주어야 한다. 타협과 의사소통에 능하지 않은 아이들, 그리고 충동 조절이 어려운 아이들에게는 이전 회기에서 한계에 대해 이미 협상을 했더라도 우리가 다시 협상 상황을 만들어서 그들이 부족한 기술을 연습할 수 있도록 해 준다.

한계를 설정할 때 대부분의 경우 이 세 번째 단계가 마지막 단계가 될 것이다. 대개 아이들은 자신이 만든 합의 내용은 별다른 불만 없이 지킨다. 합의한 내용을 상기시켜 주어야 할 수도 있지만 스스로 결정 과정에 참여했기 때문에 일반적으로 아이들은 한계가 무엇이었는지 기억하고 지키려고 한다.

타당한 결과 설정하기

아들러 놀이치료에서 한계를 설정하는 네 번째 단계는 아동이 제한 사항을 지키지 않거나 합의사항을 어겼을 때 타당한 결과를 부과하는 것이다. 타당한 결과는 책임감 있는 행동을 장려하기 위해 고안된 아들러의 방법이다(Dinkmeyer et al., 2007; McCready, 2012; Nelson, 2011; Popkin, 2014). "아이에게 자신의 행동에 따른 결과를 경험하게 할 때 우리는 정직하고 실질적인 학습 상황을 제공할 수 있다"(Dreikurs & Soltz, 1964, p. 76). 놀이치료사는 아동이 한계를 지키지 않거나 합의를 어겼을 때의 타당한 결과에 대해 아이와 논의해야 한다.

타당한 결과는 아이의 잘못된 행동과 연관이 있어야 하며 현실적이고 합리적이며 아이를 존중하는 것이어야 한다(Nelson, 2011; Popkin, 2014). 또한 타당한 결과는 제한된 행동과 관련이 있어서 아동이 규칙 위반과 결과 사이의 연관성을 이해할 수 있어야 한다. 예를 들어, 다트 총을 거울에 쏘지 않는 제한 사항을 어겼을 경우 타당한 결과는 나머지 놀이치료 시간 동안 아이가 다트 총을 치우도록 하는 것이다. 타당하지 못한 결과나 처벌은 아이에게 5분간 구석에 앉아 있을 것을 명령하는 것 등이다. 이는 아동의 행동과 결과 사이에 연관성이 없기 때문이다.

타당한 결과는 반드시 결과를 부과하는 사람의 의견이나 의지 뿐만 아니라 사회적 질서의 현실을 드러내야 한다. 예를 들어, 놀이방 바닥에 모래를 붓는 행동의 현실적인 결과는 아이가 빗자루로 바닥을 쓸어야 하는 것일 수 있다. 같은 행동에 대한 비현실적인 결과나 처벌의 또 다른 예는 아이에게 "나는 잘 어지르는 사람입니다. 다시는 모래를 바닥에 쏟지 않겠습니다."를 스무 번 반복하게 하는 것이다.

타당한 결과는 합리적이어야 하고 잘못된 행동과 직접적으로 비례해야 한다. 일례로 조명 기구를 향해 공을 찬 것에 대한 타당한 결과는 아이가 남은 놀이치료 회기 시간 동안 공을 갖고 놀지 못하는 것이다. 아이가 놀이방에서 다시는 공을 갖고 놀지 못하게 하는 것은 타당하지 못한 결과 또는 처벌이다.

타당한 결과는 아이를 존중하는 것이어야 한다. 아동은 타당한 결과를 정하는 의사결정 과정과 결과를 적용하는 과정에 적극적으로 참여해야 한다. 아이에게 존중을 보여 주기 위해 치료사는 항상 아이가 선택권을 갖도록 해야 한다. 제한 사항이나 합의한 내용을 지키거나 결과를 받아들이는 것이다. 아동은 스스로 어떤 결정을 내리기 전에 그에 따른 결과를 인지하고 이해하고 있어야 한다. 또한 아이가 하는 선택이 어느 쪽이든 아이와 상담사에게 수용 가능해야 한다는 것이 중요하다. 그래야만 아동이 규칙을 지키는지 여부와 타당한 결과를 받아들이는지 여부에 상관없이 치료사가 아동의 결정을 수용할 수 있다.

놀이방에서 우리는 아이가 결과를 따르는 것에 대한 책임을 지도록 한다. 그렇게 함으로써 아이에 대한 존중을 전하고 아이의 자제력과 책임감 있는 행동에 대한 우리의 신뢰를 표현할 수 있다고 믿기 때문이다. 예를 들어, 자하사니아가 일부러 물감을 바닥에 쏟았다면 아이를 존중하는 타당한 결과는 다음과 같을 수 있다. 첫째, 자하사니아에게 그 행동의 결과로 어떤 일이 일어나야 한다고 생각하는지, 그 행동을 또 하게 될 경우 어떤 일이 일어나야 한다고 생각하는지를 묻는다. 둘째, 자하사니아가 물감을 바닥에 쏟으려고 할 때 치료사와 자하사니아가 또다시 물감을 바닥에 쏟으면 나머지 회기 시간 동안에는 물감을 사용하지 않을 것이라고 합의한 내용을 상기시킨다. 셋째, 자하사니아가 상담사에게 압박을 받지 않고 스스로 선택하도록 한다. 그리고 넷째, 만약 바닥에 물감을 쏟는 선택을 한다면 쏟아진 물감을 직접 치우게 하고 나머지 회기 시간 동안 물감을 치운다. 자하사니아에게 "너무 지저분해졌다."라고 소리를 지르고 더 이상 물감을 가지고 놀 자격이 없다고 말하는 것은 아이를 존중하지 않는 결과이거나 처벌적이다.

놀이방에서 타당한 결과를 적용할 때 한 가지 기억해야 할 것은 타당한 결과를 적용하는 목적이 아이들이 책임감 있는 결정을 내리도록 가르쳐 주고 자신의 선택에 따른 결과를 경험할 수 있게 해 주기 위해서라는 것이다. 타당한 결과는 상담사의 의지를 아이에게 강요하거나 아이와의 힘겨루기에서 이기거나 치료사가 싫어하는 일을 했다는 이유로 아이를 처벌하기 위한 수단이 되어서는 안 된다. 우리도 이런 유혹을 받기 쉽다는 것을 잘 알고 있지만 이는 좋은 선택이 아니다. 놀이방에서 타당한 결과를 활용할 때 치료사는 아동과 아동의 행동에 대해 도덕적 또는 가치적 판단을 표현하지 않아야 한다.

한계를 설정하는 네 번째 단계의 타이밍은 아이, 아이의 행동, 그리고 환경에 따라 다르다. 어떤 아이들은 타협하고 의사소통하는 능력이 부족하기 때문에 우리는 이 제한설정 과정을 통해서 그들에게 안전한 환경에서 부족한 기술을 연습할 수 있는 기회를 준다. 충동 조절에 문제가 있는 아이들에게는 한계를 설정하는 과정을 통해서 충동적인 행동에서 오는 희열을 늦추고 자신들의 욕구나 희망을 소통하는 법을 배울 수 있게 도와준다. 우리는 아이가 수용 가능한 행동을 따를 것이고 그렇지 않을 경우 타당한 결과는 적용할 필요가 없을 것이라는 가정을 기반으로 하는 방식을 선호한다. 이러한 신뢰를 전달하기 위해 우리는 세 번째 단계에서 한계를 설정한 이후 아이가 합의한 사항을 따르지 않고 규칙을 한 번 어길 때까지 기다렸다가 타당한 결과에 대해 이야기를 한다. 즉, 아동이 규칙을 어기면 우리는 한계를 설정하고 아이의 감정을 반영하거나 아이 행동에 숨겨진 메시지나 목적에 대해 상위의사소통을 한 후 수용 가능한 행동에 대해 협상을 한다. 그 후 아이가 합의한 내용을 무시하거나 어기기로 결정한다면 아이가 합의 사항을 다시 지키지 않았을 경우의 결과에 대해서 논의를 시작하는 것이다.

하지만 항상 이 순서대로 할 수 있는 것은 아니고 이 방법이 항상 최적인 것도 아니다. 때로 결과에 대해 논의하는 가장 적절한 타이밍은 세 번째 단계에서 서로 합의를 할 때인 경우도 있다. 예를 들어, 첫째, 반복적으로 합의사항을 지키지 않겠다는 것을 드러내는 아이, 둘째, 절대 수용 불가능해서 한 번만 더 일어나도 부정적인 효과를 초래할 수 있는 행동, 셋째, 아이가 합의한 내용을 지킬지에 대해 크게 걱정하는 치료사, 넷째, 부적절한 행동을 하는 아이를 허락할 수 없는 환경(예: 사무실이 있는 건물에서 옷을 벗고 복도를 뛰어다니는 아이 등)의 경우에는 세 번째와 네 번째 단계가 연결되어야 한다. 치료사가 아이의 온전한 협조 없이 결과를 설정해야만 하는 경우도 있다(예: 아이가 바닥에 소변을 보려할 때). 치료사가 세 번째와 네 번째 단계를 연결해서 결과 설정을 앞당기거나 아이의 참여 없이 결과를 정하는 다른 여러 가지 상황이나 관계가 있을 것이다. 하지만 치료사는 이러한 결정을 내리기 전에 이 연결고리가 아동에게 주는 메시지를 진지하게 고민해 봐야 한다.

우리는 제한설정 과정을 통해서 긍정적이고 아이를 지지하는 감정을 전달한다. 우리가 아이에게 아이의 성공과 책임감 있는 결정을 바라고 아이가 어떤 순간에 어떤 결정을 내리더라도 우리가 계속해서 아이에게 관심을 가질 것이라는 점을 전하기를 바란다. 아동과의 모든 교류와 마찬가지로 타당한 결과를 설정할 때 우리는 친절하고 이성적인 목소리를 사용하고 보디랭귀지로 화나 반대를 표현하지 않도록 한다. 아이들이 한계나 합의된 사항을 지키는 대신 타당한 결과를 받아들이기로 선택할 때마다 우리는 아이들에게 다음에 다시 선택을 하거나 다른 회기에서 새로운 선택을 할 기회가 있을 것임을 언급한다. 아이가 계속해서 타당한 결과를 받아들이는 선택을 한다면 이는 대개 우리가 아동의 목적과 타당한 결과의 효과를 재평가해야 한다는 의미이다.

넬슨(Nelson, 2011)은 때로는 결과보다 해결책을 고안하는 것이 낫다고 제시한다. "아이들에게 상황에 대해서 곰곰이 생각하고 해결책을 찾기 위한 기본적인 가이드라인(존중이나 유익함)을 사용하도록 요청했기 때문에 아이들이 무엇을 해야 하는지 가르치는 것에" 집중하는 것이 낫다고 주장한다(p. 122). 아들러 놀이치료에서 한계를 설정하는 세 번째 단계는 해결책을 도출하는 데에 아이들이 참여해서 합의 사항을 지키지 않을 때의 결과에 의존하지 않아도 되도록 고안되었다. 연관성 있고 아이들을 존중하며 합리적이고 도움이 되는 해결책을 도출하는 방법을 배울 수 있도록 아이들을 도와주면서(Nelson, 2011), 치료사는 아이들의 삶 전반에 매우 가치 있는 기술을 가르칠 수 있다.

통합적 적용

각각의 단계를 따로 놓고 보면 무척 간단해 보이지만 이 네 단계를 한꺼번에 실행하는 것은 어려울 수 있다. 특히 놀이방에서는 책에서 설명하는 것처럼 각 단계가 문제없이 진행되지 않는다. 각 제한설정의 단계가 서로 조금씩 다를 것이라는 사실하에 작성된 아래 시나리오들은 제한설정 과정의 단계를 어떻게 통합해야 할지를 보여 주기 위한 것이다.

하크(5세)가 다트 총을 놀이치료사인 데니스에게 겨눈다.

하크: "머리를 쏠 거예요."

데니스: "총으로 사람을 쏘는 것은 놀이방 규칙에 어긋나."

하크: "그래도 할 거예요. 못하게 할 수는 없어요."

데니스: "규칙은 신경 안 쓴다는 것을 나에게 알려 주고 싶구나. 내 생각에는 네가 내가 원하는 대로 행동하지 않았을 때 내가 어떻게 할지 궁금해하는 것 같아."

하크: (여전히 총을 겨누고는 있지만 쏘지 않는다.)

데니스: "네가 이 방에서 다트 총으로 쏘아도 되는 다른 것들을 찾거나 다른 것을 나인 것처럼 쏠 수 있을 거야."

하크: "그냥 쏘는 게 더 좋지만 큰 인형에 총을 겨누고 선생님인 척할 수 있을 것 같아요."

데니스: "그래, 그래도 돼. 큰 인형한테 쏘면서 그게 나인 척해도 돼."

조리나(4세)는 물 한 통을 모래상자에 붓고 싶어 한다. 조리나의 놀이치료사인 스타는 그것이 좋은 아이디어가 아니라고 생각한다.

스타: "여기서는 작은 컵만큼의 물만 모래에 붓는 게 규칙이야."

조리나: "그러면 진흙을 못 만들어요. 전 진흙을 만들고 싶어요." (울면서 모래를 모래상자에서 던지기 시작한다.)

스타: "진흙을 못 만들어서 화가 나서 모래를 던지는구나. 모래를 던지는 것도 놀이방 규칙에 어긋나. 모래를 던지지 않고 네가 화가 났다는 것을 나에게 보여 줄 수 있는 다른 방법은 뭘까?"

조리나: "그만 말해요!" (계속해서 모래를 던진다.)

스타: "누가 이래라 저래라 하는 걸 싫어하는구나. 그리고 네가 모래를 한 번 더 던지면 오늘 남은 시간 동안 모래상자에서 놀이를 못하게 되는 선택을 하게 되는 거야."

조리나: "알겠어요. 안 해요. 그런데 그래도 진흙을 만들고 싶어요."

스타: "한 컵보다 조금 더 넣어도 될 것 같아. 그리고 한 통을 다 넣는 것은 너무 많아. 모래상자 안에 물을 많이 넣지 않고 진흙을 어떻게 만들 수 있을까?"

조리나: "몰라요. 어떻게 해요?"

스타: "글쎄, 한 가지 방법은 통에 모래를 넣고 거기에 물을 부어서 섞는 거야."

조리나: "좋아요. 통 대신 주방에 있는 이 팬을 써도 돼요?"

스타: "물론이지."

제이콥(7세)은 자신이 그린 그림을 엄마에게 보여 주기 위해 놀이치료 중간에 놀이방을 나가려고 한다. 제이콥은 중간에 놀이방을 나가 오랫동안 돌아오지 않는 습관이 있고 놀이치료사인 샬린은 이 행동이 회기 도중 놀이를 피하려는 시도라고 결론 내렸다.

제이콥: (신이 난 목소리로) "대기실에 가서 엄마한테 보여 줄래요."

샬린: (문 앞에 서서) "제이콥, 이제부터 시간이 다 될 때까지 놀이방을 떠나지 않는 게 놀이방 규칙이야."

제이콥: (짜증난 목소리로) "하지만 이 그림을 보여 주러 엄마한테 가고 싶어요. 그리고 이전에는 항상 가게 해 줬잖아요."

샬린: "그림에 대해 신이 났는데 놀이방에서 새로운 규칙이 생겨서 짜증난 것 같네."

제이콥: (소리 지르며) "네 그리고 당신은 제 대장이 아니에요."

샬린: "내가 너를 마음대로 할 수 있는 게 아니라는 걸 나한테 말해 주고 싶구나. 회기가 끝난 후에 꼭 가지고 나가서 엄마한테 보여 드리려면 어디에 이 그림을 두는 게 좋겠니?"

제이콥: (여전히 화가 나서) "지금 가지고 갈래요. 안 보내 주면 버려 버릴 거예요."

샬린: "그렇게 하고 싶으면 그래도 돼. 아니면 문 바로 앞에 놔둬서 우리가 끝나고 나면 잊지 않고 엄마한테 보여 드릴 수도 있어. 남은 시간 동안에 뭘 하고 싶니?"

헤일리(8세)는 지금까지 여러 남성에게 성적인 학대를 당했다. 헤일리는 놀이치료사인 키션에게 다가가서 얼굴을 마주보고 키션의 무릎에 앉으려고 한다.

키션: "헤일리, 사람들의 무릎에 이런 식으로 앉는 건 놀이방 규칙에 어긋나. 나를 껴안고 나를 좋아한다는 걸 보여 주고 싶은 건 알고 있어. 그리고 우리는 네가 나를 좋아한다는 걸 보여 주는 다른 방식을 생각해 볼 필요가 있어."

헤일리: "왜 이렇게 앉으면 안 돼요? 우리 엄마 남자친구들은 항상 이렇게 해도 내버려 뒀는데."

키션: "엄마 남자친구들은 내버려 뒀는데 내가 여기서 나랑은 안 된다고 해서 혼란스러운 것 같구나."

헤일리: "그럼 나를 좋아하지 않는다는 뜻이에요?"

키션: "아니야. 나는 너를 무척 좋아해. 그리고 너도 나를 좋아하는 거 알아. 내 무릎에 앉지 않고도 네가 나를 좋아한다는 걸 알려 줄 수 있는 방법들을 생각해 보자."

헤일리: "제가 하트 그림을 그려 줄 수 있어요."

키션: "내 무릎에 앉는 대신 하트 그림을 그리고 싶니?"

헤일리: "아니요. 무릎에 앉고 싶어요. 그런데 그렇게 못하게 하니까 그리기는 싫어도 그림을 그려서 드릴게요." (그림을 그리고 다가와서 키션에게 그림을 주면서 무릎에 앉으려고 한다.)

키션: "내 무릎에 앉고 싶은 거 알아. 그리고 그건 놀이방 규칙에 어긋나. 어떻게 해결책을 찾을 수 있을까?"

헤일리: "제가 기억할 수 있게 해 주세요."

키션: "그것도 한 가지 방법이지. 기억하기 위해서 어떻게 해야 할지 생각해 볼래?"

헤일리: "제가 무릎 가까이 다가가면 일어서 주세요."

키션: "충분히 그럴 수 있을 것 같아. 그리고 네가 책임지고 할 수 있는 일도 하나 생각해 보면 좋겠어."

헤일리: "생각이 안 나요."

키션: "남자 무릎에 앉아 있는 소녀의 그림을 그리고 그 위에 줄을 그으면 어때? 내 의자 옆 바닥에 놔두면 돼."

헤일리: "바보 같은 생각인 것 같은데 그래도 괜찮아요. 한번 해 봐요."

제한설정 과정에 영향을 미치는 요소

제한설정 과정에 대해 생각할 때 고려해야 할 두 가지 다른 요소가 있다. 첫 번째는 상담사의 생활양식이다. 상담사의 중요한 Cs, 성격 우선순위가 제한설정 과정에 어떤 영향을 미치는지 생각해 보아야 한다. 두 번째는 아동의 생활양식이다. 아동의 중요한 Cs, 잘못된 행동의 목표, 성격 우선순위가 제약을 받아야 하는 잘못된 행동에 영향을 미치는지, 그리고 아동이 어떻게 제한설정에 반응하는지가 고려되어야 한다.

치료사의 생활양식

많은 놀이치료사들은 제한설정에 있어 개인적인 스트레스를 받는다(Kottman, 2011). 치료사는 자각적, 의도적으로 한계를 설정해야 한다. 효과적으로 한계를 설정하는 법을 배울 때는 스스로의 생활양식, 특히 자신의 성격 우선순위와 중요한 Cs의 숙달을 고려하는 것이 필수다. 치료사로서 (거의 슈퍼히어로 능력에 가까운) 제한설정 능력을 향상시키려면 이런 요소들이 한계를 설정하는 자신의 의지와 능력에 어떤 영향을 미치는지 고민해야 한다.

제한설정은 특히 성격 우선순위가 통제와 타인을 기쁘게 하기인 놀이치료사들, 그리고 스스로가 중요하다고 생각하지 않거나 자신의 능력을 의심하는 놀이치료사들이 어려움을 느낀다. 성격 우선순위가 통제인 치료사들은 종종 회기 도중 자기 자신과 회기, 아동 및 놀이치료의 과정 등을 완벽하게 통제해야 한다고 생각한다. 이런 치료사들이 스스로 통제 불가능하다고 느끼면 아동의 많은 행동을 제약하거나 가혹한 언어 또는 화를 내는 비언어적 의사소통을 사용해서 통제를 확인하려고 한다. 성격 우선순위가 통제이면 당연히 상황을 통제하고 싶어 한다.

주요 성격 우선순위가 기쁘게 하기인 치료사들은 걱정이 많다. 아동이 규칙을 지킬지, 규칙 위반에 대한 결과를 따를지, 용이 지붕 위로 떨어질지, 입고 있는 핑크색 셔츠의 색이 너무 과한지 등, 우리 주변을 돌아보면 남을 기쁘게 하는 데 집중하는 사람들은 걱정만을 위한 걱정을 하는 것 같다. 이런 우려 때문에 몇몇 치료사는 너무 나약하거나 부드러운 목소리로 애매모호하게 한계를 설정해서 아이들이 정해진 한계가 있는지, 부분적으로만 한계가 있는 것인지, 아니면 아예 한계가 없는 것인지조차 이해하지 못하는 결과를 낳는다. 이런 경우를 우리는 "나약한 제한설정"이라고 부르는데 이런 제한설정은 별로 효과가 없다. 우리가 잘 아는 이유는 우리 역시도 종종 그렇게 하기 때문인데 놀이치료를 녹화한 영상을 보기 전까지 자각하지 못하는 경우가 많고 그럴 때 우리는 의식적으로 좀 더 강하게 한계를 설정하려고 노력한다.

자신이 중요하지 않다고 생각하는 치료사들은 타인의 삶에 변화를 가져오는 데에 관심이 많다. 변화가 일어나지 않고 있다는 생각이 들면 이들은 그에 대해 너무 많은 책임감을 느끼거나 "노력하지 않는다."고 타인을 비난하기도 한다. 아동이 수용 가능한 행동에 대해 협상을 거부하거나 합의를 어길 때, 또는 약속된 결과를 따르지 않을 때 이런 치료사들은 스스로가 아동에게 중요하거나 가치 있는 사람이 아니어서 아이가 변하지 않는다고 믿는다. 제한설정 과정에 대한 아이의 반응에 무시당한 것처럼 느끼게 되면 과민반응을 하기도 하는데 아동에게 화를 내거나 아이를 제압해서 자신이 놀이치료 내에서 영향력을 행사할 수 있도록 한다. 또한 아동의 행동에 영향을 받지 않기 위해 아이로부터 감정적으로 멀어지기도 한다.

자신의 능력을 믿지 않는 치료사들은 제한설정 과정이 자신들의 예상대로 되지 않을 때 스스로의 기술을 의심한다. 성격 우선순위가 편안함인 경우 자신들이 필요한 기술을 절대 습득하지 못할 것이라고 짐작하고 쉽게 포기해 버린다. 성격 우선순위가 통제나 우월함인 치료사들은 새로운 기술을 습득하거나 이미 잘 알고 있는 기술을 완벽하게 하기 위해 과한 노력을 하기도 하는데 종종 제한설정 과정에서의 어려움이 자신들의 기술과는 아무런 관계가 없을 수도 있다는 가능성을 무시한다.

이유 불문하고 많은 경우 이러한 개인적인 긴장이 무의식적으로 치료사의 목소리나 보디랭귀지에 영향을 줄 수 있다. 이 스트레스는 심하게 얼굴을 찡그리거나 엄한 목소리로 말하거나 불평하거나 순종적인 자세를 취하거나 아동의 이름을 평소보다 자주 부르는 등 여러 가지 방식으로 드러난다.

앞과 같은 상황을 피하기 위해 치료사는 한계를 설정할 때 스스로의 스트레스를 관찰하고 자신의 말을 주의 깊게 들으면서 보디랭귀지를 자각해야 한다. 어떤 이유로 긴장을 하는지 관찰해서 제한설정 과정에서 발생하는 스트레스의 원인을 해소하려고 노력하거나 제한설정 과정에서 치료와 관련된 기술에 방해가 되는 개인적인 문제들을 건설적인 방식으로 다룰 수 있는 계획을 세워야 한다. 감독을 받거나 개인적인 상담을 통해 개인적인 스트레스의 원인을 이해하고 공정하고 객관적인 제한설정 기술이나 놀이방에서의 힘겨루기를 해결하는 법에 대한 통찰력을 얻는 것이 좋은 전략이 될 수 있다.

아동의 생활양식

제한설정 과정은 아이와 아이의 생활양식에도 달려 있다. 아동의 중요한 Cs, 잘못된 행동의 목표, 성격 우선순위 등을 고려하면 성공적으로 한계를 설정하는 데에 도움이 될 수 있다. 치료사가 각 아동을 격려하고 아동이 제한설정 과정에 참여할 수 있는 가능성을 극대화하는 방식으로 의사소통할 수 있기 때문이다.

중요한 Cs

아이가 제한설정하는 과정에 적극적으로 참여할 것인지 여부와 제한설정에 대한 반응은 아이들이 숙달한 중요한 Cs의 영향을 받는다. 용기가 있고 대인관계에 문제가 없으며 스스로의 능력과 가치를 믿는 아이들은 제한설정 과정에 참여해 자신의 역할을 하는 데에 큰 문제가 없다. 또한 이런 아이들은 결정된 합의 내용을 지키는 편이고 위반에 따른 결과를 적용해야 할 필요가 거의 없다. 하지만 이런 아이들이라면 놀이치료가 필요 없기 때문에 이런 경우는 매우 드물다.

용기가 부족한 아이들은 제한설정이 필요한 행동을 거의 하지 않는 편이지만 그런 행동을 했을 때 새로운 행동이나 잘못된 행동에 대한 결과를 도출하는 것을 매우 주저한다. 이런 아이들은 행동에 제한을 받으면 너무 지나치게 걱정해서 놀이방에서 거의 활동을 하지 않는 결과를 낳는다. 용기가 부족한 아이들에게는 매우 상냥한 태도로 드물게 한계를 정하는 것이 필요하다.

대인관계에 자신감이 없는 아이들 또한 제한설정 과정에 관여하는 것에 어려움을 느끼고 치료사가 자신과 아동이 여전히 서로 좋은 관계를 맺고 있다는 것을 아이에게 전달하지 않는 이상 제한설정으로 인해 더욱 내성적이 된다. 이 메시지를 전달한다면 치료사는 제한설정 과정을 이용해서 아이들의 대인관계 능력을 향상시킬 수 있다.

자신의 능력을 믿지 않는 아이들은 제한설정을 자신들이 치료사와 놀이를 할 때 필요한 기술을 충분히 습득하지 못했다는 뜻으로 받아들인다. 치료사는 아이들이 수용가능한 대체적 행동을 결정하고 스스로 합의 사항이나 부적절한 행동에 따른 결과를 지킬 수 있는 능력이 된다고 믿기에 아이들의 능력에 의지하려고 한다는 것을 전달해야 한다.

자신의 가치를 믿지 않는 아이들은 종종 제한설정을 자신은 중요하지 않다는 것의 추가적인 증거로 받아들이고 치료사가 대체적인 행동이나 결과 설정에 대해 아이들의 기여를 원하지 않는다고 짐작하기 때문에 제한설정 과정에 참여하는 데에 소극적이다. 치료사가 자신의 의도가 무시당하는 것을 개인적으로 받아들이지만 않는다면, 아이들은 제한설정 과정에 참여함으로써 치료사가 자신의 의견을 존중하고 자신이 중요한 사람이라는 메시지를 받아 크게 고무된다.

잘못된 행동의 목표

아이들이 위반하는 한계는 대개 잘못된 행동을 하는 목적과 연관이 있는 경향이 있다. 부적절한 행동에 따른 타당한 결과에 대해 아이들이 특정한 반응을 보이는 것처럼 제한설정에 대한 아이들의 반응도 행동의 목표에 따라 달라질 수 있다.

주목받는 것이 목적인 아이들은 상대적으로 가볍게 한계를 위반하는데, 대부분 치료사의 반응을 살피거나 치료사가 자신에게 완전히 집중하고 있음을 시험하는 형태의 행동을 한다. 이런 아이들은 행동에 제약을 받은 후 같은 행동을 다시 하는 경우가 거의 없기 때문에 실제로는 제한설정의 네 번째 단계를 거칠 필요가 없다. 대부분의 경우 자신이 합의한 내용을 지키지만 얼마나 엄격하게 한계를 지켜야 하는지 종종 시험할 때가 있다. 또한 이런 아이들은 협상하기를 좋아한다. 협상할 때 치료사의 온전한 주목을 받는 것은 아이들에게 매우 강렬한 경험이기 때문에 이 아이들은 단지 협상을 하기 위해 종종 한계를 위반하기도 한다.

자신의 힘을 확인하고자 하는 아이들은 치료사의 통제를 받고 있지 않음을 증명하기 위해서 놀이방의 규칙을 위반하는 경향이 있다. 이런 경우 아이들은 대안적 행동을 생각하는 과정에 참여하기를 거부하거나 합의한 사항을 무시하기도 하고 합의 사항을 어겼을 경우의 결과를 타협하는 것을 거절하기도 한다. 치료사는 아이들의 행동을 개인적으로 받아들이지 않고 아이들과 힘겨루기를 하지 않도록 스스로를 상기시켜야 한다. 힘을 추구하는 아동이 세 번째 및 네 번째 단계에 참여하기를 거부할 때 치료사는 아이의 협조를 이끌어내기 위해 제한적인 선택 기법을 사용할 수 있다. 제한설정 과정에서 행동의 목표에 대한 상위의사소통이 도움이 될 수 있는데, 치료사가 아이들이 상황을 통제하고 싶어 한다는 것을 인지하면 아이들은 치료사가 자신을 통제할 수 없다는 것을 증명할 필요성이 줄어들기 때문이다. 이런 아이들에게는 '최후의 한계'(놀이방을 떠나야 하는 상황)를 이끌어 내는 것이 필요할 때도 있다. 하지만 놀이방에 있고 싶어 하지 않는 아이의 경우 이런 선택은 되도록이면 피하는 것이 좋다. 놀이방을 떠날 수 있을 때까지 점점 더 부정적인 행동을 할 수 있기 때문이다.

복수가 목적인 아이들은 행동을 제한하기가 어렵다. 제한설정을 개인적으로 받아들이고 제한설정 과정 전체를 치료사가 자신에게 상처 주거나 자신을 좋아하지 않거나 인정하지 않는 것으로 간주하기 때문이다. 이런 아이들은 한계를 이용해서 치료사를 모욕하거나 치료사의 감정을 상하게 할 수 있다. 이 유형의 아이들은 비언어적 의사소통에 매우 예민하기 때문에 치료사는 아이의 도발이나 논쟁에 어떠한 개인적 반응도 보이지 말아야 하고 도전이나 복수의 낌새가 보이는 상황이 악화되는 것을 반드시 피해야 한다. 치료사는 중립적인 태도로 한계를 설정해야 하고 제한설정, 감정 반영, 타협, 해결책 도출, 한계 위반 시의 결과 결정 등을 할 때 이성을 유지하면서 감정을 드러내지 않아야 한다. 치료사는 자신을 화나게 하는 것이 무엇인지를 인지하고 있어야 하고 아이들이 자신을 화나게 하지 않도록 하는 능력을 유지해야 한다. 복수가 목적인 아이들은 종종 내재된 메시지에 대한 상위의사소통을 자신들의 잘못된 신념의 증거로 받아들인다. 따라서 치료사는 상대적으로 분명하게 드러나는 감정을 지속적으로 반영하거나 아이의 목적에 대한 추측을 해야 할 것이다.

자신이 부적절하다는 것을 증명하려는 아이들은 제한설정을 요구하는 행동을 거의 하지 않는다. 이런 아이들이 제약이 필요할 만큼 활동적이라면 그 자체로 매우 고무적인 일일 것이다. 이 경우 아이들은 행동의 제약을 받는 것을 자신의 부적절함에 대한 증거로 풀이하기 때문에 치료사는 다른 아이들에게는 금지되는 행동도 제한하지 않기로 할 수 있다.

성격 우선순위

성격 우선순위는 제한되는 행동, 제한설정 과정에 대한 아이의 참여, 제한설정에 대한 아이의 반응 등에 영향을 줄 수 있다. 치료사는 아이들의 성격 우선순위에 따라 제한설정 과정을 조정할 수 있다.

성격 우선순위가 통제의 연속선상에서 역기능적인 아이들의 경우 힘을 목적으로 하는 아이들과 비슷한 행동 및 반응을 보인다. 이 아이들의 놀이방 내 행동은 종종 한계를 어기거나 시험하는 때가 많고 아이들은 치료사가 자신의 행동을 통제할 수 없음을 보여 주기 위해 많은 시간을 할애한다. 이 경우 아이들은 한계의 협력적인 측면에 불신을 가지고 접근하지만, 한번 협력하기 시작하면 놀이방의 모든 사람이 규칙과 합의 내용을 지키도록 주의한다. 이런 아이들에게는 치료사가 제한적인 선택을 주고 아이의 목적에 대한 상위의사소통을 하면 큰 효과를 낼 수 있다.

다른 사람을 기쁘게 해 주는 것이 성격 우선순위인 아이들은 거의 규칙을 어기지 않는다. 성격 우선순위가 기쁘게 하기의 연속선상에서 역기능적인 아이들은 치료사의 비언어적 행동을 계속해서 자신에 대한 불만족으로 해석하고 심지어 놀이방 규칙을 어기지 않았을 때도 스스로의 행동을 규제하려고 할 수 있다. 이 아이들은 의사소통의 뉘앙스에 과하게 집중하기 때문에 치료사는 한계를 설정할 때 거의 즐거운 듯이 행동해야 한다. 또한 이런 아이들은 제한설정의 협력적인 과정에 완전히 참여하기를 꺼린다. 자신들이 제안하는 수용 가능한 행동이나 타당한 결과가 놀이방에서 받아들여지지 않을 것을 우려하기 때문이다. 이런 아이들이 스스로를 위해 고안해 내는 부적절한 행동에 대한 결과는 비합리적으로 과할 수 있어서 치료사는 타당한 결과에 대해 재협상을 할 준비가 되어 있어야 한다. 성격 우선순위가 기쁘게 하기인 아이들은 지나치게 규칙에 얽매인다. 따라서 치료사는 중요하지 않은 위반은 무시해서 아이들을 좀 더 자유롭게 하고 규칙을 따르지 않는 위험을 감수하도록 장려할 수 있다.

성격 우선순위가 우월감인 아이들은 자주 한계를 위반하지는 않지만 위반할 때는 규칙이 정확히 무엇인지, 자신들이 어떻게 규칙을 위반하지 않았는지, 그리고 치료사가 틀린 것이 분명함을 논쟁하고 싶어 한다. 이런 태도는 협상이 어떻게 진행되고 위반에 따른 결과가 어떻게 적용되는지에 대해 자신이 더 잘 이해하고 있다는 메시지를 전하려는 것이다. 치료사는 이를 개인적으로 받아들이거나 말이 정확히 어떻게 해석되어야 하는지 논쟁하지 않고 침착하게 한계를 다시 설명하거나 합의한 사항을 반복해서 말해 주는 것이 좋다. 이렇게 할 수 있다면 아이들은 자신이 해야 할 일을 다른 아이들보다 더 잘한다는 것을 증명하기 위해서라도 거의 대개 협조를 한다. 만약 규칙이나 합의 사항, 위반에 따른 결과를 글로 적었다면 아이들이 시작하는 논쟁을 짧게 반복하는 것도 도움이 된다.

성격 우선순위가 편안함인 아이들 또한 규칙을 거의 어기지 않는다. 규칙 위반은 너무 많은 노력을 요구하기 때문이다. 이런 아이들은 같은 이유로 대체 행동을 생각해 내는 데에 적극적이지 않은 경우가 많아서 치료사가 여러 가지 수용 가능한 행동을 생각해 내고 아이에게 어떤 것이 나을지 결정하게 해야 한다. 편안함을 추구하는 아이들은 거의 대부분의 경우 합의한 내용을 지키기 때문에 네 번째 단계가 필요하지 않다. 편안함이 성격 우선순위인 아이들에게 합의 사항을 지키지 않는 것 자체가 큰 스트레스가 되기 때문이다.

요약

격려하기와 제한하기는 아들러 놀이치료에서 관계를 형성하는 데에 중요한 요소이다. 아이들을 격려하기 위해 놀이치료사가 해야 할 일로는 무조건적인 수용 보여 주기, 아이들에 대한 신뢰 보여 주기, 아이들의 노력 인정하기, 아이의 강점과 자산에 주목하기, 행동의 주체가 아닌 행동과 그것의 즐거움 강조하기, 아이들의 관심거리에 참여하기, 완벽하지 않을 용기의 모범 제시하기, 실수로부터 배울 수 있고 실수가 부정적이거나 절망적인 것이 아니라는 사실을 깨닫도록 도와주기, 그리고 아이들이 긍정적인 방식으로 소속감과 중요성을 얻을 수 있게 해 주기 등이 있다.

치료사는 문제가 악화되기 전에 무엇을, 언제, 어떻게 제한할 것인지를 결정해서 합리적이고 아이들을 존중하면서 힘겨루기를 피할 수 있는 방법으로 한계를 설정해야 한다. 아들러 놀이치료에서 치료사는 제한설정의 네 단계에 아이들이 참여하도록 할 수 있다. 그것은 한계 말하기, 감정 반영 또는 아동의 행동 뒤에 숨겨진 메시지나 행동의 목표에 대한 상위의사소통, 수용 가능한 대체 행동이나 해결책 만들기, 그리고 타당한 결과 설정하기이다. 놀이치료사의 생활양식과 아동의 생활양식은 제한설정 과정에 영향을 준다. 놀이치료사는 이러한 요소들을 고려해서 무엇을 어떻게 제한할지 결정해야 한다.

추가 자료

격려하기

http://www.centroadleriano.org/publicaciones/Beingenco.pdf

http://ct.counselling.org/2013/04/reflecting-as-if/

http://www.cyc-net.org/cyc-online/cycol-0205-encouragement.html

http://www.thekidcounselor.com/2006/10/encouragement-vs-praise

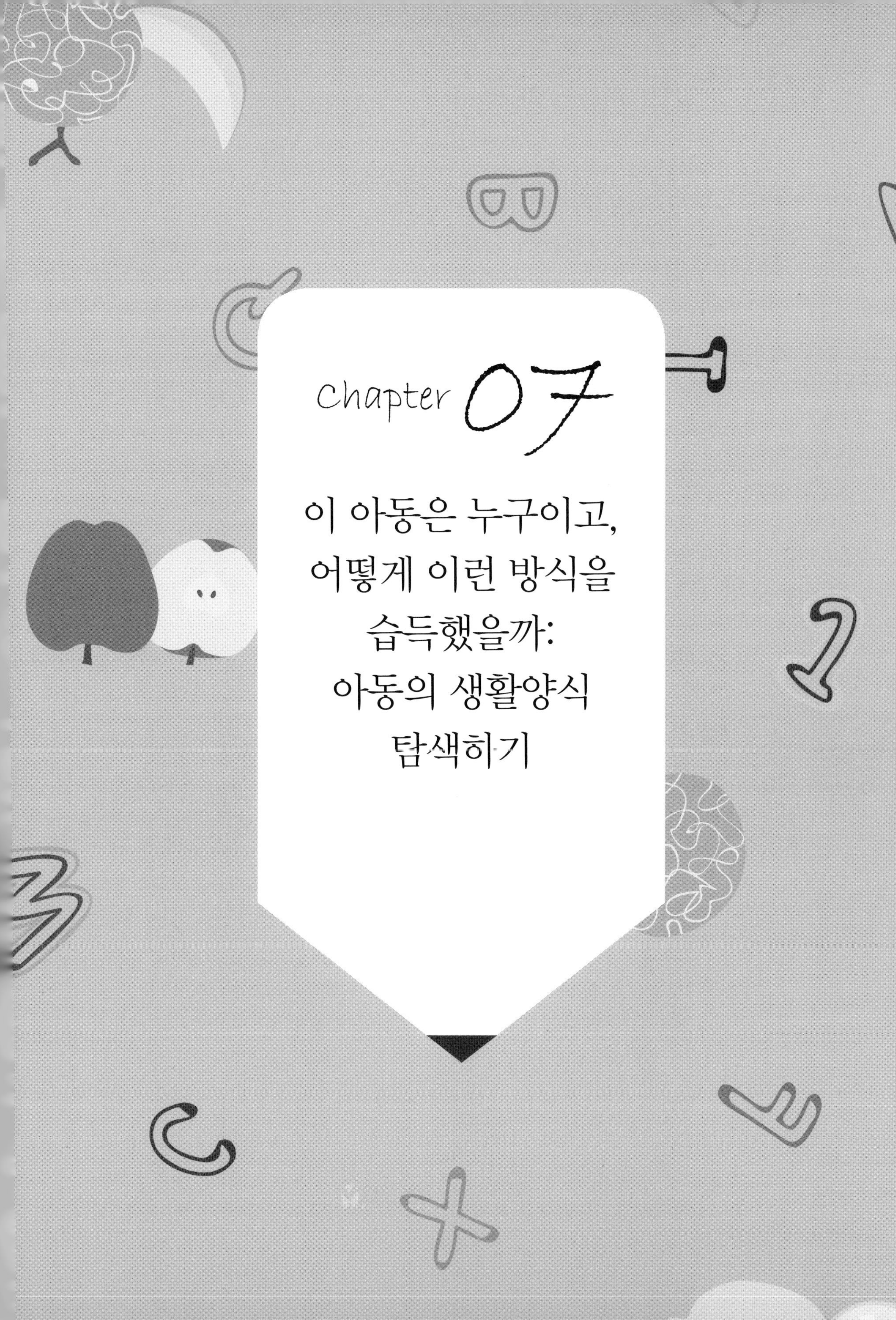

Chapter 07

이 아동은 누구이고, 어떻게 이런 방식을 습득했을까: 아동의 생활양식 탐색하기

아들러 놀이치료의 두 번째 단계에서 상담사는 아동과 부모의 사고, 정서 그리고 행동 패턴을 좀 더 잘 이해하는 데 도움이 될 수 있는 아동의 생활양식에 관한 정보를 모은다. 이 과정에서는 대개 가족 분위기, 가족 구도(constellation), 생애 초기 기억, 아동이 가지고 있는 자원에 관한 정보를 모아 생애과업이 잘 기능하고 있는지를 탐색하기 위해 고안된 절차들을 따르며, 이는 아동의 강점, 중요한 Cs, 잘못된 행동의 목표, 성격 우선순위, 잘못된 신념과 사적 논리(private logic)에 관한 정보를 수집하기 위한 것이다. 아동의 생활양식을 이해할 수 있는 확실한 정보를 상담사가 수집하는 과정에서 상담사는 아동이 자기 자신과 타인, 그리고 세상을 어떻게 보는지, 어떻게 아동에게 그러한 개념들이 시작되었는지 가정하고 개념화하게 되는 것이다. 이는 재미있는 부분이다. 여기서 당신은 생활양식을 알아보는 탐정이 된 것처럼 꼬치꼬치 캐묻고, 방에서 기다리고 잠복하며 가족 간의 대화를 엿듣고, 아동이 다른 각본대로 놀 수 있도록 유혹하며, TV에 나오는 탐정처럼 해 보게 된다.

가족 분위기란 무엇인가

가족 분위기란 가족의 정서적 '분위기'이다. 즉, 아동 발달이 이루어지고 있는 가족관계의 분위기이다(Bitter, 2014; Maniacci et al., 2014; Sweeney, 2009). 가족 분위기는 가족의 가치, 가족 간의 의사소통, 그리고 가족 구성원 간의 상호작용에 있어서 정서적 분위기(tone)을 반영한다. 가족 분위기를 이해하는 것은 아동이 자기 자신, 타인, 세상을 바라보는 관점이 어떤 방식으로 이루어지는가에 지속적으로 영향을 미치고 있기 때문에 특히 아들러 놀이치료에서 중요하게 여겨진다. 사람들은 자기 자신의 이미지와 타인과의 관계를 통해서 획득한 중요한 개념을 근거로 그들의 방식을 형성한다. 아동의 중요한 Cs, 잘못된 행동의 목표, 그리고 성격 우선순위들은 아동 자신의 부모뿐 아니라 다른 가족구성원과의 상호작용에 의해 영향을 받는다. 아동들은 타인의 행동, 그리고 자신의 가족들과 소통하는 방식에서 인식한 것을 근거로 어떻게 행동을 하면 되는지 추측하여 행동을 결정한다. 아동이 세상을 어떻게 인식하는가는 그들이 성장한 세상, 즉 그들의 가정과 가족에 대한 지각에서 탄력을 받아 작용하게 된다. 가족의 분위기를 통해서 아동은 어떻게 대인관계가 작용하게 되는지, 그리고 어떻게 삶이 이루어지는지 추측하여 그것을 믿게 되고, 가족의 다른 구성원과 아동이 속한 그 외의 나머지 환경에서도 이 신념이 마치 현실인 것처럼 행동한다.

다음은 이와 관련하여 생각할 때마다 우리를 두렵게 만드는 것들이다.

> 부모와의 관계는 흔히 그 가족의 존재방식과 소통방식을 구성하는 것이 무엇인지를 가장 명확하게 보여 주는 것이다. 부모는 하나의 성별이 다른 성별과 어떻게 관련이 있는지, 이 세상에서 어떻게 일하고 참여하는지, 어떻게 타인과 함께 살아가는지를 알려 주는 모델이다. 아동들은 즐거움, 분노, 사랑, 두려움, 엄격함, 느긋함, 혼란스러움, 너그러움, 보호 혹은 과보호, 적대감, 양육, 도전 혹은 공손함 등과 같이 명명된 모델들을 경험하게 될 것이다(Bitter, 2014, p. 133).

우리의 아이들에게 이것이 무엇을 의미하는지 궁금하지 않는가?

가족 분위기는 몇 가지 요인에 따라 형성된다. 첫째, 자녀를 대하는 부모의 태도, 둘째, 부모의 훈육 철학, 셋째, 부모의 생활양식, 넷째, 그 가족의 가치관, 다섯째, 부모 원가족의 가족 분위기, 여섯째, 결혼 관계, 일곱째, 부모의 양육 기술, 여덟째, 자녀를 존중하고 따듯하게 대하며, 체계적인 환경을 제공할 수 있는 부모로서의 능력을 가지고 개입할 수 있는가에 관한 부모 개인의 문제들을 포함한다(Bitter, 2014; Dewey, 1971; Maniacci et al., 2014). 각각의 가족들은 고유하기 때문에, 이러한 구성요소들을 함께 맞추기 위한 방법이나 혼재되어 있는 다양한 요인의 균형비를 맞추기 위해서 정해진 형식은 없다. 하지만 가족들에게 있어서 자주 드러나는 일정한 패턴은 있다. 왜냐하면 아동들은 어떤 일반적인 특징들을 나타내는 생활양식을 가진 전형적인 가족 안에서 성장하기 때문이며(Adler, 1931/1958; Dewey, 1971), 놀이치료사는 그들을 살펴봄으로써 아동의 생활양식에 대한 많은 것을 알게 될 것이다.

가족 분위기의 유형

가장 긍정적인 가족 분위기는 민주적인 것이다(Bettner & Lew, 1990; Dewey, 1971; Lew, 1999). 민주적인 가족의 부모들은 강력한 양육 기술을 드러내며 일관되고 합리적인 제한과 구조화를 한다. 이런 부모들은 자녀에 대해 긍정적인 자세를 가지고 있으며 그들 자녀에게 중요한 Cs의 네 가지 모든 요인을 서서히 가르치는 방식으로 애정과 존중감을 가지고 대화를 한다. 그들은 일반적으로 개인적인 문제들을 잘 다루며 어떠한 결혼생활의 문제들도 합리적으로 조절한다. 이러한 가족의 자녀들은 가족의 결정 과정에서 적극적인 참여자가 되어, 자신의 옷을 골라 입는다거나 사소하지만 자신이 해야 할 것들을 선택하는 것과 같이 연령에 적합한 권한과 책임을 가지고 자신의 일을 결정할 수 있게 된다. 민주적인 가정에서 자란 아동들은 자신감이 있고, 독립적이며, 자발적이고, 자신의 느낌과 생각을 잘 표현한다(Bettner & Lew, 1990). 무엇보다도 이러한 가정의 아동들은 성적 학대 혹은 가까운 누군가의 사망과 같은 외상적인 사건이 발생하기 전에는 놀이치료에 오지 않는다.

놀이치료를 받는 많은 아동은 이런 이상적인 분위기와는 다른 가족 분위기에서 자란 아동들일 것이다. 불행하게도, 나머지 가족 분위기에 대한 설명은 좀 더 부정적인 것들이다. 듀이(Dewey, 1971)는 거부적, 권위적, 모순적, 절망적, 억압적, 과보호적, 동정적, 높은 기준, 물질만능주의, 경쟁적, 비난적, 그리고/또는 원만하지 않은 가족 분위기의 유형을 개발했다. 가족 분위기의 유형이 한 가지로만 존재하는 것은 드물고 보통은 다른 몇 가지 분위기가 결합되어 있는 경우가 많아서 아동은 자신이 속해 있는 곳의 개념과 방식에 따라 몇 개의 다른 분위기를 가진 가족 안에서 성장할 가능성이 있다. 어떤 가족 분위기는 높은 기준을 가진 분위기와 경쟁적이고 권위적 혹은 억압적인 분위기가 자연스럽게 맞춰져 있는 것처럼 보이는 경우도 있다. 이런 경우, 아동은 분위기를 구성하는 다양한 요소에 대해 자신만의 방식으로 반응하며, 결과적으로 가족 안에서 각각의 아동들은 고유한 성격을 가지게 되는 것이다. 실제로 모든 가족 분위기는 아동에게 불리하게 영향을 미치는 중간 정도의 분위기부터 중대하게 영향을 미치는 극단적인 분위기까지 연속적으로 포괄되어 있다. 우리는 가족의 정서적인 분위기와 부모의 생활양식, 가족 분위기의 '유형(type)'에 초점을 맞추기보다는 그 분위기가 아동에게 얼마나 영향을 주고 있는가에 더욱 주목한다. 가족 분위기가 어떻게 아동에게 영향을 미치는가에 대해 우리가 생각하는 방식을 알려 주기 위해서 우리는 통제적이고 과보호적이며 혼란 속에서 싸우고 있는 부모들이 있는 가정의 예를 들어 볼 것이다.

통제적이고 권위적인 부모들은 흔히 절대적인 복종을 요구한다. 그들은 영향력을 행사하기 위해 지배해야 한다고 믿으며, 긍정적인 다른 방법들과 관련지어 보는 것을 어려워하는 경향이 있다. 그들의 훈육 철학은 아이들이 완벽하게 행동해야만 한다는 전제에 근거하고 있으며 어떠한 의심의 여지도 없이 부모로서 자신이 가지고 있는 가치관을 선택한다. 그들은 감정에 대해 논의하거나 표현하는 것을 막는다. 계급 구조 속에서 가족을 서열화함으로써 흔히 한 부모는 다른 사람들을 지배한다. 제일 꼭대기에 있는 성인인 지배자는 대부분의 권력을 가지며, 나머지 여분의 권력을 다른 가족 구성원들에게 나누어 준다.

통제적이고 권위적인 가족 분위기를 가진 가정에서 사는 '전형적인' 아동은 두 가지 다른 행동양상을 보인다. 아동들은 지나치게 순응적이며 유순하게 되거나, 극도로 반항적이 된다. 순응적인 아동들은 일반적으로 공손하고, 소심하며, 불안하게 기뻐한다. 그들은 자주 용기가 부족해지고 신경성 습관, 틱(tic), 궤양, 그리고 스트레스의 증거로서 나타나는 다른 신체적 증상과 긴장이 발생한다. 이러한 가정의 아동들은 자발성과 주도성이 결여되어 있으며, 자신의 문제를 어렵게 해결하고 자신을 위한 결정을 할 때 권위자에게 의존하려고 한다. 아동들은 규칙을 따를 때에만 자신이 가치가 있는 사람이라고 느낀다.

일반적으로 이러한 순응적인 아동들은 성인을 만족시켜 주는데, 이는 아동이 놀이치료에 의뢰될 확률을 낮춘다. 만일 이런 아동들이 놀이치료에 의뢰되었다면, 이들의 문제행동은 일반적으로 내면화된 행동(예: 악몽, 과도한 불안, 손톱 물어뜯기)으로 나타날 것이다. 아동의 불안과 긴장, 아이다운 행동의 결여, 혹은 아동이 가지고 있는 제한된 자원에 주목하게 될 때, 교사들은 아동을 학교 상담선생님 혹은 외부의 치료사에게 보낸다. 놀이치료실 안에서 이런 아동들은 그들 자신을 위한 선택을 하는 데 주저하고, 아주 간단한 결정조차 치료사에게 맡긴다. 이들은 자신을 위해서 선택을 해 본 경험이 없기 때문에 아동 자신에게 책임을 돌리면 힘겨워할 것이다.

반항적인 아동들은 흔히 타인을 고려하지 못하며, 시비를 잘 걸거나 비난과 칭찬에 예민하다. 권위적인 부모들이 주로 아이와 힘겨루기를 하거나, 보복하는 방식으로 양육을 한 가정의 아이들은 긍정적인 방식으로 문제를 해결하는 자신의 능력에 대해 의심을 가질 뿐 아니라 아동 자신의 능력에 대해서도 불확실성을 느끼게 된다. 그들은 권위적 존재에게 대응하여 거짓말을 하거나 절도와 같은 회피적인 행동을 자주 한다. 통제적이고 권위적인 부모들은 반항적인 아동들이 좀 더 고분고분해지도록 만들기 위한 방법을 찾기 위한 수단으로 놀이치료를 하려고 하기도 한다. 놀이치료실에서 이런 아동들은 당신이 은밀하게 권위주의적인 사람으로 돌변하게 될 것이라는 징후를 찾으려고 한다. 그들은 평등관계의 원리를 믿지 못하며, 한계를 시험하고 당신의 신념과 인내심을 반복해서 시험한다.

통제적이고 권위적인 부모들은 좀처럼 아들러 철학의 민주적 원리 혹은 양육 기술에 동의하지 않기 때문에 상담을 계속하지 않으려고 할 수도 있다. 이런 부모들과 상담하기 위해서 당신은 인내심을 가지고 부모들은 자신이 할 수 있는 최선을 다하고 있으며, 그들이 가지고 있는 생활양식과 통제 불능의 상태에 대한 두려움을 가지고 있다는 점을 항상 염두에 두고 있어야 한다. 부모 상담의 속도는 천천히 지속적으로 이루어져야 하며 그렇게 함으로써 부모들이 너무 두려워하지 않으면서 궁극적으로는 아동을 완전히 통제하고 있다는 착각을 버리게 해야 한다.

다른 예로서 과보호적 분위기가 있는데, 엄격하거나 과보호적인 부모는 아동이 어려움을 겪는 것을 허용하지 않음으로써 아동이 문제를 스스로 해결할 수 있는 방법을 배울 기회를 주지 않는다(Dewey, 1971). 때로 이러한 가족 분위기는 만성질환 혹은 학습장애와 같은 문제를 가진 아동이 있기 때문에 만들어지기도 하지만 부모의 인격적 문제에서 비롯되는 경우가 더 많다. 이런 가정의 부모들은 불화, 슬픔 그리고 냉혹한 삶의 현실과 같은 것들로부터 자녀들을 보호하려고 한다. 결국 이러한 환경 속에서 자신이 유능하지 못하다고 느끼게 된 아동들은 용기가 부족하고, 스스로 자신의 삶에 도전할 수 없다고 믿게 된다. 이 유형의 부모들은 자녀에게 아주 사소한 문제들까지 계속 관여함으로써 자신의 만족감을 얻으려고 한다. 부모 개인의 우선순위는 만족감이거나 통제감이며, 우월하다고 생각하는 부모들은 자녀들을 돌보면서 우수한 자신의 능력을 시연해 보이는 방법을 통해서 때때로 자녀를 과보호하려고 할 것이다. 많은 경우 이런 부모들은 어려운 사태를 키우거나, 비난하고, 경쟁적이며, 높은 기준의 가족 환경을 만들고, 충분히 양육하고 있지 않다고 느끼며, 자녀들과의 상호작용 내에서 부모 자신의 양육 방식만을 통해 보상받으려고 한다.

과잉보호는 자립성을 키우지 못한 아동들이 응석받이가 되게 만드는 결과를 가져온다. 이런 가정의 아동들은 자기 확신이 부족하고, 인정받고 싶어 하며, 자신에게 권한이 있다고 느끼며, 타인에게 의존적인 모습을 보인다. 아동들은 항상 자신의 행동에 대한 결과를 부모가 책임져 주기 때문에 자신의 행동에 대한 책임감을 가지지 않고 성장한다. 타인과의 상호작용 속에서 그들은 "그래서 나에게 돌아오는 게 뭔데?" 혹은 "누가 날 위해서 이 일을 해결해 줄 건데?"라고 질문할지도 모른다. 아동들은 타인이 무언가를 해 주기 전까지는 자신이 유능하지도 않고, 중요하지도 않다는 것을 증명하기 위해 애쓴다. 이 아동들은 용기도 부족하고, 자신이 무능하다는 것을 증명하려고 애를 쓴다.

응석받이 자녀를 둔 대부분의 부모는 자녀에게서 혹은 자녀의 행동에서 어떠한 문제점도 찾으려 하지 않거나 학교와 같은 외부의 전문가들이 해 주는 조언에 영향을 받지 않을 뿐 아니라 좀처럼 상담을 받으려 하지도 않는다. 선생님들은 교실에서 불손할 뿐 아니라 속수무책인 이런 아동들과 함께하는 것이 어렵기 때문에 학교 상담사들은 과보호적인 가정의 아동들과 자주 상담을 하게 된다.

놀이치료실에서 이런 아동들은 자신의 부모와 맺었던 관계를 반복해서 당신과 맺으려고 할 것이다. 그들은 속수무책인 것처럼 행동하고, 자신의 모든 요구와 욕구를 들어 달라고 하거나 극도로 오만하게 굴고, 당신을 지배하려고 하며, 그들의 소망에 당신이 따르도록 강요하고, 그들을 모셔 주기를 요구한다. 이런 아동들은 어떠한 위험요소도 감내하려 하지 않아서 집에 있는 장난감과 비슷한 장난감들을 가지고 놀고, 놀이치료실에 자신의 장난감을 가지고 와서 놀고 싶은 욕구를 표현한다.

이런 분위기를 가진 가정의 부모들은 혼란스러워서 대부분의 시간을 다투고 싸우는데 소모하게 된다. 듀이(Dewey, 1971)는 이런 가족들을 부조화(inharmonious)가족이라고 명명했다. 그들은 이렇게 계속되는 부모의 불화를 자녀에 대한 무기로 사용한다. 이런 부모들의 일관성 없는 훈육 방식은 그들의 부부싸움에서도 발견할 수 있는데, 그들의 분위기와 부부 갈등의 정도에 따라서 달라진다. 심지어 이런 부모들은 적절한 양육 기술과 좋은 능력을 가지고 있을지라도 이를 지속적으로 자녀에게 적용하지 못하며, 그 결과 구조화하지 못하거나 신뢰할 수 있는 부모로서의 지원과 양육이 거의 이루어지지 않게 된다. 이들에게는 자녀와의 건설적인 상호작용보다는 부부싸움의 승점이 더 중요하다. 이런 부모들은 충돌을 해결하기 위한 긍정적이고 적극적 전략을 만들지 못하는 가족에서 성장한 경향이 있다.

이런 유형의 가족 환경에서 자란 아동들은 다른 사람과의 관계에 있어서 자신이 힘을 가지는 것이 가장 중요한 것이라는 생각을 가지고 성장한다. 이 아동들은 자신의 부모 중 한 사람이 다른 한 사람을 통제하려고 하는 모습을 봐 왔기 때문에 타인보다 힘을 더 많이 얻기 위한 가장 안전하고 중요한 방식으로 이를 자주 사용한다. 부모에게서 지속적으로 언어적 혹은 신체적 학대를 받아 온 아동들의 증언에 따르면, 혼돈-갈등 상태(chaotic-conflictual)인 가정의 아동들은 흔히 이런 패턴이 상호작용의 방식이라고 믿고 있다는 점을 알 수 있다. 이런 인식은 아동들이 타인과 관계를 맺는 것을 방해하고, 이로 인해서 교우관계와 다른 사회적 관계에서 다툼이 일어나도록 하기도 한다. 아동들이 집에서 이렇게 경험한 사회적 관심의 결여와 상승된 긴장 수준은 그들이 규칙을 지키지 않게 하고 자기 자신과 타인을 위험한 상황으로 몰아넣게 된다. 이 아동들은 자신이 할 수 있다면 타인을 '나쁘게' 보이도록 하는 것이 자신이 중요한 존재가 될 수 있는 유일한 방법이라고 믿곤 한다.

이런 태도와 행동들로 인해서 아동들은 자주 놀이치료실에 의뢰된다. 종종 부모들은 자신들의 문제를 해결하거나 이혼을 결정할 때, 그들의 불화가 자녀들에게 불리하게 작용했다는 것을 깨닫고 놀이치료사에게 의뢰한다. 화목하지 못한 가정의 아동들에게 혼돈과 갈등이 예상되는 것은 논란의 여지가 없을 것이다. 이 때문에 그들은 놀이치료실에서 매우 불안한 상태로 있거나 굉장히 놀이치료실을 사랑하게 된다. 그들은 갈등에 이르게 되는 어떤 종류의 숨은 기류에 대해서도 과도하게 경계하는 경향이 있는데, 그래서 그들은 당신의 언어적 · 비언어적인 의사소통을 매우 면밀하게 관찰하며, 분노라고 여겨지는 것에 반응하고 비난받을 것이라고 예측한다.

가족 분위기 수집하기

아들러 놀이치료의 맥락 안에서 볼 때, 당신은 아동 가족의 분위기에 대한 정보를 수집해서 사용할 수 있는 다양한 방법이 있고 그러한 정보들을 통해 그것이 얼마나 아동들에게 영향을 미치는지를 알 수 있다. 이러한 방법들로는 첫째, 아동과 부모를 관찰하기, 둘째, 질문하기, 셋째, 예술작품, 모래상자, 혹은 동작 활동 등이 있다. 당신은 이러한 방법들을 아동과 부모 그리고 당신이 선호하는 방식에 따라 어떤 방식으로든 조합해서 사용할 수 있다. 또는 당신이 가지고 있는 전략들을 사용할 수도 있다. 아들러 놀이치료는 '기술적으로 절충적인' 것이기 때문에, 가족 분위기를 탐색하는 여러 가지 다른 방식 또한 모두 기꺼이 받아들일 수 있다. 가족분위기를 탐색하기 위해서 아동이 흔히 사용하는 의사소통 방식에 당신이 맞추려고 하는 것은 매우 중요하다. 예를 들어, 미술에 친숙하다고 보이는 아동이라면 그리기와 색칠하기는 정보를 수집하는 가장 좋은 방법으로 사용될 수 있으며, 인형놀이나 행동으로 표현하기를 좋아하는 아동이라면 이런 방식으로 접근하는 방식이 가장 좋을 것이다. 만약 아동이 당신과 연결할 수 있는 특별한 표현 방식이 보이지 않는다면, 우리는 일반적으로 그림을 그려 볼 것을 권유하는 것으로 시작한다. 만약 아동이 거절한다면 아동이 거부하는 이유에 대해서 추측하고, 친숙하게 정보를 알아낼 수 있는 대안적인 기술들을 생각하여 제안할 수 있다. 특별히 좋아하는 미술활동이 없는 아동이라면 우리는 아동이 사람을 그리는 대신에 가족의 각 구성원들을 상징할 수 있는 장난감, 손인형 혹은 모래상자 피규어를 선택해 보도록 요청할 수도 있다. 각각의 피규어들이 무엇인지 아동들에게 설명하도록 한 후에 아동들이 그 사람에 대한 각각의 상징들을 어떻게 선택했는지, 가족 역동을 추론하기 위해 상식적인 판단력을 활용한다. 어떤 아동들은 자신의 가족들을 직접적으로 묘사하기를 두려워하기도 하는데, 이런 아동들은 다른 동물들의 사진을 콜라주 하도록 해서 아동이 자신의 가족 역동과 연관된 정보를 함께 이끌어 내도록 할 수도 있다.

아동과 부모 관찰하기

당신은 언제든 놀이치료 회기 안에서 아동을 관찰할 수 있고, 부모 상담 회기 안에서는 부모를, 대기실에서는 아동과 부모를, 당신이 학교 상담사일 경우에는 학교에서 일어나는 사건을 그리고 가족 놀이 회기에서도 관찰을 할 수 있는데, 그때 가족 분위기를 알아채고 있어야만 한다. 이러한 정보들은 따로 한 가지로만 존재하지 않으며, 관찰해서 수집한 정보들은 때론 아동과 부모들이 보고한 내용보다도 좀 더 정확하다(Durry & Chenail, 2012). 사람들이 자신과 자신의 삶에 대해서 객관적이기 어렵다는 것을 당신은 알고 있다. 그리고 어떤 내담자들은 치료사를 부정하거나 호도하려고 해서 가끔 그들이 가감하여 알려 준 것이 무엇인지를 치료사가 알아내야만 한다.

놀이치료 회기에서 흔히 아동들은 인형, 가족 인형, 손인형, 그리고 주방용품을 가지고 가족 분위기 상황을 연출한다. 이런 장난감들을 가지고 놀면서 아동은 부모들이 아동과 서로 어떻게 대하는지에 대한 생각과 느낌을 표현하는데, 가족 구성원들이 어떻게 상호작용하는지, 가족의 가치관 혹은 가족 간의 의사소통이 어떻게 드러나는지, 그리고 가족 역동의 다른 측면들이 잘 조화되어 있는지를 보여준다. 또한 아동의 전반적인 행동은 치료사에게 가족 분위기에 대한 단서를 제공할 것이다. 예를 들어, 거부적인 경향의 부모가 있는 가족 분위기에서 자란 아동들은 애정에 매우 굶주려 있고, 당신에게 인정을 받으려고 노력하며, 인형의 집이나 인형놀이를 할 때 폭력적인 관계를 놀이로 나타내는 특징을 보인다. 당신이 가족 분위기에 대한 단서를 가지고 놀이 패턴과 주제에 주목하게 될 때, 직접적으로 아동에게 집에서 일어나는 일들과 아동의 놀이가 어떤 연관이 있는지를 설명하도록 질문하는 것보다는 은유적인 방법으로 놀이가 무엇과 연관되어 있는지 상위의사소통을 하거나 감정을 반영하는 놀이가 더 좋다고 볼 수 있다. 관찰을 통한 상위의사소통의 예는 다음과 같다.

- 랜디는 손인형을 가지고 놀고 있다. 손인형 하나가 다른 손인형을 계속 때린다. 맞고 있는 손인형이 큰 소리로 울고 있다. 당신은 다음과 같이 말할 수 있다. "그 인형이 정말로 아픈 것처럼 우는 소리가 들리는구나. 나는 틀림없이 다른 인형이 그 인형을 때리는 걸 멈추고 싶어 한다는 걸 알아."
- 호숙이가 인형의 집에서 인형을 가지고 놀고 있다. 엄마 인형은 한 아기 인형을 안아 주고 다른 한 아이 인형은 무시한다. 호숙이는 엄마 인형을 움직이며 "나는 아기를 사랑해."라고 말한다. 당신은 "엄마는 정말 아기를 열심히 돌보고 있구나. 그런데 나는 저 언니가 지금 어떤 감정을 느끼고 있는지가 궁금하구나."라고 말할 수 있다.
- 링고는 당신이 감정을 반영해 줄 때마다 당신을 향해 다트 총을 겨눈다. 이럴 때 당신은 "너는 내가 너의 감정에 대해 이야기하는 것을 멈추길 원하는구나."라고 말할 수 있다.

두 부모가 모두 있을 경우, 놀이치료사는 부모 상담이나 가족 회기를 진행하는 동안 부모들 사이에서의 상호작용이 어떻게 이루어지는지 관찰할 수 있다. 그 부모들의 관계와 양육 전략에 있어서 서로 간의 호응과 협력 정도가 어떠한지를 알아내는 것은 유용하다. 놀이치료사는 부모들이 사용하는 어휘들이 적절한가를 살펴봄으로써 비언어적인 의사소통까지도 관찰해 낼 수 있어야만 한다. 치료사는 어떠한 불일치점들을 짚어 내며 부모들의 언어적 표현과 비언어적인 반응 사이의 차이에 대해 질문하면서 좀 더 많은 가족의 정보를 얻을 수 있다.

아동과 부모 사이의 상호작용을 관찰하는 것은 가족 분위기에 대한 추가적인 중요 단서를 당신에게 제공해 줄 수 있다. 만약 가족들이 치료를 시작하기 전에 대기실에서 함께 기다리고 있거나 학교 행사에서 함께 있는 장면을 볼 수 있는 기회를 얻거나 혹은 또 다른 환경에서 가족을 볼 수 있는 기회가 있다면, 그들은 사무실에서 당신을 만났을 때 보다 자연스럽고 실제적인 형태의 상호작용 모습을 보여 줄 것이다. 초기 탐색 단계에서 가족 놀이치료 회기를 진행해 보는 것도 유용한 방법이 될 것이다(Kottman & Meany-Walen, 출판 중). 회기에서 가족 구성원들의 상호작용을 관찰함으로써 당신은 그들의 전형적인 상호작용 방식, 태도 및 관계 등에 대한 단서를 얻을 것이다. 그 정보는 생활양식에 대한 가설을 설정하는 데 매우 유용할 것이다.

질문하기

부모와의 관계가 어떠한지를 알아보는 또 다른 방법으로는 그들의 훈육철학과 실제, 그 외 가족 분위기에 대한 정보를 알아보기 위해 가족 상호작용에 대한 질문을 하는 것이 있다. 부록 B와 D에서 생활양식에 대한 질문으로서 찾아 질문할 수 있으며, 당신은 가족 분위기에 대한 정보를 얻을 수 있을 것이다. 아동과 부모에게 비슷한 질문을 하는 것은 가족 구성원 간의 상호작용이 어떻게 이루어지는가에 대한 다각적인 내용을 얻기 위해 필수적인 것이다. 이는 그 가족 중 단 한 사람에 의해서 가족 상황에 대한 당신의 견해가 좌우되지 않도록 하며, 아동과 부모의 입장에서 그들 모두를 아우를 수 있는 견해를 가지고 있다는 점을 확신할 수 있도록 해 준다. 첫 번째 회기에서 부모와 이야기를 하면서 당신은 이런 질문들을 하게 된다. 아동과 몇 번의 회기를 진행하면서 가족 분위기에 대한 질문을 하기 전에 당신은 아동과 관계 형성이 이루어지길 원할 것이다. 하지만 이것은 아동에게 달려 있다. 대부분의 아동은 가족 분위기와 관련된 정보를 첫 번째 회기에서 자발적으로 주게 될 것이다. 이럴 때 우리는 회기를 진행하기 위한 승인으로서 이를 받아들인다(우리는 아주 꼬치꼬치 캐묻는다).

'의심스러움(불확실함)' 속으로 빠져들기 쉽기 때문에 아동이나 부모가 회기에서 너무 많은 질문에 의해 압도되지 않도록 해야 한다. 상담이 이루어질 때마다 가족 분위기에 대한 질문은 세 가지 혹은 네 가지 정도가 가장 적당하다. 당신은 마음 속에서 회기를 진행하는 동안 수많은 질문을 하고 싶을 것이고, 회기를 진행하면서 자연스러운 대화 흐름 속에서 질문들을 이어 나가는 것처럼 하길 원할 것이다. 아주 많은 성인-아동 대화가 질문으로 이루어졌기 때문에 우리는 아동의 비언어적 반응을 주의 깊게 살피며 만약 아동이 우리의 질문에 부정적 태도를 보인다면 즉시 질문을 멈추어야 한다.

흔히 간접적인 질문을 할 수 있는 수단으로서 아동의 놀이를 활용하는 것은 매우 유용하다. 아동이 놀이를 하는 동안, 당신은 은유적으로 가족 분위기에 대한 질문을 할 수 있다. 다음은 아동의 은유를 사용하여 생활양식에 대한 질문을 한 예이다.

- 졸린은 가족 인형을 가지고 놀고 있는데 아빠 인형은 아이 인형이 있는 방을 향해서 소리를 지르고 있다. '파괴(길들임)'라는 은유 대신, 당신은 "아빠 인형이 아이 인형에게 소리를 지를 때 아이 인형은 어떻게 느낄까?" 혹은 "만약 아빠 인형이 아이 인형에게 소리를 지른 후에도 아이 인형이 계속 방에만 있지 않는다면 무슨 일이 벌어질까?"라고 질문하여 수집된 정보를 사용할 수 있다.
- 로코는 말 가족을 가지고 놀고 있다. 당신은 그에게 그 말 가족 구성원이 각각 어떠한지에 대해서 물어볼 수 있다. 당신은 마음속으로 로코의 가족 구성원들이 말의 가족에서 어떻게 드러나는지를 추정해 볼 수 있고, "이 어린 말들 중에서 가장 다른 말은 누구지?" 혹은 "이 어린 말 중에서 엄마 말과 가장 닮은 말은 누구니? 왜 그렇다고 생각하니?"라고 질문해 볼 수 있다.
- 레티는 주방 도구를 가지고 놀고 있으며 모래상자로 접시를 집어던지고 화가 난 것처럼 보인다. 당신은 "와우, 누군가가 매우 화가 난 것처럼 보이네. 그래서 접시들을 던지고 있구나."라고 말할 수 있다. 레티가 반응을 보일 때, "그래, 엄마는 다시 화가 났구나."라고 말하고 "이 아이들은 어떤 두려움 같은 것이 있을 거야. 엄마가 크게 화를 낼 때 아이들은 뭘 하게 될까?"라고 질문할 수 있다.

표현적 예술, 모래상자, 동작 기술의 활용

아들러 놀이치료사는 내담자가 생각하는 가족 분위기에 대한 생각들을 알아보기 위한 전략으로서 표현적 예술 기법들이나 모래상자를 사용할 수 있다. 음악, 춤, 손인형극, 역할놀이는 아동들이 자신을 표현하도록 하는 방법으로서 그리기, 색칠하기, 조각하기와 같은 추가적인 표현적 예술 활동들도 모두 표현 기법으로서 적절하게 만들어진 것이다.

동적 가족화(KFD; Knoff & Prout, 1985; Nurse & Sperry, 2012) 검사는 내담자에게 질문을 할 수 있는 한 가지 접근법 중 하나인데, 무엇인가 활동을 하고 있는 가족 구성원들을 그려 보도록 하는 기술이다. 나(TK)는 동적 모래상자(kinetic family sand tray)라고 부르는 모래상자를 가지고 이 기술을 변형해서 사용하는데, 여기서 클라이언트들에게 가족 구성원을 표현할 수 있는 세 개의 피규어 중 한 개를 선택하도록 요청한다. 당신 또한 KFD를 변형해서 사용할 수 있는데, 이쑤시개를 활용한 동적 가족조각(kinetic family toothpick sculpture), 양말로 만든 꼭두각시 인형을 활용한 동적 가족인형(kinetic family collection of sock puppets), 실제 가족 구성원들의 사진을 활용한 동적 가족콜라주(kinetic family collage) 혹은 잡지에 있는 가족 사진을 잘라서 만든 콜라주 등으로 변형해 볼 수 있다.

좀 더 전통적인 형태의 KFD를 사용할 때는 몇 개의 종이와 연필을 제공하고, 가족의 그림을 그리도록 요청한다. 아동이 그림을 그리고 싶은지를 물어봐서는 안 되는데, 이는 아동이 그림 그리기를 거절하도록 하는 것을 피하기 위해서이다. 아들러 놀이치료에서는 그 목적에 적합한 1970년대 본래의 방식인 KFD에 근거하여 다음과 같이 주어진 지시에 따라 실시한다. "너의 가족 구성원 모두를 그리렴. 가족들 모두가 각자 뭔가 하고 있는 모습을 그려 줘." 아동이 막대 형태의 사람을 그리지 않도록 권하는 편이 좋으며, 만약 아동이 그림을 그릴 수 있는 방법이 그것뿐이라면 이 방법은 사용하지 않는다. 만약 당신이 아동의 부모와 함께 있는 곳에서 이 작업을 한다면, 부모들은 아동들보다도 아동들의 그리기 능력에 더 비판적인 경향이 있기 때문에 막대 형태의 사람을 그리도록 놔두는 것이 좀 더 중요한 문제로 작용할 것이다. 아동이 그림을 다 그리고 나면 당신은 그림 안에 있는 것들과 그 가족들에 대해서 질문을 할 수 있다(내담자의 생활양식에 대한 정보를 얻기 위해 KFD를 사용하는 질문 전략은 부록 E 참조). 그림을 해석하기 위해서 우리는 상식적인 접근방식을 사용하는데, 아동이 가족 안에서 중요하게 인식하는 사람을 어떤 방식으로 표현하는가에 따라서 아동이 그린 그림에서 각 가족 구성원들이 하는 것이 무엇인지를 해석한다. 또한 그림을 통해서 상호작용 패턴과 사고방식이 어떻게 표현되는지를 찾을 수 있다. 가족에 대한 질문을 통해서 우리는 가족 분위기와 가족 구도 자료(family constellation data)를 수집한다.

우리는 인물화 검사(Draw-A-Person; Nurse & Sperry, 2012; Oster & Crone, 2004), 집, 나무, 사람 그림검사(Kinetic House-Tree-Person Drawing; Buck, 1992; J. Rubin, 2011), 장미덤불 그림검사(Rosebush drawing; Oaklander, 1978/1992), 가족 점토인형 조각(Family Clay Sculpture; J. Rubin, 2011)를 하거나, 그림 검사를 거부하는 내담자의 경우에는 음악 활동을 통해서 가족 분위기에 대한 정보를 얻기도 한다. 인물화 검사(DAP)를 실시하기 위해서 내담자에게 종이 한 장을 제시하고 사람 그림을 그리도록 요구한다(이상할 정

도로 아주 간단하게 보일 것이다). 집, 나무, 사람(HTP) 그림검사를 실시하기 위해서 종이 한 장씩 내담자에게 제시하고 집 그림, 나무, 사람 그림을 그리도록 요구한다(동적 HTP에서는 종종 상호연관성을 보기 위해서 종이 하나에 집, 나무, 사람을 그린다). 동그라미 중심 가족화(Family-Centered Circle drawing)에서 내담자는 각기 세 개의 그림을 그린다. 한 개는 엄마, 한 개는 아빠, 나머지 한 개에는 자신을 그린다. 각각의 그림들에서 그 사람들은 원의 한가운데 그려지고, 그 사람과 연관된 상징에 둘러싸여 있다. 당신은 모래상자에서도 이런 기법을 다양하게 변형하여 사용할 수 있다. 모래상자를 사용하면서 당신은 내담자가 자신들을 표현할 수 있을 만큼의 많은 피규어 중 한 개를 선택하도록 한다. 그들이 선택한 집, 나무, 사람들을 모래상자에 두고 그들의 가족을 모래상자에 배치하도록 한다. 혹은 모래상자에 각각의 가족 구성원을 모래상자에 배치하고 각 인물들 간에 상징적 연관이 있는 피규어를 선택하여 둘러싸도록 한다. 장미덤불 그림검사에서, 당신은 그들이 자신을 장미덤불처럼 형상화하도록 도울 수 있는 안내문을 읽어 주고 난 뒤 그것을 그리도록 하는데, 그 장미덤불이 어떠한 인생과 같은지 질문해 볼 수도 있다. 그림을 그리기 싫어하는 아동과 할 때는 장미덤불을 연극활동과 같이 해 볼 수도 있는데, 어떻게 그 장미덤불이 자라고 움직이는지를 아동이 보여 주도록 해 보거나 어떤 사람이 장미덤불을 기르고 돌보고 있는지 보여 주도록 할 수 있다. 가족 점토 인형 조각은 내담자에게 점토를 주고 가족 구성원을 피규어로 만들어 보도록 한다. 하지만 당신은 그걸 예견할 수 있을 것이다.

당신은 가족 탐색을 촉진하기 위해서 음악을 사용할 수도 있다(Hadley & Steele, 2014). 아동이 가족 분위기를 묘사할 수 있도록 돕기 위한 음악 활용의 예로서 각 가족 구성원들에 대한 '주제곡(theme song)'을 제시해 볼 수 있게 하거나 드럼에 해당되는 리듬을 선택해 보거나 플룻의 선율로 표현해 보게 할 수도 있다. 만약 놀이치료실에 다양한 악기가 구비되어 있다면, 각각의 가족 구성원들을 표현하기 위해서 각기 다른 악기들을 사용해 표현해 보도록 요구할 수 있으며 그들의 가족 내에서 그들이 어떤 식으로 존재하는지를 표현할 수 있는 '교향곡'을 만들어 보기도 한다. 만약 춤추기를 좋아하는 아동이 있다면, 가족 구성원들이 각각 어떻게 움직이는지를 보여 주는 춤을 춰 보게 할 수도 있으며 이러한 의사소통 감정 표현(communicates feelings)들은 가족 역동을 탐색하기 위한 매우 좋은 방법이다(LeFeber, 2014). 이런 모든 기술은 내담자가 자기 자신과 다른 가족 구성원 그리고 세상을 어떻게 바라보고 있는가에 대한 정보를 제공하며 가족 간의 상호작용에 대한 정보를 준다.

그리기, 색칠하기, 음악, 춤과 같은 전통적인 창의적 예술 방식을 통해서 자신을 표현하기 싫어하는 아동일 경우, 정보를 모으기 위해 좀 더 활동적인 기술들을 사용할 수 있다. 당신은 많은 다양한 움직임 활동을 제안할 수 있다. 예를 들어, '가짜 농구 게임'과 같은 놀이를 하면서 각기 다른 가족 구성원들이 어떻게 움직이는지, 그렇게 움직이면서 어떻게 상호작용하는지를 나타내고 '로봇'이 되어서 가족 구성원들처럼 걷고 말하기, 그 가족들이 상호작용하는 방식대로 움직여 보기 등은 당신에게 많은 정보들을 줄 수 있다.

당신은 개인 구성원으로서 혹은 전체의 한 가족으로서의 '느낌'을 발달시키는 것을 돕기 위한 표현적 예술 기법들을 사용하도록 부모와 다른 가족 구성원들에게 요청할 수 있다. 가족의 다양한 구성원을 표현하는 과정뿐 아니라 결과물을 비교하는 것은 매우 흥미롭다.

치료사들은 이러한 특정한 기술의 적용에 있어서 한계를 느껴서는 안 된다. 우리는 믿는다. 창의성은 아들러 놀이치료사의 특징이며, 그렇기 때문에 우리는 이 장에서 놀이치료사들이 그들의 상상력을 활용할 수 있도록 북돋아 주고 정보를 축적할 수 있는 다른 방법론적 지식을 습득할 수 있도록 돕고자 한다.

가족 구도

> 가족 구도(가족 자리)란 용어는 아들러가 만들었으며, 가족 체계, 부모를 포함하여, 형제자매 그리고 원가족 외 다른 가족들, 그 사람의 어린 시절 함께 살던 다른 사람들 모두를 포함하여 이들 모두의 상호작용을 나타내기 위한 것으로 드라이커스(Dreikurs)가 정교화하였다. 이는 천문학에서의 별자리와 유사한 방식으로 가족 구성원을 묘사한 것으로서, 그 집단의 움직임과 다른 가족들과의 관계에서 차지하는 각각의 위치 등을 보여 준다 (Griffith & Powers, 2007, p. 37).

가족 구도는 다양한 요인에 영향을 받는다. 각 가족 구성원의 성격 특성, 구성원들 사이의 정서적 연관성, 다른 구성원과의 지배와 복종 관계, 가족의 크기, 자녀간의 나이 차, 자녀의 성별, 부분집합 형제자매, 아동의 출생순위가 그것이다(Eckstein & Kern, 2009; Griffith & Powers, 2007; McKay, 2012; Sweeney, 2009). 아들러 이론에서 가족 구도는 아동의 생활양식에 지대한 영향을 미친다고 여긴다. 그 이유는 그 가족의 구성이 아동의 인격 형성 기간에 아동의 기본적 태도와 삶에 대한 접근방식에 영향을 주기 때문이다. 각각의 출생순위는 명확한 특성을 가지고 있어서, 가족 구도 안에서 개개인이 차지하고 있는 전형적인 자신의 위치를 알게 된다. 하지만 심리학적 출생순위는 생물학적 출생순위보다 더 중요하다. 심리학적 출생순위는 아동이 자기 자신과 타인, 세상을 인식하고 평가하는 것부터, 남녀 누구에게나 그렇듯 요구되는 것들에 대한 아동기 신념을 형성하는 것에도 유리한 위치를 차지한다(Griffith & Powers, 2007, p. 84). 심리학적 출생순위에는 많은 요인이 작용을 한다. 이러한 요인들은 가족 구도의 복잡한 요인들이 모두 포함되어 결정되는데, 장애아동이 있는 가정, 성(gender)차별, 문화적 배경, 가족 신화, 교육 정도, 신체적 발달 그리고 아동의 출생 간격과 같은 것들이 더불어 작용한다.

심리학적 출생순위

아동의 가족 구도에 대한 정보를 모으는 목적은 가족 안에서 아동이 인식하고 있는 자신의 위치와 관련해 얼마나 다양한 요인이 작용하고 있는가와 그 안에서 소속감과 중요성을 얻기 위해서 아동이 선택한 방식이 무엇인지를 알아내기 위한 것이다. 각자의 위치는 어느 정도 유리하고 도전적인 측면을 가지고 있는데, 아들러 놀이치료에서는 아동에게 강점으로 작용하고 있는 것을 격려하는 방법을 찾기 위해서 아동의 심리학적 출생순위에 대한 정보를 모은다. 또한 놀이치료사는 개개인의 출생순위 안에 내재되어 있는 것을 자극하여 돕기 위한 요소로서 이러한 지식을 사용한다.

외동 아이

이들은 어린 시절부터 자신들보다 나이가 많고 좀 더 능숙한 사람들에 둘러싸여 있기 때문에 흔히 성인들에게 인정을 받을 수 있는 기술들이 발달되거나 동정심을 유발할 수 있는 수줍음이나 무력감 같은 성격 특성을 기른다(Bitter, 2014; Leman, 2009). 이는 만족감과 편안함을 추구하는 성격 우선순위를 발달시키도록 한다. 외동 아이는 일반적으로 관심의 중심에 있는 자신의 위치를 즐긴다. 하지만 항상 감독하에 있기 때문에 불안을 느낄 수도 있다. 비록 외동 아이들은 자신이 유능하다는 것을 확신하기 위해서 매우 애써야 할 때도 있지만, 이러한 고군분투를 통해서 흔히 자신들이 중요하다고 확신하기도 한다. 왜냐하면 그들은 자동적으로 놀이 친구를 가질 수 없기 때문에 다른 아동과 사귀는 방법을 어렵게 배워야 하고, 성인과 함께 있는 것이 더 좋을 수 있다. 때로 외동 아이의 부모들이 그들을 응석받이로 키우기도 하는데 자녀들이 스스로 노력하여 무엇인가를 획득할 필요가 없다는 생각으로 이끌거나, 단지 외동 아이인 자녀가 그것을 원하기 때문이라는 이유 하나만으로 무엇이든 마음대로 가질 수 있다는 생각을 하도록 유도하기도 한다. 이런 경우 만약 타인이 이런 아동의 요구를 당연하게 여겨 주지 않는다면 아동들은 이를 불평등하게 여기고 협조하려 들지 않는다. 그들은 편안한 것처럼 보이지만 가능하다면 긴장과 스트레스를 피하려고 한다[이 말은 정확히 내(TK) 외동 아들 제이곱의 이야기이다].

외동 아이들은 흔히 독립성, 지적능력, 잘 발달된 언어기술, 자발성, 유머감각, 창의적 상상력 등 많은 강점을 가지고 있다. 그들은 높은 자의식과 자립성을 가지고 있다. 부정적인 측면에서 보면 외동 아이들은 그들 부모의 관심을 나눠 본 적이 없고 형제자매를 가져 본 적이 없기 때문에 그 자신과 그들이 소유하고 있는 것들에 대한 관심만 가지고 있을 수 있으며, 이는 결과적으로 다른 또래 아이들과 사귀는 것을 어렵게 할 수도 있다.

놀이치료실에서 전형적인 외동 아이들에게는 한두 가지 종류의 상호작용만이 나타난다. 그들은 매우 독립적일 뿐 아니라 함께 놀이를 하기 위해서 당신을 초대하지 않고서도 스스로 놀이를 할 수 있거나 오히려 더 의존적일 수도 있어서 상호작용에서 지속적으로 당신의 관심을 끌려고 할 수도 있다. 외동 아이의 놀이는 항상 창의적이고 상상력이 풍부하다. 이 아동들은 자신이 관심 있는 캐릭터 옷을 입거나 흥미진진한 모험을 할 수 있는 다양한 시나리오를 표현해 낼 수 있는 사람이나 동물의 손인형, 피규어, 인형들을 가지고 있다. 이 아동들은 놀이치료사나 부모 혹은 다른 아동들과 놀이치료실에서 놀이를 할 때, 자신이 놀이치료실의 책임자가 된 것처럼 행동한다. 놀이를 하는 사람에게 정확하게 무엇을 해야만 하는지 이야기하고, 어디에 서 있어야 하는지, 뭐라고 말해야 하는지 이야기한다.

첫째 아이

첫 번째로 태어난 아동은 가족 내에서 불안정한 위치를 차지하고 있다(Bitter, 2014; Leman, 2009; Sweeney, 2009). 첫째 아이는 특별한 권한을 가지며 부모와 강력한 관계를 가진 존재로서의 자격을 부여받는다("그리고 왜 우리는 자격이 안 되는데?"라고 전형적인 첫째인 TK가 질문한다). 하지만 이 위치는 일반적으로 다음 차례에 태어난 아동에게 위협을 받는 자리이기 때문에 첫째 아이는 왕좌에서 쫓겨날 것 같은 느낌을 받을 수 있다. 첫째 아이들의 강점은 일반적으로 책임감이 있고, 신뢰할 만하며, 조직화되어 있고, 성취지향적이며, 다른 사람들을 보호하고, 양육적이며, 도움을 주는 사람이다. 많은 경우, 이들은 강력한 지도력을 발달시키며 성장하고, 가족 구성원 중에서 높은 가치관을 가진 성격 특성을 이끌어 내며, 그 가족 안에서 의미 있는 존재로 자리한다. 이들은 많은 시간을 자신보다 나이가 많은 사람들과 보냈기 때문에 어른들과 상호작용할 때 강한 사회적 기술을 가지고 있는 경향이 있다.

전형적인 첫째 아이의 이런 강점들은 극단적으로 나타나기도 한다. 첫째 아이는 과도하게 책임감을 가질 수도 있고, 지나치게 조직화하기도 하며(순서에 대한 강박이 생기기도 하며), 부적절한 완벽주의자가 되거나, 매우 경쟁적이고, 과잉공격적이며, 비정상적으로 타인의 관심을 끌려고 하거나, 통제하거나, 우두머리 행세를 하려고 한다. 첫째 아이들은 대개 성과가 나올 수 있다고 여겨지는 것에만 노력을 쏟으며(자신의 자리에서 쫓겨나지 않도록 더 어린 아동과의 경쟁에서 우위를 선점하려고 하는), 타인과 관계를 맺는 것은 등한시한다. 많은 경우 또래와의 관계를 맺는 능력은 부족한데, 이는 같은 나이의 친구들과 동등한 존재로 있는 것이 항상 불편하기 때문이다. 첫째 아이들은 자신이 똑똑하고, 가장 도움이 되며, 가장 어려운 일을 해내는 것과 같은 일을 할 때 자신이 가치 있는 존재가 될 것이라고 믿는다. 첫째 아이들이 동생들에게 두려움을 느낄 때는 극도로 좌절할 수 있으며, 자신이 첫 번째 존재이고, 최고이며, 가장 영향력이 있다고 믿거나 어떤 것은 하찮은 것이라 관심 없다고 여기기도 한다. 즉, 그들은 여기서 단지 전부(all)인지 전무(zero)인지만 생각한다.

놀이치료실 안에서 첫째 아이들은 일반적으로 매우 깔끔한 것을 좋아해서 매번 자기 자신을 닦는데, 심지어 놀이치료사가 방을 나갈 시간이 되었다고 할 때조차도 이런 행동을 한다. 첫째 아이들은 매우 책임감이 강해서 놀이치료실 안에서의 규칙이 무엇인지와 그 규칙이 지켜지지 않으면 그다음 무슨 일이 벌어지는지 알고 싶어 한다. 첫째 아이들은 적극적으로 상호작용하기 위해서 당신을 초대하는 것을 더 좋아한다. 이럴 때 몇몇 첫째 아이는 우두머리 행세를 매우 하고 싶어 하며, 놀이의 자세한 부분까지 지시하고, 그들이 정한 법칙을 그대로 따르지 않으면 짜증을 내기도 한다. 또 어떤 첫째 아이들은 놀이를 하려고 할 때 당신이 좋아할 것 같지 않은 결정을 할 가능성을 피하기 위해서 무엇을 가지고 어떻게 놀아야 하는지 당신이 결정해 줄 때까지 기다릴 수도 있다. 그들이 놀이치료실에 들어왔을 때, 대부분의 첫째 아이는 그들이 놀이를 하기 전에 당신과 단지 수다를 떨기 위한 시간을 가지기를 원할 것이다. 이는 성인과 같은 사회적 기술을 사용해서 관계를 맺는 기회를 갖기 위한 것이며, 이러한 행동은 그들이 뛰어나다고 여기는 활동이라면 무엇이든 잘 해냄으로써 당신이 자신의 능력을 알아줄 것이라는 확신을 가지고 하는 것이다. 더러 어떤 첫째 아이들은 놀이치료실에 들어와서 첫째 아이같이 굴지 않기도 한다. 어지럽히거나, 무책임하게 굴거나, 통제 밖의 행동을 하기도 한다. 그런 일들이 일어날 때, 당신은 안전벨트를 하고 아찔한 놀이기구를 탈 준비를 해야 할 것이다.

둘째 아이

둘째 아이들은 자신의 전 생애를 첫째인 형제자매를 따라잡기 위해 애쓰는 데 시간을 보내고 엄청난 압박과 열등감을 느낀다(Bitter, 2014; Leman, 2009; Sweeny, 2009). 특히 형제자매의 나이 차가 얼마 안 날 때, 둘째 아이들의 성격은 꽤 자주 가족 내에서 첫째의 성격과 정확히 반대로 나타난다. 왜냐하면 그들은 부모에게 전적인 관심을 받아 본 적이 없고, 이런 아동들은 흔히 그들이 주목을 받을 만한 존재가 아니라고 생각하며 자란다. 이는 그들이 첫째나 그 밑의 형제들만큼 중요한 존재로 여겨지지 않는다고 간주하게 만든다. 일반적으로 첫째들은 운동기술과 언어적 기술이 더 발달되어 있기 때문에 둘째 아이들은 자신이 첫째만큼의 능력을 절대 가질 수 없다고 믿기도 한다.

대부분의 둘째 아이는 관계를 맺는 방법을 알고 있으며 일찍부터 타인과 함께하기 때문에 보통은 아주 좋은 사회적 기술을 가지고 있다. 그들은 둘째이므로 항상 더 많은 노력을 해야 할 필요성을 느끼기 때문에 일반적으로 많은 노력을 한다. 이 아동들은 운동능력이 뛰어나곤 하다. 불행하게도 둘째 아이들은 쉽게 좌절하는 경향이 있는데, 그들이 첫째와는 비교조차 되지 않을 것이라는 두려움을 가지기 때문이다. 가족 안에서 첫째들은 긍정적 성격 특성의 적응적인 가치관을 가지지만, 둘째 아이들은 자신들이 중요한 위치를 잡을 수 있는 것과는 정반대의 부정적 성격 특성을 가지기도 한다. 그들은 과잉행동을 하거나 분노가 있을 수 있는데, 이는 그들이 경쟁에서 이길 수 없을 것이라고 느끼기 때문이다.

놀이치료실에서 둘째 아이들은 친절한 경향이 있으며, 자신이 할 수 있는 최고의 모습을 보여 줄 때 즐거워한다. 그들은 당신과 친분을 형성하기 위해서 대인관계 기술을 사용할 것이다. 흔히 둘째 아이들은 아주 신체적으로 건강하므로 뛰거나, 놀이치료실 안에서 점프하거나, 공놀이를 하거나, 장애물 코스 놀이를 하는 경우가 많다. 둘째 아이들은 언젠가 자신이 첫째를 따라잡을 수 있을 것이라고 전혀 생각하지 못하기 때문에 그들이 할 수 있는 모든 것을 동원해서 점수를 유지하려고 하는 경향이 있다. 비록 점프를 하거나 공을 주고받을 때 조차도 그들은 점수를 어떻게 내는 것인지를 알고 싶어 하고 누가 먼저 할 것인지를 알고자 한다.

중간 아이

만약 가족 내에 셋째 아이가 있다면 둘째 아이들은 가족 내에서 중간에 위치하게 된다(Bitter, 2014; Leman, 2009; Sweeny, 2009). 중간 아이는 첫째의 권리를 가지지 못하며, 막내로서의 특권도 가지지 못한다. 이들은 무시당하거나 사랑받지 못하고 있다고 느끼기도 한다. 이들은 가족 내에서 자신이 얼마나 중요한지에 대한 확신이 없다.

이들은 중간에 있기 때문에 흔히 중재자이며 조정자가 된다. 이들은 매번 상황을 다각도로 볼 수 있다. 여러 가지 점에서 이 능력은 강점이라고 볼 수 있는데, 다양한 관점에서 매우 중요한 객관적인 시각을 가질 수 있기 때문이다. 하지만 이는 불리할 수도 있다. 때로 그들이 결정을 하기 어려워하기도 하고, 공정성에 대해서 과도하게 걱정할 수도 있기 때문이다. 유리한 관점에서 볼 때 경험과 인간관계를 바라보는 이러한 능력은 혁신적이고 창의적인 능력을 향상시킬 수 있다.

첫째도 막내도 아닌 존재로서 중간 아이는 가족 내에서 그들의 위치를 찾기 위해서 자주 투쟁한다. 이들이 가족 내에서 차지할 수 있는 위치 중 하나는 반항아가 되는 것이다. 또 다른 한 가지는 다른 사람이 되는 것이다. 이는 잠시 동안은 아주 편할 것이지만 그들은 곧 이로 인해 좌절하게 된다는 것을 알게 된다. 가족 내에서 이런 좌절이 계속되면, 중간 아이는 삶이 무의미하다는 생각을 하게 될 수 있다.

놀이치료실 안에서 중간 아이는 공평한 것을 좋아하고, 아주 잘 변화하고 권력과 책임을 공유하고자 한다. 그들은 창의적인 놀이와 상상 놀이를 할 때, 등장인물이 한 명 이상 나타나곤 하며, 다양한 관점에서 등장인물의 능력을 보여 줄 수 있는 놀이를 한다. 이 아이들은 놀이방 안에서 어떻게 놀아야 할지 결정하는 것을 어려워하기도 하며, 회기가 진행되는 동안 무엇을 할지 결정하는 데 지나치게 많은 시간을 보낸다. 놀이방 안에 아동이 한 명 이상 있을 때, 중간 아이들은 조정자로서의 역할을 하고, 모든 사람이 확실하게 공정한 대우를 받도록 하기 위해 노력한다.

막내 아이

막내 아이는 흔히 책임감이 적고 많은 특권을 갖는 편이다. 이들은 관심을 얻기 위한 어떤 행동을 하지 않아도 계속 어린 존재로서 다른 가족들의 관심을 받는다. 가족 내 다른 사람들은 항상 이들을 기다려 주고, 응석받이로 키우며, 막내 아이 위주로 결정을 내린다. 가장 작고, 형제 중 적어도 처음에는 가장 약한 존재로서 가족들은 막내 아이를 대단하게 여기지는 않는다. 이에 대한 보상으로 막내 아이들은 세 가지 노선을 선택한다. 그들은 아주 빨라야 하며, 자기 것을 가지기 위해서 매우 애써야 하고, 손위 형제들을 능가하여 자신의 영역을 확보해야 한다. 그들은 좌절하기도 하고 열등감을 느끼기도 하고 잘할 수 있을 것 같은 것에서도 경쟁하려 하지 않기도 한다. 막내 아이들은 위의 형제자매들이 잘할 수 있는 영역과는 완전히 다른 영역에서 자신의 탁월한 능력을 발휘하길 원하기도 한다. 이들이 어떤 노선을 선택하든, 막내 아이들은 일반적으로 사람들의 관심을 끄는 매력이 있으며 다재다능하다. 이들은 유머감각이 뛰어나고 다른 사람을 조종하는 능력이 있어서 자신이 원하는 것을 그들에게 얻어 낼 수도 있다. 나(KMW)는 막내 아이들이 "조종한다"는 말 대신에 "매력적이다"는 단어를 써 주길 더 좋아할지도 모른다고 생각한다.

부정적 측면에서 볼 때 막내 아이들은 흔히 노력 없이 막내 아이로서의 특권으로 원하는 것을 얻기를 바라기도 하며 타인들이 결정하고 책임져 주기를 바란다. 그들은 주로 주도하려 하지 않지만, 때로는 자신에게 이익이 되지 않을 것처럼 보이면 결정된 사항을 따르기 어려워하기도 한다. 자주 다른 사람들이 곤란에 빠지도록 만들기도 하는데 이 때문에 다른 사람들은 자신이 조종당한 것에 불쾌감을 느낄 수도 있다.

놀이치료사나 부모, 다른 아동과 놀이를 할 때, 막내 아이들은 다른 사람들이 뭘 할 것 같은지를 본 후에 자신이 할 것을 정하거나 다른 어떤 것을 할지를 정한다. 그들은 좀처럼 먼저 상호작용을 시작하지 않지만, 일단 자신들이 하려고 하는 뭔가를 발견하거나 놀이를 같이 할 사람을 불러들이면 즐겁게 놀이를 한다. 이는 어찌되었든 그들의 특성이다. 그들은 방을 청소하려고 하지 않는 경향이 있으며, 당신이 그들에게 이에 대한 책임을 돌리면 억울하게 여기며, 당신에게 그 일을 하도록 조종하려고 하거나 자기 위주의 결정을 내리기도 한다.

가족 구도 안에 수반되는 다른 요인

만약 대가족이라면 각각의 출생순위의 특성에 있어서 다양한 측면을 가진 아이들도 자주 나타날 것이다. 나이 차가 4, 5년 이상 날 때마다 새로운 형제자매 집단이 형성된다. 예를 들어, 내(TK) 원가족에서 나는 첫째였고, 동생 스캇은 나보다 2년 후에 태어났다. 그 이후 어머니는 4년을 쉬고 여동생 트레이시를 낳았다. 트레이시가 태어나고 2년 후에 브라이언이 태어났고, 3년 후에 팀이 태어났다. 우리는 큰 아이들과 작은 아이들이라고 불리는 두 개의 하위 형제집단을 가지게 된 것이다. 나는 전형적인 첫째로서 첫째의 강점과 약점을 모두 가지고 있다. 스캇은 막내 아이의 특성(매우 매력적이고, 매우 경쟁적이며, 모든 상황을 계산하는)을 가지고 있기도 하지만, 비교적 전형적인 둘째 아이이다. 트레이시는 작은 아이들 집단에서 첫째지만 가족 전체에서는 중간 아이이다. 그녀는 첫째와 중간 아이의 기질적 특성을 모두 가지고 있다. 두목 행세의 일종으로 분쟁을 싫어하는 정말 책임감 있는 평화주의자지만, 다른 사람들이 무엇을 해야 하는지를 말하기 좋아한다. 브라이언은 아주 확실한 중간 아이이다. 평화, 안정감, 평온함을 좋아하며, 모든 사람이 행복하기를 원한다. 그는 종종 그렇게 생각하지 않지만 못 본 척하고 넘어가 주기도 한다. 팀은 양쪽 집단 모두에게 막내인 슈퍼베이비이다. 그는 매력적이고, 조종적이며, 재미있고, 다소 자기애적이며, 매우 창의적이다.

아이들의 나이 차가 크지 않은 가족에서 심리적 요소는 더 중요하게 작용하여 가족 구도에 영향을 미친다. 가족 가치관, 가족 분위기, 성별, 문화적 요소들은 아이들이 가족 내에서 자신의 역할을 인식하는 데 결정적 영향을 미친다. 예를 들어, 나(KMW)는 네 명의 아이가 있는데 첫째와 둘째의 나이 차는 13살이다. 첫째를 제외한 세 명 중 중간은 여자 아이이다. 그녀는 나에게 유일한 고명딸이다. 그녀는 중간 아이이지만 또한 유일한 여자 아이이며, 이로 인해서 가족 내에서 특별한 위치가 그녀에게 주어졌다.

가족 구도 조사하기

가족 구도에 대한 정보를 수집하고 아동의 심리학적 출생순위를 알기 위해서, 아들러 놀이치료사들은 가족 분위기를 조사하는 것과 같은 기술을 사용할 수 있다. 관찰, 질문 전략, 표현적 예술 기법, 모래상자 혹은 동작 기법(movement technique) 등은 모두 가족 구도와 심리학적 출생순위를 탐색하는 유용한 방법들이다. 이 과정에서 치료사들은 내담 아동을 도울 수 있는 아동의 생활양식에 대한 정보를 찾아야 하는데, 특히 강점과 약점으로 작용하는 영역을 찾아야 한다.

매번 놀이방에서 다른 가족 구성원이 없이 아동을 관찰함으로써 당신은 가족 내에서 아동에게 딱 맞은 방법인 명확한 그림을 얻을 수 있다. 당신은 아동이 다른 형제자매 및 부모와 어떻게 상호작용하는지 관찰하길 바랄 것이고 그들이 그 내담아동을 어떻게 대하는지를 알고 싶을 것이다. 이러한 관계를 관찰하는 것은 가족 역동을 완벽히 이해할 수 있도록 해 준다. 부모에게 다양한 특징을 지닌 형제관계에 대한 질문을 하고 형제관계평정척도(Sibling Rating Scale; 부록 B 참조)를 실시하는 것은 가족 구도를 당신이 알도록 하는 데 도움을 주며, 각 자녀들의 심리학적 출생순위를 내담아동이 어떻게 바라보고 있는지 파악할 수 있게 해 준다. 또한 내담 아동이 가족 내에서 각 아동들의 자리를 어떻게 보고 있는지를 놀이과정에서 알아내기 위해 부록 D를 활용해 볼 수 있다. 만약 아동이 직접적으로 대답하기를 꺼린다면, 가족과 그 아동에 대한 질문을 놀이에서 은유적으로 사용해 볼 수 있다.

동적 가족화, 가족 상징화 및 콜라주와 같은 예술 기법들은 가족 구도와 심리학적 출생순위에 대한 정보를 수집하는 데 매우 좋은 전략이다. 당신은 아동에게 그림을 그려 보도록 하거나, 손인형극을 해 볼 수도 있고, 모래상자를 꾸며 보도록 하거나 다양한 가족 특징을 드러내는 사진들을 찾아보도록 요청할 수 있다. 아동과 함께 아동의 출생순위를 강조하는 인생 도표 같은 것을 만들어 볼 수도 있다. 콜라주, 찰흙 인형 만들기, 음악, 춤 그리고 손인형은 가족의 문화적 배경, 남녀에 대한 가치관의 차이, 장애가 있는 형제자매를 둔 아동에게 미치는 영향 등을 탐색하기 위해 아동을 도와줄 수 있는 매우 유용한 도구이다.

가족 환경과 가족 구도를 탐색하기 위한 다른 또 다른 방법은 정원(The Garden) 기법인데, 나는 바이올렛 오클랜더의 장미덤불 기법(Violet Oaklander's Rosebush Technique)

을 기본으로 해서 이것을 다양한 방식으로 발전시켜 사용한다. 첫 번째로, 나는 짧게 점진적으로 이완시켜 줄 수 있는 이야기를 아동에게 해 주는데, 다음은 내담 아동이 심상화(visualization)할 수 있도록 안내해 놓은 이야기이다.

> 너의 눈을 감아 봐. 이제 나는 네가 정원에 있는 식물이라고 상상하도록 할 거야. 정원에 있는 식물 중 어떤 식물이 되고 싶은지 찾아보자. 너는 어떤 식물이니? 아주 작은 식물일까? 커다란 식물일까? 넓을까? 키가 클까? 너는 꽃이 있는 식물이니? 만약에 그렇다면 어떤 종류일까? 그 식물은 네가 되고자 하는 어떤 식물이든 될 수 있어. 너는 잎이 있니? 어떤 종류니? 네 줄기와 가지는 무엇이니? 너는 가시가 있니? 뿌리는 무엇처럼 생겼니? 아니면 아마도 너는 어떤 것도 가지고 있지 않은 식물이 되어 볼 수도 있어. 만약 네가 그렇다면, 길고 똑바로 곧게 생겼을까? 꼬여 있을까? 깊을까? 주위를 둘러보고 정원에 많은 식물이 있는지 봐. (잠시 멈춤) 만약 다른 식물들이 있다면, 어떤 식물들이니? 식물들이 주변에 조금 있니, 많이 있니? 그 식물들은 너랑 같은 종류니, 다른 종류니? 다른 식물들은 잎, 꽃, 뿌리, 가시가 있니? 그 식물들은 너랑 얼마나 가까이 있니? 그 식물들은 너랑 크기가 비슷할까, 클까, 작을까? 정원은 어디에 있어? 정원에서 화분에 심어져 있을까, 땅에 심어져 있을까? 아님 시멘트 사이로 나왔니? 아니면 그 안 어딘가에 있니? 주변을 둘러봐. 다른 뭔가가 보이니? (잠시 멈춤) 정원에 조각상이 있니? 동물은? 사람은? 새들은? 울타리 같은 게 주변에 있니? 있다면 어떻게 생겼니? 누군가 널 돌봐 주는 사람이 있니? 만약 돌봐 주는 사람이 있다면 널 돌봐 주기 위해서 무엇을 하니? 그 사람은 다른 식물들도 돌보니? 지금 날씨는 어때? 네 인생은 어떠니? 기분은 어떠니? 계절이 바뀔 때마다 무슨 일이 일어나니? 네가 정원의 식물이라고 계속 생각해 봐. 집중해서 네가 정원에서 사는 삶에 대해서 어떤 감정을 느끼는지 생각해 보고 정원에서 사는 다른 식물들과 다른 살아 있는 생명들에 대해서 네가 어떻게 느끼는지 생각해 봐.
>
> 잠시 후에, 내가 너에게 눈을 뜨라고 하고 네가 되었던 식물과 정원 주변을 그림으로 그려 보라고 (혹은 찰흙으로 만들어 보거나 모래상자를 꾸며 보라고) 할 거야. 그리고 내가 너에게 몇 가지 질문을 할 건데, 정원에서 네가 되었던 그 식물의 그림에 대해서 말해 달라고 할 거야. (좀 더 오래 멈춤) 네가 준비가 되면, 눈을 뜨고 그림을 그려 줘(혹은 찰흙으로 만들거나 모래상자를 꾸며 줘).

나는 내담 아동이 심상화할 수 있도록 안내를 해 주고 그 아동이 예술작품을 완성하도록 한 후에 다음과 같은 몇 가지 질문을 한다.

- 너는 어떤 종류의 식물이고 어떻게 생겼니?
- 네 꽃과 잎, 줄기, 가지, 뿌리, 가시에 대해서 이야기해 주렴.
- 정원에 있는 다른 식물들에 대해서 이야기해 주렴. 날씨가 어떤지, 그들이 너와 똑같이 생겼는지, 다르게 생겼는지 말해 주렴(더 크거나 작은지, 같은 종류의 식물인지 등).
- 네가 정원의 어디에 있는지 말해 주렴. 다른 식물들과 가까이 있니, 멀리 떨어져 있니? 정원 안에서 네가 위치하고 있는 곳은 어디니?(중간, 주변부, 가장자리 등)
- 정원이 어디에 있는지 말해 주렴. 네 주변에 어떤 종류의 식물들이 있니? 네가 살 수 있는 그곳은 얼마나 좋으니? 너와 정원에 함께 있는 또 다른 것이 있니?
- 누가 너를 돌보니? 너를 돌봐 주는 것에 대해서 어떤 느낌이니? 그들은 너를 어떻게 돌봐 주니?
- 다른 식물들은 누가 돌봐 주니? 너는 그것에 대해서 어떻게 느끼니? 그들은 다른 식물들을 어떻게 돌봐 주니?
- 지금 날씨가 어떠니? 계절이 바뀔 때마다 너에게 어떤 일들이 일어나니?
- 이 정원에 살고 있는 것에 대해서 어떻게 생각하니? 만약 네가 정원을 바꿀 수 있다면 무엇을 바꾸고 싶니?
- 만약 다른 정원으로 옮길 수 있다면 옮기고 싶니? 어떤 정원이라면 너에게 완벽한 정원이 될 것 같니?

중요한 Cs

관찰과 질문 전략은 앞서 살펴본 비슷한 종류의 방식으로 중요한 Cs를 수집하는 데 사용되곤 한다. 나(TK)는 놀이치료사들이 중요한 Cs를 탐색하는 데 사용할 수 있는 몇 가지 비형식적인 평가도구를 개발했다. 한 가지는 부모 혹은 선생님들이 작성하는 방식으로 구성되었고, 다른 한 가지는 아동이 작성하는 것이다(부록 F 참조). 이와 더불어 놀이치료사들은 중요한 Cs의 강도와 현재 아동의 어려움을 탐색하기 위해 표현적 예술, 동작, 모험적인 치료 활동들, 그리고 모래상자 등을 사용할 수 있다.

당신은 리포터가 된 것처럼 아동에게 질문하거나 그림이나 모래상자를 사용하여 아동들이 대답하도록 해 볼 수 있다. 당신은 직접 준비한 질문을 뽑아 선택하는데, 당신이 이미 아동에 대해서 알고 있는 것들과 아동의 발달 수준에 따라서 그 질문의 선택이 달라질 것이다. 우리는 보통 8세 이상의 아동들에게 이런 질문들을 사용한다. 질문의 개념 중 어떤 것들은 어린 아동들에게 사용하기에는 너무 수준이 높고, 어떤 것들은 다른 방식으로 사용해야 할 때도 있고, 아동의 발달에 좀 더 적합한 언어로 준비해야 한다.

용기(Courage)

- 너는 어떤 상황에서 가장 용감하니?
- 너는 어떤 상황에서 가장 용감하지 않니?
- 너는 어떤 관계에서 가장 용감하니?
- 너는 어떤 관계에서 가장 용감하지 않니?
- 네가 아주 큰 용기를 냈을 때 어떤 느낌이니?
- 용기를 내는 데 방해가 되는 요인은 무엇이니?
- 너에게 무서운 건 뭐니? 두려운 건? 시도하기에 너무 위험하게 느껴지는 건 뭐니?
- 언제 기회를 잡는 걸 좋아하니?
- 위험을 감수할지 여부는 어떻게 결정하니?

관계(Connect)

- 다른 사람과 어떻게 관계를 맺니?
- 다른 사람과 관계를 만들었을 때 너는 어떻게 느끼니?
- 가장 편하게 관계가 형성된 사람은 누구니?
- 네가 편하게 다른 사람과 관계를 만들 수 있는 상황은 어떤 상황이니?
- 네가 친구가 되기를 바라는 사람은 누구니?
- 다른 사람과 관계가 형성되지 않을 때 무슨 일이 벌어질까?

- 네가 사귀기 싫은 사람과 계속 관계를 유지해야 할 때 어떻게 하니?
- 너는 어떤 친구니?

유능감(Capable)

- 네가 잘할 수 있는 건 무엇이니?
- 뭔가를 성공적으로 할 때 너는 어떻게 느끼니?
- 네가 성취한 것 중 가장 자랑스러운 것은 뭐니?
- 네가 즐겁게 할 수 있는 일은 뭐니?
- 넌 무슨 일을 하는 게 좋으니?
- 네가 일을 잘하고 있는지 어떻게 알 수 있니?
- 네가 무언가를 숙달하지 않았을 때 너는 너 자신에게 뭐라고 이야기하니?

가치(Count)

- 네 친구/가족/지역사회/일을 위해서 도움을 줄 수 있는 것은 무엇일까?
- 집단에 속하기 위해서/잘 어울리기 위해서 네가 해야 할 일은 뭐라고 생각하니?
- 네가 기여한 것에 대한 상을 받게 된다면 어떤 기여를 했기 때문일까?
- 너를 가치 있는 존재로 만드는 것은 무엇일까?
- 사랑받기 위해서 뭘 해야 한다고 생각하니?
- 네가 사는 세상에서 너는 다른 사람에게 어떤 영향을 주니?
- 너는 세상에 어떤 영향을 준다고 생각하니?

유능감, 용기, 관계의 중요한 Cs가 이루어지는지를 탐색할 수 있는 도전적인 치료 활동의 한 예로 "나는 이걸 할 수 있어(I can do this)."와 같은 것이 있다(Ashby et al., 2008). 이 게임은 당신과 아동이 대처방식 연습의 일환으로서 해 볼 수 있다. 당신은 아동에게 우리 모두가 아주 많은 재능과 능력을 가지고 있다는 점과 어떤 재능은 드물고 독특하며 어떤 사람들은 비슷하다는 점, 이런 활동들을 통해서 새로운 발견을 하고 무언가 시도해 볼 수 있다는 점을 설명한다. 이는 당신과 아동이 서로가 할 수 있는 구체적인 것들을 번갈아 보여 준 후, 한 사람이 하면 다른 한 사람이 그것을 똑같이 해 보이는 것이다. 만약 당신이 먼저 시연해 보인다면 훨씬 더 도움이 될 것이다. 예를 들어, 내(TK)가 코를 잡아 흔든다. 대부분의 아이는 자신의 코를 똑같이 잡아 흔드는데, 이런 활동은 아이들이 용기와 유능감을 느끼고 좀 더 나와 친밀한 관계가 되도록 해 준다. 당신이 할 수 있는 것이 몇 개 중 한 개뿐일지라도 상관이 없으며, 단지 모든 사람은 고유하며 특별한 재능을 가지고 있다는 것을 보여 주기만 하면 된다.

잘못된 행동의 목표

제3장에서 설명했던 것과 같이 잘못된 행동의 목표에 대한 정보를 수집하는 통상적인 방법은 아동과 함께 있을 때 아동의 행동과 감정에 주목하거나 그들의 상호작용 역동에 대해 부모와 선생님에게 질문해 보는 것이다. 우리는 아동의 특정한 행동, 아동이 경험한 잠재적인 감정에 대한 어른들의 관찰, 아동의 행동에 대한 반응들, 그리고 처벌에 대한 아동의 반응에 대해서 질문한다. 놀이치료실에서 잘못된 행동의 목표를 탐색하는 또 다른 방법은 맨리(Manly, 1986)가 개발한 검사를 적용하는 것이다.

손인형, 인형 혹은 모래상자 피규어를 사용해서 놀이치료사는 잘못된 행동의 목표라고 여겨지는 것을 인형 중 한 개를 사용하여 짧게 인형극으로 보여 준다. '잘못된 행동'을 한 인형은 어떤 '태도'를 가지고 있는데, 이는 잘못된 행동의 최우선적인 목적으로 그들이 일상적으로 생각하고 느끼고 행동하는 특별한 패턴이 드러나는 아동의 전형적인 행동이다. 이 캐릭터(등장인물 인형)는 아동들이 '태도'에 대해서 말하고 부정적 행동이 나타나는 동안 아동들이 느끼고 생각하는 것이 무엇인지 이야기한다. 놀이치료사는 아동이 잘못된 행동의 각 유형들을 관찰하도록 손인형으로 보여주면서 아동이 특별히 한 캐릭터에 대해서 반사적으로 인지하는 어떤 유형이 있어 보이는지 아닌지 단순히 아동의 반응을 보기만 할 수 있다. 놀이치료사는 아동이 그 캐릭터에 대해서 생각하는 것을 물어보거나 비슷하게 그 캐릭터의 역할을 해 보도록 요구할 수 있다. 또한 다른 사람들에게 하는 전형적인 행동에 대한 타인들(성인들과 다른 아동들)의 일반적인 반응을 보여 주고, 특별히 그 아동의 잘못된 행동과 이러한 자신의 행동에 대해서 관찰하도록 분명하게 아동에게 보여 주는 것은 도움이 될 수 있다. 혹은 그 아동과 캐릭터들 간의 상호작용에 대해서 이야기 나누는 것은 아동의 관심을 끌 수 있다.

관심을 추구하는 성격(주의를 요구하는 성격)은 그들 자신들에게 관심을 끌어 오기를 바라는 것이다. 그들은 타인을 귀찮게 하고, 잘난 척하며, 과시하고, 유치하게 행동하고, 소란스러우며, 어수선하게 구는 등의 행동을 한다. 이들은 자신과 같은 성격을 만났을 때 부적절한 행동이 중간 정도로 감소할 수도 있는데, 잠시 동안 멈출 수도 있지만 이후에 부적절한 행동을 다시 시작한다. 이러한 성격을 가진 이들은 좌절과 분노를 다음과 같은 패턴으로 표현한다. 관심을 추구하는 성격은 다음과 같이 말할 것이다.

- "나는 다른 사람들이 나에게 관심을 주길 원해."
- "나는 다른 사람들이 나를 위해서 뭔가 더 해 주길 원해."
- "나는 특별하길 원해."
- "모든 관심은 나에게만 있어야만 해."
- "왜 다른 사람들은 나에게 관심을 두지 않는 거야?"
- "나는 충분한 관심을 받지 못했어."
- "나는 누구도 나에게 관심을 가지지 않을 때면 슬퍼/미치겠어/실망해."

힘을 추구하는 성격은 짜증, 논쟁, 거짓말, 타인과의 권력투쟁을 하고, 협력적이길 거부하고, 반항적이거나 저항적으로 행동한다. 이들은 자기와 같은 성격을 만났을 때 행동화 문제가 상승할 수 있으며, 그 결과 다른 성격을 가진 사람들은 이들에게 점점 화가 나게 된다. 힘을 추구하는 성격은 다음과 같이 말할 것이다.

- "나는 명령하고 싶어."
- "나는 내가 바라는 것을 그들이 해 줬으면 좋겠어."
- "나는 다른 사람들이 나를 통제할 수 없다는 것을 보여 주고 싶어/보여 줘야만 한다고 생각해."
- "나는 다른 사람들이 나에게 뭘 해야 한다고 말하는 것을 못하게 하고 싶어."
- "나는 힘을 원해/힘이 필요해."
- "나는 힘을 가지고 있어야만 해/안전하게 통제해야 해/완벽해야만 해."

복수를 추구하는 성격은 신체적인 것뿐 아니라 정서적으로도 고의로 타인을 다치게 하며, 타인에게 악의적이거나 잔인한 짓을 하고, 타인에게 난폭하며, 다른 사람들을 협박한다. 만약 다른 성격의 사람이 이들에게 행동을 멈추라고 하거나 그 행동의 결과를 알려 주거나 벌을 주려고 하면, 이들은 더 심하게 난폭하게 굴고 공격적이거나 보복적이 된다. 복수를 추구하는 성격은 다음과 같이 말할 것이다.

- "나는 불공평하게 대우받아 온 게 틀림없어."
- "나는 다른 사람이 어떻든 나만 가지고 싶어."
- "나는 나에게 상처를 준/못살게 굴어 댄 사람들에게 복수해 주고야 말겠어."
- "나는 다른 사람들이 상처받았다고 느끼기를 원해."
- "나는 다른 사람들이 나에게 했던 일들에 대해서 모두 미안해하기를 원해."
- "다른 사람들이 나를 다치게 할 수 있기 때문에 항상 다른 사람들과 거리를 유지해야만 해."
- "나를 위해서 진심으로 걱정해 주는 사람은 아무도 없어."

과시하거나 부적절함을 증명하는 성격들은 잘하는 것처럼 보이지만, 그들은 실제로 그렇게 잘하지 못한다. 그들은 어떤 일을 쉽게 포기하거나 심지어 도전조차 하지 않는다. 그들은 그 일을 못하겠다고 말하기도 하고, 타인에게 침묵하거나 대답을 거부하기도 하며, 새로운 일을 시도하기 꺼리거나, 극단적으로 자신을 의심하고 있다는 점을 표현하기도 한다. 특히 이들은 낙담하는 모습을 보이기도 한다. 이들은 타인들로부터 고립되려고 하기도 한다. 예를 들어, 이들은 자살 충동을 느끼거나 자기 파괴적일 수도 있지만 어린 아동들의 경우에는 손인형 놀이를 부적절한 주제로 하기도 한다. 다른 사람들이 이런 성격의 아동들에게 피드백을 주거나 격려해 주려고 하면 이들은 자기 자신을 더욱 의심하며 가라앉고 낙담하게 되기도 한다. 자신의 부적절함을 증명하는 성격 특성의 아동들은 다음과 같이 말할 것이다.

- "나는 다른 사람들이 나에게 무언가 요구하는 것을 멈추길 원해."
- "나는 다른 사람들이 나에게 더 열심히 하라고 요구하는 것을 멈추길 원해."
- "나는 사람들이 나에게 미안해 하길 원해."

- "나는 혼자 남겨지길 원해."
- "나는 잘 하려고 노력하지 않을 거야. 왜냐하면 나는 어차피 성공할 수 없을 테니까."
- "나는 아무것도 할 수 없어."
- "난 그걸 할 수 없다는 걸 알아."
- "나는 실패자야."
- "나는 중요하지 않은 존재야."

잘못된 행동의 목표와 중요한 Cs(Lew & Bettner, 2000) 간에는 다소 겹치는 부분이 있기 때문에, 이런 활동들은 중요한 Cs가 매우 잘 선행되어야만 당신에게 단서를 제공할 수 있다.

초기 기억

> 생애 초기 기억은 한 상담사가 이끌어 내는데, 10세 이전에 발생한 것으로 여겨지는 특별한 사건이다. 초기 기억들은 우연한 것들만은 아니다. 그것은 종종 투사이다. 많은 경우, 우리가 과거에 선택적으로 주목하는 사건들은 우리가 믿는 것이 무엇인지를 반영하고, 현재 우리가 어떻게 행동하는가를 반영하며 미래에 대해 우리가 예측하는 것을 반영한다(Watts, 2013).

사람들은 그들의 과거 중 일부만 선택적으로 기억하기 때문에 상황과 관계는 그들에게 중요한 것들만 기억하고 선택한다. 내담자의 초기 기억은 그들의 생활양식, 잘못된 신념, 사회적 상호작용, 그리고 행동의 목표에 대한 유용한 단서들을 제공할 수 있다(Maniacci et al., 2014). 매해 여름 할머니 집에서 갔다는 식으로 정기적으로 발생한 사건들은 초기 기억으로서 적절치 않다. 초기 기억으로서 인정되려면 단 한 번 일어났던 사건이어야만 한다. 만약 내담자가 일어난 일들을 전혀 기억하지 못한다면 우리는 그들이 누군가에게 들은 어렸을 때의 가족 이야기를 해 보도록 한다.

아들러 놀이치료에서 초기 기억을 수집하는 것은 아동의 생활양식을 이해하여 사례를 개념화할 수 있는 한 가지 선택사항 중 하나이다. 6~7세 이하의 아동들과 놀이치료를 할 때 때로 우리는 이런 전략을 사용하여 필요한 초기 기억을 성공적으로 얻는 데 어려움을 겪기도 하는데, 이 경우 초기 기억을 얻기 위해 애쓰지는 않는다. 이 말은 어린 아이들에게 이 기술을 사용하기 위해서 애쓸 필요는 없다는 것을 뜻하지만, 특별히 이 아이들에게는 인내심을 발휘해야 하고 기억을 하는 데 있어서 어린 아동들이 흥미를 가질 수 있는 창의적인 방식을 사용해야 할 필요가 있다는 것이다. 또 다른 선택사항은 "내가 아주 어렸을 때 ……"라고 시작하는 즉흥적인 이야기들을 사용하는 것인데, 4세 정도의 아이부터 아주 재미있게 사용할 수 있다. 4세인 내(KMW) 아이는 아기일 때부터 자유롭게 이야기들을 만들어서 들려주었다. 그는 자신이 아기였을 때 여동생이 걸을 수 있게 도와주고 많은 일을 할 수 있도록 가르쳤다고 주장한다. 그의 여동생은 그가 걷기를 배웠을 때 태어나지도 않았다. 그는 자신이 묘사한 것들을 방해하는 다른 세부사항에는 관심이 없다. 그럼에도 불구하고 여동생을 돌보고 격려해 준 것에 대해서 나에게 말한 것들은 그 아이가 믿고 있는 것들이다. 그의 존재는 그녀의 존재에 달려 있으며, 그는 여동생이 없는 시간을 상상할 수 없는 것이다. 이들이 22개월 차이가 난다는 것을 고려해 볼 때 이건 사실일 것이다.

초기 기억에 대해서 아동에게 질문하기 전에는 라포를 미리 형성해야 하며, 아동의 일상적 행동들을 관찰하고 아동의 가족 구도에 대한 정보를 모아야 한다. 이러한 예비 절차는 아동이 그리고, 말하며, 모래상자를 사용하고, 인형을 사용하여 초기 기억을 표현할지 여부를 결정하는 토대를 마련해 주는 것이다. 이 방법은 아동이 표현을 하는 데 있어서 선호하는 방식에 근거해야 한다. 예비 절차는 기억들의 의미를 이해할 수 있는 내용을 제공하며 그들이 생활양식과 어떻게 관련이 있는지에 대한 내용도 제공할 것이다. 당신은 5~7세 아동의 초기 기억을 수집해야 할 수도 있다. 아동과 함께 이를 진행할 때는 몇 회기에 걸쳐서 이루어져야만 한다. 왜냐하면 상담사가 전체 회기를 초기 기억을 하는 데만 사용해 버리면 아동들은 지루해하고 반항적이 될 수 있기 때문이다.

선택된 표현 양식에 따라 상담사는 다음과 같이 말할 수 있다.

- "네가 아주 어렸을 때에 일어났던 일들 중 한 가지를 그림으로 그려 보렴."
- "네가 어렸을 때 일어났던 일들 중 한 가지를 이야기해 주렴."
- "인형, 손인형 혹은 모래상자를 사용해서 네가 어린 아이였을 때 했던 것 중 한 가

지 이야기를 나에게 보여 주렴."

아동이 초기 기억을 떠올려 그림을 그렸다면, 당신은 그 그림에서 무슨 일이 일어났는지 물어볼 것이다. 아동이 사용한 표현 양식이 무엇이든 간에 당신은 그들이 말하는 모든 것을 기록해야만 한다. 아동이 그 기억과 관련된 어떠한 느낌이라도 잘 묘사하도록 하기 위해서 아동에게 질문하는 것은 중요하며 그 일이 벌어졌을 때 그들의 나이가 몇 살쯤이었는지도 물어본다.

아동이 몇 가지 초기 기억과 관련된 것들을 기억해 내면, 놀이치료사는 각 기억들의 주요 주제가 무엇인지를 찾기 시작해야 하고, 전반적인 기억들 사이의 패턴을 찾아야 한다. 다음 질문들(Dewey, 1978; Eckstein & Kern, 2009)을 고려해서 치료사는 아동의 생활양식에 대한 내용들을 발전시키기 시작한다.

- 각각의 기억은 어떤 느낌인가? 각기 다른 기억의 감정들은 어떤 패턴이 있는가?
- 그 기억에서 초점이 되는 건 무엇인가? 아주 중요하게 여겨지는 것이나 선명하고 두드러지게 기억나는 부분이 있는가? 각기 다른 기억들의 초점에 일정한 패턴이 있는가?
- 각 기억에서 내담자 부분이 있는가? 그렇다면 내담자는 관찰자인가, 참여자인가? 다양한 기억을 통해서 볼 때 관찰자나 참여자로서의 패턴이 있는가?
- 내담자가 기억의 한 부분이라면 혼자 있는가, 누군가와 함께 있는가? 혼자 있거나 누군가와 함께 있는 기억들 간의 패턴이 있는가?
- 내담자가 기억의 부분으로서 존재한다면, 그 기억에서 그가 다른 사람들과 관계가 있는가? 기억들 간에 타인과의 관계 패턴이 있는가?
- 내담자가 그 기억의 일부라면, 다른 사람들과 주거나 받는 것이 있는가? 이러한 패턴이 있는가?
- 사람들과 관련된 주요 걱정이나 물질적으로 소유하려고 하거나 그런 상황이 있는가? 그런 기억들 간의 패턴이 있는가?
- 내담자가 상황을 통제하려고 하거나 누군가가 통제하고 있는가? 만약 내담자가 통제하고 있다면, 어떻게 그런 권력을 얻었는가? 누군가가 통제를 하고 있다면, 그는 누구이고, 어떻게 내담자를 통제하고 있는가? 그 패턴은 어떠한가?

- 내담자가 타인을 돌보고 있는가, 타인이 내담자를 돌보고 있는가? 내담자가 타인을 돌본다면, 어떻게 하는가? 타인이 내담자를 돌본다면 어떻게 하는가? 내담자를 어떻게 돌보는가? 그 패턴은 어떠한가?
- 그 기억과 관련된 내담자의 감정은 무엇인가? 이러한 감정은 얼마나 강한가? 이러한 감정들에 대해서 내담자는 어떻게 생각하는가? 그 패턴은 어떠한가?
- 내담자는 순응적인가 반항적인가? 그 패턴은 어떠한가?

아동의 초기 기억은 그들의 생활양식 형태에 따라 추출될 수 있다. 이러한 초기 기억을 검증하고 패턴을 찾아봄으로써, 아들러 놀이치료사는 내담 아동들이 삶에 대한 태도가 어떠한지, 타인과의 관계, 세상에 대한 그들의 시각이 어떠한지를 이해하기 시작한다.

생애과업 기능

아들러 이론의 정의에 따르면 우리는 삶에서 다섯 개의 과업을 성취해야 한다. 일, 사랑, 우정, 정신적/실존적, 자기가 그것이다(Maniacci et al., 2014; Sweeny, 2009). 아동들에게 있어 학교에서 수행하는 일들은 생애과업 중 일을 성취하는 것이고, 다른 가족 구성원과의 관계와 가족 내에서의 소속감을 경험하는 것은 생애과업인 사랑을 성취하는 것이며, 다른 아동들과의 상호작용과 다른 아동을 대하는 자세에서 우정이라는 과업을 성취한다고 정의할 수 있다. 많은 아동은 좀 더 추상적인 질문을 어떻게 해야 하는지, 왜 인간이라는 존재가 존재하는가에 대한 강한 신념을 발달시키지는 못하는데, 그러므로 정신적/실존적 생애과업은 의도성(목적성), 낙관성, 가치, 어떤 더 높은 존재에 대한 의미를 아동이 정의할 수 있어야 한다. 스위니(Sweeny, 2009)는 자기 가치감, 통제감, 실제적 신념, 정서 인식과 협력, 문제 해결과 창의성, 유머감각, 영양상태, 운동, 자기 돌봄, 스트레스 관리, 성 정체성, 문화적 정체성을 모두 포함한 것이 자기 과업(자기지시)라고 정의하였다. 우리는 아동과 아동의 생애과업에 대한 기능을 고려할 때, 얼마나 아동이 과업을 잘 수행하는가에 대한 모든 요소들이 놀이의 부분으로 드러날 수 있다고 생각한다.

자유놀이, 가족 구성원 간의 상호작용, 학교에서의 행동 관찰, 아동, 부모, 다른 가족 구성원, 아동의 교사 그리고 학교 상담사들이 제공하는 정보들은 생애과업에서 아동의 기능이 어떻게 이루어지고 있는가에 관한 아주 많은 정보를 줄 수 있다. 특별한 놀이 상황을 구조화하는 것 또한 도움이 되는데, 학교 놀이를 하거나 인형의 집을 가지고 놀거나, 손인형, 동물 피규어 및 아기 인형 놀이 등은 아동이 그것에 대해서 어떻게 느끼고 있는지와 각 과업들과 관련된 아동의 행동들을 이해할 수 있다.

우정과 관련된 생애과업을 탐색하기 위해서는 아동에게 다음과 같은 질문을 해 볼 수 있다. 다른 아이들과 어떻게 어울리니? 가장 친한 친구에 대해서 이야기해 주겠니? 그 친구의 어떤 점이 좋으니? 그 친구는 너의 어떤 점을 좋아하니? 너는 그 친구와 어떤 것을 하길 좋아하니? 다른 친구는 누가 있니? 너는 친구들을 어디에서 보니? 그 친구들과 어떤 활동들을 하니? 너는 한 번에 많은 친구와 놀기를 좋아하니, 몇몇 친구와 노는 걸 좋아하니, 한 명과 놀기를 좋아하니, 혼자 놀기를 좋아하니? 네가 다른 아이들과의 관계에서 어떤 부분을 바꿀 수 있다면 무엇을 바꾸고 싶니? 우정에 대한 미술활동이나 모래상자 활동을 할 수 있는데, 완벽한 친구를 디자인하기 위해 아동이 신체의 윤곽선을 이용하거나 신체 지도(Santen, 2015)를 사용하고 싶어 하는지 물어보거나, 그 아동이 친구들에게서 찾고자 하는 특성을 보여 줄 수 있는 피규어로 모래상자를 꾸며 보도록 하거나, 우정에 대한 그들의 생각을 표현할 수 있도록 노래를 가져오도록 해 볼 수 있다. 이야기를 하도록 하거나 우정에 대해 손인형극을 하도록 하는 것은 이런 생애과업을 탐색하는 또 다른 방법이며, 친구에 대한 책을 읽고 그 책에서 무슨 일이 일어났는가에 대해서 아동과 대화를 해 볼 수도 있다. 나이가 많은 아동들에게 시를 써 보도록 하거나(Kaufman, Chalmers, & Rosenberg, 2014) 우정에 대한 매력적인 작문을 해보도록 하는 것은 재미있고 교훈적이다. 다양하게 비디오 놀이치료를 적용해서 영화, TV 프로그램 및 아동이 관심을 갖는 비디오 게임에서 우정을 표현해 볼 수도 있다.

생애과업인 일/학교에서의 아동 기능을 평가하기 위해서는 다음과 같은 종류의 질문을 해 볼 수 있다. 학교는 어떻게 가니? 학교에서 가장 좋아하는 건 뭐니? 네가 좋아하는 과목은 뭐니? 학교에 가는 것보다 더 하고 싶은 건 뭐니? 학교에서 네가 가장 잘하는 건 뭐니? 선생님은 너의 어떤 부분을 좋아하니? 교장선생님은? 학교 상담 선생님은? 학교 보안관은? 너는 학교의 어떤 것을 바꾸고 싶니? 학교에 있는 동안 문제에 휘말린 적이 있니? 네가 학교에서 문제에 휘말릴 때 어떤 일들이 일어났니? 만약 있다면, 그 결과는 어떻게 됐니? 학교에서 누가 너에게 벌을 주니? 그 사람에 대해서 어떻게 느끼니? 네가 학교에서 벌을 받게 될 때 너는 어떻게 반응하니? 즉흥적인 학교놀이를 하며 아동을 관찰하거나, 역할놀이뿐 아니라 손인형이나 피규어를 사용해서 함께 학교놀이를 하자고 제안해 볼 수도 있다. 아동에게 동적 학교 그림(kinetic school drawing: KSD; Knoff & Prout, 1985)을 그려보도록 제안하는 것 또한 유용하며, 다른 다양한 동적 학교 ________(모래상자, 창작무용, 악기 연주, 학교에 대한 아동의 경험을 생각과 느낌으로 표현할 수 있도록 개발한 다양한 표현적 활동 등)을 적용하는 방법도 있다(KSD를 어떻게 소개하고 사용하는지, 학교 상호작용에 대해 더 많은 정보를 묻기 위한 질문들을 어떻게 하는지 부록 E 참조).

아동들에게 사랑이라는 과업은 그들의 가족관계를 실제로 보여 주는 것이다. 이와 관련된 질문들은 아동의 가족 환경과 가족 구도를 탐색하기 위해서 하는 생활양식 질문과 비슷하다. 예를 들어, 너의 가족들에 대해서 한 명씩 설명해 줄래? 너의 형제자매들이 너와 다른 점은 무엇이니? 너와 어떻게 다르니? (두 명의 자녀만 있는 가족에서는 나머지 한 명의 형제자매가 내담자와 어떻게 다른지 질문한다.) 너의 형제자매 중 누가 너를 가장 좋아하니? 너를 좋아하는 형제들은 너를 얼마나 좋아하니? (두 명의 자녀만 있는 가족에서는 다른 한 명의 형제자매가 내담자를 어떻게 좋아하는지를 묻는다.) 너의 아빠는 어떤 사람이니? 너의 엄마는 어떤 사람이니? 부모님 중에서 네가 가장 좋아하는 사람은 누구니? 엄마나 아빠를 얼마나 좋아하니? 집에서 문제가 되는 건 뭐니?(만약 있었다면 그 결과는 어떻게 됐니?) 집에서 문제가 생겼을 때 너는 어떻게 했니?(너는 어떻게 반응했니?) 부모님 중에 누가 더 엄격하니? 그중 엄격한 부모님에 대해서 어떻게 생각하니? 부모님의 의견에 따르지 않을 때는 어떤 일이 벌어지니? 가족들이 함께 즐겁게 놀기 위해서 하는 건 뭐니? 네 가족의 어떤 것이든 바꿀 수 있다면 뭘 바꾸고 싶니? 확실히 당신은 가족 놀이에서 아동을 관찰할 수 있을 뿐 아니라 인형의 집이나 주방 놀이에서 함께 놀이를 하면서 내담 아동에게 질문할 수 있다. KFD나 다른 동적 가족 활동(춤, 미술, 음악)을 할 수 있다. 그림 그리기를 싫어하는 아동이라면 가족의 각 구성원을 표현할 수 있는 동물 사진을 활용한 콜라주 또는 가족 구성원과 그들의 관계를 상징하는 스티커를 활용한 스티커 콜라주 혹은 각 가족 구성원을 표현할 수 있는 피규어를 사용하여 모래상자놀이를 해 볼 수도 있다.

자기에 대한 생애과업을 탐색하기 위해서는 다음과 같은 생활양식 질문을 해 볼 수도 있다. 세 가지 소원이 있다면 너는 무슨 소원을 빌까? 네 삶이 달라질 수 있다면 어떤 걸 바꾸고 싶니? 놀이방 안에 어떤 장난감으로든 될 수 있다면 어떤 장난감이 되고 싶으니? 그 장난감의 어떤 점이 좋니? 네가 상처받은 건 뭐니? 네가 상처받은 것에 대해서 이야기해 줄래? 네가 상처받았을 때 어떻게 행동하니? 너 자신의 어떤 점을 좋아하니? 다른 사람들은 너의 어떤 점을 좋아하니? 너 자신을 바꿀 수 있다면 무얼 바꾸고 싶니? 당신은 물감이나 찰흙(Sobol, 2010), 장미덤불, 인생색채기법(O'Connor & New, 2002), 신체 윤곽선이나 신체 지도 등으로 자기 묘사하기와 같은 예술 기법들을 사용해 볼 수 있다. 운동이나 비디오 게임에 관심이 있는 아동들에게는 인기 있는 스포츠 선수(Crenshaw & Barker, 2008)나 비디오 게임의 캐릭터(Enfield & Grosser, 2008; Riviere, 2008)로 이야기 만들기를 시켜볼 수도 있는데 이는 생애과업을 탐색할 수 있는 또 다른 방법이다.

아동의 정신적/실존적 생애과업 성취를 탐색하기 위해서 아동뿐 아니라 아동 가족들과 연관된 정신적 쟁점에 대해서 아동의 부모들에게 물어보고 다음과 같이 아동에게 질문해 볼 수 있다. 너는 신을 믿니? 너는 봉사하러 가니? 거기서 뭘 하니? 너는 봉사활동을 좋아하니? 너는 거기서 뭘 배우니? 사람들이 죽으면 어떻게 될 거라고 생각하니? 하나님이나 부처, 알라, 그 외 영적이거나 종교적 형상이나 그림들을 그려 보도록 미술 활동을 시작해 보거나 당신이 죽으면 무슨 일이 일어나는지 그려 보도록 할 수도 있다. 가족의 종교적 전통에 따라 아동에게 다음과 같은 책을 읽어 줄 수도 있다. 『What is God?』(Boritzer, 1990), 『What Do You Belive?(Big Questions)』(Star, 2011), 『If I Could Ask God Anything: Awesome Bible Answers for Curious Kids』(Slattery, 2010), 『Buddha at Bedtime』(Nagaraja, 2008), 『Old Turtle』(D. Wood, 2007), 『A Solstice Tree for Jenny』(Shragg, 2001) 등이다.

생활양식 개념화

이러한 정보들을 모두 수집하는 목적은 생활양식을 통찰하고 내담자와 그의 세상을 그려 내도록 하여 도움을 줄 수 있다는 점을 기억해야 한다는 점에서 중요하며 태도, 인식, 정서적 반응과 행동의 변화를 주기 위해서이다. 이는 가족 분위기, 가족 구도와 심리학적 출생순위, 초기 기억, 그 아동의 인식을 나타내는 그림, 기본적 신념, 사적 논리, 의미 있게 획득한 방식, 행동을 드러내는 목적 등 수집된 정보에 근거한다. 이러한 정보들을 모두 모아 놓고, 아들러 놀이치료사는 생활양식을 추측하고, 아동의 생활양식 개념화를 한 후에 놀이치료 과정을 계획하는 근거로 사용한다.

사례

제5장에 이어 이 부분에서는 아들러 놀이치료사가 치료의 두 번째 단계를 진행하는 동안 아동에 대해서 수집한 정보를 어떻게 활용하는지, 아동의 생활양식에 대한 추측을 하기 위해 사용하는 조사 방식을 보여 줄 것이다.

피비와 사이먼 부부가 함께한 부모 상담의 세 번째에서 일곱 번째 회기 동안, 나는 가족 분위기, 가족 구도, 초기 기억, 피비의 강점을 알아내어 생애과업으로 기능하고 있는지를 알아보기 위해, 중요한 Cs, 잘못된 행동의 목표, 성격 우선순위, 잘못된 신념, 사적 논리에 대한 정보를 모았다. 나는 그들의 성격이 피비의 행동과 태도에 영향을 미치게 된 역동에 대해서 확신을 가지게 되었고, 조부모에 대한 사례 개념화를 하기로 결정했다. 그 결과, 나는 그들의 원가족에 대한 정보를 얻게 되었다. 담임 선생님은 피비의 행동이 어떠한지, 그녀와 교실에서 작업하면서 피비의 행동에 대해 어떤 기술과 전략을 사용하는지에 대해 설명했다. 선생님과 나는 피비가 행동들을 어떻게 조정하고 있는가에 대해서 알고 안도감을 가지게 되었다. 나는 그녀의 생활양식에 대한 개념화를 위해 더 이상 정보를 수집할 필요가 없다고 생각하게 되었다.

사이먼 부부와 이야기를 나누며 나는 그들 부부가 가족 배경이 매우 비슷하다는 점을 발견했다. 그들은 모두 노동자 가정에서 성장했고, 아버지 없이 어머니가 홀로 아이들을 키웠으며, 형제가 있었고 경제적으로 곤란했다. 두 가정 모두 가족 분위기는 불안정하고 좌절된 상태였고, 부적절한 경계로 특징지어져 있었으며, 불규칙한 훈육과 금전적 문제로 걱정을 해야 했다. 사이먼 씨의 어머니는 알코올중독자였는데, 때론 회복된 상태이고 때론 알코올중독인 상태로 지냈다. 그녀는 알코올중독 때문에 직업을 유지하는 것이 힘들었다. 그녀는 알코올중독에서 회복되면 교회를 다녔는데, 각기 다른 몇 개의 개신교파 교회를 다녔고, 그때마다 강제로 자녀들을 참석시켰다. 사이먼 씨는 한 번도 그의 생물학적인 아버지를 만나 본 적이 없었다. 그의 어머니는 그가 어릴 때 수많은 남자친구가 있었지만 그들 중 누구도 들어와서 함께 산 사람은 없었다. 그의 가족은 그들이 살고 있는 집의 월세를 꾸준히 낼 수 없었기 때문에 자주 이사를 다녔지만, 한 번도 집이 없었던 적은 없었다. 사이먼 씨는 두 아이 중 첫째였고 동생과 어머니를 돌봐야 한다는 것 때문에 책임감을 느꼈다.

사이먼 부인의 부모님은 그녀가 4세가 되던 해 아버지가 암으로 돌아가실 때까지 결혼생활을 유지했다. 그녀의 어머니는 한 번도 남자친구를 만난 적이 없었고 아이들을 위해서 자신의 삶을 모두 바쳤다. 그녀는 동네 마트에서 식료품을 확인하는 일을 하는 저임금 노동자였다. 사이먼 부인의 모든 가족은 독실한 가톨릭 신자였다. 그녀의 원가족의 상호작용은 변덕스러우면서도 갈등으로 가득 차 있는 경향이 있었으며, 때로 신앙적이었지만 세속적이기도 했고, 자녀에게 양육적일 때도 있었고 평가적이기도 하였다. 사이먼 부인은 네 명의 아이 중 막내였다. 그녀는 항상 그녀의 형제자매들과 어머니가 맹목적으로 사랑해 주었지만 그녀에 대한 주된 양육 전략으로 수치심이나 죄책감을 사용하였다. 어렸을 때 사이먼 부인은 아주 모험적이고 창의적이었으며, 모든 상황에서 최선을 다하려고 노력했다. 예를 들어, 그녀는 게임들을 추가하여 만들기도 하고 벌레를 잡으며 집 주변에서 놀았고, 그녀의 어머니가 외롭다고 느껴지면 엄마의 조수가 되어 도와주었다. 사이먼 부인의 어머니는 사이먼 부인이 남편 생의 마지막 부분이라고 믿었고 그녀에게 특별한 관심과 대우를 해 주었다.

성인이 되어 사이먼 부부는 열심히 일하는 것, 경제적 안정감, 파트너 관계에 대한 비슷한 가치를 공유하게 되었다. 두 사람 모두 어머니들이 힘들었던 점을 떠올렸고, 강한 부부관계를 유지하는 부모와 함께 자녀들이 성장할 수 있도록 해야 한다고 굳게 믿고 있었다. 부부는 모두 평화로움, 마음돌봄(마음챙김), 조화로움을 가르쳐야 한다는 신념을 실천하길 원해서 불교 신자가 되었다. 사이먼 부인은 남편과 영적인 것을 나누기를 원했고 가족들에게 확장시키려고 하였다. 사이먼 씨는 아내와 함께 불교 신자가 되는 것에는 동의하였지만 신앙심이 깊지는 않았다. 그들은 비슷한 가치관과 목적을 가졌지만, 그들이 그것을 운용하는 방식은 달랐다.

사이먼 씨는 성격 우선순위에서 즐거움과 편안함을 발달시켰다. 그는 많은 친구를 가져 본 적이 없다고 보고하였으며 다른 사람들과 상호작용하는 것이 어렵다는 점을 알게 되었다. 그는 자신이 호감이 가지 않는 사람이라는 잘못된 신념을 가지고 있었다.

나는 중요한 C인 관계에 그가 도전해야 한다고 결론지었다. 사이먼 씨는 성공하지 못할 것이라는 두려움, 혹은 충동적으로 자유롭게 살아오며 문제를 일으켰기 때문에 위험을 감수하길 싫어한다는 점을 통해 중요한 C인 용기 또한 그가 힘들어 할 영역임을 예상할 수 있었다. 사이먼 부인은 즐거움과 성취감을 추구하는 성격 우선순위가 발달되어 있었다. 그녀는 그녀가 가치 있는 존재라는 점이 입증되어야 할 필요가 있었으며, 타인과의 관계에서 많은 것을 재확인해야 할 필요가 있다고 믿었는데, 적절한 경계가 있는 환경이 아닌 곳에서 사람들이 그녀를 좋아할 것이라는 확신을 가지려고 애썼다. 그녀는 타인을 돌보는 것이 그녀가 중요한 존재가 되는 유일한 방법이라고 믿고 있었다. 이 부부는 모두 삶에서 아버지가 없었기 때문에 큰 슬픔과 공허감을 느끼고 있다는 점이 드러났고, 그들의 자녀들과 손녀들이 완벽하게 만들어지기를 원했으며, 피비가 가능한 한 많은 사람에게 사랑받고 지지받는다고 느끼기를 원했다. 사이먼 부인은 특히 슬퍼했고 피비의 행복에 대한 책임감을 가지고 있었는데, 그녀가 어릴 때 부모를 상실했기 때문이었다. 이들 부부와 이야기하면서 나는 그들이 되고 싶었던 것처럼 피비를 일관되고 지지적으로 양육하는 사이먼 부부가 그들 자신의 문제로 인해 방해가 되어 문제를 더 심각하게 만든다는 점을 알게 되었다. 나는 그들에게 그것이 이겨 낼 수 없을 만큼 어려운 것은 아니라는 점을 다시 한 번 확인시켜 주었다. 나는 그들에게 피비와 자신의 아들을 돌보고 손녀와 아들을 위해서 헌신했다는 확신을 주며 손녀딸을 데리고 올 수 있도록 했다.

나는 피비에 대한 몇 가지 정보를 가지고 있었는데, 그녀가 그린 그림과 처음 두 번의 회기를 진행하는 동안 했던 부엌놀이를 통해 그녀가 가족 분위기를 어떻게 보고 있는지에 관한 것이었다. 나는 그녀가 자신의 가족 분위기를 어떻게 보고 있으며 주거 형태의 변화에 대해서 어떻게 느끼는지에 관한 더 많은 자료를 수집하길 원했다. 세 번째 회기에서 나는 피비와 인형의 집을 가지고 놀자고 하였다. 그녀는 인형을 가지고 노는 것은 좋아하지 않았고 모래상자를 가지고 놀기를 원했다. 나는 그녀의 결정을 존중한다는 점을 알려 주며, 놀이상자에서 동물 피규어를 가지고 놀자고 제안했고 그녀는 동의했다. 더 이상의 지시 없이 그녀는 두 마리의 기린과 두 마리의 돌고래를 골랐고, 네모난 모래상자의 한쪽 모서리에 그것들을 놓았다. 그렇게 놀이를 하면서 그들은 다른 동물들과 친절하게 상호작용하는 것으로 보였다. 나는 그녀에게 동물들에 대해서 이야기해 달라고 하였다. 그녀는 "이 돌고래들과 기린들은 함께 살아요. 그들은 음식을 만듣고, 책을 읽고, TV를 보고, 밖에서 놀이도 해요."라고 말했다. 그녀는 "그들은 함께 산다고는 생각할 것 같지 않아요. 하지만 돌고래는 이사를 왔어요. 왜냐하면 바다가 점점 위험해지고 있으니까요."라고 대답했다. 나는 이에 대해 반응하지 않았지만, 그녀가 고른 동물들이 비록 야생에서 사는 동물일지라도 유순한 동물들이라는 점에 주목했다. 모래상자에는 많은 공간이 남아 있었고, 나는 모래상자의 다른 부분에서는 어떤 일이 일어나는지를 물어보기로 했다. 그녀는 선뜻 나의 안내를 따랐고 이 동물들이 살고 있는 곳에서 일어나는 일들에 대해서 이야기하기 시작했다. 그녀는 모래상자의 한쪽 구석에 또 다른 돌고래를 놓기 시작했고 그걸 모래 속에 묻었다. 그녀가 그것을 어디로 데려가는지 보기 위해서 내가 "네가 그걸 묻었구나."라고 하자 그녀가 말했다.

> 이건 엄마 돌고래예요. 그리고 돌고래 중에서 가장 훌륭해요. 그녀는 모든 바다 동물에게 사랑받았던 공주 돌고래 같아요. 그녀는 친구가 정말 많고, 정말 똑똑하고, 아주 예뻐요. 그녀는 그녀의 아기 돌고래를 그리워해요.

이렇게 말하고 그녀는 다른 두 마리의 돌고래와 기린을 돌아보았다. 그녀는 생각에 잠긴 것처럼 보였고, 나는 "내가 장담하는데 그 아기 돌고래도 엄마를 똑같이 그리워할 거야."라고 말했다. 그리고 그녀는 장난감 동물들이 있는 곳으로 가서 호랑이, 사자, 원숭이, 고릴라, 얼룩말과 같은 다양한 동물을 집어 왔다. 그녀는 모래상자의 세 번째 모서리에 이들을 한 줄로 세워 놓았다. 그 동물들은 좋아하는 동물들끼리 짝지어져 있었다(즉, 사자들이 함께 있고, 호랑이들이 함께 있는 등). 나는 동반자인 동물들에 대해서 상위의사소통을 하였다. 그녀는 이 동물들이 학교에 있다고 하고는 다음과 같이 말했다.

> 이 사자는 다른 사자하고만 놀이하는 걸 좋아하고, 이 얼룩말은 다른 얼룩말하고만 노는 걸 좋아해요. 얼룩말은 사자와 놀 수 없어요. 그들이 서로 좋아하지 않기 때문이에요. 동물들은 자기 자신과 다르게 생긴 동물들하고 노는 걸 좋아하지 않아요.

나는 "똑같이 생겼구나."라고 짝지어진 동물들의 패턴을 언급했고, 모래상자 안에는 분명히 구분된 영역이 있었다. 마지막으로 그녀는 세 마리의 강아지 피규어를 집어서 모래상자안의 마지막 모서리에 놓았다. 그녀는 잠깐 그 모서리를 보더니 그 모서리에 작은 돌고래를 더 놓았다. 나는 "그들은 비슷해 보이지 않지만 돌고래와 강아지들이 함께 놀기를 좋아하는 것처럼 보이는구나."라고 말했다. 리듬이 끊기지 않게 그녀가 이어서 말했다. "강아지들은 사자와 호랑이, 그리고 다른 정글 동물들보다 더 친절해요. 강아지들은 모든 다른 동물들하고 놀 수 있어요. 바다에 사는 동물일지라도요. 강아지들은 사자나 호랑이처럼 예민하고 지배적이지 않아요."

피비가 계속 은유를 사용해서 동물들에 대해서 이야기했기 때문에, 나는 좀 더 직접적으로 질문을 해 보기로 결심했고, 그녀의 가족에 대해서 직접적으로 질문하기 보다는 은유적으로 찔러 보기로 하였다. 나는 돌고래와 기린 가족에 대해서 말해 달라고 했고, 그들이 무엇을 함께 하기를 좋아하는지, 각자 무엇을 잘하는지, 뭔가를 할 때 곤란을 겪는 일들은 무엇인지, 그들의 행복에 기여하는 것들은 무엇인지, 그들은 어떤 것을 슬퍼하는지, 그들에게 세 가지 소망이 있다면 무엇일지에 대해서 물었다. 피비는 돌고래와 기린 가족은 각기 혼자서 있다고 하며, 아빠 돌고래(그녀가 아빠라고 확인한)는 집에 잘 있지 않고, 아기 돌고래는 매우 심심해한다고 하였다. 그녀는 이 가족은 TV를 보고, 밖에 산책을 나가며, 가족 동물들을 돌보는 것을 좋아한다고 말했다. 피비는 나에게 "할머니 기린은 책을 읽어 주는 것, 청소를 하는 것, 꼭 안아 주는 걸 잘해요. 할아버지 기린은 팬케이크을 만드는 것, 운전하는 걸 잘해요." 그녀는 그걸 나누고는 "기린들은 절대로 문제를 일으키지 않아요. 왜냐하면 크고 규칙을 만들기 때문이에요. 아기 돌고래는 가장 문제를 많이 일으켜요. 그녀는 기린들이 하길 바라는 것들을 하기 싫어하기 때문이죠."라고 하였다. 그녀는 "이 기린들은 절대로 이 돌고래를 혼자 두고 떠나지 않을 거예요. 그들은 그녀가 그들과 같은 기린이 되길 원하지만, 그녀는 기린이 될 수 없죠. 내 생각에 기린들은 이 아기 돌고래가 기린이 될 수 없다는 점 때문에 슬플 것 같아요. 그리고 이 돌고래가 기린처럼 할 때 행복해할 것 같아요." 나는 그녀가 아빠 돌고래에 대해서 이야기하지 않고 있다는 점에 주목했다. 그녀는 "아빠 돌고래는 항상 멀리 있어요. 나는 정말로 아빠 돌고래에 대해서 알고 싶어요."라고 말했다. 이때 아기 돌고래가 자신을 어떻게 상징적으로 여기는지 보였고(물 밖으로 나온 물고기?), 나는 세 가지 소원에 대해서만 물었다. 그녀는 아기 돌고래의 소원에 대해서 "그녀의 친구들과 엄마와 예전에 살던 집이 있는 바다로 돌아가고 싶어요."라고 말했다. 또한 그녀는 다른 이들이 그녀에게 항상 지시하고 아기처럼 다루는 것을 멈추게 하고 싶다고 하였다. 피비는 내 질문에 매우 협조적이었고, 모든 시간은 은유 속에 머물렀다. 시간이 다 되고 있었기 때문에 나는 상자의 다른 모서리 부분에 대해서 질문을 했다. 나는 그녀에게 그 모래상자에서 동물들의 사진을 두 장(하나는 그녀가, 하나는 내가 골라서) 찍어도 되는지 물었다. 그녀는 그러자고 했고, 할아버지, 할머니에게 그 사진을 보여 줄 생각에 흥분했다. 나는 그녀에게 모래상자를 치우라고 말하지 않았고, 그녀는 이번 주에 모래상자를 있는 그대로 두기를 원했지만 나는 다음 주가 되면 다시 함께 피규어를 놓을 수 있다고 말했다.

예상대로 동물들과 모래상자를 가지고 피비와 작업을 하면서 나는 그녀가 그 가족의 분위기에 대한 더 많은 정보를 드러냈다고 생각했고, 그녀의 생활양식에 그것이 어떻게 영향을 미치는지를 알게 되었다. 피비는 가족 분위기에서 자신을 결정권이 없는 힘없는 존재로 인식하는 것 같았고, 조부모의 행복에 대한 책임감을 아직은 느끼지 않고 있었다. 내 생각에 피비는 조부모와 아버지가 그녀를 사랑하고 그녀가 행복해지길 원한다는 점을 다소 인지하고 있는 듯했다. 이러한 상호작용과 그녀의 조부모와 함께 한 회기를 통해서 나는 사이먼 가족이 사랑하고 지지하는 긍정적 특성이 드러나는 가족이라고 믿게 되었다. 하지만 가끔 피비는 그녀의 가족 구성원들의 행복을 위해서 과도하게 책임감을 느끼고 있는 것처럼 보였다. 그녀는 질식할 것 같이 느꼈고 너무나 방어적이었다.

그녀는 결정을 내리는 연습을 할 기회가 거의 없었으므로 숨이 막히는 것 같고 과보호받는다고 느꼈다. 다른 아이들과 가까이 살아 본 적이 없고 학교에서 많은 친구를 사귀어 본 적이 없었기 때문에 자기 나이의 다른 아이들과 힘을 공유하고 관계에서 협상을 연습해 본 적도 없었다. 피비는 요구적이거나 적대적인 존재들을 통해 강경한 자세를 취하는 것이 자신이 바라는 것을 얻어 낼 수 있다는 점, 또한 스스로가 영향력 있고 자신을 통제할 수 있는 존재임을 입증할 수 있다는 점도 배웠다.

피비는 모래 작업을 통해서 자신의 강점, 잘못된 행동의 목표, 중요한 Cs, 성격 우선순위, 생애과업에 대한 가족의 기능, 우정, 자기 등 그녀에 대한 많은 것을 나에게 말해 주었다. 그녀는 가족 내에서 숨이 막히거나 고립되었다고 느끼는 듯 보였다. 그녀는 혼자이거나 그녀가 실수를 하거나 새로운 도전을 시도할 때 자신에게 방해가 될 수도 있는 맹목적인 방식을 취하기도 하였다. 나는 그것이 그녀가 부분적으로는 외동 아이의 자리였기 때문이기도 하고, 부분적으로는 그녀의 할머니가 어릴 때 부모를 상실했던 것과 같은 비슷한 경험을 가지고 있기 때문이라고 생각했다. 사이먼 부인은 피비가 더 이상의 고통을 받지 않도록 하기 위해 애쓰고 있었고, 이로 인해서 좌절감이 생기고 피비에게 통제받고 있다고 느끼고 있었다. 모래상자의 각 모서리는 그녀의 삶에서 특히 잘 통합되지 않은 각기 다른 영역의 감정들을 드러내고 있었다. 성인들과 상호작용을 할 때, 그녀는 대부분 계속 응석을 받아 주고 보호해 줄 필요가 있는 아기처럼 다루어졌다. 이렇게 해서 그녀는 어려움과 도전을 헤쳐 나가는 방법을 배울 수가 없었다. 그녀의 조부모와 아버지는 그녀를 아주 많이 염려하고 있었고 엄마의 죽음을 보상하려고 하였다. 조부모의 집으로 이사 가기 전에, 피비는 하루 종일 자신이 하고 싶은 대로만 하곤 했다. 조부모의 집으로 이사를 한 후에 사이먼 씨와 사이먼 부인은 좀 더 부모로서의 역할을 하려고 했고 조부모로서의 역할은 덜 하게 됨으로써 피비는 혼란이 생기게 된 것이다. 그녀가 더 이상 통제할 수 없다고 느낄수록 그녀는 선생님과 친구들을 더욱 거부하게 되었다. 그녀의 행동은 다른 학교 친구들과 더 멀어지게 만들었고, 그녀와 친구들 간의 거리감이 더 생기고 그녀를 외롭게 만드는 것이었다. 나는 피비가 가족 내에서 중요한 자리를 차지하는 방법을 찾기 위해 실험을 하고 있었다는 것을 알게 되었는데, 그 중 한 가지는 그녀가 가족을 위해서 기여한 것처럼 느낄 수 있는 것이었으며, 그녀는 그러한 결정을 내릴 자유가 있었다. 그녀가 연령에 적합한 결정을 내릴 수 있는 기회가 없고 발달에 맞는 책임감을 가질 기회가 없다면, 그녀는 자기 요구만 들어달라고 하고 무례하게 굴면서 권력을 '잡으려고' 했을 것이다.

네 번째 회기에서 나는 피비의 생활양식에 대한 더 많은 정보를 수집하는 작업을 했는데, 그녀는 혼혈인을 만들었고 그것에 특별한 관심이 있었다. 첫 번째로 나는 그녀에게 몇 가지 일반적인 초기 기억에 관한 이야기를 하도록 하였다. 그녀는 더 어릴 적에 대한 이야기를 하거나 행동으로 보여 주는 것이 점점 감소하였다. 그래서 나는 특별한 주제에 대한 초기 기억에 초점을 맞추려고 노력하였다. 나는 때로 내가 어렸을 적 이야기를 해 주기도 했는데, 내가 가난했고 엉망인 옷을 입었던 것 때문에 기이하고 색다르게 느꼈던 적이 있었고, 나는 그녀가 다른 아이들이나 다른 사람들과 다르게 느껴졌을 때를 기억하고 있는지 궁금했다. 피비는 아주 조용히 오랫동안 있었고, 나는 내가 너무 직접적으로 질문했거나 그녀가 내 질문을 잘 이해하지 못한 것인지 걱정되기 시작했지만, 그녀가 대답할 때까지 조용히 앉아서 기다리기만 하였다. 그녀는 마침내 이야기를 시작하였는데, 예전 학교에서 아이들이 왜 너는 엄마가 없고 아빠와 닮지 않았냐고 물었던 적이 있다고 말했다. 그녀는 이 사건과 이에 대한 그녀의 감정에 대해서 아빠에게 말했고 아빠는 그 아이들이 나쁜 것이고 그런 애들한테는 신경 쓸 필요가 없다고 말했다. 또한 그는 그녀에게 엄마는 멕시코 출신이며, 스페인어를 사용했고, 맛있는 음식을 많이 만들 줄 아는 사람이었다고 엄마에 대한 이야기를 들려주었다. 엄마에 대한 이야기를 하면서 아빠가 울기 시작하자 그녀는 다시는 엄마에 대한 이야기를 하지 말아야 겠다고 결심하게 되었다. 피비는 자신의 엄마가 기억나지 않기 때문에 엄마에 대한 이야기를 하길 원하지만 아빠가 슬퍼하는 것을 원치 않기 때문에 아빠에게 이런 말을 하는 것은 비밀이라고 하였다. 이런 이야기를 한 후 우리의 놀이는 중단되었다. 그녀는 갑작스럽게 주제를 바꾸었고 놀이를 하기 위해 인형의 집으로 가 버렸다. 나는 우리의 대화가 그녀에게 편안할 것이라는 믿음을 가지고 상위의사소통을 했다고 여겼지만, 그녀는 나를 더 이상 상대하지 않고 회기의 남은 시간 동안 인형의 집에서 놀이에 몰두하며 머물렀다.

나는 그녀의 조부모와의 상담 주제로 피비가 혼혈인이라는 점에 대해 이야기하였고 격려 반응을 해 주었다. 그들은 이에 대해 걱정하고 있었지만 그녀가 집에서 이와 관련된 말을 하지 않았기 때문에 문제가 되지 않는다고 생각하고 있었다. 이는 또한 피비가 다른 사람들이 화내는 것을 원치 않기 때문에 다른 사람들과 그녀의 감정을 공유하길 꺼린다는 나의 생각을 이야기할 수 있는 기회를 만들어 주었다. 나는 그들에게 피비가 자신의 엄마에 대해서 더 많이 알기를 원한다는 것과 모든 가족들이 따듯하고 유쾌하게 알리샤에 대한 이야기를 해 줄 수 있다면 그녀가 엄마와 더 많은 유대관계를 느끼게 될 것이라고 말해주었다. 사이먼 씨는 이에 대해 확신하지는 않았지만, 이러한 가능성에 대해 크리스토퍼와 함께 이야기해 보기로 하였다. 사이먼 부인은 이것이 도움이 될 수 있으며 그녀의 아버지에 대한 학습 경험과 이것이 관련이 있다는 점에 동의하였다.

다섯 번째 회기에서 나는 피비의 자유놀이를 통해서 내가 수집할 수 있는 정보들을 모으기 위한 덜 직접적인 접근법으로 방법을 전환하기로 하였다. 이 회기가 진행되는 동안 그녀는 오로지 혼자서만 놀이를 했고, 회기가 거의 끝날 때까지 나에게 놀이를 하자고 요구하지 않았다. 그녀는 그림을 그리고는 부엌 놀잇감을 가지고 놀았다. 그녀는 요람을 흔들어 주고 아기 인형에게 우유를 주었다. 그녀는 몇 개의 공룡을 가지고 놀았고, 좀 더 큰 공룡들을 가지고 좀 더 작은 공룡들에게 무엇을 해야 하는지 지시했고, 이 때문에 더 작은 공룡들은 큰 공룡들과 논쟁을 벌이다가 그들이 지배적이라고 여겨지자 그냥 무시하였다.

나는 아기 인형놀이는 그녀의 엄마와 할머니와의 관계에 대한 놀이이며, 그녀는 사랑받고 있고, 할머니에게 돌봄을 받고 있다는 점을 느끼고 있으며, 엄마를 그리워하고 있다는 것도 알게 되었다. 또한 나는 그녀가 지금 스스로 많은 것을 할 수 있는 '큰 소녀'가 되었지만 아기와 같은 그녀의 감정도 있다는 점을 생각하게 되었다. 공룡놀이는 가족 구도와 비슷하게 진행되는 것처럼 보였다. 가족과 자신 그리고 그녀의 잘못된 행동의 목표, 중요한 Cs, 성격 우선순위와 같은 생애과업에서 그녀가 잘 기능하고 있는지, 그녀가 가족 내에서 혹은 그녀의 삶에서 자신에게 권한이나 통제권이 없다고 느낀 것을 공룡을 통제해 보는 놀이로 해 본 것이다. 그녀는 권력의 목표를 발전시키고 있는 듯 보였다. 그녀는 자신을 능가하는 어떤 지배력을 그녀가 가지고 있다는 것을 다른 사람들에게 확신시켜 주려는 듯 보였다. 이는 그녀의 통제 성격 우선순위와 관련이 있다. 그녀는 어느 정도 용감하다고 느꼈지만 중요한 Cs인 관계, 유능감, 가치를 획득하기 위해서 힘겹게 나아가고 있었다. 그녀는 어떻게 관계를 맺을 수 있는지 몰랐고, 그녀의 유능감을 입증하기 위해서 무엇을 할 수 있는지, 가족 내에서 그녀가 가치 있는 존재인지 아닌지 확신할 수 없었다.

회기의 마지막으로 가면서 피비는 초기부터 사용해 온 사자, 호랑이, 고릴라, 얼룩말들을 집단으로 배열하였다. 그리고 그녀는 나에게 처음에 '아기'로 지정한 돌고래를 주었다. 그녀는 나에게 그것을 집단에서 집단으로 옮기라고 말했고, 그들이 서로 친구가 되고 싶은지 물어보았다. 그녀는 사자, 호랑이, 얼룩말이 되어, 돌고래에게 우리와 너는 다르기 때문에 서로 친구가 되길 원하지 않으니 멀리 떠나라고 말했다. 그녀는 나에게 돌고래가 미쳐 날뛰며 다른 동물들에게 "우리는 친구가 되기 위해서 노력해야 해."라고 말하라고 했다. 나는 다양한 동물의 감정을 반영하였고, 특히 피비를 나타내는 동물인 돌고래의 감정 반응에 집중했다. 이렇게 놀이를 하고 난 뒤 피비는 매우 슬퍼 보였고, 나는 이를 반영하고 그녀는 인정하였다. 은유로 돌아가서, 나는 "돌고래는 정말 슬픈 게 틀림없어. 그녀는 다른 동물들과 친구가 되길 원하지만 왜 그들이 그녀와 친구가 되지 않으려는지 모르지. 그녀는 어떻게 친구를 사귀는지 몰라."라고 말했다.

나는 이 놀이가 피비의 생활양식에서 두 가지 다른 태도와 관련이 있는지가 궁금했는데, 하나는 세상에서 그녀가 자신의 위치를 찾는 것과 관련이 있는지, 다른 하나는 혼혈인에 대한 그녀의 감정과 혼혈인에 대한 신념이 발전하고 있는지 혹은 새로운 학교에서 다른 아이들과 다르게 보이는 것에 대한 생각과 관련이 있는지이다(새로운 학교의 아이들은 주로 백인들이며, 다른 인종은 3% 이하이다). 이러한 놀이 주제는 그녀가 다른 아이들과 맞추거나 그들에게 수용되는 방법을 이해하는 것이 정말로 어려울 수 있다는 점을 보여 준다. 그녀는 생애과업 중 우정과 사랑을 성취하는 것이 매우 힘든 듯 보였고, 그녀의 또래들과 가족 내 다른 구성원들에게 그녀가 어떻게 하면 수용되는지에 대한 자신이 없었다. 앞선 회기의 놀이에서(첫 번째 회기에선 불확실했고, 모래작업을 하는 동안 구분할 수 있었다) 그녀는 혼혈인이라는 점이 자신이 가진 능력에 어떻게 영향을 미치는가에 대한 그녀의 궁금증과 연관된 것임을 쉽게 알 수 있었다.

여섯 번째 회기에서 피비는 화가 났다. 그녀의 할머니는 그녀가 학교에서 다른 아이를 밀쳐 버려서 문제가 생겼고, 이후에 치료에 와야 하는 것 때문에 짜증을 부리며, 놀이치료실에 오길 거부했다고 하였다. 사이먼 부인은 어떻게 해야 할지 몰랐고, 그래서 치료에 가면 장난감 가게에 가서 장난감을 사 주겠다고 피비를 꼬셨다고 하였다. 피비는 그 회기 내내 나를 모르는 체했고 벽에 있는 다트 총만 쏴 댔다. 나는 상호작용을 억지로 시도하지 않았다. 나는 화가 나고 분노한 그녀의 감정을 반영하였다. 그리고 학교에서 곤란에 처하게 된 것과 아무도 그녀를 이해해 주지 못하는 것 같은 느낌에 대해 상위의사소통을 하였다. 나는 회기의 많은 시간 동안 그저 그녀를 지켜보았고, 그녀에게 나의 무조건적인 수용을 조용히 전하려고 노력하였다. 회기가 끝날 무렵, 그녀는 뺨에 눈물을 흘리고 있는 얼굴 그림을 그렸고, 그것을 잡아 찢은 후 쓰레기통에 던져 버리고 방을 뛰쳐 나갔다.

피비는 이전 회기보다 더 행복한 얼굴로 일곱 번째 회기에 나타났다. 그녀는 매우 상기되어 있었는데 학교에서 새로운 친구를 사귀게 되었기 때문이었다. 나는 그녀에게 그녀 자신과 새로운 친구, 학급의 다른 아이들, 선생님을 그려 보길 권했다. 그녀는 이에 동의했고, 그녀가 그림을 그리는 동안 나는 부록 D에 제시된 몇 가지 생활양식 질문 중 친구들에 관한 것과 학교에서 그녀에게 무슨 일이 일어났는가와 관련된 질문들을 하였다. 그녀는 자기 자신과 다른 두 사람을 그렸다. 그림을 그리면서 그녀는 이전의 학교에서는 친구들이 많이 있었다고 했고, 이 학교에서는 친구가 없다고 하였다. 그녀는 교실에 있을 때는 사람들이 잘 대해 주는 듯했지만, "쉬는 시간에는 아무도 놀아주지 않고 점심시간에 아무도 같이 앉지 않았어요."라고 말하였다. 그녀가 그림을 다 그리고 난 후, 나는 부록 E에 제시되어 있는 질문 목록을 참조하여 그림에 대한 몇 가지 질문을 하였다. 피비가 "학교에서 더 잘 지내고 있어요. 선생님과도 잘 지내고. 새로운 친구는 내가 많은 문제를 일으키곤 했다는 걸 잘 몰라서 나에게 친절해요"라고 말하는 것으로 보아 그녀는 새로운 친구가 그녀를 좋아한다고 믿고 있는 듯 했다. 피비는 짧은 시간 동안 그린 그림에 대해서 이야기를 하다가 금전 등록기를 가지고 놀기로 결정하였고, 나를 '계산대 직원'으로 임명하고 자신은 '손님'이 되었다. 장을 보면서 그녀는 친구와 자기 자신 그리고 가족에게 줄 '선물'을 샀다. 그녀는 또한 의도적으로 '멕시코 음식'을 구매하고, 그 음식을 그녀가 구매한 것을 내가 아는지 확인하였다. 나는 몇 가지 이유로 이것이 흥미로웠다. 일반적으로 내가 계산원이 되어서 아동과 놀이를 할 때, 계산원은 통제 안에 있는 한 사람이다. 나는 권력을 나누는 것에 대한 상위의사소통을 했고, 그녀는 자신이 구매한 선물을 받은 친구가 기뻐하길 바라면서도 그 친구가 그녀와 친구를 하지 않겠다고 할까 봐 두려워하였다. 나는 그녀의 감정이 엄마와 관련된 것이라는 점에 대해 상위의사소통을 하였고, 그녀가 그녀의 엄마처럼 되길 원한다는 것에 대해서도 이야기를 나누었다.

나는 이어지는 회기에서 더 많은 정보를 계속 모으고 싶었지만, 피비의 생활양식을 개념화하는 과정에서 이미 충분한 정보를 모았고, 치료 계획을 세우고 그녀와 함께 치료 과정을 이어 갈 수 있게 되었다고 믿게 되었다. 나는 조부모의 생활양식이 그녀와의 상호작용에 어떤 영향을 미치는지에 대한 유효한 평가를 내리고 자녀 양육의 역할과 가족 내에서의 관계를 변화시키는 데 도움이 되는 계획을 수립할 수 있다고 생각하게 되었다.

이 사례는 제8, 9, 10장에 계속 이어질 것이며, 나는 피비와 그녀의 조부모, 그리고 그녀의 아버지에 대한 사례 개념화와 치료계획에 대한 윤곽을 그렸다. 나는 피비가 그녀의 생활양식을 이해하고, 그녀가 변화하길 원하는지를 결정하고 새로운 기술과 태도들을 배우고 연습하는 전략들에 대해 설명해 놓았다. 또한 피비의 가족을 돕기 위해서 그들이 더 잘 이해할 수 있도록 상담에서 사용한 기법들과 가족 분위기를 바꿀 수 있는 기법들, 피비가 결정할 수 있는 기회를 주도록 하는 양육 전략들에 대해서 논의하였다.

요약

아들러 놀이치료의 두 번째 단계에서 놀이치료사는 가족 분위기, 가족 구도, 초기 기억, 아동과 부모(필요할 때는 교사를 포함해서)의 생애과업 기능을 탐색하기 위한 특별한 전략들을 사용한다. 이 과정을 진행하는 목적은 아동의 강점, 중요한 Cs, 잘못된 행동의 목표, 성격 우선순위, 잘못된 신념, 사적 논리에 대한 충분한 정보를 수집함으로서 명확한 아동에 대한 그림을 그릴 수 있고 그들의 사회적 맥락을 알 수 있기 때문이다. 이러한 그림은 아들러 놀이치료 과정의 세 번째와 네 번째 과정에서 치료사가 그 아동과 아동의 가족(그리고 학교 사람들)의 태도와 인식, 사고, 감정, 행동이 변하도록 도울 수 있는 안내를 제공한다.

추가 자료

가족 분위기

http://www.adlerian.us/atmosph.htm

http://www.lifecourseinstitute.com/majorcon.htm

출생 순위

http://www.adlerian.us/birthord.htm

http://www.ncbi.nlm.nih.gov/pmc/articles/PMC3375868/

http://www.psychologytoday.com/blog/fulfillment-any-age/201305/is-birth-order-destiny

초기 기억

http://ojs.lib.byu.edu/spc/index.php/IssuesInReligionAndPsychotherapy/article/viewFile/171/170

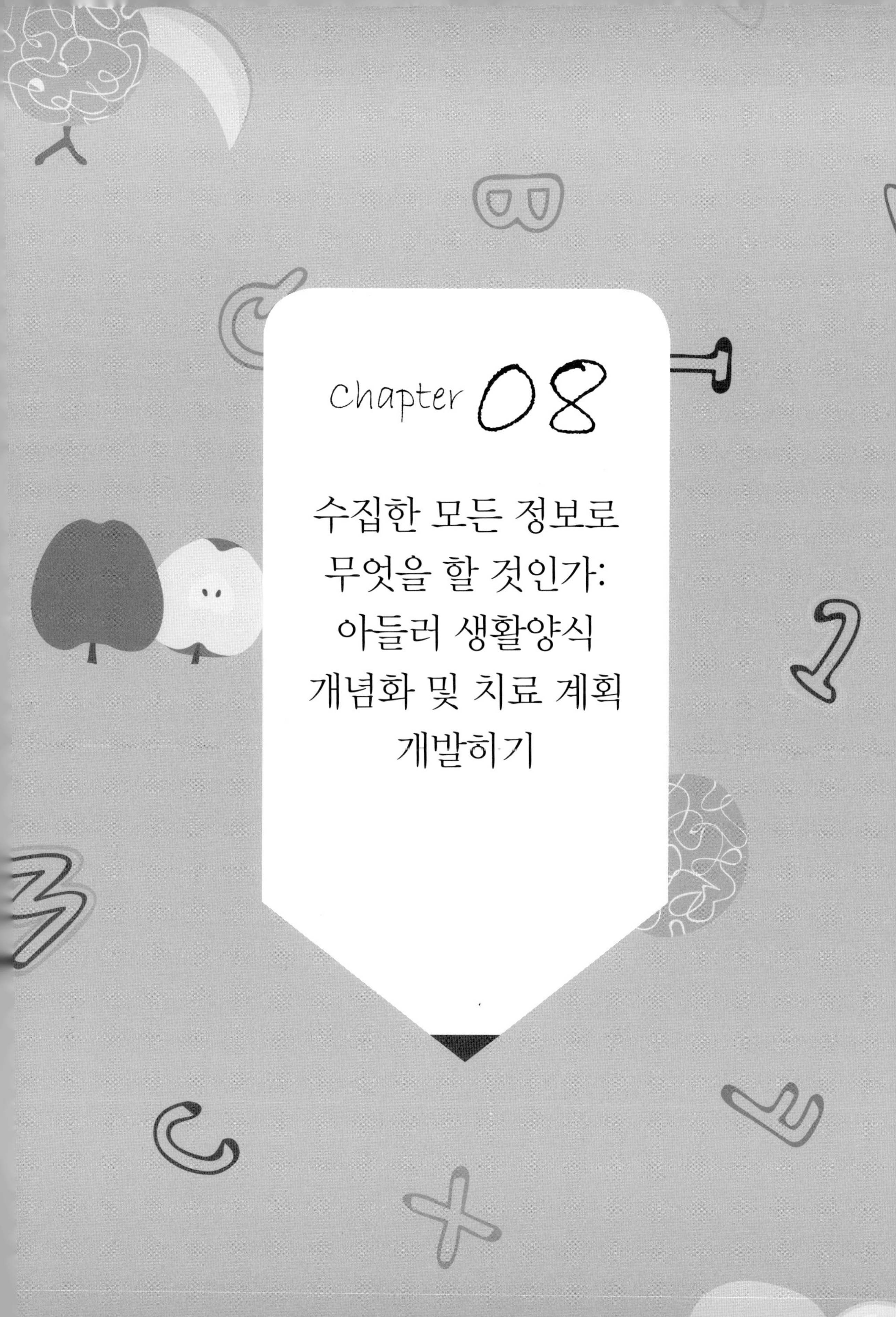

Chapter 08

수집한 모든 정보로 무엇을 할 것인가: 아들러 생활양식 개념화 및 치료 계획 개발하기

놀이치료의 두 번째 단계에서 수집한 정보를 이용하여, 아들러 놀이치료사는 나머지 치료적 과정을 도울 수 있는 아동에 대한 사례개념화를 하게 된다. 이러한 과정은 치료사가 내담자에게 변화가 필요한 부분을 발견하고, 내담자의 변화를 돕기 위해 치료사가 내담자에 대한 이해를 하는 데 있어서 핵심적인 부분이다. 치료사는 다음과 같은 과정을 통해 수집한 정보를 통합하게 된다. 첫째, 아동의 놀이 주제, 아동과 타인의 관계, 아동이 그린 그림, 그리고 놀이방 내부 및 외부에서의 아동 행동 등을 관찰하는 것이다. 둘째, 치료사의 질문들에 대한 아동의 답변이다. 셋째, 부모와의 상담 내용(때로는 교사와의 상담 내용)이다. 아동의 삶과 관련된 성인들이 아동에게서 보여지는 문제들에 상당한 영향을 미쳤다고 치료사가 판단하는 경우, 부모 및 교사들을 통해서 생활양식을 개념화하는 것도 도움이 된다. 성인들이 아동의 어려움에 영향을 미치지 않은 경우일지라도 이들은 아동의 변화를 위한 조력자가 될 수 있으며, 부모나 선생님을 통한 개념화는 유용할 수 있다. 놀이치료사가 아동뿐 아니라 아동의 삶과 관련된 다른 사람들을 개념화한 다음에는 놀이치료의 세 번째와 네 번째 단계에서 아동의 인지, 정서, 행동, 태도 등의 변화를 돕기 위해 아동뿐 아니라 필요한 모든 타인과 함께 수행할 치료계획을 수립하게 된다.

아들러 놀이치료에서는 내담자의 생활양식에 대한 어떠한 가정을 하고 치료하지 않아야 하고, 그것을 내담자에게 설명해서도 안 된다(그렇게 할 때 당신이 아동의 얼굴 표정을 그려보는 것도 약간 재밌기는 하겠지만). 내담자와 개념화를 공유하는 것은 중요하지만, 점진적이고 세심한 방식으로 공유해야 한다. 아동이 자기 자신의 생활양식에 대해 통찰할 수 있도록 돕는 아들러 놀이치료의 세 번째 단계에서 치료사는 상위의사소통을 통한 추측, 은유와 예술 기법들의 사용, 그리고 대화 내용에 대한 설명을 통해 내담자가 자기 자신, 타인과 세상을 어떻게 바라보는지, 그리고 어떻게 내담자가 인식한 것들을 사실로 판단하는지를 더 명확하고 객관적으로 이해하도록 돕는 역할을 하게 된다. 상담시간에 치료사는 아동의 생활양식, 부모와 교사들의 생활양식, 그리고, 모든 관련 당사자의 생활양식이 아동과의 상호작용에서 어떻게 작용하는가에 대해 부모와 교사가 더욱 깊이 이해할 수 있도록 돕는 역할을 한다.

생활양식 개념화

생활양식을 개념화할 때, 놀이치료사는 놀이치료의 두 번째 단계에서 수집한 정보 중에서 중요한 요소들을 요약하고, 내담자의 생활양식 신념(내담자의 행동에 바탕이 되는 근본적인 관념)과 이러한 신념에서 나온 행동을 목록으로 작성한다(이러한 과정에 사용할 샘플양식은 부록 G 참조). 또한 놀이치료사는 내담자의 인지, 태도, 정서 및 행동을 이해하기 위한 추가적인 방법으로 내담자의 사적 논리도 점검할 수 있다. 이러한 과정의 목적은 치료사가 내담자 역동의 단면을 파악하기 위한 것으로, 내담자의 자멸적인 사고, 인식 및 행동양식이 변화하도록 돕는 데 필요한 일종의 소속감과 기대감을 갖도록 사용되는 방법들이다.

아동의 생활양식 개념화

우리는 아들러 놀이치료사가 사람들에 대한 개념화를 할 때, 많은 다양한 사항을 고려해야 한다고 알고 있고, 이러한 점은 개인의 복잡성과 창의력과 직접적으로 관련이 있다고 믿고 있다. 개념화 작업을 돕기 위해 그리고 우리가 보기에 내담자와 효과적이고, 효율적으로 협력할 필요가 있으며, 가능한 한 치료사가 쉽게 개념화하기를 원하므로 우리는 생활양식 개념화 과정에서 고려해야 할 중요한 영역들을 제시한다. 아동의 생활양식 개념화를 실시하는 첫 번째 단계는 다음과 같은 정보를 요약하고, 아동 자신의 생활양식과 관련된 다음과 같은 요소가 아동의 인식, 태도 및 행동에 어떠한 영향을 주는지 조사하는 것이다. 이러한 요소는 첫째, 아동의 강점, 둘째, 다섯 가지 생애과업의 각각에 대한 아동의 기능, 셋째, 놀이주제, 넷째, 자신의 심리학적 출생순위에 대한 아동의 인식, 그리고 이러한 인식이 아동의 태도 및 행동에 영향을 미치는 방식이다. 다섯째, 가족 분위기에 대한 아동의 인식, 그리고 이러한 인식이 아동의 태도 및 생애과업 기능에 영향을 미치는 방식, 여섯째, 자기 자신, 타인 및 세상에 대한 아동의 관점을 나타내는 아동의 초기 기억에 관한 주제, 일곱째, 아동의 잘못된 행동의 목표, 여덟째, 중요한 Cs 각각에 대한 아동의 숙달 정도, 아홉째, 아동의 성격 우선순위, 그리고 아동의 성격 우선순위가 타인들과 상호작용하는 방식이다.

강점

긍정적인 개인성향, 재능, 기술 및 태도를 비롯하여, 아동의 강점을 목록으로 작성하는 것은 필수적이다. 아동의 이러한 강점 목록을 바탕으로, 치료사와 아동의 관계가 지속되는 동안 치료사는 아동에게 격려하는 말을 하게 된다. 또한 이는 치료사가 부모 및 교사들에 대한 아동의 행동을 재구성하는 데 매우 유용하다. 이를테면, 긍정적인 행동 목록을 만들어 두면 부정적인 행동들을 훨씬 쉽게 제지할 수 있다.

아동이 자신의 행동 방식에 대해 어떤 변화를 주고자 하는 경우, 때때로 타인들이 아동에 대한 책임이나 문제로 인지하는 것이 강점 형성의 기원이 될 수도 있다는 점을 고려해야 한다. 치료사는 아동의 잠재적인 강점들을 발견하기 위해 아동의 파괴적인 행동 및 태도의 이면을 보아야 할 수도 있다. 예를 들어, 바크는 친구들과 놀잇감을 나누는 것을 거부하고, 다른 사람들에 관한 짓궂은 노래를 만드는 아동이지만, 자기주장, 창의력 및 음악적 재능이라는 강점을 갖고 있다. 우리가 다루는 사례에서 피비는 학교에서 친구가 없고, 종종 다른 아동들이 그녀 자신을 싫어하도록 소동을 일으키곤 한다. 비록 피비는 현재 자신의 재능을 교사들이 걱정하게 만들고, 관계 형성을 막는 데 사용하고 있지만, 결단성이 있고, 지향적이라는 강점을 갖고 있다.

생애과업 기능

개념화에 대한 이 절에서 우리는 종종 아동의 생애과업 기능을 평가하기 위해 질적 접근법과 양적 접근법을 혼용하곤 한다. 우리는 각 생애과업마다 아동이 해당 영역에서 심각한 어려움을 겪고 있으면 1점을 주고, 매우 잘하고 있으면 10점을 주는 10점 평가척도를 이용한다. 각각의 다섯 개 영역(일, 사랑, 우정, 정신적/실존적, 자기)에 대해 아동과 아동의 수행 상태를 질적으로 관찰한다. 예를 들어, 린주의 생애과업 중 우정에 관한 기능에서 친구가 많은 것처럼 보이지만, 린주의 부모나 교사들은 린주에게 추천할 만한 친구들이 아니라는 점에 주목할지도 모른다. 린주의 친구들은 학교에서 문제가 많은 아동들이다. 조지는 자기에 관한 생애과업 기능에서 자발성, 창의적인 문제해결 능력 및 유머감각으로 입증된 강한 자기의식을 갖고 있지만, 타인들과 그들의 감정에 대한 배려가 부족한 것으로 보이도록 자신의 능력을 사용하는 경향이 있다고 우리는 지적할 수 있을 것이다. 잉그리드의 학교에 관한 생애과업에 대한 기능을 볼 때 전체적으로 잉그리드의 학교에서의 수행능력은 같은 반 학생들에게 뒤처지는 것으로 보이지만, 잉그리드가 수학과 과학 과목에서 우수하다는 점에 주목할지도 모른다.

아동이 각 생애과업에서 어떻게 기능하는지 치료사가 판단할 때 치료사는 부모, 교사들 및 해당 아동에게 얻은 정보를 고려할 필요가 있을 것이다. 아동의 기능에 대한 아동 자신의 인식과 성인들의 인식 간에는 차이점들이 있을 수 있다는 점을 반드시 고려해야 한다. 차이가 있다면 경우에 따라 아동의 기능에 관한 다양한 의견을 나타내기 위해 두 가지 이상의 평가척도를 사용하여 차이점들을 기록하면 도움이 된다.

놀이주제

개념화에 대한 이 절에서, 치료사는 아동이 놀이, 은유, 모래놀이상자 및 예술 작품 만들기에서 표현한 중요한 주제들의 목록을 만들기를 원할 것이다. 주제들은 치료사가 아동의 태도 및 행동을 이해하는 데 도움이 된다고 믿는 아동의 놀이, 작품, 모래놀이상자 및 이야기들에 등장하는 인물들이 타인들과 상호작용하고, 스트레스가 많은 상황들에 반응하며, 문제 해결을 위해 노력하고, 자신이 통제할 수 없는 상황에 대처하며, 자기 자신과 자신의 유능감에 대해 이야기하는 등의 방식에 대한 패턴을 포함하고 있다.

또한 치료사는 아동과 치료사 관계의 패턴을 살펴보아야 한다. 아동이 치료사를 놀이에 포함시키는가? 아동이 놀이를 혼자 하는가? 아동이 치료사를 무시하는가? 아동이 치료사의 관심을 받으려는 방식으로 행동하는가? 아동이 치료사를 좋아하고, 존경하는 것으로 보이는가? 아동이 치료사를 의심쩍어하고, 불신하는가? 아동이 치료사의 집중력을 떨어뜨리려 시도하는 것으로 보이는가? 아동이 치료사와 말다툼하고, 권력을 다투려고 시도하는가? 치료사와 아동 사이의 모든 상호작용 패턴들에서 타인과 관련된 아동의 일상적인 패턴들이 드러날 수 있다.

가족 구도–심리학적 출생순위

제7장에서 지적한 바와 같이 자신의 출생순위에 대한 아동의 인식과 이러한 인식이 의미하는 것은 가족 구도에서 아동들의 실제적인 출생순서보다 매우 중요하다. 개념화에 대한 이 절의 목표는 아동이 가족 안에서 자신의 출생순위가 실제적으로 미치는 영향을 어떻게 인식하는가에 관한 단서들을 얻을 수 있는 모든 정보를 검토하는 것이다. 치료사는 아동이 '전형적인' 자신의 출생순위를 나타내는지 여부를 고려하여, 가족의

역동을 검토하고, 각 출생순위의 역할에 관해 가족 내에서 주고받는 메시지들을 탐색할 수 있다. 출생순위는 가족마다 고유한 강점과 약점을 포함하기 때문에 치료사는 출생순위를 조사하여 아동의 강점을 이용하고, 약점을 교정하는 방법들에 관한 치료사의 생각을 정리할 수 있다. 또한 이러한 조사는 아동의 자기 자신, 타인 및 세상에 대한 기본적인 신념, 그리고 아동의 출생순위에 내재된 규칙에 관한 아동 자신의 사적 논리를 치료사가 발견하는 데 도움이 될 수 있다.

가족 분위기

가족 구도에서와 같이 가족 분위기를 개념화하는 데 있어서 중요한 요소는 가족 분위기에 대한 아동의 인식, 그리고 이러한 인식이 아동의 생활양식 신념과 행동에 어떠한 영향을 미치는가를 고려하는 것이다. 이미 알고 있는지 모르겠지만 치료사는 실제로 발생한 일에 대해 자신이 조치하는 것보다, 발생한 일에 대한 아동의 인식에 더 많은 관심을 두어야 한다. 이는 어느 정도 아들러 놀이치료의 주제와 관련이 있다. 대화, 놀이 및 예술 작품 만들기를 하는 동안, 치료사 자신이 가족 분위기에 관해 생각한 대로 가족의 역학관계에 대해서 아동이 이야기하고, 드러낸 자료, 가족과의 접촉을 통해 치료사가 관찰한 자료, 그리고 치료사가 부모 및 교사와의 면담을 통해 정보형식으로 수집한 자료들을 통합할 필요가 있다. 일부 가족에게 있어서 가족 분위기는 자기 자신, 타인 및 세상에 관한 아동의 생각에 매우 중요한 역할을 하기 때문에, 치료사는 부모의 생활양식 개념화를 정식으로 할 필요가 있다. 다른 가족들에 대해서 부모의 생활양식을 전체적으로 분석할 필요는 없다. 가족 분위기에 대한 양육 태도, 성격 우선순위, 중요한 Cs, 및 양육 능력의 영향을 고려하는 것으로 충분하다. 부모의 생활양식과 아동의 생활양식 간의 상호작용은 아동이 자기 자신, 타인 및 세상에 대한 자기 자신의 관점에 포함시키는 메시지들에 영향을 주는 중요한 요소이다.

초기 기억

치료사가 아동에게 초기 기억을 들었다면 치료사는 반드시 아동의 생활양식에 관한 단서들을 얻기 위해 초기 기억의 주제를 분석해야 한다. 개념화에 관한 이 절에서는 초기 기억의 주제와 아동의 현재 태도, 인지, 정서, 관계 및 행동에 대한 영향에 대해 요약한다(패턴별 초기 기억 분석에서 고려할 질문들에 대해서는 제7장 참조).

잘못된 행동의 목표

개념화에 대한 이 부분에서는 문제행동, 이러한 문제행동에 대한 성인의 반응(문제행동에 대한 대응으로 나타난 정서적 반응 및 시정조치를 포함), 그리고 문제행동과 관련한 성인의 반응에 대한 아동의 반응을 목록으로 작성한다. 치료사는 해당 아동에 대해 잘못된 행동의 일반적인 목표를 한 개나 두 개쯤 발견하고, 이러한 요소들에서 패턴을 찾고자 할 것이다. 다양한 관계와 상황에서 아동의 잘못된 행동의 목표 전체에 걸친 패턴, 그리고 이러한 목적들 간의 차이점을 찾는 것은 도움이 될 수 있다. 예를 들어, 켄트는 자신의 어머니와의 관계에서는 권력을 얻기 위해 노력하지만 학교 교실에서는 관심을 받기 위해 노력할 수도 있다. 또한 성인들의 일부 반응은 아동이 잘못된 행동을 고치는 데 다소 도움이 된다는 점에 주목하면 좋을 것이다. 이러한 사실은 치료사가 문제행동에 대한 해결책을 만드는 데 도움이 된다. 그 예로 아동의 부정적인 행동이 아동에게 영향을 미치는 상황에서 성인의 반응과 행동을 바꾸도록 성인에게 요청하는 것 등이 있을 수 있다.

중요한 Cs

생활양식에 중요한 Cs의 모든 네 가지 항목들을 성공적으로 적용하는 것은 아동의 정서적 안녕에 중요하기 때문에 이 절에서는 각 중요한 Cs를 획득하는 과정을 추적하는 데 할애하고자 한다. 치료사는 아동이 각 중요한 Cs의 개념을 자기 자신, 타인 및 세상에 관한 자신의 인식에 어떻게 적용하는지를 전체적으로 평가하고 싶을 것이다.

생애과업을 수행하는 데 있어서, 중요한 Cs에 대해 질적 평가 및 양적 평가를 모두 사용하는 것은 종종 도움이 된다. 치료사는 아동이 자신의 생활양식에 각 중요한 Cs를 긍정적으로 적용하고 있는지를 판단하여 기록하기 위해서, 흔히 10점 평가척도를 사용한다. 이러한 평가척도에서 1점은 아동이 타인과의 관계기술을 완전히 터득하지 못한 것으로 보이거나, 자신이 유능하거나 중요하다고 믿지 않거나, 혹은 용기를 보여 주지 못한 것을 나타낸다. 반면 10점은 자신이 타인과 관계를 맺을 수 있거나, 유능하거나, 중요하거나, 혹은 용기를 보여 주었다고 아동이 절대적으로 믿는 것을 나타낸다. 1점에서 10점 사이의 중간 점수들은 척도상 상대적인 위치를 나타낸다. 관계 영역에서 아동이 관계를 맺는 방식, 아동이 관계를 맺는 대상으로 삼는 사람들, 아동의 사회적 기술 수준, 그리고 아동이 관계를 맺는 태도와 사회적 관심 수준에 관해 치료사는 질적 평가에 근거하여 의견을 제시해야 한다. 중요한 Cs 중 유능감에 대해 생각할 때 자신이 유능하지 않다고 아동이 믿는 영역들과 아동이 유능감을 보여 주거나, 유능감이 부족한 것으로 드러난 영역들에 관해 치료사는 의견을 제시해야 한다. 아동의 인식과 치료사의 관찰결과나 아동의 삶에 연관된 다른 사람들의 의견 간에 차이가 있을 경우, 치료사는 이러한 점에도 주목해야 한다. 가치의 영역에서 자신이 중요하거나 중요하지 않다고 아동이 믿는 관계와 상황, 아동이 실제로 차이를 만드는 (긍정적 또는 부정적인 방식으로) 관계와 상황, 그리고 상황에 따라서 자신이 중요하다고 아동이 느끼는 환경에 치료사는 주목해야 한다. 능력과 용기를 드러내고자 하는 아동의 의지를 고려하여, 우리는 아동이 용기를 발휘해 보거나 용기가 부족하다고 인식하는 관계와 상황에 주목해야 할 뿐 아니라, 아동이 용기를 발휘해 보거나 용기가 부족한 것으로 보이는 실제적인 상황과 관계도 주목해야 한다.

성격 우선순위

아동의 성격 우선순위를 고려할 때 치료사는 아동이 스트레스가 많은 상황에 어떻게 대응하고, 소속감과 가치감을 가지려 어떻게 노력하는지를 고려할 필요가 있다. 이 절에서는 아동이 각 성격 우선순위를 인정하는 것으로 보이는 행동 및 태도와 함께 타인에 대한 대응전략이나 타인과의 상호작용하는 패턴으로 아동이 사용하는 우선순위를 한 개나 두 개쯤 파악하여 목록화하는 것이 중요하다. 당신은 아동이 성격 우선순위를 기능-긍정적 범위에서 또는 역기능적-부정적 범위에서 수행하고 있는지를 판단하고자 할 것이다. 아동의 성격 우선순위가 아동의 생애과업 기능, 타인과의 관계, 잘못된 행동의 목표, 그리고 중요한 Cs에 영향을 미치는가에 대한 치료사의 추가적인 판단을 통해 개념화를 하는 부분에서 성격 우선순위의 유용성을 높일 수 있다.

여기서 고려해야 하고 도움이 될 수 있는 또 다른 역동 요인은 아동의 성격 우선순위와 아동의 삶에 영향을 미치는 성인의 성격 우선순위 간의 상호작용이다. 성격 우선순위의 몇몇 조합은 아동의 관계와 생애과업 기능에 긍정적인 영향을 주는 것으로 보이는 반면, 다른 조합으로 이루어진 우선순위들은 태도 및 상호작용에 방해가 되는 것으로 보인다. 그 예로, 성인인 잭슨 씨의 성격 우선순위가 통제이고, 잭슨 씨의 딸인 수지의 성격 우선순위도 통제인 경우, 일반적으로 이러한 우선순위 조합은 이들 관계의 내재된 부분으로서 권력 다툼으로 이어지게 된다. 잭슨 씨 아내의 성격 우선순위가 기쁘게 하기라면, 잭슨 씨의 아내는 자신의 남편보다 딸인 수지와 더 잘 지낼 수도 있다.

나이가 어린 아동들의 성격 우선순위는 아직 발달하지 않았을 수 있다. 이런 경우라면, 치료사는 개념화와 관련하여 이 절을 건너뛰거나, 또는 이 절을 통하여 부모 및 교사들의 성격 우선순위가 아동에게 미치는 영향에 대해 치료사가 평가하는 것을 논의할 수 있다.

생활양식 신념

당신은 이러한 모든 정보를 가지고, 아동의 생활양식 신념 그리고 이러한 생활양식 신념이 사실인 경우, 자신이 반드시 어떤 행동을 할 것이라고 아동이 믿고 있음을 나타내는 진술들을 추론하게 된다. 이 과정에서 아동이 다음에 제시된 문장들을 완성할 수 있다고 치료사가 판단하는 경우, 아동에게 다음의 문장들을 완성하도록 하면 도움이 된다(Maniacci et al., 2014; Sweeney, 2009).

- 나는 ……다.
- 나는 확실히 ……다.
- 다른 사람들은 ……다.
- 다른 사람들은 확실히 ……다.
- 다른 사람들과 나의 관계는 ……다.
- 다른 사람들과 나의 관계는 확실히 ……다.
- 세상은 ……다.
- 세상은 확실히 ……다.
- 일상은 ……다.
- 일상은 확실히 ……다.
- 이러한 신념들을 바탕으로 나의 행동은 확실히 ……다.

각 아동은 이와 같은 문장들을 완성하면서 무수히 많은 반응을 할 수 있으므로 당신은 각 문장으로 만들 수 있는 가능한 많은 답변을 목록으로 작성하기를 원할 것이다. 때로는 아동 한 명이 각 문장마다 20~25개나 되는 문장을 만들기도 한다. 이 작업은 지루할 수 있지만 내담자와의 대화에서 치료사가 상호작용적인 태도를 갖는 데 도움이 되며, 그만한 가치가 있다.

아동이 생활양식 신념에 관한 진술을 한 다음에는 치료사가 그 내용을 검토하고, 어떤 신념이 거짓이거나 잘못된 것인지를 판단하면 도움이 된다. 특정 신념을 자멸적 신념으로 분류함으로써 당신은 놀이치료 세 번째 단계에서 개입 목표에 대한 신뢰를 가지고(수프에 침 뱉기 같은 기법과 치료적 은유와 함께) 결정을 할 수 있다. 당신은 아동에게 실제로 작용하고 있는 신념을 변화시키는 것을 원하지 않기 때문에, 단지 자멸적 신념만을 변화시키고 싶어 할 것이다.

사적 논리

개인의 '사적 논리'는 자기 자신, 타인 및 세상에 대한 자신의 고유한 평가, 그리고 자신에게 필요한 것을 전제로 한다. 아들러 놀이치료에서는 치료사가 내담자와 함께 내담자가 다음과 같은 질문들에 답변하는 근거가 되는 사적 논리를 밝혀내고 찾아보게 된다. 첫째, 나는 어떤 사람인가? 둘째, 내가 사는 곳은 어떤 세상인가? 셋째, 내가 사는 곳과 비슷한 세상에서 나 같은 사람이 나 자신을 위한 곳을 만들려면 무엇을 반드시 해야 하는가? 사적 논리를 고려할 때, 우리는 다음과 같이 묻게 된다. "사실이 아닌 경우 독특하고, 괴상하며, 사회적으로 무의미한 생활 패턴을 이해할 수 있게 만들려면 어떤 점이 사실이 되어야 하는가?"(Griffith & Powers, 2007, p. 81)

개념화 과정의 일부로서 당신은 사적 논리가 작용하고 있음을 시사하는 패턴들을 발견하기 위해 아동의 태도, 인지, 행동, 감정 및 인식을 살펴보게 된다. 아동은 사적 논리의 영향으로 자신의 잘못된 신념이 사실인 것처럼 행동하기 때문에, 아동의 사적 논리를 파악하는 것은 당신이 아동의 기본적인 실수에 대한 대화를 통하여 변화를 촉진하고, 아동이 자신의 숨겨진 동기를 발견하도록 돕고, 아동이 자신의 행동을 좀 더 면밀하게 바라보도록 역설과 유머를 사용하고, 아동의 행동을 재구성하도록 하여 변화를 촉진할 수 있는 수단을 갖게 되는 것이다(Sweeny, 2009). 가능하면 언제라도 당신은 아동이 사적 논리를 상식, 즉 공동체에 속한 대부분의 사람에게 논리적이고, 사회에 이익이 되는 행동으로 바꿀 수 있도록 돕기 원할 것이다(Griffith & Powers, 2007).

아동의 삶과 관련된 성인의 생활양식 개념화

부모

아동이 겪는 어려움의 원인이 부모라고 판단되는 경우, 부모의 생활양식을 주의 깊게 평가하는 것은 종종 도움이 된다. 이는 아들러 놀이치료 과정의 세 번째 및 네 번째 단계에서 부모와 함께 개입할 계획을 세울 수 있는 토대를 제공한다. 부모가 주어진 환경에서 최선을 다하고 있다는 점을 기억하며, 당신은 비난보다는 연민을 느끼는 부분부터 개입하기를 원할 것이다.

이러한 절차가 유용하다고 판단되는 경우, 당신은 자기 자신과 타인 및 세상에 대한 부모의 관점, 관계, 양육, 자녀들, 그리고 배우자와의 관계를 전체적으로 파악하기 위한 부모 면담을 통해 정보를 수집하고, 정리하게 된다. 이러한 전략은 부모 역할과 관련된 부모의 강점과 부모 역할 수행에 대한 고려를 할 수 있도록 해준다(이러한 정보를 정리할 수 있는 부록 G의 양식 참조).

교사

아동을 담당하는 교사에 대한 생활양식 개념화를 정식으로 할 필요가 있는 경우는 비교적 드물 것이다. 하지만 교사와 관련된 문제가 아동 및 아동의 성장을 돕는 데 필요한 변화에 방해가 된다고 치료사가 판단하는 경우, 정식적인 개념화를 실시하기 위해 충분한 정보를 수집할 필요가 있을 수 있다. 이러한 과정에는 일반적으로 실시하는 면담보다 더 광범위한 교사와의 면담이 필요할 수 있으므로 교사의 참여 의지가 중요하다. 교사가 일정 '유형'의 아동에 대해 어려움을 겪는 것으로 보이는 경우, 때로는 학교 상담사와 함께 생활양식 개념화를 실시하여, 이러한 특정 아동들의 어떤 점이 교사를 '곤란하게 만드는지'를 교사가 발견할 수 있게 교사와 협력할 수 있다(이러한 정보를 정리할 수 있는 부록 G의 양식 참조).

사례

아들러 놀이치료의 세 번째 및 네 번째 단계에 대한 치료계획을 세우기 위해 두 번째 단계에서 수집한 정보를 정리하는 방법으로서 본 양식을 사용하는 방법을 설명할 목적으로, 나(KMW)는 피비와 피비의 조부모에 대한 개념화를 다음과 같이 실시했다. 나는 사이먼 씨와 사이먼 부인에 대한 전체적인 생활양식 분석이 필요하다고 생각하지 않았기 때문에 사이먼 씨와 사이먼 부인으로부터 얻을 수 있는 모든 정보를 수집하지 않았다. 사이먼 씨와 사이먼 부인이 자신들의 문제나 결혼생활 문제를 별도로 다뤄야 했다면 사이먼 씨와 사이먼 부인으로부터 더 많은 정보를 수집했겠지만, 피비의 양육을 돕는 과정에 있어서 사생활과 관련된 광범위한 자료가 필요하지 않다고 생각했다. 피비를 맡고 있는 교사에 관한 약간의 정보를 포함시켰지만 교사에 대한 전체적인 개념화도 필요하다고 생각하지 않았다.

대부분 우리는 의료보장(managed care) 서비스를 받으며 일하지 않기 때문에(TK는 개업한 상태이고, KMW는 주로 학교 놀이치료 서비스를 제공하고 있다), 우리는 사례개념화를 우리 자신을 위해서 사용할 목적으로 하고 있다. 우리는 특정 행동과 태도를 기록할 때 정상적인 완전한 문장을 쓰는 경우보다 목록표와 약어를 사용하는 경우가 많다. 의료보장 기관에 제출할 기록에 개념화를 포함시키는 놀이치료사들은 공식적인 양식 문서를 따라야만 하는 경우도 있을 수 있으며, 다음의 개념화 개요는 사례 기록 방식에 대한 가이드로 사용할 수 있다.

아들러 놀이치료 생활양식 개념화: 피비 사이먼

• 강점

영리하고, 창의적이며, 기지가 있다. 호감이 가고, 통찰력이 있으며, 긍정적인 소속감을 원한다. 성취 기준이 높고, 지지적인 가족이 있다.

• **생애과업 기능**

학교: 1 2 3 4 5 6 7 8 9 10

학업 성적은 중간 이상이고, 분노 발작(temper outburst)을 일으키기도 하며, 교사에게 말대꾸하고, 종종 수행하기를 거부한다.

우정: 1 2 3 4 5 6 7 8 9 10

친한 친구도 없고, 특정한 적대자도 없으며, 보통 혼자서 놀이를 한다. 권위적이고, 자기 뜻대로 안 될 때는 적대적이다. 이웃이 없고, 대지가 넓은 집에 살고 있으며, 학교생활 이외에 또래들과 친해질 만한 활동에 참여하지 않는다.

사랑/가족: 1 2 3 4 5 6 7 8 9 10

할아버지와 할머니가 많이 지지해 준다고 생각하고 있고, 아버지와 어머니가 제대로 돌보지 않는다고 생각하고 있다.

자기: 1 2 3 4 5 6 7 8 9 10

항상 자기 자신이 통제를 할 수 있어야 한다고 생각하고, 자기 자신이 사랑스럽다거나 사랑을 받을 만하다고 생각하지 않는다. 자신이 잘할 수 있는 능력에 대해 의심하고, 자신은 완벽해야만 한다고 생각한다.

정신적/경험적: 1 2 3 4 5 6 7 8 9 10

영성/종교를 분쟁 요소로 판단하고, 생모의 죽음으로 인해 신을 불신한다. 죽음과 사후 세상에 대해 잘 모르고, 궁금해한다.

• **놀이주제**

통제: 자신이 항상 통제할 수 있어야 한다고 생각한다. 피비의 1차 목표는 자기통제이며, 타인의 행동이 자신의 목적에 방해가 되는 경우 대부분 타인을 통제하려고 한다. 자신이 경계심을 늦추고 있을 때 또는 자신이 계획한 대로 모든 일이 되지 않을 때, 자신이 취약하다고 느낀다. 무엇을 하라는 지시를 받을 때(그리고 그 일을 하고 싶지 않을 때), 또는 어찌할 수 없다고 느낄 때, 적대감이나 공격성을 갖고 대응한다.

어울리기(fitting in): 자신은 또래들과 맞지 않는다고 생각한다. 피비는 혼혈아로 학급 내에는 다른 혼혈이나 라틴계 학생이 없다. 자신은 집에 있는 것이 편하다고 생각하며, 집에서 응석을 부린다. 많은 요구를 통해 관심을 받으며, 피비의 조부모는 피비의 요구를 쉽게 들어준다.

• 가족 구도-심리학적 출생순위

외동딸이면서 막내로서 여러 면에서 피비의 손짓 하나까지 귀여워해 주는 부모가 세 명(할머니, 할아버지, 아버지)이라고 믿고 있는 것으로 보인다. 피비는 영리하고, 성인들과 잘 지낼 수 있으며, 혼자서도 잘 놀 수 있다. 또한 아버지는 큰오빠이고, 할머니와 할아버지가 부모인 가정의 막내라고 믿고 있다. 피비의 행동 중 많은 부분이 애교가 있고(자신이 애교를 부리고 싶을 때), 창의적이며, 버릇이 없는(자신의 뜻대로 하려는 고집이 매우 심하고, 자신이 상황을 항상 통제할 수 있어야 한다고 생각함) 막내의 패턴에 해당된다. 전체적으로 피비는 상당히 버릇이 없으며, 타인들이 자신의 필요와 요구에 맞춰 주기를 원한다.

• 가족 분위기

대부분 민주적이지만 매우 심각한 격차와 문제점들이 있다. 피비는 너무 많은 통제 및 의사결정 권력을 갖고 있으며, 피비의 아버지가 양육의무를 포기한 것으로 인해 피비가 역할과 권력에 대해 혼동하게 되었다. 조부모는 자신들이 정의한 '좋은' 조부모가 되려고 무척 애쓰고 있다. 피비의 삶과 관련된 성인들은 피비를 잃어버리거나 다치지 않도록 노력하고, 피비 교육상 좋지 않을 정도로 피비의 소원을 들어줌으로써 생모의 죽음을 보상해 주려 노력한다. 조부모와 아버지는 애정이 넘치는 따뜻한 사람들이다. 아버지는 일과 학교일정 때문에 자주 집을 비운다.

• 초기 기억

초기 기억 한 가지를 제시해 보았다. 피비 생모의 죽음을 이해하는 것이 아닌 생모에 대한 그리움, 그리고 혼혈이라는 사실과 주위와 어울리지 못하는 것에 관한 초기 기억이었다.

• 잘못된 행동의 목표

피비는 권력으로서 의사결정권을 갖고 싶어 하며, 타인들을 자신이 통제하고 있다는 것을 타인들에게 입증하고 싶어 한다. 권력을 얻고 유지하기 위한 다양한 방법[예: '도움이 필요한 여자(damsel in distress)', 공격성, 적대적 행동]을 사용한다.

• **중요한 Cs**

관계: 1 2 3 4 5 6 7 8 9 10

피비는 또래 및 성인들과 관계를 맺는 기술을 갖고 있지만, 관계 기술을 드물게 사용한다. 자신이 관계를 맺을 수 있는 능력을 갖고 있지만 거절되거나 실망에 대한 두려움은 타인과의 관계를 맺기 위한 동기부여에 장애가 되고 있다. 피비는 주로 동물들과 관계를 맺으며, 동물들과 있을 때 안도감을 느낀다.

유능감: 1 2 3 4 5 6 7 8 9 10

자신이 유능하고, 성공할 수 있다고 믿고 있다. 자신은 총명하며, 많은 과업에 능숙하다고 생각한다. 그러나 자신의 관계 유지 능력은 의문시한다.

가치: 1 2 3 4 5 6 7 8 9 10

자신이 중요하다고 생각하지 않는다. 타인들이 진심으로 자신에게 관심을 갖는다고 생각하지 않는다. 타인들의 삶이나 세상을 변화시킬 수 있다고 생각하지 않는다.

용기: 1 2 3 4 5 6 7 8 9 10

실패할까 봐 불완전하거나 새로운 것을 시도하는 것을 두려워한다. 나쁜 일이 일어나지 않도록 자신은 반드시 완벽해야 하고, 통제할 수 있어야 한다고 생각한다. 피비는 위험을 겪게 되면 안전감과 안정감이 떨어진다고 느낀다.

• **성격 우선순위**

피비: 통제(자기에 대한 통제, 연속적으로 기능을 수행하지 못하는 범위에 대한 통제) 및 우월감(달성 유형으로 긍정적-기능적 범위에 속함). 아동의 성격 우선순위와 아동의 삶에서 중요한 타인들의 성격 우선순위 간의 상호작용.

피비와 사이먼 부부: 사이먼 부부가 정한 한계와 경계 수준은 피비의 권력 욕구 및 권력 축적에 도움이 되지 못한다.

교사와 피비: 교사와 피비 모두 통제를 원한다. 교사는 모든 학생을 가르치고, 안전한 학습 환경을 유지하기 위해 학습 규칙을 준수할 것을 요구하고 있다. 교사가 자신의 통제를 보여 주면 피비는 도전을 받고, 억압당했다고 느끼게 되어 교사와 피비 사이에 갈등이 생기게 된다.

- **생활양식 신념**(잘못된 신념에 *를 표시했다.)

나는 …… 다른 사람들과 다르다.
…… 관계를 잘 맺을 자신이 없다.
…… 나쁘다.*
…… 다른 사람들만큼 중요하지 않다.*
…… 운명적으로 외롭다. *
…… 호감 가는 스타일이 아니다.*
…… 영리하다.
…… 조부모와 아버지에게 사랑받는다.
…… 동물들과 잘 지낸다.

나는 반드시 …… 통제할 수 있어야 한다.*
…… 내가 원하는 것을 얻기 위해 다른 사람을 억눌러야 한다.*
…… 내가 원하는 것을 얻기 위해 매력적이 되어야 한다.*
…… 독립적이므로 다른 누구에게 의존하지 않아도 된다.*
…… 다른 사람들이 나에게 다가오지 못하도록 못되게 군다.*
…… 다른 사람들이 나에게 명령할 수 없다는 것을 그들에게 알려 줘야 한다.

다른 사람들은 …… 믿어서는 안 된다.*
…… 이기적이다.*
…… 나보다 힘이 세다.*
…… 운이 좋다.
…… 사랑을 받으며 사랑스럽다.
…… 나와 다르다.
…… 나에게 베풀도록 되어 있다.*
…… 단지 나에게 (할아버지/할머니, 선생님) 역할을 하는 사람들이다.*
…… 내가 그들과 다르기 때문에 나를 인정하지 않으려고 한다.*
…… 행복하다.
…… 서로에게 친절하다.

다른 사람들과의 관계는 반드시 …… 신중해야 한다.*
…… 항상 서로를 무시하려고 하는 불확실한 관계이다.*

…… 다른 사람들이 나를 통제할 수 없다는 것을 알려 줘야 한다.*

…… 서로를 조종하려 한다.*

…… 목적이 있고 꾸민 것이다(예: 교사–학생, 집단 동료구성원들, 부모–아동).*

세상은 …… 불확실하고, 혼란스러운 곳이다.

…… 예측 불가능하다.

…… 외롭고 슬프다.*

…… 아무도 나를 보호해 주지 않는 곳이다.*

…… 손해 볼 일이 너무 많다.*

…… 나를 맞춰 가는 것이 너무 어렵다.*

…… 나와는 서로 다른 사람들이 많이 있다.*

삶은 …… 불공평하고 불확실하다.*

…… 외롭고 무섭다.*

삶은 확실히 …… 예측 가능하고 안전하다.*

이러한 신념/인식/믿음/느낌을 근거로, 나의 행동은 반드시

…… 다른 사람들을 통제할 수 있어야 한다.*

…… 다른 사람들을 조종할 수 있어야 한다.*

…… 친절해야 한다.

…… 나에게 맞는 곳을 찾으려면, 열심히 노력해야 한다.

…… 다른 사람들이 알 수 없도록 엉뚱해야 한다.

…… 필요할 때 빠져나갈 수 있도록 감춰야 한다.

• **사적 논리**

자기 자신, 타인 및 세상에 대한 피비의 결론은 세상은 위험하고, 사람들은 자신을 버리고 떠나며, 자신은 사랑받지 못하고 있다(사랑스럽지 않다)는 피비 자신의 잘못된 신념에 근거하고 있다.

아들러 놀이치료 생활양식 개념화(간략형): 사이먼 씨와 사이먼 부인

• 강점

지적이고, 열심히 노력하며, 선의를 갖고 있다. 아들과 손녀를 사랑하고, 강한 정신력을 갖고 있으며, 새로운 기술을 배우는 데 적극적이다.

• 생애과업 기능

모두 양호하나 손녀딸에게 너무 무르고, 명확한 경계선을 긋지 못하고 있어 내적으로 갈등을 겪고 있을 수 있다.

• 양육자 역할 수행기능: 1 2 3 4 <u>5</u> 6 7 8 9 10

본인들이 피비를 돌볼 만한 어느 정도의 유능감과 기술을 갖고 있다는 점을 사이먼 부부는 알고 있다. 집과 학교에서 피비의 최근 행동들로 인해 어려움을 겪고 있다. 피비를 어떻게 도와야 하는지 확신하지 못하고 있다. 피비가 생모를 잃은 것에 대한 보상으로 피비의 모든 요구를 거리낌 없이 들어주고 있다. 피비를 돕기 위해 학교와 연락을 취하고 있으며, 피비가 주위와 협력하고 조화를 이루도록 도우려면 자신들의 양육방식을 바꿀 필요가 있다는 점을 알고 있다.

• 가족 구도-심리학적 출생순위

사이먼 씨는 형제 중 맏이였고, 사이먼 부인은 막내였다. 서로 다른 방식으로 성장하면서 두 사람 모두 자신의 어머니를 돌볼 책임을 느끼고 있었다. 피비를 특별한 아이인 양 대우해 주고, 응석을 받아 주며, 보호해 주고, 피비에게 부담이나 불편함을 주지 않으려고 자신들이 어려움을 겪고 있음을 어렴풋이나마 알고 있다. 하지만 피비의 조부모는 자신들의 행동이 피비를 고무시키기 위한 사랑과 지지라고 말한다.

• 가족 분위기

사이먼 부부의 원가족 경험은 혼란스럽고, 불안정하다. 성인들로서 사이먼 부부는 타인들의 의견을 존중하는 건전한 관계를 유지해 오고 있었다. 아이들을 돌볼 때 아이들이 안전하고, 필요한 존재이며, 사랑받고 있다고 느낄 수 있는 따뜻함과 아이들에게 힘을 주는 가족 분위기를 만들려 노력하고 있다. 두 사람 모두 어렸을 때 기독교를 믿지 않게 되었다. 두 사람 말에 따르면 자신들이 피비 아버지인 크리스토퍼를 낳았을 때 가족 전체가 불교 신자로서의 삶을 살아가기로 했으며, 그 이후로 타인들과 관계에서 평화와 조화를 실천해 오고 있다고 한다.

- **초기 기억**

해당 사항 없음.

- **중요한 Cs**

관계: 1 2 3 4 5 6 7 8 9 10

사이먼 부부는 관계 영역에서 강점을 보인다. 두 사람 모두 타인들과 쉽게 관계를 맺는다. 사이먼 씨의 말에 따르면 그는 친구가 많지는 않지만 피상적인 관계의 친구들이 많은 것보다는 몇 안 되는 친밀한 친구들을 원한다고 한다.

유능감: 1 2 3 4 5 6 7 8 9 10

유능감 영역에서 중간 정도의 강점을 보인다. 자신들이 피비 아버지를 키울 때는 잘했다고 생각하지만 세대차이 때문에 손녀를 키울 때는 자신들의 능력이 좀 떨어진다고 느끼고 있다. 자신들이 문제들을 극복할 것이라고 대체로 믿고 있다.

가치: 1 2 3 4 5 6 7 8 9 10

대체로 사이먼 부부는 자신들이 세상에서 중요하고, 가치가 있다고 생각한다. 피비와의 관계에서 자신들의 '중요성'은 조건에 따라 변한다고 믿고 있으며, 피비는 자신들과 행복하게 지내며, 행동이 바르다고 생각한다.

용기: 1 2 3 4 5 6 7 8 9 10

사이먼 부부는 매사에 위험을 무릅쓸 각오가 되어 있다. 현 시점에서 사이먼 부부는 피비에게 실수하지 않으려고, 점점 더 조심스러워하고 있다. 어떤 면에서 잘못된 결정을 내릴까 두려워서 아무것도 못하고, 대부분 피비가 하자는 대로 따르고 있다.

- **성격 우선순위**

사이먼 씨: 성격 우선순위가 기쁘게 하기 및 편안함으로, 일상생활을 잘하고 있지만 피비와의 경계를 모호하게 정하여 자신의 기쁘게 하기 성격을 나타내지 못하고 있다.

사이먼 부인: 성격 우선순위가 기쁘게 하기 및 우월감으로, 피비를 기쁘게 해 주고, 피비와의 관계에서 최선을 다하려는 욕구 때문에 종종 경계가 모호해지고, 피비에게 관대해져서 자신의 성격을 나타내지 못하고 있다.

- **생활양식 신념**(잘못된 신념에 *를 표시했다.): 다음 내용은 피비와의 관계에 영향을 주는 사이먼 부부에게 공통된 것으로 보이는 생활양식 신념, 그리고 사이먼 부부가 피비와 상호작용하는 방식이다.

우리들은/우리는 반드시 …… 무슨 일이 있어도 피비를 보호할 수 있어야 한다.*
…… 따뜻하고 다정하다.
…… 피비 생모의 역할을 대신 해야 한다.
…… 피비의 아픔을 덜어 줘야 할 책임이 있다.
…… 다른 사람들(피비를 포함)을 행복하게 해 주어야 한다.*
…… 우리가 할 수 있는 한 최고의 할아버지와 할머니가 되어야 한다.

다른 사람들은 …… 보통 괜찮은 사람들이다.
…… 우리가 완벽한 부모/조부모가 아니라고 우리를 판단하려 한다.*
…… 우리가 완벽한 부모/조부모가 아니라면 우리를 나쁜 사람들이라고 생각할 가능성이 높다.*
…… 우리만큼 영적이고, 평화적이고, 사려 깊고, 조화롭지 못하다.*
…… 이기적이고 많은 것을 요구한다.*
…… 선량하고, 친절하며, 관대하다.

다른 사람들과의 관계는 반드시 …… 평화적이고 조화롭다.
…… 순종적이다.*
…… 자기희생적이다.*

세상은/삶은 …… 불확실하고 예측 불가능하다.
…… 공평하지 않다.*
…… 손해 볼 일과 고통이 너무 많다.*

…… 매사가 평화롭고, 조화로우며, 좋고 행복하다.

신념/인식/믿음/느낌을 근거로, 우리의 행동은 반드시

…… 피비가 안전하고 행복하다고 느끼는 방식으로 계획되어야 한다.*

…… 타인들을 위해 우리가 희생하도록 계획되어야 한다.*

…… 타인들이 행복하고 평화롭게 살 수 있도록 해야 한다.*

• 사적 논리

피비 엄마의 죽음에 대해 과잉보상하고 있는 것으로 보인다. 사이먼 부부는 자신들이 피비의 소원을 뭐든 들어주고, 명확한 경계를 정하지 않음으로써 피비가 편안하게 생활하며, 상심하지 않게 할 수 있다면 피비가 행복하다고 느끼고, 자신의 생모를 그리워하지 않을 것이라고 믿고 있는 듯하다.

아들러 놀이치료 생활양식 개념화(간략형): 크리스토퍼 사이먼

피비 아버지인 크리스토퍼는 일과 학교일정 때문에 치료과정에 많이 참여하지 않고 있다. 크리스토퍼의 부모는 크리스토퍼가 딸에게 잘해 주고 싶어 하는 좋은 아버지라고 말한다. 일상적인 양육과정에 참여하지 않고 있기 때문에, 크리스토퍼의 생활양식을(사이먼 부부에게서 들은 간략한 이야기 이외에) 조사하지 않았다. 양육 방식의 변화(크리스토퍼와 사이먼 부부 간의)와 이러한 변화가 가족 분위기에 어떠한 영향을 미칠지를 논의할 것이다. 내가 피비 가족과 계속해서 함께하게 된다면, 크리스토퍼가 치료과정에 더 많이 참여하고, 자신의 생활양식을 더 면밀하게 살펴보도록 요청할 것이다.

아들러 놀이치료 생활양식 개념화(간략형): 교사

• 강점

지적이고, 배려하는 성격이며, 일관적이고, 자신이 맡은 학생들이 성공하기를 원한다.

- **생애과업 기능**

사랑, 우정, 정신성 및 자기가 양호하다. 일 영역에서 자신이 저학년 아동들을 맡는 것에 대한 의욕이 줄어들고 있다고 말했다. 고학년이나 중학교 학생들을 선호한다.

- **교사 역할 수행기능**: 1 2 3 4 5 6 7 8 **9** 10

교실에서 피비의 행동과 친구들과 관계를 맺는 피비의 능력에 대해 우려하고 있다. 가르치는 일을 좋아하고, 자신의 경력에 대한 가치감과 자신감을 갖고 있다. 저학년 아동들을 맡는 것에 흥미를 잃고 있다. 자신이 조금 더 고학년, 아마도 중학교 학생들을 맡게 되면 더 만족스러울 것이라고 생각한다. 소진을 느끼고 있고, 이로 인해 피비와 유대관계를 맺기 위한 자신의 능력이 저해되지 않도록 노력하고 있다. 자신을 지지해 주고, 격려해 주는 다른 교사들과 좋은 관계를 유지하고 있다. 학부모들과 잘 지내며 학부모들에게 자주 긍정적인 피드백을 받고 있다.

- **가족 구도-심리학적 출생순위**

해당 사항 없음.

- **가족 분위기**

해당 사항 없음.

- **초기 기억**

해당 사항 없음.

- **중요한 Cs**

관계: 1 2 3 4 5 6 7 **8** 9 10

상당히 강하고, 보통은 대부분의 사람과 잘 지낸다. 지난해 저학년 아동들과 잘 지내지 못했다고 느끼고 있다.

유능감: 1 2 3 4 5 6 7 8 9 **10**

매우 강하고, 일과 사생활에서 아주 성공적이다.

가치: 1 2 3 4 5 6 **7** 8 9 10

자신이 대부분의 상황에서 중요하다고 믿고 있다. 교사로서 자신의 의미에 회의를 품기 시작했다.

용기: 1 2 3 4 5 6 7 8 9 10

도전하기를 꺼리지 않고, 자신이 능력이 있으며, 성공할 것이라고 믿기 때문에 위험을 무릅쓰는 데 주저하지 않는다.

• **성격 우선순위**

통제로서, 그녀의 행동은 그녀가 연속적으로 기능을 수행하는 범위에 놓여 있음을 반영하는 것으로 보인다. 자신이 맡은 학생들에 대한 존중과 격려를 보이면서 자신이 맡은 학급을 민주적으로 조직하고 있다. 자신이 맡은 학생들에 대한 기대 수준이 높다(학생 발달 측면에서 적정한 수준).

• **생활양식 신념**(잘못된 신념에 *를 표시했다.)

나는 …… 친절하고 관대하다.

…… 열심히 일한다.

…… 책임감이 있고 신뢰할 만하다.

…… 교사로서 성공 여부에 확신이 없다.*

나는 반드시 …… 나 자신과 내가 속한 환경에 대한 통제를 유지할 수 있어야 한다.*

…… 타인들과 나 자신을 신뢰할 수 있어야 한다.

…… 책임감 있는 행동을 계속하고, 기대하기 위한 구조를 만들어야 한다.

다른 사람들은 …… 믿을 만하다.

…… 최선을 다하고 있다.

…… 나만큼 유능하지 않다.*

…… 때때로 통제할 수 없다.*

…… 선량하고, 친절하며, 관대하고, 호감이 간다.

다른 사람들과의 관계는 반드시 …… 구조적이어야 한다.

…… 교사 및 성인으로서 나의 유능함을 입증할 수 있는 기회이다.*

…… 민주적이다.

…… 친절하고, 사려가 깊으며, 도움이 된다.

세상은/삶은 …… 많은 기회가 있다.

…… 때때로 불공평하다.*

…… 때때로 위험하다.*

…… 좋고, 행복하며, 재미있다.

이러한 신념/인식/믿음/느낌을 근거로, 나의 행동은 반드시

…… 사람들에 대한 통제를 확보하도록 계획되어야 한다.*

…… 관대하고, 도움이 되어야 하며, 사려 깊어야 한다.*

…… 예측 가능하고 때로는 예상할 수 있어야 한다.*

- 사적 논리

피비 선생님은 자신이 저학년 교사로서 가치 있는 사람인가에 대한 자신의 의구심에 대해 약간 과잉보상하는 것으로 보인다. 그녀는 안전과 긍정적인 결과를 위해 타인들을 반드시 통제해야 하며, 조직화시켜야 한다고 믿고 있을 가능성이 있다.

치료계획

아들러 놀이치료의 세 번째 및 네 번째 단계에 대한 목표 및 개입방법의 윤곽을 잡을 치료계획을 설계하기 위하여 내담자에 대한 사례개념화의 준비 작업을 해야 한다. 치료사는 아동 치료에 대한 전반적인 지침을 기술한 놀이치료 과정에 대한 치료계획을 개발할 수 있다. 부록 G에는 아동 및 성인용 치료계획 양식들이 제시되어 있다.

아들러 놀이치료를 위한 개입방법들을 좀 더 체계적으로 계획하는 방식을 요청한 다른 놀이치료사들에 대한 응답으로서 나(TK)는 치료계획 양식을 개발하기 시작했으며, 상담사들에게 내담자들을 이해하고 좀 더 효율적인 치료 목적과 목표를 정하는 일에 이러한 계획이 도움이 되었다는 피드백을 받았다. 이러한 계획 수립 구조는 치료사, 내담자 및 내담자의 부모나 교사의 필요에 맞게 변경하는 것이 좋다. 일부 놀이치료사들은 자신들의 치료행동에 대한 계획을 세울 때, 이러한 문서양식이나 다른 문서양식들에 포함되지 않은 다양한 정보가 필요한 환경에서 일하고 있다. 이러한 경우에 치료사는 자신이 진행해야만 하는 치료계획에 아들러 놀이치료와 관련된 정보를 포함시킬 수

있다.

아동용 아들러 놀이치료 치료계획의 구성요소

아동을 위한 치료계획은 강점, 생애과업, 중요한 Cs, 잘못된 행동의 목표, 잘못된 신념, 자멸적 행동 및 기술에 초점을 두고 있다. 치료계획의 각 구성요소들에 대해 치료사는 다음과 같은 사항들을 결정하기를 원할 것이다. 첫째, 개입의 주안점, 둘째, 아동의 변화를 위한 구체적 목표, 셋째, 놀이치료 전략, 넷째, 치료과정 평가 방법이 그것이다.

치료계획의 특정 목표들은 나타나고 있는 문제, 부모와 교사들이 제시한 아동의 태도나 행동에 대한 특정 목적, 아동이 변화시키고 싶다고 이야기한 아동의 생활 측면, 그리고 아동이 최고로 행복해지는 데 중요한 것으로 치료사가 평가한 변화와 관련이 있을 수 있다. 이러한 목표들 중 몇 가지를 부모 및 교사 상담 초기에 논의해야 한다. 이 중 몇몇 목표는 상담의 두 번째 단계, 그리고 개념화와 치료계획을 발전시키는 중에 나오게 된다. 적절한 때에 치료사는 목표 설정 과정에 아동, 부모, 교사 및 기타 이해 관계자들을 참여시키는 것이 좋다.

아동의 삶에서 중요한 성인들이 제시한 아동의 변화를 이루기 위한 치료를 할 때, 놀이치료로 아동의 부적절하거나 화를 내는 행동과 태도를 완전히 제거할 수 없을 수도 있다는 점을 성인들이 이해하는 데 도움이 되도록 설계된 현실검증 과정에 성인들을 참여시키는 것은 도움이 된다. 우리는 종종 부모들에게 특정 행동이 발생하는 특정 횟수(특별한 행동이 의미하는 것에 따라 시간, 일, 주 단위로)를 우리에게 알려 주고, 특정 행동에 대한 자신들의 부정적인 반응을 1~10점 척도로 평가하도록 요청하곤 한다. 그런 다음 부모들에게 어느 정도가 '충분한' 향상인지를 우리가 판단해야 할 필요가 있다는 점을 말한다. 아동이 특정 행동을 하는 횟수나 짜증 수준이 어느 정도나 감소해야 부모들이 만족할 만한 향상 정도인지를 척도를 이용하여 부모들에게 정하도록 요청한다. 또한 부모들에게 "아이의 이러한 행동에 대해 얼마나 걱정을 하십니까?"라고 물어봄으로써 특정 행동에서의 변화가 부모 자신들, 그리고 아동과의 관계에서 얼마나 중요한지를 정의하도록 부모들에게 요청한다. 이러한 과정은 무엇을 변화시킬 필요가 있으며, 얼마나 달라질 필요가 있는가에 대해 집중하는 데 도움이 된다. 전체 치료과정에 걸쳐 아동의 행동은 최초 행동과 비교될 수 있다. 아들러 놀이치료의 목적에서 상당수 특히 태도 및 기술과 관련된 목적은 구체적이고, 관찰 가능하다. 기타 다른 목적들은 신념, 정서, 태도 및 인식을 변화시키는 것과 관련이 있기 때문에 좀 더 추상적이다.

개입기법들은 제4, 9, 10장에서 충분히 다뤘기 때문에 이 장에서는 이러한 목적들에 대한 치료전략을 심층적으로 설명하지 않았다. 단, 아동들이 아들러 놀이치료를 통해 변화하고, 성인들이 상담을 통해 변화하도록 돕기 위해서 여러 단계에 걸친 과정이 필요하다는 점을 유념할 필요가 있다. 아들러 이론을 따르는 사람들은 내담자가 자신의 오래된 자멸적인 패턴들을 실제로 떨쳐 버리기 전에는 이러한 패턴들이 더 이상 작동하지 않을 것이라는 점을 내담자가 반드시 이해해야 한다고 알고 있다. 당신은 "당신은 왜 그게 문제가 되죠?"라고 말한 유명한 TV 출연자가 생각날 수도 있다. 이렇게 하도록 내담자를 돕기 위해 당신은 세 번째 상담 단계에서 유머, 상위의사소통 등을 사용하여 수프에 침 뱉기를 통해 내담자의 쓸모없는 사고, 느낌 및 행동방식 등을 드러내기 위한 몇 가지 다양한 기법을 사용할 것이다. 마지막으로 네 번째 단계에서 치료사는 내담자에게 새로운 사고, 느낌 및 행동패턴을 가르치기 위한 방식을 만들고, 내담자가 새로운 패턴을 연습하도록 도우며, 치료 환경을 벗어난 관계와 상황에 내담자가 새로 개발한 건설적인 생각, 정서 및 행동을 적용할 수 있는 방식에 대한 제안을 하게 된다.

치료과정 평가 방법은 상담사의 환경에 따라 달라진다. 우리는 보통 놀이방에서의 행동 관찰, 자기보고 그리고 교사 및 부모의 보고를 사용한다. 당신이 의료보장의 규정에 따르거나, 자금 지원기관을 만족시키기 위해 좀 더 구체적이고, 객관적인 평가 방법을 사용할 필요가 있는 경우 이러한 방법이 안성맞춤이다.

강점

아동에 대한 치료계획에 있어서 당신은 아동의 긍정적인 행동에 도움이 될 만한 강점 목록을 만들어야 한다. 치료계획에 있어서 이 부분의 일반적인 목적은 아동이 가진 강점에 대한 아동 자신의 인식을 높이고, 아동이 자신의 강점을 이용하도록 격려하기 위한 것이다. 아동이 현재 자멸적인 방식으로 사용하고 있는 자신의 강점을 가지고(예: 쿠미는 음악에 소질이 있지만, 또래들을 놀리는 노래를 만듦), 아동이 긍정적이고 건설적인 방식으로 이러한 강점을 표출하도록 하여 변화하도록 돕기 위한 것이 그 목적이다.

많은 아동의 경우, 이러한 부분을 시도할 때는 작은 것부터 시작할 필요가 있다. 일부 아동에게 있어 누군가 자신에게 이의를 제기하지 않고 그들에게 긍정적인 말만 해 준다면 엄청난 진전이 일어난 것이다. 다른 아동들의 경우, 목적은 자신에 대한 칭찬에 고맙다고 대답하거나, 자신에 대한 긍정적인 말을 자발적으로 하는 것으로 자신이 가진 긍정적인 속성을 '소유'하게 만드는 것이다. 아동이 자신의 강점을 더욱 편하게 느껴갈수록 어떻게든 아동이 가진 강점을 건설적으로 사용하여 세상에 기여하도록 하는 것이 중요하므로, 이는 이 영역에서의 궁극적 목적일 수 있다. 아동이 강점을 인지하고, 그것을 이용하도록 돕기 위한 목적의 몇몇 예는 다음과 같다.

- 놀이방에서 뭔가를 고칠 수 있는 토니의 능력을 당신이 짚어 낸다면 토니는 당신과 다투지 않게 될 것이다.
- 샤킴은 자신의 학업성적에 대한 선생님의 칭찬을 고맙게 받아들일 것이다.
- 루크레치아가 자신의 음악적 소질을 언어적으로 나타내는 횟수(놀이치료 회기 중에, 집에서, 음악레슨 중에)가 늘어날 것이다.
- 데이지 메이는 1학년 학생에게 수학을 가르치는 데 동의할 것이다.
- 펠리시아는 놀이를 시도할 것이다.

생애과업 기능

아동이 능숙하지 못한 것으로 보이는 특정 생애과업이 있는 경우, 아동을 돕기 위해 해당 영역에서 필요한 변화가 무엇인지 검토해야 한다. 생애과업 기능의 변화 목적은 상당히 전반적이거나(예: 우정을 유지하는 기술 습득하기), 매우 구체적이다(예: 자신의 여동생을 때리지 않거나 꼬집지 않기). 나(KMW)도 내 아이들이 가진 동일한 문제를 해결해야 한다.

성격 우선순위

각 성격 우선순위에는 강점, 책임 및 지불할 대가가 있기 때문에 아동이 가진 성격 우선순위의 모든 측면을 조사하면 도움이 된다. 상당히 자주, 아동이 자신의 성격 우선순위에 내재된 긍정적인 자질을 인식하고 그것을 이용하도록 돕는 것이 가능하다(예: 기쁘게 하기를 성격 우선순위로 가진 사람은 사려가 깊고 남에게 도움을 주는 친절한 사람이고, 편안함을 성격 우선순위로 가진 사람은 재미있고 자발적이며, 통제를 성격 우선순위로 가진 아동은 훌륭한 리더로서 조직적이며, 우월감을 성격 우선순위로 가진 아동은 큰 과업에 성공하고, 집단활동에 기여한다). 또한 성격 우선순위의 부정적인 면, 특히 대인관계 문제를 유발하는 성격 우선순위의 측면들을 조사하면 도움이 된다(예: 기쁘게 하기를 성격 우선순위로 가진 아동은 자신에게 필요한 것을 얻지 못할 가능성이 있고, 편안함을 성격 우선순위로 가진 아동은 여타 아동에게 지루함을 느낄 수 있으며, 통제를 성격 우선순위로 가진 아동은 자주 게임에서 순서를 지키지 않거나 속이는 행동을 하며, 우월감을 성격 우선순위로 가진 아동은 자랑하고, 다른 아동들을 깎아내린다). 이 절에서 당신의 목적은 아동이 가지고 있는 강점을 이용하는 방법을 배우고, 자신의 태도와 행동에 부정적인 영향을 줄일 수 있도록 도와주어 아동이 자신의 성격 우선순위를 가지고 연속적인 범주 안에서 기능하도록 그들을 움직이는 것이다.

중요한 Cs

아동이 중요한 Cs 중 한 가지만을 제대로 익히지 못한 것이 분명한 경우, 해당 영역에 대한 신념이 부족한 것인지, 기술이 부족한 것인지, 혹은 둘 다 부족하여 어려움을 겪고 있는지를 평가해야 한다. 이러한 요인들 중 어느 것이 아동이 겪는 어려움의 원인인가에 따라 아동이 신념을 강하게 갖고, 더 많은 기술을 익히거나, 그렇지 않으면 해당되는 중요한 C를 아동의 생활양식과 통합하여 변화시킬 수 있도록 아동을 돕기 위한 계획을 세워야 한다. 한 가지 이상의 중요한 Cs가 부족하여 어려움을 겪는 아동의 경우, 나아지길 바라는 것이 있다면 아동의 삶이 크게 바뀔 수 있는 중요한 C를 찾을 수 있는 분류를 실시해야 한다.

나(KMW)는 중요한 Cs를 양동이에 비유하곤 한다. 양동이에 물이 많이 찰수록 아동은 해당되는 중요한 C를 '잘'하고 있는 것이다. 나의 의도는 아동이 가진 각각의 양동이를 채우도록 돕는 것이다. 양동이 한 개가 넘쳐흐르면 나는 넘쳐흐르는 양동이에 더 이상 물을 붓지 않고, 차라리 비어 있거나 아직 물이 차지 않은 양동이에 물을 채우는 데 시간과 에너지를 사용하곤 한다. 예를 들어, 케이트의 경우 관계가 담긴 양동이는 넘쳐흐르지만 용기가 담긴 양동이가 거의 비어 있었다면, 케이트가 용기를 낼 때(예: 놀이 시도하기, 새로운 전학생에게 휴식시간에 같이 놀자고 하기, 젠가 게임에서 불안정한 블록을 떼어 내기, 또는 전에는 하는 걸 꺼리던 새로운 과업 수행하기)마다 그것을 언급하며, 용기가 담긴 양동이를 케이트가 채울 수 있는 방법에 초점을 둘 것이다. 나는 물이 차오르는 양동이를 상상하며, 주로 아동이 잘하고 있는 영역에 집착하는 대신 성장이 필요한 영역에 더욱 집중하곤 한다.

중요한 Cs에 대한 아동의 변화를 돕는 목적의 몇 가지 예는 다음과 같다.

- 타마라는 교실에서 변화를 주기 위해 자신이 했던 한 가지 일을 말할 것이다. (관계)
- 조시는 기본적인 우정 기술을 사용하여, 이웃에 사는 아동과 관계를 맺을 것이다. (관계)
- 시넘은 놀이방에서 자신이 전에 해 보지 않았던 것을 시도할 것이다. (용기)
- 아이작은 하루 동안 잘한 일 두 가지를 아버지에게 말할 것이다. (유능감)

잘못된 행동의 목표

이 영역의 궁극적 목표는 아동이 자신의 잘못된 행동을 그만두고, 더 긍정적인 목적들(협동, 기여하기 등)을 위해 노력하는 법을 배울 수 있도록 돕는 것이다. 일부 아동은 실제로 잘못된 행동을 더 이상 하지 않는 반면, 다른 아동들은 잘못된 행동을 완전히 그만두지는 않지만, 파괴적인 목적(복수 같은)에서 덜 파괴적인 목적(관심 같은)으로 변화할 수 있다. 이 과정의 첫 번째 단계에서 아동의 잘못된 행동의 목표가 무엇인지를 볼 수 있도록 돕고, 다음으로 이러한 목적이 아동 자신의 최고 이익에 도움이 되지 않는다는 것을 이해하게 만든다. 몇몇 상황에서 아동은 잘못된 행동을 통해 바로 자신이 원하는 것을 달성한다[예: 캔디스는 식품점에서 짜증을 내서 자신이 원하는 것(권력 및 사탕)을 얻음]. 이러한 경우, 치료사는 아동의 삶과 관련된 성인들과 반드시 협력하여, 아동의 잘못된 행동에 대한 성인의 반응과 아동이 속한 환경의 여타 구성요소를 변화시켜야 한다. 잘못된 행동의 목표를 변화시키기 위한 활동 목표들로는 다음과 같은 예들이 있다.

- 앤드류는 손을 들고, 선생님이 자기를 부를 때까지 기다린다. (관심)
- 자히르는 15분 동안 방해하지 않고, 어머니가 통화하게 한다. (관심)
- 써니는 일주일간 받은 요청들 중 세 번의 요청에 “예”라고 답한다. (통제)
- 코코는 게임을 할 때 치료사와 교대로 순서를 지킨다. (통제)
- 덴젤은 설명서에 쓰인 규칙에 따라 게임을 한다. (통제)
- 로즈마리는 주중 5일 중 4일 동안 학교에서 아무도 때리지 않는다.(복수)
- 트레븐은 하루에 세 번만 부모님에게 무례한 말을 한다. (복수)

- 나탈리는 치료사에게 주중에 일어난 한 가지 좋은 일을 말한다. (부적절함 증명하기)
- 자하사니아는 치료 회기에 들어갈 때 치료사와 눈을 맞추고, 치료사를 향해 웃음을 보인다. (부적절함 증명하기)

잘못된 신념

치료에서 이 부분의 목적은 내담자가 자신의 잘못된 신념이 자멸적이고 파괴적이라는 점을 볼 수 있도록 돕는 것이다. 자기 자신, 타인 및 세상에 대한 내담자의 신념들 중 어떤 신념이 일상에서 일어나는 어려움에 대처하기 위한 아동의 노력을 방해하고 있는지 당신이 판단하는 데 있어서 한 번에 아동의 모든 잘못된 신념을 제거하는 것은 일반적으로 불가능하기 때문에(하지만 잘될 수 있다면 좋다) 가장 강한 자멸적인 신념부터 가장 약한 자멸적인 신념들까지 신념에 대한 서열을 작성하면 때때로 도움이 된다. 내담자에게 오래된 사고패턴을 그만두도록 요청할 것인지 생각하기 전에 치료사는 자기 자신, 타인 및 세상에 대한 부정적인 신념들을 대체하도록 우리가 권해야 하는 몇 가지 다른 긍정적인 신념들을 항상 갖고 있어야 한다. 우리는 내담자가 생활양식 신념으로서 받아들이기 시작할 것을 기대하며, 내담자와 내담자의 가족, 학교환경에 속한 다른 사람들, 관계, 삶, 그리고 세상에 관한 건설적인 말들에 내담자가 접하도록 하는 격려기법을 사용한다(우리 치료사들은 격려를 많이 해야 한다고 앞에서 언급한 적이 있다). 잘못된 신념에 대한 변화가 생기도록 내담자와 협력할 때 종종 내담자의 사적 논리를 파악하고, 사적 논리에 내재된 인지적 왜곡(cognitive distortion)과 귀인(attribution)이 발생하도록 한 신념들을 상식으로 대체할 수 있도록 내담자를 도울 필요가 있다. 잘못된 신념을 긍정적인 신념으로 대체하는 목적으로는 다음과 같은 몇 가지 예들이 있다.

- 루크의 경우, 자신이 다른 사람들만큼 중요하지 않다는 신념을 자신도 다른 사람들만큼 중요하다는 신념으로 바꾼다.
- 퀸타나의 경우, 자신은 항상 다른 사람들을 반드시 기쁘게 해 줘야 한다는 신념에서 다른 사람들이 자신에게 화를 내는 경우조차도 자신은 여전히 호감이 있고, 매력적이라는 사실을 깨닫도록 변화한다.
- 호세의 경우, 타인과 맺은 관계에서 자신이 항상 다치게 되므로, 절대로 다른 사람들과 가까워지면 안 된다는 신념에서 자신이 타인을 믿을 수 있는 관계도 있다는

신념으로 변화한다.

- 셰리의 경우, 세상 누구에게도 좋은 일은 결코 일어나지 않는다는 생각을 세상에서 좋은 일과 나쁜 일은 모든 사람에게 일어날 수 있다는 생각으로 바꾸게 된다.

자멸적이고 쓸모없는 행동

변화할 필요가 있는 행동에 있어서 아동의 단기적 · 중기적 및 장기적 욕구(needs)를 고려해야 한다. 처음에는 아동이 곤란에 처하게 되고, 타인들과의 긍정적인 상호작용을 가로막고, 타인들에게 고충을 유발시키는 행동들(예: 운동장에서 싸움을 거는 행위, 가족규칙을 노골적으로 무시하는 행위)을 목표로 삼는 것이 필수적이다. 이러한 행동들을 통제하게 되는 대로, 아동이 가정 및 학교에서 제대로 수행하지 못하게 방해하는 여타 행동들(예: 다른 아동들의 우정에서 나온 제안을 무시하는 행동, 집안일 등을 하지 않는 행위)을 목표로 삼으면 좋다. 단순히 부정적인 행동을 제거하려고 시도하기보다는, 아동이 긍정적인 행동을 몸에 익히도록 돕는 것이 매우 중요하다. 자멸적인 행동을 변화시키는 목적으로는 다음과 같은 몇 가지 예가 있다.

- 보비는 화가 날 때 10까지 세고 심호흡을 10번 한다. (자신을 화나게 한 사람에게 주먹질을 하는 대신에)
- 리니아는 학교 친구들이 자신을 속상하게 할 때 '나-전달법(I-Message)'을 사용하여 그들에게 말한다. (학교 친구들에게 욕을 하고, 소리를 지르는 대신에)
- 비자야는 다른 아동들에게 운동장에서 놀자고 얘기한다. (운동장 구석에 앉아서 휴식시간을 보내는 대신에)
- 캔디는 어머니가 집안일 하나를 하라고 얘기할 때 그에 응한다. (단순히 어머니의 얘기를 무시하거나, 도전적인 태도를 보이는 대신에)
- 덱스터는 여동생이 갖고 있는 뭔가를 원할 때 "내가 그거 가져도 되니?"라고 말한다. (그냥 물건을 잡아채는 대신에)

기술

아동은 삶에서 많은 기술을 필요로 한다. 친구 사귀기 기술, 협상 기술, 문제해결 기술, 자기규제 기술 등이 그것이다. 치료계획 수립과정의 일부는 아동의 수행기능을 향상시킬 기술들을 평가하고, 아동에게 이러한 기술들을 가르치기 위한 방법들을 개발하는 것이다. 치료 환경의 필요조건에 따라 치료사는 기술들의 구성을 부분으로 잘게 나누거나, 단순히 종합적인 기술훈련 및 연습계획을 수립할 수 있다. 기술 개발의 목표로는 다음과 같은 몇 가지 예가 있다.

- 린은 사람을 처음 만날 때 눈을 마주치고, 미소를 짓는다.
- 패딜은 네 가지 친구 사귀기 기술을 사용한다.
- 재스민은 협상 성과로 무엇을 원하는지를 구체적으로 설명할 수 있다.
- 송보는 타협기술을 배운다.

부모 및 교사용 아들러 놀이치료 치료계획의 구성요소

아동의 삶과 관련된 성인들을 위한 치료계획을 개발하는 과정에서 놀이치료사는 해당 성인의 성격 우선순위, 강점, 생애과업 기능, 아동과 긍정적으로 상호작용할 수 있는 성인의 능력을 저해할 가능성이 있는 생활양식 요인들, 그리고 양육 혹은 교수 기술을 고려하게 된다. 부모 및 교사 상담과정은 언제나 아동과의 작업에 있어서 부수적인 사항이기 때문에 부모 및 교사에 대한 치료계획은 대부분 아동에 대한 치료계획보다 상세함이나 명확성이 떨어진다.

성격 우선순위 및 중요한 Cs

이 부분에서 피상담사의 성격 우선순위들과 중요한 Cs를 근거로 성인과의 상호작용을 맞춤형으로 설계하는 방식을 만들어야 한다(이에 관한 구체적인 사항은 제4장 참조).

강점

상담과정의 핵심적인 부분은 부모와 교사의 강점을 인지하고, 그것을 사실로 인정하는 것이다. 부모와 교사의 긍정적인 자질들(아동과의 상호작용과 관련되고, 양육이나 교수와는 관련되지 않은 태도, 개인적 특성 및 행동)을 찾아내어 치료사는 발전적인 성장을 위한 계기를 마련하고, 치료동맹을 강화시킬 수 있다. 부모와 교사들이 하나의 인간으로서 더 나아지고 있다고 느끼기 시작하면서 부모와 교사는 자신감과 자기 효능감이 향상될 가능성이 높아진다.

생애과업 기능

일부 부모 및 교사들은 실제로 자신들의 삶에 대한 균형을 맞추는 데 어려움을 겪고 있다. 당신과 마찬가지로 나도 그렇다. 우리 모두 균형을 맞추는 데 어려움을 겪고 있다. 이들은 직장에서 일을 잘하고 있을 수 있고, 친구관계에서 어려움을 겪고 있을 수 있으며, 강력한 영적 신앙을 가지고 있지만 자의식(sense of self)이 약할 수도 있다. 이러한 성인들은 어려움을 겪고 있는 아동들을 대할 때 종종 난관에 직면하게 된다. 이들은 단지 자신들이 함께 살고 있는(혹은 함께 일하는) 아동들을 비롯한 타인들에게 완전히 몰입하고, 지지해 주는 데 필요한 에너지가 부족할 뿐이다. 사실이 이러한 경우, 상담과정에서 가장 도움이 되는 중점사항은 이들과 협력하여, 여러 생애과업 기능을 개선하는 것이다. 당신이 이러한 성인들을 존중하고 있다는 점을 확인시켜주기 위해, 그들이 완전히 인지하고 승낙한 상태에서 수행기능을 개선하는 것이 필수적이다. 어쨌든 부모들과 교사들은 상담을 받도록 조종당하는 듯한 느낌을 원하지 않는다.

생활양식 요인

많은 경우 성인들의 생활양식 구성요소들(성격 우선순위, 가치, 중요한 Cs, 자기 자신, 타인 및 세상에 관한 기본적인 신념, 그리고 사적 논리)은 부모 또는 교사로서의 역할을 성공적으로 수행할 수 있는 그의 능력을 저해시키곤 한다. 이러한 문제점들이 비교적 경미하다면, 성인들의 생활양식으로 인해 자신들이 할 수 있는 양육 또는 교수를 중단하지 않고 그들이 변화를 이룰 수 있도록 협력하는 것이 적절하다. 하지만 이러한 문제점들이 중등도 이상의 심각한 수준이라면, 치료사가 성인에게 개인 상담을 받도록 하여 아동과 성인에게 더 나은 서비스를 제공하도록 결정할 수도 있을 것이다.

필요한 기술-정보

부모와 교사가 배우기에 적절한 많은 아들러 기술이 있다(제4장의 예 참조). 아동과 성공적으로 상호작용하기 위한 성인의 능력을 향상시킬 가능성이 가장 높은 기술들을 선정하고, 이를 성인에게 가르치기 위한 계획을 세운다. 때때로 성인들에게 필요할 만한 기술들이 있다. 특별히 아들러 놀이치료에만 있는 기술은 아니지만, 아동과 성인 사이의 상호작용에 도움이 될 만한 기술들(예: 구체적인 제한설정을 배우는 것이나 학급관리 기술)이 있다. 일부 성인의 경우 이러한 기술들을 그들에게 실제로 가르치고, 기술을 연습하는 방법을 제시하여 피드백을 받는 것이 더욱 효과적이다. 다른 성인들은 교육과정에 참여하거나 독서를 통해 더 효과적으로 배울 수 있다. 이와 비슷한 말을 들었는가? 우리는 의도적으로 부모나 교사의 성격 우선순위에 맞는 개입방법들을 만들고 있다. 당신은 반드시 성인의 학습유형을 염두에 두고 치료계획을 설계해야 한다. 때로는 아동발달이나 특정 장애들(예: ADHD나 우울증)에 관한 교육같이 부모에게 필요한 정보만 있을 수 있다. 당신이 할 일은 부모들이 유용하다고 느끼는 방식으로 부모들에게 관련 정보를 나눠 주는 것이다.

사례

나(KMW)는 피비의 놀이치료 회기와 피비 가족들과의 상호작용에 사용하기 위해 몇 가지 구체적인 목표를 염두에 두고 피비를 위한 치료계획을 수립했다. 피비의 조부모가 주로 피비를 돌보고 있으며, 현재 피비의 아버지가 없고, 피비에게 대응하기 위한 몇몇 일관적인 지침이 그들에게는 필요했다. 피비에게 반응하는 것에 대한 예상과 결과를 알려 줘야 한다고 느꼈기 때문에 나는 피비의 조부모를 위한 별도의 치료계획을 세우지 않았다. 대신 피비와 조부모 양측을 위한 통합적 목표와 치료 전략을 세웠다. 이들은 상호보완적인 방식과 강도를 가지고 있었으며, 피비의 가족들을 고려해 볼 때 이러한 방식이 가장 합당해 보였다. 크리스토퍼(피비의 아버지)는 학교 업무를 마치면 부모역할을 다시 맡을 것으로 추측되었기 때문에 나는 크리스토퍼와 협력할 몇 가지 목적과 방법을 포함시켰다. 아들러 이론을 따르는 사람들은 개인의 성격에는 내적 일관성이 존재한다고 믿기 때문에 결과적으로 목적과 방법 중 몇 가지는 서로 중복되는데 이는 불가피한 일이다.

아들러 놀이치료 계획: 피비 사이먼

치료사가 격려하고 싶은 강점

창의성, 피비가 관계를 갖고 싶어 할 때 타인과 관계 맺기, 통찰력 갖기, 긍정적인 방식을 유지하기

- 변화 목표
  - 그녀가 갇혀 있다고 느끼는 상황에서 좁은 시야로 해답을 찾거나 공격적으로 되돌아가는 대신 창의적으로 대응할 수 있는 능력 향상시키기
  - 그녀가 또래들과 관계를 맺는 행동을 나타내는 빈도 높이기
  - 그녀가 자신과 타인들에 관해 얼마나 통찰력이 있는지 인지하도록 돕기
  - 그녀가 부정적인 방식보다는 긍정적인 방식을 유지할 수 있다는 신념을 향상시켜서 긍정적인 방식을 유지하고자 하는 그녀의 욕구를 이용하기

- 전략

격려, 은유(특히 동물 피규어와 손인형 사용), 피비의 성인 가족 구성원들에게 격려하도록 가르치기, 자기 개방, 브레인스토밍, 그녀의 친구들과 겪었던 문제 상황(그리고 아마도 피비 자신의 딜레마)에 대한 토론, 그녀의 엄마, 멕시칸 문화, 혼혈인에 대한 가족 토론하기

- 치료의 경과 평가 방법

놀이 회기, 대기실 그리고 가족 회기에서 피비를 관찰, 피비의 자기보고, 그리고 조부모 및 학교직원의 보고

재적응-균형이 필요한 생애과업 기능

우정, 사랑-가족 그리고 자기 영역에서 기능을 향상시킬 수 있도록 돕기, 학교와 정신적/실존적 부분은 양호해 보임.

- 변화 목표
  - 친구 사귀기에 대한 자기효능감 향상시키기
  - 순서를 지키는 것과 연관된 사회적 기술 향상시키기, 규칙 따르기, 공유하기
  - 가족들에게 자신이 중요하다는 피비의 신념을 긍정적인 방식으로 향상시키기
  - 공격적인 행동을 취하지 않고 자신이 필요한 것을 얻을 수 있다는 그녀의 신념 향상시키기
  - 자신의 가치와 자신이 기여할 수 있다는 사실에 대한 긍정적인 느낌 향상시키기
  - 혼혈인에 대한 편안함 향상시키기
  - 죽음과 상실에 대한 이해를 높이기

- 전략

격려, 서로 다르다는 것, 자신을 환경에 맞추는 것, 긍정적인 방식으로 중요해지는 방법에 관해 토의하기(직접적일 수 있으나 은유적 표현일 수도 있음, 예를 들어 돌고래-기린 가족 은유를 사용), 혼혈인과 관련된 예술 기법 및 이야기 만들기(특히 이 영역에 대한 독서치료 자료를 확인할 것), 서로 다르다는 점을 알기 위해 외계인 손인형 사용하기, 이상적인 가족 그림 그리기, 그녀의 어머니가 살아있다면 자신의 가족이 어떤 모습일지를 그림으로 그리기, 사회적 기술 및 협상기술 가르치기, 경계와 허용 정도 및 훈육에 관한 규칙을 명확하게 정하기 위해 조부모와 아버지 및 피비가 참여하는 가족 회기 갖기, 피비가 학교 상담사와 함께 친구 사귀기 모임에 참석하도록 준비하기, 사진앨범(엄마와 엄마의 문화에 관한 사진책) 만들기, 가족 대화를 권장하고 가족 사진에 엄마를 넣도록 격려하기

성격 우선순위의 긍정적인 자질을 최적화하고, 부정적인 측면은 줄이는 방법

- 변화 목표
  - 그녀의 통제 성격 우선순위 강점을 이용하기 위한 능력 향상시키기
  - 통제 성격 우선순위에 내재된 부정적인 요인들을 감소시키기

• **전략**

권력 공유하기, 협력 게임 하기, 그녀가 활동들을 조직화하고 체계화하도록 유도하기

재적응이 필요한 중요한 Cs

관계, 가치, 용기

• **변화 목표**

-사회적 기술을 향상시켜 타인들과 관계를 맺을 수 있는 피비의 능력 향상시키기
-자신이 가치가 있다는 그녀의 신념을 강화시키기
-완벽하지 않아도 괜찮으며 위기를 극복하고 성공할 수 있다는 그녀의 신념을 향상시키기

• **전략**

격려, 다른 가족 구성원들과 교사에게 격려기술을 가르치기, 은유(인형, 피규어, 손인형), 그녀가 잘한 것이나 기여한 것을 목록으로 작성하기, 사회적 기술과 협상기술을 가르치기, 그녀가 학교 상담사와 함께 친구 사귀기 모임에 참석하도록 준비하기, 댄스, 텀블링, 축구, 연극, 여학생 모임, 동물 모임, FFA(Future Farmers of America) 또는 수목 재배 같은 과외 모임에 함께하도록 주선하기

재적응이 필요한 잘못된 행동의 목표

힘을 추구하는 행동을 타인에게 기여하고 협력하는 행동으로 변화시킨다.

• **변화 목표**

-타인들과 권력을 나눌 수 있는 능력을 향상시키기
-과감하게 긍정적인 기여를 시도하려는 자발성을 향상시키기
-집이나 학교 모두에서 타인들과 협력하려는 그녀의 자발성을 향상시키기
-자신이 모든 권력을 갖고 있지 않더라도 타인들이 자신을 억누르지 않을 것이라는 그녀의 신뢰를 강화시키기

• 전략

놀이방에서 나와 권력을 나누기(서로 번갈아 가며 규칙을 정하거나 활동을 결정하는 식으로 때로는 내가 권력을 쥐고, 때로는 그녀가 권력을 갖는다), 긍정적인 기여와 협력을 하도록 격려하기, 팀을 이뤄 협력하여 놀이방에서 놀잇감들을 정리하기, 성공적으로 완료하려면 반드시 나와 그녀 모두 협력해야만 하는 과제(둘이서 모든 퍼즐조각을 함께 맞추기, 빙과 막대들로 탑 쌓기 등)하기, 격려하기, 다른 가족 구성원들에게 격려기술을 가르치기, 모험치료(adventure therapy)를 통한 신뢰활동(눈 가리고 걷기, 몸 기울이기 등)하기, 수프에 침 뱉기, 유머

재적응이 필요한 잘못된 신념(자기 자신/타인/세상/삶)

타인을 억눌러서 발생하는 다툼에 초점을 맞춘 부정적인 자기개념에서 나오는 자기 자신/타인/세상/삶에 관한 신념을 좀 더 긍정적인 관점으로 변화시킨다.

• 변화 목표

–"나는 다른 사람들만큼 좋지/영리하지/강하지/성취하지/중요하지 않다."에서 "나는 다른 사람들만큼 좋다/영리하다/강하다/성취한다/중요하다."로

–"나는 나쁘다."에서 "가끔 나는 친절하지 않거나 문제를 일으킨다."로

–"나는 반드시 통제할 수 있어야 한다."에서 "통제할 수 있는 것은 좋지만 내가 통제를 하지 않더라도 나는 안전할 것이다."로

–"나는 반드시 내가 원하는 것을 얻기 위해 다른 사람들을 억눌러야 한다."에서 "나는 내가 원하는 것을 얻기 위해 다른 사람들과 협력할 수 있다."로

–"다른 사람들은 나를 좋아하지 않는다."에서 "내가 친절하고 강압적으로 굴지 않으면 사람들은 나를 좋아한다."로

–"다른 사람들을 믿어서는 안 된다."에서 "다른 사람들은 보통은 믿을 수 있다."로

–"나를 좋아하는 모든 사람은 나에게서 떠나간다."에서 "때때로 사람들은 나에게서 떠나가지만 나를 사랑하지 않기 때문은 아니다."로

–"다른 사람들은 나보다 더 중요하다/강하다/영리하다/더 많이 성취한다."에서 "다른 사람들은 나만큼 중요하므로/강하므로/영리하므로/성취하므로 괜찮다."로

–"내가 그들과 다르기 때문에 사람들은 나를 받아들이지 않을 것이다."에서 "모든

사람은 어떤 점에서 서로 다르다."로

–"다른 사람들과의 관계에서 반드시 조심할/조종할 수 있어야 한다."에서 "다른 사람들과의 관계는 협력적인 관계가 될 수 있다."로

–"세상은 불확실하고 혼란스러운 곳이다."에서 "세상은 내가 나의 가족과 친구들에게 의지할 수 있는 안전한 곳이다."로

–"세상은 내가 충분한 권력을 갖지 못한 곳이다."에서 "세상은 누구나 가질 수 있는 많은 권력이 있는 곳이다."로

–"삶은 반드시 공평해야 한다."에서 "삶이 공평하다면 멋지겠지만 가끔은 그렇지 않다."로

• **전략**

수프에 침 뱉기, 격려, 은유 및 스토리텔링, 예술 기법, 잘못된 신념과 사적 논리에 관한 가벼운 다툼(하지만 그녀와 권력다툼으로 이어지는 것을 피할 것), 긍정적인 자기대화를 따라 하도록 그녀의 조부모와 아버지를 격려하기

치료사가 변화시키기를 원하는 자멸적이고 쓸모없는 행동

이상한 행동과 짜증내는 일을 줄이고 협력하는 행동을 늘린다.

• **변화 목표**(오랜 시간이 필요함)

–짜증내는 일을 줄이기

–다른 통제하는 행동들을 줄이기

–타인들과 협력하고자 하는 자발성을 향상시키기

• **전략**

제한과 일관성 있는 훈육 절차의 중요성 인식하기, 문제에 대한 책임의식(problem ownership) 갖기, 논리적 귀결 및 기타 요인들에 중점을 둔 부모 상담 하기, 권력 공유하기, 놀이 회기에서의 협력활동(규칙이 있는 게임 하기, 교대로 하기 등) 하기, 잘못된 행동의 목표에 대한 수프에 침 뱉기, 가족 인형 놀이 하기, 놀이방에서 가족놀이 회기 갖기, 가족 인형 조각하기, 격려, 은유, 그녀가 협력행동을 연습할 수 있는 스포츠 리그, 공작,

독서모임 또는 아이들의 놀이약속 정하고(play date) 더불어 또래와의 체계화된 집단 활동의 장점을 논의하기, 학교에서 실시하는 사회적 기술 모임에 대해 교사 및 학교 상담사와 협의하기

아동이 배울 필요가 있는 기술

친구 사귀기 기술, 협상 기술, 권력공유 기술

- 변화 목표
  - 친구 사귀기 기술을 향상시키기
  - 협상 기술을 향상시키기
  - 타인들과 권력을 공유하고자 하는 자발성과 능력을 향상시키기

- 전략

인형과 피규어 및 손인형을 사용하여 기술을 가르치기, 협력 게임 하기, 다른 아동을 데려오거나 가족구성원들을 통하여 친구 사귀기 기술, 협상 기술, 권력공유 기술을 연습하기, 그녀가 학교 상담사와 친구 사귀기 모임에 참여하도록 준비하기

아들러 놀이치료 계획: 사이먼 부부와의 상담

성격 우선순위 및 중요한 Cs

사이먼 씨의 성격 우선순위는 기쁘게 하기와 편안함이다. 비록 사이먼 씨는 자신이 무조건적으로 믿지 않으며, 새로운 것을 시도할 만한 용기가 없다고 생각하지만 중요한 Cs로 유능감과 관계가 있다. 사이먼 부인의 성격 우선순위는 기쁘게 하기와 우월감이다. 사이먼 부인은 대부분의 사람과 쉽게 관계를 가지며, 자신은 남을 돌보는 능력이 있다고 믿고 있다. 사이먼 씨와 마찬가지로 사이먼 부인은 피비가 잘하고 있을 때에만 신뢰하며, 자신의 돌보는 방식을 과감하게 바꿀 용기가 없다고 믿고 있다.

• **상담 전략**

조부모 두 명 모두에게 강점을 강조하고 많이 격려해 준다. 두 명 모두 손녀딸을 지지하고, 돌봐 주는 것에 관해 어쩔 줄을 모르고 있다. 조부모는 피비의 생모에 대한 과잉보상으로 경계와 규칙을 정해야 하는 자신들의 능력을 방해하고 있다. 조부모의 피비 우선순위인 기쁘게 하기는 제한설정을 완료하는 데 방해가 될 수 있기 때문에 제한을 설정하도록 조부모에게 권하기 전에 조부모와 손녀 관계의 강도를 점검해야 한다. 그녀가 성장해 감에 따라서 사이먼 부인이 무엇을 기대하고 바랄 수 있는지 이해할 수 있도록, 일반적인 아동발달과 비애 및 상실과정에 관한 정보를 제공한다. 조부모와 피비의 관계, 그녀를 돌봐야 하는 책임을 떠맡은 조부모의 자발성을 강조하고, 그녀가 조부모가 원하는 만큼 잘 되지 않더라도, 조부모를 신뢰한다는 신념을 고무시켜 준다. 사이먼 씨의 편안함 성격 우선순위로 인해 현재 진행 중인 복잡한 과업들에 압도된 느낌을 받을 수 있기 때문에 사이먼 씨를 위한 짧고 명확한 방법들을 만든다. 사이먼 부부가 피비에 대한 긍정적인 사회적 상호작용의 중요성을 이해하도록 돕고, 피비가 참가할 정기모임(예: 축구팀, 독서모임, 아동 요가반 등)에 참석하도록 돕는 일을 맡긴다.

치료사가 격려하고 싶은 강점

사이먼 씨는 지적이고, 인내심이 많으며, 친절하고, 가족에게 헌신적이다. 사이먼 부인은 지적이고, 다정하며, 강력한 관계기술을 가지고, 피비와 가족에 대해 진심으로 걱정한다. 두 명 모두 좋은 양육자가 되길 강력히 희망한다.

• **변화 목표**

–제한과 경계를 설정하려는 조부모의 자발성을 향상시키기
–사이먼 부부를 위한 지원방안들을 늘리기
–아동들의 전형적인 심리사회적 발달을 비롯하여 아동발달에 관한 이해를 높이기
–피비를 돌볼 수 있는 사이먼 부부의 능력에 대해 안심시켜 주고, 돌보는 능력을 향상시키고자 하는 그들의 욕구를 이용하기

• **전략**

격려, 사이먼 부부의 역동 및 피비의 행동들에 관련된 성격 우선순위 및 중요한 Cs

에 관해 가르치기, 제한설정과 선택권 주기에 대해 가르치기, 아동발달에 관해 알려 주기, 비애와 상실 과정에 대한 정보를 제공하기, 조부모의 손주 양육에 관한 자료를 제공하기

- 치료의 경과 평가 방법

관찰 및 자기보고

재적응–균형이 필요한 생애과업 기능

해당 사항 없음.

양육에 방해가 될 수 있는 생활양식 요소

성격 우선순위, 원가족 문제, 생활양식 신념, 중요한 Cs, 사이먼 부인이 유년기에 부모 중 한 명을 잃은 것과 관련하여 피비와 전이를 일으킴.

- 변화 목표
  - –사이먼 씨: 안전감을 향상시킬 수 있는 제한설정 및 선택권 주기와 같은 상호작용에 자발적 참여를 증가시켜 피비의 경계를 이해하고 그녀의 안전감을 향상시키기, 타인들을 기쁘게 해야 하는 필요성을 줄이기
  - –사이먼 부인: 양육자로서 유능하고 성공적인 존재로 인식하도록 하기, 타인들을 기쁘게 해야 하는 필요성을 줄이기, 사이먼 부인이 유년기에 부모 중 한 명을 잃은 것으로 인해 피비에게 과잉보상하는 것과 관련된 통찰력을 향상시키기
  - –두 명 모두: 자신들의 원가족에서 자신들이 맡았던 역할에 근거하여 아동을 양육하는 것에 대한 신념 및 태도와 관련된 문제들을 살펴보게 하기
  - –두 명 모두: 애도 과정(예: 어머니 사별, 전학)에 관한 정보와 교육을 제공하기(피비를 지지해 줄 필요는 있지만 과잉보호는 필요 없음)

- 전략

중요한 Cs 및 성격 우선순위에 대해 가르치기, 원가족 문제에 관한 논의하기, 아동양육과 관련된 가치와 신념에 관해 논의하기, 편안함과 기쁘게 하기 문제에 관해 사이먼

씨와 협력하기, 우월감 및 기쁘게 하기 문제에 관해 사이먼 부인과 협력하기, 비애 및 상실에 관한 정보와 자료를 제공하기

필요한 양육 기술-정보

제한적 선택기법(limited choice technique), 감정 반영하기, 격려하기, 긍정적 제한설정하기, 논리적 귀결, 문제에 대한 책임의식, 아동의 비애 및 상실에 관한 정보, 혼혈아 및 혼혈아 지지를 돕는 방법에 관한 정보, 아동발달에 관한 정보

- 변화 목적
  - 모든 영역에 해당하는 기술들을 향상시키기
  - 소극적으로 응석을 받아 주는 아동 양육 기술을 적용하는 것을 줄이기
  - 아동 양육 기술에 대한 자신감과 자기효능감을 높이기
  - 아동의 비애 및 상실, 혼혈아, 그리고 아동발달에 관한 정보를 제공하기

- 전략

직접 교습, 독서 자료, 피비와 함께 회기에 참가하여 연습하기, 가족 놀이 회기, 특정 기술의 적용을 위한 과제, 격려

요약

아들러 놀이치료의 두 번째 단계와 부모 및 교사와 상담을 하는 동안 수집된 모든 정보는 생활양식 개념화에 요약된다. 치료사는 개인 및 개인 간의 역동에 대한 자신의 이해를 구체화시킨 양식에 아동과 다른 가족구성원들에 관한 자료를 통합한다. 이러한 개념화에 근거하여, 치료사는 아동의 치료과정 중에서 개입단계의 지침이 될 치료계획을 수립하게 된다. 때때로 부모 및 교사에 대한 개념화 및 치료계획을 발전시키는 것도 도움이 된다.

추가 자료

부모 상담

http://www.counseling.org/resources/library/vistas/vistas12/article_8.pdf

아들러 상담 및 생활양식

http://www.carterandevans.com/portal/index.php/adlerian-theory/172-life-style-identification-and-assessment

http://ct.counseling.org/2012/07/individual-psychology-relevant-techniques-for-todays-counselor/

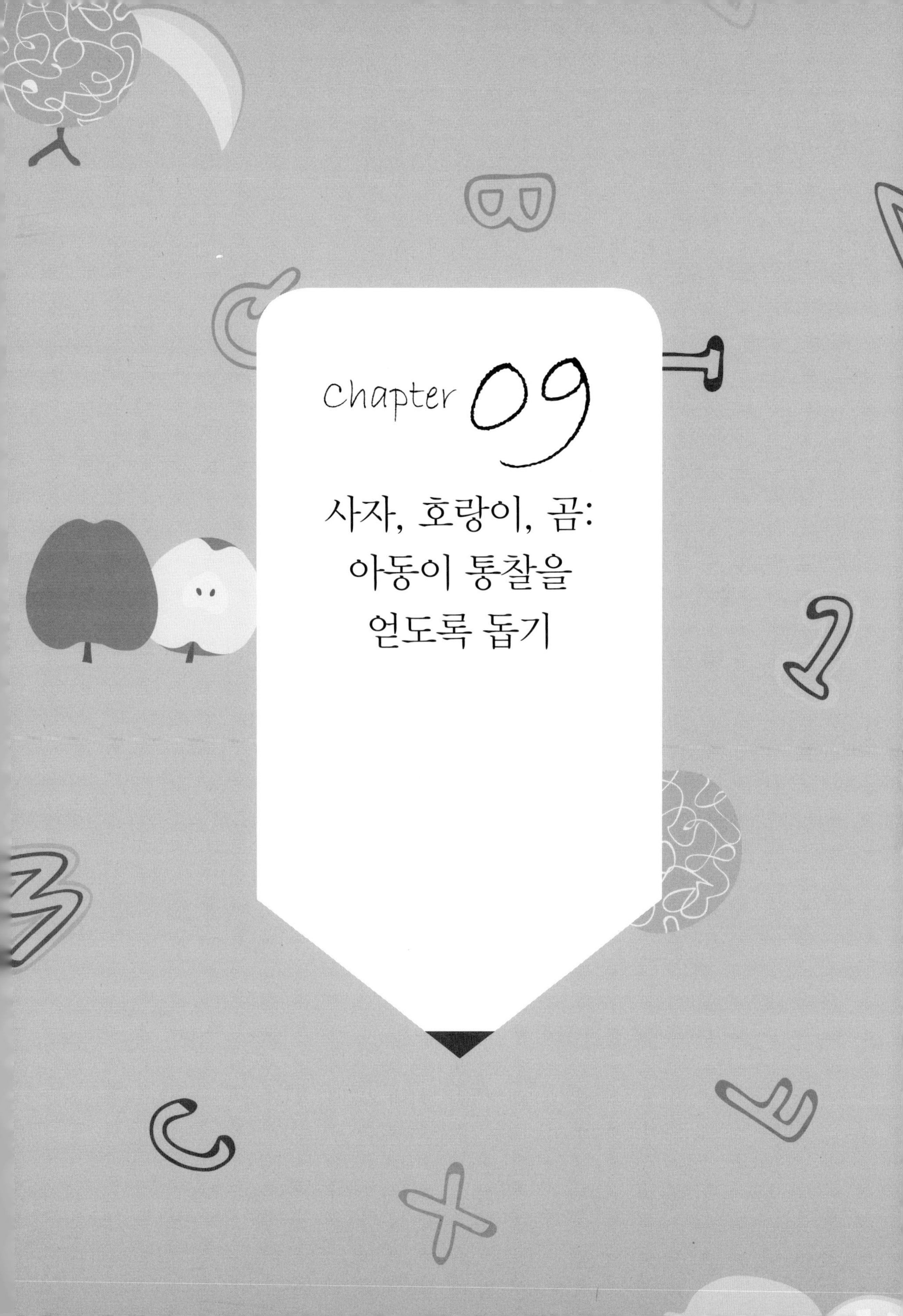

Chapter 09

사자, 호랑이, 곰: 아동이 통찰을 얻도록 돕기

아들러 놀이치료의 세 번째 단계 동안 놀이치료사의 목표는 아동이 보다 그들의 자산—중요한 Cs, 잘못된 행동의 목표, 성격 우선순위, 관계, 아동 자신, 타인, 세상에 대한 기본적 신념, 그들이 속해 있는 행동—을 잘 이해할 수 있도록 돕는 것이다. 아동의 생활양식에 대해 통찰을 얻고, 그들이 어떻게 소속감과 중요성을 느끼는 데 행동을 사용하는지에 대한 명료감을 얻음으로써 그들은 지각, 태도, 사고, 감정, 행동을 재검토할 수 있다. 이 재검토 단계에서 아동은 그들이 존재하는 생활을 계속할지, 그들이 변화를 만들기 원하는지를 결정할 수 있다. 그들의 신념과 타인과의 상호작용을 좀 더 가깝게 보는 것을 돕기 위해 접촉하고, 치료사는 또한 파괴적 행동 양식을 지지하는 가족역동이나 양육전략을 변화시키기 위해 부모와 함께 작업한다. 부모를 어떻게 도울지에 대해서는 제4장을 참조할 수 있다.

아동이 생활양식에 대한 통찰을 얻게 하는 전략

치료의 이 단계에서 아들러 놀이치료사는 상호작용을 위한 기본적 근간으로서 놀이를 지속적으로 사용한다. 아동이 놀이 회기에서 일어나는 일과 나머지 생활에서 일어나는 일이 연관되어 있다는 것에 대한 통찰을 얻도록 돕기 위해서 치료사는 잠정적 가설과 아동 생활양식의 다양한 요소에 대한 상위의사소통의 형태를 해석하고, 세상을 보는 새로운 방법을 일반화하는 것을 돕는다. 치료사는 또한 은유, 지시적 역할놀이, 예술 기법, 모래상자 활동, 춤과 동작 시도, 모험적 치료 기술을 통해 아동이 경험과 태도를 재검토하는 것을 돕는다. 즉시성과 직면 또한 아동을 통찰하게 하는 유용한 상담 기술이다.

상위의사소통과 잠정적 가설 세우기

우리가 검토되지 않은 각자의 가정과 확신을 갖고 있기 때문에 우리 중 누구도 진실을 알지 못하고 어떻게 자기, 타인, 세상이 그 사람을 바라보는지를 추측할 뿐이다. 따라서 이것은 질문의 형태 혹은 다른 세계를 해석할 때 한정된 진술에 있어서 제안을 제시하는 아들러식 실행이다.

아들러 놀이치료에 있어서 많은 해석은 아동의 중요한 Cs, 잘못된 행동의 목표, 성격 우선순위, 사적 논리, 자기, 타인, 세상에 대한 기본적 확신에 대한 추측을 만드는 잠정적 가설의 형태를 취한다. 상담사가 이 과정에서 한정된 진술을 사용하는 것은 아동이 자기 자신을 탐험하는 것에 참여하도록 초대하는 것이다. 가설은 소극적 태도에서 전달되기 때문에 아동은 상담사에게 새로운 정보를 주고, 상담사가 만든 잘못된 가정을 수정하고, 검토하기엔 아직 너무 고통스러운 통찰에 대해 스스로를 보호한다. 이 과정의 상호적 평등주의는 아동의 방어를 줄이고 양방향 의사소통을 격려하고 양쪽을 위한 통찰을 깊게 하는 것을 돕는다. 우리는 점쟁이가 아니고 매 시간 우리의 가설에 대해 서로 의견이 맞지 않는다. 이것은 우리에게 유리하다. 우리는 용기를 내어 아동이 우리의 가설을 수정할 수 있는 용기를 모델로 삼았는데, 그들은 우리에게 정보를 제공하고 자주 통찰을 얻는 윈윈 상황을 이끈다.

상담사는 자주 아동의 기본적 확신과 그들의 행동 사이의 연결에 대한 가설을 그러한 확신이 사실인 것처럼 공유한다. 이러한 기법은 때론 '내담자의 수프에 침 뱉기'라고 불린다. 매니아치 등(Maniacci et al., 2014)에 의하면 아들러(Ansbacher & Ansbacher, 1956)는 이 유쾌하지 않은 이미지지만 매우 도움이 되는 이 전략을 찰스 디킨스의 『올리버 트위스트』에서 빌려 왔다. 이 책에서 고아원에 사는 굶주린 아동은 묽은 수프 그릇을 식사로 받았다. 그들은 배고팠기 때문에 일부 아동은 무슨 일이 벌어지고 있는지 가까이서 지켜보고 있는 다른 아이들의 밥그릇 안에 침을 뱉곤 했다. 많은 아동은 너무 혐오스러워서 수프 먹는 것을 포기했고, 침을 뱉은 아이들은 그 속에 침이 있더라도 먹기를 포기한 아이들의 것까지 평소 수프 양보다 두 배를 먹게 되었다. 일부 아이들은 다른 사람의 침을 먹더라도 그 수프를 먹기로 결심했지만 침 때문에 맛이 좋지 않을 것이다. 아들러는 그것을 포기하게 할 방법이 되거나, 그들이 그것을 여전히 사용한다면 그것은 이미 망쳐졌을 것이란 내담자의 증상을 재구성하기 위해 해석을 사용한다(Maniacci et al., 2014, p. 74). (나는 이 이야기를 매우 좋아한다. 나는 학부 때 영문학 전공이었는데 아들러가 디킨스 책에서 그 개입의 기초적 부분을 발견한 것을 알고 소름끼쳤다. 소녀팬이었다.) 상담사가 내담자의 수프에 정확히 침을 뱉으면, 내담자는 행동을 고집하지만 어떤 일이 일어날지의 근본적 역동에 대한 인식을 얻을 때, 그것이 계속해서 원하는 것이 될 가능성은 적을 것이다.

아동의 반응, 놀이 스타일, 독특한 상황에 의존하여 상담사는 직접적이거나 간접적으로 의사소통할 결심을 한다. 직접적인 해석에 대해 호의적으로 반응하는 아동에게 상담사는 아동의 동기와 관계 양상에 대해 추측하기를 원할 것이고, 아동의 놀이와 발화가 아동에게 의미하는 것에 대해 대화하길 원할 것이다. 다음은 직접적 잠정 가설과 상위의사소통의 해석의 예이다.

- 리오던은 펀치백을 차면서 소리쳤다. "난 알겠어. 당신은 날 해칠 수 없어." 상담사는 "넌 스스로를 보호할 수 있는 것처럼 보인다. 그것은 너에게 정말 중요하게 보이는구나."라고 말할 수 있다.
- 타키야는 그림을 그리면서 상담사에게 꽃을 어떤 색으로 그릴지를 묻는다. 상담사는 "넌 해야 할 것이 있을 때 너에게 질문하는 것이 좋아. 네가 무엇을 할지를 생각할 수 있다고 생각해."라고 말할 수 있다.
- 올란도는 동생이 어떻게 항상 그의 방에 들어오고 그의 장난감을 가져가는지에 대해 이야기하고 있다. 상담사는 "너에게 사생활이 없다고 느끼는 것은 힘든 일인 것 같구나. 네가 하고 싶지 않은 일을 할 때는 싫을 것 같아."라고 말할 수 있다.

직접적 해석에 대해 저항적이거나 방어하는 아동, 혹은 항상 은유적 단계로 놀이를 되돌리는 아동에게 상담사는 보통 아동의 은유를 사용한 간접적 해석에 초점을 맞추기를 원한다. 이것은 장난감, 인형, 손인형, 동물의 행동, 동기, 역할놀이 상황에서 특성에 대한 잠정적 가설과 상위의사소통을 포함한다. 간접적 잠정 가설과 상위의사소통의 해석의 예는 다음과 같다.

- 할리는 인형의 집에서 제일 작은 남자 인형을 가지고 다른 가족 모두에게 자신이 원하는 것을 말하고 그렇게 해 주지 않으면 화를 내도록 하면서 놀고 있다. 상담사는 "작은 아이가 모든 사람이 그의 지시를 따라 주기를 원하고 그들이 그렇게 해 주지 않으면 화를 내게 되는 것 같다."고 말할 수 있다.
- 역할놀이에서 비올레타는 엄마 역할을 하고 가족 모두가 먹을 것을 가지고 있는지 확실히 하기 위해 주위를 돌아다닌다. '엄마'는 다른 사람들이 할 일을 해야 한다고 불평을 계속 한다. 상담사는 "엄마가 항상 다른 사람들을 돌봐 줄 수 있다는 것처럼 들릴 수 있어. 엄마가 단지 자신을 돌보고, 다른 사람들을 돌보는 것에 대

해 걱정하는 것을 멈출 수 있으면 좋겠어."라고 말할 수 있다.

- 바키르는 부엌 영역에서 놀면서 케이크를 만들고, 상담사를 먹이고 있다. 상담사는 "사람들은 다른 사람을 돌볼 때, 때때로 매우 특별하고 사랑받고 있음을 느낀단다."라고 말할 수 있다.

은유적 기법의 사용

> 은유는 다양한 분야에서 수 세기 동안 가르치는 방법으로 사용되어 온 상징적 언어의 형태이다. 구약과 신약 성서의 우화, 신비주의의 성스러운 저술, 선종의 선문답, 문학의 우화들, 시의 이미지, 작가의 우화들, 이 모든 것이 좀 더 의미 있는 방법으로 간접적으로 생각을 전달하는 은유를 사용한다. 은유의 특별한 힘은 또한 아동이 직관적으로 관련되었을 경험과 관련하여 위안과 양육을 추구하는 모든 부모와 조부모에 의해 파악되어 왔다 (Mills & Crowley, 2014, p. 4).

놀이치료에서 아동이 창조한 역할놀이, 이야기, 손인형극, 모래상자, 예술 작업은 모두 그들의 삶이 어떻게 진행되어 왔는지와 사고, 감정, 태도, 경험 과정의 간접적 방법에 대해 의사소통할 수 있는 은유적 기법이다(G. Burns, 2005; Gil, 2014; Kottman & Ashby, 2002; Mills & Crowley, 2014; Perrow, 2008; Taylor de Faoite, 2014). 상담사는, 첫째, 아동과 메시지를 상호작용하기 위해, 둘째, 아동에게 문제 해결과 타인과 상호작용하는 새로운 방법을 가르치기 위해, 셋째, 아동의 태도, 지각, 세계관 적응을 돕기 위해, 넷째, 아동의 방어적 반응을 좀 더 직접적 메시지와 학습으로 우회시키기 위해 이야기를 사용할 수 있다. 아들러 놀이치료사는 아동이 생활양식에서 통찰을 얻을 수 있도록 돕기 위해 아동이 자연스럽게 은유를 사용하는 것을 포착할 수 있다. 다섯 가지 은유적 기법은 다음과 같다. 첫째, 아동 자신의 은유의 사용(이를 어떻게 사용할지에 대해서는 제5장 참조), 둘째, 필요에 의해 고안된 치료적 은유들, 셋째, 창조적 인물들(Brooks, 1981), 넷째, 상호 이야기 만들기, 다섯째, 독서치료와 같은 기법은 치료사들이 쉽게 놀이치료에 적용할 수 있도록 한다. 우리가 이 책을 더 오래 읽었으면 하고 원하지 않는 이상 우리는 은유적 기법의 사용에 대한 완전한 이해를 줄 수 없다. 이러한 개입방법에 대해 좀 더 배우는 데 관심이 있다면 이 주제에 도움이 될 만한 많은 책, 논문, 수련과정 등이 있다.

아동에게 치료적 은유를 고안하기

타일러(Taylor de Faoite, 2014, p. 52)는 다음과 같이 말했다.

> 놀이의 치료적 힘으로서 말하고 읽은 이야기들은 아동의 감정, 경험, 걱정, 근심을 이해하기 위해 사용되었다. 이야기와 은유의 특별한 힘은 그것이 상징의 언어로서 감정과 경험이 혼재된 과정의 의미를 제공하는 것이다. 그 상상은 그것의 구체성을 띤 아동의 자연스러운 언어이고 아동에게 직접적으로 논의하는 이슈와 관련된 저항을 예방하는 것이다.

치료적 은유를 고안하는 데 있어서 상담사는 아동의 생활과 상황에 유사한 이야기를 개발한다. 유사점을 지적하지 않아도 상담사는 아동의 삶에서 선택된 사람들을 표현할 인물을 포함하고 아동이 접한 문제와 유사한 경험한 문제의 상황을 더한다. 인물은 감정을 표현하는데 아동과 상호작용하는 타인의 감정을 반복한다. 약간의 어려움, 모험, 문제해결 시도 후에 인물은 보통 사회적으로 적합한 방법으로 문제를 해결한다. 이러한 과정은 아동의 문제를 해결할 새로운 전망이나 아동의 갈등을 다룰 잠재적 해결책에 대한 아이디어를 주는 내용으로 고안되었다.

치료적 은유를 소개하기 전에 필요한 몇 가지 준비사항이 있다. 치료적 이야기 나누기 과정은 소품으로 놀잇감을 사용할 때 놀이치료에서 가장 효과가 있다. 그래서 당신은 아동이 놀이할 때 어떤 놀잇감을 사용하는 것을 좋아하는지와 아동이 어떤 놀잇감을 다소 두려워하는지 보기를 원할 것이다. 아동에게 이야기하기 전에 시간을 써야 한다. 아동이 이야기하는 이야기 종류를 듣고, 좋아하는 책, 영화, 비디오 게임, TV 쇼에 대해 아동과 대화한다. 이는 아동이 좋아하는 인물은 어떤 종류인지에 대한 중요한 정보를 주고 그들에게 어필하는 모험의 종류, 그들에게 걸리는 정서 반응이 어떤 것인지에 대한 중요한 정보를 제공한다. 상담사가 마음속에 이러한 사실을 알고 이야기를 고안할 때 그것이 이야기에 참여하는 아동의 감각을 증진시키는데, 이는 은유의 긍정적 효과를 극대화할 수 있다.

상담사는 또한 특정 상황과 관계에 대해 아동이 어떻게 방어하는지 고려하길 원할 것이다. 그러면 상담사의 이야기가 아동의 실제 생활 경험과 얼마나 유사한지 결정할 수 있기 때문이다. 이야기가 아동의 상황과 너무 가깝다면 아동은 너무 위협적이라서 중단할 것이다. 그러나 이야기의 연결점이 충분하지 않으면 아동이 흥미 없어 할 것이다. 은유를 전달할 최선의 방법을 알기 위해 일상적 의사소통 형태를 고려하는 것 또한 중요하다. 아동이 손인형을 좋아하면 손인형을 하는 것이 은유를 전달하는 최선의 방법일 것이다. 아동이 동작과 춤을 좋아한다면 음악과 동작이 함께 있는 이야기가 아동의 관심을 끌 것이다. 아동이 그림 그리기와 단어로 책 만들기를 좋아한다면 아마도 이야기 나누기가 최선의 방법일 것이다. 어떻게 이야기를 전달할지를 아동이 좋아하는 것에 맞추기 위한 아이디어를 얻을 수 있다. 은유를 위한 전달 체계의 가능성은 무한하지만 가능하다면 놀이를 하는 데 아동이 선호하는 형식에 매치해야 한다.

많은 저자(G. Burns, 2005; Gil, 2014; Mills & Crowley, 2014; Perrow, 2008)는 치료적 은유를 고안하기 위해 선호하는 절차를 강조해 왔다. 우리는 그들의 제안을 받아들여왔고, 우리의 경험 및 학생과 슈퍼바이지의 경험을 결합하여 치료적 은유를 창안하기 위한 다음의 단계를 개발하였다.

① 상담사가 이야기를 형성하기 시작하기 전, 상담사의 이야기하기 목표를 결정하는 것이 필수적이다. 상담사는 놀이치료에서 이야기를 사용할 때 아동에게 어떤 것을 의사소통하거나 가르치기를 원한다. 세 번째 단계에서 상담사는 아동의 생활양식에서 통찰을 얻을 수 있도록 돕는 작업을 하는데, 이 단계의 목표는 아동이 자기, 타인, 세상을 다소 다르게 개념화하는 것을 돕는 것과 관련되어야 한다. 상담사가 네 번째 단계에서 은유를 사용할 때의 목표는 주로 아동에게 새로운 행동을 가르치는 것과 연관될 것이다. 상담사의 이야기하기 목표는 비교적 간단하고 구체적이어야 한다. 상담사가 너무 많은 목표를 가지고 작업을 하려 하거나 목표가 모호할 때, 상담사의 이야기는 분산되고 비효과적이다.

② 아동과 나눈 이전의 상호작용을 기본으로 첫째, 어떤 놀잇감을 이야기에서 사용하기를 원하는지, 둘째, 아동이 동물, 사람, 신화적 창조물에 대한 이야기 중 어느 것에 좀 더 반응하는지, 셋째, 사실에 근거한 이야기 혹은 상상-동화 상황 등에 좀 더 관심을 보이는지, 넷째, 아동의 생활에서 실제 상황과 얼마나 가깝게 닿아 있는지, 다섯째, 상담사가 은유를 전달하기를 얼마나 원하는지를 결정한다.

③ 언제, 어디서 이야기가 일어나는 것을 원하는지를 결정해야 한다. 이야기의 시간

요소로서 과거나 미래를 사용하는 것은 이야기를 이동시키는 데 최선이다. 공간에서 이야기를 이동시키는 것, 또한 다른 지역, 도시, 세계 등을 사용하는 것도 도움이 된다. 이야기가 지난주나 다음 달, 옆 동네나 옆집으로 이동한다면, 시공간에서 이동함으로써 상담사는 정서적 거리를 만들어 내는데, 이는 아동이 자동적으로 그게 자신의 이야기일 것이라고 생각하지 않고 이야기를 경청하는 것을 허용한다. 이는 아동의 방어를 우회하는 단계를 만든다. 이야기가 때때로 과거나 미래, 여기보다 다른 장소에서 일어난다면, 그것은 아동의 생활에 대한 것이 아닐 수 있다.

④ 장면을 매우 명확히 묘사한다. 그것은 아동의 상황과 완전히 같지 않지만, 대부분 유사할 수 있다. 장면은 자연 배경(예: 정글), 가공의 배경(예: 모든 동물이 말할 수 있는 곳), 현실적 배경(예: 어린 시절의 오래된 이웃)일 수 있다.

⑤ 인물을 매우 명확히 묘사한다. 각 인물은 인물의 소개와 서술의 부분으로서 이름과 신체적, 감정적 특성을 가져야 한다. 인물들은 첫째, 주인공(아동을 대신할 동물, 사람), 적대자(주인공에게 문제를 제공하는 동물, 사람, 상황)가 포함되어야 한다. 또한 자원이 되는 사람(주인공에게 조언을 하거나 도움을 줄 수 있는 사람인 이 인물은 상담사, 부모, 교사 등으로 대표된다)이 있는 것도 도움이 되고, 하나나 둘의 동맹자(주인공을 지원할 수 있는 동물이나 사람)가 있는 것도 도움이 된다. 아동의 상상과 성숙 정도에 의존해서, 이러한 인물들은 실제적일 수도, 상상적일 수도 있다. 일반적으로 나이 먹은 아동은 인물의 배역이 많은 것이 가능할 것이다. 5세 이하의 아동에게 우리는 자주 자원이 되는 사람이나 동맹자를 사용하지만 둘 다 사용하지는 않는다. 때때로 아동의 기억이나 언어적 정교성에 따라 우리는 인물들을 배제하고 좋은 사람, 나쁜 사람으로 남아 있게 하는 것으로 구성한다.

⑥ 주인공이 직면한 문제를 구체적 용어로 묘사한다. 이 문제는 아동의 상황과 유사해야 하지만, 그 상관관계가 너무 확실하지 않아야 한다. 상담사는 유사성을 지적하지 말아야 한다. 그것은 전적으로 아동이 유사성을 인식하기 원하는지를 결정하는 것이 된다. 그 문제는 사람, 관계 혹은 상황에 관련될 수 있는데 이것이 주인공에게 어려움의 원인이 된다.

⑦ 이야기가 진행되면서 다른 감각(시각, 청각, 후각, 운동감각, 촉각) 정보가 포함되는데, 그래서 이야기가 아동에게 좀 더 실제적이 된다. 이것은 또한 아동의 기본 정보 과정 양식이 무엇이든지 아동이 관여하게 하는 데 도움이 될 것이다. 다시 아동의 발달 연령에 기초하여 얼마나 자세히 할 것인지를 결정하라.

⑧ 주인공이 문제를 극복하는 과정을 만들어야 하는데, 거기엔 또한 장애물이 있을 것이다. 이야기에는 특정 갈등의 수준이 포함되는 것이 필요하다. 그래서 아동은 주인공이 간단하지만 최종 해결책을 얻는다고 느낀다. 자원이 되는 사람과 동맹자는 주인공이 필요할 때 도울 수 있으나, 주인공에게는 결정을 하고 장애를 극복하고 문제를 해결하는 것을 포함한 주된 노력이 필수적이다. 이것은 아동에게 사람이 단지 마술적으로 해결되는 문제를 가졌다기보다는 문제를 해결하기 위해 노력해야 한다는 것을 알려준다.

⑨ 문제 해결을 구체적이고 명확한 용어로 정의한다. 이러한 해결은 원래의 상황을 완전히 제거하는 것이 아니며, 주인공이 상황에 대처하는 것을 학습하는 과정을 보여 줄 필요가 있다.

⑩ 은유—장애물, 과정, 해결—를 이야기할 때 은유를 위한 목표는 은유를 통해 아동이 배우기 원하는 교훈과 관련되어야 한다.

⑪ 해결 이후 인물은 주인공에게 변화의 기념과 긍정이 있어야 한다. 기념의 초점은 파티일 수 있고, 동맹자와 자원이 되는 사람이 주인공을 축하하며, 주인공은 다른 사람에게 모험의 과정에서 배운 것과 은유의 메시지의 통합된 형태에 대해 설명한다. 매우 구체적인 아동과 하는 작업에서 해결은 아동 자신을 어떻게 보는지와 다른 상황, 자기, 타인, 세상에 대한 새로운 태도, 미래에 유사한 상황에 대처하는 데 도움이 되는 새로운 기술 또는 이와 유사한 것에 대해 주인공이 배운 것을 확실히 노골적으로 이야기하는 것이다. 좀 더 추상적인 교훈을 이해할 수 있는 아동에게는 정신이나 학습이 명확할 필요는 없으나 이야기에서 명확히 묘사되어야 한다.

⑫ 상담사가 이야기할 때 이야기에 대한 아동의 비언어적 반응을 살피는 것은 필수적이다. 아동의 이야기에 대한 반응(보디랭귀지, 눈 움직임, 눈 맞춤, 활동, 에너지 수준, 언어적 언급, 참여 수준)에 의존하여 상담사는 이야기를 변화시킬지를 결정할 것이다. 예를 들어, 아동이 극단적으로 특정 인물에 대해 관심을 보일 때 상담사는 인물의 역할을 확장시킬 것이다. 아동이 점점 지루하고 따분해 한다면 상담사는 이야기를 계획보다 빨리 진행할 것이다. 아동이 이야기하기에서 좀 더 활동적인 역할에 흥미를 나타낸다면 상담사는 순서를 바꾸거나 아동이 이야기를 이어서 하도록 초대할 수 있다.

⑬ 아동과 함께 하는 이야기를 진전시키기 원하는지를 결정한다(Gil, 2014; Kottman & Ashby, 2002). 어떤 아동들은 상담사가 이야기하기를 원하고 그것으로 됐다고 한다. 이러한 아동과 작업할 때 우리는 보통 그들의 바람을 가장 존중한다. 그들이 이야기하기를 원한다면 그 이야기를 꺼낼 것이다. 다른 아동은 그것이 그들과 관계가 있다는 인식 없이 이야기에 대해 말하기를 좋아한다. 이러한 아동과 작업할 때 우리는 이야기가 아동의 상황과 관련된 것임을 언급하지 않고 주인공의 감정, 행동, 태도, 결정, 결과, 관계, 문제 해결 전략에 대해 아동에게 질문할 것이다. 어떤 아동은 사실 이야기가 그들 자신의 상황과 유사하다는 말을 꺼낼 것이다. 우리는 아동의 생활과 이야기 사이의 연결을 명백히 진행하기 위해 초대할 것을 고려하고, 아동의 관계와 경험한 갈등에 적용할 수 있는 메시지와 교훈을 논의하기 위해 아동을 초대한다. 길(Gil, 2014)은 당신이 밀접하게 질문하는 것을 피하거나 어떤 질문과 이야기의 실제 세계 암시를 아동에게 설명하는 것을 시도하는 것에 대해 제안하였다.

다음은 내(TK)가 삼촌과 숙모와 살고 있는 7세 소년 램지를 위해 고안한 치료적 은유의 예이다. 램지의 부모는 아동이 4세 때 자동차 사고로 사망하였고, 아동은 범불안장애를 가졌는데 그 사건 이후 어떤 종류의 위험에 맞서는 것을 피하며, 숙모를 떠나서 새로운 경험을 시도하는 것을 거절하고 있다. 아동이 좀 더 용감해지기 위한 가능성을 탐색하는 데 도움을 주기 위해 나는 램지를 표현하는 데 치타 손인형을 사용했고 상담사와 램지의 숙모와 삼촌을 표현하기 위해 다른 동물을 사용했다. 나는 램지의 불안 및 용기가 없는 것과 관련된 스트레스를 표현하기 위해 맹렬한 바람을 사용하였다. 이것은 은유이다.

옛날 옛적에 삶이란 뜻을 가진 이름의 '우미'라는 새끼 치타가 친절한 사자 아줌마 자하와 사자 아저씨 바드루와 함께 아프리카 평원에 있는 반얀 트리 숲 근처에 살았다. 그들은 매우 현명한 독수리 자후르가 사는 나무 옆에 살았다. 우미는 자하와 바드루와 함께 살았는데, 우미의 엄마, 아빠가 우미가 아주 어렸을 때 사라졌기 때문이다. 우미는 항상 나무와 아주 가까운 곳에 머물렀는데, 자하와 바드루, 안전한 나무로부터 멀리 가게 되면 부모님처럼 사라지게 될까 봐 무서워서였다. 그는 다른 새끼 치타와 새끼 사자들이 들판에서 노는 것을 보았지만, 나가서 친구들과 함께 노는 것은 너무 두려웠다. 그는 너무 외로웠지만, 자하와 바드루를 떠날 생각을 하면 너무 무서웠다. 자하와 바드루는 그들이 함께 나가거나 사냥을 할 수 없는 것이 고민이었다. 그들 중 한 명이 항상 우미와 나무 근처에 있어야 우미가 안전하다고 느꼈기 때문이다. 그들은 또한 우미가 곧 자신을 돌보기 위해 사냥하는 법을 배워야 한다는 것을 알기 때문에 걱정이었다. 그러나 우미는 너무 두려워 사냥하는 법을 배우지 않았다. 그들은 어떻게 우미를 도와야 하는지를 알지 못했다.

어느 날, 우미가 외롭게 앉아서 스스로에 대해 유감스러워하고 있었는데, 사나운 바람이 불었고, 우미는 바람에 휩쓸려갔다. 자하와 바드루는 숲으로 뛰어오면서 "우미, 너 어디로 가고 있니?"라고 소리를 질렀다. 우미는 울면서 그들에게 손을 흔들었지만 바람 조각을 붙잡고 있었고 그것을 놓는 것이 두려웠다.

바람은 그를 일으켰다가 쓰러뜨리곤 했다. 그는 너무 무서웠고 슬프고 외로웠다. 그는 자하와 바드루가 이미 그리웠고, 그들을 다시는 볼 수 없을까 봐 두려웠다. 그가 그의 부모님처럼 사라지고 있는 중이었기 때문이다. 그가 땅을 바라보니 자하와 바드루가 바람 뒤를 따라오고 있었다. 그는 "우리는 너와 함께 있어. 우리는 너를 날려보내지 않을 거야. 바람을 놓고 우리한테 떨어져. 우리가 너를 잡을게."라고 그들이 외치는 소리를 들었다. 그렇지만 우미는 너무 두려워서 놓을 수가 없었다.

토네이도가 평원을 도는 동안 우미는 다른 새끼 치타들이 놀면서 사냥 기술을 연습하는 것을 보았다. 그들은 좋은 시간을 보내는 것처럼 보였다. 우미는 그가 밑으로 내려가게 되면 그들이 무엇을 하는지 보고 친구들과 함께 게임을 하고 싶었지만, 너무 두려워서 바람을 놓지 못했다.

그 후 매우 현명한 독수리 자후르가 바람 속에서 뛰놀고 있다가 우미가 그를 뒤따라오는 것을 알게 되었다. 자후르는 우미에게 "와. 재밌지 않아? 너는 무서워 보인다. 즐거운 시간을 보내는 게 아닌 거야?" 우미는 "아니요. 전혀 좋지 않아요. 여기에서 나갈 수가 없어요."라고 소리쳤다. 자후르는 "우미야, 바람의 끝까지 내려올 수 있겠어? 그걸 할 수 있다면 도망칠 수 있을지도 몰라."라고 소리쳤다. 우미는 "난 못해요. 어떻게 내려갈지 모르겠어요."라고 대답했다. 자후르는 말했다. "시도하는 건 나쁘지 않을 거야. 그냥 붙들고 있는 바람 조각을 놓고 미끄러져." 우미는 바람 조각을 놓는다면 어떤 일이 벌어질지 몰라서 너무 무서웠다. 그러나 다시 자하와 바드루를 못 보고 외롭게 되는 것이 더 무서웠다. 그는 또한 지금 친구들이 바람 밖에서 좋은 시간을 보내며 놀고 있던 것을 생각했다. 우미는 눈을 질끈 감고선 바람 조각을 놓았고, 바로 바람 끝까지 내려가 새끼 치타들이 놀고 있는 평원 가까이로 튕겨 나왔다.

바람을 뒤따르고 있던 자하와 바드루가 뛰어 올라왔고, 우미를 안으면서 얼마나 그를 그리워했는지, 사랑하는지를 말했다. 모든 새끼 치타가 함성을 지르며 바람 끝에서 튕겨 나온 것이 진짜 좋은 방법이었다고 말했다. 우미는 자후르가 바람을 놓고 내려오라고 한 제안을 고마워했다. 우미는 말했다. "바람을 놓는 것은 좀 두려웠지만 내려오는 것은 내가 생각했던 것보다 무섭지 않았고, 재미있기도 했어. 나중에 이런 일이 있어도 지금처럼 할 거야." 그는 자하에게 다른 새끼 치타들과 사냥하러 가도 되는지를 묻자, 자하는 웃으며 고개를 끄덕였다. 우미는 뛰어가서 새 친구들을 사귀고 사냥하는 방법을 배웠다.

창조적 인물

8세 이상의 아동에게 효과가 있는 다른 이야기 나누기 기법은 창조적 인물이다(Brooks, 1981; Cerenshaw, Brooks, & Godstein, 2015). 창조적 인물에서는 놀이치료사가 아동과 돌아가며 이야기를 할 때 몇몇 다른 인물이 필요하다. 놀이치료사는 이야기의 재현을 기록(오디오나 비디오)할 수 있는데, 아동이 나중에 회기나 집에서 듣거나 볼 수 있기 때문이다. 다음은 이 기법에서 우리가 채택한 것이다.

① 이야기를 위한 환경과 인물을 결정하라.

- 환경은 실제적이거나 상상적일 수 있지만, 아동의 생활과 유사한 요소들이 있어야 한다. 좀 더 자세히 설명하자면 이야기의 시작에서 아동이 이야기에 빠져들 좋은 기회가 된다.
- 이야기의 등장인물을 고안할 때 인물이 대신하는 것은 첫째, 아동, 둘째, 아동이

문제 상황에 대해 상담할 수 있는 치료사나 다른 자원이 되는 사람, 셋째, 적어도 아동을 대신하는 인물을 위한 동맹자, 넷째, 그 이야기를 통해 다양한 간격에서 다른 인물에게 정보, 반응, 느낌, 태도, 계획 등을 요구할 보고자이다. 상담사는 또한 아동의 생활에서의 문제 상황이나 적대자를 대표할 인물이 필요할 수 있다. 또한 상담사는 아동 삶의 어려운 상황을 대표할 딜레마를 마주한 주요 인물을 설정할 수 있다.

- 아동의 도움으로 각 인물을 대표할 손인형, 인형, 동물, 다른 장난감 등을 고르고 인물의 이름을 정한다.
- 각 인물이 말할 수 있는 것을 설명하고, 상담사가 이야기의 첫 부분을 말한 후 아동이 이야기의 다음 부분을 말하고, 그다음은 상담사가 말하는 식으로 이어간다. 상담사는 이야기의 시작에 모든 인물로 말할 수 있고, 또한 아동에게 특정 인물을 맡길 수도 있다. 그러나 초기에 최선은 상담사가 보고자와 상담사로서 말하는 것인데, 아동이 다른 인물에게 무엇을 인터뷰할지, 자원이 되는 인물로서 다른 인물에게 조언해 줄지에 대해 이해하지 못할 수 있기 때문이다. 결국, 아동은 보고자나 상담사의 역할을 하고 싶어 할 수도 있다.

② 이야기의 시작을 말하라.

- 이야기의 환경과 인물을 묘사하고, 인물을 대표하는 인형이나 손인형의 신체적 특성에 대해 강조한다.
- 이야기의 시작에서 아동이 직면한 딜레마나 문제를 대표하는 인물을 설정한다. 딜레마는 아동이 직면한 문제나 아동이 직면한 다른 도전과 유사할 수 있다. 아동의 삶에 대한 유사점을 강조하지 않고 비교적 미묘하고 간접적으로 연결되어야 한다.
- 주요 인물은 문제를 해결하거나 아동 삶의 어려움을 대표하는 인물이나 상황과의 관계를 변화시켜야 하는데, 동맹자가 되는 인물의 도움이 있어야 한다.
- 보고자는 다른 인물들과의 인터뷰를 통해 이야기 진전의 행동으로서 무엇을 느끼고 무엇을 생각하는지 알아내기 위해 다른 인물을 인터뷰한다.
- 현명한 상담사—자원이 되는 사람은 이야기가 진전될 때 다른 인물들에게 조언, 다른 관점, 정보를 제공한다.

③ 아동이 돌려주기 원할 때까지 아동이 말하는 대로 내버려 두라.

④ 아동의 이야기 나누기 차례가 되면, 다양한 인물이 되라.

⑤ 주인공이 처한 딜레마나 도전에 대해 사회적으로 적절한 해결, 주인공과 동맹자에 의해 증명된 긍정적 태도와 행동의 기념 등 사회적으로 적절한 해결로 이야기를 맺으라. 보통 보고자가 이야기의 끝에 요약하는 말을 하거나 다양한 인물의 노력과 진전을 축하하고 이야기를 통해 아동이 배우기를 원하는 교훈을 강조한다.

상호 이야기 나누기

상호 이야기 나누기는 리처드 가드너(Richard Gardner, 1993, 2004)가 개발한 은유적 상담 기법으로, 아들러 놀이치료(Kottman, 2003, 2011)에 특별히 어울린다. 상호 이야기 나누기의 기본 전략은 상담사가 아동에게 이야기를 만들도록 요구하는 것이다. 이미 사용된 이야기와 같은 인물, 환경, 딜레마를 사용하면서, 상담사는 다른 이야기를 다시 말 하고 좀 더 건설적인 중간과 마무리를 한다.

나(TK)는 아들러 놀이치료의 과정에 맞도록 가드너(Gardner)의 기법을 기본 설계에 채택했다. 좀 더 어린 아동(7~8세 이하)에게 나는 그들이 말하기를 원하는 손인형이나 동물의 세트를 선택하도록 요청한다. 좀 더 나이 있는 아동(8~9세 이상)에게는 TV나 라디오 쇼에 출연하는 손님인 것으로 이야기를 설정한다. 나는 자주 쇼의 일부로서 이야기를 하는 것처럼 아동의 이야기를 기록한다. 때로 나는 아동이 그림을 그리도록 하고, 이야기에서 무슨 일이 일어났는지에 대해 말하도록 하고, 때로는 시작, 중간, 끝에서 다른 준비 없이 나에게 이야기를 하도록 요구한다.

아동이 실제 삶에서 일어나지 않은 이야기를 만드는 것 또는 TV 쇼, 영화, 비디오 게임, 책의 구성인 것처럼 이야기를 만들도록 제안하는 것은 도움이 된다. 이는 지어낸 이야기로서 이야기를 유지하는데, 아동은 그들의 방어를 자극하지 않는 경험을 하고 창의적 상상을 사용하도록 격려된다. 나는 많은 아동들이 자신이 만든 환상보다 다른 사람이 만든 환상을 좀 더 선호하는 것을 알게 되었다. 나는 기본 구성에 대해 생각할 수 없다고 보고하는 몇몇 내담자를 만났다. 이런 일이 생겼을 때 나는 그저 아동에게 책, 영화, 비디오 게임, TV 쇼의 이야기를 해 달라고 한다. 나는 아동이 그들 자신의 상상에 만족하지 못하거나 다른 사람의 창의적 결과물을 사용해 온 것을 관찰했기 때문에, 그들이 사용하는 놀이에 대한 그들의 현실적인 태도를 자주 강조한다. 특별한 줄거리와 방법의 선택은 그들이 그들의 생활양식에 대해 좀 더 드러낼 이야기를 하게 하는데, 나는 여전히 삶의 상황이나 문제에 대한 가능한 해결책에 대한 제안을 하는 발판을 마련할 수 있는 이야기를 사용할 수 있다.

이야기는 다른 종류의 구성을 필요로 한다. 내가 아동에게 이를 설명하는 방법은 이야기에는 인물과 인물에게 일어날 무언가가 필요하다는 것이다. 그들은 해결할 문제나 경험할 모험이 필요하다. 그 이야기는 또한 시작, 중간, 끝이 필요하다. 때때로 아동은 구성의 개발에 어려움이 있지만 이것이 일어났을 때 나는 기꺼이 그들에게 알릴 용의가 있다. 그들이 이야기를 하고 갑자기 조용해 진다면 나는 자주 다음에 무엇이 일어날지, 그 인물은 그 상황에서 어떻게 할지, 그 경험에 대해 인물이 어떻게 느끼는지 등에 대한 질문을 한다.

아동이 이야기를 할 때 나는 그 이야기가 아동의 생활에서 무슨 일이 일어났는지, 은유적으로 대표하는지를 결정하기 위해 주의 깊게 듣는다. 그 이야기는 아동의 개인 내적 역동, 특별한 상황이나 문제를 묘사하는 요소들인데, 그것은 아동, 아동의 문제 해결의 전형적인 방식, 중요한 타인과의 관계를 방해한다. 나는 내가 이미 아동의 삶에 대해 아는 것을 맥락적으로 이해한 것을 두고 아동의 생활양식에서 통찰을 얻을 수 있게 돕는 이야기의 재진술을 사용할 방법을 찾는다. 이러한 과정에서 나는 내 자신에게 다음과 같은 질문을 하는데 일부는 가드너(Gardner, 1993, 2004)의 질문을 인용한 것이고 일부는 아동의 이야기에서 강조된 생활양식 주제와 패턴에 대한 나의 생각을 조직화하기 위해 고안한 것이다.

- 이야기의 전체적인 정서적 분위기는 어떠한가? 내담자의 생활에 대해 나에게 얘기하는 정서적 분위기는 어떠한가?
- 이야기에 등장하는 인물들의 행동은 내가 이미 알고 있는 것과 내담자의 생활에 있어서 중요한 사람들에 대한 묘사와 어떻게 작용하는가?
- 이야기에서 상황이나 문제는 내담자의 생활에서 마주한 상황이나 문제와 어떻게 유사한가?

- 어떤 인물이 내담자를 대신하는가?
- 내담자를 대신할 인물의 (잘못된) 행동은 무엇인가?
- 이러한 행동들이 내담자의 잘못된 행동의 목표에 대한 나의 이해와 어떻게 부합하는가? 예를 들어, 인물이 힘의 갈등에 들어가거나 자신의 목표가 힘을 갖고 있는 타인에게 통제될 수 없다는 것을 증명하고자 노력하는가?
- 내담자를 대신할 인물은 이야기에서 어떻게 느끼는가? 예를 들어, 인물들은 타인에게 매우 상처받았거나, 복수가 목표인 사람으로서 복수가 필요하다고 느끼는가?
- 이야기에서 다른 인물들은 내담자를 대표하는 인물의 (잘못된) 행동을 어떻게 느끼고 반응하는가? 예를 들어, 내담자를 대표하는 인물 때문에 짜증이 난 다른 인물이 잘못된 행동의 목표가 관심이나 그들을 화나게 하는 것을 나타낸다면 어떤 것이 목표가 힘이란 것을 제안하는가?
- 아동을 대표하는 인물로서 누군가와 유사한 상호작용을 한다면 나는 어떻게 느끼고 반응하는가? 대부분의 성인은 인물의 행동에 대해 어떻게 느끼고 반응하는가?
- 이야기에서 부정적인 행동을 위한 수정이나 결과가 있다면 그 아동을 대표하는 인물은 어떻게 반응하는가? 예를 들어, 그 인물은 목표가 불충분한 사람으로서 단지 포기하는 것인가?
- 내담자의 중요한 Cs에 대해 그 이야기가 나에게 무엇을 말해 주는가? 이야기에서 인물들은 다른 사람과 어떻게 관계되어 있는가? 어떤 인물이 유능하고 어떤 방법으로 유능감을 얻는가? 어떤 인물이 이야기에서 그들의 가치를 느끼는 것에 대해 어떻게 알 수 있는가? 어떠한 방법으로 인물이 용기나 용기의 결여를 나타내는가?
- 내담자의 성격 우선순위에 대해 그 이야기는 내게 무엇을 말해 주는가? 아동의 생활에서 다른 사람들의 성격 우선순위에 대해 그것은 무엇을 말하는가? 어떤 인물이 편안함을 추구하고, 통제하며, 다른 사람을 기쁘게 하고, 다른 사람에 대해 우월함을 추구하는가? 이것을 하기 위해 인물들이 어떻게 행동하는가?
- 그 이야기는 내담자가 스스로를 보는 견해에 대해 나에게 무엇을 말해 주는가?
- 그 이야기는 내담자의 견해와 타인에 대한 태도에 대해 나에게 무엇을 말해 주는가?
- 그 이야기는 내담자의 관계에 대한 평소 접근에 대해 나에게 무엇을 말해 주는가?
- 그 이야기는 삶에 대한 내담자의 태도에 대해 내게 무엇을 말해 주는가?
- 그 이야기는 내담자의 평소 문제 해결 접근에 대해 내게 무엇을 말해 주는가?

- 그 이야기는 내담자의 사회적 관심의 수준에 대해 내게 무엇을 말해 주는가?

아동의 이야기를 들은 이후에 상담사는 같은 인물에 대해 다른 이야기를 하기 원한다고 아동에게 말한다. 이는 상담사가 재진술을 원하는 아동에게 말하는 것의 부정적 의미를 내포하는 것을 피하는 것인데, 원래 이야기(original version)가 충분하지 않음을 쉽게 암시할 수 있다. 그런 후 당신은 같은 인물, 같은 환경, 아동 이야기의 같은 시작을 사용하여 이야기를 한다. 재진술은 이야기의 다른 중간과 끝을 가질 수 있다. 첫째, 사회적으로 좀 더 적절한 문제해결 방법, 둘째, 자신, 타인, 삶에 대한 좀 더 긍정적 방법, 셋째, 성격 우선순위로 행동하는 다른 방식, 넷째, 다른 사람과 관계를 형성하고 상호작용하는 긍정적 방법, 다섯째, 좀 더 관계하고, 유능하며, 가치 있고, 용기 있게 느끼기 위한 전략, 여섯째, 용기를 얻고 나타내는 방법, 일곱째, 적절한 방법으로 중요성을 얻는 아동의 능력에 간섭하는 것으로 보이는 개인적 이슈에 대한 대안적 해석, 여덟째, 관심, 힘, 복수 또는 부적절함을 증명하기보다 협동과 기여에 더 치중하는 행동들을 묘사한다.

즉시 이야기를 다시 하는 것은 불필요하다. 때로 우리는 이야기를 다시 하기 위해 회기의 후반부를 기다릴 것이고, 때로는 차후 회기까지 기다릴 것이다. 우리는 이야기를 다시 할 준비를 할 때 다음의 질문을 고려한다. 우리는 재진술에서 이 질문 모두와 관련된 요소들을 포함하지 않는다. 대신 우리는 원래 이야기를 했던 특정한 내담자의 요구에 귀를 기울인다. 우리는 다음의 것을 고려할 필요가 있다.

- 이야기 재진술에 있어서 상담사의 목표는 무엇인가? 상담사의 이야기에서 내담자가 배우길 원하는 것은 무엇인가?
- 상담사가 어떤 긍정적 인물/특성/기술이 이야기를 통해 내담자가 용기 얻기 원하는 것은 무엇인가?
- 어떤 인물을 남길 것인가? 이 인물들로 성취하기 원하는 것은 무엇인가? 상담사는 어떤 인물을 추가하길 원하는가? 추가된 인물에 어떤 특성을 포함할 것인가? 왜 그 인물들이 내담자에게 중요한가?
- 어떻게 내담자의 성격 우선순위의 강점을 강조할 수 있는가? 어떻게 성격 우선순위에 따른 불이익과 대가를 명확히 할 수 있는가? 어떻게 성격 우선순위의 강점을

강조하고 약점을 최소화할 방법을 제안할 수 있는가?

- 중요한 Cs 중 이야기에서 어떤 것이 스트레스이길 원하는가? 어떻게 타인과 관계하고 유능감을 느끼고 가치 있게 되는 데 만족감을 얻고 용기를 얻기 위한 전략을 설명할 수 있는가?
- 이야기에서 (잘못된) 행동을 위한 결과를 통합할 것인가? 어떤 결과가 현실적이고 관련되어 있고 존중받을 만한가?
- 이야기에서 긍정적 행동을 위한 긍정적 결과를 통합할 것인가? 어떤 결과가 긍정적 행동의 중요성을 설명하는가?
- 어떻게 잘못된 행동의 목표에 대해 분투하는 인물을 다시 사용할 것인가?
- 어떻게 문제 해결을 위해 좀 더 긍정적 태도로 인물을 삼는가?
- 갈등해결이나 문제해결 전략의 방법 중 다시 말할 때 설명하길 원하는 것은 무엇인가? 어떻게 재진술에서 적절하고 실제적인 방법으로 갈등을 해결할 수 있는가?
- 어떻게 인물들이 재진술에서 자신, 세상 타인을 보는 좀 더 긍정적인 방법을 통합할 수 있는가? 어떻게 인물들에게 보다 긍정적 태도를 통합할 수 있는가?
- 어떻게 재진술에서 타인과 관계를 수립하고 잘 지내는 보다 적절한 방법을 통합할 수 있는가?
- 어떻게 기능에 대한 아동의 능력을 방해하는 개인적 이슈의 대안적 해석을 묘사할 수 있는가?
- 어떠한 사회적 기술이나 다른 기술을 묘사하길 원하는가?
- 아동의 사회적 관심을 향상시키기 위해 이야기 재진술에서 무엇을 할 수 있는가?

다음은 상호 이야기 나누기의 예이다. 나(TK)는 키샤와 함께 이야기를 만들었다. 나는 키샤에게 처음, 중간, 끝이 있는 이야기를 해 달라고 부탁했다. 그녀는 다음과 같은 이야기를 해 주었다.

옛날 정글에 사는 코끼리가 있었어요. 코끼리는 키 큰 나무의 젤 높은 곳에 있는 나뭇잎을 먹는 걸 좋아했어요. 어느 날, 이웃에 있는 나뭇잎이 모두 사라졌고, 그래서 코끼리는 나뭇잎을 먹기 위해 정글의 다른 곳에 가기로 결심했어요. 자기가 먹고 싶은 나뭇잎이 있는 적당한 나무를 발견할 때까지 걷고 또 걸었어요. 단 한 가지 문제는 나무에 원숭이 가

> 족이 살고 있다는 것이었어요. 원숭이 가족은 나무에서 모든 나뭇잎을 먹는 것을 원치 않았어요. 그들은 코끼리에게 저리 가라고 했지만 코끼리는 가지 않았어요. 코끼리는 나무 주위로 몸통을 감아서 원숭이들이 떨어질 때까지 흔들어 댔어요. 그들은 진짜로 화가 나서 다시 나무로 올라갔어요. 코끼리는 나무를 계속 흔들었지만 원숭이들은 계속 올라갔어요. 원숭이들은 나뭇잎을 공유하자고 결정했지만 코끼리는 그러고 싶지 않았어요. 코끼리는 원숭이에게 나무에서 사라지지 않으면 짓밟아 버리겠다고 이야기했어요. 그들은 코끼리에게 나무를 주고 떠났어요.

이 이야기를 들으면서 나는 코끼리가 키샤를 대신하고 원숭이가 다른 가족 구성원과 학급 친구를 대신하는 것이라고 믿었다. 전체 정서적 분위기는 다소 암울해 보였다. 코끼리는 그가 원하는 것을 얻었지만 그 과정에 어떤 기쁨과 기념도 포함되지 않았다. 이 이야기는 키샤의 생활양식을 나타내는 것처럼 보였고, 그녀가 힘 있고 통제해야 한다는 견해에 대한 예화였다. 다른 사람들은 그녀가 하는 말을 그대로 받아들여야 하고, 그들이 받아들이지 않는다면 단지 위협을 늘려서 그녀가 원하는 것을 얻을 것이다. 그녀는 타인을 제압할 필요에 대해 중요하게 느끼는 것 같았다. 이것은 타인과 관계하는 일반적 방법이자 문제해결의 방법이었다.

재진술에 대한 나의 목표는 키샤가 욕구를 관철하기 위해 타인을 제압할 필요가 없다는 생각을 소개하는 것이었다. 나는 타협 기술을 포함하여 어려움을 해결하는 데 좀 더 도움이 될 생각을 제안하길 원했다. 나는 그녀가 사회적 관심을 증진시키는 목표를 갖고 위협 없이 중요성을 갖길 제안하는 것이 도움이 될 것이라 생각했다. 다음은 나의 재진술이다.

> 정글에 사는 코끼리가 있었어. 코끼리는 키 큰 나무 높은 곳에 있는 나뭇잎을 먹는 걸 좋아했어. 어느 날 이웃에 있던 모든 나뭇잎이 사라졌고, 배가 고팠기 때문에 먹을 나뭇잎을 찾으러 정글의 다른 곳으로 가기로 결심했어. 그는 정말 피곤해서 짜증날 때까지 걷고 또 걸었어. 드디어 자기가 먹고 싶은 나뭇잎이 있는 나무를 발견했어. 단 하나의 문제는 그 나무에는 원숭이 가족이 살고 있다는 것이었어. 그리고 원숭이들은 코끼리가 그들 나무의 나뭇잎을 전부 다 먹는 걸 원치 않았어. 그들은 코끼리에게 멀리 가라고 했지만, 코끼리는 그러고 싶지 않았어. 코끼리는 배고파서 짜증이 났고, 그 이파리를 먹고 싶었어.

> 코끼리는 원숭이에게 "나뭇잎을 내게 주지 않는다면, 나는 나무를 흔들어서 너희를 떨어뜨려 버릴 거야."라고 말했어. 원숭이들은 "잠깐만, 우리가 뭔가 알아낼 수 있어. 우리는 너와 오늘 나뭇잎을 일부 공유하는 건 개의치 않지만, 우리가 이 나무에서 사니까 나뭇잎을 모두 잃고 싶진 않아."라고 말했어. 코끼리는 "하지만 난 피곤하고 더 이상 나뭇잎을 찾으러 걷고 싶지 않아."라고 말했어. 원숭이들은 코끼리에게 "우리는 오늘 너와 나뭇잎을 공유할 것이고, 너는 오늘밤 여기서 자도 돼. 내일 우리가 이런 나뭇잎이 있는 좀 더 많은 나무를 찾도록 너를 도울게. 우리는 나무에서 나무로 점프할 수 있으니까 너를 도울 수 있을 거야."라고 말했어. 코끼리는 "왜 내가 나뭇잎을 찾는 걸 도와줘?"라고 물었고, 원숭이들은 "너는 친절한 동물처럼 보이고, 단지 오늘 약간 피곤해서 성질이 난 것 같아. 우린 널 도울 거고 네 친구가 될게."라고 대답했어. 코끼리는 그때까지 많은 친구가 없었고, 친구를 좀 더 사귀고 싶어 했지. 원숭이와 친구가 된 것은 좋은 시작인 것처럼 보였어.

이야기의 재진술에서 상담사는 아동이 자신의 생활양식에서 통찰을 얻고 아동이 살고 있는 상자에서 어떤 변화를 만들지 시험하는 것을 도울 수 있다. 상담사는 같은 목표를 위해 독서치료를 사용할 수 있다.

독서치료

아들러 놀이치료에서 자주 사용되는 다른 은유적 개입은 독서치료(Karges-Bone, 2015; Malciodi & Ginns-Gruenberg, 2008; Recob, 2008; Shechtman, 2009)이다. 독서치료는 아동이 통찰을 얻고, 다른 관점을 고려하거나 타인과 상호작용하는 대안적 방법을 배우는 데 원동력으로서 어떤 책을 사용할지에 대한 전략이다. 독서치료는 정보의 의사소통, 논의의 자극, 문제 해결 제공, 유사한 문제를 다루는 타인에 대한 인식을 만들어 낼 수 있다.

놀이치료에서 독서치료를 사용할 때, 상담사는 아동이 통찰을 얻고 행동이나 태도의 변화를 도울 수 있도록 고안된 특별한 책을 가져온다. 상담사는 아동에게 책을 읽어 줄 수 있고, 아동 자신이 책을 읽거나, 상담사와 아동이 함께 책을 읽을 수도 있다. 상담사는 책에서 무슨 일이 일어났는지 어떻게 아동과 생활양식, 상황이 관련되는지를 논의할 수 있고, 혹은 논의 없이 단지 회기를 진행할 수도 있다.

직접적 의사소통을 선호하는 아동들에게는 일반적으로 책에 대한 생각, 느낌, 반응에 대해 말하길 원하는지, 또한 그것이 아동의 생활 상황과 어떻게 연결되어 있는지 묻는 것이 적절하다. 은유를 통해 간접적으로 의사소통하는 것을 선호하는 아동은 아동의 생활과 책이 어떻게 연결되어 있는지 논의하기를 원치 않을 것이다. 그렇지만 상담사는 그러한 아동에게 독서치료를 사용하는 것을 막지는 말아야 한다. 여러 번, 아동은 어떠한 언어적 과정 없이도 책에서 배울 것이 있고, 실제 생활 상황에 대한 실제적 언급 없이도 책에서 어떤 일이 일어났는지 논의하는 것에서 배우게 된다. 아동에게 특별한 독서치료 책은 다음의 요인들을 고려하는 것이 필수적이다.

- 그 책은 아동의 특별한 상황과 이슈와 연관된 것이어야 한다.
- 그 책은 아동의 발달과 어휘 수준에 적합해야 한다. 누가 그 책을 읽을 것인지 결정함에 있어, 당신은 또한 아동의 읽기 능력을 인식해야 한다.
- 그 책은 잘 쓰이고, 흥미 있으며, 관련된 것이어야 한다. 완벽한 책은 아동의 모든 감각과 정서적, 인지적 반응을 불러일으키고 아동의 상상을 격려하는 것을 포함한다.

우리는 다년간의 경험에서 아동 문학 작품이 대부분 '치료적' 책보다 효과가 좋다는 것을 알게 되었다. 우리는 치료 목표로 고안된 책들보다 좀 더 미묘하게 잘 쓰이고 잘 표현되고 초점을 만들기 때문이라고 믿는다. 이것은 좋은 '치료적' 책은 없다는 것을 의미하지는 않는다. 그것은 단지 회기에서 사용하는 책들을 선택하는 데 안목이 있어야 하는 것을 의미한다.

적절한 책을 찾기 위해 당신은 아동도서관 사서와 상담할 수 있고 아동 문학작품 속 주석에 달린 안내문(guide), 『The Read Aloud Handbook』(Trelease, 2013), 『Best Books for Children: Preschool Through Grade 6』(Barr, 2013), 『Best Books for Children, Supplement to the 9th Edition: Preschool Through Grade 6』(Barr, 2013)와 같은 것을 활용할 수도 있다. 이러한 안내문은 일반적으로 주제별로 되어 있고, 읽기 수준이나 발달 수준만큼 줄거리 요약본도 들어 있다.

당신은 그들의 생활양식의 특정 요소를 가진 아동을 돕기 위해 책을 선택한다. 예를 들어, 중요한 Cs로서 용기를 얻는 데 도움이 되기 위해서 당신은 다음의 책을 아동과 읽을 수 있다.

- 『Beautiful Ooops』(Saltzberg, 2010)
- 『You've got dragons』(Cave, 2003)
- 『One』(Otoshi, 2008)
- 『The pout-pout fish and the big-big dark』(Diesen, 2010)
- 『Courage』(Waber, 2002)
- 『Scaredy Squirrel』(Watt, 2006)
- 『Bravery soup』(Cocca-Leffler, 2002)
- 『The Worrywarts』(P. Edwards, 2003)
- 『Wemberly Worried』(Henkes, 2000)
- 『Wilma Jean, the Worry Machine』(Cook, 2012)
- 『Orion and the dark』(Yarllet, 2014)

중요한 C로 인해 갈등하는 아동에게 유능감을 불어넣어 주기 위해서 다음과 같은 책을 사용할 수 있다.

- 『Sky color』(Reynolds, 2012)
- 『The pout-pout fish goes to school』(Diesen, 2014)
- 『I want your moo』(Weiner & Neimark, 2009)
- 『The little Engine that could』(Piper, 2005)
- 『Most magnificent thing』(Spires, 2014)
- 『If I could keep you little』(Richmond, 2010)
- 『Elephants can't jump』(Willis & Reynolds, 2015)
- 『How to catch a star』(Jeffers, 2004)
- 『A perfectly messed-up story』(McDonnell, 2014)

그들이 가치 있다는 것을 믿기 어려워하거나 조건부로 중요하다는 생각에 갇힌 아동의 경우, 다음의 책들이 중요한 자원이 되곤 한다.

- 『Zero』(Otoshi, 2010)

- 『Chrysanthemum』 (Henkes, 1991)
- 『Unique Monique』 (Rousaki, 2003)
- 『Lilly's Purple Plastic Purse』 (Henkes, 1996)
- 『The invisible boy』 (Ludwig, 2013)
- 『Red: A crayon's story』 (Hall, 2015)
- 『You are special』 (Lucado, 1997)
- 『I believe in you』 (Richmond, 2011)

타인과 관계하는 데 어려움이 있는 아동은 다음과 같은 책들이 이익이 된다.

- 『Don't need friends』 (Crimi, 1991)
- 『Recess queen』 (O'Neill & Huliska-Beith, 2002)
- 『Zero』 (Otoshi, 2010)
- 『Two』 (Otoshi, 2014)
- 『Scaredy Squirrel Makes a friend』 (Watt, 2007)
- 『Chester's way』 (Henkes, 1997)
- 『Hygiene... You Stink』 (Cook, 2014)
- 『Stick and Stone』 (Ferry, 2015)

잘못된 행동의 목표가 관심인 아동과 작업할 때는 다음의 책들을 독서치료 개입에 사용할 수 있다.

- 『The day Leo said I hate you!』 (Harris, 2008)
- 『Noisy Nora』 (Wells, 1997)
- 『Llama Llama Red Pajamas』 (Dewdney, 2005)
- 『I need my monster』 (Noll, 2009)

잘못된 행동의 목표가 힘인 아동인 경우 다음 책들이 도움이 된다.

- 『Recess Queen』(O'Neill & Huliska-Beith, 2002)
- 『Zach Gets Frustrated』(Mulcahy, 2012)
- 『I just don't like the sound of no!』(Cook, 2011)
- 『All for me and None for all』(H. Lester, 2012)
- 『Bad Kitty』(Bruel, 2015)

복수를 향해 분투하는 아동에게는 다음의 책이 타인과 상호작용의 역동에 근간이 되는 것을 탐색하는 데 도움이 된다.

- 『The Grouchies』(Wagenbach, 2009)
- 『Horrid Henry's Revenge』(Simon, 2001)
- 『Blossom's Revenge』(Geras, 2002)
- 『Llama Llama time to share』(Dewdney, 2012)

잘못된 행동의 목표가 부적절함 증명하기인 아동에게는 다음 책들이 자원이 될 수 있다.

- 『Pete the cat and his magic sunglasses』(Dean & Dean, 2013)
- 『The pout-pout fish goes to school(Diesen, 2014)
- 『The pout-pout fish』(Diesen, 2008)
- 『Shy Charles』(Wells, 1988)
- 『The invisible boy』(Ludwig, 2013)
- 『The boy who didn't want to be sad』(Goldblatt, 2004)

아동이 성격 우선순위를 파괴적 표현에서 건설적 표현으로 변화시키기 위해 책을 사용한다면, 다음의 책들이 가능한 독서치료 도구가 된다.

성격 우선순위가 편안함인 아동에게는

- 『Score one for the sloths』(H. Lester, 1987)

- 『The pout-pout Fish』 (Diesen, 2008)
- 『The pink refrigerator』 (Egan, 2007)
- 『Sparky!』 (Offill, 2014)

성격 우선순위가 통제인 아동에게는

- 『Recess queen』 (O'Neill & Huliska-Beith, 2002)
- 『One』 (Otoshi, 2008)
- 『Wallace's Lists』 (Bottner & Kruglik, 2004)
- 『Chester's Way』 (Henkes, 1997)
- 『Princess penelope's Parrot』 (H. Lester, 2001)
- 『You get what you get』 (Gassman, 2013)

성격 우선순위가 기쁘게 하기인 아동에게는

- 『Zero』 (Otoshi, 2010)
- 『Giraffes can't dance』 (Andreae, 1999)
- 『A color of his own』 (Lionni, 1997)
- 『A bad case of stripes』 (Shannon, 2004)
- 『Ruby, the copycat』 (Rathmann, 2006)

성격 우선순위가 우월함인 아동에게는

- 『The other dog』 (L'Engle, 2001)
- 『The girl who never made mistakes』 (Pett, 2011)
- 『Unique Monique』 (Rousaki, 2003)
- 『Better than you』 (Ludwig, 2011)
- 『I am cow, hear me moo!』 (Esbaum, 2014)
- 『I don't want to be a frog』 (D. Petty, 2015)

대부분의 책이 하나 이상의 목록에 포함되어 있음을 알았을 것이다. 그것은 아동에게 목표가 되는 개입 하나 이상을 사용할 수 있기 때문이다. 상담사가 어떻게 설정하고 아동과 과정을 어떻게 할 것인지에 따라, 책은 다양한 이슈에 도움을 줄 수 있다. 그에 더해서 통제가 성격 우선순위일 때 부적응적인 면이 있는 아동이 자주 잘못된 행동의 목표로서 힘을 갖게 되고, 중요한 C인 관계에 갈등이 있거나 그들이 유능하거나 중요하지 않다는 믿음으로 과잉보상하려는 경향이 생기는 것처럼 겹치는 다양한 이슈들이 있다. 이 목록은 완전히 독립적인 것이 아니다. 지금 상담사가 아동이 통찰을 얻도록 돕기 위해 아동 문학을 사용하는 씨를 뿌리면(그리고 특정 기술을 가르치거나 좀 더 긍정적 태도와 관점을 불어넣는 재교육을 하는 많은 사례에서) 상담사는 아동이 치료적 목표를 성취하기 위해 사용할 수 있는 책에 대해 브레인스토밍하기 시작할 것이다. 예를 들어, 상담사는 『Batie's babbling brother』(Hutchins, 1996)를 가족에게 관심을 제일 많이 얻길 원하는 어린 동생과 갈등하는 아동에게 사용할 수 있다. 또한 『Ish』(Reynolds, 2004)는 너무 경직된 아동이 조금 느슨해지도록 하는 데 사용하며, 『This is not my hat』(Klassen, 2012)은 도벽이 있는 아동에게 사용한다. 『The adventures of Beekle: The unimaginary friend』(Santat, 2014)는 상상의 친구를 가진 것에 대해 놀림 받는 아동에게 사용하고, 『A handful of quiet: Happiness in four pebbles』(Hanh, 2012)는 명상과 마음챙김을 사용하여 아동에게 자기조절을 가르치기 위해 사용한다. 우리는 상담사가 치료에 사용할 수 있는 책에 대한 책을 써야 한다! 상담사가 아이디어를 가졌다. 상담사는 어릴 때 좋아했던 책과 자녀나 손자의 책꽂이에서 지금부터 회기에서 사용할 수 있는 책을 찾을 준비가 되어 있다.

지시적 역할놀이

아들러 놀이치료의 세 번째 단계 동안 상담사는 아동이 사고, 감정, 행동의 패턴에 대한 통찰을 얻고 사고, 감정, 행동의 새로운 방법을 고려하기 시작하는 데 도움이 되는 지시적 역할놀이를 사용할 수 있다. 이는 특정 부정적 환상에 사로잡혀 있거나 외상적 사건을 반복하여 놀이하는 아동에게 특히 효과적이다. 이런 아동들은 좌절시키는 결말이 있는 장면을 통해 놀이를 회기마다 반복하는데, 진전이 전혀 없고 이야기 결과의 변화도 전혀 없다.

상담사가 반복이 정화(catharsis)와 제반응(abreaction)을 위해 허용된다고 믿는 상황에서는 아동이 그것을 변화시킬 준비가 되었다고 결정할 때까지 역할놀이의 과정을 아동이 통제하도록 하는 조용한 기법을 사용하는 것이 적절하다. 다른 때에는 상담사가 아동이 부정적 결과에 대한 보속성(perseveration)을 보인다고 임상적으로 판단한다. 왜냐하면 그들은 어떻게 시나리오를 바꿀지를 알지 못하기 때문이다(Kottman, 2011). 이러한 아동은 다른 가능성을 일반화시킬 충분한 자료가 없거나 결과에 대한 대안적 경로를 볼 수 있는 충분한 통찰을 갖지 못했기 때문이다. 6~8회기의 반복 이후, 우리는 다른 인물을 추가하거나 아동이 지시하는 조용한 기법을 사용하지 않고 다른 방향으로 이야기를 취함으로써 역할놀이의 과정을 변화시키려고 한다. 이러한 상황에서 아동이 치료적 방법으로 놀이를 사용할 수 없다고 보기 때문에 우리는 아동에게 놀이를 지시하는 책임을 지게 하는 것을 원치 않는다.

다른 사례에서는 아동이 외상적 놀이를 드러낼 수 있다(Gil, 2006; 2010; Malchiodi, 2014; Terr, 1990). 외상적 놀이에서 아동은 놀이가 정화적이지도 치료적이지도 않게 스스로 거의 재외상을 입힐 수도 있다. 이러한 사례인지가 의심스럽고 어떻게 해야 할지 확실하지 않다면 아동과 할 최선의 활동 과정에 대해 동료와 상담하거나 슈퍼비전을 받아야 한다. 우리가 역할놀이의 과정을 변화시키려고 결정할 때, 우리는 보통 속삭이는 목소리나 보통 목소리보다는 인물의 목소리를 사용한다. 이러한 방법으로 우리는 아동 역할놀이의 은유에서 틀을 만들기 원하는 제안이나 재지시를 유지할 수 있다.

다음의 역할놀이의 예는 고착된 위치에서 벗어나게 도와줄 필요가 있는 아동과의 예이다. 6세인 카산드라는 계부에게 성적 학대를 당해 왔다. 그녀는 괴물이 그녀를 해치려고 쫓아오고 그녀는 숨어서 움직일 수 없는 시나리오를 가지고 활동했다. 그녀는 열 번의 회기를 똑같이 반복했다. 나(TK)는 카산드라가 이 시나리오에 갇혔다고 믿었고, 계부가 감옥에 있다는 것을 그녀가 알며, 우리가 좋은 접촉과 나쁜 접촉에 대해 논의하고, 어떻게 자신을 보호할지에 대해 논의했음에도 불구하고, 카산드라는 어쨌든 계속 무기력감을 느꼈고 개인적 폭력으로부터 스스로를 지킬 수 없었다. 초기에 나는 카산드라에게 역할놀이 과정에서 나의 영향 없이 시나리오를 통제해 보라고 하였다. 그것은 항상 다음과 같이 진행되었다.

카산드라(크고 굵은 목소리): "나는 나쁜 괴물이다. 네 방으로 가서 너를 해치우겠다."

테리(속삭이는 목소리): "선생님이 어떻게 했으면 좋겠어?"

카산드라: "선생님, '난 무섭고 내 방에서 막을 수가 없어. 그는 나를 해칠 거고 나는 그를 멈

출 수가 없어. 난 움직일 수도 없어.'라고 하세요."

테리(등장인물 목소리): "나는 무서워. 그를 막을 수가 없어. 움직일 수도 없어. 그는 나를 해칠 거고, 나는 그를 막을 수가 없어."

(원래 목소리): "굉장히 무서운 괴물처럼 들린다. 나를 해치는데도 멈출 수가 없어."

(속삭이는 목소리): "이젠 내가 무엇을 해야 하니?"

카산드라: "선생님은 무서워서 커버 밑에 숨어요."

(등장인물 목소리): "너는 숨을 수가 없단 걸 알지. 나는 내가 원할 때 언제든 너를 해칠 수 있지. 넌 나를 멈출 수가 없어."

테리(숨어서 속삭이는 목소리): "내가 지금 무엇을 해야 하니?"

카산드라: "'싫어. 싫어. 싫어. 싫어. 가 버려. 나 혼자 내버려 둬.'라고 말해요."

테리(등장인물 목소리): "싫어. 싫어. 싫어. 싫어. 가 버려. 나 혼자 내버려 두라고!"

(원래 목소리): "정말 이 괴물이 무섭고 괴물이 나를 해치는 것을 멈추기를 바라는구나. 나는 할 수 없다고 느끼지만 말이야. 나는 그가 나를 내버려 두게 할 수 없고, 움직일 수도 없고."

카산드라는 때로 겁먹은 아이를, 때론 괴물 역할을 했다. 기본 순서는 유지되면서 아동은 힘이 없고 괴물이 모든 힘을 가지고 있었다. 열 번째 반복 이후, 나는 카산드라가 무기력한 아이의 반복을 변화시킴으로써 통찰을 얻도록 도와주고, 특정 경계 설정과 경계 위반을 다루는 방법을 모델링하기로 결정했다. 나는 여전히 조용한 기법을 사용했지만, 역할놀이에서 내가 아동의 역할을 할 때 좀 더 힘을 줄 수 있는 언어로 조언하고, 문제 해결을 위한 대안적 제안을 했다.

카산드라: "나는 나쁜 괴물이다. 나는 너를 해치우겠다."

테리(보통 목소리): "괴물이 나를 해치겠다고 하네."

(속삭이는 목소리): "내가 어떻게 할까?"

카산드라: "선생님, '난 정말 괴물이 무서워. 그는 그가 원하는 대로 나한테 할 수 있어. 나는 그를 멈출 수가 없어.'라고 하세요."

테리(등장인물 목소리): "난 정말 괴물이 무서워 . 그는 나에게 원하는 대로 할 수 있고, 내가 그를 멈출 수 없다는 것을 알고 있어. 나는 내가 방문을 잠근다면 그가 이 방에 발을 들여놓지 못할지 궁금해."

(속삭이는 목소리): "지금은 어떻게 할까?"

카산드라: "선생님은 무서워서 커버 밑에 숨으세요."

(등장인물의 목소리): "넌 숨을 수가 없지. 난 항상 너를 찾을 수 있지. 문을 잠근다면? 나는 열쇠를 부술 거야."

테리(등장인물 목소리): "너는 열쇠를 부술 수 있다고 생각하는군. 근데 네가 그렇게 한다면, 우리 엄마한테 말할 거야."

카산드라(등장인물 목소리): "넌 엄마한테 말할 수 없어. 네가 그렇게 한다면 나는 네가 열쇠를 부쉈다고 이야기할 거야. 그러면 넌 정말 큰일이 날 걸."

테리(속삭이는 목소리): "이제 내가 어떻게 할까?"

카산드라: "우리 엄마는 괴물 말을 안 믿어. 엄마는 내가 거짓말을 하지 않는 걸 알아."

테리(등장인물 목소리): "아하! 우리 엄만 널 안 믿어. 엄만 내가 거짓말 안 하는 걸 아셔. 엄마는 나를 믿을 거고, 너는 우리 집에 다시는 올 수 없을 걸. 너는 감옥에 가야만 할 거야."

나는 역할놀이 버전에서 두 개의 기본적인 것을 변화시켰다. 나는 그 상황을 재구성할 언어를 사용했고, 상황을 다룰 대안적 방법을 제안했다. 나는 아동의 단어를 살짝 바꾸었는데 "그는 그가 원하는 대로 나한테 할 수 있어. 나는 그를 멈출 수가 없어."를 "그는 나에게 원하는 대로 할 수 있고, 내가 그를 멈출 수 없다는 것을 알고 있어."로 바꾸었다. 이 작은 언어의 변화는 괴물의 힘의 일부를 가져갔고, 아동에게 힘을 주었다. 아동이 문을 잠그고 엄마에게 이야기하는 상호작용을 통해 통제를 얻기 위한 아이디어를 소개함으로써 나는 상황을 인식하고 반응하는 다른 방법이 있고, 그녀에게 이런 상호작용과 다른 상호작용에 있어서 좀 더 힘을 얻을 수 있도록 하는 방법이 있다는 것에 대해 의사소통하였다. 이것은 아동의 어려움에 대한 영구적 해결이 아니었지만 그녀가 통찰을 얻도록 도와주었고, 점차적으로 역할놀이에서 표현된 보속성을 완화시켜 주었다.

예술 기법의 사용

아들러 놀이치료에서는 아동의 생활양식에서 통찰을 얻도록 하는 탐색 단계에서 예술 기법을 사용한다. 동적 미술 경험, 만화 조력자(Mills & Crowley, 2014), 몸 따라 그리기, 신체 지도(Santen, 2015; Steinhardt, 1985), 손인형과 가면 만들기(Buchalter, 2009), 아동과 아동의 삶에서 중요한 사람, 상황의 상징적 표상 만들기(Lombardi, 2014; Oaklander, 1978/1992; Ray, Perkins, & Oden, 2004; Segel, 1991; Wolf, 2014)는 치료의 이 단계나 다른 세 단계의 어디서든 사용할 수 있다. 상담사가 예술적 개입이 편하다면 놀이치료 과정에서 창조적 가능성을 포함한 다른 자원을 탐색하는 것을 원할 것이다.

동적 미술 경험의 확장

두 번째 단계에서 동적 가족화와 동적 학교화를 가져옴으로써 놀이치료사는 아동이 그들 자신, 타인, 세상을 재평가하는 것을 도울 수 있게 사용할 수 있다. 놀이치료사는 또한 아동에게 가족과 학교 주제의 다른 그림을 그리도록 요구할 수 있다. 아동은 일어나길 원하는 변화를 시각화하도록 이상적 가족이나 이상적 교실에 대한 그림을 그릴 수 있다. 그들은 그들의 삶에서 다른 사람의 그림을 그릴 수 있고 어떻게 그들과의 관계가 변화했으면 하는지에 대한 그림을 그릴 수 있다. 그들은 가족의 모든 문제를 날려 버릴 마술 지팡이를 가진 것처럼 그릴 수도 있고, 이런 일이 생겼을 때 가족들이 어떻게 보일지를 그릴 수도 있다. 이 모든 활동에서 강조점은 아동의 삶에서 다양한 사람과의 관계에 두어야 한다.

이 전략은 아동 개인과 예술적 재능, 선호에 따라 조정 가능한 것임을 기억하는 것이 중요하다. 아동이 그림이나 점토, 스티커, 파이프 클리너, 콜라주, 춤, 음악, 아동의 삶에서 일어나는 일을 표현할 다른 표현적 예술 형식에 좀 더 편안해 한다면, 상담사는 통찰을 얻도록 하기 위한 매체를 사용해야 한다. 아동에게 창조적으로 반응하면서 상담사는 자기표현과 심리적 인식을 격려하는 비언어적 기법을 고안할 수 있다.

만화 조력자 만들기

만화 개입에서 아동은 그들 문제를 도와줄 만화 조력자를 만들어 낸다(Mills & Crowley, 2014). 당신은 자기, 타인, 세상을 보는 새로운 방법을 위해 제안을 하는 원동력으로서 만화 조력자를 활용할 수 있다. 아동은 그들의 내적 강점과 어려움에 대처할 자원을 찾기 위한 수단으로서 만화 조력자를 사용할 수 있다. 만화 조력자를 그리는 것은 아동이 공포와 불안을 표현하고 대처하며 문제 해결 상황과 관계의 대안적 방법을 탐색하기 위한 방법을 제공할 수 있다. 나이 든 아동(8세 이상)은 정말 이런 전략을 좋아하는 것 같다. 당신의 상상에 의해서만 제한되는, 만화 조력자를 사용하는 수많은 방법이 있다. 이러한 개입은 세 단계로 구성된다.

① 아동은 공포, 걱정, 마음을 상하게 하는 상황을 그린다.
② 아동은 문제를 다루는 데 도움이 되는 만화 조력자를 그린다.
③ 아동은 공포, 걱정, 마음 상하는 상황이 해결될 때 어떻게 보이는지를 그린다.

이 전략에서 아동은 문제 해결을 일반화한다. 만화 조력자는 문제 해결에 은유적 다리 역할을 제공한다.

다른 만화 개입의 예는 아동이 문제 상황을 그리는 것을 포함한다. 상담사는 몇몇 다른 만화의 복제물을 만들 수 있고 이 상황을 해결하는 데 도움이 되는 다른 강점이 있는 다양한 만화 조력자를 개발하도록 아동을 초대할 수 있다. 이는 아동이 문제에 대해 다양한 해결책이 있다는 가능성을 고려하도록 격려한다.

상담사에게 직접 듣는 것을 꺼리는 아동에게 긍정적인 말을 해 주는 만화 영웅을 그리기 위해 만화 조력자를 사용하는 것이 세 번째 예이다. 만화 영웅은 강점과 자산을 가리키는 간접적 원동력으로서 제공할 수 있다.

몸 따라 그리기

다른 미술 활동은 아동이 그들 생활양식에 대한 통찰을 얻도록 도울 수 있는데, 아동이 바닥에 펴 둔 큰 종이 위에 누워서 상담사가 몸을 따라 그리는 것이다. 상담사는 이 기법을 다양한 다른 방법으로 사용할 수 있다. 샌튼(Santen, 2015)은 몸 따라 그리기를 "외상적 경험 이후 잠재 의식적 전략을 시각화함으로써, 대처 방법으로 떠오른 내적 전망을 그림으로써"(p. 126) 해리된 아동을 돕는 데 사용했다. 스타인하트(Steinhardt, 1985)는 인물의 정체성에 대한 대화에서 상담사가 아동을 격려하기 위해 몸 따라 그리기 절차를 사용한다고 서술하였다. 인물을 확인한 후, 아동이 그림을 자세히 그려 넣는다. 스타인하트(Steinhardt)는 아동이 자기상의 윤곽을 만들기를 자주 제안하였다. 아동, 자기에 대한 지각, 타인과의 관계에 대한 질문과 추측을 함으로써, 상담사는 아동이 생활양식에 대한 통찰을 얻도록 돕는 과정으로 이 그림을 사용할 수 있다. 아동이 다른 인물의 초상화를 그리기로 선택한다면 상담사는 그 그림을 정체성과 인물의 완성을 타인과 세상에 대한 아동의 지각을 좀 더 탐색하는 데 사용할 수 있다.

우리는 그들의 개인적 경계의 힘을 변화시킬 필요가 있는 아동에게 이 기법이 유용하다는 것을 발견했다. 약한 개인적 경계가 있는 아동(매우 자주 과보호나, 억제적 가족, 성적 혹은 신체적 학대 경험이 있는 가족의 아동)에게는 우리는 매우 희미하게 경계선을 그린다. 우리는 신체 윤곽 그림을 그들의 경계가 부적절하게 약할 때가 언제인지에 대한 인식을 할 수 있도록 사용한다. 불침투적 경계를 가진 아동(일반적으로 가족에 의해 거절감이 있고 타인에 의해 중대한 상처를 받고 스스로 보호할 것을 찾는 아동)의 경우 우리는 매우 강한 선으로 윤곽을 그린다. 우리는 이러한 아동에게 우정과 지지에 있어서 타인이 아동에게 접근하도록 하는 경계를 개방할 가능성을 고려하게끔 도와주기 위해 그림을 그린다. 입양된 아동이나 위탁 가정의 아동 또한 이러한 개입 전략이 도움이 된다. 우리는 아동이 생물학적 · 환경적 영향에 따른 온 신체적 · 정신적 · 정서적 성향을 구별하는 데 도움을 주기 위해 신체 윤곽을 사용한다. 상담사가 아동의 신체 윤곽을 따라 그리는 것을 아동이 불편하게 여기는 일이 생긴다면, 상담사는 정말 커다란 '진저브레드 쿠키'를 종이에 그리고 같은 방법으로 그것을 사용하도록 가르칠 수 있다.

손인형과 가면 만들기

손인형을 좋아하는 많은 아동, 미술을 좋아하는 아동은 정말 손인형 만들기를 좋아한다. 상담사는 화분, 파리채, 나무 스푼, 깃털 먼지떨이, 오래된 장갑, 마분지 롤(화장지나 종이 타월 심), 아이스캔디 막대기, 상상할 수 있는 어떤 재료로든 손인형을 만들 수 있다(Buchalter, 2009). 우리가 제일 좋아하는 것은 아동, 친구, 형제, 부모를 나타낼 수 있는 오래된 장갑으로 만든 손인형이다. 그리고 아동에게 그것을 끼고 손끼리 대화하도록 요청한다. 아동이 타인과 하는 일상 대화에서 통찰을 얻도록 촉진할 수 있게, 또한 네 번째 단계로 이동하고 좀 더 사회적으로 적절한 대화를 연습하도록 이를 사용할 수 있다. 때론 아이들이 당신에게 장갑을 끼고 대화에 참여하게 하기도 한다.

나(TK)는 아이스캔디 막대기 손인형 기법을 개발했는데, 그것을 주머니 친구라고 부른다. 나는 그것을 친구를 사귀는 데 어려움을 가진 내 내담자 중 한 명을 위해 만들었는데, 3학년에서 가장 인기 있는 친구가 되도록 노력하기 위함이었다. 내가 이렇게 말하는 것이 싫지만, 그녀는 친구 삼고 싶은 가장 인기 있는 8세 소녀가 아니었다. 작고,

통통하며, 따분하고, 중복 학습장애와 ADHD를 가진 아이였다. 나는 그녀가 사람들이 친구가 되기 원하는 사람이 어떤 사람들인지에 대한 통찰을 갖기를 원했다. 나는 그녀가 친구에게 원하는 것의 목록을 만들고 아이스캔디 막대기로 만든 상징 그림(보살피는 마음은 심장으로, 잘 듣는 사람은 귀로)을 그리도록 했다. 나는 그녀가 우정에 긍정적으로 기여할 목록을 만들도록 했고 그녀 자신을 나타내는 아이스캔디 막대기 사람을 만들도록 했다. 그녀는 아이스캔디 막대기 두 개를 친구로 만들었고 그들이 원할 때마다 갖고 놀 수 있도록 했다. 주로 그녀의 주머니에 두었지만 때로 그것을 꺼내서 놀이를 했다. 같은 반의 다른 아동들도 실제로 주머니 친구에 대해 호기심을 보였고, 단기간이지만 이는 꽤 인기가 있었다. 그녀가 엄마에게 아이스캔디 막대기를 가져오게 해서 같은 반 친구들을 위해 주머니 친구를 만들어 주었기 때문이다.

아동은 가면 만들기 또한 좋아한다. 가면은 종이접시, 은박지, 종이 조각, 플라스틱 또는 헝겊 조각으로 만들 수 있다. 상담사는 아동이 그들의 사고, 감정에서 통찰을 얻을 수 있도록 하는 데 가면을 사용할 수 있다. 예를 들어, 그들이 세상에 보여 주는 얼굴, 다른 사람으로부터 숨는 얼굴, 그들 자신에 대해 무엇을 아는지, 다른 사람이 그들에 대해 무엇을 아는지, 그들이 스스로에게 말하는 부정적인 것과 긍정적인 것, 그들이 외로울 때 경험한 감정, 타인과 함께일 때 경험한 감정에 대해 표현할 수 있는 가면을 사용할 수 있다.

상징적 표상의 사용

아동의 삶에서 상황과 관계의 상징적 표상을 사용하는 다른 많은 방법이 있다. 그래서 그들은 태도, 인식, 사고, 감정, 행동의 변화를 시작할 수 있다. 예를 들어, 오클랜더(Oaklander, 1978/1992)는 '장미덤불 기법'을 설명했는데, 아동이 장미덤불을 그리는 것이 일반적으로 자신과 삶의 상황을 나타낸다고 했다. 그들이 그림 그리기를 마친 후, 상담사는 그 생활에 대한 은유적 대화에서 장미 덤불을 끌어들였다. 아동은 또한 가족 각각의 특별한 상징을 고안하여 모든 가족구성원을 상징적으로 그릴 수 있다(Oaklander, 1978/1992). 상담사는 다른 가족 구성원에 대한 그들의 사고, 감정, 반응을 아동이 이해하는 데 도움이 되는 이 정보를 사용할 수 있다. 이는 또한 학교에서 갈등이 있는 아동이 교사와 학급 친구에 대한 인상을 표현하도록 돕는 기법으로 사용되는 것이 적절하다(Ray et al., 2004).

아동이 통찰을 얻도록 돕는 다른 방법은 잡지에서 선택한 동물 사진을 활용하는 것이다(Segel, 1991). 동물 사진 개입은 개별 내담자, 집단, 가족 회기에서 사용될 수 있다. 원래 활동 버전(Segel, 1991)에서는 상담사가 내담자에게 다양한 동물이 묘사된 잡지에서 수집한 사진 모음을 준다. 여러 종류의 사진에는 상담사가 다른 많은 동물 유형(야생동물, 가축, 공격적, 부드러운 등)을 포함시킨다. 내담자는 매력적인 동물을 선택하고, 상담사는 내담자에게 동물 묘사하기를 요청한다. 상담사는 이후 내담자가 다음의 질문에 대답하도록 요청한다.

- 네가 이 동물을 고르도록 이끈 것은 무엇이니? (더 어린 아동에게는 "이 동물에 대해 좋아하는 점은 무엇이니?")
- 네가 이 동물과 공유하는 긍정적인 면은 무엇이니? (더 어린 아동에게는 "너랑 이 동물은 어떻게 닮았니?" 혹은 "너는 이 동물처럼 어떻게 행동하니?")
- 이 동물과 공유했으면 하지만 그렇지 못한 긍정적인 면은 무엇이니? (더 어린 아동들에겐 "그 동물의 어떤 점을 네가 갖기를 바라니?")
- 그 긍정적 면을 가졌다면 너의 인생은 어떻게 달라질까? (더 어린 아동들에겐 "네가 그것을 가지면 어떻게 좀 더 행복해질까?")
- 어떻게 하면 긍정적 면을 네가 유지하게 될까? (더 어린 아동들에겐 "왜 너는 그것을 할 수 없을까?")
- 너의 삶에서 이러한 긍정적 면을 얻기 위해 너는 어떤 점을 변화시켜야 할까? (더 어린 아동들에겐 "네가 좋아하는 동물처럼 좀 더 할 수 있으려면 어떻게 해야 할까?")

나(TK)는 가족 또는 학급에서의 역동을 탐색하기 위한 두 가지 다른 방법의 활동을 채택했다. 첫 번째 방법에서 나는 내담자에게 잡지에서 모은 동물 집단을 묘사하는 사진들을 준다. 사진은 확실히 가족, 일부는 같은 종의 모음, 다른 것은 여러 종의 동물을 모은 것을 포함한다. 나는 내담자에게 가정 혹은 학교와 관련된 이슈를 탐색하기 원하는 것에 따라 '가족'이나 '학급'을 선택하도록 요청한다. 내담자가 선택을 하고, 모은 것에 대해 설명하도록 한다. 내가 다음과 같은 질문을 한 후, 아동이 이슈를 간접적으로 탐색하는 것을 허용하기 위한 방법으로 사진의 은유를 사용한다.

① 이 가족(학급)의 강점과 약점은 무엇이니?
② 이 가족(학급)이 잘하는 것은 무엇이니? 이 가족(학급)이 잘 하지 못하는 것은 무엇이니?
③ 가족(학급) 구성원이 가족(학급)에 대해 바뀌길 원하는 것은 무엇이니?
④ 이 가족(학급)이 당면한 주된 어려움은 무엇이니?
⑤ 가족(학급) 구성원들에게서 이 어려움이 사라진다면 삶이 어떻게 달라질까?
⑥ 너는 가족(학급)이 어려움을 제거하기 위해 어떻게 할 수 있다고 생각하니?

일부 아동에게는 덜 은유적 질문을 사용하기도 한다.

① 이 가족(학급)이 너희 가족(학급)과 어떻게 닮았니?
② 너희 가족(학급)은 이 가족(학급)과 어떤 강점을 공유하니?
③ 너희 가족(학급)은 이 가족(학급)과 어떤 약점을 공유하니?
④ 너희 가족(학급)에서 변화시키고 싶은 것은 무엇이니?
⑤ 너희 가족(학급)의 주된 어려움은 무엇이니? 그것은 사진의 가족(학급)의 어려움과 어떻게 닮아 있니?
⑥ 너희 가족(학급) 구성원은 이 어려움이 사라지거나 감소되면 생활이 어떻게 달라질까?
⑦ 이 어려움이 사라지거나 감소되면 너희 가족(학급)의 생활은 어떻게 같아질까?
⑧ 이 어려움을 만들거나 유지시키는 데 너는 어떠한 역할을 하니?
⑨ 너는 이 어려움을 제거하거나 감소하는 것을 돕기 위해 무엇을 다르게 행동할 것이니?
⑩ 너희 가족(학급)의 다른 구성원은 이 어려움이 사라지거나 감소되는 데 어떤 것을 다르게 할 필요가 있다고 생각하니?
⑪ 이에 대해 너희 가족(학급) 구성원과 어떻게 의사소통할 수 있니?

동물 사진 활동의 두 번째 적용에서 나는 내담자에게 잡지에서 개별 동물을 선택하여 모은 사진 모음을 준다. 나는 내담자에게 그 자신과 가족 구성원 각각을 나타낼 동물을 선택하도록 요청하고, 큰 포스터 판에 그것을 배치하도록 한다. 그런 후 내담자에게 첫째, 강점과 약점을 포함한 각각의 동물, 둘째, 어떻게 가족 구성원이 동물과 비슷한지, 스트레스가 되는 강점과 약점, 셋째, 어떻게 이 동물이 내담자를 나타내는 동물과 관련되어 있는지를 서술하게 한다. 우리가 이 관계를 수립한 다음, 나는 아동에게 동물이 다른 동물과 '대화'하게 하고 종이에서 이리저리 움직이며 다른 동물들이 어떻게 반응하는지를 보여 주길 요청한다. 나는 또한 내담자가 가족과의 관계 및 타인과의 상호작용에 대한 새로운 관점을 얻을 수 있도록 돕는 다른 질문이나 상위의사소통을 하도록 한다. 이것은 그들이 다른 사람에게 어떻게 인식되는지에 대한 통찰을 얻도록 도와줄 수 있기 때문에 다양한 가족 구성원이 함께 할 수 있는 환상적인 훈련이다.

아동과 함께 할 수 있는 다른 예술적 활동은 애완동물 만들기, 다리 그리기, 새장 만들기, 연대표 만들기, 용이나 괴물 그리기, 콜라주 만들기, 걱정 나무 만들기 혹은 화산 만들기 등이다. 예를 들어, 자신이 사랑받거나 믿을 만하지 않다는 가치를 가진 아동과 작업할 때 애완동물 만들기는 할 만한 놀라운 것이다. 상담사는 처음에 아동에게 사랑받고 믿을 만하게 느끼는 것들의 목록을 만든 후, 다양한 재료(스티로폼 공, 실, 파이프 클리너, 반짝이 등)로 애완동물을 만든다. 이 아이디어는 애완동물이 사랑과 신뢰를 전달할 필요가 있는 자질 혹은 기술을 줄 수 있다(상담사와 상담사가 믿는 보이지 않는 친구를 찾는 것과 같은 종류이다). 한 장소에서 다른 장소로 이동하는(말 그대로 혹은 비유적으로) 아동과 작업을 할 때 상담사는 다리를 그리거나 종이를 잘라 만들 수 있다. 다리는 그들이 한 곳에서 다른 곳으로 어떻게 옮길지에 대한 것을 나타낼 수 있다(그녀와 긍정적 관계를 갖기 위해 여동생과 말하지 않는 것, 모든 단어 시험에서 패스하지 못하는 것). 상담사에게 양육을 요구하고 수용하는 데 어려움을 가진 내담 아동이 있다면, 종이 접시를 잘라 새장을 만들거나 실이나 파이프클리너를 사용해서 이를 어떻게 배울 수 있을지 탐색하는 활동을 할 수 있다. 그들 자신, 타인, 세상을 보는 방식에 영향을 주었던 그들 삶의 사건을 탐색하기 위해 연대표를 만드는 것도 아동에게 도움이 된다. 『You've got dragons』(Cave, 2003)를 읽은 후 상담사는 아동에게 용을 그리게 하는데, 이것은 그들이 어떻게 그것을 정복할지 또는 좀 더 친구를 잘 사귀는지를 알아내는 데 도움이 된다. 잡지에서 오려 낸 사진과 단어로 콜라주를 만드는 것은 아동에게 생활양식에서 통찰을 얻도록 하는 또 다른 예술적 도구이다. 상담사는 그들 자신, 친구 사귀는 방법, 그들을 무섭게 하는 것, 좀 더 용기를 얻는 방법, 가족과 학급에 기여할 수 있는 활동 등 수천 가지 다른 주제로 콜라주를 만들 수 있다. 그들은 그림을 그리거나 걱정 나무 모자이크를 만들기 위해 공작용 판지와 풀을 사용할 수 있는데, 걱정 나무 모자이크는 그들의 걱정을 신체적으로 표현하도록 한다. 상담사는 그것들에 창조적인 요소들을 첨가하여 자기진정을 할 수 있도록 하는 방법을 보여 주는데, 그래서 그들이 걱정 때문에 괴롭지 않도록 한다. 분노 이슈를 가진 아동은 종이 공예 화산을 만들고 베이킹 소다와 식초를 사용해서 폭발시키는 것이 도움이 된다. 그런 후 엄청난 혼란을 만드는 폭발 방법에 대해 논의한다. 가능성은 끝이 없고 단지 당신의 상상을 활용하면 된다.

모래상자 활동

놀이치료의 이 단계 동안 아들러 놀이치료사는 때때로 아동에게 모래상자를 만들도록 요청하고 아동(어떤 사례에서는 부모)을 위해 치료사가 모래상자를 만들기도 한다. 아동이 하는 상자는 대부분 놀이치료사가 통찰을 얻도록 고안된 설명을 가진 지시적 상자이다.

상담사가 이 단계에서 제안할 수 있는 상자의 예는 다음과 같다.

- 놀랍고 환상적인 날 혹은 끔찍하게 좋지 않은 날
- 세 가지 소원
- 가장 좋아하는 책, 동화, 영화, TV 쇼, 비디오 게임
- 아동이 꾼 꿈
- 아동을 화나게 하는 것과 그것이 좀 더 나아질 수 있게 하는 것
- 아동이 성공적 문제 해결을 느낄 때
- 문제해결 시도에서 좌절할 때
- 연대표 상자(나의 삶, 주, 연도 등)
- 대단한 왕자(왕, 공주, 여왕)의 왕국
- 모든 것이 쉽고, 편안하며, 성공적인 곳
- 모든 것에 성공이 보장된 아동의 삶
- 화염을 발산하는 인물(혹은 아동이 다른 사람이나 삶의 상황에서 상징적으로 만나야 할 것을 나타내는 다른 특성)과의 만남. 질문은 "이 인물을 다룰 수 있으려면 무엇이 필요할까?"이다.
- 새로운 세상으로 가기(아동이 본 적 없는 공룡 세상, 새로운 행성, 우주 밖과 같은 장소).

아동이 자신을 나타내는 인물을 고르고 이 세상에 대한 것을 아는 인물과 그에게 조언을 해 줄 인물을 고른다. 상자는 여행을 계획하고 어떤 인물에게 필요한지도 계획한다.

- 아동이 미로 혹은 장애물 코스에 들어가는 문제와 유사한 문제를 가진 아동의 상황, 장애물로서 상자에서 사물을 사용한다. 아동은 목적지에 이름을 붙이고, 미로를 가로지르는 인물을 선택하고 길을 따라 장애물을 다루기 위해 해결책을 찾는다.

상담사는 또한 아동이 통찰을 얻도록 돕는 방법으로서 상자를 만들 수 있다. 다음은 상담사가 아동을 위해 만들 수 있는 상자의 예이다. 모래상자는 이를 나타낸다.

- 상담사는 아동이 자기, 타인, 세상을 보는 것을 어떻게 이해하는지
- 아동의 개인적 논리에 대한 상담사의 이해
- 부모-자녀 관계에 대한 상담사의 이해
- 가족 환경이나 가족 구도가 아동에게 어떻게 영향을 주는지
- 아동의 중요한 Cs/성격 우선순위/잘못된 행동의 목표와 아동이 타인과의 관계에서 놀이하는 방법에 대한 상담사의 인식
- 잘못된 신념을 재구조화하고 아동의 수프에 침 뱉을 '지혜로운' 인물과 상호작용하는 아동의 잘못된 신념을 나타내 줄 소품

때때로 상담사는 상호적 상자를 하기로 결정할 수 있다. 이 활동에서 상담사와 아동은 차례대로 상자에 소품을 가져다 놓는다. 상담사와 아동이 문제를 묘사하도록 소품을 사용하고, 상담사는 잠재적 문제를 나타내기 위해 상자에 소품을 첨가하거나 상자에서 소품을 빼기도 한다. 다른 예는 상호 이야기 나누기 경험으로서 상자를 설정하는 것인데, 아동이 모래상자에서 이야기를 한 후 상담사가 이야기를 재진술하거나 창조적 인물로 이야기를 함께 할 수 있다.

춤과 동작 경험

아동은 촉각적-운동 감각적 학습자인데, 자신을 신체적으로 이동하거나 표현하는

것을 좋아하는 아동과 함께할 때는 많은 춤과 동작 활동이 아동에게 통찰을 얻도록 하는 데 도움이 된다. 그런 활동 중 하나는 아동이 특정 상황, 예를 들어 그들이 부끄러울 때, 만족할 때, 시험에 통과할 때(혹은 실패할 때), 그들이 좋아하는(혹은 싫어하는) 누군가에게 둘러싸여 있을 때, 운동장이나 등교 전 집에서 싸웠을 때 어떻게 움직이는지를 우리에게 보여 주도록 하는 것이다. 이것은 긍정적 신체 경험을 가두어 둘 기회를 그들에게 주는 것이다. 우리가 특별한 관계에서 아동과 작업할 때 우리는 아동에게 관계 있는 다른 사람이 어떻게 움직이는지에 대해 코치하게 한다. 그들이 그 사람과 상호작용할 때 어떻게 움직이고 어떻게 그들이 그 관계에서 함께 '춤추는지'에 따라 우리는 춤을 춘다. 때로 우리는 이러한 아동이 새롭고 좀 더 건설적인 춤을 고안하도록 돕는데, 그들은 관계 속에서 좀더 긍정적 장소를 향해 움직이는 방법으로서 그들과 함께 춤추기 위해 다른 사람을 초대할 수 있다. 우리는 또한 아동에게 동작과 관계된 숙제를 줄 수 있다. 우리는 다른 사람들이 세상을 통해 어떻게 움직이는지를 알기 위해 그들의 교실에서 인기 있는 아동, 만족하거나 성공적으로 알고 있는 사람, 혹은 친구가 많은 아동을 관찰해 오게 한다(전조가 되기: 네 번째 단계에서 우리는 그들과 같은 방법으로 움직일 수 있을지 질문하고, 자주 세상을 통해 좀 더 건설적 방법으로 움직이는 결과를 낳는다). 다시 말하지만, 이 단계의 모든 다른 전략처럼 상담사가 아동에게 생활양식의 통찰을 얻도록 하는 것에서 단 하나의 제한은 상담사 자신의 상상과 기꺼이 시험하는 의지와 새로운 것을 시도하는 위험을 극복하는 것이다.

모험 치료 기법

이 단계에 도움이 되는 모험 치료 기법은 많이 있다. 다양한 책에서 이 기법은 매우 많이 기술되어 있어서 우리는 단지 자주 사용되는 것만을 소개할 것이다. 'Safety Cars' (Kottman et al., 2001), 'Circles of Comfort'(Ashby et al., 2008)가 그것이다. 상담사가 모험 치료를 하기 원한다면 항상 밖으로 가서 좀 더 많은 자원을 얻을 수 있다.

Safety Cars는 위험을 무릅쓰고 신뢰할 만한 안전한 방법을 경험하는 데 문제를 가진 아동을 돕는 게임이다. 이 활동은 또한 아동의 욕구를 충족시키거나, 피드백을 주고받고 격려하는 것을 배우기 위해 아동이 연습할 수 있는 좋은 방법이 된다. 다음은 어떻게 놀이할지에 대한 것이다.

① 둘 다 같은 방향으로 아동 앞에 선다. 보호하는 자세로 가슴 앞에 손을 올려둔다. 상담사는 '차'이다.
② 아동이 상담사 뒤에 서서 상담사의 어깨, 등, 엉덩이(키에 따라 다름)에 아동의 손을 올려둔다. 아동은 '운전사'이다.
③ 운전사는 가능한 한 당신이 안전하고 편안하게 느끼도록 하는 것이 일임을 기억한다. 운전사의 일은 당신을 해하는 것이 아님을 확실히 한다.
④ 차로서 상담사의 일은 운전사에게 피드백, 제안, 안전감을 느끼는 것을 말해 주는 것임을 설명한다. 상담사는 운전사에게 천천히, 좀 더 빨리, 좀 더 용기를 주는 조언 등을 준다.
⑤ 상담사는 아동을 많이 믿고 있기 때문에 상담사의 눈을 감고 그의 안내에 따라 방 주위를 움직일 것이라고 말한다.
⑥ 운전사가 2~5분 동안 방에서 당신을 운전하도록 진행한다.
⑦ 아동이 운전사로 편안해 한다면 상담사는 역할을 바꾸어 아동이 차를 하고 상담사가 운전사를 하게 한다. 상담사는 아동이 그 시간을 얼마나 편안하고 신뢰하는지에 따라 아동에게 눈을 뜨거나 감도록 선택하게 한다.
⑧ 상담사는 각 역할을 어떻게 느끼는지에 따라 진행할 수 있는데, 아동이 운전사로서 좀 더 만족감을 느낀다면 이 게임을 하는 다음 시간에 차로서 편안함을 느끼도록 진행할 수 있다.

아동(보통 7세 이상의 아동)의 경우는 특별한 상황이나 관계에서 편안함의 수준을 탐색하는 것을 도와줄 방법으로서 Circles of Comfort를 다음과 같이 할 수 있다.

① 마스킹 테이프나 밧줄을 사용하여 큰 원과 그 안에 좀 더 작은 원(과녁과 비슷하게)을 만든다.
② 아동에게 원의 안과 바깥 영역은 다른 편안함의 정도를 나타내는 것이라고 설명한다.
③ 아동에게 중간의 작은 원 안은 '편안한 구역'이라고 말한다. 이 구역에서는 아동이 보다 이완되고 편안함을 느끼고, 전혀 불안하거나 스트레스가 없다.
④ 작은 원과 큰 원 사이의 영역은 '도전 구역'이라고 설명한다. 이 구역은 아동이 도

전되는 느낌을 갖는 곳이다. 그것은 편안한 구역보다 다소 스트레스 받거나 불안이 유발되는 곳이지만 지독하게 불쾌한 곳이 아니라 그저 편안하지 않은 곳이다.

⑤ 마지막으로 큰 원 바깥은 '혼란 혹은 정상이 아닌 구역'이다. 이 구역에서 아동은 통제 불가를 느끼고 매우 스트레스 받고 불안할 것이다.

⑥ 다음으로 상담사는 아동이 특정 상황이나 관계에 대한 반응에 근거하여 다른 구역(편안함, 도전, 혼란-비정상)으로 이동하도록 요청할 것이다. 100명의 다른 아동에게는 집단에서 말하고, 음악 수업에서 혼자 노래를 하며, 깜짝 수학 퀴즈를 보고, 비행기로 날으며, 교장이 큰 소리로 연설을 하고, 학급에서 연설을 하며, 애기가 태어나 형/누나가 되고, 새로운 학교로 전학을 가는 것을 예로 들 수 있다. 상담사는 아동의 삶에 대해 알고 있는 것의 목록을 작성하길 원할 것이다. 이 상담사는 당신의 상상에 의해 제한될 뿐이다. 열중해야 한다.

⑦ 우리는 아동들이 왜 편안하거나 불편한지 말해 주기를 요청하지 않는데, 왜 질문이 좋지 않은 이유를 기억하면서 단지 패턴을 관찰한다.

즉시성과 직면

즉시성, 직면, 유머는 모두 활동 지향적인 기법인데, 아들러 놀이치료사는 아동이 생활양식에 대해 보다 나은 이해를 하는 것을 돕기 위해 사용할 수 있다. 그것은 자기, 타인, 세상과 행동의 변화를 위한 새로운 방법을 이끌 수 있다. 유머는 우리에게 쉽게 다가오는데, 우리는 자신이 재밌다고 생각하기 때문이다.

즉시성

상담 기법으로서 즉시성을 사용할 때, 지금 여기에서 내담자와의 관계에서 일어나고 있는 일에 대해 상담사는 상위의사소통을 하거나 질문을 한다. 즉시성은 상담사의 반응에 대한 의사소통이나 내담자의 비언어적 대답을 포함한다. 즉시성의 목표는 내담자가 자신의 반응과 타인이 어떻게 아동에 대해 반응하는지를 좀 더 인식하도록 하기 위해 안전한 상담 관계에서 어떤 일이 일어나는지를 사용하는 것이다.

상담사는 아동에게 주의를 기울이고 즉시성을 사용해야만 한다. 당신은 즉시성을 사용할 때 비난하는 것으로 들리지 않도록 매우 주의 깊게 사용하길 원할 것이다. 왜냐하면 성인은 자주 아동에게 비난하는 방법으로 어떤 일이 일어났는지에 대해 자주 질문하는데, 상담사가 같은 것을 하게 되면 아동은 그것이 사실일 것이라고 추정할 것이다. 상담사의 말, 목소리 톤, 비언어적 의사소통은 놀이치료에서 즉시성을 사용할 때 항상 양육적이고 지지적이어야 한다.

상담사는 또한 즉시성을 사용하기 전에 아동의 발달 수준을 고려해야만 한다. 어린 아동(7~8세 이하)은 반응에 대해 드물게 인식하고 자주 조언을 한다면, 그것을 인식할 수 없다. 좀 더 큰 아동은 즉시성을 사용한다면 질문이나 조언에 대해 반응할 수 있다. 즉시성의 예는 다음과 같다.

- "내가 너에게 의자를 가까이 옮길 때 네가 좀 겁먹은 것을 알았어. 그 순간에 넌 무엇을 했니?"
- "나는 지금 네가 나에게 화난 것을 느껴."
- "우리 둘 다 잡기 놀이를 하면서 정말 즐거운 시간을 보냈어."
- "네가 나에게 소리 지를 때 난 조금 겁먹었어. 나는 네가 소리 지르지 않고 원하는 것에 대해 요구해 주길 원해."

직면

상담 도구로서 직면은 내담자의 의사소통에서 차이를 가리키는 것을 포함한다. 이 차이는, 첫째, 내담자의 언어적 · 비언어적 의사소통, 둘째, 내담자가 이야기하고 행동하는 것, 셋째, 내담자가 현재 회기에서 보고하는 것과 지난 회기에서 보고한 것, 넷째, 내담자가 보고한 것과 상담사가 관찰한 것에서 발생할 수 있다. 놀이치료에서 상담사는 또한 아동이 보고한 것과 부모 혹은 교사가 보고한 것, 현재 회기에서 아동의 놀이에 포함된 메시지와 이전 회기에서 놀이의 메시지 사이의 차이를 언급할 수 있다.

직면의 목표는 아동의 생각, 감정, 행동에서의 불일치에 대한 좀 더 나은 인식을 아동이 얻도록 하는 것이다. 여러 번, 아동의 상호작용에서 차이는 사적 논리와 잘못된 확신의 결과물인데, 이는 필연적으로 타인에게 의미가 통하지 않게 한다. 차이를 지적함으로써 상담사는 아동의 가설에서 잘못된 지각이나 왜곡을 이해하도록 도울 수 있다.

상담사는 매우 드물지만, 부드럽게 직면을 사용한다. 아동에게 차이를 지적하는 것이 우리의 일이 아니지만, 차이가 나타날 땐 우린 때로 그것을 강조하고 아동이 잘못된 신념과 인식을 알아채는 것을 시작할 수 있도록 하기 위해 직면의 사용을 선택한다. 우리는 비위협적 방법으로 부드럽게, 질문하는 목소리 톤과 지지적 태도로 직면시키려고 한다. 즉시성과 같이 아동을 비난하는 것으로 들리지 않도록 하는 것이 필수적이다. 그래서 우리는 직면을 단지 사실에 대한 언급에 국한한다. 다음은 직면의 예이다.

- "네가 거미를 무서워하지 않는다고 말했지만 그것을 집었을 때 좀 무서워한다는 걸 나는 알아차렸어."
- "너는 더 이상 형이랑 싸우지 않는다고 말했지만 지난주 엄마 상담시간에 너희 둘이 대기실에서 싸우더라."
- "우리가 지난 시간에 이야기할 때 네가 모두 A를 받았다고 했는데, 헤이즈 씨에게 물어보니 너는 하나만 A이고 나머지는 C라고 하시더라."

놀이 회기와 실제 세계를 연결시키기

놀이 회기에서 아동의 사고, 정서, 반응, 행동과 놀이 회기 밖에서 아동의 사고, 감정, 반응, 행동 간의 연결을 만듦으로써 아들러 놀이치료사는 아동이 상담의 세 번째 단계에서 얻은 통찰을 일반화시키도록 할 수 있다. 치료사는, 첫째, 아동의 사적 논리와 기본적 확신이 상황, 놀이방, 관계, 놀이방 바깥 상황에서 사실인 경우, 둘째, 놀이방 밖에서 더 나은 방향으로 개선될 놀이방 안에서의 문제 해결에 부적절한 전략, 셋째, 태도나 행동의 변화를 나타내는 아동이 아동의 생활에 있어서 다른 상황으로 일반화될 수 있는 시간을 지적한다. 치료사가 아동의 삶에서의 상황과 관계를 전환할 수 있는 놀이방에서 발생하는 사고 패턴, 태도, 행동을 알아차릴 때마다 치료사는 '실제 세계'를 적용한 제안을 갖고 아동과 그에 대해 의사소통해야 한다. 연결을 만드는 예는 다음과 같다.

- 히지리가 회기 동안 상담사에게 명령을 할 때 상담사는 "너는 여기에서 마음대로 하길 원하는 것처럼 보여. 나는 네가 집에서도 마음대로 하고 싶어 할 거라고 생각해."
- 불안과 타인과의 관계 발달에 문제가 있는 크리스타와 함께할 때 상담사는 "너랑

나는 서로 친구가 되었다는 것을 알았어. 나는 네가 학급에서 다른 친구를 사귈 결심을 한 것인지가 궁금해."

- 부적응적 완벽주의자인 로렌조가 그림 그리기에서 실수를 했는데 그림을 훼손하지 않았을 때 "너는 노란 해를 그리고 싶어 했는데 파랑색으로 해를 그리는 실수를 했어. 그럼에도 그걸 그냥 두기로 결정했구나. 나는 네가 수학 시험이나 받아쓰기에서도 실수를 할 때 그것이 괜찮다고 결정한다면 정말 멋질 거라고 생각해."

이 연결 과정은 아들러 놀이치료의 네 번째 단계인 재교육 단계로의 이행을 만드는 데 도움이 될 수 있다. 아동이 그들이 놀이방에서 어떻게 생각하고 느끼고 행동하는지와 실제 세계에서 어떻게 생각하고 느끼고 행동하는지 간의 연결을 이해하기 시작할 때, 상담사는 행동을 시험하고 통찰을 행동으로 전환하기 시작하는 것을 도울 수 있다.

사례

이 장의 사례의 예는 제5, 6, 7장의 예와 연결된다. 이는 놀이치료사가 이 장에서 서술한 개요를 아동의 생활양식에서 통찰을 얻고 자기, 타인, 세상과 행동에 대한 태도의 지각을 변화시키려고 결정하는 데 어떻게 사용할 수 있는지 서술하기 위해 고안되었다.

피비의 아들러 놀이치료 과정의 세 번째 단계에서 나(KMW)의 전체적 목표는 그녀가 자신, 타인, 세상을 어떻게 보는지 인식을 기본으로 어떻게 행동하는지에 대한 이해를 얻도록 돕는 것이다. 분명히 나는 피비가 다음과 같이 하도록 돕길 원했다.

① 우정, 사랑하는 가족, 자기 등의 생애과업에 대한 그녀의 태도를 바꾸기
② 타인을 제압할 필요가 있는 것처럼 혹은 그녀가 중요하지 않고, 부적절하며, 능력이 없는 것처럼 행동할 때 자신을 붙잡을 수 있는 것을 배우기
③ 그녀의 강점을 인정하고 부각시키기 위해 좀 더 긍정적 방향으로 자신을 보기(그녀가 살아왔던 부정적 상자를 배제하고)
④ 관계되고 유능하고 중요한 능력에 대한 생활양식과 긍정적 태도를 통합하기
⑤ 힘의 목표가 그녀가 원하는 것을 얻지 못하거나 최선의 관심을 제공받지 못하는

데 있어 분투한다는 것을 인지하기

⑥ 외계인이나 나쁘다고 보기보다는 자신을 독특하고, 특별하며, 놀랍게 보기

⑦ 다른 사람을 신뢰할 수 있고 제압하거나 잘 보일 필요를 느끼지 않는 경험을 하기

⑧ 책임질 필요를 느끼기보다는 협력적 방법으로 타인과 상호작용하는 가능성을 탐색하기

⑨ 혼혈인 것에 대해 좀 더 편안함을 느끼기

⑩ 세상은 불확실하고 혼돈된 곳이라기보다 안전한 곳이란 가능성을 고려하기

8~17회까지 개인 내적이고 대인 관계적 역동에서 피비의 통찰을 증진하기 위해 나는 격려, 아동에게 책임을 돌리기, 힘 공유, 제한설정, 잠재적 가설, 상위의사소통, 수프에 침 뱉기, 역할놀이, 은유, 상호 이야기 나누기, 독서치료, 예술 기법, 즉시성과 유머를 사용하였다. 피비의 조부모와도 작업했는데, 피비와의 상호작용 패턴을 변화시키고 발달적으로 적절한 경계와 제한을 만들도록 도왔다. 3단계에서 재정향 · 재교육 단계까지 이동하는 방법으로서, 나는 그녀가 우리의 회기에서 만든 변화를 일반화하기 위해 피비의 놀이방에서의 태도 및 행동과 실제 세계에서 태도 및 행동 간에 일치되는 부분을 주목했다.

피비는 많은 격려가 필요했다. 결국 그녀의 현재 행동 전략은 안전과 예측성을 만드는 것이었다. 그러나 그것들은 관계를 수립하고 사회적으로 유용한 방법으로 행동하는 것에는 특히 유용하지 못했다. 그녀가 우울해지거나 부적절하다는 것을 증명하려고 애쓰기 시작하는 것에 의기소침하지 않았음에도 불구하고, 그녀는 긍정적 방법으로 그녀의 생활양식에 속한 자신과 자신의 능력에 대한 많은 부정적 신념을 포함하고 있었다. 이 신념에 균형을 잡기 위해서, 나는 그녀의 강점을 강조했고 나에게 결정하기를 요구하거나 놀이방에서 그녀를 위한 특별한 수행을 할 때 그녀에게 책임을 돌렸고, 그녀의 진전과 노력에 주목했다. 나는 독특한 것으로 '다름'을 재구조화하기 시작했는데, 그녀를 위해 소속감과 중요성을 얻기 위한 다양한 방법적 관점을 탐색하였다.

피비의 성격 우선순위가 통제였고 잘못된 행동의 기본 목표가 힘이었기 때문에, 나는 우리가 힘을 공유하는 데 많은 환경을 설정했다. 이 상황은 회기에서 우리가 무엇을 하고, 순서에 따르고 많은 시간을 그녀가 자신에게 이익이 되도록 규칙을 변화시키려고 하는 것을 제한했던 게임 하기(tossing a ball back and forth, jenga, cashier/store)를 누

가 결정하는지에 대한 대안을 포함한다. 때때로 놀이시간 동안, 나는 놀이를 지시하기 위해 휘파람 기법을 사용했고, 다른 때는 그녀를 상담하지 않고 활동과 대화를 독립적으로 하면서 그녀가 놀이를 통제하지 않도록 했다. 나는 그녀의 행동 목표에 대해 "나는 '네가 이길 수 있도록' '지는 것이 싫어서 네가 이기는 것이 보장되도록' 게임 규칙을 변화하길 원한다고 생각했다." 등으로 상위의사소통을 하였다. 나는 다른 사람이 그녀의 게임 놀이 행동에 대해 생각하는 것에서 "학교 친구들이 화가 날 것이고 규칙을 바꾸는 아이와 놀이하길 원치 않을 것이다."와 같이 추측을 만들었다. 또한 우리는 약간의 협력적 게임(Sleeping grump, Snail race, Max)을 했고, 대부분은 타인을 신뢰하고 아이디어와 힘을 공유하는 경험을 허용하기 위해 협동적 예술 프로젝트(뜨거운 글루건을 사용해서 무작위 재료로 로켓포를 만들기, 콜라주 만들기)를 사용했다. 피비가 협조하는 기회에 부정적으로 반응했을 때, 나는 항상 책임을 질 필요가 있고 협조의 긍정적 힘에 대한 신뢰 결여와 관계된 그녀의 인식에 대한 수프에 침 뱉기를 했다.

이전 단계와 세 번째 단계를 통해 피비는 놀이방의 규칙을 시험했다(모래상자에서 물컵 위에 컵을 쏟는다고 위협하기, 집에 장난감을 가져간다고 고집 부리기, 상담사에게 다트 총을 겨누기 등). 놀이방 규칙에 도전하는 것은 성격 우선순위가 통제인 아동의 전형적인 역기능적인 범위이다. 이 행동의 근본 목적은 내가 그녀를 통제할 수 없고, 그녀만이 선택을 할 수 있다는 것을 내게 보여 주는 것이다. 나는 그러한 것이 그녀의 안전과 예측 가능성에 대한 것임을 알기 때문에 이 속임수를 개인적인 것으로 생각하지 않았다. 나는 그녀의 행동의 목적에 대해 상위의사소통할 기회를 가졌고, 대안의 일반화와 적절한 행동에 대해 그녀와 약속했다. 그녀는 여러 번 우리가 타협한 동의를 위반하는 선택을 했는데(모래를 카펫트에 붓기, 일방경에 블록을 던지기), 그것은 미래의 위반을 위한 결과를 설정하는 데 필연적인 것이었다. 나는 그녀가 이러한 행동을 할 때 수프에 침을 뱉었고, 결과로서 자주 그녀가 제일 좋아하는 인형을 사용하는 것을 금지했다. 나는 우리가 설정한 결과를 들먹인 적은 없다. 왜냐하면 그녀는 항상 한번 위반한 후에 동의한 것을 견뎠다. 그녀는 기대에 따라 견디는 능력을 증명하기를 선택했을 때 규칙을 기꺼이 지켰는데 그것은 그녀에게 중요했다. 시간이 지나고 모든 것과 모든 사람을 통제하는 데 투자하는 것을 덜 하고 좀 더 협조적으로 변화하였을 때, 그녀는 제한을 시험하는 것을 멈추었다. 여전히 놀이방의 규칙을 재타협하기를 원하지만 말이다.

나는 잠정적 가설, 상위의사소통, 수프에 침 뱉기를 피비가 잘못된 행동의 목표, 중요한 Cs, 잘못된 신념을 인식하기 시작하는 것을 돕기 위해 사용했다. 나는 항상 통제 안에 있을 필요에 대한 그녀의 인식, 능력 있음과 중요성, 타인과의 관계를 느끼는 데 있어서의 갈등, 그녀가 힘이 없고 타인에게 가치가 없고 외로울 운명이라는 잘못된 신념에 대해 상위의사소통을 했다. 나는 또한 그녀가 항상 통제 안에 있거나 원하는 것과 필요한 것을 얻을 수 없다는 피비의 인식에 도전하기 위해 이 기법을 사용하였다.

놀이치료의 이 단계 동안, 우리의 관계에서 패턴, 비언어적 의사소통, 나의 말과 질문에 대한 반응에 대해 피비와 상위의사소통을 했다. 나는 그녀가 내게 결정을 내려 달라고 하고 나를 통제하려는 노력으로 그녀를 위해 일을 하라고 할 때를 지적했고, 이런 노력을 압도할 수 있었다. 그녀가 무엇인가를 원하고 내게 아첨함으로써 그것을 얻으려는 생각 때문에 내게 친절히 굴었을 때, 나는 이 패턴과 그녀가 타인을 조종하고 통제할 필요가 있다는 잘못된 신념과의 연결을 상위의사소통했다. 나는 그녀가 엄마와 옛 학교에 대해 말할 때 슬프고 쓸쓸해 보인다고 반영했다. 그리고 그녀가 사람들이 그녀를 위해 무언가를 할 때 그녀를 보살핀다는 것만 알고 사람들이 항상 그녀를 떠난다는 것에 대한 신념에 대한 수프에 침 뱉기를 했다.

그 관계를 통해 나는 상위의사소통을 할 때 반사적으로 반응하는 인식을 관찰했고, 피비에게 포함된 해석이 어떻게 보이는지에 대한 잠정적 가설을 만들었다. 처음에 그녀는 너무 반항적이어서 부정적 방법(논쟁, 놀리기, 별명을 부르기 등)으로 눈에 띄게 반응했다. 그녀는 웃으며 고개를 끄덕였고, 어깨를 으쓱하고, 얼굴을 찡그리며, 고개를 흔들었다. 나는 다양한 반응에 대해 상위의사소통했고, 그것이 무엇을 의미하는지에 대해 추측했다. 때때로 그녀는 내 추측을 확인해 주었고, 때론 나를 무시했다.

치료의 세 번째 단계에서 우리는 회기의 많은 시간을 역할놀이, 손인형극, 학교와 가정 상황에 대한 동적 모래상자 만들기, 다양한 상황과 관계에 대해 피비의 은유를 사용하기를 했다. 우리는 초기엔 심술궂고, 힘의 갈등이 있으며, 아동을 거칠게 벌주는 교사가 있는 학교에 대한 놀이를 했다(때론 나에 의해, 때론 피비에 의해 놀이하게 되었다). 시간이 지남에 따라 교사는 점차적으로 폭군에서 벗어났고, 아동은 좀 더 협조적이 되었다. 우린 또한 집에 대한 놀이를 했다. 양육 관계와 상실의 주제가 있는 모-녀, 양육, 용기의 결여, 불확실성의 주제를 가진 부-녀, 응석을 다 받아 주는 관계, 용기의 결여, 실망의 주제를 가진 조부모-손녀에 대해 놀이했다. 모-녀 관계는 초기에 매달리기, 슬픔, 극단적인 것을 나타내던 것에서 아동이 좀 더 편안하고 만족스럽게 보이는 것을 증진시키는 것처럼 보였다. 부-녀 관계도 약간 증진된 것으로 보였다. 아동은 아빠에게 덜 비판적이고, 화가 덜 나게 되었으며, 좀 더 이해하고, 수용하게 되었으며, 아빠는 좀 더 관심을 보이게 되었다. 조부모-손녀 관계는 그녀가 요구하기보다 필요한 것을 요청할 수 있게 되는 큰 변화를 보였다.

육지와 바다 동물 가족 또한 놀이에서 반복해서 재등장했는데 시간이 지나면서 관계에 긍정적 변화가 생겨났다. 돌고래는 항상 피비를 나타내는 것으로 보였고, 타인과 다른 자신의 인식과 타인이 소유하고 발전시킨 세계에 잘 맞지 않는 것처럼 보였다. 특히 엄마의 상실과 관련되어 가정과 학교와 중요한 Cs를 변화시키기 위해 질문하기, 상위의사소통하기, 수프에 침을 뱉기, 재구조화 행동하기, 대안적 관점의 제시, 생활양식 패턴에서 통찰을 얻게 하는 다른 전략 같은 상호작용을 사용하였다. 나는 다르게 보이는 것과 다르게 생각하는 것을 부정적인 것으로 고집하는 것에 대해 대부분 돌고래 장난감을 가지고 대화를 했다. 나는 상호 이야기 나누기와 고질라에 대한 창조적 인물 개입을 적용했는데, 고질라는 타인을 제압하는 것처럼 보이지만 사실 자신을 보호하고, 다른 사람을 도우려는 인물이다. 피비는 그녀가 오해하고 슬프고 외롭고 어떻게 친구를 사귀어야 할지 불확실하다고 결론을 내렸다.

피비는 정말 책 읽기를 좋아해서 독서치료가 특별히 자신, 타인, 세상을 다른 방식으로 보도록 돕는 데 성공적이었다. 다음은 피비에게 큰 영향을 준 책이다.

- 『Hope』(Monk, 1999)(작은 혼혈 소녀에 대한 책)
- 『The pout-pout Fish』(Diesen, 2008), 『Two』(Otoshi, 2014), 『Scaredy Squirrel Makes a Fried』(Watt, 2007), 『How Do Dinosaurs Play With Their Friends?』(Yolen, 2006), 『When a Dragon moves in』(Moore, 2011)(관계를 만드는 것에 대한 책)
- 『The girl who never made a mistake』(Pett, 2011), 『A perfectly messed up story』(McDonnell, 2014)(완벽하려고 하는 것에 대한 책)
- 『Millie Fierce』(Manning, 2012)(공격적이지 않게 주장하는 것에 대한 책)
- 『Alexis and Ralph the dragon』(Kowalski, 2009), 『The name jar』(Choi, 2003), 『Giraffes can't dance』(Andreae, 1999)(다름에 대한 책, 타인과는 다른 독특함에 대한 책)
- 『Have you filled a bucket today?』(McCloud, 2006), 『Zero』(Otoshi, 2010)(중요함,

연결, 사회적 관심에 대한 책)

나는 가족이 읽기 축제를 하도록 격려했는데, 이는 가족 구성원이 다른 사람에게 크게 책을 읽어 주고 대화를 나누는 것이다. 그들이 제일 좋아했던 책은 『Families, Families, Families』(Lang & Lang, 2015), 『A handful of quiet: Happiness in four pebbles』(Hanh, 2012), 『My Grandma's a ninja』(Tarpley, 2015)였다. 가족이 함께 영화도 봤다. 그들은 〈The little mermaid〉를 보았고 나는 피비의 조부모에게 주인공 아리엘의 변신과 새로운 곳에서의 생활에 적응해 가는 것에 대해 어떻게 이야기할지에 대해 약간의 제안을 했다. 부가적 이익은 아리엘의 엄마는 영화에 나오지 않은 것이다(엄마는 영화 시작 전에 떠났다). 아리엘은 아빠와 바다 친구들과 함께 산다. 가족이 이 영화를 본 후로 피비와 나는 어떻게 그녀와 아리엘이 유사하고 다른지에 대해 대화했다. 피비는 아리엘의 엄마가 죽었다는 것을 빨리 언급했다.

우리는 피비에게 협동 경험을 주기 위해 대부분 미술 활동(콜라주, 장미덤불, 함께 그림 그리기), 건설 프로젝트(탑 쌓기, 팔찌 디자인하기, 가면 만들기)를 했다. 그녀는 동물 사진으로 '완벽한 가족'이란 콜라주를 만들었는데, 물에 사는 동물과 땅에 사는 동물을 함께 사용했다. 그녀는 자신을 다른 동물보다 훨씬 큰 불가사리로, 아빠를 조랑말로, 엄마를 돌고래로(나중에 꽃과 왕관 등 세부적인 것을 첨가했다), 할머니를 코뿔소로, 할아버지를 바다거북(중간 크기로 실제 사진 대신 만화 같은 동물로 선택했다)으로 나타냈다. 나는 불가사리에 대해 조금 알고 있는데, 그들에게 무슨 일이 생기면 팔이 다시 자라날 수 있는 정말 독특하고 특별한 동물이라고 설명했다. 그녀는 활짝 웃으며 말했다. "그게 나랑 같은 점이에요. 나쁜 일이 나에게 생기고 나면 나는 더 나아져요." 나는 또한 불가사리가 그 그림에서 가장 큰 동물이라는 것에 주목했다. 피비가 가족에게 책임이 있고 모두 그녀를 항상 걱정하기 때문이라고 설명했다. 엄마가 돌고래처럼 정말 특별하고 아름답다고 말했고, 엄마를 다시 만나기를 바랐다. 그녀는 아빠가 좀 더 가까이에 있길 원했고 아빠와 함께 말을 타는 것을 좋아한다고 했다. 그녀는 할머니가 코뿔소처럼 약간 주름이 있는데, 할머니가 너무 '항상 걱정하고 초조해하는' 대신 조금 편안해지기를 바랐다. 그녀는 할아버지는 이미 완벽하다—웃기고 재밌다—고 했다. 그녀는 각 동물을 묘사한 후 다양한 새끼 동물 사진을 찾았고 혈안이 되어 종이를 넘겼다. 그녀는 그녀의 가족이 아니더라도 친구와 집에서 함께 놀이할 아이들을 원했다.

피비는 이 콜라주를 집에 가져갔고, 나는 이 콜라주와 그녀가 선택한 동물의 가능한 의미에 대해 사이먼 부부와 대화했다. 사이먼 부부, 크리스토퍼, 피비는 함께 피비의 엄마에 대해 콜라주를 만들기로 결정했다. 이것은 그녀의 문화적 정체성의 부분을 포함한 것이다. 피비는 그녀가 기억하는 것이나 엄마에 대한 생각을 첨가할 수 있고, 다른 사람들이 알리샤가 임신했던 것이나 피비를 위해 불러 주던 특별한 노래 같은 정보의 차이를 채워 나갈 수 있었다.

피비는 이 활동하는 것을 정말 좋아한 것처럼 보였는데, 내가 나중에 회기에서 '네 안에 있는 모든 동물'의 콜라주를 만들자고 요청했을 때 긍정적으로 반응했다. 우리는 먼저 그녀의 몸을 따라 그린 다음 그림, 단어, 잡지에서 오려 낸 것을 신체 그림 위에 두었다. 나는 피비가 자신의 성격이 다면적이란 생각을 갖기를 원했는데, 그녀가 '나쁜' 것으로 인식하는 자질만큼 긍정적 자질도 있었다. 그녀는 풀칠과 그림을 끝냈을 때 웃으며 말했다. "동물원처럼 됐어요. 여기 내 모든 부분을 보세요. 내가 대장처럼 굴면서 사람들에게 호랑이인 것을 보여 줄 수도 있고, 웃기고 바보처럼 보이고 싶을 때 캥거루인 것을 사람들에게 보여 줄 수도 있어요." 나는 그녀가 사람들에게 자신의 다른 부분을 보여 주기 원할 때를 결정할 능력에 대해 상위의사소통했다. 그녀는 "나는 그걸 알아요. 내가 호랑이, 캥거루, 다른 동물일 때를 선택할 수 있어요."라고 말했다. 이는 내게는 놀랍게도 통찰적으로 보였다.

우리의 관계를 통해 나는 피비와 함께 즉시성과 유머를 사용했다. 그녀가 항상 비판적 피드백을 찾았기 때문에 나는 힘을 내게 하는 친절한 목소리로 즉시성이나 유머를 포함한 말을 할 때 주의 깊게 해야 했다. 그렇지 않으면 그녀는 방어적이 되었다. 대부분 나는 비판주의적으로 말하는 것을 그녀가 해석하는 것에 대해 비언어적 반응에서 말할 수 있었고, 나는 그녀의 반응에 대해 상위의사소통했으며, 내 조언이 부정적이기보다 긍정적인 의미가 있다는 것에 초점을 두기 위해 격려와 직면을 사용했다.

놀이치료의 이 단계를 통해 나는 사이먼 부부와 함께 생활양식 이슈, 피비에 대한 그들의 인식, 그들의 양육 기술에 대해 작업했다. 나는 그들의 생활양식에 대해 좀 더 배우고 피비에 대한 인식을 바꿀 수 있도록 유머, 상위의사소통, 수프에 침 뱉기, 격려하기를 사용했다. 우리는 어떻게 그들의 성격 우선순위, 중요한 Cs, 잘못된 신념, 사적 논리가 피비와의 상호작용에서 어려움을 만드는지에 대해 논의했다. 나는 좀 더 일관적이기 위해 또 피비를 위한 환경 설정 방법이 가족에게 좀 더 중요하고 강력하게 느낄 수 있도록 하기 위해 그들의 노력을 지지했다.

18회기까지 피비는 상대적으로 의기소침한 생활양식 위치에서 이동하였고 그녀의 시도는 끊임없이 모든 것과 모든 사람을 통제하기를 유지했다. 그녀는 타인과 힘을 공유하기 위해 기꺼이 중요한 진보를 보였다. 그녀는 통제하기보다는 협조하는 통찰을 얻은 것으로 보였고, 보다 나은 타인과의 긍정적 상호작용 결과를 얻었다. 피비는 자신에 대한 생각에서 진보를 보였는데, 부정적인 방식에서 타인과 다름과 친구로서 강력한 잠재력을 가진 것으로 자신에 대한 생각이 변화하였다. 피비는 강점을 인식하기 시작했고 능력이 있는 분야를 인식하기 시작했다. 그녀는 또한 자신이 중요한지 아닌지에 대한 자세를 변화시켰는데, 건설적 기여를 하는 것으로 믿기 시작했다. 나의 사정평가에서 피비는 이미 놀이치료의 재교육 단계로 들어갔고, 나는 회기 동안 그녀의 놀이방에서의 태도 및 행동, 가족, 학교에서의 태도 및 행동 간의 연결에 많은 시간을 할애하게 되었다.

제10장에서 이 사례가 이어지는데, 피비가 가정과 학교에서 실행할 수 있는 새로운 태도와 행동을 배우도록 돕기 위해 사용한 개입 전략을 기술하였다. 나는 또한 이러한 변화를 지지하기 위해 조부모를 돕기 위한 상담 방법과 놀이치료 과정의 종료를 위해 피비와 조부모를 준비시킨 방법에 대해 논의한다.

요약

아들러 놀이치료의 세 번째 단계에서 기본 목표는 아동이 생활양식에 대한 통찰을 얻도록 도와주는 것이다. 치료사는 목적 달성을 위해 활동과 해석적 기법(잠정적 가설, 상위의사소통, 은유, 지시적 역할놀이, 예술 기법, 모래놀이치료, 모험 치료 활동, 즉시성, 직면, 놀이 회기의 행동과 실제 세계 사이의 연결)을 사용한다. 부모와 교사와 함께 하는 작업에서 놀이치료사는 아동의 생활양식에서 통찰을 얻도록 돕는 시도를 하는 동시에 아동 자신의 사고, 감정, 행동의 패턴에 대한 통찰을 얻도록 한다. 그들 자신과 아동의 새로운 이해는 태도, 사고 과정, 행동의 변화를 만들기 위해 아동의 삶에서 중요한 성인의 참여를 허용한다.

추가 자료

치료에서의 은유

http://www.counseling.org/knowledge-center/vistas/by-year2/vistas-2005/docs/default-source/vistas/vistas_2005_vistas05-art12

http://www.lianalowenstein.com/articlesMovingStories.pdf

http://www.playtherapyseminars.com/Articles/Details/10003

http://www.researchgate.net/profile/Onno_Hart/publicaion/253853518_The_use_of_metaphors_inpsychotherapy/links/00b7d5210a9dd817e5000000.pdf

그림과 미술

http://www.creativecounseling101.com/art-therapy-couseling-techniques.html

http://www.creativecounseling101.com/the-mandala.html

http://files.eric.ed.gov/fulltext/EJ875395.pdf

http://intuitivecreativity.typepad.com/expressiveartinspirations/top-50-art-therapy-blogs.html

모래상자와 소품

http://www.creativecounseling101.com/play-therapy-activity-miniature-work.html

http://www.careativecounseling101.com/sand-tray-therapy.html

http://www.counseling.org/knowledge-center/vistas/by-year2/vistas-2008/docs/default-source/vistas/vistas_2008_webber

http://www.txca.org/images/Conference/SCC/12/25Armstrong.pdf

기타 기법

http://www.mddcapt.org/Liana_Lowenstein_Article.pdf

http://pegasus.cc.ucf.edu/~drbryce/Narrative%20and%20play%20Therapy.pdf

http://pegasus.cc.ucf.edu/~drbryce/Play%20Therapy%20Techniques.pdf

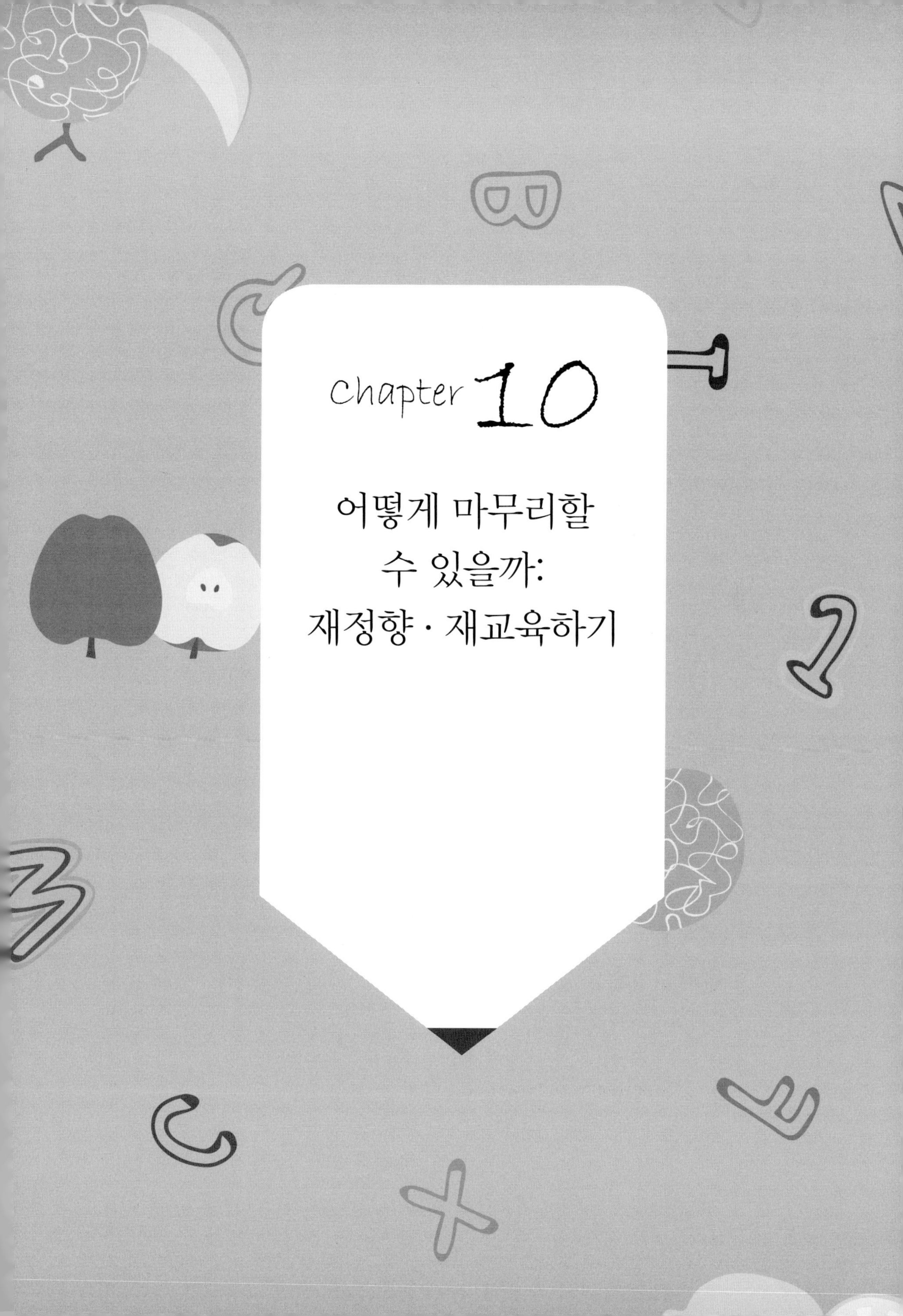

Chapter 10

어떻게 마무리할 수 있을까: 재정향 · 재교육하기

치료의 마지막인 네 번째 단계(즉, 최종단계)에서 치료사는 이전 단계보다 약간 역할이 바뀌어, 좀 더 지시적이고 교수 지향적인 기능을 한다. 아들러 놀이치료의 재교육 단계 동안 치료의 기본적 목표는, 첫째, 아동이 그들 자신, 타인, 세상을 보고, 둘째, 다양한 상황에서 감정을 표현하고 행동하며, 셋째, 타인과 관계를 만들고, 넷째, 문제를 해결하며, 다섯째, 그들 강점을 최적화하고, 여섯째, 중요한 Cs를 완성하며, 일곱째, 생활 과업을 기능하고, 여덟째, 그들의 성격 우선순위의 건설적 측면을 나타내며, 아홉째, 그들의 욕구를 충족시키는 긍정적 방법을 배우는 것이다. 이런 목표를 달성하기 위해 아들러 놀이치료사는 아동 내담자와 아동의 삶에 중요한 사람들의 재교육을 촉진하기 위해 장난감, 미술 재료, 모래상자, 놀이방의 다른 도구들을 사용하고, 역할놀이, 치료적 은유와 독서치료, 동작과 모험적 활동을 함께 한다.

통찰 단계 동안 그들이 얻은 아동의 생활양식, 개인적 논리, 기본 신념에 새로운 관점을 통합하는 것을 돕기 위해서 아들러 놀이치료사는 아동의 태도, 감정, 사고, 행동의 패턴에 대해 상위의사소통을 계속한다.

이 단계에서 놀이치료사는 또한 좀 더 건설적 행동과 상호작용적 패턴을 고려하고 선택하며 더 좋은 문제해결과 욕구 충족의 방법을 개발하기 위해 아동과 함께 작업한다. 아동이 새로운 지각, 행동, 기술을 탐색하기 시작하면서, 상담사는 치료의 세 번째 단계 동안 놀이치료에서 배운 것을 적용하는 연습을 할 수 있는 상황을 고려한다. 치료사는 또한 아동이 놀이 회기 밖에서 배운 것을 적용하는 연습의 기회를 인식하고 일반화하도록 돕는다. 아동이 다른 상황과 관계에서 새롭게 배운 것을 일반화하는 과정에서 무슨 일이 일어났는지에 대해 치료사에게 보고할 기회를 주는 것은 중요하다. 많은 아동은 사회적 기술, 타협 기술, 힘을 공유하는 전략, 감정을 다루는 방법, 친구를 사귀고 유지하는 전략 등이 결핍된 채로 놀이치료에 오게 된다. 이 단계에서 놀이치료사의 기본 과업 중 하나는 아동에게 이러한 기술을 배우고 연습할 기회를 제공하는 것이다. 상담의 이 단계에서 놀이치료사의 과업 중 필수적인 요소는 놀이치료 관계의 종결 준비할 만큼의 성장에 대해 내담 아동과 부모를 격려하는 것이다.

놀이치료의 이 단계에서 상담사 자신이 가능한 한 창의적으로 허용을 한다. 대안을 만들고, 교수방법, 대안과 기술을 연습하고 격려하기 위한 무수한 창의적 방법이 있다. 우리는 각 과업에 접근하는 몇몇 다른 방법에 대해 서술하지만, 우리의 제안에 상담사 자신을 제한하지 말기를 원한다. 이 과정에서 상담사가 창의적일수록 아들러 놀이치료의 단계를 구체화하기 위해 아동과 가족(추가로 교사)을 초대하여 작업할 때 좀 더 효과적으로 아동과 가족의 욕구와 재능에 개입할 것이다.

브레인스토밍 사용하기: 대안적인 건설적 사고, 감정, 행동, 태도를 일반화하도록 돕는 문제 해결

아동 자신에 대한 지각과 아동이 어떻게 소속감과 중요성의 변화를 얻을 수 있을지에 따라 아동의 사고, 감정, 행동의 패턴 역시 변화한다. 우리가 이전 장에서 언급하였듯이 인간이 그들 자신, 타인, 세상에 대해 믿는 대로 행동하는 것은 사실이다. 이 때문에 아동이 자신, 타인, 세상에 대한 자신의 신념을 변화시킬 때, 아동은 행동하고 반응하는 방법을 변화시키기 시작할 것이다. 그러나 아동이 자신에 대해 믿었던 걸 증명하는 데 삶을 소비하고 그들의 변화된 지각이 사실인 것처럼 행동한 경험이 없었기 때문에 이런 변화를 만드는 데는 종종 도움이 필요하다. 우리가 사람들과 작업하면서 배운 가장 중요한 것 중 하나는 우리가 아동이 행동하고 상호작용하는 새로운 방법을 수용하는 것을 도울 수 있게 되기까지 아동의 오래된 행동과 타인과의 상호작용을 포기하라고 내담자에게 요구할 수 없다는 것이다.

아동은 많은 성인이 알아차리는 것보다 더 현명하다. 많은 경우에 아동은 그들이 하기 원하는 것을 알지만 적절한 사용과 건설적인 행동을 선택하지 못한다. 왜냐하면 받아들일 수 있는 행동들은 그들 자신에 대한 인식에 맞지 않기 때문이다. 예를 들어, 9세 소녀 라돈나가 자신이 나쁜 아이라고 생각한다면 그녀는 그 신념을 강화하는 방법으로 행동할 것이다. 다른 아동의 경우, 수용할 수 있는 행동은 아동 행동의 목적, 그들의 사적 논리, 중요한 Cs의 숙달, 성격 우선순위를 제공하지 못할 것이다. 아동은 그들의 행동이 문제를 일으킬지라도 자주 욕구 충족을 위한 행동을 선택한다. 예를 들어, 5세 된 페이어드는 엄마가 쌍둥이를 낳은 이후로 짜증을 내고 비협조적이며 논쟁적으로 구는 행동을 하게 되었다. 페이어드의 부모는 훈계를 하고 타임아웃을 사용하고 엉덩이를 때렸지만 그 어느 것도 효과가 없었다. 이러한 상황을 볼 때 우리는 이 가족의 현재의 상황이 페이어드에게 소외감과 다소 무기력함을 느끼게 하고 그의 잘못된 행동의 목표가 관심 끌기와 힘과 관련된 것이라고 추측할 수 있다. 명백하게 부적절할지라도 아동이 부모와 상호작용하는 방법으로 행동하여 불완전하게 관심 끌기와 힘에 대한 욕구를 표현하고, 부적절한 행동을 중지하도록 시도할 것이기 때문이다. 부모가 아동에게 관심을 주고 좀 더 통제 안에 있다고 느끼도록 도와주기 위한 다른 방법을 찾지 못한다면 이러한 행동을 계속할 것이다.

바라건대 놀이치료의 세 번째 단계 동안 치료사는 아동이 패턴과 잘못된 신념에 대한 통찰을 갖도록 도울 것이고, 그러면 아동은 보다 건설적인 새로운 생활양식을 배울 준비가 된 것이다. 아동이 전진하도록 하는 하나의 방법은 아동이 좀 더 건설적으로 행동하도록 하는 특별한 상황과 관련된 그들의 사고, 감정, 행동, 태도를 조사하도록 돕는 것이다. 이 과정을 통하여 아동은 사고, 감정, 행동, 태도를 탐색할 수 있고 그들이 전통적으로 이러한 상황에서 나타내 왔던 것보다 좀 더 유용하고 건설적이 될 수 있다.

이 과정은 놀이치료의 이전 단계처럼 직접적이거나 간접적이 될 수 있다. 아동에 대해 이미 알고 있는 것에 근거하여 상담사는 이전 단계에서 작업해 온 상호작용의 방법을 선택할 것이다. 언어적인 과정을 선호하는 아동에게 상담사는 단지 대화만을 할 수 있다. 상담사는 아동이 특정 상황에서 생각하고 느끼고 행동해 온 것에 대해 말할 수 있고, 미래 상황에서의 가능한 사고, 감정, 행동의 대안적 방법에 대한 목록을 일반화하는 것을 도울 수 있다. 은유를 통한 대안적 사고, 감정, 행동을 탐색하기 위해 치료적 은유를 설계하고 독서치료 책을 읽거나 아동과 상호 이야기 나누기를 사용할 수 있다. 특별한 상황을 재연하기 위해 역할놀이나 손인형, 인형, 모래상자를 제안할 수 있는데, 재연의 일부는 사고, 감정, 행동, 태도에 대한 실황 해설을 하는 것이다. 과거의 것과 아동 둘 다 미래에서 사용할 수 있다. 자기표현을 위해 미술을 이미 사용한 아동에게는 사고, 감정, 태도를 효과적으로 표현하기 위해 인물 그림, 그림 그리기, 도장 찍기를 통한 아이디어를 사용하여 미술활동을 개발한다. 또한 아동이 창의적 표현과 다른 사고, 감정, 행동 방법을 만들기 위한 장을 제공해 주기 위해 음악, 춤, 동작 등을 사용할 수 있다. 아동과 게임을 하거나 모험 치료 활동을 하는 것 또한 도움이 된다. 이때 아동은 이러한 상호작용 형태를 통해 좀 더 편안함을 느끼게 된다.

아동은 어떤 아이디어를 제공하지 않고 행동과 반응을 위한 다른 가능성을 여러 번 제안한다. 아동 자신을 위해 대안을 일반화하는 데 참여하도록 초대하는 것은 중요하다. 아동은 그들에게 제안된 다른 대안 선택지를 따르는 것보다 자신들이 제안한 대안들을 일관성 있게 따를 가능성이 훨씬 더 높다.

초기에 어떤 가능성을 생각할 수 없다고 말하는 아동에게는 브레인스토밍을 하도록 하고 대안을 일반화하도록 돕는 문제 해결 전략을 시도할 수 있다. 지시적 · 은유적 방법을 통하여, 상담사는 아동에게 떠오른 모든 생각의 목록을 만드는 것을 요청한다. 실용성이나 가능성은 고려하지 않는다. 상담사는 아동이 제안한 아이디어의 목록을 만드는데 아마 한두 개가 첨가될 것이다. 다음으로 각 아이디어의 가능성과 이익과 불이익을 고려하여 아동(혹은 은유적 개입에서의 인물)이 실제로 그것을 실생활에 가져올 수 있는지를 고려한다. 이 과정을 사용하면 너무 부자연스러운 아이디어를 없앨 수 있고 여러 가지 선택 가능성을 좁혀 갈 수 있다. 그리고 각각의 잠재적 결과를 탐색할 잔여 가능성을 협력적으로 고려한다. 신중함을 기본으로 하여 아동(또는 은유적 인물)은 시도할 한두 가지 가능성을 선택한다.

은유적 의사소통을 넘어선 직접적 의사소통을 선호하는 아동과 작업한다면 상담사는 놀이 회기에서 아동이 대안을 사용하는 연습을 하도록 초대할 것이다. 회기에서 연습하면서 상담사는 아동이 가정이나 학교 등의 특정 상황에서 대안을 사용하는 것의 연습에 대한 계획을 세우라고 제안한다. 상담사는 연습하는 것이 안전할 수 있는 가정이나 학교에서 아동이 상황을 제시하기를 원할 것이고, 그것은 아동이 타인에게 긍정적인 피드백을 받을 수 있는 기회를 최적화한다. 때때로 상담사는 부모와 교사에게 아동이 연습하는 것을 지지할 수 있도록 확실히 하기 위해 아동이 새로운 사고, 감정, 행동, 태도를 갖고 실험하고 있다고 주의를 줄 수도 있다. 그것이 완벽하지 않을 때라도 말이다. 밖에서 회기 연습을 한 이후, 아동은 새로운 사고, 감정, 행동, 태도를 시도했을 때 어떤 일이 발생했는지에 대해 상담사에게 보고할 수 있다. 상담사가 아동에게 격려하고 지지하는 것이 허용된다. 다음의 예는 아동이 대안을 일반화하도록 직접적인 접근을 사용한 것이다.

제이콥슨은 카일의 학교 상담사인데, 그와 관계를 형성하고 생활양식을 탐색한 다음 그가 항상 책임을 져야 하고 친밀한 타인과 안전할 수 있는 최선의 방법에 대한 인식을 재검토하는 것을 도왔다. 카일은 놀이 회기와 교실에서는 좀 더 편안해지고 화를 덜 냈지만 공격적이지 않게 타인과 상호작용하는 방법은 확실치 않았다. 제이콥슨은 카일이 좀 더 안전하고 타인과의 관계에 만족감을 느끼도록 분노와 억울함의 감정을 적절히 표현하며, 타인을 제압하지 않고 그들과 상호작용하는 법을 배우도록 돕기 원했다. 상담사는 먼저 타인과 상호작용하는 것과 관계된 아동의 행동에 대해 작업하기를 선택했다. 상담사는 놀이 회기에서 상담사와 통제를 공유하는 것을 지적하였고, 상담사와 함께 이를 할 수 있는 능력과 아동의 교사와 함께 이를 할 수 있는 능력 사이에 연결을 만들었다. 그들은 카일이 힘의 갈등 없이 교사와 통제를 공유할 수 있는 가능한 방법에 대한 목록을 브레인스토밍했다. 목록에는 교사에게 반응하지 않기, 조용하지만 주장적 목소리로 느낄 수 있도록 교사에게 말하기, 교사에게 화났을 때 손인형을 사용하여 말하기, 교실에서 해야 하는 것에 대해 교사에게 선택을 주기 등이 포함되었다. 교실에서 손인형을 사용하기, 교사가 말할 때 무시하기와 같은 몇몇 아이디어를 결정하였지만 카일의 선생님과 잘 진행되지 않을 것이기 때문에 일반적으로 효과적인 아이디어를 결정하였다. 제이콥슨이 아이디어 중 단 하나를 시도하기를 제안하였지만, 그는 조용하지만 주장적으로 교사에게 이야기하기와 다음 주 중 교실에서 해야 할 것을 교사가 선택하도록 하는 것을 시도하였다. 그들은 교사와 상호작용할 행동을 할 수 있도록 역할놀이를 사용하여 연습했다.

카일은 주중에 새로운 행동 둘 다를 시도했다. 하나는 매우 잘 진행되었고, 다른 하나는 그에게 효과적이지 않았다. (어떤 것일지 추측해 보라. 조용히 주장하는 것은 적절히 잘 진행되었다.) 그가 다음 주에 제이콥슨을 만났을 때 그들은 진전에 대해 평가했고, 상담사는 그의 노력과 변화에 대해 많은 격려를 하였다. 그들은 다음 주 동안의 계획을 세우고 좀 더 행동적 변화를 하도록 연습했다. 또한 엄마와의 상호작용처럼 다른 상황에서 효과적인 기술을 사용할 수 있는 방법에 대해 논의했다. 이러한 행동 변화를 통합하면서 그들은 또한 유사한 상황에서 생각, 감정, 태도의 변화를 만들어 내도록 작업하였다.

어떤 아동은 대안을 일반화하는 직접적인 접근에 적극적이지 않고 관심이 없을 수도 있을 수도 있다. 이러한 경우, 놀이치료사는 창의성을 연습할 필요가 있고 과정에서 놀이 매체, 예술 기법, 역할놀이, 은유, 독서치료, 다른 가능한 도구를 사용한다. 직접적 접근에 편안해하지 않는 아동은 이야기 나누기나 다른 간접적 방법으로 같은 브레인스토밍을 하거나 문제 해결 과정을 자주 한다. 당신은 아동에게 손인형이나 인형, 이야기나 책의 주인공, 아동이 그린 사람 또는 파이프 클리너나 점토로 만든 사람 등의 상징적 표상으로 새로운 아이디어를 일반화할지 질문한다. 그 과정은 아동이 어떤 행동 코스가 상징적 표상에 최선이고 어떻게 변화를 이끌어 낼 수 있는지를 결정하는 것을 도와

주면서 지속된다. 아동은 코치로서 행동할 수 있기 때문에 인형이나 손인형(다른 상징적 표상)이 대안적 사고, 감정, 행동을 연습할 수 있다. 다음은 아동이 대안을 일반화하도록 돕는 간접적 접근의 예이다.

2학년 소녀인 마시카는 과제에서 백점이 아닐 때마다 항상 운다. 그녀의 상담사인 파블로는 마시카의 생활양식을 조사하고 그녀의 완벽하고자 하는 욕구가 심리학적 출생순위, 가족 환경, 성격 우선순위, 중요한 Cs와 관련되어 있다는 것을 발견했다. 마시카는 교육 수준이 높은 중산층 가족의 맏딸이었다. 그녀는 자신이 가치 있고 중요하다는 느낌을 위해 타인을 능가하는 것이 필요했다. 그녀는 성격 우선순위로서 우월감의 부정적 측면과 갈등이 있었고, 학업 수행이 완벽하지 않으면 가치가 없다고 믿었다. 부모 상담에서 파블로는 마시카의 부모 둘 다 성격 우선순위가 우월감이고, 자녀의 학교에서의 수행을 통해 부모로서의 타당성을 판단하는 경향이 있다는 것을 발견했다. 파블로는 마시카의 부모가 자녀의 학업 성적에 상관없이 매우 좋은 부모란 것을 인식하도록 작업하였다. 그는 또한 마시카의 성적이 어떠하든지 그녀가 가치 있고 중요하다는 것을 스스로 알 수 있도록 하는 방법으로 작업했다. 파블로는 그녀가 완벽하지 않으면 중요하지도 사랑받을 만하지도 않다는 신념에 대해 마시카에게 추측하였을 때 마시카는 이를 부인했다. 파블로는 마시카가 이 생활양식의 주된 부분에 대해 방어적이고 그녀가 불편하게 느끼는 감정에 대해 의사소통하기 위해 은유를 사용했다는 것을 인식했기 때문에 이 패턴에 대해 그녀와 의사소통할 간접적 접근을 사용하도록 결정했다. 상담사는 은유, 예술 작업, 모래상자를 사용하였는데, 이는 생활양식에서 통찰을 얻도록 하기 위한 것으로 잘 이루어졌다. 마시카는 약간 느슨해지기 시작했고 자기수용감이 강하게 발달되었으나, 자신에 대한 불가능한 높은 기준은 계속 갖고 있었다.

파블로는 마시카와 이야기할 손인형을 사용하도록 결정했고 그녀를 대신할 손인형으로 대안적 생각을 브레인스토밍하는 것을 약속했다. 그는 녹색 개구리에 대한 이야기를 했는데, 그 손인형은 연못에서 제일 높이 뛰었다. 녹색 개구리는 연못에 있는 다른 개구리들보다 높이 뛸 수 없다면 다른 개구리들이 더 이상 그를 좋아하지 않을 것이고 다른 곳에 가서 살아야만 할 것이라고 스스로 이야기했다. 어느 날 연못의 개구리들이 점프 대회를 열었다. 녹색 개구리는 최선을 다했음에도 불구하고 가장 높이 점프하지 못했다. 그는 정말 당황하고 화가 났다. 이제 다른 개구리가 그를 좋아하지 않을 것이기 때문에 다른 연못으로 이사를 가야 할 필요가 있다고 결정했지만 말이다. 녹색 개구리는 친구인 노란 개구리가 왔을 때 이삿짐을 챙기기 시작하는 중이었다. 노란 개구리는 녹색 개구리가 단지 다른 개구리보다 높게 점프하지 못해서 이사 가기로 했다는 것을 믿을 수 없었다. 파블로는 마시카에게 노란 개구리가 녹색 개구리에게 연못에서 최고의 점프가라고 알려 줄 다른 긍정적 방법에 대해 생각할 수 있도록 도와달라고 부탁했다. 녹색 개구리는 노란 개구리와 다른 개구리가 그를 좋아한다는 말을 들은 후에 점프를 제일 잘 하지 못하더라도 다른 개구리들은 그를 좋아할 것이라고 결정했다. 마시카가 음악을 좋아하는 것을 아는 파블로는 녹색 개구리가 '그저 충분하다'는 것을 스스로 상기시킬 노래를 쓰자고 제안했다. 파블로는 녹색 개구리가 자신과 그의 집에 대해 더 행복해할 것이라고 생각했기 때문에 아마도 다른 개구리가 녹색 개구리를 좋아한다고 기꺼이 생각하는 의지를 발달시켰다고 하면서 녹색 개구리에 대한 이야기를 끝냈다. 이 이야기는 마시카가 자신과 높은 기준에 대한 생각을 바꾸는 데 도움이 될 것이다. 이 이야기 이후로 그녀는 기꺼이 수용하는 듯했고, 항상 완벽하지 않을 수 있고 '그저 충분한' 것을 수용하는 것 같았다.

대안을 일반화시키는 과정을 정교화하는 방법은 아동의 발달 수준과 추론 능력에 의존하는 것이다. 7세 이하의 어린 아동의 경우나 추상적 추론능력이 잘 발달해 있지 않은 아동에게 우리는 매우 간단한 과정을 유지하는 경향이 있다. 우리는 보통 사고, 감정, 태도보다는 행동을 목표로 하는데, 통제할 수 있는 것을 항상 인식하지는 않고 사고나 감정의 변화에 대한 인식이 항상 있지 않기 때문이다. 아동은 자신과 행동에 대한 지각을 바꾸면서, 그리고 타인이 그들에게 다르게 반응하면서 그들의 사고, 감정, 태도가 부분적 · 의식적 노력 없이 바뀌는 것으로 반응한다. 우리는 또한 그때 행동 변화 계획을 한 가지로 제한하고, 부모와 교사의 도움을 받아 어떤 종류의 행동이든 바꿀 수 있다.

좀 더 나이가 있거나 추상적 추론 능력이 잘 발달된 아동의 경우, 우리는 자주 아동이 행동뿐 아니라 사고, 감정, 태도를 넘어선 힘을 가진 아이디어를 좋아한다는 사실을 안다. 그들은 자주 이 과정에 들어가기 원하고 즉시 모든 것을 변화시키기를 원한다. 이러한 집단과 작업할 때 우리의 목표는 아동이 실제로 성취할 수 있는 추론 계획을 발달시키는 것이다. 우리는 보통 한 번에 한 영역(사고, 감정, 행동, 태도)에 집중하기를 권하고 특별한 상황에서 두세 가지 반응을 변화시키는 것에 초점을 둔다. 이것은 압도되는 것으로부터 계획을 지킨다. 점차적으로 우리는 대안적 사고, 감정, 행동, 태도를 통합하고 다른 상황으로 새로운 행동과 반응 방법을 일반화하는 것에 대한 아이디어를 소개한다.

새로운 기술과 행동의 교수

브레인스토밍과 문제해결 전략이 효과적이고, 아동이 새로운 건설적 사고, 감정, 행동을 통합할 때라도 많은 아동에게는 특별한 기술 영역의 결핍에 따른 도전이 남아 있다. 이것이 발생하면 놀이치료사는 아동에게 새로운 기술이나 행동, 둘 다를 가르칠 필요가 있다. 치료사는 아동의 놀이방에서의 행동과 상호작용의 관찰과 부모 및 교사와의 상담을 기본으로 하여 아동이 어떤 기술과 행동을 얻어야 할 필요가 있는지를 결정한다. 놀이치료에서 다른 전략을 통해 치료사는 이 과정에서 가능한 한 창조적이어야 하는데, 특정 아동과 의사소통하는 가장 효과적인 방법에 의존하여 가르치는 기술에서 직접적이거나 간접적인 접근을 사용한다.

우리의 경험으로는 가장 자주 필요한 기술은 사회적 기술, 타협 기술, 지시 따르기 기술, 정서적 자기 조절 기술 등이다. 많은 상황에서 아동은 또한 타인과 힘을 공유하는 것에 내재된 행동을 배울 필요가 있다. 이것은 확실히 당신이 아동을 가르치고 싶어 하는 유일한 기술 세트는 아니다. 개별 내담자들은 문제를 가진 사람을 어떻게 결정할지, 가족 중 책임을 많이 혹은 적게 지는 사람은 누구인지, 그들이 필요한 것을 요청하기, 공격적이지 않게 주장하기, 적절한 결정 내리기, 사고와 감정을 명확하고 적절하게 의사소통하기, 불안 완화하기, 강박 사고 중지하기, 다양한 다른 기술을 배울 필요가 있다. 내담자에게 기술을 가르치기 위해서 치료사는 바라는 결과가 무엇인지를 결정해야 한다. 아동의 행동과 반응에 대한 관찰을 기본으로 하고, 부모와 교사에게 얻은 정보를 더해서 상담사는 그들이 필요한 기술을 성공적으로 얻었을 때를 어떻게 알아낼지에 대해 정의내릴 것이다. 그것은 또한 복잡한 과업과 그것의 요소 부분으로 세분하고 조절 가능하게 가르치는 데 도움을 줄 수 있다. 내(KMW)가 그랜트에게 의사소통 기술을 가르치려고 이야기하고 싶음에도 불구하고, 그가 가진 의사소통 기술과 그가 얻길 원하는 기술을 먼저 결정해야 한다. 그 후에 나-전달법(I-Message)과 타인에게 감정을 반영하는 방법을 그에게 가르칠 수 있었다.

중요한 C인 연결에 문제가 있는 아동은 어떻게 타인과 적절히 상호작용할지를 아는 것에 어려움이 있다. ADHD나 학습장애, 고기능 자폐가 있는 많은 아동은 또한 어떻게 어울릴지에 대한 훈련이 이득이 된다. 우리는 이 아동들을 극적으로 변화시키지 않는다는 것을 부모와 의사소통하는 데 주의를 기울여야 함에도 불구하고, 그것은 사회적 기술을 배우고 연습하는 데 자주 도움이 된다. 사회적 기술을 가르치는 것에 대한 생각은 다소 압도적일 수 있는데, 사람들이 다른 사람과 잘 지내는 것을 돕는 수많은 기술이 있기 때문이다. 아동이 성공적으로 관계를 맺고 유지하는 데 도움이 될 수 있는 사회적 기술의 레퍼토리를 만드는 개인적 요소들에 친숙하지 않다면, 『Teaching social skills to Youth』(Dowd & Tierney, 2005) 혹은 『Skillstreaming the Elementary School Child: A Guide for Teaching Prosocial Skills』(McGinis, 2011) 같은 사회적 기술 커리큘럼이 상담하는 데 유용하다. 우리가 사회적 기술을 가르칠 때 눈맞춤 하기, 웃기, 공유하기, 순서 지키기, 적절한 피드백 주기, 욕구를 얻을 수 있도록 적절하게 요구하기, 규칙 따르기, 협조적으로 놀이하기 등의 행동을 포함한다.

공 앞뒤로 굴리기, 차례 지키기, 눈맞춤 하기, '부탁합니다'나 '고맙습니다'라고 말하기 같은 간단한 게임 놀이를 통해 이 모든 것을 가르칠 수 있다. 이러한 기술을 훈련할 수 있는 다른 방법은 우노(UNO), 낚시(Go Fish), 깜박이기(Blink) 같은 카드 게임이나, 미안합니다(Sorry), 뱀 사다리(Chutes and Ladders), 트러블(Trouble), 비둘기에게 버스 운전을 시키지 마세요(Don't Let the Pigeon Drive the Bus), 4목(Connect 4) 등의 보드 게임을 통해서이다. 상담사가 친구 사귀기와 유지하기를 위해 필요한 행동을 가르치기 원할 때는 완벽한 친구를 설계하기 위해 몸 따라 그리기를 활용할 수 있고, 적절히 감정을 표현하는 것과 경계를 어떻게 설정할지에 대해 연습하기 위한 역할놀이, 어떻게 다른 사람에게 놀자고 제안할지 보여 주기 위해 손인형극 등을 사용할 수 있다.

상담사는 또한 모래상자, 예술 활동, 모험 치료 기법을 사용하여 우정 기술을 가르칠 수 있다. 아동과 지시적인 모래상자를 하기 원한다면 친구를 찾는 소품, 아동이 가져온 다른 소품들과 서로 간에 친구가 될 수 있는 방법에 대해 모래상자를 제안할 수 있다. 내(TK)가 가장 좋아하는 예술 활동 중 하나는 아동이 그들의 손을 따라 그리는 것이다. 그들의 왼손 각 손가락에 아동이 우정과 관련된 것을 진열하게 한다. 그들은 목록을 정하고 그림을 그리거나 스티커나 도장을 사용할 수 있다. 왼손을 따라 그릴 때 나는 아동이 친구에게 원하는 자질이 무엇인지 탐색하는 똑같은 재료를 사용한다.

우리가 자주 사용하는 모험 치료 전략은 '거울이 되어 보자(Mirror Mirror)'이다(Ashby et al., 2008). 이 활동에서 상담사와 아동은 마주보고 누가 먼저 할지를 결정하는데, 그 사람이 활동에서 초기 리더이다. 리더는 신체 활동(리더가 하는 행동의 거울상처럼 재미있는 것을 만들어라)에 참여할 것이라고 설명하고, 다른 참여자는 리더의 행동을 거울상처럼 보이게 모방한다. 간단히 해 본 후 멈추고 역할을 바꾼다. 당신의 행동을 따라 하기를 즐기는 아동과 작업한다면 아동이 리더를 하는 게 좋을지 혹은 따라 하는 게 좋을지에 대해 간단히 대화를 나눌 수 있다. 이것은 아동에게 친구와의 관계에 어떻게 적용할지로 확장될 수 있기에, 유용할 것으로 보인다.

상담사는 또한 아동이 성인과 적절히 상호작용하는 기술을 배우기를 원한다. 많은 아동은 그들의 감정을 표현하는 공손한 언어를 사용하는 방법과 권위 대상과의 관계에서 욕구를 충족시키는 방법을 배울 필요가 있다. 상담사는 교장 선생님 역할을 하고 학생들과 존중하는 대화를 연습하고 교사와 학생이 되어 대안적인 학교 놀이를 하거나 놀이 회기에 부모나 교사를 초대한다.

타협 기술을 배우는 것은 상담사가 성격 우선순위가 통제인 아동과 작업한다면 매우 중요하다. 그들은 압도되지 않고 타인과 상호작용하는 것을 배울 필요가 있다. 이것은 아동이 그들이 정말 필요한(원하는) 것과 그들이 필요한(원하는) 것을 얻는 것을 기꺼이 포기하는 것에 대해 실제적으로 평가하는 것을 배우도록 돕기 위해 시작한다. 아동이 타협에 참가할 때 그들이 필요한 것(원하는 것)을 명확하고 구체적으로 말해야 하고, 그들이 타협에 기초한 생각을 기억해야 한다. 그들은 순서 지키기, 지위를 말하기, 그들이 타협하는 사람들의 위치 듣기를 배워야 한다.

아동은 또한 협상의 최종 결과가 항상 그들이 바라고 기대했던 결과를 얻을 수는 없다는 것에 합의할 것이다. 상담사는 확실히 역할놀이, 손인형극, 독서치료를 통해 이를 가르칠 수 있다. 'hoot owl hoot!' 'stone soup' 'say the word' 'max' 등의 협력적 보드 게임은 협상 기술을 가르치는 데 도움이 되는 놀라운 자원이다. 당신은 또한 기본적으로 게임놀이가 경쟁적이고 좀 더 협조적이기 위해 규칙을 조금 바꾸도록 설계할 수 있다. 나(TK)는 아동 놀이치료 집단에서 'Apples to Apples'의 버전을 개발했고, 우리는 간단히 합의에 의해 각 라운드마다 이기는 것을 결정한다. 우리는 아동과 공감대를 형성하는 게임 놀이를 통해 자주 협상 기술을 배우고, 게임을 설계하는 데 있어서 우리가 원하는 규칙에 대해 대화한다. 사실 가끔 보드게임이나 카드게임을 할 때조차 우리는 원하는 규칙에 대해 협상한다. 예를 들어, 우노의 경우 보통 각각 7장의 카드를 갖고 하지만, 나(TK)는 자주 각각 3장, 혹은 10장의 카드를 가지고 한다. 때때로 내 손에 활용할 수 있는 카드가 아무것도 없다면 단지 카드 한 장을 가져오기도 하는 등 원래의 룰과 다르게 게임하기도 한다.

이 작업에는 특히 성격 우선순위가 안락함이나 편안함인 아동에게 주장 기술을 가르치는 것이 포함된다. 상담사가 독서치료를 좋아하는 아동과 작업한다면 주장하기를 배우도록 설계된 좋은 책은 『The Mouse, The Monster, and Me: Assertiveness for Young People』(Palmer, 2009)이다. 상담사가 주장을 가르칠 필요가 있을 때 활동에 도움이 되길 원한다면 『Cool, Calm, and Confident: A Workbook to Help Kids Learn Assertiveness Skills』(Schab, 2009)에 흥미 있는 연습이 많이 담겨 있다. 놀이에 참여하지 않는다면 워크북 활동을 항상 할 수 있고 장난감, 손인형, 미술, 모래상자 소품으로 놀이 활동을 만들 수 있다.

나의 많은 놀이치료 내담자는 지시 따르기가 힘들었고, 그것을 어떻게 해야 할지를 배워야 했다. 그들은 3~4단계 지시를 요소 부분에서 세분하도록 도울 필요가 있고, 첫 단계를 실행할 때 주요 단계를 기억하고 한 번에 남은 단계를 실행한다. 우리는 그들에게 지시의 각 요소 부분에 대해 생각하기를 가르치고 한 번에 한 단계를 하도록 한다. 이것이 간단하게 보이지만 이 아이디어는 다단계 지시에 어려움이 있는 아동에게 매우 도움이 된다. 당신은 장난감이나 모래상자 소품으로 숨바꼭질 놀이를 할 수 있고, '엄마, ~해도 좋아?(Mother May I?)' '사이먼 가라사대(Simon Says)' 게임을 할 수 있다. 우리는 한 사람은 통제자 역할을 하고 다른 사람은 통제자의 지시를 따르는 로봇 역할을 하는 로봇 놀이를 한다. 때때로 우리는 타인이 그림을 그리고, 종이접기를 하며, 모델 매직(Model Magic)이나 플레이도(Play-Doh)와 같은 점토로 무언가를 만드는 동안 지시를 할 기회를 얻는다. 그것은 한 사람이 그림을 그린 후 다른 사람에게 그림에 대해 설명하는데, 다른 사람은 그 지시에 근거하여 그림이나 모래상자를 한다. 당신이 원 그림을 재창조한 것이 얼마나 비슷한지를 점검할 때 웃음이 터진다. 이것은 아동이 그들이 원했던 대로 되지 않을 때 대처 전략으로 유머 감각을 사용하는 것을 배우도록 할 수 있다. 그것은 부적응적으로 완벽주의적인 아동과 통제 성격 우선순위로 부적응성을 보이는 아동에게 정말 좋은 기술이다.

잘못된 행동의 기본 목표를 가진 아동에게 중요한 기술은 타인에게서 힘을 가져오지 않으면서 상황의 통제를 어떻게 공유하는지를 배우는 것이다. 우리는 이 아동이 가끔 다른 누군가를 책임질 수 있다는 것을 배우기 원한다. 그들을 가르치는 한 가지 방법은 자신들이 책임질 차례가 오기를 기다리는 동안 단순히 그들이 다른 사람이 상황을 통제하는 것을 경험하게 하는 것이다. 우리는 놀이 회기에서 책임을 지는 상황을 설정하는데, 아동은 관계에서 안전감을 느끼지만 통제하지 않는 경험을 할 수 있다. 이 과정을 통해 우리는 차례를 지키고 공유하는 것을 연습한다. 이것을 하는 하나의 방법은 모래상자에서 이야기 나누기를 하는 것이다. 상담사가 이야기를 시작하고, 상자에 소품을 두고 2~3문장으로 소개한다. 아동이 소품을 상자에 두고, 어떤 일이 일어났는지 몇 문장으로 설명한 후, 다시 상담사가 소품을 선택하고 이야기를 전개하는 데 도움이 될 만한 이야기를 덧붙인다. 대안적으로 상담사와 아동은 소품을 선택하고 이야기를 진전시키기 위해 몇몇 문장을 이야기하고, 아동이 마지막 소품을 배치하였을 때 이야기는 끝나게 된다.

아동이 우리와 힘을 공유하는 것이 익숙해진 이후에 아동이 다른 사람과 힘을 공유하는 기회를 갖도록 하기 위해 우리는 자주 부모, 형제, 다른 아동을 놀이방으로 초대한다. 우리는 가정에서 이를 연습할 수 있도록 숙제를 내주고, 학교에서도 힘을 공유하는 경험의 기회를 갖기 위해 교사에게도 요청한다. 교수 협상 기술과 지시 따르기 기술을 위한 수단으로 규정되는 많은 활동은 아동이 힘을 공유하는 것을 배우는 데 효과가 있을 것이다.

그들의 성격 우선순위 표현이 부적응적인 경향이 있는 아동은 자주 정서조절 기술을 배울 필요가 있다. 남을 기쁘게 하는 사람은 자주 불안하고, 편안한 아동은 자주 어떻게 느끼는지 아는 것에 어려움이 있으며, 우월한 아동은 스트레스에 쉽게 압도되고, 통제하는 아동은 자주 분노 조절의 이슈를 갖는다. 또한 외상이 있는 아동, ADHD를 가진 아동, 공격적인 아동은 정서조절의 어려움을 갖는다. 이러한 아동에게는 그들의 감정을 인식하고 적절히 표현하도록 하는 것을 배우게끔 도와주는 것으로 시작하는 것이 필수적이다. 감정에 이름을 붙일 표현 언어가 부족한 아동들에게는 그들의 감정 언어를 확장시키도록 설계된 활동을 개발하는 것이 유용하다. 우리는 자주 다른 감정에 대한 책을 읽는다. 이를 위해 사용할 수 있는 책은 다음과 같다.

- 『The Way I feel』(Cain, 2000)
- 『Today I feel silly and other mood that make my day』(Curtis, 1998)
- 『Sometimes I'm Bombaloo』(Vail, 2002)
- 『The Feeling Book』(Parr, 2000)
- 『The Monster in the Bubble』(A. Green, 2012)
- 『In My Heart』(Witek, 2014)

특히 외상을 경험한 아동은 그들의 신체를 점검하는 것을 배우는 것, 그것에서 표현되는 특정 감정을 배우는 것, 그들이 경험한 때를 신체적으로 느끼는 것을 평가하는 것을 배우는 것이 필요하다. 몸 따라 그리기를 한 이후에는 그들의 느낌과 감각에 대해 정서적 이름을 붙이는 것에 자주 긍정적으로 반응한다. 다른 아동들은 그들이 발견한 신체를 표현하기 위해 모래상자, 동작 활동, 몸 따라 그리기를 좋아한다. 그들이 감정을 인식하는 법을 배우고 신체의 어디서 어떻게 나타나는지를 배움으로써 감정을 불러일으키는 것을 탐색하는 데 도움이 된다. 때때로 우리는 아동과 추측 게임을 하면 특별한 정서 반응을 불러일으키는 상황과 관계를 좁혀 가는 데 도움이 된다. 다른 때에는 우리가 촉발 요인을 탐색하기 위해 협조적으로 그림을 그리거나 모래 상자 활동을 수행한다. 그들이 어떻게 특정 감정을 느끼고 그것을 떠올리는지를 탐색하는 것에 대해 배우면서 적절한 방법으로 감정을 표현하는 것을 배우도록 하는 시간이 된다. 특정 감정, 특히 분노 문제가 있는 아동과 작업하기 위한 많은 자원이 있다. 도전하는 감정으로 분노를 찾는 아동을 위한 개입을 발달시킨 경험이 없는 경우, 『Seeing Red: An Anger Management and Anti-Bullying Curriculum for Kids』(Simmons, 2014)란 책은 도움이 되는 제안이 있는 책인데, 놀이치료 장면에서 채택할 것이 많이 있다. 이러한 집단에게 사용할 수 있는 독서치료 자원은 다음도 포함한다.

- 『When I Feel Angry』(Spelman, 2000)
- 『When Sophie Gets Angry-Really, Really Angry』(Bang, 1999)
- 『I Was So Mad』(Mayer, 2000)
- 『Anh's Anger』(Silver, 2009)
- 『Llama Llama Mad at Mama』(Dewdney, 2007)

상담사는 아동이 자신을 진정시킬 방법으로서 부교감 신경계를 활성화하기 위한 그들의 생활 전략에서 사건에 의해 촉발되는 아동을 가르칠 수 있다. 리바인과 클라인(Levine & Kline, 2007), 핸슨과 메디어스(Hansen & Medius, 2009)에서 발췌한 기법은 아동에게 다음과 같이 가르치는 것을 포함한다.

① 이완: 그들의 혀, 눈, 턱 근육을 이완하도록 한다. 긴장이 신체 위에서 아래로 빠져나가는 것을 느끼도록 돕는다. 그들의 손에 따뜻한 물이 흐르도록 요청한다.
② 점진적 이완: 몸의 긴장을 풀어 줄 장소를 찾기 위해 그들을 산책시킨다.
③ 숨 내쉬기: 진정되고 평화로움을 가져올 방법으로 큰 숨을 쉰다.
④ 상상: 안락한 장소, 진정시킬 수 있는 그들 자신, 슈퍼 영웅, 요정 할머니와 할아버지, 도와줄 수 있는 수호천사를 상상하는 것을 가르친다.
⑤ 심박수의 균형: 첫째, 들숨과 날숨을 같은 시간으로 하고, 둘째, 심장 부분을 통해 숨을 내쉬고 들이쉬는 것을 상상하고, 셋째, 호흡의 부분으로 심장을 통해 이동하는 유쾌하고 따뜻한 정서에 대해 생각하는 것을 가르친다.
⑥ 호흡에 집중: 숨을 들이쉬고, 멈추고, 내쉬고, 멈추고, 생리적 변화가 나타나는 것에 주목한다.
⑦ 재미있게 대화하기: 그들의 혀를 아랫니 쪽으로 향하게 하여 혀를 납작하게 만들고, 혀를 이완하고 말하기를 시도하는 것을 가르친다. 이처럼 혀를 이완시키고, 뇌를 활성화시키며, 이완시키고, 뇌척수액 흐름을 야기하는 것이 아동이 좀 더 이완감을 느끼는 데 도움이 된다. 아이들은 이 활동을 정말 좋아한다.
⑧ 혀 스트레치: 깨끗한 손가락으로 그들의 혀를 살짝 당겨서 내밀게 하는 것을 가르친다. 이는 혀 뿌리와 뇌간을 이완시킨다.
⑨ 일부러 하품하기: 이것은 자기 설명적이다. 이는 머리를 비우는 것에 도움이 되는데, 세로토닌의 생산을 증가시키고 뇌척수액 흐름의 균형을 맞춘다. 우리를 진정시키는 데 좋다.
⑩ 이리저리 움직이기: 단지 몸을 흔들도록 한다. 이것은 맥박의 리듬을 신장시키고, 삶, 생기 있음, 안녕감을 지지한다. 이는 우리가 경직됨을 느낄 때 느슨하게 하도록 도울 수 있다.

새로운 기술과 행동의 연습을 제공하기

아동이 새로운 기술과 행동을 배울 때, 그들은 다른 관계에서 새로운 기술과 행동을 통합하려고 하기 전에 그들은 안전한 놀이치료 환경에서 연습할 기회가 필요하다. 상담사는 놀이방에서 오로지 아동과 함께 연습할 수 있는 기회를 줄 수 있다. 혹은 상담사와 아동이 협력할 수 있는 다른 누군가를 요청할 수 있다.

놀이치료사와 연습하기

보통 이 과정의 초기 단계는 아동이 놀이방에서 대안적 행동을 하는 것을 연습하는 것이고, 간접적으로는 이야기 만들기나 손인형, 인형, 모래상자 소품, 다른 놀잇감을 이용한 역할놀이를 통해 연습할 수 있다. 이는 아동이 말하고 행동하고 생각하고 느끼는 것과 다른 사람들이 그들을 만나 말하고 행동하고 생각하고 느끼는 것에 대한 리허설을 포함한다. 또한 상담사는 좀 더 지시적 접근을 사용할 수 있고, 새로운 기술을 연마하고, 자기 만족을 얻는 기회에 대해 그들이 가질 수 있는 다양한 시나리오로 역할놀이를 요구한다. 놀이를 통해 미래의 상황을 탐색함으로써 아동은 어떻게 놀이방 밖에서 새롭게 습득한 행동을 적용할 수 있는지에 대한 구체적 아이디어를 얻을 수 있다. 그들은 또한 특별한 상황에서 가능한 다른 사람의 반응과 장애물을 탐색하고 어떻게 그들이 어려움을 다루기 원하는지 고려할 수 있다.

놀이방에서 다른 사람과 연습하기

아동이 새로운 행동, 사고, 태도, 감정의 성장을 편안하게 느끼는 수준에 따라 상담사는 부모, 형제, 친구 중 한두 명, 다른 아동 내담자를 놀이 회기에 초대할 수 있다. 이는 아동에게 중요한 지지적이고 안전한 환경에서 그에게 중요한 사람과 연습을 지속할 기회를 제공한다. 예를 들어, 아동은 사회적 기술, 협상 기술, 정서적 표현, 자기조절, 그의 삶의 진짜 구성원들과 힘을 공유하는 방법을 연습할 수 있다. 아동은 질투나 고통 같은 정서를 탐색할 수 있는 환경에서 상담사의 관심과 감정을 공유하는 경험을 갖게 된다.

우리가 소집단과 하는 놀이치료 경험을 위해 내담자의 친구 중 한 명이나 다른 내담자 중 한 명을 데려올 경우, 우리는 두 번째 아동의 특별한 자질을 찾는다. 우리는 잠재적 집단 구성원들이, 첫째, 공격적-순응적, 둘째, 활동적-수동적, 셋째, 활동적-위축적, 넷째, 과잉활동-우울함의 연속에서 어디쯤 떨어져 있는지를 고려하려고 노력하고, 우리의 내담 아동과 균형을 맞출 수 있는 아동(혹은 아동들)을 선택하도록 노력한다. 우리는 같은 회기에서 매우 통제적인 아동 2명이 있는 걸 원치 않는다. 그 아동이 힘겨루기에서 통제를 하지 않을 때 더 편안히 느끼는 것을 배워 왔더라도 말이다. 우리는 또한 기쁨을 주는 아동과 통제적 아동을 섞는 것도 피하려고 하는데, 기쁨을 주는 아동은 통제하는 아동이 그 방식으로 할 때 결코 타협 없이 따른다.

우리가 다른 아동을 데리고 올 때 언제나처럼 소집단(집단이 상담사를 포함해 두 사람뿐일지라도)에서 놀이치료를 하는 핵심은 아동과 함께 현재에 있는 것이다. 다른 모든 것은 두 번째이다. 상담사는 정말로 회기에서의 행동에 너무 휘말리지 않는 데 초점을 두어야 하는데 그래서 상담사는 전체적으로 현재에 있고 아동 각각과 연결되어야 한다. 상담사는 반응에 이완되고, 주의를 기울이길 원하며, 회기의 흐름과 상호작용을 원한다. 상담사가 너무 빠르게 혹은 너무 자주 대답하라고 압력을 가할 필요가 없다는 것을 기억하는 것은 중요하다. 집단 회기는 개별 회기보다 좀 더 많은 활동이 있다. 그래서 생각할 시간을 주는 것이 중요하다. 상담사는 개별 회기에서 하는 것만큼 말하지 않는다(단지 말하는 시간이 적을 뿐이다). 그래서 상담사의 조언을 중요하게 만든다. 상담사의 기본 초점은 내담자에게 있을 것이고, 다른 아동에게 주의를 덜 기울인다. 상담사는 다음의 역동에서 패턴을 찾을 필요가 있다.

① 아동 간의 상호작용, 아동 간의 관계, 아동과의 의사소통 패턴, 중요성-소속감을 얻는 방법

상담사는 자신에게 "어디서/누가 관계의 힘을 가지고 있으며, 힘과 관련되어 어떻게 상호작용하는가?" "관계에서 맞추는 패턴이 있는가?" "그들이 다른 사람과 어떻게 관계되어 있는가?" "그들이 관계에서 용기를 어떻게 증명하는가?" "그들이 어떻게 유능함을 다른 사람에게 증명하고, 이것이 그들의 관계에서 중요한 부분인가?" "그들이 관계에서 어떻게 가치를 수립하는가?" "누구와 무엇을 하며 놀이하는가?" "어떻게 아동이 그들이 다른 사람을 중요하게 믿는지를 증명하는가?" "그들은 무엇에 대해 대화하는가?"를 질문할 수 있다.

② 관계에서 아동 간의 상호작용

상담사는 자신에게 다음의 질문을 할 수 있다. "그들은 내가 다른 사람에게 주는 관심을 질투하는가?" "그들이 나에게 얻은 힘과 관심에 대하여 지위를 다툴 필요를 느끼는가?" "회기에 다른 아동이 있을 때 그들이 나와 좀 더 중요하게 연결되었는가?" "그들이 방에서 다른 아동과 있는 맥락에서 나와 어떻게 연결되었는가?" "누가 힘을 얻고 다른 아동을 통제하기 위해 나와 연대하려고 하였는가?" "누가 그들이 다른 아동보다 중요하다는 것을 확인하기 위해 나의 관심을 끌려고 했는가?"

③ 각 아동과 상담사 사이의 개인적 상호작용

상담사는 놀이 회기에서 일상적인 질문을 스스로에게 한다. "아동의 행동 목표는 무엇인가?" "이 아동의 성격 우선순위는 무엇이고 어떻게 아동이 우선순위와 관련된 행동을 하는가?" "아동이 어떤 중요한 Cs를 자기, 타인, 세상에 대한 견해 안에서 협력하는 것으로 보이는가?" "이 아동의 잘못된 신념은 무엇인가?" "아동의 강점은 무엇인가?" "어떻게 아동 사적 논리가 그의 방식에 들어오는가?" "이 아동이 그 자신에 대해 책망하는 것은 무엇인가?" "내가 이 생각을 강화할 수 없어서 어떻게 아동이 기대한 것과 다르게 반응할 수 있는가?"

④ 정서적 어조와 회기에서 집단의 흐름

자신에게 다음과 같은 질문을 한다. "이 회기에서 정서적 분위기는 어떠했는가?" "이 회기에서 각 사람은 회기의 분위기에 어떻게 공헌했는가?" "누가 오늘 집단에 큰 영향을 미쳤고 놀이에 어떤 영향을 주었는가?" "집단원 간 상호작용의 흐름은 어떠했는가?" "누가 회기를 통제했고, 회기를 통제하기 위해 무엇을 했는가?" "그들은 회기에서 갖고 있던 통제력을 갖고 있는가?" "회기 내용의 주제는 있었는가?"

⑤ 시간 경과에 따른 분위기와 집단의 흐름

시간에 따른 패턴과 주제를 찾는다. 집단(아동과 상담사 둘뿐이라도)은 정말 사회의 미시체계이다. 상담사는 아동이 실제 세상에서 어떻게 행동하는지 발견할 수 있고, 그들의 삶과 비슷한 것이 무엇인지, 어떻게 타인이 그들에게 반응하는지, 어떻게 타인과 상호작용하는지에 대해 집단에서 분위기와 흐름을 관찰함으로써 발견할 수 있다. 다음과 같이 자신에게 질문한다. "집단의 정서적 분위기에서 패턴은 무엇인가?" "어떻게 내가 각 아동이 집단 내에 다른 아동을 돕도록 힘을 사용할 수 있는가?" "아동이 집단에서 그들의 남은 삶에서 사고, 감정, 행동을 어떻게 반영하는가?" "그들의 남은 삶에서 상호작용과 반응하는 새로운 방법을 가르치기 위해 나는 어떻게 집단에서 일어나는 것을 사용하는가?"

혼돈을 피하기 위해 상담사는 아마도 단지 한 아동과 작업하는 것보다 좀 더 구조를 만드는 것을 원할 것이다. 상담사는 회기의 초기 상호작용에서 회기 동안의 계획을 세우기를 원할 수 있다. 계획된 활동에 얼마큼의 시간을 쓰고 자발적 놀이를 위해 아동에게 얼마만큼의 시간을 허용할 것인가? 어떤 순서로 진행할 것인가? 최선은 자유 놀이를 허용하기 이전에 계획된 구조화된 활동을 하는 것이다. 어쩌다가 상담사는 아무 구조 없이 아동이 함께 놀이를 하는 방법을 알기 원할 수 있다.

우리가 내담자에게 아이디어를 소개할 때, 놀이방에서 두세 명의 다른 아동과 함께 놀이하는 것이 재미있을 것 같다고 생각한다고 말한다. 우리는 활동에 대한 제안을 하고 우리가 재미를 공유할 추가적 사람들과 함께할 수 있다고 한다. 보통 아동은 놀이치료 과정에 다른 누군가를 추가하는 아이디어에 대해 흥미 있어 한다. 그들이 시간에 자주 지루해 하면 그들의 치료를 종료할 준비를 하기 위해 종결한다.

아동이 이 제안에 대해 놀이방에서 폭력적·부정적 반응을 보인다면 그것은 보통 우리가 너무 빨리 움직였고, 아동이 우리가 추정한 것만큼 종결을 하지 못한다는 것이다. 이런 일이 생길 때 우리는 놀이 회기에서 다른 아동을 원하지 않고, 그의 목적에 대해 아동에게 이야기하며, 아동에게 일어난 것의 해석에 대해 부모 및 교사와 상담함으로써 아동의 진전을 재평가한다. 이 재평가 이후 우리는 아동과 함께 상황을 논의하고 어떻게 진행할 것인지를 결정한다. 대부분 아동은 일정 시간 동안 개별 작업을 지속할 필요가 있고 그가 이 단계를 위한 준비가 되었을 때 우리와 다른 아동을 함께 데려오는 아이디어를 받아들일 것이다.

두 번째 아동이 놀이방에 들어오는 것을 소개하기 전에 우리는 비밀보장, 특히 안전과 관계된 놀이방 규칙에 대해 내담자에게 이야기한다. 대부분 우리는 약 4~6주 동안 추가 아동을 회기에 부를 것이라고 결정한다. 우리는 특히 네 번째 단계 동안 부모와 다른 가족 구성원이 놀이치료 회기에 올 건지를 자주 질문한다. 때때로 우리는 가족 놀이치료(Kottman & Meany-Walen, 출판 중) 회기로 전환하기도 한다. 이것은 다른 가족 구성원이 좀 더 적절한 상호작용 패턴과 양육 기술을 시도할 기회를 준다. 놀이방은 그들이 만든 것을 확장하고 발전시키는 노력을 위해 지지적 제안과 격려를 얻을 수 있는 안전한 환경과 관련된 새로운 경험을 하기 위해 가족 구성원에게 실험실이 될 수 있다.

종결

종결을 고려할 때 상담사는 놀이치료 회기에서 현존 문제가 긍정적으로 변화되고, 아동 행동의 긍정적 변화를 찾길 원할 것이다(Kottman, 2011). 현존 문제와 관련해서 상담사는 "가정과 학교에서 어려움을 일으킨 아동의 태도, 관계, 행동이 긍정적 방향으로 변화되었나?"를 스스로 질문한다. 가족구성원, 교사, 아동과 논의하고 가족구성원과 대기실이나 놀이방에서의 가족 회기(또는 교사와 학급친구)와 함께 아동의 행동을 관찰함으로써 현존 문제와 관련된 진전에 대한 정보를 얻을 수 있다. 놀이치료가 '기적의 치료'인 경우는 거의 없으므로 추상적으로 현재의 기능을 고려하는 것보다 현재의 기능과 초기 기능을 비교하는 것이 중요하다. 이는 상담사가 신경 쓰는 행동 발생의 수리적 평가를 얻기 위해 등급 또는 도표를 사용하여 아동과 상호작용하는 성인에게 질문한다면 보다 구체적으로 평가하는 데 도움이 된다. 그것은 또한 1~10점 척도를 사용하여 부모나 교사에게 아동의 일반적 정서와 행복의 평가를 측정하는 것이 중요하다. 완벽한 전환보다는 증진을 찾는 것이 중요하다.

아들러 놀이치료에서 상담사는 회기에서 아동이 기본적 신념과 생활양식이 변화하였다는 증거들을 찾을 것이다. 행동의 목표가 파괴적 관심 끌기, 힘, 복수, 좀 더 긍정적 목표에 대해 부적절한 증명에서 변화되었다는 것은 의심스러울 수 있다. 그들은 용기를 가진 아동의 긍정적 성격에서 많은 것을 습득해야 한다. 아동은 관계할 수 있고 유능하고 가치 있다는 것을 믿는다. 아동은 그들이 성격 우선순위에 따라 행동하는 방법으로 이동할 수 있다. 양상을 제한하는 것에서 힘을 향해 이동하는 것으로 움직이다. 타인과 그들의 상호작용은 증가된 사회적 관심의 증거이고, 타인의 권리 인식일 수 있다. 그들의 행동은 좀 더 건설적이고 적절해진다.

아동이 종결로 이동되는 것에 놀라지 않는다면 마지막 회기 전 3~4회기 동안 우리가 함께 만나는 것을 중지할 것이라고 생각하는 것을 그들이 알게 하는 것이 좋다. 상담사는 놀이방에서 관찰하고, 아동, 부모, 학교의 사람들에게 보고된 진전 사항을 요약해준다. 우리는 그들이 사고, 감정, 행동, 생활에서 중요한 사람들과의 관계에서 경험한 변화에 대한 그들의 관점을 얻으려고 한다. 이 논의 이후, 우리는 놀이방에서 이루어진 도움 등이 더 이상 필요하지 않을 만큼 아동이 성장했다는 생각을 얻는다. 우리는 아동이 보이는 부정적 반응이 중요한 지지적 관계가 변할 수 있다는 생각에서 오는 정상적 슬픔인지 아니면 종결 준비도에 대한 상담사의 판단이 틀렸다는 것을 알리는 다른 정서적 반응인지를 가까이에서 관찰한다. 우리는 아동이 사고와 감정을 탐색하는데 도움이 되도록 감정을 반영하고 해석을 하며 그들에게 도움이 될 격려를 사용한다. 우리는 또한 이것이 우리의 관계가 끝났다는 것을 의미하는 것이 아니라고 그들에게 말한다. 나(TK)는 아동에게 명함을 주고, 언제든 다시 오고 싶을 때나 이야기하고 싶은 것이 있을 때, 자유롭게 하고 싶은 것이 있을 때 알려 달라고 한다.

나머지 회기 동안 우리는 아동이 몇 회기가 남았는지 알 수 있도록 '카운트다운'을 할 수 있다. 이 종결 전 마지막 회기 동안 놀이치료 전체 과정 동안 경험했던 행동, 태도, 놀이 경험을 통해 아동은 자주 빠르게 되돌아갈 것이다. 그들은 무엇을 배웠고 놀이치료 과정을 통해 어떻게 변화했는지 테이프를 빨리 감듯 요점을 되풀이하는 경험을 할 것이다. 가정과 학교에서 발생한 일치된 상황에 대해 부모와 교사에게 주의를 주는 것은 필수적이다. 사라졌다가 갑자기 드러난 행동과 태도는 염려하는 성인에게 위협이 될 수 있다. 당신이 사전에 이것이 정상적 단계라고 설명한다면 이 반복되는 발생에 대한 반응에 있어서 부모와 교사가 오래된 패턴으로 되돌아가는 것을 예방하는 것이 가능할 것이다.

사례

이 사례는 제5, 7, 8, 9장의 사례와 연속된 것이다. 이 장의 이야기는 상담사가 어떻게 아동을 재교육하고, 좀 더 긍정적 사고, 감정, 행동을 일반화하는 데 도움을 줄지, 아동이 어떻게 새로운 행동과 기술을 배우고 연습할지, 아동이 놀이치료를 종결할 준비가 되었는지를 설명하기 위해 고안되었다. 이 사례 연구에서 나(TK)는 또한 아들러 놀이치료의 네 번째 단계 동안 부모 상담을 통한 실제적 변화를 상담사가 시행하기 위한 방법을 입증한다.

피비와 함께 한 놀이치료의 재교육 단계에서 기본적 목표는 그녀 자신, 타인, 세상에 대한 긍정적 사고와 감정을 증진시키는 것을 기본으로 한 건설적 행동 레퍼토리를 만들어 주는 것이다. 나는 사회적으로 적절한 방법으로 문제를 해결하고, 사회적 기술과 협상 기술을 증진하기 위한 능력을 증가시키기를 원했다. 그래서 자신의 필요를 즉각적으로 충족시킬 필요 없이 사회에 기여할 수 있도록 하는 것이다. 이것은 그녀가 순서 따르기, 규칙 따르기, 타인에게 활동을 결정하게 하기 등을 연습하는 것을 포함한다. 나는 또한 특별히 조부모, 아빠, 학교의 잠재적 친구들 등 그녀 생활에서 중요한 타인과 힘을 공유하는 것을 연습하는 것이 중요하다고 생각했다. 나는 피비와 동년배인 친구들과 축구팀, 스카우트, 드라마 같은 활동에 참가하는 것이 이익이 될 것으로 믿었다. 나는 피비에게 중요한 과업은 문화유산을 기념하고 다른 가족 구성원과 유사점과 다른 점을 기술하는 것이라고 생각했다. 또한 그녀가 타인에게 오만하거나 비판적이지 않게 자신의 강점을 명확히 평가하고 표현할 수 있기를 원했다.

동시에 사이먼 부부가 배운 새로운 기술을 연습하도록 돕기 위해 함께 작업했다. 우리는 특별히 격려를 사용하고, 자신의 문제를 결정 및 선택하며, 자연스러운 결과를 허용하고, 논리적 결과를 사용하는 것에 초점을 두었다. 나는 크리스토퍼와 작업했던 몇 시간 동안 피비와 시간을 보내는 것의 중요성을 강조하였다. 그는 딸과 시간을 보낼 작은 기회부터 만들어 내는 것에 전념했다. 그가 피비와 연락하기 위해 했던 몇 가지 일은 대학에서 쉬는 동안 딸에게 전화하기, 우스운 메모를 남기기, 긴 시간 일하는 날에 딸을 위해 기습 방문하기 등이다.

아동이 이끄는 대로 놀이하면서 나는 피비와 직접적·간접적 의사소통을 함께 사용하기로 결정했다. 우리는 직접적으로 기꺼이 탐색한 주제에 대해 솔직하게 논의를 했고, 그녀의 삶의 실제 상황에 대해 브레인스토밍을 했으며, 실제 관계와 환경을 사용한 상황을 역할놀이하였고, 그녀의 삶의 다양한 사람을 나타내기 위해 동물 소품을 사용하여 다른 상황을 역할놀이했다. 몇몇 예에서 우리는 재교육 작업을 위해 은유적 이야기, 독서치료, 미술 작품을 사용했다.

피비가 우수한 언어적 기술과 추상적 추론 능력을 보였기 때문에 직접적으로 몇몇 이슈에 대해 언어적으로 진행하는 것이 가능하였다. 우리는 그녀의 짜증, 조종하는 것, 그녀 방식대로 요구하지 않고 가족 내에서 어떻게 욕구를 충족시킬지에 대해 대화했다. 우리는 그녀가 엄마를 얼마나 그리워하는지, 그때 어떻게 외로움을 느끼는지에 대해 말했다. 우리는 그녀가 좀 더 많은 친구를 바란다고 논의했고, 또래 관계 형성과 유지를 위한 방법을 브레인스토밍했다. 다른 상호작용으로는 타인이 그녀를 떠나고 혼자가 될 운명이란 그녀의 신념을 조사했다. 초기에 그녀는 인종과 혼혈에 대해 말하는 것을 꺼렸다. 그녀는 엄마와 좀 더 관계되기를 갈망했고, 엄마의 문화적 뿌리에 관련된 라틴 유산에 관한 이야기를 할 때 기꺼이 인종에 대해 이야기하였다.

피비는 책 읽는 걸 좋아했고 3단계에서 독서치료를 하는 것을 즐겼다. 그래서 나는 피비가 엄마의 죽음과 조부모와 사는 것, 혼혈인 것을 좀 더 이해할 수 있도록 돕기 위해 몇몇 책을 사용했다. 내가 죽음과 상실을 다루기 위해 피비와 사용한 책은 『Gentle Willow』(Mils, 2003), 『What is Death?』(Boritzer, 2000)이다. 『Is nothing something? Kids questions and Zen answers about life, death, family, friendship, and everything in between』(Hanh, 2014)이란 책의 일부는 피비가 죽음과 친구 및 가족의 중요성을 이해할 수 있도록 돕는 다른 방법으로 사용하였다. 이 책은 사이먼 씨의 영적 신념과 일치하였는데, 조부모는 피비와 읽으려고 책을 빌려 달라고 요구했다. 『The Family Book』(Parr, 2003)은 피비가 가족의 다른 조합을 이해하고 인종과 다름에 대해 이야기할 장을 만들어 주는 데 도움이 되었다. 또한 『Let's Talk about race』(J. Lester, 2006), 『Shades of People』(Rotner, 2010), 『The Colors of Us』(Katz, 2002), 『Whoever you are』(Fox, 2001)은 인종과 정체성에 대한 대화를 자극하기 위해 사용하였다. 조부모는 이 책 중 여러 권을 빌려가겠다고 했다.

우리는 우정 기술을 연습하고 생각, 장난감, 힘을 공유하기 위해 손인형과 인형을 사용했다. 나는 피비의 학교 상담사와 함께 동일 학년의 다른 아동과 함께 우정 집단에 참여하도록 처리했다. 피비는 또한 축구 수업을 받기 시작했다. 피비는 축구에 타고난 재능이 있음이 밝혀졌다. 그녀는 새로운 친구와 함께 게임을 연습하는 것을 기다릴 수 없었고, 조부모와 아빠와 함께 집에서 연습했다. 그녀는 축구를 꽤 잘하게 되어 팀원들에게 사랑받았다. 추가로 피비는 엄마가 축구 보는 것을 정말 좋아했다는 것을 알게 되었고, 가족 전체가 멕시코 팀 경기를 TV로 응원하게 되었다.

우리는 고질라의 이야기를 계속했고 줄거리를 다시 쓰는 것을 끝냈다. 피비가 이야기를 마쳤을 때 고질라는 더 이상 건물과 차를 부수지 않았다. 그녀는 "고질라는 고함치고 소리 지르며 두드리는 대신 감정을 잘 표현하고 사람들에게 말하는 방법을 배웠다."고 했다. 그 도시의 사람들은 고질라가 시장이 되어야 한다고 결정했다. 그들은 그를 위해 큰 파티를 열었고 '모든 사람이 그를 많이 사랑했기 때문에' 참석했다. 시장 고질라가 도시를 이끌고 사람들을 위한 규칙을 만들면서 그는 타인의 생각을 중요하게 고려하였다. 힘을 공유하는 것이 좀 더 통합된 생활양식의 일정 부분이 되었다는 것이 나타났다. 때때로 나는 그녀에게 지진, 교통 체증, 새로운 사람의 이사, 새로운 도시 규칙 같은 통제되지 않는 장애물을 던져 보았다. 그녀는 단호한 조치를 취했고, 심지어 새로운 규칙에 대한 도시 투표를 실시했으며, "이것은 결정하는 데 있어서 모든 사람이 공평하기 위해서다."라고 말하는 것을 확인했다. 이 놀이를 통해 나는 행동 목표와 사회적 기술이 생겨나는 것에 대해 상위의사소통을 계속했다. 나는 "고질라는 정말 도시 사람들의 생각을 들어주기 때문에 진짜로 리더가 되는 것을 배운 것이다." 그리고 "고질라는 너랑 비슷하다. 너는 화를 내고 마음대로 해 왔지만 지금은 네가 느끼는 것을 사람들에게 말할 다른 방법을 찾았다."와 같이 말했다.

나는 치료의 이 단계 동안 우리의 상호작용의 많은 부분에 사이먼 가족 구성원을 포함한 것이 중요했다고 느낀다. 우리는 신뢰 이슈로 작업한 몇몇 회기가 있었고, 소그룹의 모험-도전 게임(Ashby et al., 2008)을 했다. 한 회기에서 우리는 가족 구성원 모두 다른 구성원에게 긍정적으로 기여할 목록을 열거하게 하는 강력한 충격을 행사했다. 우리는 또한 피비가 가족에 대해 어떻게 느끼는지를 나타내기 위해 피비가 조각가인 가족 조각을 만들도록 했다. 크리스토퍼가 온 회기에서는 동적 가족 모래상자 활동을 했다. 피비는 얼룩말과 돌고래 동물을 사용했다. 회기 끝에는 사이먼 부부 각각 얼룩말 소품을 사용했고, 크리스토퍼와 피비는 돌고래 소품을 사용했다. 그들은 자발적으로 모두 소속되어 있고 가치감을 느끼는 사랑하는 가족에 대한 이야기를 만들었다.

피비는 20회기를 보내면서 짜증 부리는 것을 멈췄다. 우정 기술은 꽃피웠고 22회기 즈음엔 학교 친구와 함께 밤샘 파티까지 했다. 그녀는 인종과 엄마와의 관계에 관한 감각을 발달시켰다. 가족은 알리샤에 대해 보통 기뻐하며 이야기하는 것을 피해 왔다. 이것은 다양한 방법으로 가족 구성원 각각을 도와주는 것으로 보였다.

이 놀라운 성취에도 불구하고 피비는 여전히 할머니에게 덜 요구하는 작업이 필요했다. 사이먼 부인은 또한 경계를 갖고 피비의 모든 요구를 기꺼이 받아 주는 것에 작업이 필요했다. 23회기 동안 나는 자연적이고 논리적인 결과를 사이먼 부인에게 상기시켰고 부인이 피비와 함께 사용할 역할놀이 방법의 사례를 제공했다. 나는 사이먼 부인에게 『Positive discipline』(Nelson, 2011)을 읽도록 요청했다. 우리는 이 책과 더불어 피비와 함께 사용할 전략을 논의했다. 나는 다음 2주간을 사이먼 부인과 검토했다. 그녀는 이 책이 도움이 되었다고 하였고, 가족회의를 시작하였다. 그리고 피비와 부인이 다른 사람과 상호작용하는 방법을 긍정적으로 변화시켰다고 알렸다.

사이먼 씨는 경계를 설정하는 의지를 매우 증진시켰다. 새롭게 양육 기술을 얻었지만 때론 부인과 피비를 과보호하고 애지중지하는 경향에 대해 여전히 갈등이 있었다. 현격히 변화했음에도 그들 중 누구도 제한설정이 일정하지 않았다. 나는 아마도 그들의 생활양식이 피비와의 관계와 경계를 간섭할 것이란 생각을 알리기로 결정했다. 나는 가족이 만든 그들의 관계 패턴, 성격 우선순위, 중요한 Cs 등에 대한 나의 '정신 그림'을 설명하기 위해 차트를 그렸다. 나는 시각적인 사람이라서 내가 그림이나 차트를 그릴 때 좀 더 명확하게 의사소통한다고 믿는다. 이 그림은 그들의 사적 논리에서 조금 변화되도록 그들을 도울 것이고, 그것은 경계와 결과의 좀 더 일정한 적용에 도움이 될 것이다. 나는 또한 그들이 다른 사람에게 지지적이도록 격려했다.

30회기까지 그것이 확실히 '기적의 치료'가 아니었음에도 불구하고, 피비가 목표를 향해 좋은 진전을 이루었다는 것이 확실해졌다. 그녀는 좀 더 협조적이고, 능력 있다고 느끼며, 긍정적 공헌을 표현할 수 있고 소유했으며, 가정과 학교에서 소속감에 보다 만족하고, 그녀가 타인과 세상에 중요한 공헌을 할 수 있다는 것을 인식하기 시작했다. 그녀는 또한 좀 더 엄마와 문화적 유산에 연결되어 있다고 느꼈다. 피비가 혼혈인 것을 좀 더 편안하게 느낌에도 불구하고 여전히 학교에서 다소 불편감을 느꼈다. 그녀는 명예훈장처럼 멕시코 문화를 과시하려는 것과 다른 아이들처럼 좀 더 그것을 숨기려고 시도하는 것 사이에 불안정하게 서 있었다. 그 즈음 가정과 학교에서 문제가 생겼는데,

그녀가 다른 사람에게 그것을 통제할 수 없다는 것을 알리기 위함이었다. 그러나 이러한 사건의 강도와 빈도는 현격히 감소되었다. 피비는 여전히 게임에서 지는 것을 싫어했으나, 순서 지키기, 협상하기, 타협하기는 좀 더 좋아졌다. 사이먼 부부는 조부모 역할을 하는 것에 좀 더 자신감을 얻었고, 피비가 엄마의 죽음과 엄마와의 문화적 연결에 대해 이해하도록 돕는 것에 좀 더 편안함을 느꼈다. 그들은 피비가 조직화된 집단(축구)이나 비조직화된 집단(생일 파티, 놀이 모임)에서 다른 아동과 놀이할 기회를 기꺼이 만들었다.

종결 시기는 크리스토퍼가 학위를 끝내고 정규직을 찾는 첫 번째 변화 시기였다. 그의 처음 계획은 그의 부모와 계속 사는 것이었는데 피비가 집에서 안정된 것을 방해하고 싶지 않아서였다. 그는 피비와 이사해서 나가게 된다면, 피비와 질적인 시간을 보내는 것과 피비와 그의 부모 사이의 관계를 유지하는 것이 중요하단 것을 인식했다. 전체 가족은 좀 더 행복하고 좀 더 균형을 찾게 되었다.

30회기에서 그녀가 배운 것을 통합하고 우리의 관계를 끝내는 과정으로 우리(피비, 나, 사이먼 부부, 크리스토퍼)는 피비와 내가 함께 하는 개별 회기를 두 번 더 갖기로 결정하였다. 그녀는 놀이방에서 해온 전형적 패턴을 따랐고, 회기의 시작부터 사용된 모든 장난감으로만 놀이했다. 마지막 날 그녀는 내 명함을 받고, 나를 안아 주며 "감사합니다(Gracias)"라고 말했다. 나는 "천만에(De nada)"라고 말했다. 그녀는 "다시 당신이 필요할 때 돌아올 수 있나요?"라고 물었고, 나는 "물론이요."라고 대답했다. 그녀는 "우리 모두가 당신이 필요할 때 올 수 있나요?"라고 물었고, 나는 "물론이죠."이라고 답했다. 그녀는 앉아서 그녀를 기다리고 있는 조부모와 아빠를 보며 웃었고, 나를 보며 웃으면서 "난 그럴 필요가 없을 것 같지만, 누가 알겠어요."라고 말했다.

요약

아들러 놀이치료의 재정향 · 재교육 단계는 상담 과정 중 가장 지시적인 단계이다. 이 단계에서 놀이치료사는 아동이 조작할 수 있게 놀이 과정을 사용하고, 아동이 이전 단계에서 만들어 낸 감정, 사고, 행동을 모두 이동할 수 있게 적용한다. 그들은 감정을 표현하고 다른 장면에서 행동하는 새로운 방법을 숙달하는데, 그것은 타인과 관계를 형성하고 유지하는 기술에 효과적이고 문제를 다루는 방법을 실험한다. 그들은 그들 자신의 강점을 인식하기 위한 방법을 배우고 연습하고, 중요한 Cs를 숙달하며 생활과 업에 최적으로 기능하고, 그들의 성격 우선순위의 긍정적 요소를 나타내며 적절한 방법으로 욕구를 표현한다.

추가 자료

독서치료

http://www.ala.org/tools/bibliotherapy

http://www.best-childrens-books.com/bibliotherapy.html

http://www.carnegielibrary.org/research/parentseducators/parents/bibliotherapy

http://www.medscape.com/viewarticle/734236

역할놀이

http://www.nadta.org/assets/documents/adolescent/fact-sheet.pdf

http://www.playtherapyseminars.com/articles/details/10007

종결

http://www.counseling.org/resources/library/selected%20topics/play%20therapy/voluntary%20play%20guidelines.pdf

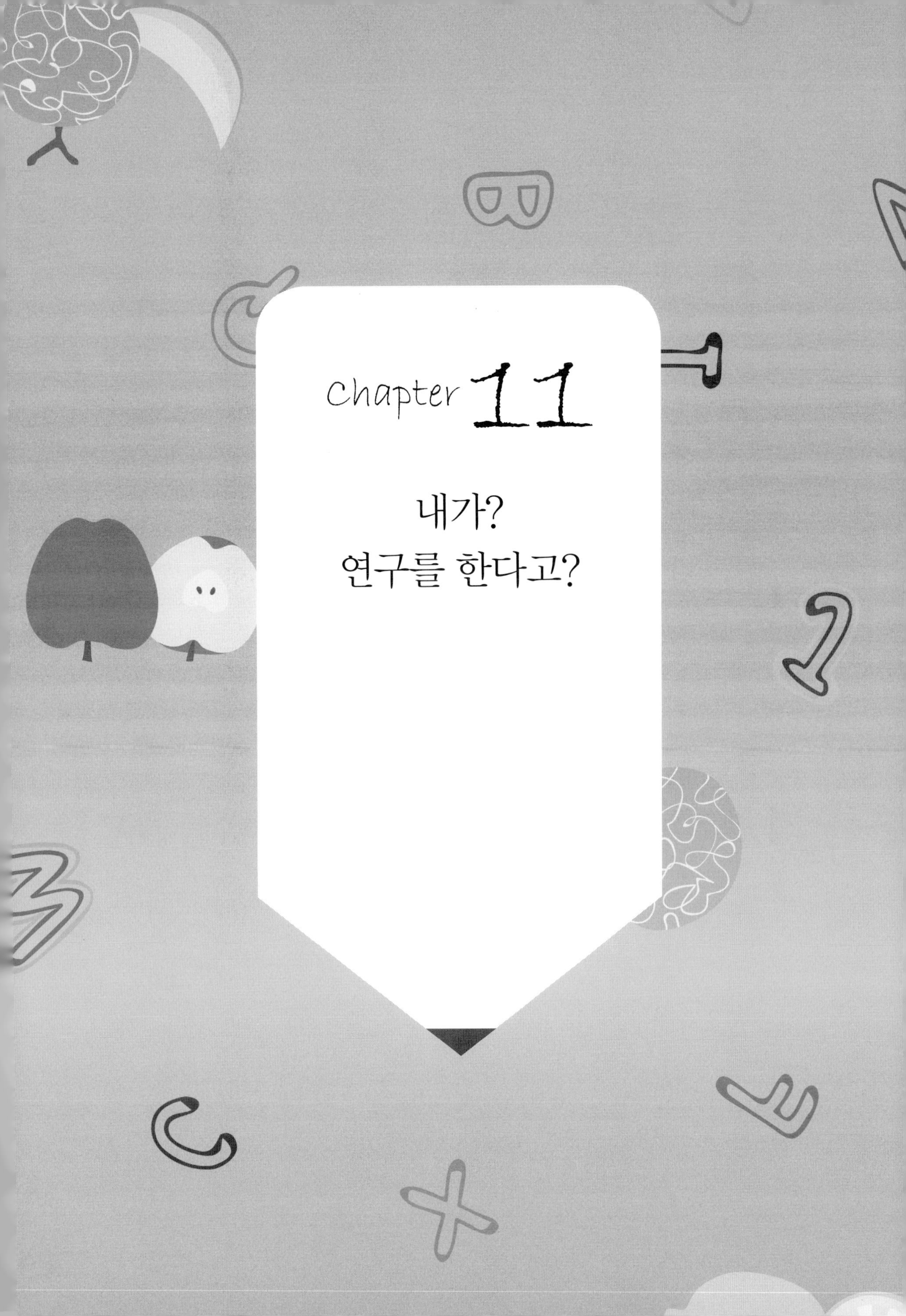

Chapter 11

내가?
연구를 한다고?

당신은 연구를 그다지 좋아하지 않을지도 모른다. 또는 이전 연구에 대한 자료를 읽는 일은 할 일의 목록 중 제일 마지막으로 미룬 것일 수도 있다. 하지만 여러 방면에서 다음의 정보가 유용할 것이라고 생각한다.

- 제시된 문제, 내담자의 인구통계학적 자료, 놀이치료의 효과성에 대해 실증적으로 지지하는 배경들에 관하여 부모, 교사, 관리자, 특정 단체의 슈퍼바이저, 보험회사 등과 공유할 수 있다.
- 상담 업무에서 다른 아동들에게 사용할 수 있는 치료 계획이나 특정한 중재법에 대한 제안으로 우리가 제시했던 연구와 책의 챕터들을 찾아낼 수 있다.
- 흥미롭고 유용한 연구를 수행할 수 있는 방식들이 많이 있다는 것을 찾아낼 수 있다.
- 연구를 배우는 것이 재미있다는 데 놀랄지도 모른다.

놀이치료에 대한 지지

놀이치료는 다양한 인구집단, 배경, 제시되는 문제 속에 있는 아동들과 작업하기 위해 연구되었으며 실제적으로 지지받는 방법이다(Bratton & Ray, 2000; Bratton, Ray, Rhine, & Jones, 2005; LeBlanc & Ritchie, 2001; Lin & Bratton, 2015; Ray, 2006, 2011, 2015; Stewart & Green, 2015). 가장 많이 연구된 놀이치료 접근법은 아동 중심 놀이치료이다. 아동 중심 놀이치료는 교실 내의 문제 행동을 포함하여 제시되는 다양한 문제(낮은 학업 성취와 자기 개념, 불안, 신체장애, ADHD, 간헐적 폭발성 장애, 자폐 등)와 같이 더욱 구체적으로 진단된 문제를 감소시키는 데에 효과적임이 증명되었다. 아동 중심 놀이치료는 우간다의 고아, 노숙자 아동, 지적장애아와 같은 다양한 문화의 사람들에게 효과적인 것으로 나타났다(인용을 위해 부록 H 참조).

다양한 문화와 제시된 우려를 가진 아동과 작업하기 위해 다른 저자들은 놀이치료 접근법으로부터 사례 연구를 출판하거나 전략을 제안하였다. 일부 대표되는 문화로는 무슬림, 한국, 난민 아동을 포함한다. 자폐, 분노와 공격성, 괴롭힘 문제, 선택적 무언증, 외현화 행동, 애착장애, 슬픔과 상실의 문제가 있는 아동들과 성적 학대, 위탁 양육 아동, 부모가 별거 중이거나 이혼한 아동, 만성적으로 아픈 아동, 자연 재해를 경험한 아동들을 위한 놀이치료 전략과 조정안을 포함하였다(인용을 위해 부록 H 참조).

아들러 놀이치료 연구

아들러 놀이치료는 최근에서야 연구 현장을 만들었다. 동료인 수 브래튼(Sue Bratton)과 함께 아들러 놀이치료의 효과를 평가하기 위하여 철저한 확률적 통제 시도 조사를 개발하고 실행하였다. 코트먼(Kottman, 2009)은 치료 매뉴얼을 만들어 고급 아들러 놀이치료 훈련과 여러 명의 상담사에 대한 슈퍼비전을 시행하였다. 미니-월렌(Meany-Walen)은 교실 내에서 방해하는 행동이 경계선에 있거나 임상 수준에 기초한 연구에 포함시킬 수 있는 요건을 지닌 58명의 아동을 대상으로 한 연구를 감독하고 완료하였다. 결과는 '유의미하게 치료적 효과 있음'부터 '매우 효과 있음'이 도출되었다. 결과에 따르면 아들러 놀이치료를 받은 아동들은 문제 행동이 줄어들었고, 과업 수행 행동이 증가하였으며, 그들의 교사들은 교육 관련 스트레스에서 낮은 수준을 경험하였다(Meany-Walen, Bratton, & Kottman, 2014). 후속 연구 역시 아들러 놀이치료가 아동들의 문제 행동을 줄이고(Meany-Walden, Kottman, Bullis, & Dillman Taylor, 2015), 과업 수행 행동이 증가하는 데 효과적인 것으로 나타났다(Dillman Taylor & Meany-Walden, 2015; Meany-Walden, Bullis, Kottman & Dillman Taylor, 2015; Meany-Walen, Kottman et al., 2015).

연구에 대한 고려사항

당신은 아들러 놀이치료 연구에 관심을 가질 수 있고, 우리 역시 격려하길 원한다. 전문가들의 최근 풍조는 치료의 효과성을 지지하는 증거를 갖도록 요구하는 것이어서 실제 사용될 수 있고, 상담사가 비용을 지원받을 수 있도록 하고 있다. 따라서 다양한 문화의 아동들과 제시되는 여러 문제에 대하여 학교, 사설 상담기관, 병원과 같은 여러 환경에서 아들러 놀이치료 이론의 효과성을 지지하기 위한 더 많은 연구가 필요하다.

방법은 많고, 시간은 적다

양적, 질적, 복합적…… 당신은 스스로 생각할 것이다. 무엇이 중요하지? 무엇이 쉬운 것이지? 내가 어떤 것을 할 수 있지? 어떠한 확정적인 답변도 없다. 사람들이 당신에게 해 주는 조언에도 불구하고 어떤 한 가지 방법이 다른 어떤 방법보다 중요하다고 할 수 없다. 각 방법은 놀이치료 문헌에 중요한 정보를 추가하고, 임상 실습을 안내하는 데 도움이 된다. 이 문제를 파악하는 데 도움이 되도록 다음의 질문을 고려해야 한다.

① 무엇을 알기 원하는가

당신은 알고자 하는 것에 기초하여 어떤 방법을 사용할지 결정할 것이다. 예를 들어, 만약 아들러 놀이치료가 우울증 증상을 감소시키는 데 효과가 있는지 그리고 어느 정도의 효과가 있는지를 알고자 한다면 양적 연구 방법인 확률적 통제를 시도할 수 있다. 만약 부모가 놀이치료 과정에 대하여 생각하는 것을 배우고자 하는 데에 관심이 있다면 질적 연구방법들 중 하나를 사용할 것이다. 아들러 놀이치료의 과정과 그 과정에서 일어나는 것에 관심 있는 연구자들, 또 아동의 ADHD 성향 행동이 아들러 놀이치료 중재 이전과 치료 과정 동안 혹은 중재 이후에 어떻게 변화되었는지를 살펴보는 데에는 단일 사례 연구 설계가 사용될 수 있을 것이다.

② 보유한 자원은 무엇인가

연구를 수행하는 데 보유한 자원은 무엇인가? 연구계획을 발전시키는 데 고려해야 할 특정 사항들이 있다. 만약 공동체 환경이나 사설 상담기관에서 일한다면 인근의 학교 상담소, 사회복지기관, 또는 심리학 교수와 파트너로 일하는 것을 고려해 볼 수 있다. 대학은 연구를 돕고자 하는 통계학자들과 학생들과 같은 인적 자원을 보유하고 있다. 그리고 대학의 직원과 학생들은 연구 대상자들의 윤리적 연구를 보증하기 위하여 필요한 기관 평가 지원서를 작성할 수 있다. 연구를 수행하는 데 지역 공동체의 상담사가 나(KMW)에게 조교수로서 연구를 함께하자고 제안해 준다면 매우 기쁠 것이다. 종종 원하는 것보다 많거나 적게 기여할 수 있겠지만 여전히 연구와 관련되어 있는 것이다.

③ 재정적인 필요는 무엇인가

연구에는 재정이 필요하다. 만약 지속적으로 상담받고 있는 내담자가 아닌 연구 대상자와 작업한다면 회기 비용을 받을 수도 있고, 받지 않을 수도 있다. 또한 사무실에서 연구 대상자를 보는 것이 아니라면 미술 재료, 놀잇감, 또는 기타 놀이방 재료들을 제공해야 할 것이다. 심리행동적 평가도구나 컴퓨터에 사용할 소프트웨어를 구매해야 할 필요성이 있을지도 모른다. 이러한 평가 도구는 비용이 꽤 높은 경향이 있다. 정확도 체크나 질적 인터뷰를 위한 녹음 장비도 연구의 필요한 부분일 수 있다. 만약 연구 대상자들과 인터뷰를 하거나 연구 대상자들에게 평가 항목의 수행을 요구해야 한다면 시간 수당과 커피숍의 10달러 기프트 카드와 같은 것을 지급하는 것을 제안할 수도 있다.

연구에 대한 재정적 비용을 처리하기 위한 한 가지 방법은 지역 공동체에서 지원하는 재단 보조금을 찾는 것이다. 우리는 지역, 주, 국가 단체에서 연구비용을 지원해 주는 보조금을 받았다. 어떤 경우에 보조금은 평가도구를 살 수 있을 정도가 된다. 또 다른 경우에 보조금은 매우 큰 금액일 수도 있다. 우리는 비용을 줄이기 위해 친구와 가족의 도움을 자주 받았다. 테리의 남편은 녹화 장비를 설치해 주어 전기 기술자와 관리비에 드는 비용을 절약하는 데 도움을 주었고, 크리스틴의 남편과 아들은 놀이방 재료의 추가되는 비용을 줄이기 위해 인형의 집과 인형 극장을 지어 주었다.

④ 연구 인원에 대한 필요사항은 어떠한가

인원에 대한 필요사항은 연구주제와 수행하는 연구유형에 달려 있다. 만약 중재법에 대한 연구설계를 고려하고 있다면 참가자들의 수와 연구를 마치는 데 필요한 치료사의 수를 고려해야 한다. 내(KMW)가 한 연구에서 나는 약 100여 명의 참가자와 25명의 상담사와 함께했다. 또 다른 연구에서는 5명의 참가자와 1명의 상담사(나)를 두었다. 연구를 시작하기 전에 얼마나 많은 사람이 필요하고 실제적으로 얼마나 얻을 수 있는지 결정해야 할 필요가 있다.

⑤ 어떻게 시작할 것인가

만약 스스로를 연구의 초보자라고 여긴다면 연구 경험이 있는 누군가(동료, 이전 교수, 전문 기관의 일원)와 함께 시작하길 권유한다. 이것은 연구를 수행할 수 있도록 용기를 가지게 할 것이며 옳은 방향으로 연구할 수 있도록 도울 것이다. 우리는 여러분이 불확실한 계획을 가지고 연구를 시작하여 결국 자료를 쓸 수 없다고 여기게 되는 상황에 놓이게 되는 것을 원치 않는다. 여러분은 최근 문헌들에 익숙해짐으로써 연구를 시작할 수 있다. 다른 연구들은 무엇을 했는지, 어떤 글들이 가장 흥미로운지, 연구 프로젝트를 안내하는 방법으로서 아이디어를 얻기 위해 이러한 유형의 연구 설계를 살펴볼 수 있다.

이상의 내용은 고려되어야 할 사항의 완벽한 목록과는 거리가 멀다는 것을 반복하여 말하고 싶다. 이것은 단지 연구의 성공을 위한 기초적인 방법일 뿐이다.

고려해야 할 점

아들러 놀이치료를 하기 원하는 모든 사람과 앉아서 대화할 수 있는 가능성은 희박하지만 아들러 놀이치료사들과 연구를 수행하는 부분에 대해 이야기할 수 있는 기회를 갖게 된다면 우리는 몇 가지 동일한 질문에 부딪히게 되는 것을 발견할 수 있다. 이러한 개념은 연구와 관련이 있는데, 이는 연구자가 아들러 놀이치료를 시행하고 있다고 말하기 위해서는 실제로 아들러 놀이치료를 해야만 하기 때문이다. 이것은 내담자의 생활양식과 필요 사항을 다루기 위해 개입된 중재에서 아동을 추론한다는 것을 의미한다.

- **나는 놀이치료를 아들러학파의 관점에서 개념화하지만 놀이방에서는 비지시적이다. 이것을 아들러 놀이치료라고 할 수 있는가**

아니다. 만약 놀이방에서 지시적이지 않다면 아들러 놀이치료를 하고 있는 것이 아니다. 아들러 놀이치료는 내담자가 소속감과 중요성을 찾는 새로운 방법을 발견할 수 있도록 치료사가 도전하고, 교육하거나 재정향해 줄 것이라는 기대를 바탕으로 만들어졌다. 아들러 놀이치료의 1단계에서는 매우 지시적이지 않을 수 있지만 종종 2, 3, 4 단계에서는 내내 지시적이다. 계속적으로 지시적이지는 않겠지만 놀이, 대화, 활동 내에서 아동을 유도할 것이다. 만약 이러한 지시가 불편하다면 아들러 놀이치료는 당신을 위한 중재법이 아니며 이 방법에 대한 연구를 수행하기 원하지 않을 것이다.

• **내가 얼마나 지시적인지는 무엇이 결정하는가**

이에 대한 답은 '경우에 따라서'이다. 치료의 단계, 우리의 성격, 아동에 대해 아는 것은 얼마나 그리고 언제 당신이 지시적인가를 인도할 것이다. 이것이 어느 정도 반복적임을 알고, 1단계에서는 지시적이지 않아도 되지만 2단계(예: 아동들에게 질문하기, 아동에게 손인형극를 하도록 요구하기, 아동에게 가족 그림을 그리라고 요구하기), 3단계(예: 아동에게 상호 이야기 나누기를 적용하여 이야기 하도록 하기, 모래놀이를 하자고 초대하기, 손인형극을 하도록 제안하기), 4단계[예: 아동에게 '이집트인처럼 걷는 법'을 가르치기, 다른 아동에게 놀자고 제안하는 것을 역할놀이로 해 보기, 아동에게 '얼음 깨기(Don't Break the Ice)'나 도미노 열을 세우고 그것을 무너뜨리는 것 중에서 고를 수 있는 선택권을 주기]에서는 보다 더 지시적이어야 한다.

만약 상담사가 꽤 자기주장이 강한 사람이라면 상담사는 지시적일 가능성이 더 높다. 만약 내성적인 사람이라면 상담사는 지시적일 가능성이 적다. 테리는 크리스틴보다 훨씬 지시적이지만 둘 다 아들러 놀이치료사이다.

아동이 제시하는 문제와 가족의 역학관계도 얼마나 지시적일 것인지에 대한 영향을 미친다. 만약 아동이 성인들과의 힘겨루기 문제와 연관되어 있다면 그 가족이 이러한 것을 해결하는 방법을 살펴보고 싶을 것이다. 상담사는 힘이 너무 없는 아동이 아닌 너무 많은 힘이 주어진 아동을 다루게 되는 것이다(만약 이것이 익숙하게 들린다면 잘못된 행동의 목표에 대하여 제3장 참조).

아동의 생활양식 역시 상담사가 얼마나 지시적일 것인가에 대해 영향을 미칠 것이다. 성격 우선순위가 통제인 아동은 리드하는 데 더 편안함을 느낄 것이다. 그 아동은 상담사가 결정을 내리는 것을 믿지 않을 수도 있다. 비슷하게, 잘못된 행동의 목표가 자신의 부적절함을 증명하기인 아동은 상담사가 리드하는 것에 훨씬 행복해할 것이다. 3, 4단계에서 우리는 힘을 공유하는 데 이러한 아동들을 관련시키지만, 이 아동들 또한 다른 아동들과도 다르기 때문에 다른 방식으로 수행할 것이다. 예를 들어, 성격 우선순위가 통제인 나(KMW)의 한 내담자는 계속해서 가게 놀이를 원했다. 그녀는 항상 계산원이었고, 나는 물건을 사서 그것들을 계산대 줄을 통해 그녀에게 가져다 주도록 지시받았다. 3단계에서 나는 그녀에게 내가 계산원이 되고, 나에게서 물건을 살 수 있도록 하고 싶다고 말했다. 그녀는 처음에는 망설였지만 곧 그 역할을 함께 나누었다. 궁극적으로 그녀는 힘을 나누는 데 거리낌이 없어졌고, 놀이방에서뿐만 아니라 교사, 친구,

엄마와 함께 있을 때에 통제 안에 있을 필요가 줄어들었다.

• **얼마나 많은 계획이 지시적이 되어야 하는가**

지시적인 활동은 미리 계획될 수 있고, 놀이 과정을 통해 즉흥적으로 개발될 수도 있다. 나(KMW)는 다른 사람들과 어울리는 데 어려움을 겪는 아동들이 속한 지역의 초등학교에서 근무했다. 나는 사전 계획과 아동들의 상호작용 및 협상을 필요로 하는 손인형극, 게임 또는 협동 공예와 같은 활동을 주로 한다. 이러한 활동은 회기 전체를 다 사용할 수도 있고, 5분만 사용할 수도 있다. 두 경우 모두에서 나는 내담자에 대한 것을 배우고 그들에게 피드백을 주며 다른 친사회적 행동을 시도하도록 격려하는 기회를 만들었다. 또 다른 경우 나는 즉흥적으로 놀이를 지시하였다. 이와 같은 집단의 아동들이 학교에서 너무 시끄러워질 경우 시끄러워지고 있다는 것을 상기시켜 줄 브레인스토밍 방식에 아동들이 참여하게끔 한다. 그 집단의 아동들은 다른 사람들의 관심을 끌기 위한 방법으로 한발로 뛰거나 공중 곡예를 하기 위해 허공에 손 휘두르기를 하기로 결정하였다. 이 방법은 아동들이 협상하고 문제를 풀 수 있는 기회로 만들어 냈다. 나는 회기 전에 이것을 계획할 수 없었을 것이고, 소음이 그 정도로 계속되는 것을 허락하지 않았을 것이다. 이 집단은 그들이 창작한 춤(reminder dance)을 회기의 나머지 남은 시간 동안 사용했다.

• **치료 매뉴얼은 정확히 언제 그리고 얼마나 해야 할지를 말해 주지 않는다. 나는 무엇을 해야 하는가**

치료 매뉴얼은 다음을 포함해 많은 목적으로 만들어졌지만 다음 사항에 제한된 것은 아니다. 첫째, 치료 과정을 통해 상담사, 놀이치료사, 사회복지사와 같은 치료사를 안내한다. 둘째, 효과에 대한 몇 가지 제안이 있는 치료법의 개요를 포함한다. 셋째, 치료에 대한 충실도를 평가할 수 있는 방법을 마련한다. 즉, 설계된 대로 치료를 수행하는지 확인하는 것이다. 넷째, 상담사들의 훈련과 감독을 촉진시킨다. 치료 매뉴얼 또는 치료 실험 계획안은 매우 잘 짜인 것에서부터 좀 더 유연하고 협상 가능한 것에 이르기까지 다양한 설계의 형태이다. 치료가 설계를 결정한다.

아들러 놀이치료의 본질은 좀 더 유연한 유형의 치료 실험 계획에 적합하다. 여기에 의미하는 바가 있다. 1단계(관계 형성하기)는 2단계를 시작하기 전에 수행되어야만 한다는 것을 기억해야 한다. 하지만 협조적인 관계를 유지하거나 강화하는 것이 절대적으로 필요하기 때문에 1단계를 단순히 건너뛸 수 없고, 여러 가지 방식으로 일정 기간에 수행할 수 있다(제3장의 예 참조). 3단계는 아동이 자신의 생활양식에 대한 통찰을 얻을 수 있도록 도울 수 있게 설계되었다. 상담사는 내담자의 필요와 생활양식에 반응하는 내담자 맞춤 중재법을 만들 것이다. 중재법이 개인에 맞게 독특하게 만들어지기 때문에 우리는 특정한 기술을 고수하라고 요구할 수 없다. 오히려 효과를 평가하는 방법을 결정하기 위해 상담사의 판단과 경험, 시행착오를 사용해야 할 것이다. 따라서 초반부에 우리는 연구가 더 쉽고 체계적이며 확실한 아들러 놀이치료의 초안을 만들기 위해 열심히 오랜 시간 동안 작업하였다. 우리가 발견한 것은 요리 레시피를 따르는 방식처럼 엄격하고 과정을 계획하는 것에 초점을 두었을 때 우리가 아동의 독특함과 아들러 이론의 핵심을 보지 못했다는 것이다.

물론 이것은 아들러 놀이치료 연구자들에게 잠재적인 장애물이 된다. 그렇지만 우리는 매뉴얼을 적용하고, 치료의 정확성을 평가하며, 내담자를 평가하는 데 도울 수 있는 개요와 일부 도구를 만들었다. 다음의 정보와 자원이 내담자를 위한 연구의 목적을 돕고 감독하는 데에 도움이 될 것이라고 믿는다. 아들러 놀이치료 연구에 관심 있다면 치료 매뉴얼(Kottman, 2009)을 사용할 수 있으며, 나(TK)에게 요청하면 보내 줄 수 있다.

아들러 놀이치료 연구하기

치료사 훈련

아들러 놀이치료에 능숙해지려면 치료사들은 최소한의 기준에 부합되어야 한다. 그 기준은 정신건강의 분야의 석사 학위, 놀이치료의 초기 단계 과정에 상응하는 것과 개인 심리의 원칙을 포함하는 아들러 놀이치료의 세부사항에 대한 40시간의 훈련, 슈퍼바이저의 감독하에 아동들과의 아들러 놀이치료 경험이다. 이상적인 경우는 아들러 놀이치료사가 슈퍼바이저인 경우이지만 지역 공동체에서는 찾기 힘들다는 것을 안다. 슈퍼바이저는 개인 심리학과 놀이치료에 훈련되어 있어야 한다. 치료사들은 최소 10시간의 감독을 받아야 하며, 치료사가 아동들에게 아들러 놀이치료를 적용하는 것을 슈퍼바이저가 관찰하는 것 또한 포함된다. 이러한 훈련은 아들러 놀이치료 연구를 촉진하기 위한 최소한의 요구 조건이다.

회기의 실행계획

아들러 놀이치료는 대부분 30~50분 정도 소요된다. 회기 시기와 빈도는 장소와 아동의 발달, 아동에 대해 제시된 우려 또는 주 연구자들이 결정한 중요한 요소에 기반을 둔다. 시기와 빈도에 상관없이 치료의 설계를 반복 검증하거나 조절 가능한 일관성과 예측가능성이 있어야 한다. 이것은 또한 아동 및 아동 양육을 조절하기도 하는 성인을 위한 구조와 계획을 제공한다. 대부분의 경우 치료사들은 부모 또는 교사와의 상담을 수행하게 될 것이다. 이러한 회기는 약 20~30분 동안 진행되며, 놀이치료 회기와는 다른 간격이다. 아들러 놀이치료는 치료과정의 성공을 위하여 요구되는 회기의 횟수를 규정하지 않는다. 일부 경우에는 아들러 놀이치료의 4단계를 통해 전문적인 판단이나 치료의 설계가 치료 과정 및 아동의 변화를 평가하는 데 사용된다.

치료사의 시각적 태도

치료사들은 모든 아동에 대한 놀이치료 과정에 적극적으로 관여해야 하며, 아동이 행동하고 말하는 것에 대해 관심을 표현해야 한다. 치료사들은 회기 내에서 아동과 놀이에 대해 편안함과 안정감을 느껴야 한다. 치료사의 어조와 감정이 아동의 어조와 감정과 일치하는 것이 중요하며, 치료사 반응의 어조와 감정이 치료사가 말하는 것과 일치해야만 한다.

무엇을 해야 하고, 언제 해야 하나

다음은 아들러 놀이치료사가 치료의 각 네 단계에서 사용하는 기술들의 목록이다. 각 단계에 상응하는 챕터에서 각 기술과 개념에 대한 설명을 볼 수 있을 것이다. 우리는 독자들의 편의를 위해 참고문헌을 제공하였다.

1단계: 평등한 관계 형성하기

아들러 놀이치료의 첫 번째 단계에서 치료사의 목표는 환영하고, 초대하며, 격려하는 환경을 만드는 것이다. 치료사는 아동이 충분한 안정감을 느끼길 원한다. 이러한 관계는 상담 과정을 상기시키는 기반을 만든다. 협조적인 관계를 만들어야 하고, 아동마다 치료에 참여하며, 치료사와 파트너가 되고자 하는 마음의 정도가 각기 다르기 때문에 이 단계는 아동에 따라 시간이 다르게 걸릴 것이다. 예를 들어, 1단계가 어떤 아동과는 첫 번째 회기 절반의 시간 만에 이루어지며 또 어떤 아동과는 최소 세 번의 회기가 걸린다.

다음의 기술 목록은 모든 아동에게 적용된다(제5, 6장 참조).

- 아동을 만난다.
- 아동에게 "부모님이(또는/그리고 선생님이) 네가 여기 오는 것에 대하여 뭐라고 말씀하셨니?"라고 질문한다.
- 아동을 위해 놀이치료 과정을 이해하기 쉽게 설명해 준다.
- 행동 추적하기
- 내용을 다시 언급하기
- 상위의사소통하기
- 감정 반영하기
- 질문에 답변하기
- 질문하기
- 격려하기
- 아동과 적극적으로 상호작용하기

다음은 아들러 놀이치료사들이 일부 아동에게 사용하는 전략이다.

- 아동에게 책임 돌려주기
- 아동의 은유 사용하기
- 놀이실을 함께 청소하기

- 네 단계의 아들러 놀이치료 과정에 제한설정하기(제6장 참조).

2단계: 아동의 생활양식을 탐색하기

아들러 놀이치료의 두 번째 단계에서는 치료사들이 첫 번째 단계의 기술들을 계속 사용하며, 다음의 기술을 추가하여 사용한다. 이 단계에서 얻어진 정보를 기반으로 아들러 놀이치료사들은 '생활양식 개념화와 치료 계획-아동 생활양식'을 완성한다(부록 G 참조). 이 양식의 완성은 치료사들이 아들러 놀이치료의 2단계를 만족시켰다는 증거이다. 치료 계획과 목적은 다음의 정보에 달려 있다.

- 아동의 가족 분위기를 살펴본다(제7, 8장 참조).
- 아동의 가족 구도를 살펴본다(제7, 8장 참조).
- 생애과업에서 아동의 기능을 살펴본다(제7, 8장 참조).
- 아동의 강점을 살펴본다(제5, 8장 참조).
- 아동의 잘못된 행동의 목표를 살펴본다(제3, 8장 참조).
- 아동의 중요한 Cs를 살펴본다(제3, 8장 참조).
- 아동의 성격 우선순위를 살펴본다(제3, 8장 참조).
- 아동의 생활양식 신념과 사적 논리를 살펴본다(제8장 참조).

치료사는 일부 아동에게 다음과 같은 기술을 사용할 것이다.

- 아동에게 책임을 돌려주기(제5장 참조)
- 아동의 은유를 사용하기(제5, 9장 참조)
- 놀이실을 함께 청소하기(제5장 참조)
- 네 단계의 아들러 놀이치료 과정에 제한설정하기(제6장 참조)
- 초기 기억을 회상시키기(제7, 8장 참조)

3단계: 아동이 통찰을 얻을 수 있도록 돕기

3단계에서 아들러 놀이치료는 1단계에서 사용한 기술을 지속적으로 사용한다. 놀이치료사가 아동들이 통찰을 획득하는 것을 돕도록 고안된 기술의 목록을 제9장에서 제공하였다. 이것은 도움이 될 것이라고 사료되는 제안과 기술이다. 개인별로 맞추어진 중재법과 활동들은 아들러 놀이치료사와 내담자 모두에게 도움이 될 수 있다. 이 단계 동안 치료사의 반응은 다음의 기술들로 구성된다.

- 다음과 관련된 상위의사소통
  - 한 가지 사건, 행동 또는 상호작용 및 특정 사건, 행동 또는 상호작용의 의미
  - 회기 내에서의 특정 행동양식
  - 전 회기에 걸친 특정 행동양식
  - 다른 상황이나 놀이방 외부와의 관계로 확장시킬 수 있는 놀이방 내에서의 특정 행동양식
  - 생활양식의 주제 또는 신념, 잘못된 신념 또는 사적 논리
- 잘못된 신념, 사적 논리 또는 자멸적인 행동에 대한 수프에 침 뱉기
- 은유적 기법 중 하나의 사용하기
- 모래놀이, 미술활동, 동작 연습 및 모험 치료 활동하기

4단계: 재정향 · 재교육하기

4단계에서 아들러 놀이치료사들은 이전 단계의 많은 기술을 계속 사용하는 동시에 재정향 · 재교육 과정에서 도움을 주는 사고, 감정, 행동의 새로운 패턴을 아동에게 가르쳐 주기 위한 전략을 추가한다(제10장 참조).

- 적절한 때에 아동이 다음과 같은 생각을 할 수 있도록 돕기
  - 강점 이용하기
  - 한 가지 또는 여러 가지 생애과업에 대한 기능을 향상시키기
  - 중요한 Cs 향상시키기

–성격 우선순위에서 보다 건강한 기능을 향하여 이동하기
–잘못된 행동의 목표에서 보다 긍정적인 목표로 옮겨가기
–잘못된 신념과 사적 논리를 긍정적인 신념으로 대체하기
–자멸적 행동을 줄이고, 긍정적인 행동을 배우기
–필요한 기술에서 능력 향상시키기(예: 사회적 기술, 협상 기술, 의사소통 기술, 자기 주장, 행동에 대한 적절한 책임지기 등)

- 놀이방 내·외의 상황과 관계에서 적절한 때에 앞의 기술들을 실행할 기회를 아동들에게 제공하기

부모 및 교사 상담

아들러 놀이치료에서 부모 및 교사와의 상담은 가족, 집, 학교, 그리고 일상의 사회적 기능과 관련된 문제들로 어려움을 겪는 아동들과의 치료적 과정에 필수적인 부분이다. 만약 연구자가 연구를 부모, 후견인, 학교 관계자와의 작업으로 확대하기를 원한다면 다음의 부모/교사와 관련된 상담 설명을 사용할 것이다.

부모/교사와 함께 사용하는 단계와 기술의 목록은 아들러 놀이치료사가 아동들과 함께 사용하는 것과 유사하다. 아들러 이론의 기저에 있는 원칙은 변하지 않는다. 오히려 변하는 것은 연구자가 성인들을 참여시키고 네 가지 단계에 걸쳐 사용하는 방법들이다.

1단계: 부모/교사와 평등한 관계 형성하기

다음의 기술 목록은 부모/교사와 함께 사용된다(제4장 참조).

- 부모/교사와 만나기
- 부모/교사에게 놀이치료의 실제적 측면을 설명하기
- 상담 과정에서 그들의 역할에 대해 알려 주기
- 부모/교사에게 놀이치료의 근거에 대해 설명하기

- 파악된 문제의 본질과 발달에 대해 부모/교사에게 정보 얻기
- 놀이치료에서 아동과 부모/교사에 대한 목표를 논의하기
- 내용을 다시 언급하기
- 상위의사소통하기
- 감정 반영하기
- 격려하기

2단계: 부모/교사의 생활양식 탐색하기

첫 번째와 두 번째 단계에서 치료사에게 제공된 정보는 치료사의 이해를 첨부하여 부록 G에 나오는 생활양식 개념화 양식에 기록된다. 성인과 함께 아동의 정보와 부모 및 교사에 대한 정보를 수집하며 다음과 같은 일을 시행할 것이다(제4장, 부록 B, C 참조).

- 다음에 관하여 성인에게 정보를 얻기
  - –아동의 발달
  - –아동의 생활양식
  - –아동 및 성인, 아동에게 권위 있는 인물 간의 상호작용
- 성인의 강점 살펴보기
- 생애과업에서 성인의 기능 살펴보기
- 성인의 중요한 Cs 살펴보기
- 성인의 성격 우선순위 살펴보기
- 성인의 생활양식 신념과 사적 논리를 살펴보기

3단계: 부모/교사가 통찰을 얻을 수 있도록 돕기

3단계에서 상담은 부모/교사가 본인의 생활양식, 아동의 생활양식, 아동과 부모/교사 간의 상호작용 패턴에 대한 통찰을 얻을 수 있도록 설계되었다. 다음의 기술과 전략은 부모/교사와 함께 사용될 것이다(제4장 참조).

- 부모/교사에게 아동에 관한 다음 내용을 설명한다.
  - 강점
  - 중요한 Cs
  - 잘못된 행동 목표
  - 성격 우선순위
  - 생활양식
- 부모/교사에게 자신에 대한 피드백을 제공한다.
  - 강점
  - 중요한 Cs
  - 성격 우선순위
  - 생활양식
- 치료사는 부모/교사의 통찰을 촉진하도록 돕기 위해 다음의 전략을 사용할 수 있다.
  - 상위의사소통
  - 은유적 기법
  - 모래놀이
  - 미술기법
  - 독서치료
  - 토론
  - 부모/교사의 잘못된 신념, 사적 논리 또는 자멸적인 행동에 대해 수프에 침 뱉기

4단계: 부모/교사 재정향 · 재교육하기

4단계에서 아들러 놀이치료사들은 부모/교사가 본인과 아동에 대한 새로운 생각, 감정, 행동 패턴을 만들 수 있는 정보와 기회들을 제공한다(제4장 참조).

- 부모/교사-아동의 상호작용을 향상시키는 기술 제공하기
- 논리적이고 자연스러운 결과를 사용하는 방법을 포함하여 부모/교사에게 훈육방법을 가르치기
- 부모/교사에게 강점, 중요한 Cs, 잘못된 행동의 목표, 성격 우선순위, 생활양식과

같은 아들러 원칙들에 대한 정보 제공하기

- 부모/교사를 지원하기 위해 만들어진 유용한 정보를 제공하는 책, 글, 비디오, 지역 단체와 같은 자원 제공하기
- 상담 및 대인 관계 상호작용에서 부모/교사가 위와 같은 기술을 적절하게 실습할 수 있도록 기회 제공하기

치료적 자원

생활양식 개념화 양식/치료계획 기록지(부록 G 참조)

생활양식 개념화 양식/치료계획 기록지는 아들러 개념화 과정으로서 치료사들에게 안내를 제공한다. 중요한 핵심 원칙은 상담사가 아동의 주요 기능 영역을 평가했음을 알 수 있는 형태로 요약된다. 생활양식 개념화 양식/치료계획 기록지를 작성한 다음, 치료사들은 내담자의 필요에 맞추고 반응하기 위한 중재법을 개인별로 맞출 수도 있다. 회기 요약표와 함께 이 양식은 연구뿐만 아니라 실제 상담에서도 사용된다. 연구에서 이 양식을 사용하여 2단계가 확립되었고 3단계를 이동할 수 있음을 확인한다.

아들러 놀이치료 기술 체크리스트(부록 I, J, K 참조)

아들러 놀이치료 기술 체크리스트(APTSC)는 놀이치료사가 아들러 놀이치료를 하고 있거나 하지 않고 있다는 것을 나타내는 방법으로 고안되었다. 기술이나 목표의 목록과 완전성 평가 시스템이 아들러 이론의 4단계에 각각 열거되어 있다. 숙련된 관찰자는 실시간 회기를 보거나(양방향 거울 뒤에서) 기록된 회기를 보며 이 양식을 사용할 수 있다. 두 경우 모두 치료사는 보호자에게 관찰자가 회기를 볼 수 있다는 사실을 전달하거나 동의를 받아야 한다. 연구 또는 슈퍼비전에서 관찰자는 상담사의 시연된 기술과 그 기술을 사용하기 위한 합의를 추정하여 놀이치료사가 실제로 아들러 놀이치료를 하고 있는지 평가하기 위해 체크리스트를 사용할 수 있다. 치료사는 아동에게 사용하기 적합한 기술의 최소 80%가 아들러 놀이치료와 일치하는 것임을 보여야만 한다. 예를

들어, 특정 아동에게 한계를 설정하는 것이 불필요하거나 적절하지 않은 경우 해당 치료기술은 80% 계산에 포함되지 않는다. 이 장의 초반부에 다루었듯이 정확도는 연구에서 중요하다. 이 정확도는 아동들이 받는 중재가 아들러 이론 및 아들러 놀이치료와 일치하는 것을 보증하게 된다.

회기 요약표(부록 L 참조)

회기 요약표는 주관적·객관적 평가 및 계획된 자료를 포함하는 기존 SOAP 노트와 병행하도록 의도적으로 설계되었다. 나(TK)는 보험 회사와 지역 사회 기관의 표준 및 감사관을 만족시키며, 아동의 회기 내의 정보를 공개하고 놀이 행동을 추적하는 비교적 쉬운 방법으로써 이 요약표를 개발하였다. 회기 요약표는 처음에는 일반 내담자 회기를 위해 만들어졌지만 연구 진행 중에도 진행 상황을 추적하는 데 사용되었다. 연구 도구로서 이 양식은 회기 패턴 및 놀이치료 과정을 통한 놀이 또는 활동의 사용에 대한 증거로 사용될 수 있다.

진행 양식(부록 M 참조)

진행 양식은 연구를 목적으로 특별하게 만들어졌다. 내(TK)가 처음 치료 프로토콜을 만들고 크리스틴이 이것을 시행하였을 때 직면했던 문제들 중에는 만약 모든 회기를 관찰한 것이 아니라면 정확도를 체크하는 관찰자가 아동의 사고, 감정, 행동의 변화를 평가할 수 없다는 것이었다. 결국 우리는 무엇이 변화하였는지를 알기 위한 일종의 기준이 필요했다. 이 양식은 놀이치료사들이 각 회기 후에 아동의 기능 수준을 평가할 수 있게 해 준다. 이 양식은 짧고 2분 내에 작성할 수 있도록 만들어졌다. 정확도를 체크하는 사람은 놀이 회기를 관찰할 때 3단계 및 4단계에서 아들러 놀이치료 원칙을 적용하는 치료사의 능력을 결정할 때에 도움이 되는 정보로서 이 양식을 사용할 것이다. 또한 이 양식이 상담 업무에서도 추가정보를 간편하게 주는 것으로 보고 있다.

프로토콜의 정확성 보증

아들러 놀이치료를 이용한 연구를 수행하기 위해 연구자들은 반드시 아들러 놀이치료 프로토콜의 정확성을 확보해야 한다. 정확도의 체크 과정을 돕기 위해 몇몇 단계가 제안되었다.

① 모든 연구의 놀이 회기는 녹음되고 주 연구자에 의해 수집된다.
② 아들러 놀이치료는 생활양식 개념화 및 치료 계획(부록 G 참조) 양식을 2단계 다음에 완성해야 한다.
③ 아들러 놀이치료사들은 아동과 각 회기가 끝나고 진행 양식을 작성한다(부록 M 참조).
④ 모든 기록의 10%는 임의적으로 선택되어 APTSC에서 검토되고 비교된다(부록 I, J, K 참조).
⑤ 평가자들은 선택된 각 회기의 10~15분을 관찰하고, 치료사가 아들러 놀이치료를 시행했는지 확정하거나 부정하기 위해 APTSC를 사용한다.
⑥ 연구자들은 완성된 APTSC 양식을 분석하고, 반응 범주 내에서 일치된 백분위를 계산한다. 최적합 일치는 80~100%이다.
⑦ 객관적인 내담자 관리를 유지하기 위하여 윤리적 의무 및 전략으로서 아들러 놀이치료사들은 정기적으로 슈퍼비전을 시행한다(최소 2주에 한 번).
⑧ 슈퍼비전 주제에는 내담자에 대한 치료와 아들러 놀이치료에 따라 치료 계획을 정확하게 개념화할 수 있는 치료사의 능력이 포함되지만 이에 국한되지는 않는다.

요약

우리는 이 장 전반에 걸쳐 연구에 대해 설명하였고 반복할 만한 가치가 있다고 생각한다. 이 장은 좋은 연구 설계를 수행하는 방법에 대한 정보를 제공하려는 것이 아니다. 오히려 생략된 중요한 연구 전략 정보가 많다. 이 장에서는 단지 어떻게 연구를 시작하고, 연구자들을 지지할 자원과 양식을 어떻게 얻을지에 대한 아이디어를 제공하며, 연구 설계를 강화할 아들러 치료 프로토콜을 제공하기 위함이다. 우리가 바라는 것은 첫째, 이 장을 읽을 때 깨어 있으며, 둘째, 놀이치료를 촉진시키고 아동과 가족을 지원하는 데에 도움이 되는 연구를 수행할 수 있음을 발견하도록 도우며, 셋째, 아들러 놀이치료를 시행하고자 결심하게 하는 것이다.

결론

개인 심리학 이론과 아들러 이론을 아동과 부모 및 교사와의 작업에 통합하는 실제적인 방법에 대해 많이 배웠기를 바란다. 가장 중요한 도구는 당신이 누구인가이며, 인간에 대하여 무엇을 믿는가라는 것임을 기억하길 바란다. 당신 스스로와 만나게 되는 모든 사람을 격려하기 원하며 특별히 아동들과 놀이하며 즐거운 시간을 보내기를 바란다.

추가 자료

http://www.a4pt.org/?page=PlayTherapyPub

http://www.a4pt.org/?page=Research

http://cpt.unt.edu/researchpublications/play-therapy-outcome-research

http://c.ymcdn.com/sites/www.a4pt.org/resource/resmgr/Publications/Meta-AnalyticLiteratureRevie.pdf

http://www.moplaytherpy.org/uploads/media/Research_The_efficacy_of_play_therapy_with_children.pdf

부록

부록 A 놀이치료에서 할 수 있는 재미있는 놀이

다음은 몇 가지 견본을 제시한 것이다. 다른 책도 매우 많으니 직접 찾아볼 것을 권장한다.

• 모험/활동치료

Ashby, J. S., Kottman, T., & DeGraaf, D. (2008). *Active interventions for kids and teens: Adding adventure and fun to counseling*! Alexandria, VA: American Counseling Association.

Barber, V. (2011). *Creating children's art games for emotional support*. Philadelphia, PA: Jessica Kingsley.

Delaney, T. (2009). *101 games and activities for children with autism, Asperger's, and sensory processing disorders*. New York, NY: McGraw-Hill eBooks.

Joiner, L. (2012). *The big book of therapeutic activities for children and teens*. Philadelphia, PA: Jessica Kingsley.

Kottman, T., Ashby, J., & DeGraaf, D. (2001). *Adventures in guidance: How to integrate fun into your guidance program*. Alexandria, VA: American Counseling Association.

Kottman, T., Strother, J., & Deniger, M. (1987). Activity therapy: An alternative therapy for adolescents. *Journal of Humanistic Education and Development, 25*, 180-186.

• 예술 기법

Darley, S., & Heath, W. (2008). *The expressive arts activity book: A resource for professionals*. Philadelphia, PA: Jessica Kingsley.

Green, E. J., Drewes, A. A., & Kominski, J. M. (2013). Use of mandalas in Jungian play therapy with adolescents diagnosed with ADHD. *International Journal of Play Therapy, 22*, 159-172.

Kellogg, R. (1970). *Analyzing children's art*. Palo Alto, CA: National Press Books.

Knoff, H., & Prout, H. (1985). *Kinetic drawing system for family and school: A handbook*. Los Angeles, CA: Western Psychological Services.

Leibowitz, M. (1999). *Interpreting projective drawings*. New York, NY: Bruner/Mazel.

Lombardi, R. (2014). Art therapy. In E. Green & A. Drewes (Eds.), *Integrating expressive arts and play therapy* (pp. 41-66). Hoboken, NJ: Wiley.

Malchiodi, C. (1998). *Understanding children's art.* New York, NY: Guilford Press.

Malchiodi, C. (2006). *The art therapy sourcebook* (Rev. ed.). New York, NY: McGraw-Hill.

Malchiodi, C. (Ed.). (2014). *Creative interventions with traumatized children* (2nd ed.). NewYork, NY: Guilford Press.

Malchiodi, C., & Crenshaw, D. (Eds.). (2014). *Creative arts and play therapy for attachment problems.* New York, NY: Guilford Press.

Oaklander, V. (1992). *Windows to our children: A Gestalt approach to children and adolescents.* New York, NY: The Gestalt Journal Press. (Original work published 1978)

O'Connor, K. (1983). The Color Your Life technique. In C. Schaefer & K. O'Connor (Eds.), *Handbook of play therapy* (pp. 251-257). New York, NY: Wiley.

Oster, G., & Gould, P. (1987). *Using drawings in assessment and therapy: A guide for mental health professionals.* New York, NY: Brunner/Mazel.

Steinhardt, L. (1985). Freedom within boundaries: Body outline drawings in art therapy with children. *The Arts in Psychotherapy, 12,* 25-34

• 독서치료

Golding, J. (2006). *Healing stories: Picture books for the big and small changes in a child's life.* New York, NY: Rowman & Littlefield.

Hynes, A., & Hynes-Berry, M. (1986). *Bibliotherapy: The interactive process.* Boulder, CO: Westview Press.

Jackson, S. (2001). Using bibliotherapy with clients. *Individual Psychology, 57,* 289-297.

Malchiodi, C., & Ginns-Gruenberg, D. (2008). Trauma, loss, and bibliotherapy: The healing power of stories. In C. Malchiodi (Ed.), *Creative interventions with traumatized children* (pp. 167-188). New York, NY: Guilford Press.

Myers, J. (1998). Bibliotherapy and DCT: Co-constructing the therapeutic metaphor. *Journal of Counseling & Development, 76,* 243-250. doi:10.1002/j.1556-6676.1998.tb02539.x

Pardeck, J. (1994). Using literature to help adolescents cope with problems. *Adolescence,*

29, 421-427.

Pardeck, J., & Markward, M. (1995). Bibliotherapy: Using books to help children deal with problems. *Early Childhood Development and Care, 106,* 75-90.

Pardeck, J., & Pardeck, J. (1993). *Bibliotherapy: A clinical approach for helping children.* Langhorne, PA: Gordon & Breach Science.

Pardeck, J. (1998). *Using books in clinical social work practice: A guide to bibliotherapy.* Gloucestershire, England: Hawthorn.

Recob, A. (2008). *Bibliotherapy: When kids need books.* Bloomington, IN: iUniverse.

Riordan, R., Mullis, F., & Nuchow, L. (1996). Organizing for bibliotherapy: The science in the art. *Individual Psychology, 52,* 167-180.

• 드라마치료

Gil, E., & Dias, T. (2014). The integration of drama therapy and play therapy in attachment work with traumatized children. In C. Malchiodi & D. Crenshaw (Eds.), *Creative arts and play therapy for attachment problems* (pp. 100-120). New York, NY: Guilford Press.

Irwin, E. (2014). Drama therapy. In E. Green & A. Drewes (Eds.), *Integrating expressive arts and play therapy* (pp. 67-100). Hoboken, NJ: Wiley.

• 게임놀이

Gardner, R. (2004). *Psychotherapeutic use of the Talking, Feeling & Doing game.* Wilkes-Barre, PA: Child's Work/Child's Play.

Jones, A. (2013). *Therapy games: Creative ways to turn popular games into activities that build self-esteem, teamwork, communication skills, anger management, self-discovery, and coping skills.* Lusby, MD: Rec Room.

• 은유적 스토리텔링

Gardner, R. (1971). *Therapeutic communication with children: The mutual storytelling technique.* Northvale, NJ: Jason Aronson.

Gardner, R. (1986). *The psychotherapeutic technique of Richard A. Gardner.* Northvale, NJ: Jason Aronson.

Gil, E. (2014). The creative use of metaphor in play and art therapy with attachment problems. In C. Malchiodi & D. Crenshaw (Eds.), *Creative arts and play therapy for attachment problems* (pp. 159-177). New York, NY: Guilford Press.

Kottman, T. (2003). Mutual storytelling: Adlerian style. In H. Kaduson & C. Schaefer (Eds.), *101 favorite play therapy techniques* (Vol. 3, pp. 203-208). Northvale, NJ: Jason Aronson.

Kottman, T., & Ashby, J. (2002). Metaphoric stories. In C. Schaefer & D. Cangelosi (Eds.), *Play therapy techniques* (2nd ed., pp. 133-142). Northvale, NJ: JasonAronson.

Kottman, T., & Stiles, K. (1990). The mutual storytelling technique: An Adlerian application in child therapy. *The Journal of Individual Psychology, 46,* 148-156.

Lankton, C., & Lankton, S. (1989). *Tales of enchantment: Goal-oriented metaphors for adults and children in therapy.* New York, NY: Brunner/Mazel.

Mills, J., & Crowley, R. (2014). *Therapeutic metaphors for children and the child within* (2nd ed.). NewYork, NY: Routledge.

• 운동 및 춤

Devereaux, C. (2014). Moving with the space between us: The dance of attachment security. In C. Malchiodi & D. Crenshaw (Eds.), *Creative arts and play therapy for attachment problems* (pp. 84-99). New York, NY: Guilford Press

LeFeber, M. (2014). Working with children using dance/movement therapy. In E. Green & A. Drewes (Eds.), *Integrating expressive arts and play therapy* (pp. 125-148). Hoboken, NJ: Wiley.

• 음악치료

Hadley, S., & Steele, N. (2014). Music therapy. In E. Green & A. Drewes (Eds.), *Integrating expressive arts and play therapy* (pp. 149-180). Hoboken, NJ: Wiley.

Robarts, J. (2014). Music therapy with children with developmental trauma disorder. In C. Malchiodi & D. Crenshaw (Eds.), *Creative arts and play therapy for attachment problems* (pp. 67-83). New York, NY: Guilford Press.

• 소품을 이용한 놀이 개입

Goodyear-Brown, P. (2002). *Digging for buried treasure: 52 prop-based play therapy interventions for treating the problems of childhood.* Franklin, TN: Sundog.

Goodyear-Brown, P. (2005). *Digging for buried treasure 2: 52 more prop-based play therapy interventions for treating the problems of childhood.* Franklin, TN: Sundog.

Guttenberg, R. (2011). *"Funtastic" Adlerian techniques for change.* North Potomac, MD: Author.

Lowenstein, L. (2002). *More creative interventions for troubled children and youth.* Toronto, Ontario, Canada: Champion.

Lowenstein, L. (2010). *Assessment and treatment activities for children, adolescents, and families* (Vol. 2). Toronto, Ontario, Canada: Champion.

• 모래상자

Homeyer, L., & Sweeney, D. (2011). *Sand tray therapy: A practical manual* (2nd ed.). NewYork, NY: Routledge.

Mitchell, R. R., Friedman, H., & Green, E. (2014). Integrating play therapy and sandplay therapy. In E. Green & A. Drewes (Eds.), *Integrating expressive arts and play therapy* (pp. 101-124). Hoboken, NJ: Wiley.

부모를 위한 아동 생활양식 질문

• 가족 분위기 및 가족 구도 질문

1. 만약 _________(표출된 문제)가 없었다면 가족이 지금과는 어떻게 달랐을까?
2. 가족의 각 구성원을 묘사해 보라.
3. 아이의 형제자매 중 아이와 가장 다른 사람은 누구인가? _________와 어떻게 다른가? (아이가 둘뿐인 가족이라면 다른 한 아이가 상담 대상인 아이와 어떻게 다른지 질문한다.)
4. 아이의 형제자매 중 아이와 가장 비슷한 사람은 누구인가? _________와 어떻게 비슷한가? (아이가 둘뿐인 가족이라면 다른 한 아이가 상담 대상인 아이와 어떻게 비슷한지 질문한다.)
5. 엄마가 가장 좋아하는 아이는 누구인가? 그 아이의 어떤 점을 좋아하는가?
6. 아빠가 가장 좋아하는 아이는 누구인가? 그 아이의 어떤 점을 좋아하는가?
7. 가족 내 모든 아이 중 아빠와 가장 비슷한 아이는 누구인가? 아빠와 어떻게 비슷한가?
8. 가족 내 모든 아이 중 엄마와 가장 비슷한 아이는 누구인가? 엄마와 어떻게 비슷한가?
9. 부모 둘 중 아이와 가장 비슷한 사람은 누구인가? 어떻게 비슷한가? (7번이나 8번 질문에서 이미 답이 나왔을 수도 있지만 조금 다른 질문이므로 상담사가 조금 더 자세한 설명을 요청할 수 있다.)
10. 부모의 관계를 설명해 보라. 누가 결정을 내리는가? 아이들에게 욕심이 더 많은 사람은 누구인가? 의견이 일치하지 않을 때 어떤 방식으로 어떻게 해결하는가? 어떤 부분에서 의견이 일치하지 않는가?
11. 훈육에 대한 철학은 무엇인가? 양육과 관련해서 어떤 주제에 관해 의견이 다른가? 어떻게 양육할지에 대해 의견이 다를 때 어떻게 하는가?
12. 아이의 인생에서 중요한 다른 어른들은 누구인가? 조부모인가? 어떻게 중요한가? 다른 친척들은 어떠한가? 친구나 이웃이라면 어떻게 중요한가?
13. 아이의 인생에서 중요한 다른 아이들은 누구인가? 어떻게 중요한가?
14. 가족 구성원 중 술이나 약물 관련 문제가 있는 사람이 있는가? 어느 정도인가? 나머지 가족 구성원에게 어떤 영향을 주는가? 술이나 약물 사용에 대한 아이의 반응은 어떠한가?
15. 가족에 대해서 바꾸고 싶은 것이 있다면 무엇인가?
16. 가족들 사이에서 아이가 어떻게 다른가? 긍정적으로 다른가? (아이가 가족 내에서 잘하

거나 긍정적으로 기여했던 활동이나 경험은 무엇인가?) 부정적으로 다른가? (어떤 문제를 일으키는가?)

17. 아이가 커서 무엇이 되고 싶어 하는가?
18. 가족들의 전형적인 하루 일과를 설명해 보라.
19. 아이가 스스로 해야 하는 일은 무엇인가? 아침에 일찍 일어나기? 학교 가기? 밤에 잠자리 들기? 집안일? 애완동물 돌보기? 아이가 집에 있는 시간은 언제인가? 식사 시간은 어떤가?
20. 아이가 악몽을 꾸는가? 꿈을 꾸는가? 무엇에 관한 꿈이고 아이가 악몽에 어떻게 반응하는가? 다른 꿈에 대한 반응은 어떤가? 부모는 이를 어떻게 다루는가?
21. 아이의 삶에서 일어난 트라우마를 준 사건은 무엇인가(죽음, 이혼, 학대, 가족 폭력 등)? 아이가 그 트라우마에 어떻게 반응했는가? 아이가 경험한 트라우마를 극복하기 위해 어떤 도움이 제공되었는가?
22. 아이에 대한 희망이나 꿈이 무엇인가?
23. 원가족에 대해 설명해 보라. 출생순위는 어떠한가? 부모는 어떤 스타일의 훈육을 받았나? 아이일 때 가족 내에서 어떤 것을 잘했나? 어릴 때 가족 내에서 중요한 가치는 무엇이었나?
24. 현재 가족과 어릴 때 가족 간에 비슷한 점은 무엇인가? 현재 가족이 어릴 때 가족과 다른 점은 무엇인가?
25. 부모에 대한 조부모의 양육 방식과 아이에 대한 부모의 양육 방식이 어떻게 비슷하거나 다른가?

• 학교 질문

1. ________가 학교에서 어떻게 지내는가?
2. 아이가 학교에 대해 가장 좋아하는 것은 무엇인가?
3. 아이가 가장 좋아하는 과목은 무엇인가?
4. 학교에 대해 아이가 가장 싫어하는 것은 무엇인가?
5. 아이가 가장 싫어하는 과목은 무엇인가?
6. 학교에 가는 대신 아이가 하고 싶어 하는 것은 무엇인가?
7. 아이가 학교에서 가장 잘하는 것은 무엇인가?
8. 아이의 선생님이 아이에 대해 좋아하는 점은 무엇인가?
9. 학교에 대해서 아이가 바꾸고 싶어 하는 점이 있다면 무엇인가?
10. 아이가 학교에서 어떤 문제를 일으키는가?
11. 아이가 학교에서 문제를 일으키면 어떻게 되는가? (학교 선생님이 아이에게 어떤 결과를

부과하는가? 가족들은 아이에게 어떤 결과를 부과하는가?)

12. 학교에서의 처벌이나 행동의 결과에 대해 아이가 어떻게 반응하는가?

• 사회적 질문

1. ________가 어른들과 어떻게 지내는가?
2. 아이가 가장 좋아하는 어른은 누구인가?
3. 그 어른은 아이의 어떤 면을 좋아하는가?
4. 아이는 그 어른의 어떤 면을 좋아하는가?
5. 아이가 가장 좋아하지 않는 어른은 누구인가?
6. 그 어른이 아이의 어떤 면을 좋아하지 않는가?
7. ________가 그 어른의 어떤 면을 좋아하지 않는가?
8. ________가 동갑인 아이들과 어떻게 지내는가?
9. ________가 자신보다 어린 나이의 아이들과 어떻게 지내는가?
10. ________가 자신보다 나이가 많은 아이들과 어떻게 지내는가?
11. 아이의 가장 친한 친구는 누구인가?
12. 그 친구에 대해 설명해 보라.
13. 아이와 그 친구는 어떤 활동을 함께 하는가?
14. 그 친구는 ________의 어떤 점을 좋아하는가?
15. ________는 그 친구의 어떤 점을 좋아하는가?
16. ________가 다른 아이들과 맺는 관계에 대해 어떤 점을 바꾸고 싶은가?

• 잘못된 행동의 목표

1. ________가 하는 행동 중 어떤 것이 부모나 다른 가족 구성원을 불편하게 하는가?
2. 아이가 이 행동을 할 때 부모나 다른 가족 구성원이 어떻게 느끼는가?
3. 그 불편한 행동에 반응해서 부모나 다른 가족 구성원이 무엇을 하는가?
4. 부모나 다른 가족 구성원이 아이의 행동을 바로잡거나 비판했을 때 어떻게 하는가?

• 형제자매 평가

다음과 같은 속성에 대해 가족 내 아이들을 평가한다면 각 속성에 대해 누구에게 가장 높은 평가와 가장 낮은 평가를 주겠는가? 상담 대상인 아이가 가장 높거나 가장 낮은 평가를 받지 않는다면 높은 평가와 낮은 평가 중 아이가 어느 쪽에 가까운지를 화살표로 표시한다. 만약 아이가 외동이라면 각 속성에 대해 동갑인 아이들과 비교해서 아이를 평가한다.

속성	가장 높은 아이	가장 낮은 아이
똑똑한		
노력하는		
성적이 좋은		
규칙을 따르는		
집안일을 돕는		
불평하고 비판하는		
사려 깊은		
이기적인		
만족시키기 어려운		
감정을 상하게 하는		
성질 있는		
물질주의적인		
친구들		
기준이 높은		
운동을 잘하는		
버릇없는		
외모가 뛰어난		
처벌받는		

• 감정 질문

1. ________가 가장 두려워하는 것은 무엇인가? 무엇 때문에 두려워하는가? 아이가 두려움을 어떻게 표현하는가? 아이가 두려워하는지 어떻게 알 수 있는가? 아이가 두려워할 때 아이에게 어떻게 반응하는가? 아이가 두려워할 때 부모로부터 무엇을 기대하는 것 같은가? 두려운 감정을 대하는 아이의 대응 전략은 무엇인가? 이 대응 전략은 얼마나 효과적인가?
2. ________는 무엇에 화를 내는가? 어떤 점(사람, 관계, 상황, 문제)이 아이를 화나게 하는가? 아이가 화를 어떻게 표현하는가? 아이가 화났다는 것을 어떻게 알 수 있는가? 화를 낼 때 아이에게 어떻게 반응하는가? 아이가 화를 낼 때 어떻게 반응하는 것이 아이가 화를 다스리는 데 가장 도움이 되는 것 같은가? 화에 대해 아이가 어떤 대응 전략을 사용하는가? 이 대응 전략은 얼마나 효율적인가?
3. ________를 슬프게 하는 것은 무엇인가? 어떤 점(사람, 관계, 상황, 문제)이 아이를 슬프게 하는가? 아이가 슬픈 감정을 어떻게 표현하는가? 아이가 슬프다는 것을 어떻게 알 수 있는가? 아이가 슬퍼할 때 아이에게 어떻게 반응하는가? 어떻게 반응하는 것이 아이에게 가장 도움이 되는 것 같은가? 슬픔을 극복하기 위해 아이는 어떤 대응 전략을 사용하는가? 이 대응 전략은 얼마나 효율적인가?
4. ________를 기쁘게 하는 것은 무엇인가? 어떤 점(사람, 관계, 상황, 문제)이 아이를 기쁘게 하는가? 아이가 기쁨을 어떻게 표현하는가? 아이가 기쁘다는 것을 어떻게 알 수 있는가? 아이가 기쁘거나 행복해할 때 아이에게 어떻게 반응하는가?
5. ________를 상처받게 하는 것은 무엇인가? 어떤 점(사람, 관계, 상황, 문제)이 아이에게 상처받은 감정을 들게 하는가? 아이가 상처받았음을 어떻게 표현하는가? 아이가 상처받았다는 것을 어떻게 알 수 있는가? 아이가 상처를 받았을 때 아이에게 어떻게 반응하는가? 상처받은 감정을 다스리기 위해 아이가 어떤 대응 전략을 사용하는가? 이 전략은 얼마나 효율적인가?

* 이 인터뷰는 루돌프 드라이커스 박사(Dr. Rudolph Dreikurs), 돈 딩크마이어 시니어 박사(Dr. Don Dinkmeyer Sr), 돈 딩크마이어 주니어 박사(Dr. Don Dinkmeyer Jr), 그리고 바비 윌본 박사(Dr. Bobbie Wilborn)의 연구를 테리 코트먼 박사(Dr. Terry Kottman)가 수정한 것이다.

교사를 위한 아동 생활양식 질문

• 일반적 질문

1. 만약 _________(표출된 문제)가 없었다면 당신의 교실은 어떻게 달랐을까? 학교에서 _________(아이의 이름)은 어떻게 달라졌을까?
2. 당신 자신과 교사로서의 당신의 스타일에 대해서 묘사해 보라.
3. 훈육에 대한 철학은 무엇인가?
4. 교실에서 문제행동을 보통 어떻게 다루는가?
5. 어떻게 _________해야 교실에서 긍정적인 방식으로 눈에 띄게 되는가?(어떤 활동 혹은 경험이 아이가 교실에서 긍정적인 방식으로 성공하거나 기여하게 되는가?)
6. 어떻게 _________해야 부정적인 방식으로 교실에서 눈에 띄게 되는가?(무엇 때문에 아이가 문제에 처하게 되는가?)
7. _________이 될 때 당신은 어떻게 느끼는가?
8. _________이 될 때 당신은 어떻게 훈육을 하는가?
9. 당신이 훈육을 할 때 어떤 _________ 반응을 보이는가?
10. 당신의 교실에서의 어떤 날 일상적으로 일어나는 일들에 대해 묘사해 보라.
11. 아이의 학업수행은 어떠한가?
12. 아이는 전환을 어떻게 처리하는가?
13. 아이가 학교에서 무엇을 할 때 가장 좋아하는가? 학교에서 가장 잘 하는 것은 무엇인가?
14. 아이가 가장 좋아하는 과목은 무엇인가?
15. 아이가 학교에서 가장 좋아하지 않는 것은 무엇인가?
16. 아이가 가장 좋아하지 않는 과목은 무엇인가?
17. 아이가 학교에 가는 것보다 차라리 하겠다고 하는 것은 무엇인가?
18. _________을 하면서 휴식을 하는가?
19. 당신은 아이의 어떤 점을 좋아하는가?
20. 아이는 학교의 무엇이 바뀌기를 원하는가?
21. 당신은 아이의 삶에서 트라우마를 준 사건에 대해서 알고 있는가(죽음, 이혼, 학대, 가족 폭력 등)? 아이가 이 트라우마에 어떻게 반응했는가? 아이가 경험한 트라우마를 극복하기 위해 어떤 도움을 제공했는가?

22. 아이가 동갑인 아이와 어떻게 지내는가?
23. 아이가 자신보다 어린 아이와 어떻게 지내는가?
24. 아이가 자신보다 나이 많은 아이와 어떻게 지내는가?
25. 학교/학급에서 아이와 가장 친한 친구는 누구인가?
26. 그 친구에 대해 묘사해 보라.
27. 그들이 함께 하는 활동은 무엇인가?
28. 가장 친한 친구는 아이의 어떤 점을 좋아하는가?
29. 아이는 가장 친한 친구의 어떤 점을 좋아하는가?
30. 당신은 아이가 다른 아이들과의 관계에서 무엇이 변하기를 원하는가?

• 감정 질문

1. ________가 가장 두려워하는 것은 무엇인가? 무엇 때문에 두려워하는가? 아이가 두려움을 어떻게 표현하는가? 아이가 두려워하는지 어떻게 알 수 있는가? 아이가 두려워할 때 아이에게 어떻게 반응하는가? 아이가 두려워할 때 부모로부터 무엇을 기대하는 것 같은가? 두려운 감정을 대하는 아이의 대응 전략은 무엇인가? 이 대응 전략은 얼마나 효과적인가?
2. ________는 무엇에 화를 내는가? 어떤 점(사람, 관계, 상황, 문제)이 아이를 화나게 하는가? 아이가 화를 어떻게 표현하는가? 아이가 화났다는 것을 어떻게 알 수 있는가? 화를 낼 때 아이에게 어떻게 반응하는가? 아이가 화를 낼 때 어떻게 반응하는 것이 아이가 화를 다스리는 데 가장 도움이 되는 것 같은가? 화에 대해 아이가 어떤 대응 전략을 사용하는가? 이 대응 전략은 얼마나 효율적인가?
3. ________를 슬프게 하는 것은 무엇인가? 어떤 점(사람, 관계, 상황, 문제)이 아이를 슬프게 하는가? 아이가 슬픈 감정을 어떻게 표현하는가? 아이가 슬프다는 것을 어떻게 알 수 있는가? 아이가 슬퍼할 때 아이에게 어떻게 반응하는가? 어떻게 반응하는 것이 아이에게 가장 도움이 되는 것 같은가? 슬픔을 극복하기 위해 아이는 어떤 대응 전략을 사용하는가? 이 대응 전략은 얼마나 효율적인가?
4. ________를 기쁘게 하는 것은 무엇인가? 어떤 점(사람, 관계, 상황, 문제)이 아이를 기쁘게 하는가? 아이가 기쁨을 어떻게 표현하는가? 아이가 기쁘다는 것을 어떻게 알 수 있는가? 아이가 기쁘거나 행복해할 때 아이에게 어떻게 반응하는가?
5. ________를 상처받게 하는 것은 무엇인가? 어떤 점(사람, 관계, 상황, 문제)이 아이에게 상처받은 감정을 들게 하는가? 아이가 상처받았음을 어떻게 표현하는가? 아이가 상처받았다는 것을 어떻게 알 수 있는가? 아이가 상처를 받았을 때 아이에게 어떻게 반응하는가? 상처받은 감정을 다스리기 위해 아이가 어떤 대응 전략을 사용하는가? 이 전략은 얼마나

효율적인가?

* 이 인터뷰는 루돌프 드라이커스 박사(Dr. Rudolph Dreikurs), 돈 딩크마이어 시니어 박사(Dr. Don Dinkmeyer Sr), 돈 딩크마이어 주니어 박사(Dr. Don Dinkmeyer Jr), 그리고 바비 윌본 박사(Dr. Bobbie Wilborn)의 연구를 테리 코트먼 박사(Dr. Terry Kottman)가 수정한 것이다.

부록 D 아동 생활양식 질문

다음의 질문들은 아동이 외동일 경우에 친구, 사촌, 이웃, 또래의 아동과 자신을 비교해서 대답하게 하거나, 질문(예: 7, 8, 9, 10번)을 생략한다. 한부모 가족일 경우 적용되지 않는 질문은 생략한다.

• 가족 분위기 및 가족 구도 질문

1. 만약 _________(표출된 문제)가 없었다면 너의 생활은 어떻게 달랐을까?
2. 가족의 각 구성원을 묘사해 보라.
3. 형제 혹은 자매 중 너와 가장 다른 사람은 누구인가? 그 형제 혹은 자매는 너와 어떻게 다른가?(아이가 둘뿐인 가족이라면 다른 한 아이가 상담 대상인 아이와 어떻게 다른지 질문한다.)
4. 형제자매 중 너와 가장 비슷한 사람은 누구인가? 그 형제 혹은 자매는 너와 어떻게 비슷한가?(아이가 둘뿐인 가족이라면 다른 한 아이가 상담 대상인 아이와 어떻게 비슷한지 질문한다.)
5. 아빠는 어떤 사람인가?
6. 엄마는 어떤 사람인가?
7. 가족의 모든 아이 중에 아빠와 가장 비슷한 아이는 누구인가? 아빠와 어떻게 비슷한가?
8. 가족의 모든 아이 중에 엄마와 가장 비슷한 아이는 누구인가? 엄마와 어떻게 비슷한가?
9. 아빠가 가장 좋아하는 아이는 누구인가?
10. 엄마가 가장 좋아하는 아이는 누구인가?
11. 부모님 둘 중 너와 가장 비슷한 사람은 누구인가? 어떻게 비슷한가?(7번이나 8번 질문에서 이미 답이 나왔을 수도 있지만 조금 다른 질문이므로 상담사가 조금 더 자세한 설명을 요청할 수 있다.)
12. 집에서 가장 문제를 일으키는 것은 무엇인가?
13. 집에서 문제를 일으키게 되면 어떻게 되는가?(어떤 결과가 생기는가?)
14. 집에서 문제를 일으키게 되면 너는 무엇을 하는가?(어떻게 반응하는가?)
15. 부모님 중 누가 더 엄격한가? 아빠/엄마는 어떤 것에 엄격한가?
16. 부모님이 의견이 다를 때 무슨 일이 일어나는가?

17. 부모님은 무엇에 대해서 의견이 다른가?
18. 가족이 무엇을 할 때 즐거운가?
19. 가족에 대해서 무언가를 바꿀 수 있다면 무엇을 바꾸고 싶은가?

• 학교 질문

1. 학교에서 어떻게 지내는가?
2. 학교에서 가장 좋아하는 것은 무엇인가?
3. 가장 좋아하는 과목은 무엇인가?
4. 학교에서 가장 싫어하는 것은 무엇인가?
5. 가장 싫어하는 과목은 무엇인가?
6. 학교에 가지 않는 대신에 차라리 무엇을 하겠는가?
7. 학교에서 가장 잘하는 것은 무엇인가?
8. 선생님은 너의 어떤 점을 좋아하는가? 교장선생님, 상담사, 행정 선생님은 너의 어떤 점을 좋아하는가?
9. 학교의 어떤 점을 바꾸고 싶은가?
10. 학교에서 어떤 문제를 일으키는가?
11. 학교에서 네가 문제를 일으키면 어떻게 되는가?(만약 그렇다면 결과는 어떠한가?)
12. 학교에서 너를 혼내는 사람은 누구인가? 그 사람에 대해서 어떻게 생각하나? 학교에 혼날 때 어떻게 반응하나?

• 사회적 질문

1. 어른들과 어떻게 지내는가?
2. 가장 좋아하는 어른은 누구인가?
3. 그 어른의 어떤 점을 좋아하는가?
4. 그 어른은 너의 어떤 점을 좋아하는가?
5. 가장 좋아하지 않는 어른은 누구인가?
6. 너는 그 어른의 어떤 점을 좋아하지 않는가?
7. 동갑인 다른 아이들과 어떻게 지내는가?
8. 자신보다 어린 아이들과 어떻게 지내는가?
9. 자신보다 나이 많은 아이들과 어떻게 지내는가?
10. 가장 친한 친구는 누구인가?
11. 그 친구에 대해서 설명해 보라.

12. 그 친구의 어떤 점을 좋아하는가?
13. 그 친구는 너의 어떤 점을 좋아하는가?
14. 그 친구와 함께 하는 것은 어떤 것인가?
15. 다른 친구들은 누구인가? 어디서 친구들을 만나는가? 친구들과 함께 어떤 활동을 하는가?
16. 한 번에 많은 아이와 놀기를 더 좋아하는가? 아니면 몇 명의 친구 또는 한 친구만 혹은 혼자서 노는 것을 더 좋아하는가?
17. 만약 다른 아이들과의 관계에서 무언가 바꿀 수 있다면 바꾸고 싶은 것은 무엇인가?

• 일반적 질문

1. 세 가지 소원이 있다면 무엇인가?
2. 만약 동물로 변할 수 있다면 어떤 동물이 되고 싶은가? 그 동물의 어떤 점이 좋은가? 그 동물과 어떤 점이 닮았는가? 그 동물의 특징은 무엇인가?
3. 만약 삶에서 무언가가 달라질 수 있다면 무엇이 변하기를 원하는가?
4. 만약 놀이치료실의 장난감으로 변할 수 있다면 무엇으로 변하고 싶은가? 그 장난감의 어떤 점이 좋은가?
5. 가장 좋아하는 책이나 이야기는 무엇인가? 그 책이나 이야기의 어떤 점을 좋아하는가?
6. 책이나 이야기에서 가장 좋아하는 등장인물은 누구인가? 그 등장인물의 어떤 점을 좋아하는가?
7. 가장 좋아하는 영화는 무엇인가? 그 영화의 어떤 점을 좋아하는가?
8. 가장 좋아하는 영화의 등장인물은 누구인가? 그 등장인물의 어떤 점을 좋아하는가?
9. 가장 좋아하는 TV 프로그램은 무엇인가? 그 프로그램의 어떤 점을 좋아하는가?
10. 가장 좋아하는 TV 프로그램의 등장인물은 누구인가? 그 등장인물의 어떤 점을 좋아하는가?
11. 밤에 꾼 꿈을 기억하는가? 꿈을 말해 보라. 잠에서 깼을 때 어떻게 느꼈는가? 꿈에 대해서 부모님이나 다른 사람들에게 말했을 때 그들의 반응은 어땠는가?
12. 무엇이 가장 무서운가? 그것의 가장 두려운 점은 무엇인가? 무서울 때 어떻게 하는가? 무서울 때 다른 사람들이 어떻게 알 수 있게 하는가? 네가 무서울 때 부모님이나 다른 사람들은 어떻게 반응하는가?
13. 무엇이 가장 화나게 하는가? 그것의 가장 화나게 하는 점은 무엇인가? 화가 날 때 어떻게 하는가? 화가 날 때 다른 사람들이 어떻게 알 수 있게 하는가? 네가 화가 날 때 부모님이나 다른 사람들은 어떻게 반응하는가?
14. 무엇이 가장 슬프게 하는가? 그것의 가장 슬픈 점은 무엇인가? 슬플 때 어떻게 하는가?

슬플 때 다른 사람들이 어떻게 알 수 있게 하는가? 네가 슬플 때 부모님이나 다른 사람들은 어떻게 반응하는가?

15. 무엇이 마음에 상처를 주는가? 그것의 무엇에 때문에 마음에 상처를 받는가? 상처받았을 때 어떻게 행동하는가? 네가 상처받았을 때 부모님이나 다른 사람들은 어떻게 반응하는가?
16. 두려움(분노, 슬픔, 상처)을 느낄 때 그 감정을 다룰 수 있도록 스스로 돕기 위해 무엇을 할 수 있는가? 네가 그 감정을 다루도록 돕는 데 다른 사람들은 무엇을 할 수 있는가?
17. 무엇이 기쁨을 주는가? 어떤 점이 기쁨을 주는가? 행복하거나 기쁠 때 어떻게 행동하는가?
18. 잘 하는 것은 무엇인가?
19. 더 잘하기를 원하는 것은 무엇인가?
20. 자신에 대해서 좋아하는 점은 무엇인가?

* 이 인터뷰는 루돌프 드라이커스 박사(Dr. Rudolph Dreikurs), 돈 딩크마이어 시니어 박사(Dr. Don Dinkmeyer Sr), 돈 딩크마이어 주니어 박사(Dr. Don Dinkmeyer Jr), 그리고 바비 윌본 박사(Dr. Bobbie Wilborn)의 연구를 테리 코트먼 박사(Dr. Terry Kottman)가 수정한 것이다.

부록 E 동적 그림을 위한 아들러식 질문 전략

• 동적 가족화(KFD) 생활양식 질문[1]

"너희 가족 모두가 무언가를 하고 있는 그림을 그려 줘. 모든 사람을 그려야 하고, 만화나 막대기처럼 그리면 안 돼. 모든 사람이 어떤 행동을 하고 있어야 하는 걸 기억해." 아동이 그림 그리기를 마치면 아동에게 각 그림에 대해 다음과 같은 질문을 한다.

1. 이 사람은 누구니?
2. 너와 이 사람은 어떤 관계니?
3. 몇 살이니?
4. 이 사람에 대해 좀 더 이야기해 줄 수 있니?
5. 이 사람은 무엇을 하고 있니?
6. 이 사람은 어떤 느낌이니?
7. 이 사람이 가장 필요한 것은 무엇이니?
8. 너는 이 사람에 대해 어떻게 느끼니?
9. 이 사람은 다른 사람들과 어떻게 잘 지내니?

각 그림에 대해 다음 질문 중 몇 개를 선택하여 질문한다.

1. 이 사람이 바라는 것은 무엇이니?
2. 이 사람은 무슨 생각을 하고 있니?
3. 넌 이 사람에 대해 어떤 점을 좋아하니?
4. 넌 이 사람에 대해 어떤 점을 좋아하지 않니?
5. 이 그림 바로 전에 이 사람에게 어떤 일이 있었니?
6. 이 그림 바로 후에 이 사람에게 어떤 일이 있을까?
7. 미래에 이 사람에게 어떤 일이 있을까?
8. 이 사람은 무엇을 잘하니?

---

1) 테리 코트먼(Terry Kottman)의 KFD 질문에서 발췌함.

9. 이 사람은 어떤 문제가 있니?
10. 이 사람은 무엇을 두려워하니?
11. 네가 가장 좋아하는 다른 아동은 누구니? 이유는 뭐니?
12. 그들 중 너와 가장 다른 사람은 누구니? 어떻게 다르니?
13. 너는 그들 중 누구와 가장 많은 시간을 보내니? 무엇을 하면서 시간을 보내니?
14. 엄마는 어떤 아이를 가장 좋아하니?
15. 아빠는 어떤 아이를 가장 좋아하니?
16. 어떤 아이가 엄마와 가장 닮았니? 어떻게 닮았니?
17. 어떤 아이가 아빠와 가장 닮았니? 어떻게 닮았니?
18. 부모 중 너는 누구를 가장 좋아하니? 어떻게 좋아하니?

가족에 대해 질문하기 위해 다음의 질문 중 몇 개를 선택한다.

1. 가족이 무엇을 하고 있니?
2. 이 그림 바로 후에 이 가족에게 무슨 일이 일어날까?
3. 이 그림 바로 전에 이 가족에게 무슨 일이 일어났니?
4. 미래에 이 가족에게 무슨 일이 일어날까?
5. 만약 이 가족의 어떤 점이 바뀐다면, 무엇이 바뀔까?

• 동적 학교 그림(KSD) 생활양식 질문[2)]

"난 네가 학교 그림을 그려 줬으면 해. 그림에 너, 선생님, 친구 두 명쯤 그려 줘. 모든 사람이 무언가를 하고 있어야 해. 모든 사람을 그리도록 하고, 할 수 있는 한 잘 그리면 좋아. 너, 선생님, 친구 두 명쯤이야. 잘 기억해. 모두 무언가를 하고 있어야 해." 아동이 그림 그리기를 마쳤을 때 아동에게 각 그림에 대해 다음의 질문을 한다.

1. 이 사람은 누구니?
2. 이 사람에 대해 좀 더 이야기할 수 있니?
3. 이 사람은 무엇을 하고 있니?
4. 이 사람의 기분은 어떠니?
5. 너는 이 사람에 대해 어떻게 느끼니?

---

2) 테리 코트먼(Terry Kottman)의 KSD 질문에서 발췌함.

6. 이 사람은 다른 사람과 어떻게 잘 지내니?

개별 인물들에 대해 몇 가지 질문을 한다.

1. 이 사람은 무엇을 바라니?
2. 이 사람은 무엇을 생각하니?
3. 넌 이 사람에 대해 어떤 것을 좋아하니?
4. 넌 이 사람에 대해 어떤 것을 좋아하지 않니?
5. 이 그림 바로 전에 이 사람은 어떤 일이 있었니?
6. 이 그림 바로 후에 이 사람에게 어떤 일이 생길까?
7. 이 사람은 미래에 어떻게 될까?
8. 이 사람은 무엇을 잘하니?
9. 이 사람은 어떤 문제가 있니?
10. 이 사람에게 문제가 생길 때 어떤 일이 생기니?
11. 이 사람은 무엇을 두려워하니?
12. 이 사람은 무엇을 재미있어 하니?
13. 이 사람은 학교에 대해 어떻게 생각하니?
14. 너는 친구들 중 누구를 가장 좋아하니? 어떻게 좋아하니?
15. 친구들 중 누가 너와 가장 다르니? 어떻게 다르니?
16. 이 친구들 중 누구와 가장 많은 시간을 보내니?
17. 이 친구들 중 누구를 선생님이 제일 좋아하니? 왜 그럴까?
18. 이 친구들 중 누구를 선생님이 좋아하지 않니? 왜 그럴까?
19. 너는 학교에서 어떻게 지내니?

학교 상호작용에 대해 질문하기 위해 다음 질문 중 몇 개를 선택한다.

1. 교실에서 무슨 일이 있니?
2. 이 그림 바로 후에 교실에서 어떤 일이 있을까?
3. 이 그림 바로 전에 교실에서 어떤 일이 있었니?
4. 미래에 이 교실에는 어떤 일이 생길까?
5. 만약 이 교실에서 어떤 것을 바꿀 수 있다면 넌 어떤 것을 바꾸겠니? 학교에 대해 바꾸기 원하는 것은 무엇이니?

부록 F 류와 베트너(Lew & Bettner)의 중요한 Cs 비공식적 평가

아동의 중요한 Cs(Lew & Bettner, 2000)의 사정과 개입 전략 개발

• 용기: 1 2 3 4 5 6 7 8 9 10

☐ Yes ☐ No 새로운 것을 시도하려 하나요?

☐ Yes ☐ No 쉽게 포기하나요?

☐ Yes ☐ No 대인관계 위험을 감수할 용의가 있나요?

☐ Yes ☐ No 부적절감을 느끼는 것처럼 보입니다.

☐ Yes ☐ No 도전하는 것을 회피하려는 것 같습니다.

☐ Yes ☐ No 아동이 성공할 것이라고 믿습니다.

☐ Yes ☐ No 자신을 타인과 부정적으로 비교합니다.

☐ Yes ☐ No 아동이 도전을 견딜 수 있다고 믿습니다.

☐ Yes ☐ No 희망이 있는 것으로 보입니다.

아동이 용기를 나타내는 상황/관계:

아동이 용기가 결여되는 상황/관계:

용기 있는 행동에 영향을 주는 요인:

용기에 대한 다른 언급:

용기를 증진시킬 수 있는 가능한 전략:

• 관계: 1 2 3 4 5 6 7 8 9 10

☐ Yes ☐ No 친구를 쉽게 사귑니다.

☐ Yes ☐ No 안전감을 느끼는 것으로 보입니다.

☐ Yes ☐ No 친구를 사귀기 위해 애씁니다.

☐ Yes ☐ No 사회적으로 고립되었나요?

☐ Yes ☐ No 타인과 협력합니다.

☐ Yes ☐ No 곤경에 처한 사회적 네트워크가 있습니다.

☐ Yes ☐ No 소속감에 대한 신념을 표현합니다.

☐ Yes ☐ No 사회적으로 거절당했나요?

☐ Yes ☐ No 부정적 방법으로 주의를 끕니다.

사회적 네트워크에서의 지위(예: 알파, 베타, 희생양, 일벌 등):

친구 및 사회적 네트워크와 관계하는 방법:

아동이 긍정적 방법으로 관계하는 상황/관계:

아동이 관계에 갈등이 생긴 상황/관계:

아동이 관계하는 능력에 영향을 주는 것처럼 보이는 요인:

관계에 대한 다른 조언:

최적화된 관계를 위한 가능한 전략:

• **유능감:** 1 2 3 4 5 6 7 8 9 10

☐ Yes ☐ No 숙달감을 표현합니다.

☐ Yes ☐ No 강점을 인정합니다.

☐ Yes ☐ No 자기조절을 드러냅니다.

☐ Yes ☐ No 자기에 대한 책임감을 갖습니다.

☐ Yes ☐ No 자기훈련을 드러냅니다.

☐ Yes ☐ No 자신의 능력을 만족합니다.

☐ Yes ☐ No 책임감이 있나요?

☐ Yes ☐ No 다른 사람들이 통제할 수 없다는 것을 보여 주려고 노력합니다.

☐ Yes ☐ No 타인을 통제하려고 합니다.

☐ Yes ☐ No 타인에게 의존적인가요?

이러한 상황/주제가 실제로 가능한 것:

아동이 이러한 상황/주제에 대해 가능하다고 믿는 것:

이러한 상황/주제에서 실제로 가능한 갈등:

이러한 상황/주제에서 가능하다고 믿는 갈등:

유능감에 대한 다른 조언:

유능감이나 유능감에 대한 믿음을 증진시키는 가능한 전략:

• **가치:** 1 2 3 4 5 6 7 8 9 10

☐ Yes ☐ No 가치 있다고 느낍니다.

☐ Yes ☐ No 아동이 차이를 만든다고 믿습니다.

☐ Yes ☐ No 공헌합니다.

☐ Yes ☐ No 조건 없이 자기를 믿습니다.

☐ Yes ☐ No 하찮게 여기는 것 같습니다.

☐ Yes ☐ No 빈약한 자아상을 가졌습니다.

☐ Yes ☐ No 심하게 자랑합니다.

아동이 가치 있다고 믿는 상황/관계:

아동이 가치 없다고 믿는 상황/관계:

아동이 가치를 느끼고 얻을 긍정적 전략:

아동이 가치를 느끼고 얻는 부정적 자기 패배적 전략:

가치/중요성을 얻는 것에 대한 다른 조언:

중요성/가치를 증진시킬 가능한 전략:

부모의 중요한 Cs(Lew & Bettner, 2000)의 사정과 개입 전략 개발

• **용기:** 1 2 3 4 5 6 7 8 9 10

☐ Yes ☐ No 친숙하지 않은 것들을 시도하나요?

☐ Yes ☐ No 쉽게 포기합니다.

☐ Yes ☐ No 자녀와 함께 기꺼이 위험을 감수하나요?

☐ Yes ☐ No 부적절감을 느낍니다.

☐ Yes ☐ No 도전을 회피하려고 합니다.

☐ Yes ☐ No 피드백에 저항하나요?

☐ Yes ☐ No 부모가 성공할 것이라고 믿습니다.

☐ Yes ☐ No 자신을 타인과 부정적으로 비교합니다.

☐ Yes ☐ No 부모가 도전을 견딜 수 있다고 믿습니다.

☐ Yes ☐ No 희망이 있다고 봅니다.

부모가 양육이나 배우자와의 상호작용에서 용기를 보이는 상황/관계:

부모가 양육이나 배우자와의 상호작용에서 용기가 결여되어 있는 것 같은 상황/관계:

용기 있는 행동에 영향을 주는 것 같은 요인:

용기를 증진시키기 위한 가능한 전략:

• **관계:** 1 2 3 4 5 6 7 8 9 10

☐ Yes ☐ No 관계를 쉽게 맺습니다.

☐ Yes ☐ No 안전감을 느낍니다.

☐ Yes ☐ No 관계를 유지하려고 노력합니다.

☐ Yes ☐ No 사회적으로 고립되었나요?
☐ Yes ☐ No 적절한 방법으로 자녀와 연결되었습니다.
☐ Yes ☐ No 소속감에 대한 믿음을 표현합니다.
☐ Yes ☐ No 부정적 방법으로 주의를 끕니다.
☐ Yes ☐ No 사회적으로 거부당했나요?
사회적 네트워크에서의 지위(예: 알파, 베타, 희생양, 일벌 등):
자녀 및 배우자와 관계하는 방법:
부모가 긍정적 방법으로 관계하는 상황/관계:
관계에서 갈등이 있는 상황/관계:
부모의 관계 능력에 영향을 주는 요인:
최적화된 관계를 위한 가능한 전략:

• **유능감:** 1 2 3 4 5 6 7 8 9 10
☐ Yes ☐ No 숙달감을 표현합니다.
☐ Yes ☐ No 강점을 인정합니다.
☐ Yes ☐ No 자기조절을 나타냅니다.
☐ Yes ☐ No 자신에 대한 책임감을 받아들입니다.
☐ Yes ☐ No 자기 훈련을 나타냅니다.
☐ Yes ☐ No 자신의 능력에 대해 만족합니다.
☐ Yes ☐ No 책임을 지나요?
☐ Yes ☐ No 타인을 통제하려고 합니다.
☐ Yes ☐ No 다른 사람들이 통제할 수 없다는 것을 보여 주려고 노력합니다.
☐ Yes ☐ No 타인에게 의존적인가요?
이러한 상황에서 자녀와 배우자에게 실제적으로 유능감이 있나요?
이러한 상황에서 자녀와 배우자에게 유능감이 있다고 믿나요?
양육과 가족 상황에서 실제로 유능감이 있는 것과의 갈등:
양육과 가족 상황에서 유능감이 있다고 믿는 것과의 갈등:
유능감에 대한 다른 조언:
유능감이나 유능감에 대한 믿음을 증진시킬 수 있는 가능한 전략:

• **가치:** 1 2 3 4 5 6 7 8 9 10
☐ Yes ☐ No 가치 있어 보입니다.

☐ Yes ☐ No 차이를 만든다고 믿습니다.

☐ Yes ☐ No 공헌을 합니다.

☐ Yes ☐ No 조건 없이 자신을 믿습니다.

☐ Yes ☐ No 하찮다고 느끼는 것 같습니다.

☐ Yes ☐ No 빈약한 자아상을 가졌습니다(양육과 관련해서나 일반적으로).

☐ Yes ☐ No 지나치게 자랑합니다.

자녀 및 가족 구성원과 가치 있는 것으로 믿는 상황:

자녀 및 가족 구성원과 가치 있는 것으로 믿지 않는 상황:

중요성을 느끼고 얻는 긍정적 전략:

중요성을 느끼고 얻는데 부정적 자기 패배적 전략:

중요성을 느끼고 가치를 증진시킬 가능한 전략:

교사의 중요한 Cs(Lew & Bettner, 2000)의 사정과 개입 전략 개발

• **용기:** 1 2 3 4 5 6 7 8 9 10

☐ Yes ☐ No 새로운 기술을 기꺼이 시도하나요?

☐ Yes ☐ No 쉽게 포기합니다.

☐ Yes ☐ No 대인 관계적 위험을 기꺼이 감수하나요?

☐ Yes ☐ No 부적절감을 느낍니다.

☐ Yes ☐ No 직업적 도전을 회피하려고 합니다.

☐ Yes ☐ No 건설적 피드백에 저항하나요?

☐ Yes ☐ No 성공할 것이라고 믿습니다.

☐ Yes ☐ No 타인과 자신을 부정적으로 비교합니다.

☐ Yes ☐ No 희망적으로 보입니다.

교사가 용기를 드러내는 상황/관계:

교사가 용기가 결여되어 있는 상황/관계:

용기 있는 행동에 영향을 주는 것 같은 요인:

용기를 증진시킬 가능한 전략:

• **관계:** 1 2 3 4 5 6 7 8 9 10

☐ Yes ☐ No 쉽게 관계를 형성합니다.

☐ Yes ☐ No 안전감을 느끼는 것 같습니다.

☐ Yes ☐ No 관계 유지에 애씁니다.

☐ Yes ☐ No 사회적으로 고립되었나요?

☐ Yes ☐ No 타인과 협력합니다.

☐ Yes ☐ No 적절한 방법으로 학생과 연결되었습니다.

☐ Yes ☐ No 소속감에 대한 믿음을 표현합니다.

☐ Yes ☐ No 부정적 방법으로 주의를 끕니다.

☐ Yes ☐ No 사회적으로 거부되었나요?

사회적 네트워크에서의 지위(예: 알파, 베타, 희생양, 일벌 등):

친구 및 사회적 네트워크와 관계하는 방법:

교사가 긍정적 방법으로 관계하는 상황/관계:

교사가 관계에 갈등이 있는 상황/관계:

관계의 능력에 영향을 주는 요인:

최적화된 관계을 위한 가능한 전략:

• 유능감: 1 2 3 4 5 6 7 8 9 10

☐ Yes ☐ No 숙달감을 표현합니다.

☐ Yes ☐ No 강점을 인정합니다.

☐ Yes ☐ No 자기조절을 드러냅니다.

☐ Yes ☐ No 자기에 대한 책임감이 있습니다.

☐ Yes ☐ No 자기훈련을 드러냅니다.

☐ Yes ☐ No 자신의 능력에 대해 만족합니다.

☐ Yes ☐ No 책임감이 있나요?

☐ Yes ☐ No 다른 사람이 통제할 수 없다고 보여 주려고 노력합니다.

☐ Yes ☐ No 타인을 통제하려고 하나요?

☐ Yes ☐ No 타인에게 의존적인가요?

실제로 이러한 상황/주제에서 유능감이 있나요?

교사는 이러한 상황/주제에서 유능감이 있다고 믿습니다:

이러한 상황/주제에서 실제로 유능감이 있는 것과의 갈등:

이러한 상황/주제에서 유능감이 있다고 믿는 것과의 갈등:

유능감이나 유능감에 대한 신념을 증진시키기기 위한 가능한 전략:

• 가치: 1 2 3 4 5 6 7 8 9 10

☐ Yes ☐ No 가치감을 느끼는 것 같습니다.

☐ Yes ☐ No 차이를 만들어내는 것을 믿습니다.

☐ Yes ☐ No 공헌합니다.

☐ Yes ☐ No 조건 없이 자신을 믿습니다.

☐ Yes ☐ No 하찮게 여기는 것 같습니다.

☐ Yes ☐ No 취약한 자기상을 가졌습니다.

☐ Yes ☐ No 지나치게 자랑합니다.

교사가 가치 있다고 믿는 상황/관계:

교사가 가치 없다고 믿는 상황/관계:

가치를 느끼고 얻는 긍정적 전략:

가치를 느끼고 얻는데 부정적 자기패배적 전략:

가치/중요성을 얻는 것에 대한 다른 조언:

중요성/가치를 증진시키는 가능한 전략:

부록 G 생활양식 개념화와 치료 계획

아동을 위한 아들러 놀이치료 생활양식 개념화

• **강점**

• **생애과업 기능**: 각 생애과업에서 내담자가 얼마나 잘 기능하고 있는지를 나타내기 위해 척도를 사용할 수 있다(1=낮음, 10=높음).

학교	1	2	3	4	5	6	7	8	9	10
우정	1	2	3	4	5	6	7	8	9	10
사랑/가족	1	2	3	4	5	6	7	8	9	10
자기	1	2	3	4	5	6	7	8	9	10
정신적/경험적	1	2	3	4	5	6	7	8	9	10

• **놀이 주제**

• **가족 구도–심리학적 출생순위**: 이 위치에 대한 아동의 인식이 아동의 생활양식에 어떤 영향을 미치는가?

• **가족 분위기**: 부모의 생활양식과 부모의 양육 유형, 가족 분위기에 대한 아동의 인식이 아동의 생활양식에 어떻게 영향을 미치는지를 포함한다.

• **초기 기억**: 주제 및 아동의 생활양식에 대해 알려 주는 내용

• **잘못된 행동의 목표**: 부모가 문제를 어떻게 다루는지 행동에서 나타난다.

• **중요한 Cs 평가**: 기능을 나타내는 척도를 사용할 수 있다(1=낮음, 10=높음).

관계	1	2	3	4	5	6	7	8	9	10
유능감	1	2	3	4	5	6	7	8	9	10

가치 1 2 3 4 5 6 7 8 9 10
용기 1 2 3 4 5 6 7 8 9 10

- **성격 우선순위**: 아동과 부모의 성격 우선순위는 서로 어떻게 상호작용하는가?

- **생활양식 신념**: 잘못된 신념/거짓 확신은 *로 표시한다.
  나는 ……이다/나는 ……이어야만 한다.
  다른 사람들은 ……이다/다른 사람들은 ……이어야만 한다.
  다른 사람들과의 관계는 ……이다/……이어야만 한다.
  세상은 ……이다/……이어야만 한다.
  삶은 ……이다/……이어야만 한다.
  이러한 신념/인식/믿음/감정을 근거로 내 행동은 ……이어야 한다.

- **사적 논리**: 내담자는 행동에 대한 신념을 어떻게 얻는가?

아동을 위한 아들러 놀이치료 계획

- **치료사가 격려하기 원하는 강점**
  변화 목표
  전략
  경과 측정 방법

- **재적응/균형이 필요한 생애과업 기능**
  변화 목표
  전략
  경과 측정 방법

- **성격 우선순위의 긍정적인 자질을 최적화하고 부정적인 면을 줄이는 방법들**
  변화 목표
  전략
  경과 측정 방법

- 재적응이 필요한 중요한 Cs

    변화 목표

    전략

    경과 측정 방법

- 재적응이 필요한 잘못된 행동의 목표

    변화 목표

    전략

    경과 측정 방법

- 재적응이 필요한 잘못된 신념/거짓 확신(자신/타인/세상/삶)

    변화 목표

    전략

    경과 측정 방법

- 치료사가 변화시키고 싶은 자멸적이고 잘못된 행동

    변화 목표(즉각 필요한)

    전략

    경과 측정 방법

    변화 목표(장기적인)

    전략

    경과 측정 방법

- 아동이 배울 필요가 있는 기술

    변화 목표

    전략

    경과 측정 방법

부모를 위한 아들러 놀이치료 생활양식 개념화

- **강점:** 개인적으로나 양육과 관련된 모든 것

- **생애과업 기능**: 척도의 측정은 선택 사항임(1=낮음, 10=높음)

일	1 2 3 4 5 6 7 8 9 10
우정	1 2 3 4 5 6 7 8 9 10
사랑/친근함	1 2 3 4 5 6 7 8 9 10
자기	1 2 3 4 5 6 7 8 9 10
정신적/경험적	1 2 3 4 5 6 7 8 9 10

- **부모로서의 역할 수행**: 부모 양육 기술, 부모 양육 태도, 특정 아동에 대한 태도의 평가를 포함. 척도의 측정은 선택사항임(1=낮음, 10=높음)

  1 2 3 4 5 6 7 8 9 10

- **가족 구도-심리학적 출생순위**: 부모의 원가족 또는 출신 지역에 대한 인식이 자신의 생활양식과 부모로서 기능하는 것에 어떻게 영향을 미치는가?

- **가족 분위기**: 자신이 출생한 원가족의 분위기에 대한 부모 자신의 인식이 생활양식에 어떻게 영향을 미치는가? 부모가 자신의 부모에게 양육에 대해 배운 것

- **초기 기억**: 주제 및 부모의 생활양식에 대해 알려 주는 내용

- **중요한 Cs 평가**: 척도의 측정은 선택사항임(1=낮음, 10=높음)

관계	1 2 3 4 5 6 7 8 9 10
유능감	1 2 3 4 5 6 7 8 9 10
가치	1 2 3 4 5 6 7 8 9 10
용기	1 2 3 4 5 6 7 8 9 10

- **성격 우선순위**

- **생활양식 신념**: 잘못된 신념/거짓 확신은 *로 표시한다.

  나는 ……이다/나는 ……이어야만 한다.

  다른 사람들은 ……이다/다른 사람들은 ……이어야만 한다.

  다른 사람들과의 관계는 ……이다/……이어야만 한다.

  세상은 ……이다/……이어야만 한다.

삶은 ……이다/……이어야만 한다.

이러한 신념/인식/믿음/감정을 근거로 내 행동은 ……이어야 한다.

- 사적 논리

부모 상담을 위한 아들러 놀이치료 계획

- 성격 우선순위와 중요한 Cs

  변화 목표

  상담 전략

  경과 측정 방법

- 치료사가 격려하기 원하는 강점

  변화 목표

  상담 전략

  경과 측정 방법

- 새적응/균형이 필요한 생애과업 기능

  변화 목표

  상담 전략

  경과 측정 방법

- 부모 양육을 방해할 수 있는 생활양식 요소

  변화 목표

  상담 전략

  경과 측정 방법

- 필요한 부모 양육 기술/정보

  변화 목표

  상담 전략

  경과 측정 방법

교사를 위한 아들러 놀이치료 생활양식 개념화

- **강점**: 개인적으로나 가르치는 것과 관련된 것

- **생애과업 기능**: 척도의 측정은 선택사항임(1=낮음, 10=높음)

일	1 2 3 4 5 6 7 8 9 10
우정	1 2 3 4 5 6 7 8 9 10
사랑/친근함	1 2 3 4 5 6 7 8 9 10
자기	1 2 3 4 5 6 7 8 9 10
정신적/경험적	1 2 3 4 5 6 7 8 9 10

- **교사로서의 역할**: 교육 기술, 학급 관리 기술 평가, 교육에 대한 태도, 특정 유형의 아동들에 대한 태도, 교육 철학(1=낮음, 10=높음)

  1 2 3 4 5 6 7 8 9 10

- **가족 구도-심리학적 출생순위**: 자신이 출생한 원가족에 대한 교사의 인식이 자신의 생활양식과 교사로서 기능하는 것에 어떻게 영향을 미치는가? 성장하면서 특별히 문제를 일으켰던 형제자매에 대한 묘사

- **가족 분위기**: 원가족의 분위기에 대한 교사 자신의 인식이 생활양식에 어떤 영향을 미치는가? 교사가 자신들의 부모에게 양육에 대하여 배운 것

- **학교 경험**: 학교에서의 경험에 대한 교사 자신의 인식이 학교와 관련된 자신의 생활양식, 태도, 행동에 어떤 영향을 미치는가?

- **초기 기억**: 주제 및 교사의 생활양식에 대해 알려 주는 내용, 특히 학교 경험과 관련한 초기 기억에 집중

- **중요한 Cs 평가**: 척도의 측정은 선택사항임(1=낮음, 10=높음)

관계	1 2 3 4 5 6 7 8 9 10
유능감	1 2 3 4 5 6 7 8 9 10
가치	1 2 3 4 5 6 7 8 9 10

용기 1 2 3 4 5 6 7 8 9 10

• 성격 우선순위

• 생활양식 신념: 잘못된 신념/거짓 확신은 *로 표시한다.

나는 ……이다/나는 ……이어야만 한다.

다른 사람들은 ……이다/다른 사람들은 ……이어야만 한다.

아동들은 ……이다/아동들은 ……이어야만 한다.

다른 사람들과의 관계는 ……이다/……이어야만 한다.

세상은 ……이다/……이어야만 한다.

삶은 ……이다/……이어야만 한다.

학교는 ……이다/……이어야만 한다.

이러한 신념/인식/믿음/감정을 근거로 내 행동은 ……이어야 한다.

• 사적 논리

교사 상담을 위한 아들러 놀이치료 계획

• 성격 우선순위와 중요한 Cs

변화 목표

상담 전략

경과 측정 방법

• 치료사가 격려하기를 원하는 강점

변화 목표

상담 전략

경과 측정 방법

• 교사 및 학생과의 상호작용을 방해할 수 있는 생활양식 요소

변화 목표

상담 전략

경과 측정 방법

- 학생과의 관계를 돕고 학급 분위기를 개선시킬 수 있는 데에 필요한 학급 경영 기술 및 정보

  변화 목표

  상담 전략

  경과 측정 방법

특정 인구집단의 놀이치료 효과에 대한 연구 및 일화적인 지원

• 학업 성취

Blanco, P. J., & Ray, D. C. (2011). Play therapy in elementary school: A best practice for improving academic achievement. *Journal of Counseling & Development, 18,* 235-243. doi:10.1002/j.1556-6678.2011.tb00083x

Sheely-Moore, A., & Ceballos, P. (2015). Child-centered play therapy and school-based problem. In D. Crenshaw & A. Stewart (Eds.), *Play therapy: A comprehensive guide to theory and practice* (pp. 247-261). New York, NY: Guilford Press.

• 분노와 공격성

Crenshaw, D. (2015). Play therapy with "children of fury." In D. Crenshaw & A. Stewart (Eds.), *Play therapy: A comprehensive guide to theory and practice* (pp. 217-231). New York, NY: Guilford Press.

• 불안

Baggerly, J. (2014). The effects of child-centered group play therapy on self-concept, depression, and anxiety of children who are homeless. *International Journal of Play therapy, 12,* 31-51.

Guerney, L. (2015). Filial therapy with children with anxiety disorders. In D. Crenshaw & A. Stewart (Eds.), *Play therapy: A comprehensive guide to theory and practice* (pp. 428-438). New York, NY: Guilford Press.

Shen, Y. (2002). Short-term group play therapy with Chinese earthquake victims: Effects on anxiety, depression, and adjustment. *International Journal of Play Therapy, 11,* 43-63.

• 애착장애

Anderson, S. M., & Gedo, P. M. (2013). Relational trauma: Using play therapy to treat a disrupted attachment. *Bulletin of the Menninger Clinic, 77,* 250-268. doi:10.1521/

bumc. 2013.77.3.250

Baggerly, J., & Green, E. (2014). Mending broken attachment in displaced children: Finding "home" through play therapy. In C. Malchiodi & D. Crenshaw (Eds.), *Creative arts and play therapy for attachment problems* (pp. 275-293). New York, NY: Guilford Press.

Gil, E. (2014). The Creative use of metaphor in play and art therapy with attachment problems. In C. Malchiodi & D. Crenshaw (Eds.), *Creative arts and play therapy for attachment problems* (pp. 159-177). New York, NY: Guilford Press.

Shi, L. (2014) Treatment of reactive attachment disorder in young children: Importance of understanding emotional dynamics. *American Journal of Family Therapy, 42,* 1-13.

• 주의력결핍 과잉행동장애

Barzegary, L., & Zamini, S. (2011). The effect of play therpy on children with ADHD. *Procedia-social and Behavioral Sciences, 30*, 2216-2218.

Kaduson, H. (2006). Short-term therapy for children with attention-deficit/hyperactivity dosorder. In H. Kaduson & S. Schaefer (Eds.), *Short-term play therapy for children* (2nd ed., pp. 101-142). New York, NY: Guilford Press.

Kaduson, H. (2015). Play therapy with children with attention-deficit/hyperactivity disorder. In D. Crenshaw & A. Stewart (Eds.), *Play Therapy: A comprehensive guide to theory and practice* (pp. 415-427). New York, NY: Guilford Press.

Ray, D., Schottelkorb, A., & Tsai M (2007). Play therapy with children exhibiting symptoms of attention deficit hyperactivity disorder. *International Journal of Play Therapy, 16,* 95-111

Reddy, L., spencer, P., Hall, T., & Rubel, E. (2001). Use of developmentally appropriate games in a child group training program for young children with attention-deficit/hyperactivity disorder. In A. Drewes, L. Carey, & C. Schaefer (Eds.), *School-based play therapy* (pp. 256-276). New York, NY: Wiley.

• 자폐

Hess, E. (2012). DIR/Floortime: A developmental/relationship play therapy approach for treating children impacted by autism. In L. Gallo-Lopez & L. Rubin (Eds.), *Play-based interventions for children and adlescents with autism spectrum disorders* (pp. 231-

248). New York, NY: Routledge.

Hulll, K. (2015). Play therapy with children on the autism spectrum. In D. Crenshaw & A. Stewart (Eds.), *Play therapy: A comprehensive guide to theory and practice* (pp. 400-414). New York, NY: Guilford Press.

Josefi, O. & Ryan, V. (2004). Non-directive play therapy for young children with autism: A case study. *Clinical Child Psychology and Psychiatry, 9,* 533-551. doi:10.1177/1359104504046158

Mittledorf, W., Hendricks, S., & Landreth, G. (2001). Play therapy with autistic children. In G. Landreth (Ed.), *Innovations in play therapy: Issues, prcess, and special populations* (pp. 257-269). Philadelphia, PA: Taylor & Francis.

Parker, N., & O'Brien, P. (2011). Play therapy: Reaching the child with autism. *International Journal of Special Education, 26,* 80-87.

Ray, D., Sullivan, J., & Cralson, S. (2012). Relational intervention: Child-centered play therapy with children on the autism spectrum. In L. Gallo-Lopez & L. Rubin (Eds.), *Play based-interventions for children and adlescents with autism spectrum disorders* (pp. 159-175). New York, NY: Routledge.

• 행동 문제

Bratton, S., Ceballos, P., Sheely, A., Meany-Walden, K., Pronchenko, Y. & Jones, L. (2013). Child-centered play therapy compared to mentoring as a Head Start mental health intervention: Effects on children exhibiting disruptive behavior in the classroom. *International Journal of Play Therapy, 22,* 28-42. doi:10.1037/a0030318

Fall, M., Navelski, L. F., & Welch, K. K. (2002). Outcomes of play therapy intervention for children identified for special education services. *International Journal of Play Therapy, 11,* 91-106.

Garza, Y., & Bratton, S. C. (2005). School-based child-centered play therapy with Hispanic children: Outcomes and cultural considerations. *International Journal of Play Therapy, 14,* 51-79.

Meany-Walen, K., Bratton, S., & Kottman, T. (2014). Effect of Adlerian play therapy on reducing students' disruptive behavior. *Journal of Counseling & Development, 92,* 47-56.

Meany-Walen, K., & Kottman, T. (2015). Adlerian play therapy with children affected by externalizing behavior disorders. In E. Green & A. Myrick (Eds.), *Play therapy with vulnerable populations: No child forgotten* (pp. 177-194). Lanham, MD: Rowman & Littlefield.

Meany-Walen, K. K., Kottman, T., Buillis, Q., & Dillman Taylor, D. (2015). Adlerian play therapy with children with externalizing behaviors: Single case design. *Journal of Counseling & Development, 93,* 418-428. doi:10.1002/jcad.12040.

Muro, J., Ray, D., Schottelkorb, A., Smith, M. R., & Blanc, P. J. (2006). Quantitative analysis of long-term child-centered play therapy. *International Journal of Play Therapy, 15,* 35-58.

Packman, J., & Bratton, S. (2003). A school-based group play/activity therapy intervention with learning disabled preadolescents exhibiting behavior problems. *International Journal of Play Therapy, 12,* 7-29.

Sheely-Moore, A., & Ceballos, P. (2015). Child-centered play therapy and school-based problems. In D. Crenshaw & A. Stewart (Eds.), *Play therapy: A comprehensive guide to theory and practice* (pp. 247-261). New york, NY: Guilford Press.

Swan, K., & Ray, D. (2014). Effects of child-centered play therapy on irritability and hyperactivity behaviors of children with intellectual disabilities. *The Journal of Humanistic Counseling, 53,* 120-133. doi:10.1002/j.2161-1939.2014.00053x

• 괴롭힘

Baron, S. (2015). Play therapy with the spectrum of bullying behaviors. In D. Crenshaw & A. Stewart (Eds.), *Play therapy: A comprehensive guide to theory and practice* (pp. 232-246). New York, NY: Guilford Press.

• 만성 질병

Parson, J. (2015). Holistic mental health care and play therapy for hospitalized chronically ill children. In E. Green & A. Myrick (Eds.), *Play therapy with vulnerable populations: No child forgotten* (pp. 125-138). Lanham, MD: Rowman & Littlefield.

• 우울증

Baggerly, J. (2014). The effects of child-centered group play therapy on self-concept, depression, and anxiety of children who are homeless. *International Journal of Play*

Therapy, 12, 31-51

Shen, Y. (2002). Short-tem group play therapy with Chinese earthequake victims. Effects on anxiety, depression, and adjustment. *International Journal of Play Therapy, 11,* 43-63.

• 해리성정체장애

Klein, J., & Landreth, G. (2001). Play therapy with dissociative identity disorder clients with child alters. In G. Landreth (Ed.), *Innovations in play therapy: Issues, process, and special populations* (pp. 323-333). Philadelphia, PA: Taylor & Fancis.

• 다양한 인구집단

Baggerly, J., & Abugideiri, S. E. (2010). Grief counseling for Muslim pre-school and elementary school children. *Journal of Multicultural Counseling and Development, 38,* 112-124. doi:10.1002/j.2161-1912.2010.tb00119.x

DeHaene, L., Dalgaard, N. T., Montgomery, E., Grietens, H., & Verschueren, K. (2013). Attachment narratives in refugee children: Interrater reliability and qualitative analysis in pilot findings from a two-site study. *Journal of Traumatic Stress, 26,* 413-417. doi:10.1002/jts.21820

Jeong, H. (2014). Considerations of indigenous ethos in psychotherapeutic practices: Punryu and Korean psychotherapy. *Asia Pacific Journal of Counseling and Psychotherapy, 5.* 10-20. doi:10.1080/21507686.2013.864318

Ojiambo, D., & Bratton, S. C. (2014). Effects of group activity play therapy on problem behaviors of preadolescent Ugandan orphans. *Journal of Counseling & Development, 92,* 355-364. doi:10.1002/j.1556-6676.2014.00163.x.

• 이혼과 별거

Gil, E. (2015). Reunifying families after critical separations: An integrative play therapy approach to building and strengthening family ties. In D. Crenshaw & A. Stewart (Eds.), *Play therapy: A comprehensive guide to theory and practice* (pp. 353-369). New York, NY: Guilford Press.

Kenney-Noziaska, S., & Lowenstein, L. (2015). Play therapy with children with of divorce: A prescriptive approach. In D. Crenshaw & A. Stewart (Eds.), *Play therapy: A comprehensive guide to theory and practice* (pp. 290-303). New York, NY: Guilford Press.

• 두려움과 공포증

Knell, S. (2000). Cognitive-behavioral play therapy for childhood fears and phobias. In H. Kaduson & C. Schaefer (Eds.), *Short-term play therapy for children* (pp. 3-27). New York, Ny: Guilford Press.

Kottman, T. (2002). Billy, the teddy bear boy. In L. Golden (Ed.), *Case studies in child and adolescent counseling* (3rd ed., pp. 8-20). Columbus, OH: Merrill Prentice Hall.

• 위탁 양육

Crenshaw, D., & Tillman, K. (2015). Trauma narratives with children in foster care. In D. Crenshaw & A. Stewart (Eds.), *Play therapy: A comprehensive guide to theory and practice* (pp. 262-276). New york, NY: Guilford Press.

Drewes, A. (2014). Helping foster care children heal from broken attachments. In C. Malchiodi & D. Crenshaw (Eds.), Creative arts and play therapy for attachment problems (pp. 197-214). New york, NY: Guilford Press.

• 슬픔과 상실

Baggerly, J. & Abugideiri, S. E. (2010). Grief counseling for Muslim pre-school and elementary school children. *Journal of Multicultural Counseling and Development, 38*, 112-124. doi:10.1002/j.2161-1912.2010.tb00119.x

Pass, S. (2014). The mummy at the door: Play therapy and survivng loss. *Journal of Infant, Child and Adolecent Psychotherapy, 13*, 142-153. doi:10.1080/15289168.2014.905343

Seymour, J. (2014). Integrated play therapy with childhood traumatic grief. In C. Malchiodi & D. Crenshaw (Eds.), *Creative arts and play therapy for attachment problems* (pp. 259-274). New york, NY: Guilford Press.

Steele, W. (2015). Play therapy for children experience grief and traumatic loss. In D. Crenshaw & A. Stewart (Eds.), *Play therapy: A comprehensive guide to theory and practice* (pp. 304-320). New york, NY: Guilford Press.

• 노숙 아동

Baggerley, J. (2003). Child-centered play therapy with children who are homeless. *International Journal of Play Therapy, 12,* 87-106.

Baggerley, J. (2004). The effects of child-centered group play therapy on self-concept, depression, and anxiety of children who are homeless. *International Journal of Play Therapy, 13,* 31-51

Baggerly, J., & Jenkins, W. W. (2009). The effectiveness of child-centered play therapy on developmental and diagnostic factors in children who are homeless. *International Journal of Play Therapy, 18,* 45-55. doi:10.1037/a0013878

Sturm, D., & Hill, C. (2015). Play therapy with children experiencing homelessness. In D. Crenshaw & A. Stewart (Eds.), *Play therapy: A comprehensive guide to theory and practice,* (pp. 276-289). New York, NY: Guilford Press.

• 지적장애

Swan, K. & Ray, d. (2014). Effects of child-centered play therapy on irritability and hyperactivity behaviors of children with intellectual disabilities. *The Journal of Humanistic Counseling, 53,* 120-133. doi:10.102/j.2161-1939.2014.00053.x

• 간헐적 폭발장애

Paone, T. R. & Douma, K. B. (2009). Child-centered play therapy with a seven-year-old-boy diagnosed with intermittent explosive disorder. *International Journal of Play Therapy, 18,* 31-44.

• 자연 재해

Baggerly, J., & Allen-Auguston, M. (2015). Disaster response play therapy with vulnearble children. In E. Green & A. Myrick (Eds.), *Play therapy with vulnerable populations: No child forgotten* (pp. 105-123). Lanham, MD: Rowman & Littlefield.

Baggerly, J. & Exum, H. (2008). Counseling children after natural disasters: Guidance for family therapists. *American Journal of Family Therapy, 36*, 79-93.

Dugan, E., Snow, M., & Crowe, S. (2010). Working with children affected by Hurricane Katrina: Two case studies in play therapy. *Child and Adolescent Mental Health, 15,* 52-55.

Jordan, B., Perryman, K., & Anderson, L. (2013). A case for child-centered play therapy with natural disasters and catastrophic event survivors. *International Journal of Play Therapy, 22,* 219-230.

Shen, Y. (2002). Short-term group play therapy with Chinese earthquake victims: Effects on anxiety, depression, and adjustment. *International Journal of Play Therapy, 11,* 43-63.

Stewart, A., Echterling, L., & Mochi, C. (2015). Play-based disaster and crisis intervention: Roles of play therapists in promoting recovery. In D. Crenshaw & A. Stewart (Eds.), *Play therapy: A comprehensive guide to theory and practice* (pp. 370-384). New York, NY: Guilford Press.

• 자기 개념

Baggerly, J. (2004). The effects of child-centered group play therapy on self-concept, depression, and anxiety of children who are homeless. *International Journal of Play Therapy, 12,* 31-51

Fall, M., Navelski, L. F., & Welch, K. K. (2002). Outcomes of a play intervention for children identified for special education services. *International Journal of Play Therapy, 11,* 91-106.

• 선택적 함묵증

Shu-Lan, H., Specer, M. S., & Dronamraju, R. (2012). Selective mutism: Practice and intervention strategies for children. *Children and Schools, 34,* 222-230.

• 성적 학대

Lilly, J. P. (2015). Jungian analytical play therapy with a sexually abused child. In D. Crenshaw & A. Stewart (Eds.), *Play therapy: A comprehensive guide to theory and practice* (pp. 321-335). New York, NY: Guilford Press.

Prendiville, E. (2015). Healing young children affected by sexual abuse: The therapeutic touchstone. In E. Green& A. Myrick (Eds.), *Play therapy with vulnerable populations: No child forgotten* (pp. 65-83). Lanham, MD: Rowman & Littlefield.

• 신체장애

Dutta, R., & Mehta, M. (2006). Chilld-centered play therapy in management of somatoform disorders. *Journal of Indian Association for Child and Adolescent Mental Health, 2,* 85-88.

부록 I 아들러 놀이치료 부모 상담 기술 체크리스트

• 1단계: 관계 형성하기

평정 점수

1=기회가 없거나 적절하지 않음

2=기회가 있고 적절하지만 시도하지 않음

3=기회가 있고 적절하게 시도함

치료사: __________ 아동 이름: __________ 아동 연령: __________

부모 이름: __________ 부모 나이: __________

관찰자: __________ 날짜/회기#: __________

	1	2	3
• 다른 말로 바꾸어 표현하기			
• 요약하기			
• 감정 반영하기			
• 격려하기			
• 상위의사소통하기			
• 아동 발달에 대한 질문하기			
• 현재 드러나는 문제 행동의 이력에 관한 질문하기			
• 놀이치료에 대한 정보 주기			
• 치료과정에서 부모 참여의 중요성 설명하기			
• 아들러 이론과 치료에 대한 정보 주기			
• 치료 실행계획에 대한 정보 주기			

• 2단계: 부모의 생활양식 수집하기

평정 점수

1=기회가 없거나 적절하지 않음

2=기회가 있고 적절하지만 시도하지 않음

3=기회가 있고 적절하게 시도함

치료사: __________ 아동 이름: __________ 아동 연령: __________

부모 이름: __________ 부모 나이: __________

관찰자: __________ 날짜/회기#: __________

	1	2	3
• 다른 말로 바꾸어 표현하기			
• 요약하기			
• 감정 반영하기			
• 격려하기			
• 상위의사소통하기			
• 질문하고 정보 주기			
• 다음 중 최소 한 개 이상 부모의 인식에 대한 정보 수집을 위한 질문하기(미술, 모래 등 예술 기법을 사용하기)			
–아동의 강점			
–아동의 생애과업 기능			
–가족 구도와 출생순위가 아동에게 미치는 영향			
–아동의 잘못된 행동의 목표			
–아동의 중요한 Cs 완수			
–아동의 성격 우선순위			
–아동의 생활양식 신념, 잘못된 신념, 그리고(혹은) 사적 논리			
• 다음 중 최소 한 개 이상 부모의 인식에 대한 정보를 수집하기 위해서 예술 기법을 사용하거나 모래상자를 사용하여 질문하기			
–생애과업 기능			
–아동과 부모를 대하는 태도			
–양육 전략과 기술			
–양육 철학			
–성격 우선순위			
–중요한 Cs 완수			
–원가족의 가족 구도			
–생활양식 신념, 잘못된 신념, 그리고(혹은) 사적 논리			
–가족의 가치관			
–세대를 거쳐 해결되지 않은 역기능적 패턴			

–결혼/애인 관계와 그것이 아동에게 어떤 영향을 주는가			
–가족의 구조, 경계, 체계, 권력			
–형제자매 관계			
–양육을 방해하는 미해결된 과제			
–아동에게 부정적 영향을 끼치는 미해결된 과제			

• 3단계: 부모가 자녀와 자신에 대한 통찰을 얻도록 돕기

평정 점수

1=기회가 없거나 적절하지 않음

2=기회가 있고 적절하지만 시도하지 않음

3=기회가 있고 적절하게 시도함

치료사: __________ 아동 이름: __________ 아동 연령: __________

부모 이름: __________ 부모 나이: __________

관찰자: __________ 날짜/회기#: __________

	1	2	3
• 다른 말로 바꾸어 표현하기			
• 요약하기			
• 감정 반영하기			
• 격려하기			
• 상위의사소통하기			
• 질문하고 정보 주기			
• 아동의 행동 재구성하기			
• 부모의 통찰을 돕기 위해서 잘못된 신념, 사적 논리 혹은 자멸적인 행동들에 대해서 수프에 침 뱉기			
• 내담자에 맞춘 치료적 은유, 상호 이야기 나누기, 창의적 인물, 독서치료 활용하기			
• 다음 중 최소 한 개 이상 부모의 통찰을 돕기 위한 상위의사소통, 예술 기법, 은유와 스토리텔링, 그리고(혹은) 모래상자 사용하기			
–아동의 생애과업 기능은 어떻게 아동에게 영향을 주는가			
–출생순위와 가족 구도는 아동에게 어떻게 영향을 주는가			

–아동의 잘못된 행동의 목표가 가족 내에서 그리고 타인과의 관계에서 어떻게 나타나는가			
–아동의 중요한 Cs 완수가 가족 및 타인과의 관계의 상호작용에 어떻게 영향을 미치는가			
–아동의 성격 우선순위가 가족 및 타인과의 관계에서 어떻게 나타나는가			
–아동의 생활양식 신념, 잘못된 신념과 사적 논리가 아동 및 그 아동과 상호작용하는 사람들에게 어떻게 영향을 미치는가			
–부모의 생애과업 기능이 양육과 그 아동에게 어떻게 영향을 미치는가			
–자녀에 대한 부모의 태도와 양육 태도가 양육 방식과 그 자녀에게 어떻게 영향을 미치는가			
–부모의 양육전략과 기술이 양육 방식과 그 자녀에게 어떻게 영향을 미치는가			
–부모의 양육철학은 양육 방식과 그 자녀에게 어떻게 영향을 미치는가			
–부모의 중요한 Cs 완수는 양육 방식과 그 자녀에게 어떻게 영향을 미치는가			
–부모의 원가족의 가족 구도와 출생순위는 양육 방식과 그 자녀에게 어떻게 영향을 미치는가			
–부모의 생활양식에 대한 확신, 잘못된 신념, 사적 논리는 양육 방식과 그 자녀에게 어떻게 영향을 미치는가			
–가족의 가치관은 양육 방식과 그 자녀에게 어떻게 영향을 미치는가			
–세대를 거쳐 해결되지 않은 역기능적 패턴은 양육 방식과 그 자녀에게 어떻게 영향을 미치는가			
–결혼/애인 관계는 가족 분위기, 양육 방식 그리고 그 자녀에게 어떻게 영향을 미치는가			
–가족 구조, 경계, 권력, 체계는 가족 분위기, 양육 방식 그리고 그 자녀에게 어떻게 영향을 미치는가			
–형제자매 관계는 그 아동에게 어떻게 영향을 미치는가			
–세대를 거쳐 해결되지 않은 역기능적 패턴은 가족 분위기, 양육 방식 그리고 그 자녀에게 어떻게 영향을 미치는가			

• 4단계: 부모 재정향 · 재교육하기

평정 점수

1=기회가 없거나 적절하지 않음

2=기회가 있고 적절하지만 시도하지 않음

3=기회가 있고 적절하게 시도함

치료사: __________ 아동 이름: __________ 아동 연령: __________

부모 이름: __________ 부모 나이: __________

관찰자: __________ 날짜/회기#: __________

	1	2	3
• 다른 말로 바꾸어 표현하기			
• 요약하기			
• 감정 반영하기			
• 격려하기			
• 아동의 생활양식 패턴과 부모의 생활양식 패턴, 그리고 이 두 패턴 사이의 상호작용에 대한 상위의사소통하기			
• 부모의 사고, 감정, 행동 패턴의 변화를 돕기 위해서 잘못된 신념, 사적 논리 혹은 자멸적인 행동들에 대해서 수프에 침 뱉기			
• 다음 중 부모가 최소 한 개 이상의 기술을 배우는 것을 돕기 위해 브레인스토밍, 토론, 은유와 스토리텔링, 예술 기법, 역할놀이 그리고(혹은) 교훈적인 가르침을 사용하기			
–격려하기			
–반영적 경청			
–아동을 위해 제한설정하기			
–문제에 대한 책임의식 정의하기			
–잘못된 행동의 목표 인식하기			
–잘못된 행동의 다른 목표에 반응하여 양육전략 조정하기			
–논리적인 결과 설정하기			
–중요한 Cs 촉진하기			
–아동의 생애과업 완수를 위한 기능을 향상시키도록 촉진하기			
–부모의 성격 우선순위와 아동의 성격 우선순위 사이의 상호작용을 최적화하기			

• 성인 상담사에게 의뢰하기			
• 부부 상담사에게 의뢰하기			
• 가족 상담사에게 의뢰하기			

부록 J 아들러 놀이치료 교사 상담 기술 체크리스트

• 1단계: 관계 형성하기

평정 점수

1=기회가 없거나 적절하지 않음

2=기회가 있고 적절하지만 시도하지 않음

3=기회가 있고 적절하게 시도함

치료사: __________ 아동 이름: __________ 아동 연령: __________

부모 이름: __________ 부모 나이: __________

관찰자: __________ 날짜/회기#: __________

	1	2	3
• 다른 말로 바꾸어 표현하기			
• 요약하기			
• 감정 반영하기			
• 격려하기			
• 상위의사소통하기			
• 학교에서 그동안 아동이 지낸 이력에 관한 질문하기			
• 현재 드러난 문제를 해결하기 위해 시도한 방법들에 대해 질문하기			
• 놀이치료에 대한 정보 주기			
• 치료과정에서 교사 참여의 중요성에 대한 정보 주기			
• 아들러 이론/치료에 대한 정보 주기			

• 2단계: 생활양식 탐색하기

평정 점수

1=기회가 없거나 적절하지 않음

2=기회가 있고 적절하지만 시도하지 않음

3=기회가 있고 적절하게 시도함

치료사: __________ 아동 이름: __________ 아동 연령: __________

부모 이름: __________ 부모 나이: __________

관찰자: __________ 날짜/회기#: __________

	1	2	3
• 다른 말로 바꾸어 표현하기			
• 요약하기			
• 감정 반영하기			
• 격려하기			
• 상위의사소통하기			
• 질문하기와 정보 주기			
• 다음 중 최소 한 개 이상 교사의 인식에 대한 정보 수집을 위한 질문하기(미술, 모래 등 예술 기법을 사용하기)			
–아동의 강점			
–아동의 생애과업 기능			
–아동의 잘못된 행동의 목표			
–아동의 중요한 Cs 완수			
–아동의 성격 우선순위와 그것이 학교에서 대인관계에 어떻게 드러나는가			
–아동의 생활양식 신념, 잘못된 신념, 그리고(혹은) 사적 논리			
–교사의 생애과업 기능			
–아동을 대하는 교사의 태도			
–교사의 지향과 교육 철학 태도			
–교사의 성격 우선순위와 그것이 그 아동과 다른 학생들을 가르치고 상호작용하는 데 어떻게 영향을 미치는가			
–교사의 중요한 Cs 완수와 그것이 그 아동과 다른 학생들과 상호작용하고 가르치는 데 어떻게 영향을 미치는가			
–교사의 생활양식 신념, 잘못된 신념, 사적 논리가 아동과 다른 학생들과 상호작용하는 데 있어서 드러나기도 하는가			
–교실의 구조, 경계, 체계, 권력			

• 3단계: 교사가 아동과 자신에 대한 통찰을 얻도록 돕기

평정 점수

1=기회가 없거나 적절하지 않음

2=기회가 있고 적절하지만 시도하지 않음

3=기회가 있고 적절하게 시도함

치료사: __________ 아동 이름: __________ 아동 연령: __________

부모 이름: __________ 부모 나이: __________

관찰자: __________ 날짜/회기#: __________

	1	2	3
• 다른 말로 바꾸어 표현하기			
• 요약하기			
• 감정 반영하기			
• 격려하기			
• 질문하기와 정보 주기			
• 아동의 행동 재구성하기			
• 교사의 사고, 감정, 행동 패턴의 변화를 돕기 위해서 잘못된 신념, 사적 논리 혹은 자멸적인 행동들에 대해서 수프에 침 뱉기			
• 다음 중 최소 한 개 이상 교사의 통찰을 돕기 위한 상위의사소통, 예술 기법, 은유와 스토리텔링, 그리고(혹은) 모래상자 사용하기			
–아동의 생애과업 기능은 아동의 학교에서의 행동과 수행에 어떻게 영향을 주는가			
–아동의 잘못된 행동의 목표는 아동의 학교에서의 행동과 수행에 어떻게 영향을 주는가			
–아동의 중요한 Cs 완수는 아동의 학교에서의 행동과 수행에 어떻게 영향을 주는가			
–아동의 생활양식 신념, 잘못된 신념, 사적 논리는 학교에서의 행동과 수행에 어떻게 영향을 주는가			
–아동을 대하는 교사의 태도는 아동의 학교에서의 행동과 수행에 어떻게 영향을 주는가			
–교사의 교수 전략과 기술은 학교에서의 행동과 수행에 어떻게 영향을 주는가			

−교사의 학급운영 기술은 학교에서의 행동과 수행에 어떻게 영향을 주는가			
−교사의 성격 우선순위는 학교에서의 행동과 수행에 어떻게 영향을 주는가			
−교사의 중요한 Cs 완수는 아동의 학교에서의 행동과 수행에 어떻게 영향을 주는가			
−교사의 생활양식 신념, 잘못된 신념, 사적 논리는 아동과 상호작용에서 어떻게 나타나고 아동의 학교에서의 행동과 수행에 어떠한 영향을 주는가			

• 4단계: 교사 재정향 · 재교육하기

평정 점수

1=기회가 없거나 적절하지 않음

2=기회가 있고 적절하지만 시도하지 않음

3=기회가 있고 적절하게 시도함

치료사: __________ 아동 이름: __________ 아동 연령: __________

부모 이름: __________ 부모 나이: __________

관찰사: __________ 날싸/회기#: __________

	1	2	3
• 다른 말로 바꾸어 표현하기			
• 요약하기			
• 감정 반영하기			
• 격려하기			
• 질문하기와 정보 주기			
• 아동의 생활양식 패턴과 교사의 생활양식 패턴, 그리고 이 두 패턴 사이의 상호작용에 대한 상위의사소통하기			
• 교사의 사고, 감정, 행동 패턴의 변화를 돕기 위해서 잘못된 신념, 사적 논리 혹은 자멸적인 행동들에 대해서 수프에 침 뱉기			
• 다음 중 교사가 최소 한 개 이상의 기술을 배우는 것을 돕기 위해 브레인스토밍, 토론, 은유와 스토리텔링, 예술 기법, 역할놀이 그리고(혹은) 교훈적인 가르침을 사용하기			

–격려하기			
–반영적 경청			
–아동을 위해 한계 정하기			
–문제에 대한 책임의식 정의하기			
–잘못된 행동의 목표 인식하기			
–다른 잘못된 행동의 목표에 반응하여 교수법과 학급운영 전략 조정하기			
–논리적인 결과 설정하기			
–학급에서 중요한 Cs 촉진하기			
–학교에서의 행동 및 수행과 연관된 아동의 생애과업 완수를 위한 기능을 향상시키도록 촉진하기			
–교사의 성격 우선순위와 아동의 성격 우선순위 사이의 상호작용을 최적화하기			

부록 K 아들러 놀이치료 기술 체크리스트

• 1단계: 관계 형성하기

평정 점수

1=기회가 없거나 적절하지 않음

2=기회가 있고 적절하지만 시도하지 않음

3=기회가 있고 적절하게 시도함

치료사: __________ 아동 이름: __________ 아동 연령: __________

관찰자: __________ 날짜/회기#: __________

치료사의 시각적 태도

□Yes □ No 적극적인 개입

□Yes □ No 관심을 보임

□Yes □ No 여유 있고 편안함

□Yes □ No 아동의 감정과 일치하는 톤과 감정

	1	2	3
• 아동을 만남*			
• 놀이치료 과정을 알기 쉽게 설명하기*			
• 행동 추적하기			
• 내용 재작성하기			
• 감정 반영하기			
• 격려하기			
• 질문하기			
• 상위의사소통하기			
• 설명하고 질문에 답하기			
• 책임 돌려주기			
• 아동의 은유 사용하기			

• 함께 방 청소하기			
• 제한설정하기			

* 일반적으로 상담 관계 내에서 단 한 번 발생

• 2단계: 아동의 생활양식 조사하기

평정 점수

1=기회가 없거나 적절하지 않음

2=기회가 있고 적절하지만 시도하지 않음

3=기회가 있고 적절하게 시도함

치료사: __________ 아동 이름: __________ 아동 연령: __________

관찰자: __________ 날짜/회기#: __________

치료사의 시각적 태도

☐Yes ☐ No 적극적인 개입

☐Yes ☐ No 관심을 보임

☐Yes ☐ No 여유 있고 편안함

☐Yes ☐ No 아동의 감정과 일치하는 톤과 감정

	1	2	3
• 행동 추적하기			
• 내용 재작성하기			
• 감정 반영하기			
• 격려하기			
• 질문하기			
• 상위의사소통하기			
• 설명하고 질문에 답하기			
• 책임 돌려주기			
• 아동의 은유 사용하기			
• 함께 방 청소하기			
• 제한설정하기			

• 생애과업 기능 알아보기			
• 가족 구도 알아보기			
• 잘못된 행동의 목표 알아보기			
• 중요한 Cs 알아보기			
• 성격 우선순위 알아보기			
• 생활양식 신념, 잘못된 신념, 사적 논리 살펴보기			
• 초기 기억 이끌어 내기			

• 3단계: 아동이 통찰을 얻도록 돕기

평정 점수

1=기회가 없거나 적절하지 않음

2=기회가 있고 적절하지만 시도하지 않음

3=기회가 있고 적절하게 시도함

치료사: __________ 아동 이름: __________ 아동 연령: __________

관찰자: __________ 날짜/회기#: __________

치료사의 시각적 태도

☐Yes ☐ No 적극적인 개입

☐Yes ☐ No 관심을 보임

☐Yes ☐ No 여유 있고 편안함

☐Yes ☐ No 아동의 감정과 일치하는 톤과 감정

	1	2	3
• 행동 추적하기			
• 내용 재작성하기			
• 감정 반영하기			
• 격려하기			
• 질문하기			
• 설명하고 질문에 답하기			
• 책임 돌려주기			
• 제한설정하기			

• 아동의 은유 사용하기			
• 함께 방 청소하기			
• 다음에 관한 통찰을 얻는 방법으로 상위의사소통하기			
–한 가지 사건 행동이나 상호작용			
–특정 사건, 행동 또는 상호작용에 대한 의미			
–회기 내의 패턴			
–전반적인 회기의 패턴			
–놀이방 밖의 다른 상황으로 확장되는 패턴			
–생활양식 주제, 신념, 잘못된 신념, 사적 논리			
–자산과 강점			
–생애과업 기능			
–중요한 Cs			
–잘못된 행동의 목표			
–행동의 목적			
–성격 우선순위			
–가족성 발현이 아동에게 미치는 영향			
–자멸적인 행동 패턴			
–놀이 주제			

• **4단계: 재정향 · 재교육하기**

평정 점수

1=기회가 없거나 적절하지 않음

2=기회가 있고 적절하지만 시도하지 않음

3=기회가 있고 적절하게 시도함

치료사: __________ 아동 이름: __________ 아동 연령: __________

관찰자: __________ 날짜/회기#: __________

치료사의 시각적 태도

☐Yes ☐ No 적극적인 개입

☐Yes ☐ No 관심을 보임

☐Yes ☐ No 여유 있고 편안함

□Yes □ No 아동의 감정과 일치하는 톤과 감정

	1	2	3
• 행동 추적하기			
• 내용 재작성하기			
• 감정 반영하기			
• 격려하기			
• 질문하기			
• 상위의사소통하기			
• 설명하고 질문에 답하기			
• 책임 돌려주기			
• 아동의 은유 사용하기			
• 함께 방 청소하기			
• 제한설정하기			
• 잘못된 신념, 사적 논리, 또는 자멸적 행동들에 대해 수프에 침 뱉기			
• 개별 맞춤형 치료적 은유, 상호 이야기 나누기, 창조적 인물 또는 독서치료를 사용			
• 아동이 다음의 기술 중 최소한 하나에 대한 생각을 만들도록 돕기 위해 브레인스토밍, 토의, 스토리텔링, 은유적 기법, 예술 기법, 손 인형 놀이, 교육, 모델링 및 역할놀이 사용			
–강점 활용			
–생애과업 기능 향상			
–중요한 Cs 향상 조성			
–성격 우선순위에서 건강한 기능으로 이동			
–잘못된 행동의 목표에서 더 긍정적인 목표로 이동			
–잘못된 신념과 사적 논리에 대한 상식을 긍정적 신념으로 대체			
–자멸적 행동을 줄이고, 긍정적인 행동을 배움			
–사회적 기술, 협상 기술, 의사소통 기술, 자기 주장, 행동에 대한 책임 지기 등과 같은 기술을 향상시키기			
• 아동이 다음의 기술 중 최소한 하나에 대한 생각을 만들도록 돕기 위해 브레인스토밍, 문제해결 기술, 토의, 스토리텔링, 은유적 기법, 예술 기법, 손인형 놀이, 교훈적인 가르침, 모델링 및 역할놀이 사용			

–강점 활용			
–생애과업 기능 향상			
–중요한 Cs 향상을 조성			
–성격 우선순위에서 건강한 기능으로 이동			
–잘못된 행동의 목표에서 더 긍정적인 목표로 이동			
–잘못된 신념과 사적 논리에 대한 상식을 긍정적 신념으로 대체			
–사회적 기술, 협상 기술, 의사소통 기술, 자기 주장, 행동에 대한 책임지기 등과 같은 기술을 향상시키기			
• 아동들이 최소한 다음 중 하나를 실행하는 방법을 세우기 위해 스토리텔링, 은유적 기법, 예술 기법, 손인형 놀이, 역할놀이 그리고/또는 숙제를 사용			
–강점 활용			
–생애과업 기능 향상			
–중요한 Cs 향상 조성			
–성격 우선순위에서 건강한 기능으로 이동			
–잘못된 행동의 목표에서 더 긍정적인 목표로 이동			
–잘못된 신념과 사적 논리에 대한 상식을 긍정적 신념으로 대체			
–자멸적 행동을 줄이고, 긍정적인 행동 배우기			

부록 L 아들러 놀이치료 회기 요약

회기 요약

날짜/회기#: __________ 아동 이름: __________ 아동 연령: __________

상담사: __________ 진단: __________

표출된 문제에 내재된 목적: __________

사용한 개입기법

☐ 추적 ☐ 내용 재언급 ☐ 감정 반영

☐ 책임 돌리기 ☐ 질문하기 ☐ 제한설정

☐ 상위의사소통 ☐ 은유/스토리텔링 ☐ 독서치료

☐ 수프에 침 뱉기 ☐ 역할놀이

☐ 미술 활동: ____________________

☐ 모래상자 ☐ 교훈적 교육 ☐ 모델 제시

☐ 새 기술 연습: ____________________

I. 주관적(감정 표현): 적용되는 감정에 모두 표시하고 지배적인 감정에 동그라미로 표시한다.

행복한: ☐ 안도한 ☐ 만족한 ☐ 기쁜 ☐ 즐거워하는 ☐ 흥분한 ☐ 놀란 ☐ 장난스러운

슬픈: ☐ 실망한 ☐ 희망이 없는 ☐ 비관적인 ☐ 낙담한 ☐ 외로운

화난: ☐ 조급해하는 ☐ 짜증난 ☐ 좌절한 ☐ 화난 ☐ 심술궂은 ☐ 질투하는 ☐ 격분하는

두려운: ☐ 연약한 ☐ 무력한 ☐ 불신하는 ☐ 걱정하는 ☐ 두려운 ☐ 무서워하는 ☐ 겁에 질린

변화 없는: ☐ 자제하는 ☐ 침착한 ☐ 모호한

자신감 있는: ☐ 자랑스러운 ☐ 강한 ☐ 힘이 있는 ☐ 결심이 강한 ☐ 자유로운

주저하는: ☐ 소심한 ☐ 혼란스러워하는 ☐ 긴장한 ☐ 창피해하는 ☐ 수치스러워하는

호기심 있는: ☐ 관심을 보이는 ☐ 집중하는 ☐ 열정적인

II. 객관적

A. 장난감/놀이 행동: 아이가 시작한 활동은 'CH'로, 상담사가 시작한 활동은 'TH'로 표시한다.

__________ 모래상자/물/싱크대 __________ 손인형/연극

________ 주방/요리/음식 ________ 이젤/물감/칠판/화이트보드

________ 펀치백/콩 주머니 ________ 옷 입히기/주얼리/모자/가면/지팡이

________ 공예/진흙/마커 펜/물감/가위/풀 ________ 시트/담요/천

________ 인형 집/인형 가족/병/고무 젖꼭지/아기 ________ 현금 계산대/돈/전화/카메라

________ 악기 ________ 의료용 키트/붕대

________ 게임/볼링/공/고리 던지기 ________ 조립식 장난감(팅커토이, 레고, 블록)

________ 자동차/비행기/배 ________ 동물(애완동물, 동물원 악어, 뱀, 공룡)

________ 군인/무기/수갑 ________ 모래상자/미니어처

B. 중요한 언어화: ____

C. 제한설정(주제): ____

D. 아이에게 책임을 돌려준 때: ____

E. 다음에 대해 아이가 통찰력을 갖도록 도움/변화 또는 조정/보다 건설적인 적용을 위해 노력

□ 생애과업(학교, 우정, 자기, 정신적인) 기능: ________________________

□ 가족 구도/가족 분위기 해석: ________________________

□ 성격 우선순위: ________________________

□ 중요한 Cs: ________________________

□ 잘못된 행동의 목표: ________________________

□ 강점 인정: ________________________

□ 잘못된 신념: ________________________

□ 자멸적인 행동: ________________________

□ 사적 논리: ________________________

III. 평가

A. 놀이치료의 역동: 놀이치료 중 아이의 행동에 해당하는 점수를 평가한다.

낮은 활동 수준 1 2 3 4 5 6 7 8 9 10 높은 활동 수준

약한 자기규제 1 2 3 4 5 6 7 8 9 10 강한 자기규제

낮은 열정 1 2 3 4 5 6 7 8 9 10 높은 열정

치료사 참여 거의 없음 1 2 3 4 5 6 7 8 9 10 치료사 참여 많음

파괴적인 놀이 1 2 3 4 5 6 7 8 9 10 건설적인 놀이

혼란스러운/무질서한 1 2 3 4 5 6 7 8 9 10 질서 있는/조직적인

공격적 1 2 3 4 5 6 7 8 9 10 평화적

의존적 1 2 3 4 5 6 7 8 9 10 독립적

너무 경직된 1 2 3 4 5 6 7 8 9 10 너무 느슨한

미성숙한/지나치게 성숙한 1 2 3 4 5 6 7 8 9 10 나이에 맞는

산만한, 충동적인, 들뜬 1 2 3 4 5 6 7 8 9 10 집중한, 목적 있는, 침착한

B. 놀이 주제: 해당하는 것에 모두 표시하고 주제에 맞는 놀이 행동을 서술한다. 지배적인 주제에 동그라미로 표시한다.

□ 설명적인: ____________________

□ 관계: ____________________

□ 힘/통제: ____________________

□ 부적절함/무기력감: ____________________

□ 공격성/복수: ____________________

□ 안전/안심/신뢰: ____________________

□ 숙달: ____________________

□ 양육적인: ____________________

□ 죽음/상실/비통: ____________________

□ 트라우마: ____________________

□ 퇴행: ____________________

□ 성직인: ____________________

□ 기타: ____________________

C. 계획/추천: 부모나 교사와의 상담을 포함한다.

부록 M 아들러 놀이치료 진행 양식

날짜/회기#: ________________

생애과업 기능(1=낮음, 10=높음)

학교	1	2	3	4	5	6	7	8	9	10
우정	1	2	3	4	5	6	7	8	9	10
사랑/가족	1	2	3	4	5	6	7	8	9	10
자기	1	2	3	4	5	6	7	8	9	10
정신적	1	2	3	4	5	6	7	8	9	10

중요한 Cs(1=낮음, 10=높음)

관계	1	2	3	4	5	6	7	8	9	10
유능감	1	2	3	4	5	6	7	8	9	10
가치	1	2	3	4	5	6	7	8	9	10
용기	1	2	3	4	5	6	7	8	9	10

잘못된 행동의 목표(1=낮은 빈도/강도, 10=높은 빈도/강도)

관심	1	2	3	4	5	6	7	8	9	10
힘	1	2	3	4	5	6	7	8	9	10
복수	1	2	3	4	5	6	7	8	9	10
부적절함 증명하기	1	2	3	4	5	6	7	8	9	10

성격 우선순위(1=건강한, 10=건강하지 않은)

기쁘게 하기	1	2	3	4	5	6	7	8	9	10
우월감	1	2	3	4	5	6	7	8	9	10
통제	1	2	3	4	5	6	7	8	9	10
편안함	1	2	3	4	5	6	7	8	9	10

생활양식 신념/잘못된 신념/사적 논리에서의 뚜렷한 변화: ________________

참고문헌

Adler, A. (1954). *Understanding human nature* (W. B. Wolf, Trans.). New York, NY: Fawcett Premier. (Original work published 1927)

Adler, A. (1958). *What life should mean to you.* New York, NY: Capricorn. (Original work published 1931)

Adler, A. (1963). *The problem child.* New York, NY: Putnam Capricorn. (Original work published 1930)

Adler, A. (2011). *Social interest: A challenge to mankind.* Mansfield Center, CT: Martino. (Original work published 1938)

Albert, L. (2002). *A teacher's guide to cooperative discipline: How to manage your classroom and promote self-esteem.* Circle Pines, MN: American Guidance Service.

Alizadeh, H. (2012). Individual Psychology and Islam: An exploration of social interest. *The Journal of Individual Psychology, 68,* 216-224.

Ames, L., & Haber, C. (1985). *Your 7-year-old: Life in a minor key.* New York, NY: Delta.

Ames, L., & Ilg, F. (1979). *Your 5-year-old: Sunny and serene.* New York, NY: Delta.

Andreae, G. (1999). *Giraffes can't dance.* New York, NY: Scholastic.

Ansbacher, H., & Ansbacher, R. (Eds.). (1956). *The Individual Psychology of Alfred Adler: A systematic presentation in selections from his writings.* San Francisco, CA: Harper & Row.

Ashby, J., & Kottman, T. (1998, October). *Play therapy applications of Adlerian personality priorities.* Paper presented at the 15th Annual International Play Therapy Conference, Phoenix, AZ.

Ashby, J., Kottman, T., & DeGraaf, D. (2008). *Active interventions for kids and teens: Adding adventure and fun to counseling!* Alexandria, VA: American Counseling Association.

Association for Play Therapy. (2014). *Why play therapy?* Retrieved from http://www.a4pt.org/?page=WhyPlayTherapy

Bang, M. (1999). *When Sophie gets angry-Really, really angry.* New York, NY: Blue Sky.

Barr, C. (2013). *Best books for children, supplement to the 9th edition: Preschool through Grade*

6. Santa Barbara, CA: Libraries Unlimited.

Barr, C., & Gillespie, J. (2010). *Best books for children: Preschool through Grade 6* (9th ed.). Santa Barbara, CA: Libraries Unlimited.

Bartlett, K. (2012). *Encouraging words for kids: What to say to bring out a child's confidence*. Retrieved from http://www.amazon.com/Encouraging-Words-Kids-Kelly-Bartlett-ebook/dp/B009OH52G2/ref=pd_sim_kstore_9?ie=UTF8&refRID=149B1QZRKPY3HSKQ75KB

Beames, T. B. (1992). *A student's glossary of Adlerian terminology* (2nd ed.). Chicago, IL: Adler School of Professional Psychology.

Bettner, B. L., & Lew, A. (1990). *Raising kids who can: Using family meetings to nurture responsible, cooperative, caring, and happy children*. Newton Centre, MA: Connexions Press.

Bettner, B. L., & Lew, A. (1998). *Raising Kids who can: Leader's guide*. Newton Centre, MA: Connexions Press.

Bitter, J. (2012). On the essence and origin of character. In J. Carlson & M. Maniacci (Eds.), *Alfred Adler revisited* (pp. 89-95). New York, NY: Taylor & Francis.

Bitter, J. (2014). *Theory and practice of family therapy and counseling* (2nd ed.). Belmont, CA: Brooks/Cole.

Bixler, R. (1949). Limits are therapy. *Journal of Consulting Psychology, 13,* 1-11.

Bordon, B. (1982). Early recollections as a diagnostic technique with primary age children. *Individual Psychology, 38,* 207-212.

Boritzer, E. (1990). *What is God?* Buffalo, NY: Firefly.

Boritzer, E. (2000). *What is death?* Los Angeles, CA: Veronica Lane.

Bottner, B., & Kruglik, G. (2004). *Wallace's lists*. New York, NY: Katherine Tegan.

Bowers, N. R. (2013). *Play therapy with families: A collaborative approach to healing*. Lanham, MD: Jason Aronson.

Brack, G., Hill, M., & Brack, C. (2012). Individual Psychology in South Africa. *The Journal of Individual Psychology, 68,* 294-307.

Bratton, S., Landreth, G., Kellum, T., & Blackard, S. (2006). *CPRT package: Child Parent Relationship Therapy (CPRT) treatment manual: A 10-session filial therapy model for training parents*. New York, NY: Routledge.

Bratton, S., & Ray, D. (2000). What the research shows about play therapy. *International Journal of Play Therapy, 9,* 47-88.

Bratton, S. C., Ray, D., Rhine, T., & Jones, L. (2005). The efficacy of play therapy with children: A meta-analytic review of treatment outcomes. *Professional Psychology: Research and*

Practice, 36, 376-390. doi:10.1037/0735-7028.36.4.376

Briggs, N., & Shea, D. (2011). *How to make & keep friends: Tips for kids to overcome 50 common social challenges.* Seattle, WA: CreateSpace.

Brooks, R. (1981). Creative characters: A technique in child therapy. *Psychotherapy, 18,* 131-139.

Brown, S., & Vaughn, C. (2009). *Play: How it shapes the brain, opens the imagination, and invigorates the soul.* New York, NY: Penguin Books.

Bruel, N. (2015). *Bad kitty.* New York, NY: Roaring Brook Press.

Buchalter, S. (2009). *Art therapy techniques and applications.* Philadelphia, PA: Jessica Kingsley.

Buck, J. (1992). *House-Tree-Person projective drawing technique: Manual and interpretive guide* (Revised by W. L. Warren). Los Angeles, CA: Western Psychological Services.

Burke, K. (2008). *What to do with the kid who …? Developing cooperation, self-discipline, and responsibility in the classroom* (3rd ed.). Thousand Oaks, CA: Sage.

Burns, G. (2005). *101 healing stories for kids and teens: Using metaphors in therapy.* Hoboken, NJ: Wiley.

Burns, R. (1990). *A guide to family-centered circle drawings.* New York, NY: Brunner/Mazel.

Cain, J. (2000). *The way I feel.* Seattle, WA: Parenting Press.

Carey, L. (Ed.). (2006). Introduction. In L. Carey (Ed.), *Expressive and creative arts methods for trauma survivors* (pp. 15-19). Philadelphia, PA: Jessica Kingsley.

Carlson, J., & Slavik, S. (Eds.). (1997). *Techniques in Adlerian psychology.* Washington, DC: Accelerated Development.

Carmichael, K. D. (2006). Legal and ethical issues in play therapy. *International Journal of Play Therapy, 15,* 83-99.

Cave, K. (2003). *You've got dragons.* Atlanta, GA: Peachtree.

Chang, C. Y., Ritter, K. B., & Hays, D. G. (2005). Multicultural trends and toys in play therapy. *International Journal of Play Therapy, 14,* 69-85.

Chapman, G., & Campbell, R. (2012). *The 5 love languages of children.* Chicago, IL: Northfield.

Choi, Y. (2003). *The name jar.* Logan, IA: Perfection Learning.

Cocca-Leffler, M. (2002). *Bravery soup.* Morton Grove, IL: Albert Whitman.

Cook, J. (2009). *My mouth is a volcano!—Activity and idea book.* Chattanooga, TN: National Center for Youth Issues.

Cook, J. (2011). *I just don't like the sound of no!* Boys Town, NE: Boys Town Press.

Cook, J. (2012). *Wilma Jean, the worry machine.* Chattanooga, TN: National Center for Youth Issues.

Cook, J. (2014). *Hygiene . . . you stink.* Boys Town, NE: Boys Town Press.

Cooper, S. (2005). *Speak up and get along! Learn the mighty might, thought chop, and more tools to make friends, stop teasing, and feel good about yourself.* Minneapolis, MN: Free Spirit.

Crenshaw, D., & Barker, G. (2008). Sports metaphors and stories in counseling with children. In L. Rubin (Ed.), *Popular culture in counseling, psychotherapy, and play-based interventions* (pp. 297-314). New York, NY: Springer.

Crenshaw, D., Brooks, R., & Goldstein, S. (Eds.). (2015). *Play therapy interventions to enhance resiliency.* New York, NY: Guilford Press.

Crenshaw, D., & Stewart, A. (Eds.). (2015). *Play therapy: A comprehensive guide to theory and practice.* New York, NY: Guilford Press.

Crimi, C. (1999). *Don't need friends.* New York, NY: Random House.

Curtis, J. L. (1998). *Today I feel silly and other moods that make my day.* New York, NY: Harper.

Dean, J., & Dean, K. (2013). *Pete the cat and his magic sunglasses.* New York, NY: HarperCollins.

Dewdney, A. (2005). *Llama llama red pajama.* New York, NY: Penguin.

Dewdney, A. (2007). *Llama llama mad at mama.* New York, NY: Penguin.

Dewdney, A. (2012). *Llama llama time to share.* New York, NY: Penguin.

Dewey, E. (1971). Family atmosphere. In A. Nikelly (Ed.), *Techniques for behavior change* (pp. 41-47). Springfiled, IL: Charles C Thomas.

Dewey, E. (1978). *Basic applications of Adlerian psychology for self-understanding and human relationships.* Coral Spring, FL: CMI Press.

Diamond, S. (2011). *Social rules for kids: The top 100 social rules kids need to succeed.* Shawnee Mission, KS: AAPC.

Diesen, D. (2008). *The pout-pout fish.* New York, NY: Farrar, Straus, & Giroux.

Diesen, D. (2010). *The pout-pout fish in the big-big dark.* New York, NY: Farrar, Straus, & Giroux.

Diesen, D. (2014). *The pout-pout fish goes to school.* New York, NY: Farrar, Straus, & Giroux.

Dillman Taylor, D. (2013). *Confirming the constructs of the Adlerian Personality Priority Assessment (APPA)* (Unpublished doctoral dissertation). University of North Texas, Denton, TX.

Dillman Taylor, D., & Meany-Walen, K. K. (2015). *Investigating the effectiveness of Adlerian play therapy with children with disruptive behaviors: A single-case research design.*

Manuscript submitted for publication.

Dinkmeyer, D., & Dinkmeyer, D. (1977). Concise counseling assessment: The children's life-style guide. *Elementary School Guidance and Counseling, 12,* 117-124.

Dinkmeyer, D., & Dinkmeyer, D. (1983). Adlerian approaches. In H. T. Prout & D. Brown (Eds.), *Counseling and psychotherapy with children and adolescents: Theory and practice for school and clinic settings* (pp. 289-327). Tampa, FL: Mariner.

Dinkmeyer, D., McKay, G., & Dinkmeyer, D. (2007). *The parent's handbook: Systematic Training for Effective Parenting (STEP)* (Rev. ed.). Circle Pines, MN: American Guidance Service.

Dowd, T., & Tierney, J. (2005). *Teaching social skills to youth* (2nd ed.). Boys Town, NE: Boys Town Press.

Draper, K., White, J., O'Shaughnessy, T., Flynt, M., & Jones, N. (2001). Kinder Training: Play-based consultation to improve the school adjustment of discouraged kindergarten and first grade students. *International Journal of Play Therapy, 10,* 1-30.

Dreikurs, R. (1948). *The challenge of parenthood.* New York, NY: Duell, Sloan & Pearce.

Dreikurs, R. (1967). *Psychodynamics, psychotherapy, and counseling.* Chicago, IL: Alfred Adler Institute.

Dreikurs, R., & Soltz, V. (1964). *Children: The challenge.* New York, NY: Hawthorn/Dutton.

Drewes, A., & Schaefer, C. (Eds.). (2010). *School-based play therapy.* Hoboken, NJ: Wiley.

Duba, J. (2012). The structure of neurosis. In J. Carlson & M. Maniacci (Eds.), *Alfred Adler revisited* (pp. 213-217). New York, NY: Taylor & Francis.

Duba Sauerheber, J., & Bitter, J. R. (2013). An Adlerian approach in premarital counseling with religious couples. *The Journal of Individual Psychology, 69,* 305-327.

Duffy, M., & Chenail, R. (2012). Qualitative assessment. In L. Sperry (Ed.), *Family assessment: Contemporary and cutting-edge strategies* (2nd ed., pp. 17-52). New York, NY: Routledge.

Eckstein, D., & Kern, R. (2009). *Psychological fingerprints* (6th ed.). Dubuque, IA: Kendall/Hunt.

Edwards, N., Varjas, K., White, J., & Stokes, S. (2009). Teachers' perceptions of Kinder Training: Acceptability, integrity, and effectiveness. *International Journal of Play Therapy, 18,* 129-146.

Edwards, P. (2003). *The worrywarts.* New York, NY: Harper Children.

Egan, T. (2007). *The pink refrigerator.* New York, NY: Houghton Mifflin.

Enfiled, G., & Grosser, M. (2008). Picking up the coins: The use of video games in the treatment of adolescent social problems. In L. Rubin (Ed.), *Popular culture in counseling, psychotherapy, and play-based interventions* (pp. 181-196). New York, NY: Springer.

Esbaum, J. (2014). *I am cow, hear me moo!* New York, NY: Dial.

Faber, A., & Mazlish, E. (2012). *How to talk so kids will listen and listen so kids will talk* (30th anniversary ed.). New York, NY: Simon & Schuster.

Fallon, M. K. (2004). Adlerian therapeutic techniques for professional school counselors. In B. Erford (Ed.), *Professional school counseling: A handbook of theories, programs, and practices* (pp. 113-122). Austin, TX: PRO-ED.

Ferry, T. (2015). *Stick and stone.* New York, NY: Houghton Mifflin.

Fox, M. (2001). *Whoever you are.* Orlando, FL: Harcourt.

Frey, D. (2006). Video play therapy. In L. Carey (Ed.), *Expressive and creative arts methods for trauma survivors* (pp. 193-206). Philadelphia, PA: Jessica Kingsley.

Frey, D. (2015). Play therapy interventions with adults. In D. Crenshaw & A. Stewart (Eds.), *Play therapy: A comprehensive guide to theory and practice* (pp. 452-464). New York, NY: Guilford Press.

Gallo-Lopez, L., & Schaefer, C. (2005). *Play therapy with adolescents.* Lanham, MD: Jason Aronson.

Gardner, B. (2015). Play therapy with adolescents. In D. Crenshaw & A. Stewart (Eds.), *Play therapy: A comprehensive guide to theory and practice* (pp. 439-451). New York, NY: Guilford Press.

Gardner, R. (1993). *Storytelling in psychotherapy with children.* Northvale, NJ: Jason Aronson.

Gardner, R. (2004). *Psychotherapeutic use of the Talking, Feeling & Doing Game and other projective techniques.* Wilkes-Barre, PA: Child's Work/Child's Play.

Garrett, M. (2014). Beyond play therapy: Using the sand tray as an expressive arts intervention in counselling adult clients. *Asia Pacific Journal of Counseling & Psychotherapy, 5,* 99-105.

Gassman, J. (2013). *You get what you get.* Mankato, MN: Picture Window Books.

Geras, A. (2002). *Blossom's revenge.* New York, NY: Yearling.

Gil, E. (2006). *Helping abused and traumatized children: Integrating directive and nondirective approaches.* New York, NY: Guilford Press.

Gil, E. (Ed.). (2010). *Working with children to heal interpersonal trauma.* New York, NY: Guilford Press.

Gil, E. (2014). The creative use of metaphor in play and art therapy with attachment problems. In C. Malchiodi & D. Crenshaw (Eds.), *Creative arts and play therapy for attachment problems* (pp. 159-177). New York, NY: Guilford Press.

Gil, E., & Drewes, A. (2005). *Cultural issues in play therapy.* New York, NY: Guilford Press.

Gil, E., & Selekman, M. (2015). *Family play therapy* (2nd ed.). New York, NY: Guilford Press.

Goldblatt, R. (2004). *The boy who didn't want to be sad.* Washington, DC: Magination Press.

Gordon, T. (2000). *Parent effectiveness training* (30th anniversary ed.). New York, NY: Three Rivers.

Gray, C., & Atwood, T. (2010). *The new social story book* (Rev. ed.). Arlington, TX: Future Horizons.

Green, A. (2012). *The monster in the bubble.* Jersey City, NJ: Monsters in My Head.

Green, E., Drewes, A., & Kominski, J. (2013). Use of mandalas in Jungian play therapy with adolescents diagnosed with ADHD. *International Journal of Play Therapy, 22,* 159-172.

Greive, B. (2006). *A teaspoon of courage: The little book of encouragement.* Kansas City, MO: Andrews McMeel.

Griffith, J., & Powers, R. L. (2007). *The lexicon of Adlerian psychology* (2nd ed.). Port Townsend, WA: Adlerian Psychology Associates.

Guerney, L. (2013). *Group filial therapy: The complete guide to teaching parents to play therapeutically with their children.* Philadelphia, PA: Jessica Kingsley.

Hadley, S., & Steele, N. (2014). Music therapy. In E. Green & A. Drewes (Eds.), *Integrating expressive arts and play therapy* (pp. 149-180). Hoboken, NJ: Wiley.

Hanh, T. N. (2012). *A handful of quiet: Happiness in four pebbles.* Berkeley, CA: Plum Blossom.

Hanh, T. N. (2014). *Is nothing something? Kids' questions and Zen answers about life, death, family, friendship, and everything in between.* Berkeley, CA: Plum Blossom.

Hall, M. (2015). *Red: A crayon's story.* New York, NY: Greenwillow.

Hansen, R., & Medius, R. (2009). *Buddha's brain: The practical neuroscience of happiness, love and wisdom.* Oakland, CA: New Harbinger.

Harris, R. (2008). *The day Leo said I hate you!* Boston, MA: Little, Brown.

Henderson, D., & Thompson, C. L. (2011). *Counseling children* (8th ed.). Pacific Grove, CA: Brooks/Cole.

Henkes, K. (1991). *Chrysanthemum.* New York, NY: Greenwillow.

Henkes, K. (1996). *Lilly's purple plastic purse.* New York, NY: Greenwillow.

Henkes, K. (1997). *Chester's way.* New York, NY: Greenwillow.

Henkes, K. (2000). *Wemberly worried.* New York, NY: Greenwillow.

Herring, R., & Runion, K. (1994). Counseling ethnic children and youth from an Adlerian perspective. *Journal of Multicultural Counseling and Development, 22,* 215-226.

Hess, B., Post, P., & Flowers, C. (2005). A follow-up study of Kinder Training for preschool teachers of children deemed at-risk. *International Journal of Play Therapy, 14,* 103-115.

Higgins-Klein, D. (2013). *Mindfulness-based play-family therapy: Theory and practice.* New York, NY: Norton.

Hinman, C. (2003). Multicultural considerations in the delivery of play therapy services. *International Journal of Play Therapy, 12,* 107-122.

Homeyer, L., & Sweeney, D. (2011). *Sand tray therapy: A practical manual* (2nd ed.). New York, NY: Routledge.

Hutchins, H. J. (1996). *Katie's babbling brother.* Toronto, Ontario, Canada: Annick Press.

Jeffers, O. (2004). *How to catch a star.* New York, NY: Philomel.

Joiner, L. (2012). *The big book of therapeutic activities for children and teens.* Philadelphia, PA: Jessica Kingsley.

Jones-Smith, E. (2015). *Theories of counseling and psychotherapy: An integrative approach* (2nd ed.). Thousand Oaks, CA: Sage.

Karges-Bone, L. (2015). *Bibliotherapy.* Dayton, OH: Lorenz Educational Press.

Katz, K. (2002). *The colors of us.* New York, NY: Henry Holt.

Kaufman, D., Chalmers, R., & Rosenberg, W. (2014). Poetry therapy. In E. Green & A. Drewes (Eds.), *Integrating expressive arts and play therapy with children and adolescents* (pp. 205-230). New York, NY: Wiley.

Kfir, N. (1981). Impasse/priority therapy. In R. Corsini (Ed.), *Handbook of innovative psychotherapies* (pp. 400-415). New York, NY: Wiley.

Kfir, N. (1989). *Crisis intervention verbatim.* New York, NY: Hemisphere.

Kfir, N. (2011). *Personality and priorities: A typology.* Bloomington, IN: Author House.

Kim, Y., & Nahm, S. (2008). Cultural considerations in adapting and implementing play therapy. *International Journal of Play Therapy, 17,* 66-77.

Kissel, S. (1990). *Play therapy: A strategic approach.* Springfield, IL: Charles C Thomas.

Klassen, J. (2012). *This is not my hat.* Somerville, MA: Candlewick.

Knoff, H., & Prout, H. (1985). *Kinetic drawing system for family and school: A handbook.* Los Angeles, CA: Western Psychological Services.

Kottman, T. (1999). Using the Crucial Cs in Adlerian play therapy. *Individual Psychology, 55,* 289-297.

Kottman, T. (2003). Mutual storytelling: Adlerian style. In H. Kaduson & C. Schaefer (Eds.), *101 favorite play therapy techniques* (Vol. 3, pp. 203-208). Northvale, NJ: Jason Aronson.

Kottman, T. (2009). *Treatment manual for Adlerian play therapy.* Unpublished manuscript.

Kottman, T. (2011). *Play therapy: Basics and beyond* (2nd ed.). Alexandria, VA: American Counseling Association.

Kottman, T. (with Dougherty, M.). (2013). Adlerian case consultation with a teacher. In A. M. Dougherty (Ed.), *Psychological consultation and collaboration in school and community settings: A casebook* (6th ed., pp. 61-78). Belmont, CA: Brooks/Cole.

Kottman, T., & Ashby, J. (1999). Using Adlerian personality priorities to custom-design consultation with parents of play therapy clients. *International Journal of Play Therapy, 8,* 77-92.

Kottman, T., & Ashby, J. (2002). Metaphoric stories. In C. Schaefer & D. Cangelosi (Eds.), *Play therapy techniques* (2nd ed., pp. 133-142). Northvale, NJ: Jason Aronson.

Kottman, T., & Ashby, J. (2015). Adlerian play therapy. In D. Crenshaw & A. Stewart (Eds.), *Play therapy: A comprehensive guide to theory and practice* (pp. 32-47). New York, NY: Guilford Press.

Kottman, T., Ashby, J., & DeGraaf, D. (2001). *Adventures in guidance: Integrating fun into your guidance program.* Alexandria, VA: American Counseling Association.

Kottman, T., Bryant, J., Alexander, J., & Kroger, S. (2009). Partners in the schools: Adlerian school counseling. In A. Vernon & T. Kottman (Eds.), *Counseling theories: Practical applications with children and adolescents in school settings* (pp. 47-83). Denver, CO: Love.

Kottman, T., & Heston, M. (2012). The child's inner life and a sense of community. In J. Carlson & M. Maniacci (Eds.), *Alfred Adler revisited* (pp. 113-121). New York, NY: Taylor & Francis.

Kottman, T., & Meany-Walen, K. (in press). Adlerian family play therapy. In E. Green, J. Baggerly, & A. Myrick (Eds.), *Integrative family play therapy.* Lanham, MD: Rowman & Littlefield.

Kowalski, B. (2009). *Alexis and Ralph the dragon.* Frederick, MN: American Star Books.

Kronemyer, D. (2009, October 3). Alfred Adler's concept of "social interest." In D. Kronemyer (Ed.), *Phenomenological psychology.* Retrieved from http://phenomenologicalpsychology.com/2009/10/alfred-adlers-concept-of-social-interest/

Landreth, G. (2009, September). *Healing the hurt child: The necessary dimensions of child-centered play therapy.* Paper presented at the meeting of the Iowa Association for Play Therapy, Coralville, IA.

Landreth, G. L. (2012). *Play therapy: The art of the relationship* (3rd ed.). New York, NY: Brunner-Routledge.

Langs, S., & Lang, M. (2015). *Families, families, families.* New York, NY: Random House.

Langenfeld, S., & Main, F. (1983). Personality priorities: A factor analytic study. *Individual*

Psychology, 39, 40-51.

La Voy, S. K., Brand, M. J. L., & McFadden, C. R. (2013). An important lesson from our past with significance for our future: Alfred Adler's Gemeinschaftsgefuhl. *The Journal of Individual Psychology, 69,* 280-293.

LeBlanc, M., & Ritchie, M. (2001). A meta-analysis of play therapy outcomes. *International Journal of Play Therapy, 14,* 149-163.

LeFeber, M. (2014). Working with children using dance/movement therapy. In E. Green & A. Drewes (Eds.), *Integrating expressive arts and play therapy* (pp. 125-148). Hoboken, NJ: Wiley.

Leman, K. (2009). *The birth order book* (Rev. ed.). Grand Rapids, MI: Revell.

L'Engle, M. (2001). *The other dog.* San Francisco, CA: Chronicle Books.

Lester, H. (1987). *Score one for the sloths.* New York, NY: Houghton Mifflin.

Lester, H. (2001). *Princess Penelope's parrot.* New York, NY: Houghton Mifflin.

Lester, H. (2012). *All for me and none for all.* New York, NY: Houghton Miflin.

Lester, J. (2006). *Let's talk about race.* New York, NY: Amistad.

Levine, P., & Kline, M. (2007). *Trauma through a child's eyes: Awakening the ordinary miracle of healing.* Berkeley, CA: North Atlantic Books.

Lew, A. (1999). Parenting education. In R. Watts & J. Carlson (Eds.), *Interventions and strategies in counseling and psychotherapy* (pp. 181-191). Philadelphia, PA: Taylor & Francis.

Lew, A., & Bettner, B. L. (1998). *Responsibility in the classroom: A teacher's guide to understanding and motivating students.* Newton Centre, MA: Connexions Press.

Lew, A., & Bettner, B. L. (2000). *A parent's guide to understanding and motivating children.* Newton Centre, MA: Connexions Press.

Lin, Y., & Bratton, S. (2015). A meta-analytic review of child-centered play therapy approaches. *Journal of Counseling & Development, 93,* 45-58. doi:10.1002/j.1556-6676.2015.00180.x

Lionni, L. (1997). *A color of his own.* New York, NY: Knopf.

Lombardi, R. (2014). Art therapy. In E. Green & A. Drewes (Eds.), *Integrating expressive arts and play therapy* (pp. 41-66). Hoboken, NJ: Wiley.

Lord, B. (1982). On the clinical use of children's early recollections. *Individual Psychology, 38,* 198-206.

Lucado, M. (1997). *You are special.* Wheaton, IL: Crossways Books.

Ludwig, T. (2011). *Better than you.* New York, NY: Knopf.

Ludwig, T. (2013). *The invisible boy.* New York, NY: Knopf.

Malchiodi, C. (Ed.). (2014). *Creative interventions with traumatized children* (2nd ed.). New

York, NY: Guilford Press.

Malchiodi, C., & Ginns-Gruenberg, D. (2008). Trauma, loss, and bibliotherapy: The healing power of stories. In C. Malchiodi (Ed.), *Creative interventions with traumatized children* (pp. 167-188). New York, NY: Guilford Press.

Maniacci, M., Sackett-Maniacci, L., & Mosak, H. (2014). Adlerian psychotherapy. In D. Wedding & R. J. Corsini (Eds.), *Current psychotherapies* (10th ed., pp. 55-94). Belmont, CA: Thomson Brooks/Cole.

Manly, L. (1986). Goals of Misbehavior Inventory. *Elementary School Guidance and Counseling, 21,* 160-161.

Manning, J. (2012). *Millie fierce.* New York, NY: Philomel.

Mayer, M. (2000). *I was so mad.* New York, NY: Random House.

McBrien, R. (2012). The problem of distance. In J. Carlson & M. Maniacci (Eds.), *Alfred Adler revisited* (pp. 139-147). New York, NY: Taylor & Francis.

McCloud, C. (2006). *Have you filled a bucket today?* Northville, MI: Nelson.

McCready, A. (2012). *If I have to tell you one more time …: The revolutionary program that gets your kids to listen without nagging, reminding, or yelling.* New York, NY: Penguin.

McDonnell, P. (2014). *A perfectly messed-up story.* New York, NY: Little, Brown.

McGinnis, E. (2011). *Skillstreaming the elementary school child: A guide for teaching prosocial skills* (3rd ed.). Champaign, IL: Research Press.

McKay, G. (2005). *Parent group handbook for calming the family storm.* Attascadero, CA: Impact.

Mckay, G. (2012). Position in family constellation influences lifestyle. In J. Carlson & M. Maniacci (Eds.), *Alfred Adler revisited* (pp. 71-88). New York, NY: Taylor & Francis.

Meany-Walen, K., Bratton, S., & Kottman, T. (2014). Effects of Adlerian play therapy on reducing students' disruptive behavior. *Journal of Counseling & Development, 92,* 47-56. doi:10.1002/j.1556-6676.2014.00129.x

Meany-Walen, K. K., Bullis, Q., Kottman, T., & Dillman Taylor, D. (2015). Group Adlerian play therapy with children with off-task behavior. *Journal for Specialists in Group Work, 40,* 418-314. doi:10.1080/01933922.2015.1056569

Meany-Walen, K. K., Kottman, T., Bullis, Q., & Dillman Taylor, D. (2015). Adlerian play therapy with children with externalizing behaviors: Single case design. *Journal of Counseling & Development, 93,* 294-428. doi:10.1002/jcad.12040

Milgrom, C. (2005). An introduction to play therapy with adolescents. In L. Gallo-Lopez & C. Schaefer (Eds.), *Play therapy with adolescents* (pp. 3-17). Lanham, MD: Jason Aronson.

Miller, K. (2001). *Ages and stages: Developmental descriptions and activities, birth through eight years* (Rev. ed.). West Palm Beach, FL: TelShare.

Mills, J. C. (2003). *Gentle willow: A story for children about dying.* Washington, DC: American Psychological Association.

Mills, J., & Crowley, R. (2014). *Therapeutic metaphors for children and the child within* (2nd ed.). New York, NY: Routledge.

Monk, I. (1999). *Hope.* Minneapolis, MN: Carolrhoda Books.

Moore, J. (2011). *When a dragon moves in.* Chicago, IL: Flashlight Press.

Mosak, H. (1971). Life-style. In A. Nikelly (Ed.), *Techniques for behavior change: Applications of Adlerian theory* (pp. 77-81). Springfield, IL: Charles C Thomas.

Mosak, H. (1977). *On purpose.* Chicago, IL: Alfred Adler Institute.

Mulcahy, W. (2012). *Zach gets frustrated.* Minneapolis, MN: Free Spirit.

Nagaraja, D. (2008). *Buddha at bedtime.* London, England: Duncan Baird.

Nash, J. B., & Schaefer, C. (2011). Play therapy: Basic concepts and practices. In C. Schaefer (Ed.), *Foundations of play therapy* (2nd ed., pp. 3-13). Hoboken, NJ: Wiley.

Nelson, J. (2011). *Positive discipline* (Rev. ed.). New York, NY: Ballantine.

Nelson, J., & Erwin, C. (2000). *Parents who love too much: How good parents can learn to love more wisely and develop children of character.* New York, NY: Three Rivers.

Nelson, J., Lott, L., & Glenn, S. (2007). *Positive discipline A-Z: 1001 solutions to everyday parenting problems* (3rd ed.). New York, NY: Harmony Books.

Nelson, J., Lott, L., & Glenn, S. (2013). *Positive discipline in the classroom: Developing mutual respect, cooperation, and responsibility in your classroom* (4th ed.). New York, NY: Three Rivers Press.

Nemiroff, M., & Annunziata, J. (1990). *A child's first book about play therapy.* Washington, DC: American Psychological Association.

Nicoll, W. G., Pelonis, P., & Sperry, L. (2012). Individual Psychology in Greece. *The Journal of Individual Psychology, 68,* 249-259.

Niel, B., & Landreth, G. (2001). Have toys-will travel: A traveling play therapist in the school setting. In G. Landreth (Ed.), *Innovations in play therapy: Issues, process, and special populations* (pp. 349-360). Philadelphia, PA: Taylor & Francis.

Noll, A. (2009). *I need my monster.* Brooklyn, NY: Flashlight.

Nurse, A. R., & Sperry, L. (2012). Standardized assessment. In L. Sperry (Ed.), *Family assessment: Contemporary and cutting-edge strategies* (2nd ed., pp. 53-82). New York, NY: Routledge.

Nystul, M. (1980). Nystulian play therapy: Applications of Adlerian psychology. *Elementary School Guidance and Counseling, 15,* 22-29.

Oaklander, V. (1992). *Windows to our children: A Gestalt approach to children and adolescents.* New York, NY: The Gestalt Journal Press. (Original work published 1978)

Oberst, U., & Stewart, A. (2003). *Adlerian psychotherapy: An advanced approach to Individual Psychology.* New York, NY: Brunner-Routledge.

O'Connor, K. (2000). *The play therapy primer* (2nd ed.). New York, NY: Wiley.

O'Connor, K. (2005). Addressing diversity issues in play therapy. *Professional Psychology: Research and Practice, 36,* 566-573. doi:10.1037/0735-7028.36.5.566

O'Connor, K., & New, D. (2002). The Color-Your-Life technique. In C. Schaefer & D. Cangeiosi (Eds.), *Play therapy techniques* (2nd ed., pp. 245-256). Northvale, NJ: jason Aronson.

Offill, J. (2014). *Sparky!* New York, NY: Schwartz & Wade.

Ojiambo, D., & Bratton, S. C. (2014). Effects of group activity play therapy on problem behaviors of preadolescent Ugandan orphans. *Journal of Counseling & Development, 92,* 355-365. doi:10.1002/j.1556-6676.2014.00163.x

O'Neill, A., & Huliska-Beith, L. (2002). *Recess queen.* New York, NY: Scholastic.

Oryan, S. (2014). The family council: Different styles of family deliberation in two cultures. *The Journal of Individual Psychology, 70,* 128-147.

Oster, G., & Crone, P. (2004). *Using drawings in assessment and therapy: A guide for mental health professionals* (2nd ed.). New York, NY: Brunner-Routledge.

Otoshi, K. (2008). *One.* Mill Valley, CA: KO Kids Books.

Otoshi, K. (2010). *Zero.* Mill Valley, CA: KO Kids Books.

Otoshi, K. (2014). *Two.* Mill Valley, CA: KO Kids Books.

Overholser, J. C. (2010). Psychotherapy that strives to encourage social interest: A simulated interview with Alfred Adler. *Journal of Psychotherapy Integration, 20,* 347-363. doi:10.1037/a0022033

Palmer, P. (2009). *The mouse, the monster and me: Assertiveness for young people* (Rev. ed.). Oakland, CA: Uplift Press.

Parr, T. (2000). *The feelings book.* New York, NY: Little, Brown.

Parr, T. (2003). *The family book.* New York, NY: Little, Brown.

Pepper, F. (1980). Why children misbehave. *Individual Psychologist, 17,* 19-37.

Perrow, S. (2008). *Healing stories for challenging behavior.* Stroud, Gloucestershire, England: Hawthorn Press.

Pett, M. (2011). *The girl who never made a mistake.* Naperville, IL: Sourcebooks Jabberwocky.

Petty, D. (2015). *I don't want to be a frog.* New York, NY: Random House.

Petty, K. (2009). *Developmental milestones of young children.* St. Paul, MN: Redleaf Press.

Pew, W. (1976). The number one priority. In *Monograph of the International Association of Individual Psychology* (pp. 1-24). Munich, Germany: International Association of Individual Psychology.

Piper, W. (2005). *The little engine that could.* New York, NY: Philomel.

Popkin, M. (2014). *Active parenting: A parent's guide to raising happy and successful children* (4th ed.). Atlanta, GA: Active Parenting.

Post, P., & Tillman, K. (2015). Cultural issues in play therapy. In D. Crenshaw & A. Stewart (Eds.), *Play therapy: A comprehensive guide to theory and practice* (pp. 496-510). New York, NY: Guilford Press.

Rathmann, M. (2006). *Ruby, the copycat.* New York, NY: Scholastic.

Ray, D. (2006). Evidence-based play therapy. In C. Schaefer & H. G. Kaduson (Eds.), *Contemporary play therapy: Theory, research, and practice* (pp. 136-157). New York, NY: Guilford Press.

Ray, D. (2011). *Advanced play therapy: Essential conditions, knowledge, and skills for child practice.* New York, NY: Routledge.

Ray, D. (2015). Research in play therapy: Empirical support for practice. In D. Crenshaw & A. Stewart (Eds.), *Play therapy: A comprehensive guide to theory and practice* (pp. 467-482). New York, NY: Guilford Press.

Ray, D. C., Lee, K. R., Meany-Walen, K. K., Carlson, S. E., Carnes-Holt, K. L., & Ware, J. N. (2013). Use of toys in child-centered play therapy. *International Journal of Play Therapy, 22,* 43-57. doi:10.1037/a0031430

Ray, D., Perkins, S., & Oden, K. (2004). Rosebush fantasy technique with elementary school students. *Professional School Counseling, 7,* 277-282.

Recob, A. (2008). *Bibliotherapy: When kids need books.* Bloomington, IN: iUniverse.

Reynolds, P. (2004). *Ish.* somerville, MA: Candlewick.

Reynolds, P. (2012). *Sky color.* somerville, MA: Candlewick.

Richmond, M. (2010). *If I could keep you little.* Naperville, IL: Sourcebooks Jabberwocky.

Richmond, M. (2011). *I believe in you.* Naperville, IL: Sourcebooks Jabberwocky.

Riviere, S. (2008). The therapeutic use of popular electronic media with today's teenagers. In L. Rubin (Ed.), *Popular culture in counseling, psychotherapy, and play-based interventions* (pp. 343-364). New York, NY: Springer.

Rotner, S. (2010). *Shades of people.* New York, NY: Holiday House.

Rousaki, M. (2003). *Unique Monique.* San Diego, CA: Kane/Miller.

Rubin, J. (2011). *Introduction to art therapy: Sources and resources.* New York, NY: Routledge.

Rubin, L. (Ed.). (2008). *Popular culture in counseling, psychotherapy, and play-based interventions.* New York, NY: Springer.

Salzberg, B. (2010). *Beautiful oops!* New York, NY: Workman.

Santat, D. (2014). *The adventures of Beckle: The unimaginary friend.* New York, NY: Little, Brown.

Santen, B. (2015). Treating dissociation in traumatized children with body maps. In C. Malchiodi (Ed.), *Creative interventions with traumatized children* (2nd ed., pp. 126-149). New York, NY: Guilford Press.

Schab, L. (2009). *Cool, calm, and confident: A workbook to help kids learn assertiveness skills.* Oakland, CA: New Harbinger.

Schaefer, C. (Ed.). (2003). *Play therapy with adults.* New York, NY: Wiley.

Schaefer, C. (Ed.). (2011). *Foundations of play therapy* (2nd ed.). Hoboken, NJ: Wiley.

Schaefer, C., & DiGeronimo, T. (2000). *Ages and stages: A parent's guide to normal childhood development.* New York, NY: Wiley.

Schaefer, C., & Drewes, A. (2013). *The therapeutic powers of play: 20 core agents of change* (2nd ed.). Hoboken, NJ: Wiley.

Schaefer, C. E., Kelly Zion, S., McCormick, J., & Ohnogi, A. (2008). *Play therapy for very young children.* Lanham, MD: Jason Aronson.

Schafer, A. (2009). *Honey, I wrecked the kids: When yelling, screaming, threats, bribes, time-outs, sticker charts and removing privileges all don't work.* Ottawa, Ontario, Canada: Wiley.

Schafer, A. (2011). *Ain't misbehavin': Tactics for tantrums, meltdowns, bedtime blues, and other perfectly normal kid behaviors.* Ottawa, Ontario, Canada: Wiley.

Segle, R. (1991, January). *Integrating art, music, creative movement, photo therapy, guided imagery within family therapy.* Paper presented at the Texas Association for Marriage and Family Therapy Annual Conference, Dallas, TX.

Shannon, D. (2004). *A bad case of stripes.* New York, NY: Scholastic.

Shechtman, Z. (2009). *Treating child and adolescent aggression through bibliotherapy.* New York, NY: Springer.

Shragg, K. (2001). *A solstice tree for Jenny.* Amherst, NY: Prometheus Books.

Silver, G. (2009). *Anh's anger.* Berkeley, CA: Plum Blossom.

Simmons, J. (2014). *Seeing red: An anger management and anti-bullying curriculum for kids.* Gabriola Island, British Columbia, Canada: New Society.

Simon, F. (2001). *Horrid Henry's revenge.* London, England: Orion.

Slattery, K. (2010). *If I could ask God anything: Awesome Bible answers for curious kids.* Nashville, TN: Thomas Nelson.

Sobol, B. (2010). "I am an artist": A sexually traumatized girl's self-portraits in paint and clay. In E. Gil (Ed.), *Working with children to heal interpersonal trauma: The power of play* (pp. 240-263). New York, NY: Guilford Press.

Solis, C. M. (2006). Implementing Kidner Training as a preventive intervention: African-American preschool teacher perceptions of the process, effectiveness, and acceptability. *Dissertation Abstract International: Section A. Humanities and Social Sciences, 66*(7-A), 2488.

Spelman, C. (2000). *When I feel angry.* Morton Grove, IL: Albert Whitman.

Sperando, C., & Zimmerman, B. (2007). *Lunch box letters: Writing notes of love and encouragement to your children.* Buffalo, NY: Firefly.

Sperry, L., & Carlson, J. (2012). The global significance of Individual Psychology: An introduction and overview. *The Journal of Individual Psychology, 68,* 205-209.

Spires, A. (2014). *The most magnificent thing.* Tonawanda, NY: Kids Can Press.

Star, F. (Ed.). (2011). *What do you believe? (Big questions).* New York, NY: DK Publishing.

Steinhardt, L. (1985). Freedom within boundaries: Body outline drawings in art therapy with children. *The Arts in Psychotherapy, 12,* 25-34.

Stewart, A., & Green, E. (2015). Integrating play therapy and evidence-informed interventions with vulnerable populations: An overview. In E. Green & A. Myrick (Eds.), *Play therapy with vulnerable populations: No child forgotten* (pp. 3-22). Lanham, MD: Rowman & Littlefield.

Sun, S., & Bitter, J. R. (2012). From China to South Korea: Two perspectives on Individual Psychology in Asia. *The Journal of Individual Psychology, 68,* 233-248.

Sweeney, T. J. (2009). *Adlerian counseling and psychotherapy: A practitioner's approach* (5th ed.). New York, NY: Taylor & Francis.

Tarpley, T. (2015). *My grandma's a ninja.* New York, NY: NorthSouth Books.

Taylor de Faoite, A. (2014). Indirect teaching. In C. Schaefer & A. Drewes (Eds.), *The therapeutic powers of play* (2nd ed., pp. 51-68). Hoboken, NJ: Wiley.

Terr, L. (1990). *Too scared to cry.* New York, NY: Harper & Row.

Trelease, J. (2013). *The read aloud handbook* (7th ed.). New York, NY: Penguin.

Trice-Black, S., Bailey, C. L., & Riechel, M. E. K. (2013). Play therapy in school counseling. *Professional School Counseling, 16,* 303-312.

Vail, R. (2002). *Sometimes I'm bombaloo.* New York, NY: Scholastic.

VanFleet, R. (2009). Filial therapy. In K. O'Connor & L. M. Braverman (Eds.), *Play therapy theory and practice: Comparing theories and techniques* (2nd ed., pp. 163-202). New York, NY: Wiley.

VanFleet, R. (2013). *Filial therapy: Strengthening parent-child relationships through play* (3rd ed.). Sarasota, FL: Professional Resource Press.

VanFleet, R., Sywulak, A., & Sniscak, C. (2010). *Child-centered play therapy.* New York, NY: Guilford Press.

Vaughn, K. M. (2012). *Play therapist's perspectives on culturally sensitive play therapy* (Unpublished doctoral dissertation). University of New Orleans, New Orleans, LA.

Waber, B. (2002). *Courage.* New York, NY: Houghton Mifflin.

Wagenbach, D. (2009). *The grouchies.* Washington, DC: Magination Press.

Walton, F. X., & Stoykova, Z. (2012). Individual Psychology in Bulgaria. *The Journal of Individual Psychology, 68,* 216-224.

Watt, M. (2006). *Scaredy Squirrel.* Tonawanda, NY: Kids Can Press.

Watt, M. (2007). *Scaredy Squirrel makes a friend.* Tonawanda, NY: Kids Can Press.

Watts, R. (2012). On the origin of striving for superiority and of social interest. In J. Carlson & M. Maniacci (Eds.), *Alfred Adler revisited* (pp. 41-56). New York, NY: Taylor & Francis.

Watts, R. (2013). Adlerian counseling. In B. Irby, G. Brown, & S. Jackson (Eds.), *The handbook of educational theories for theoretical frameworks* (pp. 459-472). Charlotte, NC: Information Age.

Weiner, M., & Niemark, J. (2009). *I want your moo.* Washington, DC: Magination Press.

Wells, R. (1988). *Shy Charles.* New York, NY: Penguin.

Wells, R. (1997). *Noisy Nora.* New York, NY: Penguin.

White, J., Flynt, M., & Draper, K. (1997). Kinder Therapy: Teachers as therapeutic agents. *International Journal of Play Therapy, 6,* 33-52.

White, J., Flynt, M., & Jones, N. P. (1999). Kinder Therapy: An Adlerian approach for training teachers to be therapeutic agents through play. *The Journal of Individual Psychology, 55,* 365-382.

White, J., & Wynne, L. (2009). Kinder Training: An Adlerian-based model to enhance teacher-student relationships. In A. Drewes (Ed.), *Blending play therapy with cognitive behavioral therapy: Evidence-based and other effective treatments and techniques* (pp. 281-296). Hoboken, NJ: Wiley.

Willis, J., & Reynolds, A. (2015). *Elephants can't jump.* London, England: Anderson.

Witek, J. (2014). *In my heart: A book of feelings.* New York, NY: Harry N. Abrams.

Wolf, R. (2014). The therapeutic uses of photography in play therapy. In E. Green & A. Drewes (Eds.), *Integrating expressive arts and play therapy* (pp. 181-204). Hoboken, NJ: Wiley.

Wood, C. (2007). *Yardsticks: Children in the classroom ages 4-14* (3rd ed.). Turner Falls, MA: National Foundation for Children.

Wood, D. (2007). *Old turtle.* New York, NY: Scholastic.

Yang, J., Milliren, A., & Blagen, M. (2010). *The psychology of courage: An Adlerian handbook for healthy social living.* New York, NY: Routledge.

Yarlett, E. (2014). *Orion and the dark.* Somerville, MA: Templar.

Yolen, J. (2006). *How do dinosaurs play with their friends?* New York, NY: Scholastic.

Yura, M., & Galassi, M. (1974). Adlerian usage of children's play. *Journal of Individual Psychology, 30,* 194-201.

찾아보기

인명

내용

저자 소개

테리 코트먼(Terry Kottman), PhD, NCC, RPT-S, LMHC

The Encouragement Zone을 만들어 놀이치료 훈련과 감독, 생활에 관련된 상담과 조언, 여성들을 위한 'playshops'를 제공하고 있다. 코트먼 박사는 개인 심리학의 아이디어 및 기술을 놀이치료에 접목한 아들러 놀이치료를 개발하였다. 코트먼은 정기적으로 워크숍을 열고 있으며 놀이치료 활동 기반의 상담, 학교 상담, 생활 상담 및 조언에 대해 저술하고 있다. 또한 『Play Therapy: Basics and Beyond』 및 여러 책의 저자이다.

크리스틴 미니-월렌(Kristin Meany-Walen), PhD, LMHC, RPT-S

University of Northern Iowa의 상담분야 조교수이다. 크리스틴은 아들러 놀이치료의 효과 및 영향을 탐구하는 분야와 관련된 연구를 하며 집필하는 데 활발한 활동을 하고 있다. 연구와 강의뿐만 아니라 학교와 사설기관에서 아동과 청소년을 위해 일하고 있다.

역자 소개

진미경(Jin Mi Kyoung)

숙명여자대학교 대학원 교육학과 석사(상담심리학 전공)
The University of Texas at Austin Ph.D.(Human Development and Family Science)
한국상담심리학회 상담심리전문가 1급
한국놀이치료학회 놀이심리상담사 1급
현 숙명여자대학교 아동복지학부 부교수

〈저서 및 역서〉
부모-자녀 관계 평가 및 상담의 실제(공저, 시그마프레스, 2009)
아동기 심리장애와 발달장애의 평가(공역, 시그마프레스, 2012)
논문의 저술에서 출판까지(공역, 시그마프레스, 2008)
보드게임을 활용한 아동심리치료(공역, 시그마프레스, 2008)

김혜진(Kim Hye Jin)

숙명여자대학교 대학원 아동복지학과 석사(아동복지 전공)
숙명여자대학교 대학원 아동복지학과 문학박사(아동심리치료 전공)
한국놀이치료학회 놀이심리상담사 2급
현 원광아동상담센터 부소장

〈저서 및 역서〉
엄마가 모르는 아이마음(공저, 싸이프레스, 2015)
논문의 저술에서 출판까지(공역, 시그마프레스, 2008)
Can Do play activity series: 멋진 창작(역, 시그마프레스, 2005)
Can Do play activity series: 생태탐험(공역, 시그마프레스, 2003)

박현숙(Park Hyun Sook)

숙명여자대학교 대학원 아동복지학과 석사(아동복지 전공)

숙명여자대학교 대학원 아동복지학과 문학박사(아동심리치료 전공)

한국놀이치료학회 놀이심리상담사 2급

한국놀이치료학회 이사 및 운영위원

현 아름아동심리발달연구소 부소장

채은영(Chae Eun Young)

숙명여자대학교 대학원 아동복지학과 석사(아동상담 전공)

숙명여자대학교 대학원 아동복지학과 문학박사(아동심리치료 전공)

한국상담심리학회 상담심리전문가 1급

한국놀이치료학회 놀이심리상담사 1급

현 더드림상담연구소 상담실장

조진희(Joe Jin Hee)

성신여자대학교 대학원 음악치료학과 석사(음악치료 전공)

한국음악치료학회 임상음악전문가 1급

현 숙명여자대학교 아동복지학부 석박사 통합과정(아동심리치료 전공)

아들러 놀이치료

Partners in Play: An Adlerian Approach to Play Therapy (3rd ed.)

2017년 10월 30일 1판 1쇄 발행
2019년 8월 30일 1판 2쇄 발행

지은이 • Terry Kottman · Kristin Meany-Walen
옮긴이 • 진미경 · 김혜진 · 박현숙 · 채은영 · 조진희
펴낸이 • 김진환
펴낸곳 • (주)학지사
04031 서울특별시 마포구 양화로 15길 20 마인드월드빌딩
대표전화 • 02-330-5114 팩스 • 02-324-2345
등록번호 • 제313-2006-000265호

홈페이지 • http://www.hakjisa.co.kr
페이스북 • https://www.facebook.com/hakjisa

ISBN 978-89-997-1394-1 93180

정가 21,000원

이 도서의 국립중앙도서관 출판시도서목록(CIP)은 서지정보유통지원시스템 홈페이지(http://seoji.nl.go.kr)와 국가자료공동목록시스템(http://www.nl.go.kr/kolisnet)에서 이용하실 수 있습니다.
(CIP 제어번호: CIP2017025143)